Kräuter, Gewürze & Essenzen

Elisabeth Lambert Ortiz

Kräuter, Gewürze & Essenzen

Das Handbuch für die Küche

coventgarden

coventgarden

bei Dorling Kindersley

Entwicklung und Gestaltung Carroll Brown Limited, London
Fotos David Murray

Bibliografische Information Der Deutschen Bibliothek
Die Deutsche Bibliothek verzeichnet diese Publikation in der Deutschen Nationalbibliografie;
detaillierte bibliografische Daten sind im Internet über http://dnb.ddb.de abrufbar.

Titel der englischen Originalausgabe:
The Encyclopedia of Herbs, Spices, & Flavorings

© Dorling Kindersley Limited, London, 1992
Ein Unternehmen der Penguin-Gruppe
Text © Elisabeth Lambert Ortiz

© der deutschsprachigen Ausgabe by Dorling Kindersley Verlag GmbH, München, 2011
Alle deutschsprachigen Rechte vorbehalten

Übersetzung Karin Hirschmann
Redaktion Vera Murschetz
Korrektur und Register Britta Muellerbuchhof
Herstellung Dieter Lidl
Satz Fotosatz Völkl, Puchheim

ISBN 978-3-8310-9099-0

Colour reproduction by Colourscan, Singapore
Printed and bound in Italy by Europrinting S. p. A.
Coverfoto: © Teubner Foodfoto / Stockfood

Besuchen Sie uns im Internet
www.dorlingkindersley.de

VORWORT

Seit den Anfängen der Kochkunst werden Speisen mit Kräutern verfeinert. Die Zahl der in der Küche und in der Medizin verwendeten Arten ist unüberschaubar groß. Kräuter werden zwar immer wieder mit Gewürzen gleichgestellt, doch der Unterschied zwischen den beiden Kategorien ist einfach zu erklären. Kräuter sind die Blätter von frischen oder getrockneten Pflanzen und Gewürze deren aromatische Teile: Knospen, Früchte, Beeren, Wurzeln oder Rinde. Meist stammen sie von Pflanzen aus tropischen Regionen und werden getrocknet angeboten. In der Küche dienen sie wie die Kräuter zur geschmacklichen Verfeinerung der Speisen. Die Grenze zwischen den beiden Gruppen ist allerdings fließend; eine Pflanze kann sowohl Kraut als auch Gewürz sein, beispielsweise der Koriander mit dem frischen Grün und den aromatischen Samen oder der Sellerie und die Selleriesamen. Viele Kräuter wachsen nicht nur in den Tropen, sondern sind einfach zu ziehende Gartenpflanzen, die zum Teil im Haus gedeihen können, wenn man ihnen einen sonnigen Platz reserviert. Mit ihrem Geschmack und ihrem Duft bereichern Kräuter und Gewürze unseren Küchenalltag und bescheren uns somit vielfältige kulinarische Genüsse.

Der Anbau und die Verwendung von Kräutern waren immer eine friedliche Unternehmung. Gewürze dagegen haben den Lauf der Geschichte erheblich beeinflußt und dramatische Veränderungen bewirkt. Sie brachten Glück oder Unglück und waren mitverantwortlich für große historische Ereignisse. Kolumbus' Suche nach einem schnellen Seeweg zu den Gewürzinseln verstrickte die europäischen Nationen, insbesondere Portugal, Spanien, die Niederlande, England und Frankreich, in erbitterte Kolonialkriege. Diese Suche nach Gewürzen endete mit der Entdeckung des amerikanischen Kontinents durch Christoph Kolumbus. Ein Ereignis mit weitreichenden Folgen, denn er fand nicht nur eine neue Welt, sondern auch neue Nahrungsmittel, darunter die *Capsicum*-Arten, die weltweit großen Einfluß auf die verschiedenen Küchen hatten.

Heute ist einwandfreies, keimfähiges Saatgut in reicher Auswahl für alle erhältlich, die ihre Kräuter im eigenen Garten, in Kübeln und Kästen auf Terrasse und Balkon oder in Töpfen auf der Fensterbank ziehen wollen. Auch das Angebot an frischen Kräutern in Supermärkten und Gemüseläden ist größer und interessanter geworden. Darüber hinaus wird eine große Vielfalt an luft- und gefriergetrockneten Kräutern sowie abgepackten Gewürzmischungen angeboten. Kräuter und Gewürze aus fernen Ländern, aber auch die gebräuchlichen Würzmittel aus unseren Regionen können die Freude und den Genuß am Essen erheblich steigern, ganz gleich, ob wir unsere Lieblingsgerichte zubereiten oder Freunde mit neuen und aufregenden Kreationen verwöhnen. Unsere kulinarische Palette wird erweitert und unsere Phantasie angeregt. Reisen ins Ausland sind interessanter, wenn wir uns mit den ungewohnten Gerichten vertraut gemacht haben und sicher aus einer fremdländischen Speisekarte wählen können. Die Erde bietet uns mit ihren Pflanzen eine unermeßliche Geschmacksvielfalt, und es liegt an uns, all diese Köstlichkeiten zu entdecken.

Elisabeth Lambert Ortiz

INHALT

EINFÜHRUNG
DIE WELT DER AROMEN

KÜCHENKRÄUTER

Duftende, zum Würzen von Speisen verwendete Pflanzen wurden wahrscheinlich schon vor Jahrtausenden angebaut, noch bevor die Zivilisation einsetzte. Vielleicht kündigte ihre Kultivierung sogar den Beginn der eigentlichen Zivilisation an. Aus uns überlieferten Schriften geht hervor, daß Ägypter, Chinesen, Inder, Araber, Perser und Griechen sehr früh bereits umfangreiche Kenntnisse vom Anbau der Kräuter und von deren Gebrauch besaßen. Ihre kulinarische Verwendung ist und bleibt eine festverwurzelte Tradition. Heute sind Kräuter wichtiger denn je und auch leichter erhältlich. In kleinen Mengen werden sie im hauseigenen Garten gezogen; zum Verkauf in Supermärkten und Gemüseläden wird ihr Anbau gewerbsmäßig betrieben, und auch so mancher Koch zieht seine Kräuter für die Restaurantküche selbst. Kräuter werden in zunehmendem Maße frisch angeboten. Dafür haben getrocknete Kräuter den Vorteil, daß sie ganzjährig zur Verfügung stehen. Und erfreulicherweise bewahren viele in gedörrter Form ihr Aroma. Als Gartenpflanzen haben Kräuter den Vorteil, daß sie leicht zu kultivieren und in bezug auf Bodenverhältnisse und Wachstumsbedingungen relativ anspruchslos sind. Die im Garten wie auf dem Teller schön anzusehenden Pflanzen verfeinern unsere Speisen, und auch sonst tun sie uns viel Gutes.

Borretsch

KÜCHENGEWÜRZE

Gutgefüllte Regale mit einem reichhaltigen Sortiment an Gewürzen aus aller Welt stehen heute in jedem Supermarkt und in vielen kleinen Läden. Diese Gewürze werden mittlerweile alle verhältnismäßig preiswert angeboten, doch es gab eine Zeit, da wurden sie in Gold aufgewogen.

Die Königin von Saba brachte König Salomo Gewürze, Edelsteine und Gold dar – ein Beweis, daß Gewürze mit zeitlich begrenztem Wert genauso hochgeachtet wurden wie unvergängliche Metalle und Juwelen. Gewürze waren nicht nur zum Aromatisieren und Konservieren von Nahrungsmitteln da, sondern spielten auch in der Medizin und in der Religion eine beachtliche Rolle. Von größter Bedeutung jedoch waren sie in der Politik. So basierte das holländische Imperium im Grunde genommen auf dem Handel mit Gewürzen, durch den auch der kleine Stadtstaat Venedig zu großer Macht gelangte.

Gewürztöpfe

Viele Gewürze, darunter Zimt, Nelken, Muskatnuß, Pfeffer und Ingwer, sind im tropischen Asien beheimatet. Der amerikanische Kontinent lieferte Piment, Vanille und Chilipfeffer; aus den Mittelmeerländern kamen Koriander, Senf, Fenchel, Mohn und Bockshornklee zu uns, während die kühleren Regionen in Europa Kümmel, Dill und Wacholder hervorbrachten.

Es gab Zeiten, da waren Gewürze so kostbar, daß sie in speziellen Dosen eingeschlossen wurden, und der üppige Gebrauch von Gewürzen ließ auf ein Leben in Wohlstand schließen. Immer noch verbinden wir mit Gewürzen einen Hauch von Exotik aus fernen Ländern, aber wir brauchen dafür keinen Schritt mehr vor die Küchentür zu setzen.

AROMEN AUS ALLER WELT

Die Spezialitäten der verschiedenen Landesküchen dieser Welt zeichnen sich durch besondere Kombinationen von Kräutern, Gewürzen und anderen Würzmitteln aus – Mischungen, die im Laufe von Jahrhunderten entwickelt wurden. Natürlich spielten dabei die in der Region heimischen Nahrungsmittel eine Rolle, beeinflußt von Klima, Bodenverhältnissen und örlicher Anbauweise.

Bei Currydüften schweifen unsere Gedanken sofort nach Indien, wo diese beliebte Gewürzmischung besonders aromatisch ist; nicht weniger als zehn Gewürze werden zum Abschmecken einer einzigen Speise verwendet. Thailändische Curry-Gerichte sind zwar höllisch scharf, aber auch delikater im Geschmack, weil sie verstärkt mit frischen Kräutern gewürzt werden. Es ist vor allem der Duft von Zitronengras, Kaffir-Limette und frischen Korianderblättern, der die feine Küche Thailands kennzeichnet. Die chinesische Küche besticht durch ihre Vielfalt, und doch verbindet man mit ihr eine ganz charakteristische Würze, eine Mischung aus Wohlgeruch und erlesenem Geschmack, bei der wir unweigerlich an dieses riesige Land denken müssen. Auslöser dafür kann der verführerische Duft von Fünfgewürzpulver in Sojasauce sein oder ein pfannengerührtes Gericht mit Bohnensauce, Ingwer und Knoblauch. Die indonesische Küche wiederum ist gekennzeichnet durch eine subtile Würzmischung aus süß und sauer in Kombination mit Zitronengras, Tamarinde, Kaffir-Limette, Chillies und dem strengen Geruch von getrockneten Shrimps. Unverzichtbar ist die Sojasauce auch in der japanischen Küche, die, weltweit berühmt für ihre erlesene Einfachheit, auf dem reinen, unverfälschten Geschmack von frischen Zutaten der Saison basiert. Alle obengenannten Länder liegen zwar im Fernen Osten, ihre Küchen könnten aber kaum verschiedenartiger sein.

Chat masala

Viele asiatische Gewürze werden auch in Nordafrika verwendet, aber oft anders als in ihren Herkunftsländern, so daß völlig neue Geschmacksvarianten entstehen. In Europa wird mit Gewürzen recht sparsam umgegangen; in erster Linie nimmt man sie zum Einlegen und Backen. Im Mittelmeerraum dagegen stehen Kräuter ganz oben auf der Liste der Würzmittel. Mit Thymian, Salbei, Lorbeer, Oregano und Rosmarin wird nicht gegeizt. Nordamerika, dessen Kochkultur eng mit der europäischen verknüpft ist, verwendet Kräuter und Gewürze in ähnlicher Weise. Die westlichen Landesteile unterliegen aber wieder stärker dem mexikanischen und pazifischen Einfluß. Die Wohlgerüche der mexikanischen Küche sind unverkennbar: Typisch ist der Duft von gebackenen Maistortillas und gerösteten Chilischoten. Kräftig gewürzte Speisen finden sich auch in Mittel- und Südamerika und in der Karibik. Durch die individuelle Zusammenstellung von Kräutern, Gewürzen und anderen Würzmitteln entstehen hier wie in der restlichen Welt aus einfachen Zutaten kulinarische Klassiker, die das ganze Jahr über bequem bei uns zu Hause genossen werden können, ob wir sie nun selbst zubereiten oder aber uns in einem Spezialitätenrestaurant servieren lassen.

WÜRZEN MIT GEMÜSEN UND FRÜCHTEN

Obst und Gemüse können genauso wie Kräuter und Gewürze unsere täglichen Mahlzeiten in kulinarische Genüsse und wertvolle Nahrungsquellen verwandeln. Verschiedene Pilze mit unterschiedlichem Geschmack sind wesentlicher Bestandteil vieler Gerichte von Ost bis West. Und wie traurig wäre das Leben ohne die Lauchgewächse, denn es gibt kaum ein pikantes Gericht, zu dem nicht eine der *Allium*-Arten passen würde, sei es die gewöhnliche Zwiebel, der zarte Schnittlauch oder die deftige Knoblauchzehe. Beißendscharfe Wurzeln wie Meerrettich und Wasabi verleihen so unterschiedlichen Speisen wie Roastbeef oder rohem Fisch eine pikante Note. Oliven erinnern uns an das Salz und die Sonne des Mittelmeers, und fast unvorstellbar der Gedanke, wie öde die Küchenlandschaft ohne die Tomate wäre. Mexiko verdanken wir die Schokolade, das königliche Getränk der Azteken und neuzeitliche Zutat für Süßigkeiten und Desserts rund um den Globus. Die Zitrusfrüchte – Limetten, Zitronen, Orangen und andere – finden in der Küche vielseitige Verwendung. Ein paar Spritzer ihres Safts genügen, um den Geschmack von pikanten wie süßen Speisen zu unterstreichen. Diese Früchte sind in der Küche unentbehrlich. Nüsse allein sind schon ein Genuß, dank ihrer Konsistenz und ihrer Aromavielfalt sind sie aber auch eine willkommene und oft unerläßliche Zutat in vielen Saucen, Snacks sowie köstlichen Hauptgerichten und Desserts.

Limetten

EXTRAKTE, ESSENZEN UND ALLES, WAS SÜSST

Natürliche Extrake und Essenzen verzaubern unsere Speisen mit ihrem wundervollen Aroma. Zweckmäßigerweise werden sie in Flaschen abgefüllt, so daß sie fast unbegrenzt haltbar sind. Neben der aus Asien stammenden Sojabohne kennen wir eine Vielzahl anderer geschmacksintensiver Würzen aus aller Welt. Die emsigen Bienen liefern uns süßen Honig, und aus dem Saft junger Zuckerahornbäume gewinnen wir einen schmackhaften Sirup. Die Früchte des Sommers werden zu Pürees, Essenzen und Sirup verarbeitet und konservieren so die Wärme und die Heiterkeit jener Jahreszeit für die kalten Wintermonate mit ihren langen Abenden und traditionellen Feiertagen.

ESSBARE BLÜTEN UND BLÄTTER

Blumen- wie Kräutergärten sind von unschätzbarem Wert für allerlei kulinarische Köstlichkeiten. Viele Pflanzen haben Blätter, die zwar nicht zum Verzehr, aber als Umhüllung von Speisen geeignet sind. Bei einem *Clambake* zum Beispiel, einem traditionellen Picknick am Strand von Neuengland, werden Muscheln auf heißen Steinen gebacken und in Seetang gewickelt. Auch die japanische Küche wäre ohne Algen nur halb so köstlich. Die meisten Blüten werden ihrer Schönheit wegen und weniger aus geschmacklichen Gründen verwendet. Aber

Salat mit Blüten

aus Zucchiniblüten läßt sich eine köstliche Suppe zubereiten, und gefüllt sind die Blüten auch als Vorspeise ein Genuß. Kandierte Veilchen und Rosenblüten sind nicht nur hübsch anzusehen, sondern auch eine phantasievolle, süße Versuchung.

ÖL, ESSIG UND MILCHPRODUKTE

Öl, Butter und Sahne geben unserem Essen Fülle und Aroma. Auch saure Sahne, Buttermilch und Joghurt machen aus jedem Gericht, von der Suppe bis zum Dessert, eine gehaltvolle und geschmacksintensive Speise. Essig ist unerläßlich als Würze, wie in der Vinaigrette, der berühmten Salatsauce aus Frankreich, und süß-saure Gerichte verdanken ihm ihr typisches Aroma.

WÜRZSAUCEN UND EINGEMACHTES

Alles, was der Sommer hervorbringt, läßt sich ernten und zu Pickles, Relishes, Chutneys, Konfitüren und sonstigem Eingemachten verarbeiten, auch wenn durch moderne Anbaumethoden und schnellen Transport die meisten Früchte und Gemüse ganzjährig angeboten werden können. Eine Vielzahl von Saucen läßt sich ganz nach Bedarf frisch zubereiten und verwandelt so den im Winter eher kargen Essenstisch in eine festliche Tafel. Zudem bietet der Handel unzählige Würzsaucen an, die entweder fertigen Speisen beigegeben oder während des Kochens verwendet werden. Ob süß oder pikant, diesen Saucen und Würzmitteln gehört ein fester Platz in der Küche.

Pickles und Relishes

KAFFEE, TEE UND AROMATISIERTE GETRÄNKE

In ihren Herkunftsländern China und Äthiopien sind Tee und Kaffee von alters her bekannt. Heute zählen sie fast weltweit zu den beliebtesten Getränken. Und die in einigen Ländern schon seit Jahrtausenden wegen ihrer beruhigenden und heilkräftigen Wirkungen geschätzten Kräutertees werden als schmackhafte und gesunde Alternative zu Kaffee und Tee immer beliebter. Frucht- und Gemüsesäfte, Wein, Spirituosen, aber auch Joghurt, sind die ideale Basis für kalte wie warme Getränke, die sich mit Kräutern und Gewürzen verfeinern lassen.

Geeister Tee

EIGENE KRÄUTER ZIEHEN

Es ist etwas besonders Reizvolles, im eigenen Garten, auf dem Balkon oder an der Fensterbank frische Kräuter für die nächste Mahlzeit pflücken zu können. Mit ihrer unendlichen Vielseitigkeit und ihren herrlichen Aromen ermöglichen sie uns, zu improvisieren, unseren Speiseplan nicht nur sehr abwechslungsreich und damit gesund zu gestalten, sondern auch kurzfristig zu ändern und bewährte Lieblingsspeisen in immer neuen Variationen zu servieren. Wenn der Sommer zu Ende geht und die Tage frischer und kühler werden, ist die richtige Zeit zum Einmachen und Konservieren sonnengereifter Früchte für die Vorratshaltung oder zum Verschenken. Hausgemachte Köstlichkeiten sind jederzeit ein willkommenes Mitbringsel.

DAS PFLANZEN VON KRÄUTERN

Die meisten Küchenkräuter wachsen problemlos in Pflanzgefäßen aller Art, drinnen auf der Fensterbank in Töpfen oder draußen in Kübeln und Trögen oder Blumenkästen und Hängeampeln. Solch ein mobiler Kräutergarten trägt nicht nur zur Verschönerung der Gartenanlage bei, sondern hat den Vorteil, daß die Kräuter zum Kochen stets in Reichweite sind.

Kübel und Tröge werden zweckmäßigerweise auf der Terrasse oder dem Balkon aufgestellt. Wer wenig Platz hat, kann die Kräuter auch gut in kleinen Töpfen auf einer sonnigen Fensterbank ziehen und braucht auf den Genuß frischer Kräuter bei der Zubereitung köstlicher Speisen nicht zu verzichten.

Ein großer Pflanztrog bietet gleich mehreren Kräutern auf relativ kleinem Raum ausreichend Platz. Allerdings muß dabei berücksichtigt werden, daß die jeweiligen Kräuter von ihren Wachstumsbedingungen her auch zusammenpassen. Rosmarin, Thymian, Majoran und Salbei lieben Sonne. Die diversen Minzen, aber auch Kerbel und Schnittlauch bevorzugen eher Halbschatten und einen feuchteren Boden. Zarte, empfindliche Kräuter wie Basilikum brauchen einen geschützten Ort. Im Zimmer kann man ihren Bedürfnissen am ehesten gerecht werden. Wuchernde Kräuter wie Estragon und Minze sollten in separaten Gefäßen gezogen werden, damit sie anderen Pflanzen nicht den Platz streitig machen können.

Ein gutgeplanter Kräutergarten kann sowohl für die Umgebung als auch für den Suppentopf und den Salatteller eine Bereicherung sein. Ein überaus reichhaltiges Angebot an grün-, rot-, gelb- und silberblättrigen Kräutern sowie zahlreiche buntlaubige Varietäten machen passionierten Hobbyköchen und Gärtnern die Wahl zur Qual. Der auffallend schöne Gartensalbei ›Tricolor‹ mit einem Hauch von Pink auf den Jungtrieben, der gelblichgrüne Zitronenthymian und der säulenartig aufragende Rosmarinstrauch mit den blaugrünen nadelähnlichen Blättern sind nur ein paar Beispiele von vielen, wie man mit Form und Farbe, aber auch mit Aroma in einem Kräutergarten experimentieren kann.

Neben aromatischen Blättern besitzen manche Kräuter auch wunderschöne Blüten, so zum Beispiel Borretsch, Ysop, Rosmarin, Thymian, Schnittlauch, Minze und Salbei. Während diese Blüten in der Küche als krönende Garnitur für Salate oder Käseplatten Verwendung finden, entziehen sie den Pflanzen im Garten einen Teil des wertvollen Blattaromas. Deshalb sollten die Blüten von Zeit zu Zeit abgeschnitten werden.

Kräuter in Töpfen

KRÄUTER PFLANZEN ODER SÄEN

Wenn nur jeweils eine Pflanze von verschiedenen Kräutern benötigt wird, empfiehlt sich der Kauf von Jungpflanzen in einer Spezialgärtnerei oder im Gartencenter. Sobald diese heranwachsen, müssen sie in entsprechend größere Gefäße umgetopft werden. Wünscht man gleich mehrere Pflanzen von einem Würzkraut, dann empfiehlt sich die Aussaat. Petersilie, Schnittlauch und Basilikum können direkt in Töpfe mit guter Komposterde ausgesät werden. Bis die Samen keimen, werden die Töpfe mit einer Plastikhaube abgedeckt und an einen warmen Ort gestellt. Zum Weiterwachsen kommen sie erst einmal auf die sonnige Fensterbank, bis sie kräftig genug für das Auspflanzen sind.

Als Grundregel gilt: Je größer und tiefer das Pflanzgefäß, um so mehr Blätter bildet die Pflanze aus.

KRÄUTER IM HAUS

Das Angebot an Terrakotta- und Plastiktöpfen für das Ziehen von Kräutern im Haus ist sehr groß. Da viele Kräuter aus dem Mittelmeerraum stammen, bieten sich Terrakotta- oder Tontöpfe schon vom Aussehen an. Außerdem haben sie den Vorteil, daß sie Feuchtigkeit verdunsten lassen, wodurch die Wurzeln besser atmen können. Ganz gleich, für welches Material Sie sich entscheiden, nehmen Sie grundsätzlich nur Pflanzgefäße mit genügend Abzugslöchern, und legen Sie zur Vermeidung von Staunässe den Boden mit Tonscherben oder einer Schicht Kies aus. Füllen Sie anschließend das untere Topfdrittel gut einen Fingerbreit mit sandiger Gartenerde auf. Diese Schicht fördert den Wasserabzug und verhindert außerdem, daß die Erde die Wurzeln zu stark zusammenpreßt und erdrückt. Kräuter brauchen Feuchtigkeit, besonders dann, wenn sie im Haus gezogen werden. Für eine bessere Befeuchtung stellen Sie die Töpfe auf ein Kiesbett in einen Untersatz, und zwar möglichst so, daß das Wasser den Kies nur knapp bedeckt. Eine Ausnahme bildet das Basilikum, das bis zu einem gewissen Grad auch Trockenheit verträgt.

Kräuter wollen sorgsam gepflegt sein. Ohne Durchzug und bei einer ausgeglichenen Raumtemperatur von 16–21 °C gedeihen sie am besten. Gießen Sie mäßig, aber regelmäßig. In Zweifelsfällen prüfen Sie per Daumendruck nach, ob die Erde noch feucht ist. Verwenden Sie zum Gießen nur lauwarmes Wasser, niemals kaltes. Fenster können den Lichteinfall entscheidend verringern.

Gießkanne

Drehen Sie die Gefäße also von Zeit zu Zeit, damit alle Pflanzenteile in den Genuß von Sonne kommen. Kräuter wie Oregano, Thymian und Basilikum gedeihen am besten in voller Sonne. Schnittlauch, Petersilie, Kerbel und Minze dagegen bevorzugen Halbschatten und einen kühleren Standort. Denken Sie daran, regelmäßig alle zu langen Triebe der Pflanze abzuschneiden oder abzukneifen, damit eine gedrungene buschige Form entsteht. Bei Kräutern, die laufend zum Kochen verwendet werden, garantiert dieses natürliche Ausdünnen der Pflanze den ganzen Sommer über eine reiche Ernte.

Hängeampel

KRÄUTER IM FREIEN

Halbierte Holzfässer, alte Schüsseln, Schornsteinaufsätze und das unüberschaubare Sortiment an Tontöpfen, all das sind geeignete Pflanzgefäße für Kräuter. Die Wahl hängt natürlich vom persönlichen Geschmack und vom verfügbaren Platz ab. Es hat sich allerdings gezeigt, daß Kräuter am besten in Holz- und Tongefäßen gedeihen.

Werden verschiedene Kräuter in einem großen Kübel zusammengepflanzt, wachsen sie in der Regel besser als in einzelnen Töpfen. So ein mobiler Kräutergarten empfiehlt sich für Balkon und Terrasse. Schnell hergerichtet, ist er nicht nur sehr nützlich, sondern auch ausgesprochen schön. Versuchen Sie es einmal mit einer Kombination aus einjährigen Kräutern wie Basilikum, Dill und Bohnenkraut, die sie um einen stattlichen Rosmarin- oder Lorbeerstrauch gruppieren. Verbleibende Zwischenräume werden mit Zitronenthymian, Majoran und rotem Salbei ausgefüllt.

Manche Kräuter können sich im wahrsten Sinne des Wortes »nicht riechen«. Fenchel sollte zum Beispiel nicht in unmittelbarer Nähe von Kümmel, Dill oder Koriander gepflanzt werden, und Petersilie verträgt sich nicht mit Minze.

Bei Platzmangel bietet sich ein sogenanntes Erdbeerfaß an, ein großer Tontopf, dessen Öffnungen mit verschiedenen Kräutern bepflanzt sind – ein herrlicher Blickfang für die Terrasse. Ein solches Pflanzgefäß braucht viel Aufmerksamkeit, da die Kräuter im Faß im allgemeinen häufiger gewässert werden müssen als in herkömmlichen Kübeln.

Werden verschiedene Kräuter in Gefäße gepflanzt, sollten Sie sich folgende Faustregel merken: Je größer der Topf, desto üppiger die Blattproduktion der Pflanze. Stellen Sie große Kübel und Töpfe auf zwei Dachlatten, damit die Abzugslöcher freiliegen und Staunässe vermieden wird. Wuchernde Kräuter wie Estragon und alle Minzen sind für die Einzelpflanzung besser geeignet. Mehrere dieser kleinen Gefäße geben eine reizvolle Kulisse ab, wenn sie in Gruppen angeordnet werden. Da-

durch entsteht ein feuchteres Kleinklima, das die Pflanzen mögen und in dem sie prächtig gedeihen.

Hängeampeln sind eine reizvolle Lösung für die Unterbringung von niedrig- und buschigwachsenden Gewürzkräutern. Da ihnen in luftiger Höhe andere Pflanzen oder Gebäude kaum Schutz bieten, kann es problematisch werden, wenn sie starkem Wind oder Zugluft ausgesetzt sind.

Robuste Kräuter wie diverse Thymianarten, krause Petersilie, niedriger Rosmarin und Kapuzinerkresse sind für hängende Pflanzgefäße am besten geeignet.

DIE PFLEGE DER KRÄUTER

Alle Pflanzen, die in Gefäßen gezogen werden, brauchen besondere Pflege. Kontrollieren Sie täglich, ob die Erde noch feucht ist, und gießen Sie die Pflanzen nach Bedarf. Denken Sie stets daran, daß die Erde in kleineren Kübeln und Töpfen schneller austrocknet, und achten Sie beim Gießen unbedingt darauf, daß die Erde gleichmäßig durchfeuchtet wird und nicht nur stellenweise.

Schneiden Sie von Zeit zu Zeit die langen Jungtriebe aus, damit die Pflanze schön buschig wird. Das gilt vor allem für Salbei, der schnell unansehnlich wird.

Kräuter sollten immer wieder auf Schädlinge untersucht werden, wie Blattläuse, Schnecken und Raupen, die binnen kürzester Zeit Ihren Pflanzenbestand dezimieren können. Als umweltfreundliche Methode zur Schädlingsbekämpfung empfiehlt sich bei den ersten Anzeichen von Befall das Besprühen der Pflanzen mit verdünnter Seifenlauge. Alle behandelten Kräuter sollten vor dem Verzehr gründlich gewaschen werden.

Im Garten frei stehende Kübel und Töpfe im Herbst nach Möglichkeit an geschütztere Orte stellen. Nützlich ist auch das Mulchen der Wurzeln mit organischen Stoffen

Mit Kräutern bepflanztes Erdbeerfaß

DAS ERNTEN VON KRÄUTERN

Beim Ernten der auf der Fensterbank oder im Garten gezogenen Kräuter sollten Sie ein paar Grundregeln beherzigen.

Die verschiedenen Pflanzenteile werden zu unterschiedlichen Zeiten und auf unterschiedliche Weise geerntet. Damit die geernteten Kräuter keinen Schaden nehmen, sollten sie einlagig in einem Korb oder in einem Kistchen gesammelt werden.

Während beim Ernten von Wurzeln und Zwiebeln, wie zum Beispiel beim Knoblauch, die ganze Pflanze herausgenommen wird, kann man einjährige Blattkräuter wie Basilikum bis zum Spätherbst im Garten erhalten, wenn die Pflanze schonend behandelt wird und nicht zu viele Blätter auf einmal abgepflückt werden. Typ, Größe und Alter der Pflanze sind überaus wichtige Kriterien, die beim Ernten berücksichtigt werden müssen.

Mehrjährige Kräuter wie Salbei, Thymian und Rosmarin sollten vor dem Wintereinbruch nicht zu stark zurückgeschnitten werden. Das schwächt die Pflanze, insbesondere, wenn sie klein und noch sehr jung ist oder gerade erst Fuß gefaßt hat.

Von jeder Kräuterpflanze, ob draußen im Garten oder drinnen in Töpfen, sollten Sie nie mehr als 10 % der Triebe und Blätter auf einmal ernten, weil sonst der Schock zu groß ist und die Pflanze eventuell eingeht. Eine schonende Behandlung beim Ernten aller mehrjährigen Kräuter mit aromatischen Blättern hat zur Folge, daß die Pflanzen im nächsten Jahr mehr Blätter produzieren und insgesamt kräftiger und gesünder sind.

BLÄTTER

Die Blätter können das ganze Jahr über gepflückt oder geschnitten werden, vor allem von Kräuterpflanzen wie Rosmarin, Thymian, Petersilie, Schnittlauch und Kerbel. Das optimale Aroma haben diese Kräuter kurz vor der Blüte. Am besten pflückt man die jungen aromatischen Blätter in den Morgenstunden von der Mutterpflanze, wenn der Tau schon abgetrocknet ist. Nur makellose Blätter werden geerntet; kümmerliche oder von Insekten befallene und angefressene Blätter wandern auf den Kompost. Kräuter wollen mit großer Vorsicht behandelt werden, denn jede kleine Beschädigung setzt ätherische Öle frei, und die Blätter verlieren an Aroma.

BLÜTEN UND ZWIEBELN

Die Blüten von Schnittlauch, Ringelblumen, Borretsch und Kamille sollten sehr behutsam gepflückt werden, sobald sie voll erblüht sind. Lavendel wird am besten geerntet, wenn die Blüten sich gerade öffnen. Alle alten, beschädigten oder verwelkten Blüten werden aussortiert. Die möglichst nicht zu lange vor der Verwendung geernteten Blüten werden in ein offenes Behältnis ohne Deckel gelegt. Zwiebeln oder Knollen wie Knoblauch werden im Spätsommer geerntet, wenn die Blätter der Pflanze welken.

SAMENKÖRNER

Sobald sich die Samenstände und Hülsen an der Pflanze gebildet haben, muß ihre weitere Entwicklung wachsam verfolgt werden, da der richtige Erntezeitpunkt von größter Bedeutung ist. Die Samen selbst dürfen keine Grünfärbung aufweisen, und die Samenhülsen, falls vorhanden, müssen richtig trocken sein. Wenn – wie beim Fenchel – die Samenkörner leicht herausfallen, schneidet man einfach die ganzen Blütentriebe mit den reifen Dolden ab und hält sie kopfunter in eine Papiertüte oder über ein Gefäß.

Zum Trocknen hängt man die Samenstände einige Tage in einen warmen, gutbelüfteten Raum. Beim Trocknen fallen die Samen in die Tüte oder in das Behältnis, so daß von der kostbaren Ernte nichts verlorengeht. Es empfiehlt sich, die Samentüten gleich bei der Ernte zu beschriften, damit eventuelle Verwechslungen später gar nicht erst auftreten. Die getrockneten Samen werden anschließend in einem dunklen Schraubglas aufbewahrt. Falls sie im folgenden Jahr für die Aussaat verwendet werden sollen, müssen sie bis dahin kühl und trocken lagern.

Korb für die Kräuterernte

DAS TROCKNEN VON KRÄUTERN

Von alters her ist der Mensch bemüht, sich Kräutervorräte für den Winter anzulegen. Früher geschah dies durch Trocknen der Kräuter oder durch Einlegen in Essig und Öl. Heute, da frische Kräuter dank moderner Transportmittel das ganze Jahr über im Handel sind, werden diese bewährten Konservierungsmethoden häufig übersehen, zum Nachteil für die moderne Küche, denn sie steigern die Würzkraft von Kräutern wie auch von Gewürzen.

Will man Aroma und Farbe der Kräuter erhalten, muß das Hauptaugenmerk bei der Ernte auf rasche Verarbeitung und Frische der Kräuter gelegt werden.

TROCKNEN

Trocknen ist eine der beliebtesten Konservierungsmethoden für Kräuter, und in einigen Fällen, insbesondere bei Lorbeerblättern, gewinnen die Kräuter dadurch an Aroma. Schütteln Sie trockene, leichte Erde vorsichtig von den Blättern oder Zweigen ab; dann noch vorhandene Unreinheiten können mit einem Backpinsel entfernt werden. Waschen ist nur erforderlich, wenn die Kräuter sehr sandig sind. Am einfachsten lassen sich Kräuter trocknen, wenn sie, zu kleinen, lockeren Sträußen gebunden, an einem warmen, luftigen Platz aufgehängt werden. Die Temperatur sollte 30 °C nicht übersteigen, da sich sonst die ätherischen Öle verflüchtigen.

Trockengestell

Lassen Sie die Blätter nicht so trocken werden, daß sie bei der kleinsten Berührung bröseln. Und obwohl Kräutersträuße sehr hübsch und dekorativ aussehen, hängen Sie sie besser nicht in der Küche zum Trocknen auf, weil die Luft hier vom Kochen oft zu feucht und zu fettig ist. Damit die Kräuterbüschel nicht einstauben, stülpt man ihnen eine Papiertüte über, die unten offen ist, so daß die Luft gut zirkulieren kann.

Wenn die Blätter nach etwa einer Woche durchgetrocknet sind (die Zeit zum Trocknen hängt jedoch wesentlich von der Blattstärke und der Raumtemperatur ab), können sie aufbewahrt werden.

Streifen Sie die trockenen Blätter – ohne sie zu beschädigen – von den Zweigen, schichten Sie sie vorsichtig in ein Schraubglas und sehen Sie am nächsten Tag nach, ob sich Kondenswasser am Glas niedergeschlagen hat. Wenn dies der Fall ist, waren die Blätter noch nicht richtig trocken. Sie müssen dann noch einmal nachtrocknen, da sonst die gesamte Ernte Schimmel ansetzt und fault. Für kleinere Kräutermengen reicht zum Trocknen ein mit Fliegengitter bespannter Ofenrost oder einfacher Holzrahmen auf dem die Kräuter in dünner Schicht ausgelegt werden. Diese Trockengestelle werden wie zuvor an einem warmen Platz aufgestellt, und man kontrolliert regelmäßig, wie weit der Trocknungsprozeß fortgeschritten ist.

Das Trocknen der Kräuter im Backofen ist auch bei niedrigster Temperatur nicht ratsam, da es Aromaeinbußen zur Folge hat.

Mikrowellenherde sind dagegen zum Trocknen geeignet. Breiten Sie die geernteten Kräuter locker auf Küchenpapier aus und dörren Sie sie auf höchster Stufe in der Mikrowelle. Die Trockenzeit ist abhängig von der Kräutermenge und der Wattleistung des Gerätes. Näheres erfahren Sie aus der Bedienungsanleitung. Nach einer Minute werden die Kräuter gewendet und dann weitergedörrt, bis sie gut durchgetrocknet sind.

Kräutersträuße, fertig zum Trocknen

KONSERVIEREN UND AUFBEWAHREN

Vorratsbehälter

Getrocknete Kräuter werden am besten luftdicht verschlossen in dunklen Gläsern oder Steingutgefäßen aufbewahrt. Behältnisse aus Weißglas müssen im Küchenschrank aufgehoben werden. Werden die Kräuter Licht, Luft und Feuchtigkeit ausgesetzt, verderben sie schneller. Deshalb ist es wichtig, gut verschließbare Gefäße zu verwenden und diese dunkel aufzubewahren.

Für Kräuter wie Dill, Fenchel, Basilikum und Petersilie hat sich als Konservierungsmethode das Einfrieren bewährt. Die sorgfältig verlesenen Kräuter werden in kleinen Mengen – zwei oder drei Eßlöffel davon genügen – in Gefrierbeutel gelegt und tiefgefroren. Sie können die Kräuter einzeln oder als fertige Mischungen, zum Beispiel als *bouquet garni* (siehe S. 55) oder als würzige Tomatensauce mit Oregano, Thymian und Petersilie, einfrieren. Vergessen Sie nicht das Beschriften und packen Sie die tiefgefrorenen Beutel in ein großes, festes Behältnis. Das erspart langes Herumsuchen in der Gefriertruhe und verhindert zudem, daß die gefrorenen Kräuter Schaden nehmen.

Kräuter, die in der Eiswürfelschale tiefgefroren werden, lassen sich besonders gut portionieren. Die Kräuter werden feingehackt und auf die Eiswürfelfächer verteilt, bis diese halb voll sind. Die mit Wasser aufgefüllten Kräuter werden dann in der Schale tiefgefroren. Danach nimmt man die Kräuterwürfel heraus und verpackt sie portionsweise in Tiefkühlbeuteln oder in großen Gefrierdosen, damit man sie gleich zur Hand hat.

Wer auch im Winter den Duft aromatischer Kräuter nicht missen möchte, der sollte die würzigen Pflanzen in Essig, Öl und Butter konservieren.

Für die Herstellung von Kräuteressig werden die Kräuter leicht zerdrückt, dann in eine saubere Flasche gesteckt und mit angewärmtem Essig übergossen. Das beste Aroma liefert guter Wein- und Sherry-Essig. Helle Essigsorten sind besonders dekorativ, weil die Kräuter gut zur Geltung kommen. Verzichten Sie beim Ansetzen von Kräuteressig auf Gefäße aus Metall wie unbehandeltem Aluminium. Dieses Material reagiert mit der Essigsäure und läßt den fertigen Essig leicht metallisch schmecken.

Lassen Sie die eingelegten Kräuter etwa drei Wochen ziehen und probieren Sie dann den Essig. Ist das Aroma noch nicht kräftig genug, ersetzen Sie die eingelegten Kräuter durch frische und lassen diese noch einmal eine Woche ziehen. Anschließend werden die Kräuter abgeseiht.

Portionierte Kräuter zum Tiefkühlen

Der Essig kann in eine hübsche Flasche umgefüllt werden, in die man als Erkennungsmerkmal einen dekorativen Zweig des eingelegten Würzkrautes steckt. Verwenden Sie für Essig nur Verschlüsse mit Kunststoffauskleidung, am besten eine heiß ausgespülte alte Essigflasche. Aromatische Kräuteressige sind unter anderem Cidre-Essig mit Apfelminze, Rotweinessig mit Knoblauch und Rosmarin und Weißweinessig mit Estragon, Bohnenkraut und Thymian.

Nach der obenbeschriebenen Methode werden auch Kräuteröle hergestellt. Geschmacksneutrales Öl wie Sonnenblumen- oder Distelöl ist am besten geeignet, da das Kräuteraroma stärker zum Tragen kommt. Aber auch das fruchtige Olivenöl aus den Mittelmeerländern und die erdige Note vieler Kräuter und Gewürze ergänzen einander vortrefflich. Wird gleichzeitig auch Knoblauch eingelegt, sollten die Zehen nach ein paar Tagen entfernt werden, da ihr intensives Aroma die anderen Kräuter dominiert. Ergiebige Sommerkräuter wie Basilikum halten sich den ganzen Winter über, wenn sie zu einer Paste verarbeitet werden. Geben Sie die ganzen Blätter zusammen mit ein paar Eßlöffeln Zitronensaft, einigen Knoblauchzehen und etwas Olivenöl in den Mixer oder die Küchenmaschine und verarbeiten Sie alle Zutaten zu einer glatten Paste. Zur Aufbewahrung wird sie in ein Schraubglas gefüllt und kühl gestellt oder in der Eiswürfelschale eingefroren.

Pfirsiche in Alkohol

Basilikum-Öl

ESSBARE GESCHENKE

Alles, was ein Kräutergarten hervorbringt, kann im eigenen Haushalt verwertet werden und gleichzeitig auch Ausgangsbasis für unzählige Köstlichkeiten zum Verschenken sein. Aber auch aus gekauften Kräutern, Gewürzen und anderen Nahrungsmitteln lassen sich schmackhafte Präsente zaubern, deren Zubereitung mindestens genauso viel Spaß macht wie das Schenken selbst.

Wenn man Eßbares verschenken möchte, muß man zuallererst geeignete Behälter finden. Sehr praktisch sind Gläser, deren Etiketten zuvor entfernt wurden. Im allgemeinen reicht es, wenn man sie dazu längere Zeit in heiße Seifenlauge legt. Es lohnt sich in jedem Fall, eine Sammlung diverser Glasbehälter anzulegen. Halten Sie des weiteren kunststoffbeschichtete Deckel in großer Auswahl vorrätig, denn essighaltige Zubereitungen sollten nicht mit Metalldeckeln in Berührung kommen. Wichtig ist auch die Größe der Gläser. Weithalsige Gefäße sind ideal für in Alkohol eingelegte Früchte (siehe S. 253), kleine schmale Gläser bieten sich an für Kräutermischungen und aromatisierten Zucker (siehe S. 195) oder würzige Senfspezialitäten (siehe S. 66). Sehr praktisch, vor allem für Chutneys und Relishes (siehe S. 254), sind auch die kleinen handlichen Gläser, in denen Babynahrung angeboten wird. Leere Wein-, Essig-, Saft- und Wasserflaschen können für Fruchtsirup (siehe S. 204), Pflaumensauce (siehe S. 250) oder hausgemachtes Ingwerbier (siehe S. 277) wiederverwendet werden. Falls die Verschlüsse nicht mehr zu gebrauchen sind, können die Flaschen auch verkorkt werden (siehe S. 233).

Keramikgefäße oder Tonfläschchen sind ideale Behälter für Gewürzsalz (siehe S. 104) oder Kräuter- und Gewürzmischungen, die zwar wenig Platz beanspruchen, aber luftdicht und dunkel aufbewahrt werden müssen. Ingwermännchen finden in gut verschließbaren Ge-bäckdosen (siehe S. 109), Buttertoffees in Cellophanpapier (siehe S. 197) oder Geleefrüchte in Papierschälchen (siehe S. 205) Platz. Alternativ können alle Präsente, die in Dosen passen, auch in einem hübschen Korb überreicht werden, der mit farbigen Cellophanschnipseln oder Holzwolle ausgepolstert ist. Anschließend wird der Korb in Frischhaltefolie gepackt.

Auch Etiketten haben eine wichtige Funktion, nicht nur als zierendes Beiwerk und zur Kennzeichnung des Inhalts, sondern auch, um das eventuelle Verfallsdatum anzugeben. Zum Beschriften der Etiketten nimmt man am besten einen Füllfederhalter mit schwarzer oder farbiger Tinte oder aber Bögen mit Buchstaben zum Aufreiben, die in jedem Schreibwarengeschäft erhältlich sind. Allerdings ist das Rubbeln recht zeitaufwendig.

Dekorationen mit Kräutern und Gewürzen

Wesentlich einfacher ist es, die Namensschilder auf der Schreibmaschine zu schreiben und dann die Buchstaben mit einem schwarzen Stift nachzumalen. Das Ergebnis ist ein schönes und sauberes Schriftbild, das jedem Hobbykünstler zur Ehre gereicht.

Wenn alle hausgemachten Köstlichkeiten verpackt und beschriftet sind, fehlt nur noch ein bißchen Verzierung. Bänder und Stoffreste sind fast immer zur Hand und können entweder einzeln oder aber auf phantasievolle Weise kombiniert zusammen verwendet werden. Ähnliche Farben und Materialien sehen immer hübsch aus; wer es dagegen farbenfreudig mag, mixt und kombiniert nach Belieben. Getrocknete Blüten und Kräuter werden zu Sträußen gebunden oder in Schmuckbänder gewickelt, Gefäße werden mit farbigem Seidenpapier umhüllt und mit glänzender Kordel verschnürt. Die Verpackung kann auch nach dem Land ausgewählt werden, das mit dem Präsent assoziiert wird. Grüne oder ockerfarbene Steingutgefäße beispielsweise sind wunderschöne Behälter für Kräuter der Provence (siehe S. 51), und zu einem indischen Chutney passen am besten warme Rot- und Goldtöne.

Schöne Gläser

KÜCHEN-KRÄUTER

Andere Namen

Jakobszwiebel, Graslauch, Binsenlauch, Schnittling

Verwendungsformen

Stengel: frisch, geschnitten, gefrier-getrocknet und tiefgefroren.
Blüten: frisch

Kombinationen

Petersilie, Estragon, Kerbel

Aufbewahrung

Stengel luftdicht verschlossen im Kühlschrank aufbewahren oder in der Eiswürfelschale einfrieren.

Trocknen

Für Gestecke und Dekorationen Stengel mit Blüten durch den Maschendraht stecken und trocknen.

SCHNITTLAUCH

Der zu den Zwiebelgewächsen zählende Schnittlauch ist reich an Vitamin A und C und erinnert geschmacklich auch an Zwiebeln, wenngleich sein Aroma aufgrund des geringeren Schwefelgehalts milder ist. Feingeschnitten sind die leuchtendgrünen Lauchröllchen eine dekorative und schmackhafte Ergänzung vieler Speisen. Er gehört mit Petersilie, Estragon und Kerbel zu den Hauptbestandteilen der *fines herbes* (siehe S. 24). Schnittlauch paßt gut zu Eiergerichten wie Omeletts und zu allen Saucen auf Eibasis, allerdings wird er immer erst gegen Ende der Garzeit einem Gericht beigegeben, denn durch Kochen gehen viele seiner Aromastoffe verloren. Schnittlauchblüten im Salat sorgen zusätzlich für optischen Reiz und würzigen Geschmack. Und geschnittene Lauchröllchen sind immer eine dekorative und delikate Garnierung für viele Salate, Suppen und Saucen.

Die rötlichlila Blüten schmecken angenehm nach Schnittlauch

Frische Schnitt-lauchröhren sind grasähnlich und haben eine leuchtendgrüne Farbe

Chinesischer Schnitt-lauch *oder auch Schnittknoblauch (Allium tuberosum) hat Lauchblätter, die flacher und breiter sind als beim gewöhnlichen Schnittlauch*

Verwendung

Stengel: Eier; Salate; Weichkäse; Saucen; Suppen.

REZEPTVORSCHLAG

Knoblauch-Schnittlauch-Dip

2–3 Portionen

125 g fettarmer Frischkäse
2 EL Mayonnaise
1 Knoblauchzehe, zerdrückt
2 EL Schnittlauchröllchen
Salz
Frisch gemahlener schwarzer Pfeffer

In einer Schüssel den Frischkäse mit Mayonnaise, Knoblauch und Lauchröllchen glattrühren. Mit Salz und Pfeffer abschmecken. Den Dip in eine Servierschüssel geben und die Oberfläche mit der Löffelunterseite glattstreichen. Vor dem Servieren mindestens 30 Minuten im Kühlschrank durchziehen lassen.

Küchentips

Schnittlauch immer erst zum Schluß an die Speisen geben, da langes Kochen die Aromastoffe zerstört. Die feinen Lauchröhren nicht hacken, sondern am besten mit einer Schere schneiden. Die Blüten für Salate und Garnituren verwenden.

DILL

Für die alten Römer war Dill ein Symbol für Lebenskraft; bei den Griechen galt er als Heilmittel gegen Schluckauf. Im Mittelalter glaubte man, Dill schütze vor Hexerei, obwohl das Kraut auch in vielen »Zaubertränken« vertreten war. Blätter wie Samen der Dillpflanze werden wegen ihres intensiven Aromas in der Küche hochgeschätzt. Dillblätter und Dillsamen sind eine beliebte Würze in Skandinavien, Deutschland und Mittel- wie Osteuropa. Neben ihrer kulinarischen Bedeutung sind Dillsamen für ihre allgemein beruhigende und verdauungsfördernde Wirkung bekannt.

Andere Namen
Gurkenkraut, Kapernkraut, Indisches Küchenkraut

Verwendungsformen
Blätter: frisch und getrocknet.
Samen: ganz und gemahlen

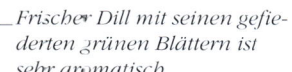

Aufbewahrung
Frische Blätter in einer Plastiktüte im Kühlschrank aufbewahren. Zum Einfrieren den Dill feinhacken, mit wenig Wasser in der Eiswürfelschale tiefgefrieren (siehe S. 16). Getrocknete Blätter und Samen in Schraubgläsern kühl und dunkel aufbewahren.

Trocknen
Lockere Sträuße in einem gut belüfteten Raum aufhängen.

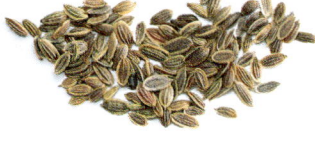

Dillsamen *sind sehr klein, flach und oval*

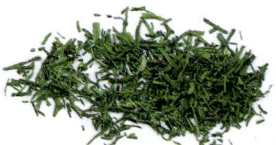

Getrocknete Dillblätter *haben eine dunkelgrüne Farbe*

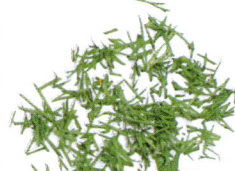

Gehackter frischer Dill

Frischer Dill mit seinen gefiederten grünen Blättern ist sehr aromatisch

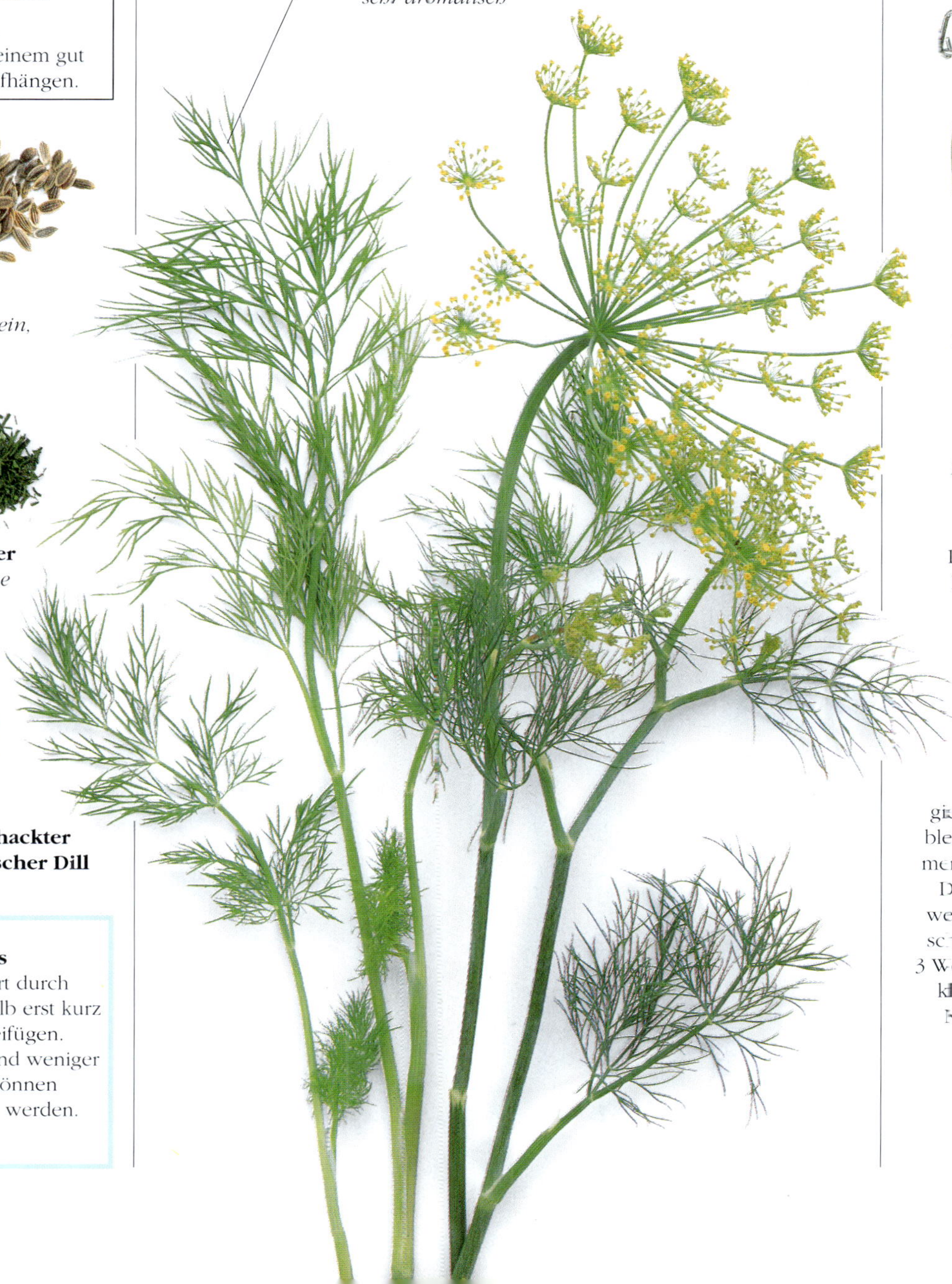

Küchentips
Frischer Dill verliert durch Kochen Aroma, deshalb erst kurz vorm Servieren beifügen. Getrocknete Blätter sind weniger aromatisch und können reichlich verwendet werden.

Verwendung

Blätter: Weichkäse wie Doppelrahm oder Hüttenkäse; Omeletts; Meeresfrüchte; Saucen auf Senfbasis; kalte Suppen; gefüllte Weinblätter; Heringe; Lachs; Kartoffelsalat; Gurken; Kalbfleisch und grüne Bohnen.
Samen: Brot; geschmorter Kohl; Fleischeintöpfe; Reis; gekochtes Wurzelgemüse.

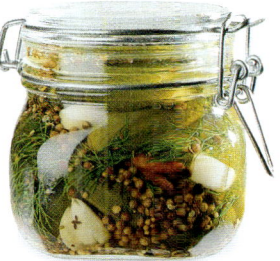

REZEPTVORSCHLAG
Dillgurken

Ergibt 2 l

10 Einlegegurken, gesäubert
1 Bund frischer Dill
75 g grobes Meersalz
1 TL Dillsamen
125 ml Weißweinessig
1 TL schwarze Pfefferkörner
1 EL Einmachgewürz (siehe S. 75)

Die Gurken mit dem frischen Dill in ein sterilisiertes 2l-Einmachglas geben. 1,2 l Wasser mit Salz, Dillsamen, Essig, Pfefferkörnern und Einmachgewürz in einem Topf aufsetzen und 3 Minuten bei starker Hitze kochen. Abkühlen lassen und über die Gurken gießen. Falls Flüssigkeit übrigbleibt, die Gewürze herausnehmen und zu den Gurken geben. Die verbleibende Flüssigkeit wegschütten. Das Glas gut verschließen und bis zum Verzehr 3 Wochen an einem kühlen, dunklen Ort durchziehen lassen. Nach dem Öffnen im Kühlschrank aufbewahren.

ANGELIKA

Aufbewahrung
Kandierte Stengel in Alufolie
wickeln und kühl und dunkel –
aber nicht im Kühlschrank – aufbewahren. Getrocknete Blätter
von den Stengeln abstreifen und
in Schraubgläser füllen; vor Licht
und Feuchtigkeit schützen.
Frische Samen vor dem Aufbewahren an einem warmen und
luftigen Platz trocknen lassen.

Trocknen
Die Blätter vor der Blüte ernten
und an einem warmen, trockenen und luftigen Platz zum
Trocknen aufhängen.

Küchentips
Kandierte Stengel, die etwas
trocken und strohig geworden
sind, kurz in heißem Wasser einweichen und anschließend mit
Küchenkrepp trockentupfen.

*Die hohlen, fleischigen Stengel sind
gerippt. Zum Kandieren sollten sie
jung geerntet werden*

Am bekanntesten sind zwar die kandierten Stengel der Angelika, die zur Garnierung von Torten und Desserts verwendet
werden, aber auch die übrigen Teile dieser würzig riechenden
Pflanze sind zum Verzehr geeignet. Die frischen Blätter passen gut
zu herbsäuerlichen Obstspeisen wie Rhabarber- oder Stachel-
beerkompott. Die Süße der Blätter mildert die Säure der Früchte
und hilft so, Zucker zu sparen. Die jungen Triebe können blanchiert in Salate gegeben werden. Alle Pflanzenteile, ob frisch oder
kandiert, verleihen selbstgemachten Gelees und Marmeladen ein
delikates Aroma. Aus mit Angelika aromatisiertem Fruchtsirup
(siehe S. 204) lassen sich im Sommer köstliche Erfrischungsgetränke zaubern, und im Winter verfeinert er Obstsalate. Ein Tee
aus den getrockneten Blättern soll die Nerven beruhigen und ein
wirksames Mittel bei Verdauungsbeschwerden sein. Die getrockneten Samen werden mitsamt den Stengeln zum Aromatisieren
von Spirituosen wie Gin, Vodka oder Vermouth verwendet. In
manchen Ländern werden die fleischigen Stengel und Wurzeln
auch gekocht und als Gemüse gegessen.

*Die großen leuch-
tendgrünen Blätter
sind gezackt und
schmecken würzig-
süß*

Verwendung

Frische Blätter: Gemüsesalate; Eiercremes; säuerliche Früchte wie
Rhabarber und Pflaumen; *courtbouillon* zum Pochieren von
Meeresfrüchten.

REZEPTVORSCHLAG
Kandierte Angelika

Ergibt 350 g

*350 g frische junge Angelikablät-
ter und -stengel
250 g Zucker
Feiner Zucker zum Überziehen*

Blätter von den Stengeln streifen.
Stengel und Blattstiele in 10 cm
lange Stücke schneiden und in
eine feuerfeste Form legen.
300 ml Wasser mit dem Zucker
aufkochen. Den heißen Sirup
über die Abschnitte und die
Blätter gießen, so daß sie
bedeckt sind. An einem kühlen
Ort mindestens 24 Stunden ziehen lassen. Danach die Angelika
zusammen mit dem Sirup in
einen Topf geben und zum
Kochen bringen. So lange
köcheln lassen, bis Stengel und
Blätter eine leuchtendgrüne Farbe annehmen. Abseihen, vollständig abkühlen lassen und
anschließend in Zucker wälzen.

Kandieren frischer Angelika
*Nach dem Kochen und Erkalten die
Angelikastengel und -blätter in
feinem Zucker wälzen. Anschließend die kandierten Stücke zum
Trocknen auf ein Kuchengitter
legen. Bis zum Verzehr luftdicht
verschlossen aufbewahren.*

Frische Stengel der Angelika

KERBEL

Der in Südrußland wildwachsende Kerbel gelangte wahrscheinlich mit den Römern nach Europa. Das einjährige Würzkraut, das als eines der ersten im Frühling aus dem Boden sprießt, ist leicht zu kultivieren und bevorzugt ein kühles, feuchtes Klima. Als Bestandteil der klassischen *fines herbes* (siehe S. 24) ist Kerbel in der französischen Küche unerläßlich und ersetzt häufig die Petersilie, mit der er eine gewisse Ähnlichkeit hat, wenngleich seine Blätter stärker gefiedert sind und geschmacklich ein wenig an Anis erinnern. Die zarten Blättchen vertragen weder langes Kochen noch hohe Temperaturen. Am besten schmeckt Kerbel, wenn er kurz vor dem Servieren über einen Salat gestreut wird.

Andere Namen
Gartenkerbel, Küchenkraut, Suppenkerbel

Verwendungsformen
Blätter: frisch und getrocknet

Kombinationen
Safran, Estragon, Petersilie

Aufbewahrung
Die Blätter schmecken am besten frisch, können aber auch ein paar Tage, in einer Plastiktüte verpackt, im Kühlschrank aufbewahrt werden oder aber getrocknet in einem Schraubglas. Allerdings geht dabei ein Großteil ihres feinen Aromas verloren.

Trocknen
Die Blätter auf einem Drahtgitter an einem kühlen, luftigen Ort trocknen lassen. Von den Stengeln streifen und zerreiben.

Küchentips
Damit das feine Aroma erhalten bleibt, Kerbel erst gegen Ende der Garzeit zugeben.

Gehackte frische Kerbelblätter *werden unmittelbar vor dem Servieren über die Speisen gestreut*

Getrocknete Blätter *großzügig verwenden; sie haben wenig Aroma*

Die hellgrünen Kerbelzweige sind weich und farnartig

Verwendung

Pochierter Fisch und Meeresfrüchte; Cremesuppen; Omelett und Rührei; Huhn; feine Buttersaucen; Weichkäse; glaciertes Gemüse wie Möhren; geräucherter Fisch und grüne Salate.

REZEPTVORSCHLAG
Hühnercremesuppe mit Kerbel

6 Portionen

*1 große Kartoffel, geschält und zerteilt
2 EL Butter
60 g frischer Kerbel, gehackt
1,5 l Hühnerfond
60 ml Sahne
Salz
Frisch gemahlener schwarzer Pfeffer
Kerbelzweige zum Garnieren*

Die Kartoffelstücke kochen, das Wasser abgießen und beiseite stellen. Die Butter in einem Topf zerlassen, den gehackten Kerbel zugeben und zugedeckt auf kleinster Flamme 5 Minuten garen. Den Hühnerfond zugießen und 10 Minuten köcheln lassen. Die Flüssigkeit mit den gekochten Kartoffelstücken im Mixer zu einer glatten Suppe pürieren. In den Topf zurückgeben und die Sahne zugießen. Die Cremesuppe nochmals erhitzen und abschmecken. Mit Kerbelzweigen garnieren und heiß oder kalt servieren.

Frische Kerbelzweige *sind eine schmackhafte Garnierung für heiße und kalte Speisen*

Andere Namen

Französischer Estragon, Echter Estragon, Schlangenkraut, Dragon

Verwendungsformen

Blätter: frisch und getrocknet

Aufbewahrung

Frische Blätter in einer Plastiktüte im Kühlschrank, tiefgefroren in der Eiswürfelschale oder eingelegt in Weißweinessig oder Öl aufbewahren oder in festverschlossenen sterilisierten Gläsern oder Flaschen.
Getrocknete Blätter kühl und möglichst dunkel in luftdichten Behältern lagern.

Trocknen

Die Blätter an einem warmen, luftigen Platz trocknen. Die getrockneten Blätter vor dem Aufbewahren von den Stengeln abstreifen.

Estragonessig

Mit Estragon aromatisierter Weißweinessig eignet sich gut für Salatsaucen und zum Ablöschen von Bratensatz (siehe S. 249). Zum Ansetzen von Estragonessig gibt man einen großen Estragonzweig in eine sterilisierte Flasche, bringt den Essig zum Kochen und gießt ihn dann in die Flasche, so daß der Zweig bedeckt ist. Verschließen und dunkel aufbewahren.

ESTRAGON

Der feinwürzige und delikate Estragon gehört zu den wichtigsten Kräutern der französischen Küche. Die ursprünglich in Sibirien beheimatete Pflanze eroberte sich im 15. Jahrhundert in ganz Europa einen festen Platz unter den Küchenkräutern. Ihr lateinischer Name »kleiner Drache« rührt von der mittelalterlichen Überzeugung her, das Kraut sei ein Gegenmittel für die Bisse von giftigen Tieren.

Zu den Klassikern zählt Estragonessig. Frische oder in Essig eingelegte Blätter passen zu Weichkäse oder können mit Sahne püriert und für Canapés verwendet werden.

Zwei engverwandte Formen werden bei diesem edlen Küchenkraut unterschieden: der Französische oder Echte Estragon und der Russische Estragon. Dem würzigeren Französischen Estragon mit dem feinen Anisaroma wird allgemein der Vorzug gegeben. Leider ist er empfindlich und nicht leicht zu kultivieren, weil er bei uns selten keimfähigen Samen ausbildet. Der Russische Estragon dagegen läßt sich leicht aus Samen ziehen, ist aber längst nicht so aromatisch, sondern hat einen eher bitteren Geschmack.

Verwendung

Viele klassische französische Saucen, wie *sauce béarnaise* oder *sauce tartare;* Eier in Aspik; Omeletts; pochierter Fisch; Pilze; Geflügel, besonders Huhn; Senf- und Salatsaucen.

Küchentips

Mit seinem bittersüßen und feinwürzigen Aroma übertönt Estragon leicht andere Zutaten und darf deshalb nur in kleinen Mengen verwendet werden. Estragonbutter ist schnell zubereitet und kann eingefroren werden: 30 g weiche Butter mit 1 TL feingehacktem Estragon und 1 TL Zitronensaft vermischen.

FINES HERBES

Diese klassische französische Kräutermischung besteht aus Petersilie, Kerbel, Schnittlauch und Estragon. Feingehackt und frisch verwendet, verleihen die *fines herbes* einem einfachen grünen Salat Aroma und Würze. Ihr feiner Geschmack harmoniert gut mit Eierspeisen, insbesondere mit Omeletts, und mit pochiertem Huhn und Fisch. Da Hitze das Aroma beeinträchtigt, werden die Kräuter erst am Ende der Garzeit zugefügt oder zur Garnierung über die Speisen gestreut.

Fines herbes, getrocknet
Petersilie, Schnittlauch, Estragon und Kerbel zu gleichen Teilen mischen

Fines herbes, frisch
Jeweils gleich große Mengen der vier Kräuter mit einem scharfen Messer feinhacken und mischen

Estragon

Petersilie

Kerbel

Schnittlauch

Die schmalen, länglichen Blätter haben ein bittersüßes, leicht pfeffriges Aroma mit einem Hauch von Anis

Gehackte frische Blätter *eignen sich vorzüglich zum Würzen von Butter, Saucen, Eierspeisen und Suppen*

Das Öl aus den Drüsen der Blattunterseite ist für das ausgeprägte Aroma der Pflanze verantwortlich

Getrocknete Blätter *verlieren schnell ihr Aroma und schmecken oft nach Heu*

Die gerippten runden Stengel sind buschig verzweigt, meist weich und krautig und haben eine hellgrüne Farbe. Zur Basis hin werden sie dunkler und holzig

Frische Blätter, *ganz oder zerpflückt, passen gut zu den meisten Gemüsesalaten*

REZEPTVORSCHLAG
Huhn mit Estragon

4 Portionen

2 EL Butter
Salz
Frisch gemahlener schwarzer Pfeffer
2 EL gehackter frischer Estragon
1 Poularde (1,5 kg)
Weiche Butter
250 ml Hühnerfond
2 EL Crème double

Den Backofen auf 180 °C/Gas Stufe 2–3 vorheizen. Die Butter mit Salz und Pfeffer würzen und 1 Eßlöffel Estragon unterrühren. Die Poularde innen mit der Buttermischung einreiben, dressieren und die Haut mit der weichen Butter bestreichen. Salzen und pfeffern. Die Poularde in einen Bräter legen und etwa 1¼ Stunden im Ofen braten, bis klarer Fleischsaft austritt, wenn man mit der Tranchiergabel in den Keulenansatz sticht. Das fertige Huhn aus dem Bräter heben, den Saft auffangen. Dressiergarn entfernen und das Huhn warm stellen. Bis auf 2 EL alles Fett aus dem Bräter abschöpfen. Den Hühnerfond mit dem Bratensaft in den Bräter gießen und aufkochen lassen. Dabei mit einem Holzlöffel sorgfältig den Bratensatz lösen. Den restlichen Estragon und die Crème double unterrühren und die Sauce mit Salz und Pfeffer abschmecken. Ausgetretenen Saft, der sich um das fertige Huhn gesammelt hat, zufügen. Die Sauce reduzieren, bis sie leicht eindickt. Das Huhn tranchieren und mit der Sauce servieren.

Andere Namen
Gurkenkönig, Himmelsstern

Verwendungsformen
Blätter: frisch, getrocknet
Blüten: kandiert, frisch

Aufbewahrung
Frische Blätter sind für die Vorratshaltung nicht geeignet, sie welken rasch.
Getrocknete Blätter in luftdicht verschlossenen Behältern aufbewahren.

Trocknen
Die Blätter von den Stengeln abstreifen und an einem luftigen Platz auf Drahtgeflecht trocknen.

Küchentips
Zum Verzehr die jungen Blätter wegen ihrer Härchen stets feinhacken. Fertig angemachte Salate erst kurz vor dem Servieren mit den Blüten bestreuen, da Salatsauce die Blüten verfärbt und welken läßt. Zum Kandieren die Blüten mit einer Lösung aus Gummiarabikum und Rosenwasser bepinseln, in feinem Zucker wenden und auf Drahtgeflecht trocknen lassen (siehe S. 211).

Borretschblüten *sind strahlendblaue Sterne mit auffälligen schwarzen Staubgefäßen*

BORRETSCH

Der ursprünglich im Vorderen Orient beheimatete Borretsch gelangte mit den Römern nach England. Die große stattliche Pflanze mit den graugrünen behaarten Blättern und den hübschen sternförmigen Blüten in strahlendem Blau soll angeblich die Lebensgeister wecken, Melancholie vertreiben und Mut machen. Sie ist Tummelplatz für Bienen und Hummeln, denn ihre Blüten, voll von süßem Nektar, locken viele der fleißigen Insekten an. Die saftigen Blätter des nur begrenzt in der Küche verwendeten Krautes verleihen Getränken und Salaten einen erfrischenden Gurkengeschmack. In China werden die Blätter wie Weinblätter gefüllt und zusammengerollt. In Deutschland gibt man die großen Blätter an Eintopfgerichte und *courtbouillon*. Borretsch ist auch unverzichtbarer Bestandteil in Pimm's No. 1, einem ginhaltigen Getränk, das vor etwa hundert Jahren vom damaligen Besitzer des gleichnamigen Restaurants in London kreiert wurde. Überzuckerte Blüten ergeben eine dekorative Garnierung.

Die Blüten werden zur Dekoration über Salate gestreut

Die graugrünen saftigen Blätter sind auf beiden Seiten behaart

Verwendung

Frische Blätter: gemischt mit gekochtem Buttergemüse; feingehackt in Salaten; für Sandwich- oder Nudelfüllungen; in Kräuterbutter, Joghurt und Weichkäse.
Ganze Zweige: in Punsch und Bowle oder alkoholischen Mischgetränken. *Blüten:* grüner Salat; kalte Frucht- und Gemüsesuppen.

REZEPTVORSCHLAG

Borretschsuppe

4 Portionen

*2 EL Butter
1 mittelgroße Zwiebel, feingehackt
750 ml Hühnerfond
125 g frische, junge Borretschblätter, gehackt
500 g Kartoffeln, geschält und in Scheiben geschnitten
175 ml Sahne
Salz
Frisch gemahlener schwarzer Pfeffer
Gehackte Borretschblätter zum Garnieren*

Die Butter in einem großen schweren Topf zerlassen und die Zwiebel darin glasig dünsten. Fond, Borretsch und Kartoffeln zugeben und bei schwacher Hitze zugedeckt köcheln lassen, bis die Kartoffeln gar sind. Die Suppe durch ein feines Sieb passieren oder im Mixer pürieren. Erneut erhitzen, mit Salz und Pfeffer abschmecken und die Sahne unterrühren. Die Suppe kurz aufkochen lassen, nach Belieben mit dem gehackten Borretsch bestreuen und heiß servieren. Auch eisgekühlt schmeckt diese Suppe ausgezeichnet.

RAINFARN

Aufbewahrung
Rainfarn am besten frisch in einer Plastiktüte im Kühlschrank aufbewahren. Gehackte Blätter können auch in der Eiswürfelschale eingefroren werden.

Trocknen
Blätter an einem dunklen, warmen und luftigen Platz zum Trocknen aufhängen.

Küchentips
Kleine Mengen frischer Blätter feinhacken und an Schmorgerichte geben.

Der Rainfarn ist eine winterharte, mehrjährige Staude und in Europa beheimatet. Mit seinen goldgelben knopfähnlichen Blütenbüscheln und den farnartigen Blättern ist er eine aparte Gartenpflanze. Bei den alten Griechen und Römern galt der Rainfarn als Symbol der Unsterblichkeit; im England der Tudors wurden seine getrockneten Blätter zur Abwehr von Ungeziefer aller Art in Betten und Kleiderschränken ausgelegt. Im 16. und 17. Jahrhundert galt Rainfarntee als belebendes und kräftigendes Getränk. Der seinerzeit wegen seiner reinigenden und entschlackenden Wirkung gerühmte Tee wird heute als gefährlich eingestuft, denn die Pflanze enthält ein ätherisches Öl mit dem giftigen *Thujon*. Rainfarn ist eines der bitteren Kräuter, die zum jüdischen Passah-Fest gereicht werden. Sein bitterer Geschmack schränkt seine Verwendung in der Küche stark ein, dennoch ist er eine klassische Zutat in vielen Kuchen und Puddings. In England wird nach alter Sitte zu Ostern eine mit Rainfarnblättern zubereitete Cremespeise serviert.

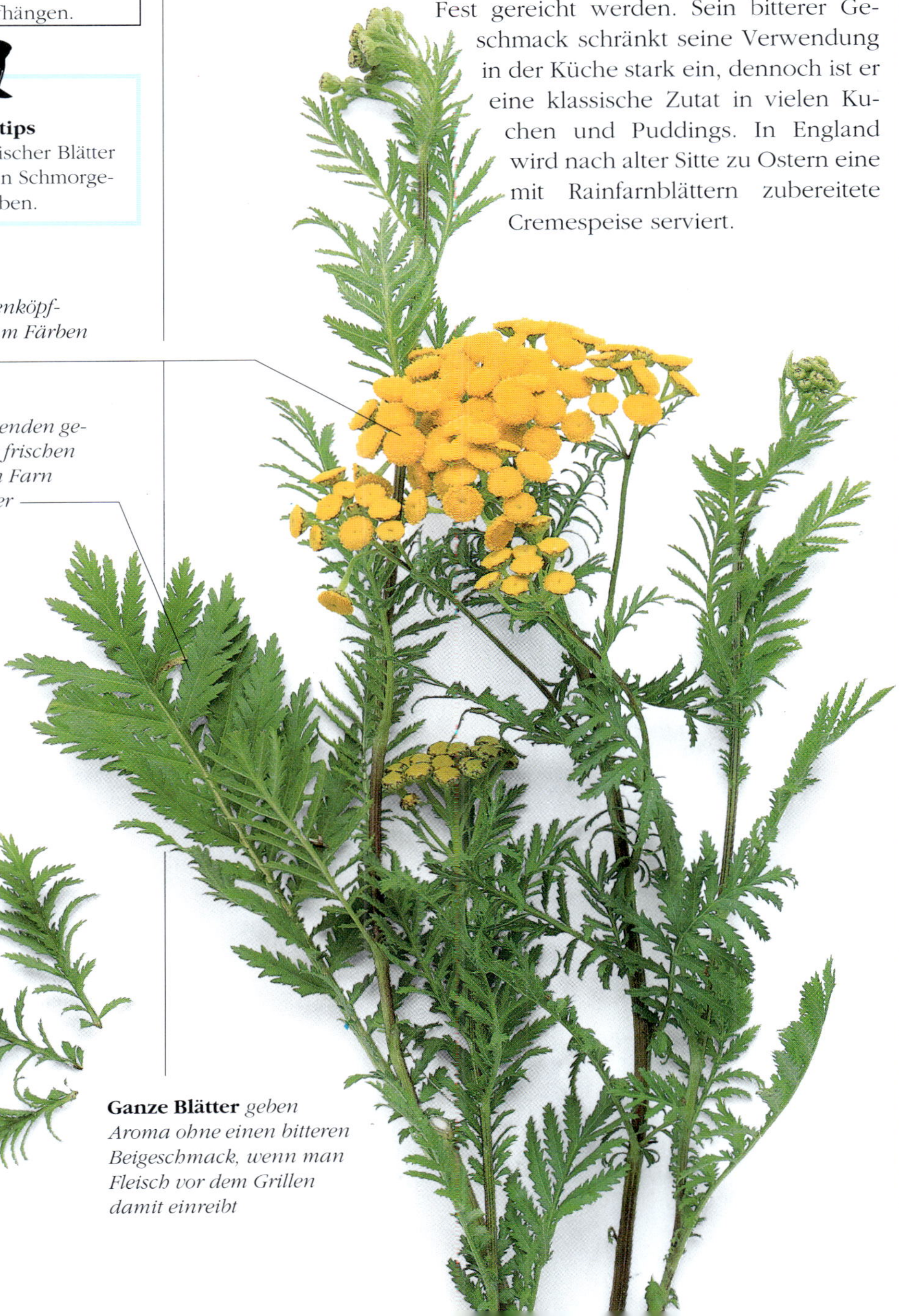

Die gelben Blütenköpfchen werden zum Färben verwendet

Die aromatisch duftenden gefiederten Blätter der frischen Pflanze erinnern an Farn und schmecken bitter

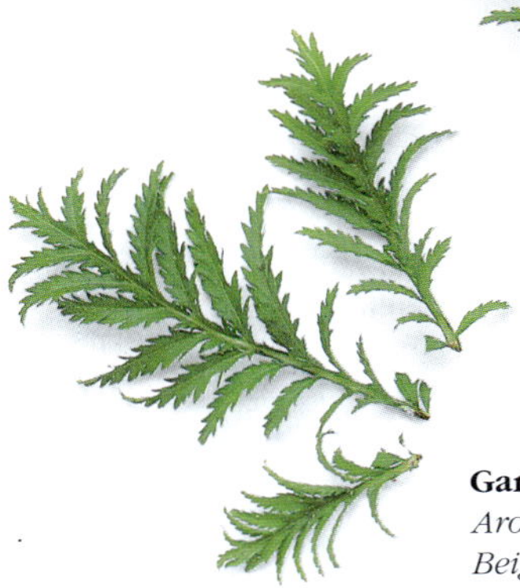

Ganze Blätter *geben Aroma ohne einen bitteren Beigeschmack, wenn man Fleisch vor dem Grillen damit einreibt*

Verwendung

Blätter: feingehackt in kleinen Mengen an Salate; Omeletts; Cremespeisen; Gebäck; Hackfleisch für pikante Pastetenfüllungen.

REZEPTVORSCHLAG
Rainfarn-Eiercreme

6 Portionen

Butter für die Puddingförmchen
60 g frische junge Rainfarnblätter, grobgehackt
750 ml Sahne
4 große Eier
60 g feiner Zucker
1 Prise Salz
1 Messerspitze frisch gemahlene Muskatnuß
60 g gemahlene Mandeln

Den Backofen auf 130 °C/Gas Stufe 2–3 vorheizen und sechs Portionsförmchen buttern. Für den Rainfarnsaft die Blätter im Mixer pürieren; gegebenenfalls etwas Wasser zugeben. Das Püree durch ein feines Sieb passieren. Es entsteht etwa ein Eßlöffel Saft. Beiseite stellen. Die Sahne in einen kleinen Topf gießen, aufkochen lassen und ebenfalls beiseite stellen. Die Eier mit Zucker, Salz, Muskat schaumig schlagen und dann die Mandeln unterziehen. Den Rainfarnsaft tropfenweise nach Geschmack zugeben. Die Sahne unterrühren und die Creme auf die Förmchen verteilen. Die Förmchen in einen Topf mit heißem Wasser stellen – es darf nicht kochen – und 30–40 Minuten im Ofen garen, bis die Eiermasse fest ist und ein in der Mitte hineingestochenes Messer sauber bleibt. Die Creme nach dem Auskühlen auf Teller stürzen und servieren.

Gehackte frische Blätter *zum Abschmecken von Farcen.*

KORIANDER

Andere Namen

Wanzenkraut, Chinesische Petersilie, Cilantro

Verwendungsformen

Blätter: frisch, getrocknet. *Wurzeln*: frisch. *Samen*: ganz, gemahlen

Kombinationen

Frische Minze, Kreuzkümmel

Aufbewahrung

Frische Blätter sind nur begrenzt lagerfähig, und das Trocknen bringt keine befriedigenden Ergebnisse. Zum Frischhalten wickelt man das Koriandergrün in feuchtes Küchenpapier und legt es in einer Plastiktüte in den Kühlschrank oder stellt die Stengelenden in ein Glas Wasser. Erst kurz vor der Verwendung die Wurzeln abschneiden und die Blätter abspülen. Zum Einfrieren die Blätter feinhacken, in die Fächer der Eiswürfelschale geben und mit etwas Wasser auffüllen. Samen in fest schließenden Behältern kühl und dunkel aufbewahren.

Die in Südeuropa und im Vorderen Orient heimische Gewürzpflanze ist schon seit Jahrtausenden bekannt. Das einjährige Kraut gehört wie die Möhre zur Familie der Doldengewächse und ist weltweit eines der beliebtesten Küchenkräuter. Die hübsche Pflanze hat flache Blütendolden von weißer bis rosa oder rötlicher Färbung und zarte hellgrüne Blätter, deren Aussehen der Blattpetersilie ähnelt. Frisches Korianderkraut ist bei uns manchmal schwer erhältlich; man kann es aber leicht selber ziehen. Dagegen sind die Samen in jedem Gewürzregal zu finden. Alle Teile der Pflanze können verwendet werden, und alle haben sie einen ausgeprägten Eigengeschmack. Die Blätter schmecken schwach nach Anis; die Samenkörner haben ein würziges, süßliches Aroma, das ein wenig an Orangenschalen erinnert. Die Wurzel, die viel intensiver als die Blätter schmeckt, wird gern in thailändischen Currys und anderen südostasiatischen Gerichten verwendet. Als eines der bitteren Kräuter des Passah-Festes wird Koriander schon in der Bibel erwähnt, und Samen der uralten Gewürzpflanze wurden in den Gräbern der Pharaonen gefunden. Das Koriandergrün ist ein beliebtes Küchengewürz im Vorderen Orient und auch in Spanien, Portugal und Mexiko. In Nordeuropa, wo man von jeher den Samen den Vorzug gibt, dient Koriander zum Aromatisieren von Gin oder ist Bestandteil von Einmachgewürzen. Auf dem indischen Subkontinent dagegen wird die Würze von Samen wie Blättern voll ausgeschöpft, beide sind fester Bestandteil in Curry-Gerichten. Trotz der vielseitigen Verwendung der Blätter und Samen haben alle Pflanzenteile einen starken Eigengeschmack, den nicht jeder mag. In Mittel- und Südamerika waren es die *Conquistadores*, die die Gewürzpflanze nach Mexiko und Peru brachten.

Frisch gehackte Wurzeln *haben ein ausgeprägtes Aroma*

Frische Korianderwurzel

Marokkanische Korianderkörner

Indische Korianderkörner

Die Samen haben ein würzigsüßes Aroma und einen etwas bitteren Beigeschmack, vergleichbar mit getrockneten Orangenschalen

Marokkanisches Korianderpulver

Indisches Korianderpulver

Koriander gibt es gemahlen oder als ganze Körner zu kaufen, die dann zu Hause – am besten leicht geröstet – gemahlen werden

Verwendung

Frische Blätter: Suppen; Eintöpfe; Currys; pfannengerührte Gerichte; Gemüse; Salate; Fisch; Geflügel; Joghurt; frische Chutneys; Relishes und Tomatensaucen. *Samen*: Currys; Fleisch- und Geflügelgerichte; Gemüse; süß-sauer Eingelegtes und Chutneys.

Küchentips

Die frischen Blätter sind besonders aromatisch, wenn sie erst kurz vor dem Servieren an die fertigen Gerichte gegeben werden. Feingehackte Wurzeln verleihen Currys und Schmorgerichten mehr Würze. Die Samenkörner erst kurz vor Verwendung mahlen, weil sie rasch an Aroma verlieren. Leichtes Rösten vor dem Mahlen oder Zerstoßen im Mörser intensiviert den Geschmack.

REZEPTVORSCHLAG

Guacamole

2–4 Portionen

1 große reife Avocado
1 mittelgroße Tomate, enthäutet und gehackt
¹/₂ kleine weiße Zwiebel, feingehackt
1 kleine frische grüne Chilischote, entkernt und gehackt
2 EL gehackte frische Korianderblätter
1 EL Zitronensaft
2–3 EL Sahne
Salz
Frisch gemahlener schwarzer Pfeffer

Die Avocado längs halbieren und den Stein herauslösen. Das Fruchtfleisch in eine Schüssel geben und mit einer Gabel zerdrücken. Gehackte Tomaten und Zwiebeln, Koriandergrün und Zitronensaft zugeben und alles gut vermischen. Nach Belieben mit der Chilischote würzen und die Sahne unterrühren. Mit Salz und Pfeffer abschmecken. Als Dip zu *crudités* (Gemüserohkost) oder knusprigen Tortilla-Chips oder als Beilage zu gegrilltem Fleisch reichen.

REZEPTVORSCHLAG
Sellerie mit Koriander

4 Portionen

4 mittelgroße Selleriestangen, geputzt und in 15 cm lange Stücke geschnitten
Salz
3 EL Butter
3 Frühlingszwiebeln, mit dem Grün, gehackt
350 ml Hühnerfond
1 EL Korianderkörner, im Mörser zerstoßen
2 EL Zitronensaft
Frische Korianderzweige zum Garnieren

Die Selleriestücke 2 Minuten in kochendem Salzwasser blanchieren. Dann abgießen und beiseite stellen. Butter in einer Pfanne zerlassen, die gehackte Zwiebel dazugeben und weich dünsten. Den Sellerie hineingeben, mit dem Fond auffüllen und mit Salz abschmecken. Zugedeckt bei schwacher Hitze 15 Minuten köcheln lassen. Die zerstoßenen Koriandersamen und den Zitronensaft zugeben und etwa 15 Minuten weitergaren, bis der Sellerie weich ist. Die Selleriestücke herausnehmen und die Kochflüssigkeit bei starker Hitze auf 125 ml reduzieren. Sellerie mit der Flüssigkeit in eine flache Schüssel geben, abdecken und erkalten lassen. Die Selleriestücke aus der Marinade heben und eisgekühlt oder bei Zimmertemperatur, garniert mit frischen Korianderzweigen, servieren.

Im Frühsommer erscheinen die Dolden mit weißen bis rosafarbenen Blüten

Gehackte frische Blätter *finden in der mexikanischen und in der sogenannten Tex-Mex-Küche (Texas und Mexiko) reichlich Verwendung als Würzzutat zu Salsas (Saucen), Guacamole und Reisgerichten*

Frische Blätter *sind eine hübsche Garnitur, dominieren aber leicht mildere Aromen anderer Zutaten und sollten deshalb nur in entsprechend kleinen Mengen verwendet werden*

Die unteren Blätter sind dreilappig und fächerartig geformt geschmacklich sind sie den oberen feingefiederten Blättern vorzuziehen

Die frischen grünen Blätter des Korianders erinnern ein wenig an Blattpetersilie, aber Verwechslungen sind wegen des ausgeprägten Eigengeschmacks nicht möglich

29

ZITRONENGRAS

Aufbewahrung
Frisch in einer Plastiktüte in den
Kühlschrank legen oder
tiefgefrieren.
Getrocknet in festverschlossenen
Behältern im Kühlschrank
aufbewahren.
Gemahlen in Schraubgläsern
kühl und dunkel aufbewahren.

Küchentips
Frische Halme ganz oder gehackt
verwenden und zerdrücken, damit das Aroma freigesetzt wird.
Von den Halmen nur die unteren
10–15 cm verwenden; den oberen fasrigen Teil wegwerfen. Getrocknete Halme vor Gebrauch in
heißem Wasser einweichen. Bei
Verwendung von gemahlenem
Zitronengras entspricht 1 Teelöffel einem Halm.

Das aus dem tropischen Südostasien stammende Zitronengras
wird mittlerweile auch in Indien, Afrika, Australien, Südamerika und Teilen der Vereinigten Staaten kultiviert. Die zur Familie der Süßgräser zählende Pflanze zeichnet sich durch ein intensives Zitronenaroma aus. Zitronengras, eine beliebte Zutat in
der thailändischen und vietnamesischen Küche, ist bei uns fast nur
in Geschäften erhältlich, die asiatische Lebensmittel führen. Notfalls kann es durch Zitronenschale und ein wenig frisch geriebenen Ingwer ersetzt werden.

*Zitronengras hat nadelförmige Blät-
ter und eine knollige Wurzel von
fasriger und holziger Konsistenz*

Gemahlene Halme *wer-
den direkt an die Speisen
gegeben*

Getrocknete, zerkleinerte Halme
*müssen vor Gebrauch in heißem
Wasser eingeweicht werden*

**Kleingeschnittene
frische Halme**

REZEPTVORSCHLAG
Sauer-scharfe Garnelensuppe

4 Portionen

*1,2 l Hühnerfond
4 Frühlingszwiebeln, mit dem
Grün, gehackt
2 EL gehackte frische Korianderblätter
1 kleine frische grüne Chilischote,
entkernt und gehackt
3 Stengel Zitronengras, in 2,5 cm
lange Stücke geschnitten
1 EL asiatische Fischsauce
(siehe S. 244)
Salz
1 Stück Limetten- oder Zitronenschale (2,5 cm lang)
2 EL Limetten- oder Zitronensaft
500 g tiefgefrorene Garnelen,
aufgetaut
Gehackte Frühlingszwiebeln und
Korianderblätter zum Garnieren*

Alle Zutaten bis auf die Garnelen
in einen Topf geben und zum
Kochen bringen. Das Ganze zugedeckt bei schwacher Hitze
20 Minuten köcheln lassen, damit
sich die Aromen gut vermischen.
Den Sud abseihen, die festen Bestandteile wegwerfen. Die Flüssigkeit zurück in den Topf
gießen, die Garnelen dazugeben
und 1–2 Minuten erhitzen. Die
Suppe in eine Terrine füllen, mit
den gehackten Frühlings-
zwiebeln und Korianderblättern
bestreuen und heiß
servieren.

FENCHEL

Andere Namen
Gemeiner oder Wilder Fenchel, Römischer Fenchel, Gewürzfenchel, Knollenfenchel

Verwendungsformen
Blätter: frisch und getrocknet.
Stengel: frisch und getrocknet.
Samen: getrocknet

Kombinationen
Petersilie, Oregano, Salbei, Thymian, Chillies

Aufbewahrung
Frische Blätter entweder in einer Plastiktüte im Kühlschrank aufbewahren, feingehackt in der Eiswürfelschale einfrieren oder in Olivenöl oder Weinessig einlegen. Getrocknete Blätter, Stengel und Samen in festverschlossenen Behältern kühl und dunkel aufbewahren.

Fenchelsamen *sind halbmondförmig und gerippt und schmecken würzigsüß*

Die blaugrünen Fiederblättchen gleichen zwar optisch, nicht aber geschmacklich denen des Dill

Küchentips
Frische Fenchelblätter in einem *bouquet garni* zum Würzen von Fischgerichten verwenden. Die Samen vor Gebrauch zerstoßen. Als Aromazutat für indische Gerichte die Samen vorher rösten. Man kann sie auch keimen lassen und die Sprossen als Würzzutat in grünen Salaten verwenden.

Fenchel ist eine winterharte mehrjährige Pflanze aus Südeuropa und wird seit Jahrtausenden als Kraut, Gewürz und Gemüse verwendet. Hochgeschätzt bei den Römern und Griechen, war die Pflanze auch schon im alten China, in Indien und Ägypten bekannt. In ganz Europa wird sie noch heute als Aromazutat für frischen oder gebeizten Fisch verwendet. Von den unterschiedlichen Pflanzen, die zur Fenchelfamilie gehören, schmeckt der Gemeine oder Wilde Fenchel, der vorwiegend in Mitteleuropa und Rußland angebaut wird, am bittersten. Der Gemüsefenchel wird als einjährige Pflanze vor allem in Italien kultiviert, wegen seiner knollenartig verdickten Stengel und wegen der fleischigen jungen Triebe, die roh oder gekocht gegessen werden. Die Blätter dieser Fenchelsorte schmecken würzigsüß nach Anis und sind nicht bitter. Die Knollen des Gewürzfenchels sind kleiner als die des Gemüsefenchels, aber beide Sorten haben blaugrüne, fein gefiederte Blätter und tragen den Sommer über hübsche leuchtendgelbe Blüten.

Verwendung

Ganze frische Blätter: gebackene oder gegrillte Meeresfrüchte; *courtbouillon. Gehackte frische Blätter:* Mayonnaise; Saucen; Füllungen; Suppen; Vinaigrette; Gemüse- und Meeresfrüchte-Salate; Schweinefleisch. *Samen:* Brote; Salzgebäck; Würstchen; würzige Fleischmischungen; Currys; Kohlgerichte und englische Apfelpastete.

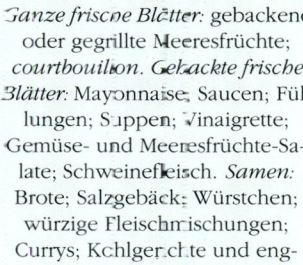

REZEPTVORSCHLAG
Seebarsch mit Fenchel

4–6 Portionen

2 kg Seebarsch, geschuppt, ausgenommen und abgespült
Salz
Frisch gemahlener schwarzer Pfeffer
10 Stengel frischer oder getrockneter Fenchel
Olivenöl
4 EL Pernod oder anderer Anislikör

Den Backofen auf 180 °C/Gas Stufe 2–3 vorheizen. Den Fisch auf beiden Seiten salzen und pfeffern und 2 Fenchelstengel in die Bauchhöhle legen. Den Fisch mit Öl bestreichen und eine feuerfeste Form einölen. Die restlichen Fenchelstengel in der Form verteilen, den Fisch darauflegen und etwa 30–40 Minuten im Ofen garen, bis sich das Fleisch fest anfühlt. Die Form mit dem Fisch aus dem Ofen nehmen, den Likör anwärmen, über den Fisch gießen und anzünden. Sobald die Flammen erloschen sind, den Fisch auf eine vorgewärmte Platte legen oder filetiert auf vorgewärmten Portionstellern anrichten und sofort servieren.

Gehackte frische Blätter *sind eine hübsche Garnierung für Suppen und Salate*

Verwendungsformen

Blätter: frisch und getrocknet.
Blüten: frisch

Aufbewahrung

Frische Blätter und Blüten in
festverschlossenen Plastiktüten
im Kühlschrank aufbewahren.
Getrocknete Blätter in luftdicht
verschlossenen Behältern kühl
und dunkel lagern.

Trocknen

Das Kraut an einem schattigen
und luftigen Platz aufhängen.

Küchentips

Von Juni bis September kann
man die winzigen Blüten der
Pflanze zum Garnieren von Salaten verwenden, zum Beispiel für
einen gemischten Blattsalat mit
in Scheiben geschnittenen hartgekochten Eiern. Frisch gehackte
Blätter gibt man an grüne Salate.
Blätter und Blüten nicht gleichzeitig verwenden, weil das intensive Aroma der Blätter das der
Blüten übertönt.

Gehackte frische Blätter

Frische Ysopblätter *schmecken
leicht bitter und ein wenig nach
Minze*

YSOP

Ysop ist ein Kraut mit langer Geschichte. Es wurde schon in
der Bibel – von Moses bis zu Johannes dem Täufer – häufig
erwähnt und auch von den Arabern hochgeschätzt. Die alten Griechen kochten Ysop mit Weinraute und Honig auf und tranken dieses Gebräu als Hustentee. Das seit alten Zeiten als Heilpflanze be-
nutzte Kraut wird auch zum Aromatisieren von Likören verwendet, unter anderem für den berühmten französischen Kräuterlikör
Chartreuse. Die Blätter schmecken leicht bitter, ein wenig nach
Minze, und einige Kräuterkenner meinen, eine Spur von Weinraute herauszuschmecken. In der Küche wird Ysop an Suppen
und Eintöpfe gegeben, und ein paar frische Blättchen geben einem langweiligen Salat eine interessante Note. Darüber hinaus
kann in Zuckersirup eingelegtes Kraut (siehe S. 196) in Obstdesserts verwendet werden. Die dekorative Duftpflanze zieht im Garten Bienen und Schmetterlinge an und soll die Gemüsebeete vor
dem Kohlweißling schützen.

*Die Blüten sind meist blauviolett,
manchmal auch rosa oder weiß*

*Die lanzettförmigen
Blätter riechen sehr
würzig*

(siehe S. 196)

Verwendung

Getrocknete Blätter: Suppen;
Eintöpfe; Kräutertees. *Frische
Blätter:* Weichkäse wie Ziegen-
und Hüttenkäse; aromatisierte
Buttermischungen; Sandwiches;
Saucen und Dips; heiße oder
kalte Nudelgerichte.
Blüten: grüne Salate.

REZEPTVORSCHLAG
Glacierte Möhren mit Ysop

4 Portionen

*500 g junge Möhren, geschabt
und in dünne Scheiben
geschnitten
250 ml Hühnerfond
1 EL klarer Honig
1 EL Butter
Salz
Frisch gemahlener schwarzer
Pfeffer
1 EL feingehackte frische
Ysopblätter*

Die Möhren mit Fond, Honig
und Butter in einen Topf geben
und salzen und pfeffern. Bei
mittlerer Hitze zum Kochen bringen. Zugedeckt bei schwacher
Hitze etwa 20 Minuten köcheln
lassen, bis die Möhren weich
sind und die Garflüssigkeit zu einem dicken Sirup eingekocht ist.
Den gehackten Ysop untermischen und sofort
servieren.

LORBEER

Andere Namen
Lorbeerblatt, Suppenblätter

Verwendungsformen
Blätter: frisch und getrocknet

Aufbewahrung
Frische Blätter halten sich einige Tage in einer Plastiktüte verpackt im Kühlschrank. Getrocknete Blätter in festverschlossenen Behältern kühl und dunkel lagern.

Trocknen
Die Lorbeerzweige an einem trockenen, dunklen und luftigen Platz aufhängen. Nach dem Trocknen die Blätter von den Zweigen abstreifen und wie oben beschrieben aufbewahren.

Küchentips
Das kräftige, würzige Aroma der Blätter wird durch das Trocknen noch intensiviert; ältere Blätter hingegen verlieren ihre Würzkraft und sollten nicht mehr verwendet werden. Frische Blätter schmecken etwas bitter, was sich aber beim Trocknen schon nach einigen Tagen verliert. Ganze Blätter verströmen ihren würzigen Wohlgeruch noch intensiver, wenn man sie zerteilt oder hackt.

Wahrscheinlich war Kleinasien das Ursprungsland des Lorbeers, aber er ist auch schon seit Urzeiten im ganzen Mittelmeerraum verbreitet. Das Bäumchen mit den glänzenden dunkelgrünen Blättern, das in seiner Heimat eine beachtliche Höhe erreichen kann, wird in unseren Breiten meist als buschige Kübelpflanze gezogen. Seine gelblichweißen Blüten werden sehr gern von Bienen aufgesucht. Die alten Griechen und Römer flochten ihren siegreichen Helden auf dem Schlachtfeld und in der Arena Kränze aus Lorbeerzweigen. Auch Dichter wurden mit einem Kranz aus den edlen Blättern geehrt und als *poeta laureatus* bejubelt.

Aus der Küche sind Lorbeerblätter nicht wegzudenken, sie passen zu fast allem: von würzigen Fleisch- und Fischgerichten über Nudelsaucen bis hin zu gebackenen Milchpuddings. Die vielseitig verwendbaren würzigen Blätter werden weltweit als Küchengewürz benutzt. Lorbeer ist auch ein wesentlicher Bestandteil im *bouquet garni* (siehe S. 55), und notfalls reicht schon ein einziges Lorbeerblatt, um das ganze Kräutersträußchen zu ersetzen.

Frische Blätter sollten makellos sein und glänzend

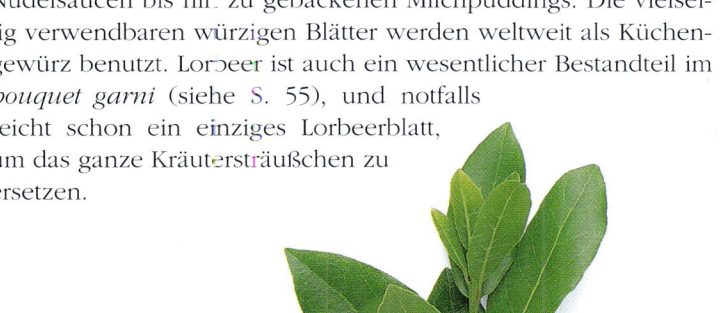

Getrocknete Lorbeerblätter *können ganz oder zerkleinert verwendet werden*

Frische Lorbeerblätter *unmittelbar vor Gebrauch grob zerkleinern*

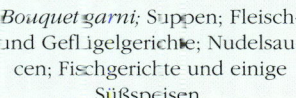

Verwendung
Bouquet garni; Suppen; Fleisch- und Geflügelgerichte; Nudelsaucen; Fischgerichte und einige Süßspeisen.

REZEPTVORSCHLAG
Kartoffeln mit Lorbeerblättern

4–6 Portionen

Olivenöl
1 kg Kartoffeln, geschält und in 1,5 cm dicke Scheiben geschnitten
2 große Knoblauchzehen, gehackt
4 große Lorbeerblätter
Salz
Frisch gemahlener schwarzer Pfeffer
450 ml Hühnerfond

Eine flache Kasserolle mit Olivenöl einpinseln. Die Kartoffelscheiben, den Knoblauch und die Lorbeerblätter zur Hälfte einschichten, nach Geschmack salzen und pfeffern und mit 2 EL Olivenöl beträufeln. Mit der anderen Hälfte der Zutaten ebenso verfahren. Den Hühnerfond aufgießen und zum Kochen bringen. Zugedeckt bei schwacher Hitze 25–30 Minuten köcheln lassen, bis die Kartoffeln gar sind und die Flüssigkeit verdampft ist. Nicht verkochte Kochflüssigkeit vorsichtig abgießen und die Lorbeerblätter vor dem Servieren entfernen.

LIEBSTÖCKEL

Der Liebstöckel ist eine stattliche Staude mit kräftigen hohlen Stengeln und geteilten grünen Blättern, die an Sellerie erinnern. Die schnellwüchsige Pflanze sprießt als eines der ersten Kräuter im Frühling aus dem Boden, und im Sommer erscheinen Dolden mit kleinen blaßgelben Blüten. Die alten Griechen und Römer wußten die Samen, Wurzeln und Blätter zu nutzen, doch sind ihre Verwendungsmöglichkeiten heute zum großen Teil in Vergessenheit geraten. Liebstöckel ist im Geschmack kräftig würzig, an Sellerie erinnernd, verträgt aber im Gegensatz zu Sellerie lange Garzeiten. Ein paar Blätter oder gehackte junge Stengel genügen, um Schmorgerichten oder Suppen ein intensives Aroma zu verleihen. Die Blätter und Stengel von Liebstöckel können auch wie Angelika kandiert und als Dekoration für Kuchen verwendet werden. In Teilen Italiens ißt man die geschälten gekochten Wurzeln auch als Gemüse.

Andere Namen
Maggikraut, Suppenlob

Verwendungsformen
Blätter: frisch, getrocknet, kandiert. *Samen:* getrocknet. *Stengel:* frisch, kandiert

Aufbewahrung
Getrocknete Blätter und Samen luftdicht verschlossen kühl und dunkel aufbewahren. Frische Blätter unzerteilt in der Eiswürfelschale einfrieren.

Trocknen
Das Kraut an einem trockenen, dunklen, luftigen Ort aufhängen. Vor der Aufbewahrung die Blätter von den Stengeln abstreifen.

Liebstöckelsamen *sind klein, braun und aromatisch*

Die glänzendgrünen Blätter sind groß, geteilt und schmecken nach Sellerie

Küchentips
Liebstöckel nur sparsam verwenden, weil der Geschmack sonst dominiert. Zarte junge Blätter kann man Salaten roh beifügen, ältere Blätter werden in Suppen, Fonds und Eintöpfen mitgekocht und passen zu Weichkäse. Kandierte Blätter werden zum Garnieren verwendet. Die kräftigen Stengel lassen sich ebenfalls gut kandieren, werden aber auch kleingehackt an Suppen und Eintöpfe gegeben. Wer sie lieber gedämpft mag, muß sie vorher abschaben. Die Samen geben Kuchen und Broten eine aparte Würze und werden auch gern über Salate gestreut.

Die oberen Blätter sind kleiner als die unteren, und ihre Stiele sind kürzer

Die kräftigen Stengel sind hohl und gerippt

Verwendung
Suppen; Salate; Füllungen; Schmor- und Fleischgerichte.

REZEPTVORSCHLAG

Liebstöckelsuppe mit Tomaten und Äpfeln

4–6 Portionen

4 EL Butter
1 mittelgroße Zwiebel, feingehackt
500 g Tomaten, enthäutet, entkernt und gehackt
4 große Kochäpfel, geschält, entkernt und gehackt
125 g Liebstöckelblätter, grobgehackt
1 l Hühnerfond
Salz
Frisch gemahlener schwarzer Pfeffer
Feingehackte Liebstöckelblätter oder Joghurt zum Garnieren

Die Butter in einem Topf zerlassen und die Zwiebeln darin weich dünsten. Tomaten, Äpfel und Liebstöckelblätter zugeben und 2–3 Minuten unter gelegentlichem Rühren garen. Den Fond angießen, zum Kochen bringen und zugedeckt bei schwacher Hitze 30 Minuten sieden lassen. Die Suppe im Mixer pürieren und durch ein Sieb in einen Topf passieren. Mit Salz und Pfeffer abschmecken und kurz aufkochen lassen. Heiß, mit frischem Liebstöckel bestreut, sofort auftragen oder die eisgekühlte Suppe in Suppenschalen füllen und mit einem Schlag Joghurt servieren.

Getrocknete Blätter *bewahren ihr würziges Aroma*

ZITRONENMELISSE

Die Zitronenmelisse verfeinert eine Vielzahl von Gerichten, und Kenner behaupten sogar, daß alle Gerichte mit Zitronensaft durch die Beigabe von Melissenblättern noch gewinnen. Die Zitronenmelisse ist eine dekorative Garten- oder Kübelpflanze mit duftenden rosa oder weißen Blüten, die allerdings zurückgeschnitten werden sollten, wenn vorwiegend die Blätter in der Küche Verwendung finden. Der botanische Name *Melissa* kommt aus dem Griechischen und steht für Honigbiene. Und in der Tat, mit ihrem lieblichen Zitronenduft zieht die Melisse Bienen und Hummeln an. Die Pflanze stammt höchstwahrscheinlich aus dem Vorderen Orient, breitete sich aber rasch über den gesamten Mittelmeerraum aus, wo sie seit über zweitausend Jahren kultiviert wird. Die Melisse ist Grundstoff für den Karmelitergeist. Sie wird auch zur Likörherstellung verwendet und ist eine köstliche Beigabe zu vielen gekochten Obstspeisen.

Andere Namen
Melisse, Herztrost, Honigblatt, Balsam-Melisse, Bienenkraut

Verwendungsformen
Blätter: frisch und getrocknet

Aufbewahrung
Frische Blätter möglichst erntefrisch verwenden, sie halten sich aber auch ein paar Tage in Plastiktüten im Kühlschrank. Getrocknete Blätter in luftdicht verschlossenen Behältern kühl und dunkel aufbewahren; das Zitronenaroma verfliegt sehr schnell.

Trocknen
Zum Trocknen die zweite Ernte verwenden, da die Blätter kleiner sind. Das Kraut an einem schattigen, luftigen Ort aufhängen.

Küchentips
Frische Blätter sind getrockneten vorzuziehen. Frische kleingehackte Blätter gibt man an Obstsalate. Für Tee frische oder getrocknete Blätter aufbrühen.

Gehackte frische Blätter
würzen süße wie pikante Speisen

Frische Blätter

Die hellgrünen, stark geäderten Blätter sind am Rand gezähnt und haben ein frisches Zitronenaroma mit einem Hauch von Minze

Verwendung
Eiergerichte, insbesondere Omeletts; Kräutertees als erfrischendes Getränk in Milch eingelegt; für Eiercremes; Salate; Suppen; Schmortöpfe, besonders Zubereitungen mit Wildgeflügel; Weißweinbowlen.

REZEPTVORSCHLAG
Pfirsich-Melissen-Bowle

Ergibt 3 l

500 g Pfirsiche, möglichst eine weißfleischige Sorte, enthäutet, entsteint und püriert
Zucker
125 g frische Melissenblätter, grobgehackt
3 l trockener Weißwein, eisgekühlt
Frische Melissenzweige zum Garnieren

Die pürierten Pfirsiche in eine kleine Schüssel geben und nach Geschmack zuckern. Melissenblätter und 600 ml Weißwein zugeben und alles gut verrühren. Im Kühlschrank mindestens 2 Stunden durchziehen lassen. Die Melissenmischung durch ein Sieb in ein Bowlengefäß abseihen und den restlichen eisgekühlten Wein dazugeben. Mit Melissenzweigen garnieren und servieren.

Aufbewahrung
Die Blätter aller Minzearten schmecken frisch gepflückt am besten. Sie können kurzfristig in Plastiktüten im Kühlschrank aufbewahrt werden. Minze ist auch für das Tiefgefrieren in der Eiswürfelschale geeignet. Getrocknete Blätter luftdicht verschlossen und dunkel aufbewahren.

MINZE

Die vielen Verwandten der Minze können sowohl in süßen als auch in pikanten Gerichten verwendet werden, und es gibt eine Vielzahl von Rezepten, in denen die verschiedenen Minzen eine Hauptrolle spielen. Bei den vielen Arten, Abarten und Hybriden dieser mehrjährigen Staude kommt es häufig zu Verwechslungen, aber zum Glück sind die Aromaunterschiede vieler Minzen nicht so groß und diese daher austauschbar. Die Grüne Minze wird bevorzugt für englische Minzsauce oder Minzgelee als Beigabe zu Lammbraten. Sie schmeckt auch vorzüglich zu neuen Kartoffeln, Erbsen und Möhren. Aufgebrüht als Tee erfreut sich die Grüne Minze in Nordafrika und im Vorderen Orient großer Beliebtheit. Diese Minze aromatisiert auch den Mint Julep, einen Drink auf gestoßenem Eis mit Brandy oder Whisky.

Die Pfefferminze würzt in der westlichen Küche nur selten pikante Gerichte; sie wird relativ oft in der Likör- und Spirituosenindustrie verwendet und in Süßwaren und Desserts verarbeitet.

Verwendung

Frisch und getrocknet: Kräutertee; Suppen; Salate; Saucen; einfache Fleischgerichte; Fisch; Geflügel; Eintöpfe; Süßspeisen; Süßspeisen mit Schokoladenüberzug; Desserts mit Zitrone wie Cremespeisen und Obsttörtchen.

Küchentips
Frische Minze ist in der Regel vorzuziehen; für Gerichte aus dem Vorderen Orient kann aber auch das getrocknete Kraut verwendet werden, vor allem für Quarkfüllungen, für Joghurt-Dressings und Saucen, in Füllungen für Gemüse wie Auberginen, Paprika und Tomaten. Getrocknete Minze verwendet man auch für die Zubereitung von Minzsauce.

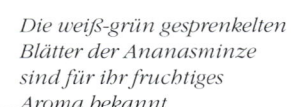

Die weiß-grün gesprenkelten Blätter der Ananasminze sind für ihr fruchtiges Aroma bekannt

Die wohl bekannteste aller Minzearten hat leuchtendgrüne länglich-eiförmige Blätter mit gezähntem Rand

Die weichen Blätter sind behaart

Ananasminze

Apfelminze *hat graugrüne runde Blätter, die nach Apfel duften. Ihr Aroma ist lieblicher und milder als das anderer Minzen*

Raripila-Minze *zeichnet sich durch dunkelgrüne eiförmig-elliptische Blätter, dunkle Stengel und rötlichviolette Blüten aus und schmeckt pfefferminzartig*

Marokkanische Grüne Minze

Kandierte Minze

Kandierte Minzeblätter sind eine hübsche Verzierung für Pudding und Gebäck, vor allem in Verbindung mit kandierten Veilchen und Rosenblüten (siehe S. 211) oder kandierter Engelwurz. Sie können nach Beendigung der Mahlzeit auch anstelle des traditionellen Pfefferminzlikörs zu einer Tasse Kaffee serviert werden. Nur makellose große Blätter verwenden. In einer flachen Schüssel 60 g Gummiarabikum in 300 ml Wasser auflösen. Eine zweite Schüssel mit feinkörnigem Zucker und einen Backpinsel bereitstellen. Mit dem Pinsel die Blätter von beiden Seiten sorgfältig mit der Gummilösung bestreichen. Anschließend die Blätter im Zucker wenden und überschüssigen Zucker vorsichtig abschütteln. Der Minzegeschmack wird intensiver, wenn die Blätter mehrere Stunden im Zucker liegenbleiben oder mit etwas Pfefferminzöl beträufelt werden. Anschließend die Blätter zum Trocknen auf ein Kuchengitter legen. Nach 24 Stunden die Blätter wenden und weitere 24 Stunden von der anderen Seite trocknen lassen. Wenn beide Seiten trocken sind, die Blätter in einem luftdichten Behälter kühl und dunkel aufbewahren.

Getrocknete Blätter *können für diverse Saucen verwendet werden, und mit kochendem Wasser aufgebrüht, wird daraus ein wohlschmeckender Kräutertee*

Gehackte frische Blätter

MINZE-ARTEN

Unter den mehr als 600 bekannten Arten, Abarten und Formen der Minze weist eine Reihe sehr unterschiedliche Aromen und Düfte auf. Die am häufigsten in der Küche verwendeten Minzen sind Grüne Minze und Pfefferminze. Bei der in Gemüsefachgeschäften und auf Wochenmärkten angebotenen Grünen Minze handelt es sich meist um die marokkanische Grüne Minze. Sie hat ein kräftiges Aroma und ist wie alle Minzen leicht zu kultivieren. Ist ein milderer Minzegeschmack erwünscht, kann Apfelminze verwendet werden. Mit ihrem charakteristischen Duft sind Apfelminze und ihre Verwandte, die Ananasminze, dekorative und nützliche Pflanzen, die in keinem Garten fehlen sollten. Die Pfefferminze, die an ihrem intensiven Duft zu erkennen ist, liefert Öl, das vorwiegend zum Aromatisieren von Süßwaren und Schokolade verwendet wird. Die Basilikumminze, so benannt nach ihrer Ähnlichkeit mit dem Basilikum, duftet lieblich nach Zitrone und schmeckt vorzüglich in Kuchen und Plätzchen.

Makellose, hellgrüne Blätter haben einen besonders erfrischenden Minzeduft

Die Blätter sind dunkler gefärbt und nicht so kraus wie die der Grünen Minze mit ihrem erfrischenden Duft und kräftigem Aroma

Basilikumminze

Pfefferminze

REZEPTVORSCHLAG
Tsatsiki mit Minze

4 Portionen

½ Gurke, geschält, entkernt und feingehackt
10 frische Minzeblätter, vorzugsweise Grüne Minze, sehr fein gehackt
400 g griechischer Joghurt oder ein anderer dicker Joghurt
Salz

Gurke, Minze und Joghurt in einer Schüssel verrühren. Mit Salz abschmecken und mit *pita* (Fladenbrot) als Vorspeise reichen.

MONARDE

Andere Namen
Indianernessel, Goldmelisse,
Oswego-Tee, Bienenbalsam

Verwendungsformen
Blüten: frisch und kandiert.
Blätter: frisch und getrocknet

Aufbewahrung
Frische Blüten und Blätter können kurzzeitig in einer Plastiktüte im Kühlschrank aufbewahrt
werden. Getrocknete Blätter in
luftdicht verschlossenen Behältern kühl und dunkel lagern.
Kandierte Blüten in Folie
wickeln und kühl aufbewahren.

Trocknen
Möglichst junge Triebe kurz vor
der Blüte pflücken und an einem warmen, luftigen Platz zum
Trocknen aufhängen.

Küchentips
Frische Blätter und Blüten, leicht
zerpflückt oder grobge-
hackt, geben grünen Sala-
ten eine interessante Note.
Frische Blätter sind ein reizvoller
Ersatz für frische Minze.

Die aus Nordamerika stammende Monarde gehört wie die Minze zur Familie der Lippenblütler. Ihr Name ist von dem spanischen Arzt Nicholas Monardes abgeleitet, der sie als erster entdeckte und beschrieb. Die nordamerikanischen Oswego-Indianer
bereiteten aus dem Kraut einen wohlschmeckenden Tee. Nach
der Boston Tea Party, dem eigentlichen Auslöser des amerikanischen Unabhängigkeitskrieges, verschmähten die weißen Siedler
den aus dem Mutterland importierten schwarzen Tee und ersetz-
ten ihn durch diesen indianischen Kräutertee, den sie Oswego-
Tee nannten. Sparsam verwendet, sind die jungen Blätter der Monarde eine ideale Würzzutat in Salaten und Füllungen. Die leuchtendroten Blüten ergeben frisch wie kandiert eine farbenfrohe
Garnierung.

Verwendung

Salate; Kräutertees; Sommerge-
tränke; Gemüsegerichte; Eintöpfe; Geflügel und Fleisch, besonders Schweinefleisch.

REZEPTVORSCHLAG
Monarda-Sauce
zu Schweinebraten

Ergibt etwa 250 ml

2 EL Butter
1 mittelgroße Zwiebel,
feingehackt
1 EL Weizenmehl
250 ml Hühnerfond
1 EL Zitronensaft
Salz
Frisch gemahlener schwarzer
Pfeffer
1 EL feingehackte frische
Monardenblätter

Die Butter in einem kleinen Topf
zerlassen, die Zwiebel zugeben
und glasig werden lassen. Das
Mehl einstreuen und etwa 2 Minuten unter Rühren mit einem
Holzlöffel garen. Mit dem Fond
ablöschen und weitergaren, bis
die Sauce glatt und eingedickt ist.
Den Zitronensaft hinzufügen
und mit Salz und Pfeffer abschmecken. Die Monardenblätter
zugeben und noch 2 Minuten
weitergaren. Die Sauce in eine
Sauciere füllen und heiß
zu Schweinebraten
servieren.

*In Quirlen angeordnete
rote Blütenköpfe*

*Die Blätter
sind am Rand
gezähnt und
haben rote
Blattadern*

*Eine dekorative Pflan-
ze mit roten, feder-
buschartigen Blüten,
die süß duftenden Nek-
tar enthalten und Bie-
nen anlocken. Daher
auch der volkstümliche
Name Bienenbalsam*

*Der kantige Stengel ist fest
und behaart*

Ganze Blätter
*Ein einzelnes Blatt verleiht einer
Tasse frisch aufgebrühtem chinesi-
schem Tee das Aroma einer Earl-
Grey-Mischung.*

Gehackte frische Blätter
*In angemessenen Mengen sind sie
eine ideale Würzzutat für Füllungen und Salate*

SÜSSDOLDE

Andere Namen

Spanischer Kerbel, Aniskerbel

Kombinationen

Lorbeerblatt, Minze, Zitronenmelisse

Aufbewahrung

Frische Blätter in Plastiktüten im
Gemüsefach des Kühlschranks
aufbewahren. Zum Tiefgefrieren
feinhacken, in die Eiswürfelschale geben und mit Wasser
auffüllen.

Küchentips

Süßdolde ist ein guter Zucker-
ersatz, der Obstdesserts und
Fruchtsäften, aber auch Sahne
und Joghurt eine natürliche
Süße verleiht. Sie verstärkt den
Geschmack aller mitverwendeten Kräuter.

Gehackte frische Blätter, *in Getränke gestreut oder unter Sahne geschlagen, verleihen natürliche Süße
und einen lieblichen Anisgeschmack. Ein Tee aus den Blättern
hilft bei Magenverstimmung*

Die mehrjährige Staude, die aus dem französischen Savoyen
stammt, verdankt ihren hübschen Namen ihren süß
schmeckenden farnartigen Blättern. Die kulinarische Verwendung
dieser dekorativen Pflanze ist relativ eingeschränkt, wenngleich
ihre natürliche Süße bestimmte Gerichte wesentlich verfeinert. So
reduziert die Süßdolde den Zuckerverbrauch beim Kochen von
herbsäuerlichem Obst wie Rhabarber und Stachelbeeren. Von allen Pflanzenteilen sind die Samen am aromatischsten; sie
schmecken stark nach Anis oder Süßholz. Gehackte unreife Samen werden an Salate oder Cremespeisen gegeben; ganze reife
Samen werden wie Gewürznelken verwendet. Es ist aber nicht allein ihr Duft, der ihr einen festen Platz im Garten einräumt, sondern vielmehr ihre Ausdauer. Die Süßdolde treibt nämlich bereits
frühzeitig im Jahr aus und erfreut uns bis
spät in den Herbst hinein.

Früher wurden gekochte Süß-
doldenwurzeln mit Essig und
Öl angemacht und als
Salat gegessen.

*Reife Samen sind
glänzendbraun
und werden
ganz verwendet*

*Unreife Samen
sind grün und
werden ge-
hackt verwen-
det*

*Auf die weißen Blütendolden
folgen bald die Samen*

*Die Stengel sind hohl und
die Blätter farnartig*

Verwendung

Samen: Süßspeisen, insbesondere Gerichte mit Früchten; Schlagsahne; Reispudding. *Getrocknete
Blätter:* bouquet garni; Suppen;
Eintöpfe. *Frische Blätter:* gemischte grüne Salate.

REZEPTVORSCHLAG

Fruchtsaft-Wein-Bowle

Ergibt etwa 8 Portionen

*500 ml Orangensaft
250 ml Zitronensaft
1 Flasche trockener Rotwein
2 TL feingehackte frische
Süßdoldenblätter*

Alle Zutaten in einen großen
Saftkrug geben und verrühren.
Bis zum Servieren in den Kühlschrank stellen. 2–3 Eiswürfel in
ein Kelchglas von 250 ml
Fassungsvermögen geben und
mit der Bowle auffüllen.

BASILIKUM

Andere Namen
Königskraut, Königsbalsam,
Bienenweide

Verwendungsformen
Blätter: frisch und getrocknet

Kombinationen
Petersilie, Rosmarin, Oregano,
Thymian, Salbei, Safran

Aufbewahrung
Frische Blätter für eine kurzzeitige Lagerung in Plastiktüten im Kühlschrank aufbewahren; in Olivenöl oder Essig einlegen oder tiefgefrieren. Zum Tiefgefrieren die Blätter am besten pürieren und mit wenig Wasser in der Eiswürfelschale einfrieren. Getrocknete Blätter in festverschlossenen Behältern dunkel und bei Zimmertemperatur aufbewahren. Getrocknetes Basilikum verliert sehr schnell sein Aroma.

Das Basilikum zählt zu den wichtigsten und beliebtesten Küchenkräutern. Sein Name leitet sich vom griechischen Wort *basilikon* – »königlich« – ab, ein Beweis, wie hoch das Kraut in der Vergangenheit geschätzt wurde. Die vielen verschiedenen Sorten des Basilikums unterscheiden sich zwar in Größe, Farbe und Aroma, sie sind aber alle für die kulinarische Verwendung geeignet. Das rote sowie das krausblättrige Basilikum sind ausgefallenere, aber durchaus nützliche Züchtungen. Basilikum paßt zu fast allem, vor allem aber zu Tomaten. Nichts ist köstlicher als ein Tomatensalat mit zerzupften frischen Basilikumblättern, leicht gewürzt mit Salz und Pfeffer und beträufelt mit einem fruchtigen Olivenöl erster Pressung; und dazu knuspriges Brot. Die wohl berühmteste Spezialität mit Basilikum ist Pesto – die italienische Sauce aus Basilikum, Knoblauch, Parmesan und Pinienkernen –, die aus den einfachsten Spaghetti ein Festessen macht. Pesto kann aber auch als Marinade verwendet werden. Für den Winter, wenn es für den Basilikumanbau zu kalt ist, läßt sich Pesto gut im voraus herstellen, oder man kauft ihn fertig im Glas. Das ist besser als ganz auf das königliche Kraut zu verzichten. Italienische Köche legen sich zur Erntezeit einen Vorrat an. Sie schichten die Basilikumblätter in Schraubgläser, salzen sie leicht und füllen die Gläser mit Olivenöl auf.

Verwendung

Tomaten; Spaghettisaucen wie Pesto; Fisch, vor allem Meerbarbe; Pilzgerichte; Suppen; Eintöpfe; Salate; Huhn; Eier- und Reisgerichte; und in Verbindung mit anderen Kräutern.

Getrocknetes Basilikum *verliert an Würze und unterscheidet sich von frischem Kraut durch einen leichten Beigeschmack von Minze*

Frisch zerzupfte Blätter

Chiffonade
In gleichmäßige Streifen geschnittene Basilikumblätter sind eine delikate Garnitur für Suppen

Ganze frische Blätter

Die Blüten sind elfenbeinweiß bis zartrosa

Die oberen frischen jungen Triebe schmecken besonders mild

Pesto und ›pistou‹
Pesto, die klassische italienische Sauce, die in Frankreich ›pistou‹ heißt, bereitet man am besten im Mörser zu

Basilikum

Nur weiche, hellgrüne Blätter pflücken, denn sie sind besonders aromatisch

REZEPTVORSCHLAG

Spaghetti mit Pesto

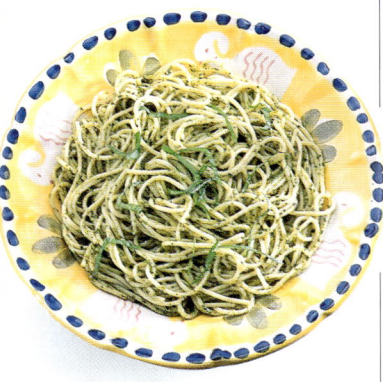

4 Portionen

60 g frische Basilikumblätter
2–4 Knoblauchzehen
30 g Pinienkerne
4 EL kaltgepreßtes Olivenöl
4 EL frisch geriebener Parmesan
Salz
500 g Spaghetti

Basilikum, Knoblauch und Pinienkerne in der Küchenmaschine pürieren. Bei eingeschaltetem Gerät das Öl in feinem Strahl dazugießen, bis die Sauce bindet. Dann den geriebenen Käse dazugeben und kurz weiterrühren. Die Sauce abschmecken und gegebenenfalls nachsalzen. Die Spaghetti in einem großen Topf in kochendem Salzwasser al dente garen. Abseihen, in eine vorgewärmte Schüssel geben und mit dem Pesto vermengen. Sofort servieren.

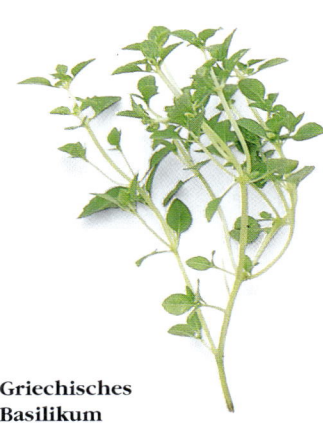

Griechisches Basilikum
Dieses kleinblättrige grüne Basilikum hat ein feines Aroma und bildet im Garten niedrige Büsche

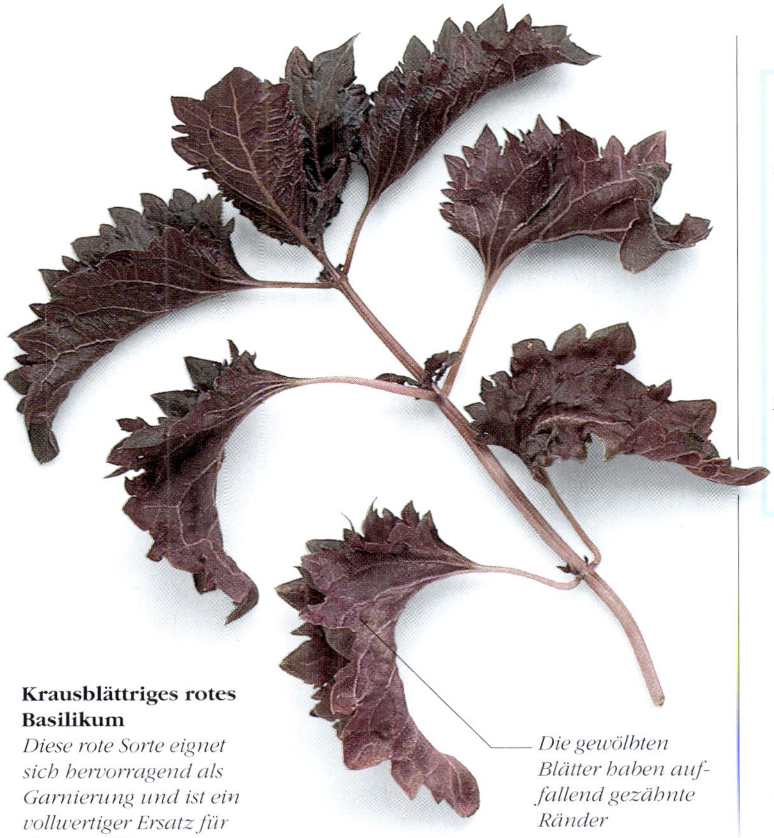

Krausblättriges rotes Basilikum
Diese rote Sorte eignet sich hervorragend als Garnierung und ist ein vollwertiger Ersatz für ihre grünblättrigen Verwandten

Die gewölbten Blätter haben auffallend gezähnte Ränder

Küchentips

Frische Blätter für Salate am besten zerzupfen und erst unmittelbar vor dem Servieren zugeben, da Salatsaucen mit Essig den frischen Geschmack beeinträchtigen. Großzügig über Salate, Nudel- und Eiergerichte sowie Tomatensaucen streuen. Mit Butter, frisch gemahlenem schwarzem Pfeffer und abgeriebener Zitronenschale gemischt, ist Basilikum eine köstliche Beigabe zu gegrilltem Fleisch, Huhn oder Meeresfrüchten.

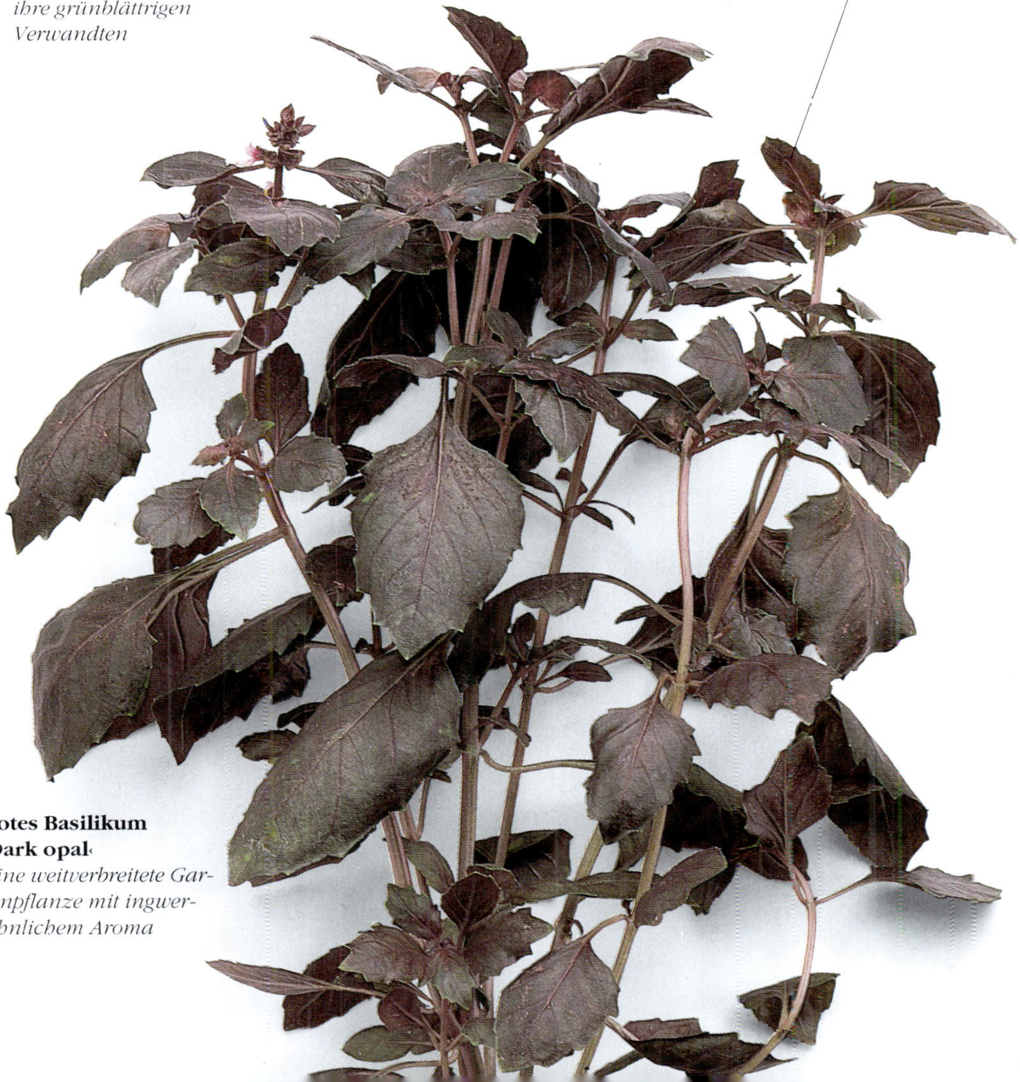

Die dunkelroten Blätter haben ein sehr intensives Aroma

Rotes Basilikum ›Dark opal‹
Eine weitverbreitete Gartenpflanze mit ingwerähnlichem Aroma

Andere Namen

Echter Majoran, Wurstkraut, Wilder Majoran, Dost, Berghopfen, Kretischer Dost

Verwendungsformen

Blätter: frisch und getrocknet

Aufbewahrung

Frische Blätter in einer Plastiktüte im Kühlschrank aufbewahren oder tiefgefrieren. Zum Einfrieren feingehackte Blätter mit wenig Wasser in die Eiswürfelschale füllen. Getrocknete Blätter in festverschlossenen Behältern kühl und dunkel aufbewahren.

Trocknen

Die Stengel zusammenbinden und an einem warmen, luftigen Platz zum Trocknen aufhängen.

MAJORAN UND OREGANO

Beide Kräuter sind so nahe verwandt, daß sie nicht separat beschrieben werden müssen. Der Name Oregano stammt aus dem Griechischen und bedeutet »Bergfreude«. In den Bergen sind die wildwachsenden Arten auch häufig anzutreffen. Die Ähnlichkeiten zwischen Majoran und Oregano sind auffallend: beide haben weiche, feinbehaarte grüne, bisweilen grüngesprenkelte Blättchen und kleine weiße oder rosa Blüten, die in lockeren Trugdolden zusammenstehen. Majoran hat ein feineres, milderes Aroma als Oregano, der pfeffriger und herbaromatisch schmeckt und im Grunde wilder Majoran ist. Beide Pflanzen sind im Mittelmeerraum beheimatet und werden zum Würzen vieler französischer und italienischer Gerichte verwendet, insbesondere von mit Tomaten zubereiteten Saucen. Das etwas herbe Aroma von Oregano gehört in Italien in jede Pizza, und auch in Griechenland ist es überaus beliebt. In Mexiko ist Oregano ein wesentlicher Bestandteil des Chilipulvers. Daneben gibt es viele wildwachsende Arten, die vorwiegend in Griechenland zu Hause sind und dort als *rigani* bezeichnet werden. Sie sind würziger und derber als gewöhnlicher Majoran oder Oregano.

Verwendung

Salatsaucen mit Essig und Öl; Anchovis, frisch oder aus der Dose; italienische und griechische Gerichte; Geflügel; Wild; Meeresfrüchte; Suppen; Bohnen; Auberginen; Nudeln; gegrilltes Fleisch; Saucen auf Tomatenbasis.

Küchentips

Oregano behält auch getrocknet sein kräftiges, würziges Aroma. Den milder schmeckenden Majoran gibt man am besten frisch zum Ende der Garzeit an die Speisen.

In voller Sonne färben sich die Blätter dieser Pflanze goldgelb

Im Sommer erscheinen kleine weiße oder blaßrosa Blüten

Aus den Blättern kann man einen aromatischen Tee zubereiten

Gehackter frischer Majoran *ist eine vorzügliche Würzzutat für Salate und Buttersaucen, die zu Fisch gereicht werden*

Eine gedrungene, buschige Pflanze mit feinbehaarten graugrünen Blättchen

Krausblättriger goldener Majoran

Frischer Majoran

Getrockneter Majoran

Das Aroma der mehrjährigen, winterharten Oreganoarten ist abhängig von Klima und Bodenbeschaffenheit

Goldgefleckter Majoran

Goldener Majoran

Oregano

REZEPTVORSCHLAG

Maissuppe mit frischem Majoran

4 Portionen

350 g tiefgefrorene Maiskörner, aufgetaut
1 l Hühnerfond
30 g frischer Majoran, feingehackt
Salz
Frisch gemahlener schwarzer Pfeffer
Majoranzweige zum Garnieren

Die Maiskörner in der Küchenmaschine mit etwas Hühnerfond pürieren und die Paste durch ein Sieb streichen. Das Maispüree mit dem restlichen Fond in einen Topf geben und zugedeckt 5 Minuten leise köcheln lassen. Den Majoran unterrühren, mit Salz und Pfeffer abschmecken und weitere 5 Minuten bei schwacher Hitze kochen lassen. Die fertige Suppe in Suppentassen schöpfen, mit Majoranzweigen garnieren und sofort servieren.

Für die Chiffonade mehrere Blätter aufeinanderlegen und längs in dünne Streifen schneiden

Oregano-Chiffonade

Getrockneter Oregano *konserviert ausgezeichnet seine ursprüngliche Würzkraft und paßt vorzüglich zu Saucen, Eintöpfen und Suppen, vor allem zu Gerichten mit Tomaten*

43

PETERSILIE

Andere Namen
Mailänder Petersilie, Suppen-
wurzel, Peterle

Verwendungsformen
Blätter: frisch und getrocknet

Aufbewahrung
Frische Blätter im Kühlschrank
aufbewahren, entweder in einer
Plastiktüte oder mit Wasser be-
sprengen und in Küchenpapier
wickeln – eventuell noch die angeschnittenen Stengel in kaltes
Wasser stellen. Getrocknete Blätter festverschlossen, trocken und
dunkel aufbewahren.

Küchentips
Falls erhältlich, glatte Petersilie
verwenden, denn sie ist aromatischer als die krause.

Persillade
*Eine Mischung
aus feingehackten
Petersilienblättern und Knoblauch, die kurz angebraten und
in letzter Minute an diverse Speisen gegeben wird, wie zum Beispiel an gegrilltes Lammfleisch
oder Beefsteaks, gebratenen
Fisch, Huhn oder Gemüse.*

Gremolata
*Eine Kräutermischung aus gerie-
bener Zitronenschale, feingehacktem Knoblauch und Petersilie, die kurz vor dem Servieren
über den klassischen Mailänder
›Ossobuco‹ gestreut wird, aber
auch zum Würzen anderer
Schmorbraten verwendet werden
kann. Und immer erst in letzter
Minute zugeben.*

Das beliebte Küchenkraut, das aus den südöstlichen Mittelmeerländern stammt, wird heute in allen gemäßigten Zonen
der Erde angebaut. Zwei Hauptformen stehen zur Auswahl: die
krause und die glatte Petersilie. Beide Formen sind reich an Vitaminen und Mineralien. Die glattblättrige Petersilie mit den dunkelgrünen Blättern ist zum Kochen am besten geeignet, da sie ein
ausgeprägteres Aroma besitzt und Hitze besser verträgt. Die krausblättrige eignet sich vor allem zum Garnieren vieler Speisen. Trotz
geringer Aromaeinbußen hält sie sich erstaunlich lange im Kühlschrank frisch. Feingehackte Petersilie sorgt für Farbe und Frische,
wenn sie kurz vor dem Servieren an Saucen, Salate oder Butterkartoffeln gegeben wird. Die Stengel und Blätter der Petersilie
gehören in das *bouquet garni* (siehe S. 55), und die Blätter sind
ein unverzichtbarer Bestandteil der klassischen Kräutermischungen *persillade* und *gremolata*.

Fritierte Petersilienzweige sind eine köstliche Beigabe zu Meeresfrüchten oder gegrilltem Fleisch.

Von der Wurzelpetersilie wird, wie der Name schon sagt, nur
die Wurzel verwendet, die wie eine Mischung aus Sellerie und Petersilie schmeckt. Sie wird in der Regel gekocht und an Kartoffelpüree gegeben.

*Nur frische, einwandfreie,
leuchtendgrüne Blätter
verwenden*

Krause Petersilie

Glatte Petersilie

Verwendung

Omeletts; Salate; Eintöpfe;
Gemüse; Suppen; Eier; Saucen;
Reis- und Nudelgerichte; Fisch;
Meeresfrüchte; Fleisch und Ge-
flügel; als Würzzutat in Weich-
käse wie Ricotta oder
Hüttenkäse.

REZEPTVORSCHLAG
**Frittata mit Zucchini
und Petersilie**

2–3 Portionen

*2 EL Butter
1 EL Olivenöl
1 kleine Zwiebel, feingehackt
250 g Zucchini, geputzt und
gehackt
250 g Tomaten, enthäutet,
entkernt und gehackt
3 EL feingehackte glatte Petersilie
Salz
Frisch gemahlener schwarzer
Pfeffer
4 große Eier
Krause Petersilie zum Garnieren*

Butter und Öl in einer beschichteten Pfanne erhitzen und die
Zwiebeln goldgelb anbraten, bis
sie weich sind. Zucchini, Tomaten und Petersilie zugeben und
mit Salz und Pfeffer ab-
schmecken. Bei schwacher Hitze
etwa 8 Minuten garen, bis die
Zucchini weich sind. Die Eier in
einer Schüssel mit einer Gabel
leicht schlagen und mit wenig
Salz und Pfeffer würzen. Die Eimasse über die Zucchinimi-
schung gießen und sofort mit einem Holzlöffel verrühren. Bei
sehr schwacher Hitze stocken lassen. Pfanne unter den Grill schieben und die Oberfläche der *frittata* leicht bräunen. Das fertige
Omelett aus der Pfanne gleiten
lassen, mit Petersilienzweigen
garnieren und heiß servieren.

Gehackte frische Blätter *eignen
sich hervorragend zum Garnieren*

KLEINER WIESENKNOPF

Andere Namen
Pimpernell, Rotkopf, Hosen-
knopf

Verwendungsformen
Blätter: frisch und getrocknet

Aufbewahrung
Frische Blätter welken rasch und
müssen zur Aufbewahrung unmittelbar nach dem Pflücken, in
einer Plastiktüte verpackt, in den
Kühlschrank. Feingehackt sind
sie auch zum Einfrieren in der
Eiswürfelschale geeignet. Getrocknete Blätter in luftdicht verschlossenen Behältern kühl und
dunkel aufbewahren. Das Kraut
ist zum Trocknen nicht gut geeignet, es sollte, auch im Winter,
frisch verwendet werden.

Küchentips
Große Blätter sind oft hart und
zäh und deshalb unbrauchbar.
Junge Blätter welken rasch und
sollten erst bei Gebrauch frisch
gepflückt werden, damit sie
ihren feinen Geschmack
entfalten.

Gehackte Blätter

*Die zarten tiefgezähnten Blättchen
schmecken angenehm herb*

Auch wenn sie zart und zierlich aussieht, die hübsche Pflanze
mit den rötlich-grünen Blüten ist ziemlich robust und über-
steht milde Winter unbeschadet, so daß ihre kleinen grünen Blättchen ganzjährig geerntet werden können. Das mehrjährige Kraut,
das in Europa beheimatet ist, war im elisabethanischen England
überaus beliebt, wird heute aber weitaus seltener verwendet, es
sei denn in einigen französischen und italienischen Gerichten. Der
Kleine Wiesenknopf, auch Pimpernell genannt, paßt mit seinem
leicht herben und gurkenähnlichen Geschmack gut zu Salaten
und Saucen. Pimpernell wird auch häufig mit der kleinen Biber-
nelle (*Pimpinella saxifraga*) verwechselt, einer Wiesenpflanze,
die wie die Petersilie zu den Doldenblütlern gehört und früher oft
als Wildgemüse verwendet wurde.

Verwendung

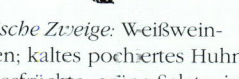

Frische Zweige: Weißwein-
bowlen; kaltes pochiertes Huhn;
Meeresfrüchte; grüne Salate; in
Essig und in kalten Suppen.

REZEPTVORSCHLAG
**Pimpernellsauce
zu pochiertem Fisch**

4 Portionen

*450 ml Fischfond, mit Weißwein
zubereitet
1 EL Rotweinessig
60 g junge Pimpernellblätter,
feingehackt
60 g Butter, eisgekühlt und
gewürfelt
1 kg entgrätete, enthäutete und
pochierte Fischfilets, zum Beispiel
Seezunge*

Den Fischfond in einem Topf bei
starker Hitze um die Hälfte reduzieren. Die Hitze herunterschalten, den Essig und die Pimpernellblätter unterrühren und 2–3
Minuten leise köcheln lassen. Bei
schwacher Hitze die eisgekühlten Butterstücke nacheinander
unter die Flüssigkeit schlagen,
bis die Sauce bindet. Sie darf
nicht kochen, weil sie sonst gerinnt. Den pochierten Fisch mit
der Sauce überziehen und mit
körnig gekochtem Reis
servieren.

Junge Blätter
*sind zarter und passen
gut zu Salaten*

ROSMARIN

Aufbewahrung
Frische Zweige halten sich mehrere Tage frisch, wenn sie in einer Plastiktüte im Kühlschrank aufbewahrt oder in Wasser gestellt werden. Getrocknete Blätter luftdicht verschlossen, kühl und dunkel aufbewahren.

Trocknen
Frische Zweige an einem warmen, trockenen Platz aufhängen. Die Blätter vor dem Aufbewahren von den Stengeln streifen.

Küchentips
Getrocknete Blätter entfalten ihr würziges Aroma besser, wenn sie vor Gebrauch zerdrückt werden. Wer die nadelähnliche Form und die harte, ledrige Beschaffenheit der frischen Blätter beim Essen nicht mag, sollte sie vor der Verwendung sehr fein hacken oder im Mörser zerstoßen beziehungsweise ganze Zweige mitkochen und vor dem Servieren herausnehmen. Die Blüten sind eine hübsche Dekoration für Salate.

Kräuterspieße
Entblätterte verholzte Rosmarinzweige sind ideale Grillspieße für Gemüse- oder zarte Fleischstückchen

Der Name dieses sehr aromatischen Krautes mit den nadelähnlichen Blättern und den zarten blaßblauen Blüten stammt aus dem Lateinischen und bedeutet »Meertau«. Ein überaus treffender Name, denn die Pflanze ist im Mittelmeerraum beheimatet, wo sie an der Küste in sonnigen, trockenen Lagen in verschwenderischer Fülle gedeiht. Rosmarin hat ein intensives Aroma, herbwürzig zwar, aber dennoch angenehm. In Italien ist er aus Kalbfleisch-, Geflügel- und Lammgerichten nicht wegzudenken, vor allem, wenn diese mit Wein, Olivenöl und Knoblauch zubereitet sind. Auch in anderen Mittelmeerländern wird Rosmarin in der Küche verwendet, aber nicht ganz so verschwenderisch. In Nordeuropa dagegen findet man ihn oft als Gewürz in Wurstfüllungen. Rosmarin sollte bei keinem Lammgericht fehlen, paßt gut zu kräftigen Gemüsegerichten, aber auch zu Marmeladen und Gelees und würzt selbst Bowlen.

Die schmalen, blaugrünen Blätter haben einen würzigen Duft, der an Kampfer, Weihrauch und Nadelholz erinnert

REZEPTVORSCHLAG
Rote Bete mit Rosmarin

4 Portionen

12 kleine rote Beten mit dem Grün
Salz
2 Rosmarinzweige
3 EL Butter
Frisch gemahlener schwarzer Pfeffer

Das Grün von den roten Beten in feine Streifen schneiden und zur Seite stellen. Rote Beten in Salzwasser zugedeckt in etwa 30–45 Minuten weich kochen. Abkühlen lassen, schälen und in Scheiben schneiden. Die Rosmarinblätter von den Zweigen abstreifen und feinhacken. Die Butter in einer Pfanne zerlassen. Die roten Beten mit Rosmarin 2–3 Minuten in der Butter schwenken, das Grün der roten Beten unterheben und mit Salz und Pfeffer abschmecken. Sofort servieren.

Frische Blätter *lassen sich leichter aus der fertigen Speise entfernen, wenn sie in einem Musselinsäckchen mitgekocht werden*

Gehackte frische Blätter *verleihen Saucen, Eintöpfen und Marinaden eine würzige Note*

SAUERAMPFER

Aufbewahrung

Frische Blätter können kurzfristig in einer Plastiktüte in den Kühlschrank gelegt oder tiefgefroren werden. Sauerampfer ist zum Trocknen nicht geeignet.

Küchentips

Der hohe Säureanteil im Sauerampfer führt zu Verfärbungen, wenn die Blätter in Eisentöpfen gekocht oder mit Messern gehackt werden, die nicht rostfrei sind.

Sauerampfer-Chiffonade

Eine Chiffonade aus Sauerampferblättern ist eine schmackhafte und hübsche Dekoration. Die Sauerampferblätter waschen und trockentupfen. Stiele entfernen, dann die Blätter aufeinanderlegen, eng zusammenrollen und, wie oben abgebildet, in feine Streifen schneiden. Die Chiffonade als Suppeneinlage verwenden oder ein Püree bereiten: Dazu 250 g Sauerampfer-Chiffonade mit 2 Eßlöffeln Butter in einem kleinen Topf bei schwacher Hitze unter Rühren etwa 10 Minuten dünsten, bis die Streifen zusammengefallen sind. Zu pochiertem Fisch servieren.

Gartensauerampfer, eine Kulturform des auf Wiesen wildwachsenden Großen Ampfers, und Römischer Ampfer sind zwei von mehreren verwandten Arten, die als Gemüse- oder Kräuterpflanze kultiviert werden. Zum Kochen wird der nicht ganz so saure Römische Ampfer, *Rumex scutatus*, bevorzugt. Seine Blätter sind breiter und abgerundeter als die des Gartensauerampfers. Der Sauerampfer hat eine lange Geschichte. Er war bereits den Pharaonen bekannt und wird noch heute in der ägyptischen Küche verwendet. Die alten Griechen und Römer nutzten seine Säure als Verdauungshilfe nach zu gehaltvollen und fetten Speisen. Sauerampfer ist von alters her in ganz Europa beliebt, besonders in Frankreich, wo er noch immer eine große Rolle spielt, man denke nur an die Sauerampfersuppe und an *saumon à l'oseille* (Lachs mit Sauerampfersauce). Die Blätter sind reich an Kalzium, Eisen und an Vitamin A und C. Pürierter Sauerampfer ist eine ausgezeichnete Basis für köstliche Saucen zu pochiertem Fisch oder Eiern. Seine Säure (Oxalsäure) wirkt als Zartmacher für zähes Fleisch. Das Fleisch wird einfach vor dem Schmoren mit Sauerampferblättern umwickelt.

Gartensauerampfer hat große pfeilförmige Blätter, die an der Basis breiter werden

Junge Blätter enthalten weniger Säure und sind geeignete Zutaten für Salate und Sandwiches

Verwendung

Gemischte grüne Salate; Sandwiches; Sahnesaucen; Suppen; Omeletts; Quiches und andere Eiergerichte; Weichkäse, besonders Ziegenkäse; Kalbfleisch; Schweinefleisch; Fisch.

REZEPTVORSCHLAG

Ragoût fin mit Sauerampfer

6 Portionen

2 EL Pflanzenöl
2 EL Butter
1 kg Kalbfleisch ohne Knochen, in 2 cm große Würfel geschnitten
2 mittelgroße Zwiebeln, feingehackt
250 g Champignons in Scheiben geschnitten
250 ml trockener Weißwein
250 ml Hühnerfond
bouquet garni
Salz
Frisch gemahlener weißer Pfeffer
Frische Sauerampfer-Chiffonade

Öl und Butter erhitzen, die Fleischwürfel hineingeben und goldbraun anbraten. Das Fleisch in eine Kasserolle geben und in der Pfanne die Zwiebeln und Pilze sautieren. Mit Weißwein ablöschen. Alles zusammen mit dem Hühnerfond und dem *bouquet garni* zum Fleisch geben. Mit Salz und Pfeffer abschmecken. Zugedeckt etwa 1½ Stunden köcheln lassen, bis das Fleisch weich ist. Die Fleischwürfel in eine Schüssel umfüllen. Das *bouquet garni* herausnehmen und die Garflüssigkeit um die Hälfte einkochen lassen. Die Sauerampfer-Chiffonade unterrühren, abschmecken und kurz aufkochen lassen. Die Sauce über das Kalbfleisch schöpfen und mit körnig gekochtem Reis servieren.

Feingehackte Blätter

Verwendungsformen
Blätter: frisch, getrocknet und gemahlen

Kombinationen
Rosmarin, Thymian, Oregano, Petersilie und Lorbeerblatt

Aufbewahrung
Frische Blätter bleiben in einer Plastiktüte im Kühlschrank mehrere Tage frisch. Getrocknete Blätter in festverschlossenen Behältern kühl und dunkel lagern. Gemahlene Blätter unbedingt luftdicht verschlossen aufbewahren.

Trocknen
Die jungen Triebe kurz vor der Blüte schneiden, das heißt, bevor die langen Blütenstiele austreiben. Büschelweise an einem warmen, luftigen Ort zum Trocknen aufhängen.

SALBEI

Salbei ist in den Mittelmeerländern zu Hause. Der bis zu einem Meter hohe Halbstrauch riecht kräftig aromatisch und hat hübsche blaue, rosa oder violette Blüten, die ab Juli erscheinen. Salbei ist eines der vielen Kräuter, die nicht nur in der Küche vielfältig genutzt werden. Schon im Altertum wurden dem aromatischen Kraut heilende Eigenschaften nachgesagt, und lange Zeit wurde es für medizinische Zwecke verwendet, bevor es Eingang in die Küche fand. Griechen, Römer und Araber, sie alle nutzten seine Heilkräfte zur allgemeinen Kräftigung und bei Schlangenbissen. Im Mittelalter galt der Salbei als Allheilmittel. Wann genau seine kulinarische Karriere begann, ist nicht bekannt, aber einen festen Platz in der Küche hat sich der Salbei schon vor Jahrhunderten erobert. Mit Salbei würzen die Italiener vor allem Kalbsleber und Kalbfleisch, die Deutschen Aalgerichte und die Franzosen Schweinfleisch, Kalbfleisch und einige Wurstwaren. In vielen Ländern, besonders in Griechenland, steht Salbeitee hoch im Kurs. Im Vorderen Orient wird das Kraut an Salate gegeben, und die Briten verwenden es als Würzzutat in frischen Wurstwaren, in den traditionellen Füllungen für Schwein und Gans und im *Sage Derby,* einem Käse. Salbei gehört zu den wenigen Kräutern, deren Würzkraft durch Trocknen intensiviert wird. In getrockneter und gemahlener Form Salbei daher nur sparsam verwenden.

Verwendung
Geflügelfüllungen mit Zwiebeln; gehaltvolles und fettes Fleisch wie Gans und Schweinefleisch; Würstchen und andere Wurstwaren; Kalbfleisch; Anchovis; Risotto; Saucen auf Tomatenbasis; Salate; Pickles und Käsegerichte.

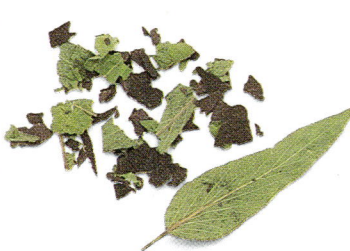

Getrockneter Salbei *hat eine stärkere Würzkraft als frisches Kraut und sollte deshalb nur sehr sparsam verwendet werden*

Die langen, schmalen Blätter riechen kräftig aromatisch

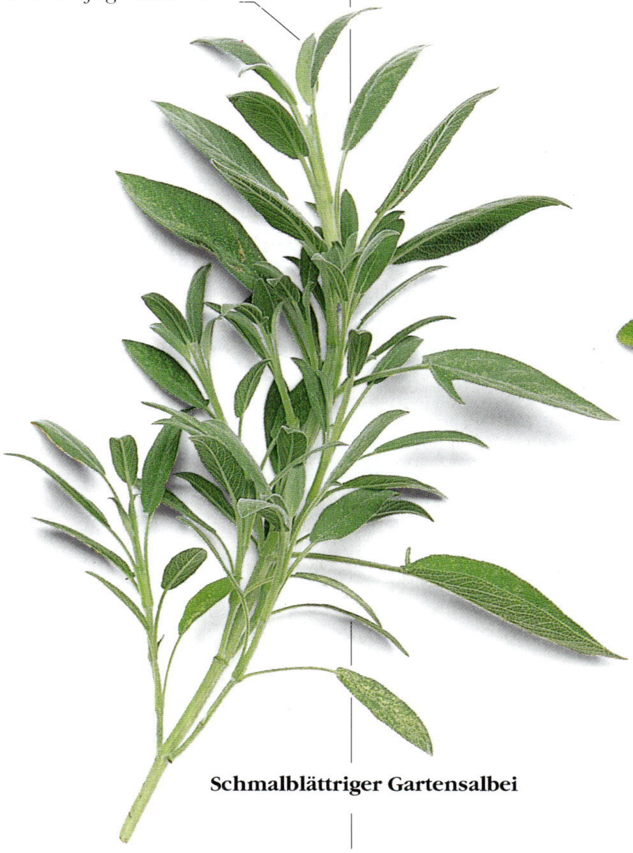

Schmalblättriger Gartensalbei

Gartensalbei hat graugrüne, filzige Blätter

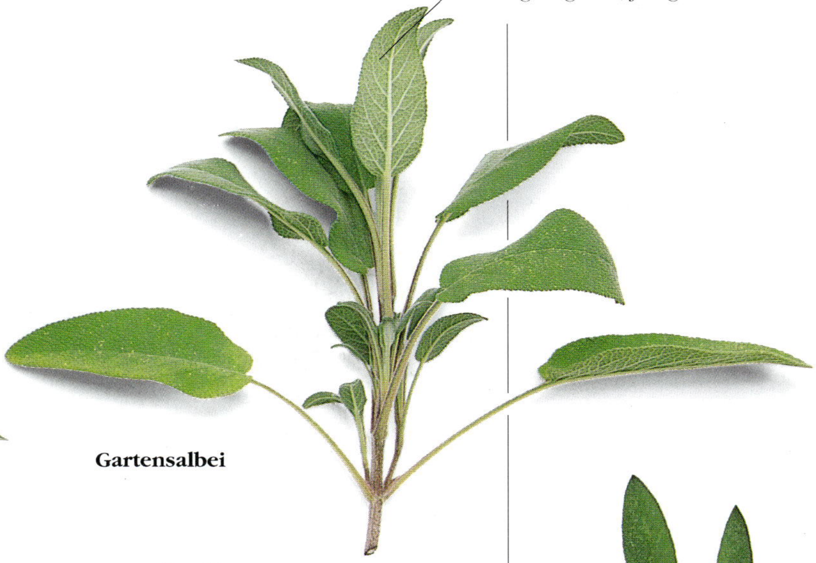

Gartensalbei

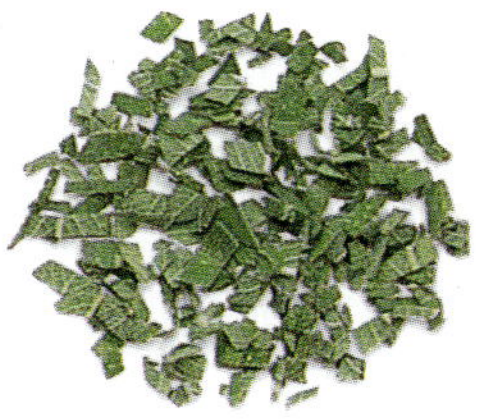

Gehackte frische Blätter *sind eine würzige Zutat in Nudelsaucen und Füllungen*

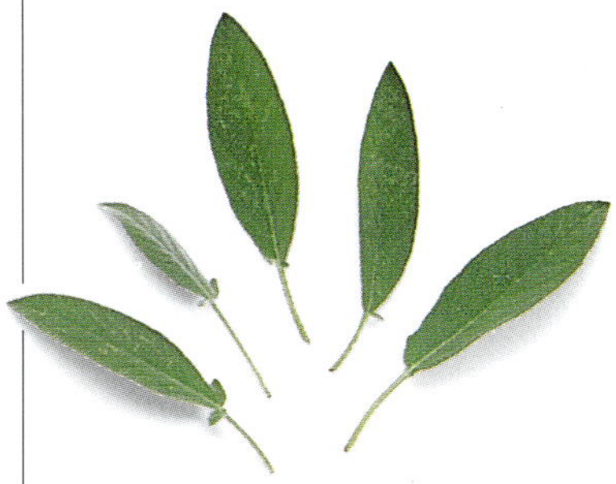

Ganze Blätter *können bei Bratspießen zwischen die Fleischstückchen gesteckt werden*

Küchentips

Das streng würzige Kraut mit dem kampferartigen Aroma sollte nur in kleinen Mengen verwendet werden. Es paßt gut zu fettem Fleisch und wirkt verdauungsfördernd. Frische Blätter sind milder im Geschmack als getrocknetes Kraut und können etwas großzügiger dosiert werden. Die hübschen graugrünen Blätter werden in vielen Rezepten auch ganz verwendet. Junge zarte Blättchen sind so mild im Aroma, daß sie sich kleingehackt als Würzzutat für grünen Salat eignen. Bei der Zubereitung von Bratspießen wie Kebabs werden Salbeiblätter zwischen Fleisch- oder Gemüsestückchen aufgespießt.

Eine in rauhen Gegenden nicht ganz winterharte Varietät mit grünen, rosagesprenkelten und weißgeränderten Blättern

Gartensalbei ›Tricolor‹

Salbeivarietäten

Purpurfarbener, rotgefleckter und goldgelbgefleckter Salbei bilden im Garten ein hübsches Trio und können wie der gewöhnliche Gartensalbei in der Küche verwendet werden

Die Blätter der ausgewachsenen Pflanze sind weich und haben eine purpurrote Färbung

Purpursalbei

Die Pflanze trägt sowohl grüne wie gelbe Blätter

Goldsalbei

REZEPTVORSCHLAG
Saltimbocca

4 Portionen

8 kleine Kalbsschnitzel
8 dünne Scheiben
Parmaschinken
8 große frische, junge
Salbeiblätter
Frisch gemahlener schwarzer
Pfeffer
1 EL Olivenöl
3 EL Butter
175 ml Marsala oder Portwein

Die Schnitzel flachklopfen. Jedes Schnitzel mit einer Schinkenscheibe und einem Salbeiblatt belegen und leicht pfeffern. Die Schnitzel zusammenrollen und mit einem Zahnstocher oder Küchengarn befestigen. Öl und Butter in einer Pfanne erhitzen und die Fleischröllchen bei mittlerer Hitze rundherum anbraten. Mit Marsala oder Portwein ablöschen, zum Kochen bringen und zugedeckt bei schwacher Hitze 10–15 Minuten köcheln lassen. Heiß mit in Butter geschwenkten Nudeln servieren.

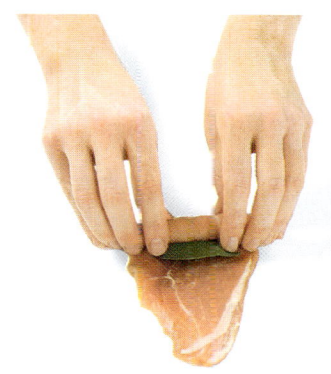

Salbei für Saltimbocca
Schinken und Salbeiblatt auf das Fleisch legen und zusammenrollen

BOHNENKRAUT

Verwendungsformen
Blätter: frisch und getrocknet

Kombinationen
Rosmarin, Thymian, Salbei, Fenchel, Lorbeerblatt

Aufbewahrung
Frische Blätter in einer Plastiktüte im Kühlschrank aufbewahren oder feingehackt in der Eiswürfelschale einfrieren. Getrocknete Blätter behalten lange ihre Würzkraft, wenn sie luftdicht verschlossen und dunkel aufbewahrt werden.

Trocknen
Kurz vor der Blüte ist die beste Erntezeit für Sommer- und Winterbohnenkraut. Die abgeschnittenen Stengel büschelweise an einem dunklen, warmen und luftigen Platz aufhängen.

Beim Bohnenkraut wird zwischen einjährigem Sommerbohnenkraut und mehrjährigem Bergbohnenkraut unterschieden. Beide stammen aus dem Mittelmeerraum und sind in Garten und Küche gleichermaßen beliebt. Bohnenkraut hat einen intensiven, leicht pfeffrigen Geschmack und erinnert entfernt an Minze und Thymian. Schon im alten Rom bereitete man aus Essig und Sommerbohnenkraut eine Sauce zu, die der heutigen Minzsauce stark ähnelt. Bohnenkraut ist die klassische Beigabe zu Hülsenfrüchten, paßt aber auch hervorragend zu Würsten, Füllungen und Kräutermischungen. Winter- oder Bergbohnenkraut ist ein immergrüner, bis zu 30 cm hoher Strauch mit schmalen, glänzenden Blättchen und zierlichen weißen, rosa bis violetten Blüten. Es schmeckt würziger und schärfer als Sommerbohnenkraut, das eine Höhe von etwa 50 cm erreicht und etwas breitere dunkelgrüne Blätter und zartlila Blüten trägt.

Verwendung

Hülsenfrüchte, besonders Linsen und weiße Bohnen; gekochte Gemüsesalate; gegrilltes Kalb- und Schweinefleisch; Geflügel; Kaninchen; Suppen; Meerrettichsauce; Gurken; Füllungen und Wurstwaren; Ziegenkäse; Saucen auf Tomatenbasis; Marinaden; Fisch, vor allem Forelle.

Küchentips
Mit Bohnenkraut kann man Salz sparen, denn die Blätter schmecken intensiv aromatisch und pfeffrig. Zu frischen Bohnen am besten Sommerbohnenkraut, zu getrockneten Bohnen Bergbohnenkraut verwenden. Mit frischen Zweigen aromatisierter Weißweinessig gibt Salaten mit frischen oder gekochten Bohnen oder Marinaden ein feines Bohnenkrautaroma.

Bergbohnenkraut ist eine winterharte mehrjährige Pflanze mit schmalen grünen Blättern und einem intensiven würzigen Aroma

Vom Hochsommer bis zum Herbst erscheinen zierliche weiße oder rosa bis zartlila Blüten

Die schmalen lanzettlichen Blätter sind auf der Oberseite glänzend

Gehackte frische Blätter *sind eine vorzügliche Beigabe zu Meerrettichsauce*

Getrocknete Blätter *behalten noch lange ihre Würzkraft*

Bergbohnenkraut ist etwas derber als das einjährige Sommerbohnenkraut

Ganze frische Blätter

REZEPTVORSCHLAG

**Grüne Bohnen
mit Sommerbohnenkraut**

4–6 Portionen

*1 kg frische, junge, grüne
Bohnen, geputzt
Salz
4 EL Butter
2 EL feingehacktes frisches
Sommerbohnenkraut
Frisch gemahlener schwarzer
Pfeffer*

Die Bohnen in einem großen
Topf in kochendem Salzwasser
8–10 Minuten garen. Sie sollten
zart, aber noch bißfest sein. Die
Bohnen abgießen, in Eiswasser
abschrecken, damit sie ihre frische Farbe behalten, nochmals
abgießen und zurück in den
Topf geben. Butter und Bohnenkraut zugeben, wieder erhitzen,
mit Pfeffer abschmecken und gegebenenfalls nachsalzen. 1–2 Minuten weitergaren und heiß
servieren.

*Das einjährige Sommerboh-
nenkraut ist intensiv aromatisch im Geschmack und trägt
im Spätsommer kleine weiße
bis zartlila Blüten*

*Die Blätter sind etwas
größer und runder als
beim Bergbohnenkraut
und an der Oberseite
mit Drüsenschuppen
besetzt*

KRÄUTER DER PROVENCE

Die Kräuter der als *herbes de Provence* auch hier bekannten
Mischung wachsen während der Sommermonate in verschwenderischer Fülle an den sonnigen Felshängen
Südfrankreichs. Die Kräuter können frisch in reichlicher
Menge verwendet werden, lassen sich aber auch gut
trocknen, so daß man die Zeit bis zur nächsten Ernte
überbrücken kann. Kräuter der Provence passen zu allen Gerichten aus dem Mittelmeerraum; besonders
zu Eintöpfen, gebackenen Tomaten, Pizza und zum
Würzen von Grillspießen.

Oregano

**Bohnen-
kraut**

Thymian

Rosmarin

Majoran

Traditionelle Terrakotta-Gefäße *sind ideal
zum Aufbewahren dieser Kräutermischung
bis zur nächsten Ernte*

*Die Stengel sind
rötlich gefärbt und
leicht behaart*

Sommerbohnenkraut *erinnert
mit seinem Aroma an eine Mischung aus Minze und Thymian.
Ein oder zwei gehackte Blätter
genügen an Salaten, Käsegerichten
oder Kräutermischungen*

Andere Namen
Gartenthymian, Französischer
Thymian, Römischer Quendel,
Feldthymian, Zitronenthymian

Verwendungsformen
Blätter: frisch und getrocknet

Aufbewahrung
Frische Blätter in einer Plastiktüte
im Kühlschrank lagern oder in
der Eiswürfelschale einfrieren.
Getrocknete Blätter kühl und
dunkel in luftdicht verschlossenen Behältern aufbewahren.

Trocknen
Die Triebe kurz vor der Blüte
ernten, bündeln und an einem
warmen, trockenen und luftigen
Platz aufhängen.

THYMIAN

Von den etwa hundert verschiedenen Thymianarten werden in der Regel nur drei in der Küche verwendet: Garten-, Feld- und Zitronenthymian. Das bereits im alten Griechenland vielfältig verwendete Kraut war wahrscheinlich schon viel früher im ge- samten Mittelmeerraum bekannt und geschätzt. Thymian ist eines der wichtigsten Würzkräuter der europäischen Küche. Ohne den Thymian fehlt dem *bouquet garni* eine wesentliche Geschmacks- komponente, und es gibt kaum ein Gericht, das durch Thymian nicht gewinnt. Sein angenehm würziges Aroma harmoniert mit vielen anderen Kräutern, besonders mit Rosmarin, und verstärkt beim Mitkochen deren Eigengeschmack, ohne vorzuschmecken. Thymian macht schwere und fette Speisen leichter verdaulich und paßt daher gut zu Hammel, Schwein, Ente oder Gans. Feldthy- mian, der in verschwenderischer Fülle in der Provence wächst, verleiht den dortigen Landesgerichten ihren typischen Ge- schmack. Aus dem intensiv nach Zitrone duftenden Zitronenthy- mian wiederum läßt sich ein köstlicher Kräutertee zubereiten. Al- le Thymianarten sind stark aromatisch und sollten in keinem Gar- ten fehlen. Thymian kann aber auch auf dem Fensterbrett oder auf dem Balkon gezogen werden.

Verwendung

Gerichte mit langen Garzeiten,
besonders Eintöpfe und Suppen;
sautierte oder gebackene Gemüse; Saucen auf Tomatenbasis;
Füllungen; gebratenes Geflügel;
gegrilltes oder gebratenes
Fleisch; Brote; Saucen. *Zitronenthymian:* sparsam zu Fisch
und Huhn und zu einigen
frischen Obstdesserts
verwenden.

Gehackte frische Blätter *haben
eine wesentlich stärkere Würzkraft
als getrocknetes Kraut und sollten
nur sparsam verwendet werden*

Getrocknete Blätter *behalten ihr
Aroma lange Zeit*

*Buntblättrige Varietäten
können immer dann
verwendet werden,
wenn das Rezept ge-
wöhnlichen Garten-
thymian verlangt; sie
sind aber schwieriger
zu kultivieren*

*Die mattgrünen,
stark aromati-
schen Blätter
sind länglich-
elliptisch und
auf der Unter-
seite behaart*

*Gartenthymian ist ein verhol-
zender kleiner Strauch, der im
Sommer zartlila Blüten trägt*

Frische Blätter *passen zu fast
allen pikanten Gerichten*

Buntblättriger Thymian   **Gartenthymian**

Küchentips

Getrockneter Thymian aus eigener Ernte ist oft viel aromatischer als der aus dem Gewürzregal im Supermarkt. Man läßt einen Zweig des würzigen Krautes in Suppen, Eintöpfen, Saucen auf Tomatenbasis oder Reis mitkochen und entfernt ihn vor dem Servieren. Thymianzweige können auch der Garflüssigkeit für gedämpfte oder gekochte Gemüse beigegeben werden oder Essig und Öl aromatisieren.

Die Blätter abstreifen
Die Blättchen lassen sich leicht mit einer Gabel von den Zweigen abstreifen

*›**Silver Posie**‹, eine Thymianvarietät, bildet einen Halbstrauch mit blaßrosa oder lila Blüten; die Blättchen sind am Rand silber gefärbt*

Die zartlila Blüten sind eine beliebte Bienenweide, und Thymianhonig ist eine Delikatesse

Dieser kriechende Thymian hat leuchtendgrüne Blätter mit goldgelben Flecken

Thymianvarietät ›Doone Valley‹

Der wohlriechende Verwandte des Gartenthymians würzt süße wie pikante Gerichte

Zitronenthymian

Zucchini mit frischem Thymian

4–6 Portionen

1 kg kleine junge Zucchini
Salz
4 EL Butter
2 EL feingehackte frische Thymianblättchen
Frisch gemahlener schwarzer Pfeffer

Die Zucchini putzen und in 2,5 cm dicke Scheiben schneiden. In einen großen Topf mit kochendem Salzwasser geben und 5 Minuten blanchieren. Abgießen und gründlich abtropfen lassen. Die Butter in einer Kasserolle erhitzen, den Thymian und die abgetropften Zucchinischeiben zugeben und mit Salz und Pfeffer abschmecken. Alles behutsam verrühren und zugedeckt bei sehr schwacher Hitze etwa 5 Minuten dünsten, bis die Zucchini weich sind. Heiß oder lauwarm servieren.

ZITRONENSTRAUCH

Andere Namen
Zitronenverbene

Verwendungsformen
Blätter: frisch und getrocknet

Aufbewahrung
Frische Blätter in festverschlossenen Plastiktüten im Kühlschrank lagern. Getrocknete Blätter in luftdicht verschlossenen Behältern kühl und dunkel aufbewahren.

Küchentips
Die frischen Blätter nur in kleinen Mengen an Obstsalate geben, weil das Aroma sonst an künstlichen Zitronenduft erinnert.

Die schmalen, etwas rauhen, lanzettförmigen Blätter verströmen ein intensives Zitronenaroma

Frische Blätter *von den Triebspitzen werden gehackt an Obst- oder Gemüsesalate gegeben*

Der Zitronenstrauch, der im Herbst seine Blätter verliert, erreicht in seiner Heimat Chile und Peru eine Höhe von bis zu 4,5 m, wird bei uns aber höchstens 2 m hoch. Die Pflanze gelangte mit den Spaniern nach Europa, wo sie anfangs nur zum Parfümieren von Seife und Kosmetika verwendet wurde. Die hellgrünen Blätter sind schmal und lanzettförmig, und die blaßrosa Blüten bilden an den Triebspitzen rispenförmige Ähren. Der ganze Strauch duftet stark nach Zitrone. In orientalischen Gerichten sind seine Blätter ein guter Ersatz für Zitronengras. Der Zitronenstrauch ist nicht zu verwechseln mit der Heilpflanze Eisenkraut (*verbena officinalis*), auch wenn beide Pflanzen derselben botanischen Familie angehören.

Verwendung

Frische Fruchtgetränke, vor allem mit Pfirsichen oder Erdbeeren; Kräutertees mit Süßholz oder Minze; Obstsalate; sowie als Auszug in Dessertsaucen auf Eiercremebasis.

REZEPTVORSCHLAG

Reispudding mit Zitronenverbene

4–6 Portionen

250 g Rundkornreis
½ TL Salz
600 ml Milch
2–3 frische Zitronenstrauchblätter
125 g Zucker
1 EL Butter
4 große Eigelb, leicht geschlagen
Frische Zitronenstrauchblätter
zum Garnieren

Den Reis mit 500 ml Wasser und dem Salz in einem Topf aufsetzen und zum Kochen bringen. Im offenen Topf bei mittlerer Hitze etwa 10 Minuten kochen, bis die Flüssigkeit verdampft ist. In einem zweiten Topf die Milch aufkochen und über den Reis gießen. Alles gut verrühren. Die Zitronenstrauchblätter zum Reis geben und ohne Deckel bei sehr schwacher Hitze unter gelegentlichem Rühren weiterkochen, bis der Reis die Milch fast vollständig aufgesogen hat. Den Topf vom Herd nehmen und die Blätter entfernen. Zucker, Butter und Eigelb unterrühren und weitergaren, bis eine cremige Masse entstanden ist. Den Pudding in eine Schüssel umfüllen, abkühlen lassen und in den Kühlschrank stellen. Gut gekühlt und garniert mit Zitronenstrauchblättern servieren.

Gehackte frische Blätter

BOUQUET GARNI

Bestimmte Kräuter und Nahrungsmittel ergänzen einander in vollkommener Weise: Rosmarin harmoniert gut mit Lamm; Salbei paßt zu Kalb- und Schweinefleisch; Fenchel zu Fisch; und Basilikum zu Tomaten. Es gibt aber auch bestimmte Kräuter, die einander gut ergänzen: angefangen mit einem aus wenigen frischen Kräuterzweigen zusammengebundenen *bouquet garni* bis zu raffinierten Kräutermischungen. Frische Kräuter werden als Strauß getrocknet und in ein Musselinsäckchen gebunden.

Für Geflügelgerichte mit langer Garzeit nimmt man zum Beispiel einen Stengel Sellerie und Petersilie, je einen Zweig Thymian, Majoran und Estragon sowie ein Lorbeerblatt und gibt alles in ein Musselinsäckchen. Für Wildgeflügel ergänzt man diese Kräutermischung mit ein paar Wacholderbeeren. Zur geschmacklichen Verfeinerung von Lamm bindet man Rosmarin, Thymian, Bohnenkraut, Minze und Petersilienstengel zu einem Sträußchen. Für einen Rinderschmorbraten fügt man noch ein Stück Orangenschale zu, läßt aber dafür die Minze weg. Zu Schweinefleisch paßt ein Kräuterbündel aus frischem Salbei, Thymian und Majoran. Besteht die Mischung aus getrockneten Kräutern, dann gibt man noch Oregano dazu und bindet das Ganze in ein Musselinsäckchen. Meeresfrüchte schmecken am besten mit Dill, Estragon und Zitronenschale.

FRISCHES ›BOUQUET GARNI‹

Bouquet garni ist die französische Bezeichnung für ein Kräutersträußchen. Die in der Küche unverzichtbare traditionelle Mischung besteht aus drei Petersilienstengeln, einem kleinen Thymianzweig und einem kleinen Lorbeerblatt. Sie kann auch in eine aromatische Gemüsehülle gebunden werden – meist eine Selleriestange oder ein grünes Lauchblatt. Bei der Zusammenstellung der Kräutersträuße ist darauf zu achten, daß sich die verwendeten Kräuter harmonisch ergänzen und in dem richtigen Mengenverhältnis zueinander stehen. Lorbeerblatt hat eine intensive Würze; Petersilie dagegen ist eher mild. Die Größe eines *bouquet garni* ist abhängig vom Gericht: Ein kleines Sträußchen verliert sich in einem großen Topf mit Suppe, ein großes wiederum kann für eine kleine Menge Sauce zu viel sein.

Bei ausreichend langen Stengeln die Kräuter mit einem Stück Küchengarn zusammenbinden

Traditionelles ›bouquet garni‹
Die klassische Kombination aus drei Petersilienstengeln, einem Lorbeerblatt und einem Thymianzweig wird je nach Zusammenstellung des Gerichtes entsprechend abgewandelt

›Bouquet garni‹ mit einer Selleriestange, einem Stück Orangenschale und Oregano

Thymian

Eine Mischung aus getrockneten Kräutern wird am besten in ein quadratisches Stück Musselin gebunden

Musselinsäckchen

Lorbeer

GETROCKNETES ›BOUQUET GARNI‹

Ein *bouquet garni* aus Lorbeerblatt, Petersilie und Thymian in getrockneter Form kann schon fertig abgepackt gekauft werden, man kann es aber auch schnell selbst anfertigen. Dazu die getrockneten Kräuter zu gleichen Teilen mischen, auf ein Stück Musselin geben und zusammenbinden. Das Säckchen wird nach dem Kochen wieder entfernt. Selbstgemachte Kräutersträußchen eignen sich hervorragend zum Verschenken.

Petersilie

›Bouquet garni‹ im Teebeutel

KÜCHEN-
GEWÜRZE

GALGANT

Aufbewahrung
Frische Wurzeln sind bei uns in
Spezialitätengeschäften erhältlich
und sollten in einer Plastiktüte
im Kühlschrank aufbewahrt werden. Getrocknete Wurzeln in
luftdicht verschlossenen Behältern kühl aufbewahren.

Beide Galgant-Arten, der Große Galgant (*Alpinia galanga*) und der Echte Galgant (*Alpinia officinarium*), sind nahe Verwandte aus der Familie der Ingwergewächse *(Zingiberaceae)* und wichtige Gewürze der südostasiatischen Küche. Der in Indonesien beheimatete Große Galgant hat würzig-scharfe und wie der Ingwer knollige Rhizome mit rötlichbrauner oder zart cremefarbener Schale. Er wird in der thailändischen Küche wegen seines ingwerähnlichen Geschmacks reichlich verwendet und ersetzt so teilweise den Ingwer. Der Echte Galgant hat ein stärkeres Aroma und ist auch schärfer im Geschmack. Geschält oder geraspelt würzt er Currygerichte oder Eintöpfe. In China hat der Galgant eher medizinische Bedeutung. Er ist ein ausgezeichnetes Magenmittel und wirkt appetitanregend. Die früher in der europäischen Küche häufig verwendete Pflanze dient heute nur noch als Gewürz für alkoholische Getränke und Magenbitter.

Verwendung

Currygerichte; Suppen und
Eintöpfe; Huhn; Meeresfrüchte,
insbesondere Garnelen; Saucen
auf Kokosnuß-Basis; Lamm.

Küchentips
Falls frischer Galgant nicht erhältlich ist, kann er durch die
halbe Menge frisch geriebenen
Ingwer ersetzt werden (siehe
S. 108). Ingwer ist schärfer und
nicht ganz so aromatisch.

REZEPTVORSCHLAG
Hähnchen auf
südostasiatische Art

2–4 Portionen

6 große Knoblauchzehen,
zerdrückt
1 EL gemahlener schwarzer
Pfeffer
2 EL gemahlener Galgant oder
1 EL geriebener frischer Ingwer
½ TL Salz oder nach Geschmack
8 Hähnchenkeulen
Öl zum Fritieren

Knoblauch, gemahlenen Pfeffer,
Galgant oder Ingwer mit dem
Salz vermischen. Die Hähnchenkeulen mit der Würzmischung
einreiben, in eine große Schüssel
legen und zugedeckt 3–4 Stunden im Kühlschrank durchziehen
lassen. Anschließend eine Fritier-
pfanne 5 cm hoch mit Öl füllen.
Das Öl auf 190 °C erhitzen. Es
muß heiß sein, darf jedoch nicht
rauchen. Die Hähnchenkeulen
darin fritieren, bis sie außen
goldbraun und innen gar sind.
Auf Küchenkrepp abtropfen lassen und mit Reis servieren.

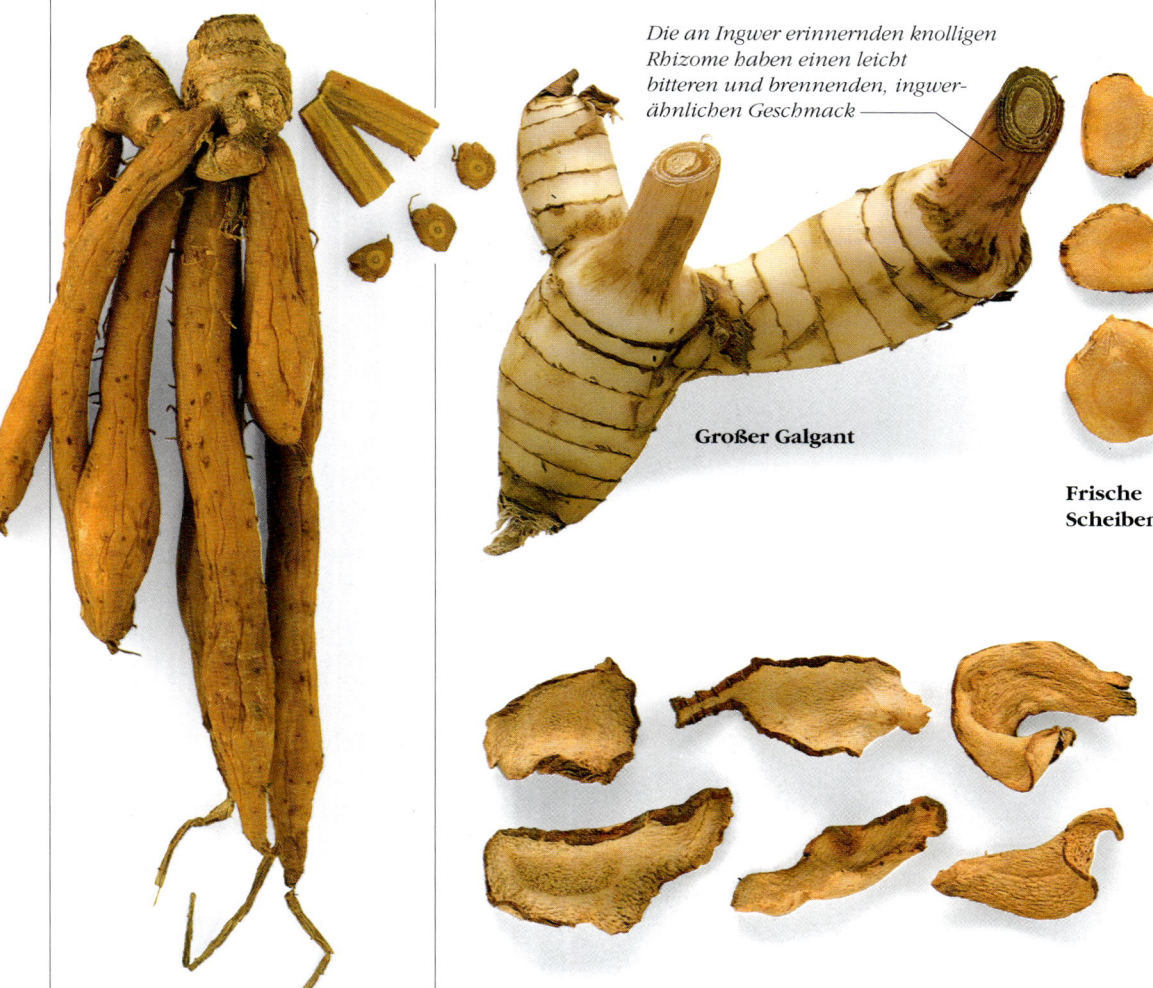

Die an Ingwer erinnernden knolligen Rhizome haben einen leicht bitteren und brennenden, ingwer-ähnlichen Geschmack

Großer Galgant

**Frische
Scheiben**

Echter Galgant

Getrocknete Scheiben

Gemahlener Galgant

Verwendungsformen
Samen: ganz und gemahlen

Aufbewahrung

Ganz oder gemahlen in luftdicht verschlossenen Behältern kühl und dunkel aufbewahren, damit der würzige Selleriegeschmack mit der leicht bitteren Note lange erhalten bleibt. Selleriesalz luftdicht verschlossen, kühl und dunkel aufbewahren.

Küchentips

Die ganzen Samen, die lange ihre Würzkraft behalten, sollten sparsam verwendet werden, da sie etwas bitter schmecken. Vor der Verwendung leicht zerdrücken. Selleriesalz im Kühlschrank aufbewahren, damit es seine Würze behält.

SELLERIESAMEN

Die heutigen Kulturformen des Selleries wurden im 17. Jahrhundert aus den seit Jahrtausenden in den salzhaltigen Sumpfgebieten Europas gedeihenden Wildformen gezüchtet. Man unterscheidet drei Haupttypen: Bleich- oder Stangensellerie, Schnitt- oder Blattsellerie und Knollen- oder Wurzelsellerie, der gekocht als Gemüse oder roh als Salat gegessen wird. Die Selleriesamen sind winzig klein und braun mit fünf etwas helleren Rippen. Sie schmecken stark nach Sellerie, sind aber schärfer und bitterer. Der leicht bittere Beigeschmack verstärkt andere Aromen. In vielen Rezepten werden statt der Selleriepflanze die Samen verwendet, wie zum Beispiel zum Würzen von Brotteig oder zum Bestreuen von Salzgebäck. Ganze Samen können kurz vor dem Servieren über Salate oder gekochte Gemüse gestreut werden; gemahlene Samen kommen an fertige Gerichte. Selleriesalz, mit gemahlenen Selleriesamen und anderen Kräutern gemischtes Salz, ist – ähnlich wie Kräutersalz – eine praktische Würze für Suppen, Eintöpfe, Salate und vieles andere mehr.

Verwendung

Suppen; Saucen; Eintöpfe; Fisch; Brote; Salzgebäck; Tomatensaft; Relishes; Pickles; Chutneys; Eiergerichte, vor allem Omeletts; Salatsaucen.

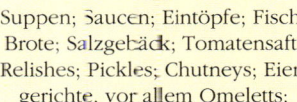

REZEPTVORSCHLAG

Pochierte Gurken mit Selleriesamen

6 Portionen

1 kg Gurken, geschält und in 2,5 cm dicke Scheiben geschnitten
Hühnerfond oder Wasser
1–2 EL Butter
2 TL feingemahlene oder ganze Selleriesamen
2–3 EL Crème double
Salz

Die Gurkenscheiben in einen Topf geben und knapp mit Hühnerfond oder Wasser bedecken. Zum Kochen bringen und zugedeckt bei schwacher Hitze etwa 5 Minuten köcheln lassen, bis die Gurken weich sind. Gut abtropfen lassen. Inzwischen die Butter in einem Topf zerlassen, die gemahlenen Selleriesamen unterrühren. Crème double zugeben und salzen. Die Gurken behutsam unterheben und in der Sauce vorsichtig erhitzen. Die Gurken auf einer vorgewärmten Platte anrichten und als Gemüse servieren.

Die winzigen Samen sind braun mit hellen Rippen und schmecken leicht bitter

Ganze Samen

Selleriestangen

Selleriesalz *wird gern zum Würzen von Grillfleisch verwendet*

Aufbewahrung
Samen in luftdicht verschlossenen Behältern kühl und dunkel aufbewahren. Ziegelrote Samen sind unbegrenzt haltbar, bräunliche Samen sollte man meiden.

Küchentips
Annattosamen werden in der Küche vorwiegend zum Färben und weniger zum Würzen verwendet. Ein mit Annattosamen gefärbtes und leicht aromatisiertes Öl ist jedoch ein wichtiges Würzmittel in der karibischen Küche. Für die Zubereitung von Annatto-Öl 250 ml Maiskeimöl oder Erdnußöl in einem kleinen Topf erhitzen. 60 g Annattosamen zugeben und unter Rühren 2 bis 5 Minuten ziehen lassen, bis das Öl tieforange ist. Die Dauer ist abhängig von der Würzkraft der Samen. Sobald das Öl eine satte Farbe hat, den Topf vom Herd nehmen. Das Öl auskühlen lassen, filtern und, abgefüllt in einer Flasche, im Kühlschrank aufbewahren. Das fertige Öl ist sehr lange haltbar.

ANNATTO

Der Annatto- oder Orleansstrauch ist ein besonders reizvoller blühender großer Strauch aus der Familie der *Bixaceae*, der in der Karibik, in Mexiko und in Mittel- und Südamerika zu Hause ist. Seine großen, rosafarbenen Blüten erinnern an wilde Rosen. Die etwa fünfzig Samen im Inneren der herzförmigen, stacheligen Fruchtschoten umschließt ein fleischiger Samenmantel, der einen roten Fabstoff, das Bixin, enthält. Die kriegerischen Kariben benutzten diese Farbe zur Körperbemalung, und auch die alten Maya in Guatemala wußten damit umzugehen. In den Küchen Lateinamerikas und der Karibik werden Annattosamen vorwiegend zum Färben von Lebensmitteln, aber auch zum Würzen diverser Gerichte verwendet. So gehören die pfeffrig schmeckenden Samen in ein für Jamaika typisches Gericht aus Klippfisch, Akipflaumen, Tomaten und Chillies. In Mexiko werden Annattosamen zusammen mit anderen Kräutern und Gewürzen, so auch Kreuzkümmel und Oregano, zu einer aromatischen Würzmischung vermahlen. Die Spanier brachten den Annattosamen im 17. Jahrhundert auf die Philippinen, wo er bald zu einem unentbehrlichen Gewürz wurde. In Europa wird er zum Färben von Käse verwendet, unter anderem für Munster, Livarot, Leicester und Red Cheshire. Annatto hat viele Namen; von Insel zu Insel und von Land zu Land heißt er anders.

Annatto-Öl

Samen

REZEPTVORSCHLAG
Pilawreis

4–6 Portionen

300 g Langkornreis
4 EL Annatto-Öl
600 ml Hühnerfond
Salz

Das Öl in einer Pfanne erhitzen, den Reis zugeben und unter Rühren in etwa 2 Minuten glasig werden lassen. Den Fond zugießen und nach Geschmack salzen. Zum Kochen bringen und den Reis zugedeckt etwa 20 Minuten leise köcheln, bis er die Garflüssigkeit aufgesogen hat. 10 Minuten ausquellen lassen. Vor dem Servieren den Reis mit einer Gabel auflockern. Dazu passen würzige Hühnergerichte.

Die Samen werden aus den Schoten herausgelöst

SASSAFRAS

Aufbewahrung
Blätter in festverschlossenen Behältern kühl und dunkel aufbewahren.

Küchentips
Zum Andicken gibt man *Filé*-Pulver an die heißen, aber nicht mehr kochenden Speisen. Das Pulver wird eingestreut und gründlich verrührt. Die Speise darf danach nicht mehr kochen, weil sie sonst Fäden zieht.

Die Choctaw-Indianer in Louisiana waren die ersten, die vom Sassafrasbaum Gebrauch machten, einem stattlichen Baum aus der Familie der Lorbeergewächse. Der in Nordamerika beheimatete Baum hat eine würzige aromatische Rinde, gelbgrüne Blüten und dunkelblaue Früchte. Ein und derselbe Baum trägt leuchtendgrüne Blätter in drei verschiedenen Formen. Früher bereitete man aus Sassafrasblättern und -rinde einen Tee. Auch Medizin wurde damit gewürzt, und zusammen mit anderen Zutaten braute man daraus einen aromatischen Likör. Heute ist Sassafras fast nur noch unter der Bezeichnung *Filé*-Pulver bekannt, das aus den getrockneten, gemahlenen Blättern des Baumes gewonnen wird. Dieses Pulver wird als Bindemittel in *gumbo*, einem kreolischen Eintopf, verwendet, der sich in den amerikanischen Südstaaten größter Beliebtheit erfreut. *Gumbos* resultieren aus der Verschmelzung verschiedener Landesküchen, angefangen bei der indianischen Küche über die französische und die spanische bis hin zur afrikanischen. Der Name *gumbo* ist wahrscheinlich von einem bantuischen Wort für Okra abgeleitet, einem Gemüse, das oft Bestandteil dieser Eintöpfe ist. Beide, Sassafras und Okra, verleihen *gumbos* ihre typische Konsistenz, da sie Schleimstoffe absondern. Junge zarte Sassafrasblätter sind eine vorzügliche Beigabe zu grünen Salaten.

REZEPTVORSCHLAG
Gumbo mit Garnelen und Krabben

6 Portionen

4 EL Pflanzenöl
1 mittelgroße Zwiebel, feingehackt
4 Frühlingszwiebeln, gehackt
4 Selleriestangen, gehackt
1 mittelgroße grüne Paprikaschote, entkernt und gehackt
3 EL Weizenmehl
Salz
500 g gekochte Garnelen
500 g gekochtes Krabbenfleisch
½ TL Chilisauce
4 TL gehackte glatte Petersilie
1 EL Filé-Pulver

Öl, Zwiebeln, Frühlingszwiebeln, Sellerie und Paprikaschote in einen Topf geben und kurz anbraten, bis alle Zutaten weich sind. Das Mehl hineinsieben und die Mischung 2–3 Minuten garen, ohne sie zu bräunen. Nach und nach 2 l Wasser einrühren und nach Geschmack salzen. Zum Kochen bringen und zugedeckt 15 Minuten kochen lassen. Garnelen und Krabbenfleisch zugeben und gut durchkochen. Die Chilisauce und die Petersilie unterrühren und abschmecken. Von der Kochstelle nehmen und das *Filé*-Pulver gründlich unterrühren. Mit körnig gekochtem Reis servieren.

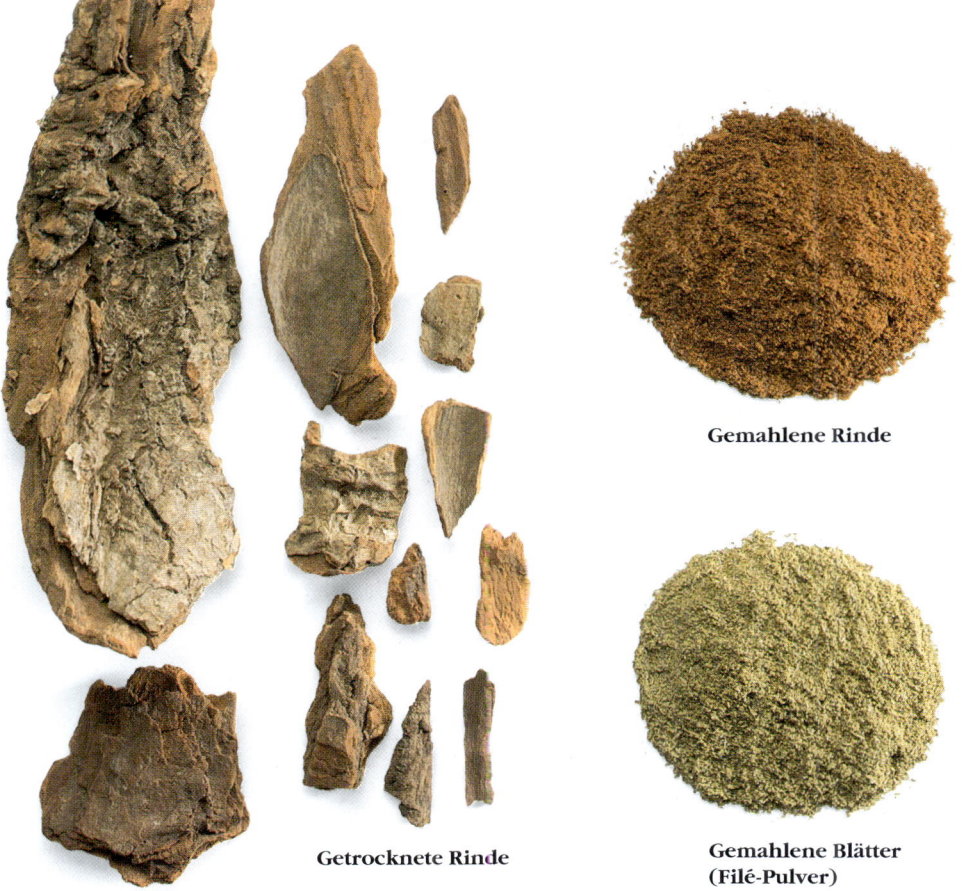

Gemahlene Rinde

Getrocknete Rinde

Gemahlene Blätter (Filé-Pulver)

SENF

Die Bezeichnungen Mostrich oder Mostert für Senf sind vom lateinischen *mustum ardens*, brennender Most, abgeleitet, denn die mit unvergorenem Traubensaft oder Most zerstoßenen Senfsamen entwickelten bei diesem Vorgang ihre typische Schärfe, die das »Brennen« verursacht. Alle Senfarten gehören zur Familie der Kreuzblütler. Zwei davon sind nahe verwandt: *Brassica nigra*, Schwarzer oder Brauner Senf, der bis zu 2 m hoch werden kann; und *Brassica juncea*, der Sareptasenf. Beide Pflanzen tragen kleine kugelige Samen, doch hat der Sareptasenf den Schwarzen Senf mittlerweile verdrängt, weil sich die kleinere Pflanze besser ernten läßt. Beide Senfarten sind scharf und würzig. Der Schwarze Senf allerdings hat ein sehr ausgeprägtes Aroma und wird vor allem in der indischen Küche viel verwendet. Die dritte Senfart *Sinapis alba* oder Weißer Senf ist im Mittelmeerraum beheimatet und trägt im Vergleich zu Schwarzem Senf etwas größere, gelbliche Samen. Das Mehl des Weißen Senfs wird größtenteils zu amerikanischem Tafelsenf, gelegentlich auch zu englischem Senf verarbeitet, nicht aber zu Dijon-Senf.

Andere Namen
Schwarzer oder Brauner Senf, Sarepta- oder Indischer Senf, Weißer oder Gelber Senf

Verwendungsformen
Senfsamen: ganze Körner, Pulver, Öl
Tafelsenf: scharf, mild, aromatisiert

Aufbewahrung
Senfkörner in festverschlossenen Behältern kühl und dunkel aufbewahren. Tafelsenf in Schraubgläsern im Kühlschrank lagern.

Küchentips
Für scharfen Senf Senfpulver mit kaltem Wasser anrühren und 15 Minuten stehen lassen. In Japan wird Senfpulver stets mit kochendheißem Wasser angerührt und bis zur Verwendung abgedeckt. Beim Kochen Senf erst zum Ende der Garzeit zugeben und nur leicht erhitzen. Für Eintöpfe kann man Senfpulver auch dem Öl beigeben, in dem Zwiebeln und/oder Knoblauch angebraten werden. Bei der Zubereitung von Mayonnaise nur Tafelsenf wie zum Beispiel Dijon-Senf verwenden, auf keinen Fall Senfpulver.

Verwendung
Senfpulver: Suppen; Eintöpfe. *Scharfer Tafelsenf*: Saucen für Geflügel, Bratenfleisch, kaltes Fleisch, Wurstwaren; Mayonnaise; Salatsaucen. *Milder Tafelsenf*: Saucen; Fisch, insbesondere Lachs und Hering.

Senfsprossen ziehen
Aus den Sprossen von Weißem Senf und Gartenkresse läßt sich ein frischer, leicht pfeffrig schmeckender Salat zubereiten. Diese Mischung erfreute sich im viktorianischen England großer Beliebtheit. Die Samen wurden zum Keimen auf mit Rillen versehene Kegel aus Ton gegeben, die Vorläufer unserer heutigen Kresseigel.
Senfsprossen lassen sich gut auf kleinen, dünn mit Erde bedeckten Tabletts ziehen. Sie keimen aber auch auf einem feuchten Tuch oder auf feuchter Watte. Werden die Samen ständig feucht gehalten, kann man die Keimlinge nach zirka zwei Wochen, wenn sie etwa 5 cm lang sind, essen. Sollen die Kressesamen zur selben Zeit fertig sein, werden sie 3–4 Tage später ausgesät, da sie schneller keimen. Die delikaten Sprossen zu Salaten oder Sandwiches geben oder zum Garnieren verwenden.

Die sandfarbenen oder gelblichen Samen des Weißen Senfs sind im Vergleich zu denen anderer Senfarten größer

Schwarze Senfkörner sind scharf und würzig im Geschmack, aber kleiner als die Samen des Weißen Senfs

Weißer Senf

Schwarzer Senf

Scharf und aromatisch schmecken die Samenkörner des Sareptasenfs, der den Schwarzen Senf immer mehr verdrängt

Sareptasenf

Die leuchtendgelbe Farbe von Tafelsenf beruht meist auf dem Zusatz von Kurkuma

Tafelsenf *ist die gebräuchlichste Form von Senf, die vorwiegend als Würze zu Wurst und kaltem Fleisch verwendet wird*

Senfpulver

Zubereitung von Senfsauce

Das scharfe Senfaroma entfaltet sich am besten, wenn man den Senf nicht kocht. Ein wenig Senf auf dem Teller reicht oft völlig aus, um kaltem Fleisch die nötige Würze zu verleihen. Viele kalte Saucen, so auch Vinaigrette, Mayonnaise oder die hier abgebildete Dillsauce, werden mit Senf verfeinert. Alle diese Saucen passen ausgezeichnet zu Gemüsesalaten, die Dillsauce aber ist besonders für *graved lax* (siehe S. 102) zu empfehlen.

1 *1–2 Eßlöffel Zucker in 1½ Eßlöffeln Weißweinessig auflösen. Nach und nach 125 ml natives Olivenöl extra unterschlagen, bis eine glatte Sauce entstanden ist.*

2 *6 Eßlöffel Dijon-Senf und 2–3 Zweige gehackten frischen Dill unterrühren und die Sauce mit frisch gemahlenem weißem Pfeffer abschmecken.*

TAFELSENF

Diese beliebte Würze wird seit Jahrhunderten fast überall auf der Welt verwendet. Sie stand bereits bei den alten Ägyptern, Griechen und Römern auf dem Tisch, und Papst Johannes XXII. wird nachgesagt, er habe eigens einen Senfmeister an den Palast in Avignon berufen. Zwischen dem 18. und dem 19. Jahrhundert, als der Senf in Mode kam, waren nicht weniger als 93 verschiedene Sorten im Handel. Das Herstellungsverfahren ist über die Jahrhunderte gleichgeblieben. Wie früher im Mittelalter werden heute in modernen Fabriken Senfsamen gemischt und mit Traubensaft, Most, Wein, Essig, Cidre oder Wasser angesetzt. Anschließend werden die Samen zu einer feinen Paste vermahlen. Dabei darf die Temperatur 40 °C nicht übersteigen, weil sich sonst die ätherischen Öle verflüchtigen, die für den scharfen, würzigen Geschmack verantwortlich sind. Auch die kulinarische Verwendung von Tafelsenf hat sich im Laufe der Zeit nur unwesentlich geändert. Senf ist von jeher eine beliebte Beigabe zu kaltem Fleisch und eine Zutat in kalten Saucen. Heißen Speisen wird Senf erst gegen Ende der Garzeit zugegeben. Als Würzmittel erfreut sich die scharfe Paste weltweit großer Beliebtheit, denn für jeden Geschmack gibt es die passende Senfspezialität.

Aufbewahrung von Senf

Tafelfertiger Senf kann bis zu einem Jahr gelagert werden, ohne daß er an Schärfe verliert. Nach dem Öffnen beginnt er aber seine Würzkraft zu verlieren und sollte daher möglichst rasch verbraucht werden. Die Form des traditionellen Senftöpfchens mit relativ engem Hals verhindert, daß eine größere Oberfläche mit der Luft in Berührung kommt, und der Senf bleibt länger frisch.

Milder Senf

Scharfer Senf

Körniger Senf

Aromatisierter Senf

Körniger Senf

Bei körnigem Senf handelt es sich um milde Senfsorten nach Dijon-Art, die mit zum Teil grob geschroteten und zum Teil gemahlenen braunen Senfsamen in Essig und Gewürzen angesetzt werden. Die bekannteste nach diesem Verfahren hergestellte Sorte ist der *Moutarde de Meaux*, leicht erkennbar an den dekorativen, rotversiegelten Steinguttöpfchen. Grobkörniger Senf ist milder, weil die Samenhüllen nicht vollständig entfernt wurden. Vor der Einführung des Absiebens und Abseihens bei der Senfherstellung hatten alle Senfsorten fast dieselbe Konsistenz.

MILDER UND SCHARFER SENF

Trotz der vielen verschiedenen Senfsorten gibt es eigentlich nur zwei Kategorien: den milden und den scharfen Senf. Die Schärfe des Senfs hängt davon ab, wie die Senfkörner verarbeitet wurden. Für milden Senf werden die Samen mit der ganzen oder teilweise entfernten Samenhülle vermahlen; für scharfen Senf werden die Samenhüllen ausgesiebt. Die berühmteste scharfe Senfsorte ist Dijon-Senf. Milder Tafelsenf enthält einen höheren Anteil an Samenhüllen und mindestens 20 % Senfpulver. Zu den bekanntesten milden Sorten zählen Bordeaux- und Beaujolais-Senf sowie grobkörnige Sorten. Deutscher Senf ist gewöhnlich dunkler und glatt. Er wird aus einer Mischung aus Schwarzem Senf und Sareptasenf bereitet und hat unterschiedliche Schärfegrade. Amerikanischer Senf enthält die milderen Samen des Weißen Senfs und Zugaben von Essig, Zucker und Gewürzen. Häufig ist er mit Kurkuma gefärbt, der ihm seine charakteristische gelbe Farbe verleiht.

REZEPTVORSCHLAG
Senf-Sahne-Sauce

Ergibt etwa 175 ml

60 g Butter
125 ml Crème double
Etwas Zitronensaft
Salz
Frtsch gemahlener schwarzer Pfeffer
1–2 TL körniger Senf
2–3 EL frische Schnittlauch-röllchen

Die Butter bei mittlerer Hitze in einem flachen Topf zerlassen. Sobald sie schäumt, die Sahne zugießen. Zum Kochen bringen und in etwa 5 Minuten zu einer dicklichen Sauce einkochen lassen. Mit Zitronensaft, Salz und Pfeffer abschmecken und den Senf unterrühren. Den Topf von der Kochstelle nehmen und die Schnittlauchröllchen untermischen. Sofort servieren, mit gegrilltem Fisch, Fleisch oder Geflügel. Die Sauce kann bis zu 15 Minuten im Wasserbad warm gehalten werden, darf danach aber nicht mehr erhitzt werden, weil sie sonst gerinnt.

Dijon-Senf

Bordeaux-Senf

Deutscher Senf

Beaujolais-Senf

Amerikanischer Senf

Süßer Senf

Würzmittel für Speisesenf

Tafelfertige Senfspezialitäten in vielen Geschmacksrichtungen sind heute in großer Auswahl erhältlich. Diese köstlichen Würzcremes für kaltes Fleisch, Fisch, Geflügel, Pasteten und Gemüse können aber auch in vielen Rezepten den gewöhnlichen Tafelsenf ersetzen, sofern sie geschmacklich mit den anderen Zutaten harmonieren. Aromatisierter Senf läßt sich auch problemlos zu Hause zubereiten. Geben Sie auf 125 g Tafelsenf etwa 2 Teelöffel frische Kräuter und lassen Sie ihn bis zum Gebrauch mindestens 10 Minuten ruhen. Wer ein kräftigeres Aroma bevorzugt, würzt entsprechend mehr. Mit Joghurt oder saurer Sahne vermischt, läßt sich daraus schnell eine köstliche Sauce zu gedämpftem Gemüse oder pochierten Meeresfrüchten zaubern.

Chillies

Zitrone

Grüne Pfefferkörner

Minze

AROMATISIERTER SENF

Aromatisierte Senfsorten sind tafelfertige Senfspezialitäten, die Kräuter, Gewürze oder andere Würzmittel enthalten. Schon im 16. Jahrhundert, als Tewkesbury das Zentrum der englischen Senfherstellung war, erfreute sich ein mit Meerrettich gewürzter scharfer Senf großer Beliebtheit. Heute ist das Angebot weitaus größer. Da gibt es zum Beispiel feine Senfspezialitäten mit delikaten Kräutern wie Basilikum, Estragon oder Minze, während andere Sorten geschmacksintensivere Zutaten wie grüne Pfefferkörner, Chillies oder Ingwer enthalten. Wieder andere Senfsorten werden mit Zitrone, Limette oder Beeren gewürzt. Wie ideenreich manche Senfproduzenten sind, zeigt sich an Kreationen wie *Moutarde aux quatre fruits rouges*, einem französischen Senf mit viererlei Früchten. In England wird Senf häufig mit Honig, Malt-Whisky oder Ale aromatisiert. Bei der italienischen Spezialität *mostarda di Cremona* handelt es sich um in süßem Senfsirup eingelegte Früchte, die zu gekochtem Fleisch gereicht werden.

Aromatisierte Senfspezialitäten
Kräuter, Gewürze, Gemüse und Früchte gehören zu den Würz- und Aromastoffen, mit denen gewöhnlicher Tafelsenf veredelt werden kann

Kräutersenf

Meerrettich-Senf

Fruchtsenf

Zitronensenf

Chilisenf

REZEPTVORSCHLAG

Lachs mit Zitronensenf-Sauce

4 Portionen

*4 Lachssteaks
Saft von 1 großen Zitrone
Saft von 1 großen Orange
60 g Butter
Salz
125 ml Crème double
Frisch gemahlener schwarzer Pfeffer
1 EL Zitronensenf nach Dijon-Art
Gehackte frische Petersilie zum Garnieren*

Die Fischsteaks abspülen und trockentupfen. In eine flache Schüssel legen und mit Zitronen- und Orangensaft begießen. Abgedeckt etwa 1 Stunde im Kühlschrank ziehen lassen; die Steaks zwischendurch hin und wieder wenden. Die Fischsteaks aus der Marinade nehmen und mit Küchenkrepp trockentupfen. Den Saft beiseite stellen. Die Butter in einer großen beschichteten Pfanne erhitzen. Sobald das Fett zu schäumen beginnt, die Lachssteaks hineinlegen, mit Salz bestreuen und 2 Minuten braten, dann die Steaks wenden, salzen und weitere 2 Minuten auf der anderen Seite braten. Die Garzeit richtet sich nach der Dicke der Fischsteaks. Die fertigen Lachssteaks auf eine Platte legen und warm halten. Die zurückbehaltene Marinade in die Pfanne gießen, zum Kochen bringen und auf zwei Drittel der Flüssigkeitsmenge reduzieren. Die Sahne zugeben und weitere 2–3 Minuten einkochen. Die Sauce mit Pfeffer abschmecken und den Senf unterrühren. Den Lachs mit der Sauce überziehen, nach Belieben mit gehackter Petersilie bestreuen und sofort servieren. Dazu körnig gekochten Reis reichen.

SENFPULVER

Zu Beginn des 18. Jahrhunderts wurde aus gemahlenen Senfkörnern des Schwarzen und des Weißen Senfs erstmals Senfpulver hergestellt. Durch anschließendes Sieben der Mischung entstand ein sehr feines Pulver, das den milderen, körnigen Typ, der bis dahin gebräuchlich war, ersetzte. Das Herstellungsverfahren von Senfpulver hat sich seitdem wenig geändert. Heute werden dem Pulver noch Weizenmehl sowie Gelbwurz zur farblichen Verfeinerung beigegeben und etwas Zucker, Salz und Gewürze. Senfpulver wirkt auch als Konservierungsmittel und ist somit oft in Pickles und Chutneys enthalten.

Ungleich schärfer ist das chinesische Senfpulver *jie mo*, aber der mit Abstand schärfste Senf ist der japanische *karashi*-Senf, der in Soja-Dipsaucen in sehr kleinen Mengen auch als Beigabe zu japanischen Gerichten verwendet wird.

Hausgemachter Senf

Senfpulver entwickelt seine brennende Schärfe erst, wenn es mit Flüssigkeit in Berührung kommt. Deshalb wird es mit kaltem Wasser, Essig, Milch, Apfelwein oder Bier verrührt, bis ein weicher Brei entsteht. Die angerührte Paste sollte etwa 15–30 Minuten durchziehen, damit sich das Aroma voll entfalten kann. Nach einigen Stunden verliert die Senfpaste wieder an Aroma. Da der Geschmack auch durch Hitze leidet, wird hausgemachter Senf – wie jeder andere – immer erst zum Ende der Garzeit zugegeben.

REZEPTVORSCHLAG

Cajun-Senf

Ergibt etwa 125 ml

60 g Senfpulver
1 EL Mehl oder Maisstärke
3 EL Weißweinessig
1 EL Honig
1 Knoblauchzehe, feingehackt
1 EL zerstoßene Chillies
1 TL getrockneter Oregano
1 TL gemahlener Kreuzkümmel
1 TL getrockneter Thymian
1 TL grob gemahlener schwarzer Pfeffer
1 TL Paprika

Das Senfpulver mit Mehl oder Maisstärke vermengen. Nach und nach mit 60 ml kaltem Wasser glattrühren und 15 Minuten ruhen lassen. Die restlichen Zutaten gründlich untermischen.

Senfpulver muß mit Flüssigkeit angerührt werden, damit es seinen scharfen Geschmack entwickeln kann

Senfpulver

Senfpulver mit Chillies

Senfpulver mit Pfeffer

Grobkörniges Senfpulver mit Minze

Senfpulver mit Schnittlauch

REZEPTVORSCHLAG

Honigsenf

Ergibt etwa 125 ml

60 g Senfpulver
1 EL Mehl oder Maisstärke
2 EL Cidre-Essig
1 EL Brandy
1 EL Honig

Das Senfpulver mit Mehl oder Maisstärke vermischen. Nach und nach mit 60 ml kaltem Wasser glattrühren und 15 Minuten ruhen lassen. Die restlichen Zutaten gründlich unterrühren.

Aromatisiertes Senfpulver

Senfpulver läßt sich ebenso wie Tafelsenf mit einer Vielzahl von Kräutern und Gewürzen aromatisieren. Zerstoßene Chillies und grob geschroteter oder gemahlener schwarzer oder weißer Pfeffer verleihen dem Pulver eine feurige Würze, während getrocknete Kräuter wie Basilikum, Minze oder Estragon der brennenden Schärfe des Senfs einen gewissen Kontrast entgegensetzen. Die abgeriebene Schale einer Zitrone, Limette oder Orange kann ebenfalls als Würze verwendet werden, und auch frisch geriebener Ingwer oder Meerrettich ist geeignet. Bei der Verwendung von stark würzenden Zutaten sollte man vor dem Anrühren mit Wasser etwas Mehl oder Maisstärke unter das Senfpulver mischen.

CHILLIES

Die unzähligen Paprika- und Chilisorten von mild bis scharf sind Nachtschattengewächse einer artenreichen Familie, der auch Kartoffel, Tomate und Aubergine angehören. Sie sollen erstmals vor etwa 9000 Jahren im Tal von Mexiko angebaut worden sein. In der Sprache der dort ansässigen Nahua-Indianer hießen die Früchte *chilli*, eine Bezeichnung, die im angelsächsischen Sprachgebrauch für alle Pflanzen der Gattung *Capsicum* beibehalten wurde. Die *Capsicum*-Gewächse haben eine lange Geschichte und gehörten auf kulinarischem Sektor zu den großen Überraschungen der Neuen Welt. Erst Kolumbus brachte sie Ende des 15. Jahrhunderts nach Europa. Damit begann die erste Etappe einer langen Reise, die die *Capsicum*-Gewächse durch die Küchen der ganzen Welt antraten. Später nahmen die Portugiesen die Pflanzen mit nach Ostindien, Asien und Afrika. Nach dem Einfall der Osmanen im 16. Jahrhundert kamen die Europäer erneut mit den Früchten in Berührung. Und als die europäischen Einwanderer sie im 17. Jahrhundert wieder mit in die Neue Welt nahmen, schloß sich endlich der Kreis. Es gibt Hunderte von Paprika- und Chilisorten – über 150 allein in Mexiko. Der Geschmack der Vitamin-C-reichen Frucht reicht von süß bis brennend scharf. Überall auf der Welt geben Paprikaschoten und Chillies so manchem pikanten Gericht eine unverwechselbare Würze, und sie werden auch zu vielen verschiedenen scharfen Saucen verarbeitet. Thailand ist berühmt für seine *nam prik*, in Indonesien kommen *sambals* auf den Tisch, die sowohl Gemüsepaprika als auch scharfe Chilischoten enthalten (siehe S. 69); die Mexikaner haben ihre *salsas;* und die Tunesier nennen ihre feurige Würzpaste *harissa*, die auch in Algerien und Marokko bekannt ist (siehe S. 71). In Mexiko und im amerikanischen Südwesten sind die scharfen Schoten eine Hauptzutat in vielen Gerichten.

Verwendungsformen

Frisch: unreif (grün), reif (gelb und rot). *Getrocknet:* ganz, gemahlen, zerstoßen. *Verarbeitet:* eingelegt, als Konservenware, ganz und gehackt

Chillies trocknen

Zum Trocknen eignen sich ausgereifte gelbe und rote Schoten. Man legt sie entweder auf einem Gestell aus, das Luft zirkulieren läßt, um Schimmelbefall vorzubeugen, oder fädelt sie auf einen Zwirnsfaden. Dazu jede Schote unterhalb des Stengelansatzes durchstechen. An einem warmen und trockenen Platz aufhängen. Nach etwa einer Woche sind die Früchte getrocknet.

Chillies vorbereiten

Das Hantieren mit frischen und getrockneten Chillies verlangt große Sorgfalt. Das in den Schoten enthaltene Alkaloid Capsaicin kann schmerzhaft sein, wenn es mit der Haut, vor allem mit den Augen oder der Nase in Berührung kommt. Bei empfindlicher Haut ist es besser, während der Vorbereitung der Chillies Gummihandschuhe zu tragen. Danach sollten Sie sich die Hände waschen und auch alle Flächen gründlich säubern, die mit den Pfefferschoten in Berührung gekommen sind.

Schärfegrad

Chillies enthalten das Alkaloid Capsaicin durch das die scharfe Würze hervorgerufen wird. Diese ölige, nicht wasserlösliche Substanz kann zu schmerzhaften Reizungen führen, wenn sie in die Augen gelangt oder mit anderen empfindlichen Hautpartien in Berührung kommt. Der Schärfegrad einer Chilischote wird in Scoville gemessen. Die mildesten Chillies, wie die süßen Bananen-Chillies, werden mit 0 eingestuft, da sie keine Schärfe haben, während die schärfsten Schoten, die *habaneros,* einen Schärfegrad zwischen 100 000 und 300 000 Scoville aufweisen.

Küchentips

• Je länger eine Chilischote gegart wird, desto schärfer wird sie. Kurz gegart aber, wie beim Pfannenrühren, verleiht sie einem Gericht Aroma und eine feine Würze.

• Kleingehackt sorgen Chillies für gleichmäßige Schärfe; größere Stücke sollten vor dem Servieren entfernt werden.

• Frische oder getrocknete Schoten sind weniger scharf, wenn sie eine Stunde in einer Lösung aus 3 Teilen mit dem Weinessig und 1 Teil Salz gelegt werden.

Getrocknete Chillies

Zerstoßene Chillies

Frische unreife Chilischote

Frische reife Chilischote

Die brennend-scharfen Samen werden meistens vor dem Garen entfernt

Auch die Rippen der Chillies enthalten besonders viel Capsaicin und sollten daher vor Gebrauch entfernt werden

Die Haut wird in der Regel abgezogen, da das ausgeprägte Aroma im Fruchtfleisch enthalten ist

Verwendung

Frische Saucen auf Tomatenbasis; Zwiebeln; Avocados; Bohnen und Linsen; milde Käsesorten wie Cheddar; diverse Ziegenkäse; Mozzarella; Fleischeintöpfe; Mais; Geflügel; Fisch; Meeresfrüchte.

REZEPTVORSCHLAG

Chiles Rellenos

6 Portionen

6 große grüne Chillies, zum Beispiel Poblanos, mit Stengelansatz
500 g Mozzarella oder milder Cheddar, in Stifte geschnitten
2 Eier, getrennt
Salz
Öl zum Braten
Gesiebtes Mehl zum Wenden
Tomatensauce (siehe S. 171)

Die Chillies enthäuten (siehe S. 69); der Stengelansatz darf dabei nicht abbrechen. Die Schoten der Länge nach aufschlitzen und entkernen. Die Schoten mit dem Käse füllen und mit Zahnstochern verschließen. Eiweiß mit einer Prise Salz in eine Schüssel geben und zu steifem Schnee schlagen. Eigelb leicht verschlagen und den Eischnee unterziehen. Das Öl in einer großen, schweren Pfanne erhitzen. Die gefüllten Chilischoten im Mehl wälzen, in die Eimasse tauchen und dann in das heiße Öl gleiten lassen. Die Chillies von beiden Seiten goldbraun braten. Die gebratenen Schoten auf Küchenkrepp abtropfen lassen. Gegebenenfalls portionsweise braten. Die Sauce in einer zweiten großen, flachen Pfanne erwärmen. Die abgetropften Chillies dazugeben und in der Sauce vorsichtig heiß werden lassen. Sofort mit körnig gekochtem Reis servieren.

Frische Chillies

In Mexiko und im Südwesten der Vereinigten Staaten werden traditionell für bestimmte Gerichte nur frische, für andere nur getrocknete Chilischoten verwendet. Die kleinen scharfen Chillies werden vorwiegend frisch verarbeitet. Zu den gängigsten Sorten zählen die *Jalapeño-*, *Serrano-*, *Poblano-*, *Anaheim-* und Bananen-Chillies. Sie werden häufig eingelegt und ohne weitere Beilagen serviert. Mildere Sorten werden meist frischen Sauces oder *salsas* beigegeben. Vor der Weiterverarbeitung empfiehlt es sich, die Früchte zu enthäuten (siehe S. 69). Form und Größe der Schoten variieren ebenso wie ihr Schärfegrad. *Jalapeño*-Chillies sind mittelscharf im Geschmack und saftig. Auch *Poblano*-Chillies sind mittelscharf, aber nicht ganz so saftig, während *Serrano*-Chillies brennendscharf und weniger saftig sind. Es sind die Samen und Rippen, die den größten Teil des Capsaicins enthalten, während das Fruchtfleisch das Aroma spendet.

Küchentips

Bei der Verwendung von ganzen Schoten zum Füllen nur den Stielansatz herausschneiden. Samen und Rippen mit einem Löffel entfernen. Oder die Schote seitlich aufschneiden, entkernen, füllen, mit Zahnstochern verschließen und backen. Frische Chillies werden am besten vor der Weiterverwendung enthäutet (siehe S. 69).

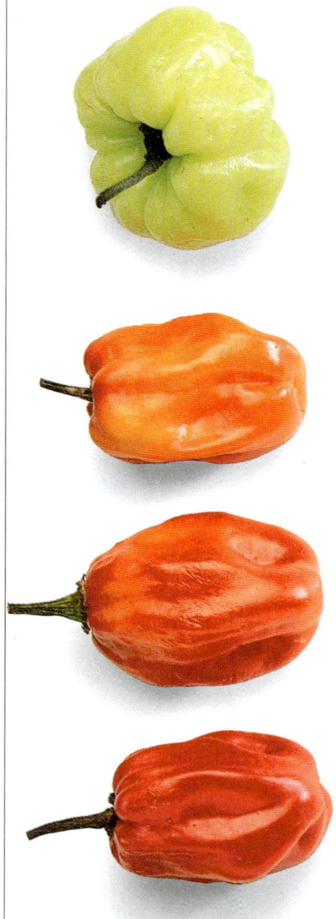

Habanero-Chillies

Frische Chillies sollten fest und glatt sein; das erleichtert das Enthäuten

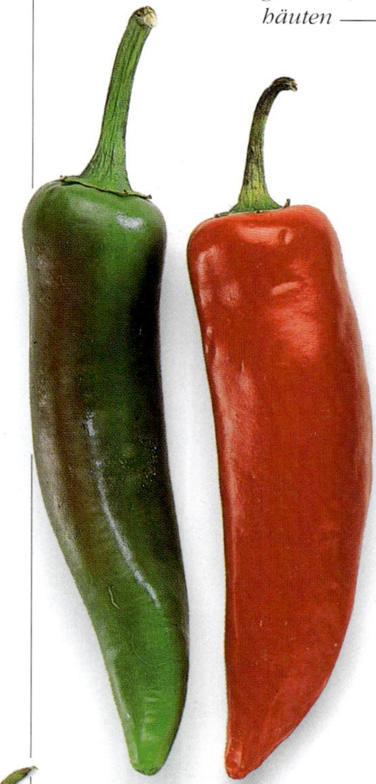

Serrano-Chillies

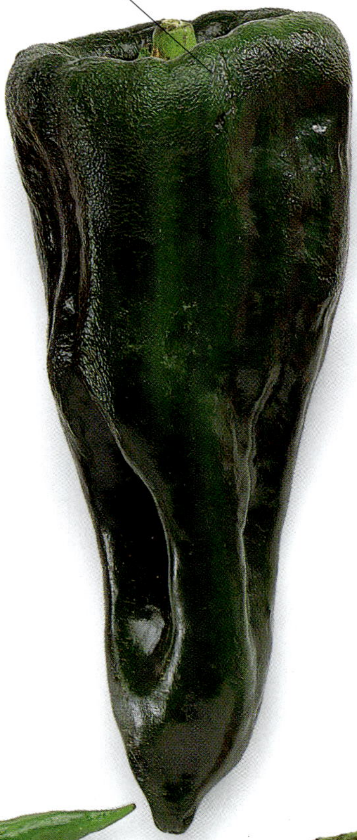

Anaheim-Chilischote

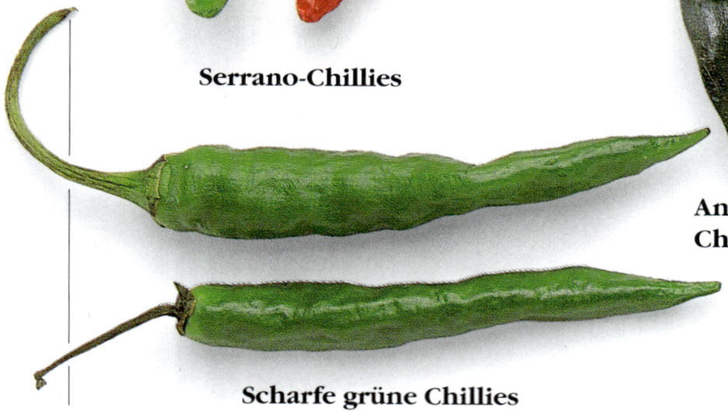

Scharfe grüne Chillies

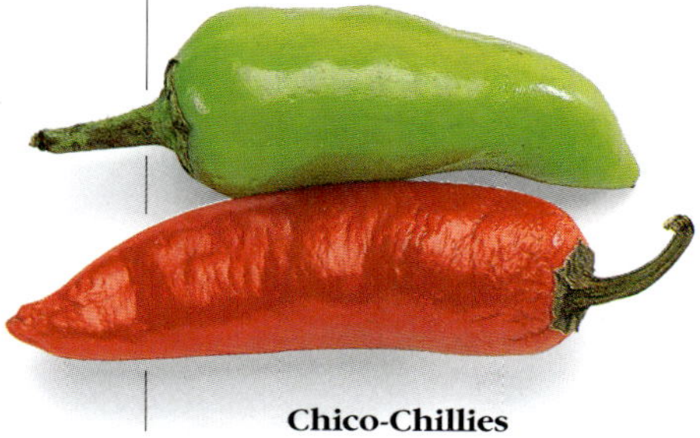

Chico-Chillies

REZEPTVORSCHLAG
Grüner Sambal

4 Portionen

*1 EL Pflanzenöl
2 mittelgroße grüne Paprika,
entkernt, entrippt und gewürfelt
2 kleine, frische grüne Chilischoten, entkernt und feingehackt
1 mittelgroße Zwiebel,
feingehackt
3 große Knoblauchzehen,
gehackt
1 EL Zucker
2 EL Lime Juice
1 EL asiatische Fischsauce (nam
pla) oder Sojasauce
Salz*

Das Öl in einer Pfanne erhitzen.
Paprika, Chillies, Zwiebeln und
Knoblauch zugeben und unter
ständigem Rühren in etwa 3 Minuten weich dünsten. Zucker,
Lime Juice und Fischsauce hinzufügen und bei schwacher Hitze
unter gelegentlichem Rühren
5 Minuten köcheln. Abschmekken
und gegebenenfalls nachsalzen.
Zum Abkühlen in eine Schüssel
umfüllen. Sofort servieren oder
zugedeckt (bis zu 3 Tage) im
Kühlschrank aufbewahren.

Geräucherte Chipotle-Chillies

Enthäutete Poblano-Chilischote

Eingelegte Jalapeño-Chillies

Chilischoten entkernen
Bei Verwendung von ganzen,
gehackten oder in Ringe geschnittenen Schoten zuerst den
Stielansatz herausschneiden
und die Kerne mit einem kleinen Löffel oder einem scharfen
Messer herausschaben. Die ent-
kernten Schoten unter fließendem kaltem Wasser abspülen
und trocknen. Nach dem
Vorbereiten der Chillies die Arbeitsflächen gründlich säubern,
damit die scharfe Würze der
Schoten nicht auf an-
dere Nahrungs-
mittel über-
geht.

CHILLIES ENTHÄUTEN

Die meisten frischen Chillies haben eine dicke Haut, die vor der Zubereitung der
Schoten abgezogen werden muß. Wenn in einem Rezept keine näheren Angaben
gemacht werden, kann man die Chillies nach jeder der hier abgebildeten Methoden
enthäuten. Für sehr dickfleischige Schoten empfiehlt sich ein Sparschäler. Beim Garen die frischen oder getrockneten Chillies ständig kontrollieren. Die Schoten dürfen nicht anbrennen, denn die dann entstehenden Dämpfe können zu
Reizungen der Augen und der Nase führen.

Grillen
*Sind nur einige
wenige Schoten
vorzubereiten,
empfiehlt sich als
schnellste und ein-
fachste Lösung das teilweise Grillen, bei dem allerdings äußerste
Vorsicht geboten ist (siehe oben).
Die Chilischote mit einer Zange
über eine Gasflamme halten und
gelegentlich wenden, bis die Haut
rundherum gegrillt ist und
Blasen wirft.*

Rösten
*Den Backofen auf 200°C (Gas
Stufe 3–4) vorheizen. Die Chillies
mit Öl einreiben und dann auf einen Ofenrost legen. Die Schoten
gelegentlich wenden, bis sie rundherum geröstet sind.*

Fritieren
*Pflanzenöl in einem Topf erhit-
zen. Die Chillies in das heiße Öl
geben und 5 Sekunden darin un-
tertauchen. Herausnehmen und
vor der Weiterverarbeitung abkühlen lassen.*

Chillies »schwitzen« lassen
*Heiße geröstete Chillies in eine
Plastiktüte legen oder in ein feuchtes Tuch einwickeln und 5–10 Minuten darin schwitzen lassen,
dann läßt sich die Haut leichter
abziehen. Verbleibende Hautfet-
zen vorsichtig mit einem kleinen,
scharfen Gemüsemesser entfernen.*

Küchentips

• Damit größere Chilisorten ihr Aroma besser entfalten können, sollten sie vor Gebrauch ohne Fett in der Pfanne geröstet werden.

• Für Rezepte, die Chillies in pürierter Form verlangen, werden die Schoten vorher in Wasser eingeweicht. Zupfen Sie die Chillies in kleine Stücke und weichen Sie diese 1 Stunde in heißem Wasser ein.

• Getrocknete Chillies lassen sich gut mit einer Schere zerkleinern. Denken Sie daran, die Schere nach Gebrauch gründlich zu säubern, um alle Capsaicin-Reste zu entfernen.

• Aromavielfalt erhalten Sie durch Mischen verschiedener Sorten von getrockneten Chillies, die anschließend zu feinem Pulver vermahlen werden.

Rösten ohne Fett
Die Chillies in einer gußeisernen oder beschichteten Pfanne mit einem Holzspatel auf den Boden pressen und trocken erhitzen. Sobald sie sich aufblähen und weich werden, vom Herd nehmen. Dieser Vorgang dauert nur wenige Minuten, je nach Größe der Schoten. Die Chillies dürfen dabei nicht die Farbe ändern oder hart werden.

GETROCKNETE CHILLIES

Beim Kauf von getrockneten Chillies ist darauf zu achten, daß die Früchte frisch, das heißt noch weich sind. Größere Pfefferschoten bleiben in der Regel länger frisch als kleine. Am besten, man kauft Ware in Klarsichtverpackung, die den Inhalt zu erkennen gibt. Es macht nichts, wenn Chillies staubig sind; kaufen Sie aber keine Schoten mit hellen Flecken, denn dies ist ein Zeichen von Mottenbefall. Eine Vielzahl von Chilisorten ist getrocknet im Handel. Bei *Ancho*-Chillies handelt es sich um getrocknete *Poblanos* – die frischen riechen schwach nach Backpflaumen. *Guajillo*-Chillies sind mittelscharfe getrocknete Pfefferschoten, die nur selten frisch angeboten werden; *Pasilla*-Chillies sind gewöhnlich etwas schärfer im Geschmack. Generell gilt: große getrocknete Chillies sind milder als kleine Schoten, doch gibt es auch hier keine Regel ohne Ausnahme.

Guajillo-Chillies

Tepin-Chillies

Mulato-Chillies

Lombok-Chillies

Vogelaugen-Chillies

Zerstoßene Chillies

Gemahlene Chillies

REZEPTVORSCHLAG

Mexikanische Bohnen mit Chorizo und Chillies

6 Portionen

500 g getrocknete Schwarze Bohnen oder Pinto-Bohnen, über Nacht eingeweicht
1 EL Schweineschmalz oder Öl
1 mittelgroße Zwiebel, gehackt
250 g Chorizo-Wurst, in dicke Scheiben geschnitten
2 Poblano-Chillies, geröstet, enthäutet, entkernt und gehackt (oder 2 Ancho-Chillies, gemahlen)
2 Tomaten, enthäutet, entkernt und gehackt
Salz
Gehacktes Koriandergrün zum Garnieren

Die eingeweichten Bohnen in 2 l kaltem Wasser aufsetzen und in 1–2 Stunden bei schwacher Hitze weich kochen. Beiseite stellen. Schweineschmalz oder Öl in einer Pfanne erhitzen. Zwiebeln, Wurstscheiben und Chillies dazugeben und in 5–10 Minuten goldbraun braten. Tomaten und Bohnen mit Kochflüssigkeit hinzufügen. Alles in der offenen Pfanne 30 Minuten leise köcheln lassen. Mit dem frischen Koriandergrün bestreuen und servieren.

Ancho-Chilischote

REZEPTVORSCHLAG
Harissa

Ergibt 60 g

60 g getrocknete rote Chillies
2 Knoblauchzehen
Salz
2 TL Koriandersamen
1½ TL gemahlener Kreuzkümmel
1 TL Kümmel
1 TL gerebelte getrocknete Minze
2 EL natives Olivenöl extra

Die Chillies entkernen und in kleine Stücke zupfen. Etwa 20 Minuten in warmem Wasser einweichen. Abseihen und zerkleinern. Den Knoblauch mit wenig Salz zerdrücken und dazugeben. Mit den Gewürzen zu einer Paste verarbeiten und 2 Eßlöffel Olivenöl unterrühren. In ein Schraubglas umfüllen und mit einer dünnen Schicht Olivenöl versiegeln. Die Paste hält sich im Kühlschrank bis zu 6 Wochen. Mit *harissa* kann man Huhn, Lamm oder Fisch vor dem Grillen marinieren, oder man serviert es zu nordafrikanischen Gerichten wie *couscous*.

Chillies

Harissa

Knoblauch

Salz

Minze

Kreuzkümmel

Koriandersamen

GEMAHLENE CHILLIES

Viele der im Handel erhältlichen Chilipulver sind Mischungen aus Chilischoten mit anderen Gewürzen und Aromastoffen. Fast alle getrockneten Chillies können vermahlen und als reines Pulver verwendet werden. Hausgemachtes Chilipulver läßt sich durch diverse Kräuter und Gewürze noch verfeinern.

Für hausgemachtes Chilipulver frische Chillies zum Trocknen auffädeln und anschließend die getrockneten Schoten in einer Gewürzmühle zerkleinern

Chilipulver
Neben gemahlenen getrockneten Chillies enthalten die im Handel üblichen Pulver im allgemeinen auch Knoblauch, Zwiebeln, Kreuzkümmel, Oregano, Piment, Salz und andere Gewürze. Diese oft zum Würzen von chile con carne *verwendeten Mischungen sind kein Ersatz für gemahlene Chillies.*

Cayennepfeffer
Das aus den besonders scharfen Schoten der Vogelaugen-Chillies gewonnene Pulver wird in westlichen Küchen seit dem 18. Jahrhundert zum Würzen verwendet. Cayenne in flüssiger Form heißt Tabasco, eine Sauce, die wegen ihrer extremen Schärfe nur tropfenweise verwendet wird.

Zerstoßene Chillies
Traditionell werden die im Handel als feurige Würze angebotenen getrockneten Chillies im Mörser zerstoßen, da aber aufsteigende Dämpfe und Chilistaub zu Irritationen der Augen und der Nase führen können, empfiehlt sich der Gebrauch einer elektrischen Gewürzmühle oder aber einer Küchenmaschine.

PAPRIKA

Aufbewahrung

Getrocknet in festverschlossenen Behältern kühl und dunkel aufbewahren. Paprikapulver verliert schnell an Aroma; bei Überlagerung wird es braun und schmeckt schal.

Küchentips

Nur Gewürzpaprika von höchster Qualität garantiert ein gutes Aroma. Lesen Sie das Etikett genau, denn manche Paprikapulver sind nur als scharf deklariert, sind in Wirklichkeit aber sehr scharf. So enthalten die als »Spanischer Paprika« ausgezeichneten Gewürzdosen keineswegs einen milden Paprika, sondern ein fast ebenso scharfes Pulver wie Cayennepfeffer.

Die Paprikaschoten, die getrocknet zu Gewürzpaprika vermahlen werden, haben eine interessante Geschichte. Die Pflanze, die ursprünglich vom südlichsten Zipfel Mexikos stammt, wurde von den Spaniern nach Spanien und Marokko gebracht und gelangte von da aus nach Ungarn. Hier fand sie eine zweite Heimat und wurde zum Nationalgewürz. Die meist dickwandigen, fleischigen Sorten mit dem hohen Vitamin-C-Gehalt haben viele Verwandte in der artenreichen Familie. Frischer Gewürzpaprika, der bei uns nicht überall angeboten wird, eignet sich wegen seines delikaten Geschmacks hervorragend zum Füllen. Paprikapulver verleiht Speisen eine interessante Würze und eine schöne rotgoldene Farbe. Die in Spanien angebauten *pimientos* sind spitz zulaufende herzförmige Paprikaschoten mit süßlichem Geschmack. Aus ihnen wird *pimentón,* ein unserem Paprika vergleichbares Gewürz, hergestellt. Auch spanische grüne Cocktail-Oliven werden oft mit *pimientos* gefüllt.

Die Schärfegrade der leuchtendroten Früchte reichen von mild bis sehr scharf

Spanischer Pimentón

Frischer Gewürzpaprika

Ungarischer Paprika

REZEPTVORSCHLAG

Paprikahuhn

4 Portionen

2 EL Pflanzenöl
2 mittelgroße Zwiebeln, feingehackt
1 Poularde (etwa 1,5 kg), in Portionsstücke zerteilt
250 g Tomaten, enthäutet, entkernt und gehackt
1½ EL Paprikapulver
Salz
Frisch gemahlener schwarzer Pfeffer
2 EL saure Sahne
1 EL Weizenmehl, gesiebt
1 mittelgroße grüne Paprikaschote, entkernt und in Ringe geschnitten
2 EL Crème double

Das Öl in einer schweren Kasserolle erhitzen. Die Zwiebeln zugeben und bei schwacher Hitze glasig dünsten. Poulardenstücke und Tomaten dazugeben und zugedeckt bei schwacher Hitze 10 Minuten dünsten. Das Paprikapulver unterrühren und nach Geschmack salzen. 175 ml Wasser zugießen und alles zugedeckt bei schwacher Hitze 30 Minuten weitergaren, dann ohne Deckel noch etwa 15 Minuten leise weiterköcheln lassen, bis genug Flüssigkeit verdampft ist. Das Mehl mit der sauren Sahne glattrühren. Die Poulardenstücke aus dem Topf heben und warm stellen. Das angerührte Mehl an die Garflüssigkeit geben und unter ständigem Rühren 5–10 Minuten kochen, bis eine glatte, sämige Sauce entstanden ist. Die Paprikaringe und die Crème double behutsam unterrühren. Die Poulardenstücke zurück in den Topf geben und weitere 5–7 Minuten leise kochen lassen. Das Paprikahuhn mit körnig gekochtem Reis servieren.

AJOWAN

Aufbewahrung
Luftdicht verschlossen, kühl und dunkel aufbewahrt, ist das Gewürz nahezu unbegrenzt haltbar.

Küchentips
Ajowan für gehaltvolle Vorspeisen aus Gebäck oder für Cracker verwenden; auch zu Bohnen und anderen schwerverdaulichen Hülsenfrüchten. Das Aroma ist sehr intensiv, deshalb sparsam dosieren.

Das im südlichen Indien heimische Doldengewächs ist eng verwandt mit Kümmel und Kreuzkümmel, schmeckt aber kräftig nach Thymian, und die braunen Früchte, die an große Selleriesamen erinnern, schmecken außerdem scharf und bitter. Die dekorative Pflanze, die auch im Iran, in Pakistan, Afghanistan, Ägypten und Äthiopien angebaut wird, erinnert im Aussehen an wilde Petersilie. Ajowan wird wegen seines Gehalts an Thymol kultiviert, ein ätherisches Öl, das medizinisch als Antiseptikum eingesetzt wird. Wie viele andere Gewürze der indischen Küche erfüllt auch Ajowan zwei Aufgaben: einerseits ist er ein hervorragender Geschmacksgeber, andererseits wirkt er als Heilpflanze Verdauungsbeschwerden wie beispielsweise Blähungen entgegen. So ist Ajowan aus kulinarischen wie medizinischen Gründen ein ideales Gewürz für Hülsenfrüchte und andere stärkehaltige Nahrungsmittel.

Verwendung

Pickles; indische Snacks aus Nüssen und Hülsenfrüchten; Gebäck; stärkehaltige Nahrungsmittel, einschließlich Wurzelgemüse und Hülsenfrüchte.

REZEPTVORSCHLAG
Würzige braune Linsen

4 Portionen

250 g braune Linsen
2 EL Pflanzenöl
1 mittelgroße Zwiebel, feingehackt
1 Knoblauchzehe, gehackt
Gemahlene Ajowan-Samen und Cayennepfeffer nach Geschmack
Salz

Die Linsen mit 450 ml Wasser in einen Topf geben und eine Stunde einweichen. Das Öl in einer Pfanne erhitzen und die Zwiebeln darin sautieren. Den Knoblauch zugeben und weitere 30 Sekunden anbraten. Den Pfanneninhalt zu den vorgeweichten Linsen geben und mit Ajowan, Cayennepfeffer und Salz abschmecken. Bei mittlerer Hitze zum Kochen bringen. Zugedeckt etwa 1–1½ Stunden kochen, bis die Linsen weich sind und die Garflüssigkeit aufgesogen ist. Abschmecken und heiß servieren.

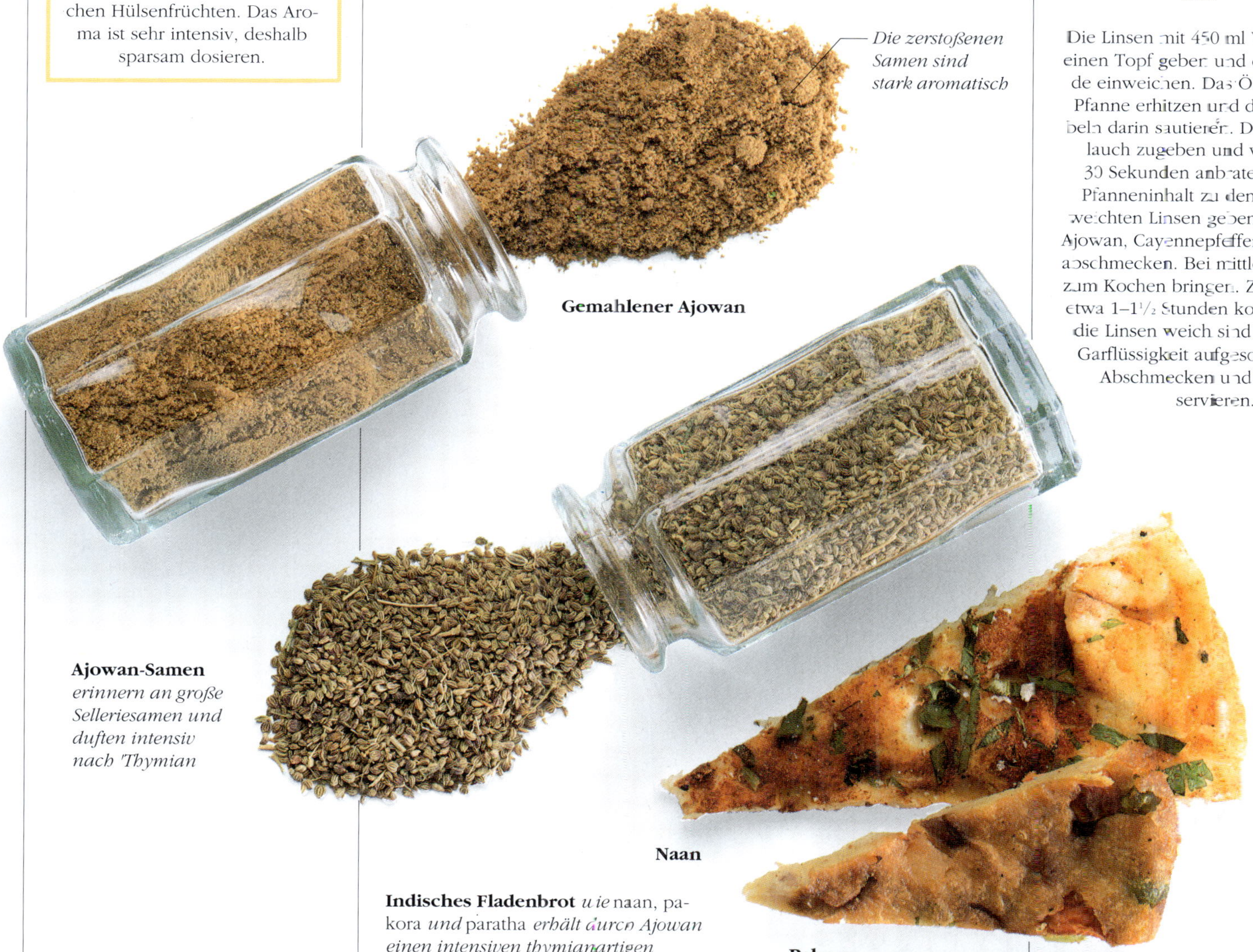

Die zerstoßenen Samen sind stark aromatisch

Gemahlener Ajowan

Ajowan-Samen
erinnern an große Selleriesamen und duften intensiv nach Thymian

Naan

Indisches Fladenbrot *wie* naan, pakora *und* paratha *erhält durch Ajowan einen intensiven thymianartigen Geschmack*

Pakora

73

KÜMMEL

Aufbewahrung
Samen sollten – getrocknet wie gemahlen – luftdicht verschlossen und dunkel aufbewahrt werden. Blätter und Pfahlwurzeln können, in Plastiktüten verpackt, kurzzeitig im Kühlschrank lagern.

Küchentips
Samen verstärken den Eigengeschmack vieler Gemüse; besonders gut schmeckt Kümmel zu neuen Butterkartoffeln oder zu Kohl. Die Pfahlwurzel wird gekocht oder im Ofen gebacken und als Gemüse zubereitet.

Seit etwa 5000 Jahren wird Kümmel als Gewürz verwendet, und vieles deutet darauf hin, daß er schon in der Steinzeit bekannt war. Ursprünglich in den gemäßigten Zonen Asiens beheimatet, ist er heute in ganz Europa und Nordamerika verbreitet. Die zweijährige Pflanze mit den hellgrünen, zart gefiederten Blättern und den cremefarbenen, in Dolden stehenden Blüten wird bis zu 60 cm hoch und entwickelt gebogene braune Samen mit einem leicht brennenden würzigen Geschmack.

Kümmel war einst ein sehr beliebtes Gewürz in Großbritannien. Kümmelkuchen ist eine alte englische Spezialität zur Erntezeit, und Shakespeares Falstaff wird in »Heinrich IV.« auf einen Apfel und ein Kümmelgericht eingeladen. Später dann, unter Königin Victoria, kam der Kümmel – in Anlehnung an deutsche Gepflogenheiten – zu neuen Ehren. Am beliebtesten ist Kümmel heute in Österreich und Deutschland, wo er unter anderem Broten und Gebäck ein unverwechselbares Aroma verleiht. In anderen Ländern ist sein Einsatz eher begrenzt. Kümmel ist bei sparsamer Verwendung ein köstliches Gewürz und zugleich ein wertvolles Arzneimittel, das sich bei Verdauungsstörungen sehr bewährt hat. Die Samen werden nach dem Essen entweder gekaut oder mit heißem Wasser aufgebrüht und als Tee getrunken.

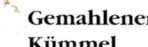

Gemahlener Kümmel

Frische Blätter *sind zart gefiedert und haben ein mildes Aroma*

Getrocknete Kümmelkörner *sind dunkelbraun mit hellen Rippen und riechen angenehm würzig*

REZEPTVORSCHLAG
Kümmelkuchen

Ergibt einen Kuchen von 23 cm Durchmesser

Butter und Mehl für die Form
250 g Butter
250 g Zucker
4 Eier
250 g Weizenmehl
¹⁄₂ TL Salz
1 TL Backpulver
Das Mark einer Vanilleschote
oder 1 TL Vanille-Essenz
1 TL Kümmelkörner

Den Backofen auf 180 °C (Gas Stufe 2–3) vorheizen. Eine runde Kuchen- oder Springform (23 cm Durchmesser) einfetten und mit Mehl ausstreuen. Butter und Zucker in einer Schüssel schaumig rühren. Die Eier einzeln nacheinander zugeben und gut verrühren. Mehl, Salz und Backpulver sieben und behutsam unterheben. Vanille und Kümmelkörner unterrühren und den Teig in die vorbereitete Kuchenform füllen. Den Kuchen etwa 50 Minuten backen, bis er sich vom Rand löst und goldbraun ist. Den fertigen Kuchen 10 Minuten in der Form ruhen lassen, dann herausnehmen und zum Auskühlen auf ein Kuchengitter legen. Ein köstlicher Kuchen zum Tee, der ohne Verzierung auskommt, aber durch einen Zuckerguß verfeinert werden kann.

GEWÜRZMISCHUNGEN

Ein Vorratsschrank mit exotischen Gewürzen galt in früheren Zeiten als ein Zeichen des Wohlstands, und Gewürzmischungen genossen ein besonderes Ansehen. Heute, da Gewürze in jedem Supermarkt angeboten werden, geht der Trend wieder hin zu einzelnen Gewürzen, und Mischungen sind nicht mehr so gefragt. Die klassischen europäischen Gewürzmischungen haben dennoch Bestand: darunter *quatre épices, mixed spice* oder *pudding spice* und Einmachgewürz. In Indien und Asien haben Gewürzmischungen wie Currypulver Bedeutung, und dann gibt es Kombinationen auf der Basis von Chillies, die typisch für die amerikanische Küche sind. Traditionelle Gewürzmischungen sind auch im Vorderen Orient und in Nordafrika weit verbreitet.

PICKLING SPICE

Diese englische Mischung wird zum Einlegen von Essigfrüchten und -gemüse sowie für die Zubereitung von Chutneys und Gewürzessig verwendet. Mengenverhältnis sowie Zusammenstellung der Gewürze variieren. Hier eine Möglichkeit von vielen:

Je 1 Eßlöffel ganze schwarze Pfefferkörner, weiße Senfsamen, Vogelaugen-Chillies, Pimentkörner, Dillsamen und zerstoßene Muskatblüte vermischen. Eine zerstoßene Zimtstange, 2 zerkleinerte Lorbeerblätter, 1 Teelöffel ganze Nelken und 2 Eßlöffel gemahlenen Ingwer hinzufügen. In die Essiglösung für Pickles geben oder in ein Stück Musselin binden, das nach dem Marinieren wieder entfernt wird.

MIXED SPICE

Bevor man im 17. Jahrhundert begann, die Gewürze für ein Rezept einzeln aufzulisten, wurden in den Anleitungen Grundmischungen angegeben. Und einige davon sind noch heute gebräuchlich. Die hier beschriebene wurde in England für Pudding, Kuchen und Gebäck verwendet.

Eine zerstoßene Zimtstange von 5 cm Länge, 1 Eßlöffel Koriandersamen, 1 Teelöffel Pimentkörner und 1 Teelöffel ganze Nelken zu feinem Pulver vermahlen. 1 Eßlöffel frisch geriebene Muskatnuß und 2 Teelöffel gemahlenen Ingwer unterrühren. Die fertige Mischung in einem luftdicht verschlossenen Behälter kühl und dunkel aufbewahren.

QUATRE ÉPICES

Quatre épices ist die Bezeichnung für eine Mischung aus vier Gewürzen, die hauptsächlich für französische Pasteten und Wurstwaren, aber auch für Fleisch- und Geflügelgerichte mit langer Garzeit verwendet wird. Die Zusammenstellung ist variabel, doch gewöhnlich besteht sie aus schwarzen Pfefferkörnern, Muskatnuß, Nelken und Ingwer. Manchmal werden dieser Mischung noch Piment und Zimt zugesetzt.

In einer Gewürzmühle 1 gehäuften Eßlöffel schwarze Pfefferkörner und 2 Teelöffel ganze Nelken zu feinem Pulver vermahlen. Mit 2 Teelöffeln frisch geriebener Muskatnuß und 1 Teelöffel gemahlenem Ingwer mischen. In einem fest verschlossenen Behälter kühl und dunkel aufbewahren.

KASSIA

Andere Namen
Chinesischer Zimt, Zimtkassie,
Gemeiner Zimt

Verwendungsformen
Getrocknet: geschälte Rindenröllchen, gemahlen, Blätter, Knospen

Aufbewahrung
Luftdicht verschlossen, kühl und
dunkel aufbewahren.

Küchentips
Gemahlene Kassia verliert
schnell ihre Würzkraft, deshalb
ist es wichtig, sie richtig zu lagern. Kassia kann für alle Rezepte verwendet werden, die
Ceylonzimt vorschreiben. Das
Aroma ist allerdings nicht identisch. Kassia immer etwas sparsamer verwenden als Ceylonzimt, da sie würzkräftiger ist.

Obwohl eng mit dem Ceylonzimt verwandt und häufig auch
mit diesem verwechselt, stammt die Zimtkassie ursprünglich
aus Birma, weit entfernt von Sri Lanka, der Heimat des Ceylonzimts. Die heute vorwiegend in Südchina und Indonesien kultivierte Zimtkassie liefert eines der ältesten Gewürze überhaupt.
Kassia wurde bereits 2500 vor Christus verwendet und kam über
die alten Gewürzstraßen nach Europa. Noch heute kommt der
meiste Zimt – Ceylonzimt wie Kassiazimt – aus dem Orient. Kassia wird wie der feine Ceylonzimt aus der Innenrinde eines immergrünen Lorbeergewächses gewonnen. Die Rinde wird von
dünnen Zweigen abgeschält und anschließend in der Sonne getrocknet, wobei sie sich zu sogenannten Quills oder Zimtstangen
zusammenrollt. Die Zimtstangen der Kassia sind dicker und grö-
ber als die des Ceylonzimts und schmecken süßlich und sehr würzig. Im Vergleich zum feinaromatischen Ceylonzimt wird Kassia
als einfachere Zimtsorte gehandelt. Die nach Zimt duftenden Blätter können wie Lorbeerblätter zum Würzen verwendet werden.
Die Knospen, die an Nelken erinnern, verleihen Speisen einen
zarten Zimtgeschmack. Kassia, ein Bestandteil des chinesischen
Fünfgewürzpulvers, ist preiswert und wird deshalb gern als Ersatz
für Ceylonzimt genommen.

Verwendung
Currygerichte; Pickles, insbesondere eingelegte rote Bete; Relishes; Tomatenketchup; Rhabarber und Backwaren.

REZEPTVORSCHLAG
Kassia-Toast

4 Portionen

8 Scheiben Weißbrot
6–8 EL Butter (zimmerwarm)
4 EL Zucker
1–2 TL gemahlene Kassia oder
nach Geschmack

Den Grill vorheizen. Die Brotscheiben mit reichlich Butter bestreichen und einmal durchschneiden. Zucker mit Kassia mischen und das Brot damit bestreuen. Unter den Grill schieben, bis der Zucker schmilzt. Die
Toastscheiben heiß servieren.

*Geruch und Geschmack von
Kassia sind süßlich und würzig, aber nicht ganz so fein
wie von Ceylonzimt*

Kassia-Toast

Kassiarinde

Kassiaknospen

Gemahlene Kassia *hat eine
dunkelrote Farbe und ein sanf-
tes Zimtaroma*

ZIMT

Aufbewahrung

Luftdicht verschlossen, kühl
und dunkel aufbewahren.

Küchentips

Eine Prise gemahlener Zimt verfeinert die meisten Fleischeintöpfe, insbesondere die
mit Lammfleisch. Zimt paßt gut
zu Geflügelfüllungen, aber auch
zu allen Füllungen mit Dörrobst
wie Aprikosen oder Pflaumen.
Zimtstangen eignen sich hervorragend zum Aromatisieren von
heißen Getränken wie
Glühwein, heiße Schokolade
oder Kaffee.

Dieses feinaromatische, im Geschmack leicht süßliche Gewürz
ist in Sri Lanka, ehemals Ceylon, beheimatet, wird aber heute auch in vielen tropischen Zonen mit feuchtheißer Witterung
kultiviert. Zimt ist weltweit eines der ältesten Gewürze und wurde schon in der Bibel und in Sanskrit-Texten erwähnt. Der erste
schriftliche Eintrag stammt aus dem alten China, wo das Gewürz
als *kwei* bekannt war. Von Anfang an hat es Verwechslungen zwischen Kassia- und Ceylonzimt gegeben, aber meist sind die Stangen der Kassia nur einseitig aufgerollt und die des Ceylonzimts
immer von beiden Seiten. Gemahlene Kassia läßt sich allerdings
schwer von gemahlenem Ceylonzimt unterscheiden. Ceylonzimt
oder Echter Zimt wird vom immergrünen Zimtbaum aus der Familie der Lorbeergewächse gewonnen. Das eigentliche Gewürz ist
die von dünnen Zweigen abgeschälte Baumrinde. Die Außen-
und Mittelrinde wird entfernt, die Innenrinden rollen sich beim
Trocknen zu Quills (Rindenröllchen) auf. Während die Verwendung von Zimt in den meisten europäischen Ländern auf Kuchen
und Süßspeisen beschränkt ist, werden im Vorderen Orient
Fleischeintöpfe damit gewürzt, insbesondere die mit Lammfleisch
Auch Füllungen aus Trockenfrüchten für Geflügel oder Schweinebraten enthalten Zimt, und nicht zuletzt schmeckt das edle Gewürz vorzüglich zu gebuttertem Kürbis oder zu Süßkartoffeln.

Verwendung

Kuchen; Pudding; Kleingebäck
und Brot; Fleisch- und Wildeintöpfe; Gemüse; gedünstetes
Obst und Currygerichte.

REZEPTVORSCHLAG

Zimtsauce

Ergibt 500 ml

350 ml Milch
125 ml Sahne
1 Zimtstange
5 Eigelb
60 g feinkörniger Zucker

Milch, Sahne und Zimtstange in
einen Topf geben und aufkochen. Den Topf vom Feuer nehmen und die Zimtstange mindestens 15 Minuten in der heißen
Flüssigkeit ziehen lassen. Eigelb
und Zucker in einer großen
Schüssel dickschaumig aufschlagen, bis der Zucker sich aufgelöst hat. Gegebenenfalls die
Milchmischung noch einmal erhitzen und heiß in die Eimasse
einrühren. Die Eiercreme zurück
in den Topf geben und unter
ständigem Rühren mit einem
Holzlöffel behutsam erhitzen, bis
sie dick wird. Wenn man mit
dem Finger über den Löffel fährt,
muß eine deutliche Spur zurückbleiben. Die fertige Sauce in eine
Schüssel umfüllen und bis zur
Verwendung zugedeckt im Kühlschrank aufbewahren.
Diese Sauce paßt zu
Pudding, Kuchen oder
Schüsselpasteten, vor al-
lem zu *apple pie.*

Zimtrinde

*Zimt wird zum Würzen vieler
Gerichte – ob süß oder pikant –
verwendet*

**Zimt-
stangen**

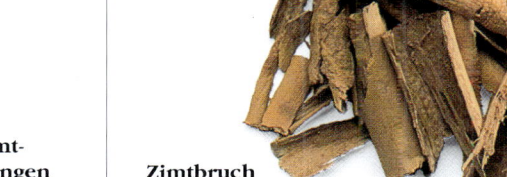

Zimtbruch

Gemahlener Zimt

SAFRAN

Aufbewahrung
Luftdicht verschlossen und dunkel aufbewahren. Am besten nur in kleinen Mengen kaufen, da Safran rasch an Würzkraft verliert.

Küchentips
Das schönste Gelb und das feinste Aroma erzielt man, wenn die Safranfäden in einem Mörser aus Keramik zerrieben werden. Den Safran an die Speise geben und Mörser und Stößel in der Garflüssigkeit säubern, damit nichts von der kostbaren Würze verlorengeht. Bei Speisen mit wenig Flüssigkeit empfiehlt es sich, die Safranfäden vorher in einem Eßlöffel heißem Wasser einzuweichen und erst gegen Ende der Garzeit zuzugeben. Gemahlener Safran kann den Speisen direkt beigefügt werden.

Fast eine viertel Million Krokusblüten werden benötigt, um ein Kilo Safran zu erhalten. Die drei Blütennarben, die getrocknet als Safranfäden in den Handel kommen, müssen mühsam von Hand geerntet werden. Das erklärt, warum Safran das teuerste Gewürz der Welt ist. Zum Glück braucht man für die meisten Gerichte nur sehr geringe Mengen davon; meist reichen schon einige Fädchen. Safran wurde bereits zu Lebzeiten Salomos, also im 10. Jahrhundert v. Chr., zum Kochen verwendet. Hochgeschätzt war das Luxusgewürz bei den phönizischen Händlern, die es auf allen ihren Reisen mit sich führten. Safran wird heute zwar in weiten Teilen des Mittelmeerraumes kultiviert, aber Spanien ist das Haupterzeugerland, und der beste Safran kommt von der Hochebene »La Mancha«. Einigen Quellen zufolge waren es die Phönizier, die den Safran nach Spanien und später nach Cornwall brachten, wo sie das Gewürz gegen Zinn eintauschten.

Safranbrötchen werden noch heute in beiden Regionen gebacken, und das ist mit Sicherheit eine Tradition, die von diesen alten Handelsbeziehungen herrührt. Das herrlich aromatische, leicht bitter schmeckende Gewürz, das so wunderschön gelb färbt, ist obligatorisch für *bouillabaisse, paella* sowie *risotto alla milanese*. Die getrockneten Fäden sind Pulver immer vorzuziehen, nicht nur weil letzteres oft verfälscht oder vermischt wird. Vorsicht, der Safrankrokus ist nicht zu verwechseln mit der giftigen Krokusart Herbstzeitlose *(Colchicum autumnale)*.

Gemahlener Safran

Die borstigen Fäden sind etwa 2–2,5 cm lang

Safranfäden haben eine intensive orangerote Farbe. Je dunkler die Farbe, desto besser die Qualität

Ein gleichmäßiges Safrangelb erzielt man durch Einweichen der Fäden vor der Verwendung

REZEPTVORSCHLAG
Seeteufel mit Safransauce

6 Portionen

1 kg Seeteufel-Filets, in 5 cm lange Stücke geschnitten
Salz
Frisch gemahlener schwarzer Pfeffer
250 ml trockener Weißwein
125 ml Fischfond
125 ml Crème double
4 EL eisgekühlte Butter, in Stücke geschnitten
1/2 TL Safranfäden, gemahlen

Die Filetstücke in eine Pfanne mit hohem Rand geben und mit Salz und Pfeffer würzen. Wein und Fond zugießen und zum Kochen bringen. Zugedeckt 7–10 Minuten behutsam köcheln lassen, bis der Fisch gar ist. Die Filetstücke aus der Pfanne nehmen und warm stellen. Die Sahne der Kochflüssigkeit hinzufügen. Die eiskalte Butter stückchenweise unterschlagen, bis die Sauce bindet – sie darf aber nicht mehr kochen. Den Safran unterrühren. Den Fisch mit eventuell ausgetretenem Saft zurück in die Pfanne geben und vor dem Servieren noch einmal kurz erhitzen.

Verwendungsformen
Samen: ganz und gemahlen

Aufbewahrung
Luftdicht verschlossen und dunkel aufbewahren.

Küchentips
Vorzugsweise ganze Samen unmittelbar vor Gebrauch im Mörser zerstoßen, da das ätherische Öl, das für den scharfen, aromatischen Geschmack verantwortlich ist, rasch verfliegt. Das eigentümlich warme Aroma wird durch trockenes Rösten der Samen noch intensiviert. Kreuzkümmel dominiert leicht andere mitverwendete Gewürze.

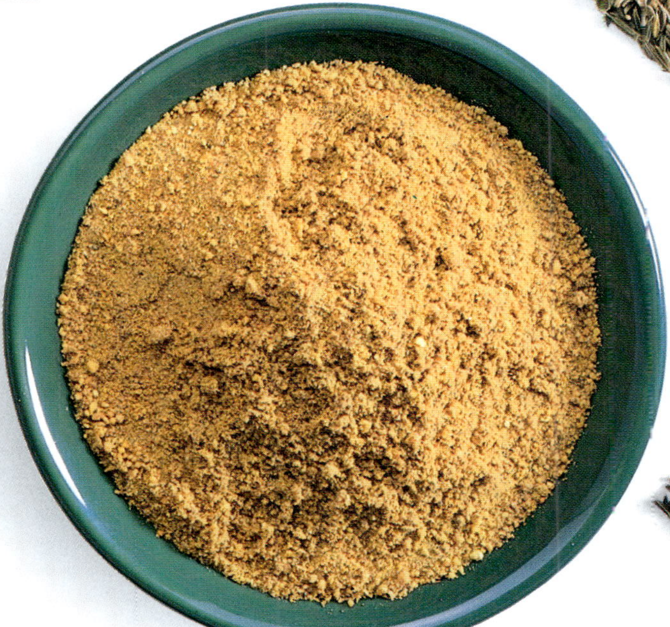

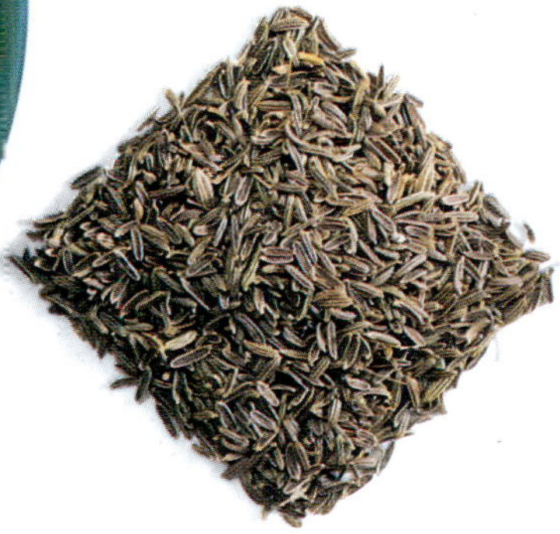

KREUZKÜMMEL

Die einjährige, aus dem Orient stammende Pflanze wird von alters her in Indien, Arabien und im Mittelmeerraum kultiviert und ist heute in allen warmen, gemäßigten Zonen verbreitet. Von der bis zu 30 cm hohen Pflanze mit kleinen zartrosa bis weißen Blüten werden die Samen als Gewürz verwendet. Im alten Rom war Kreuzkümmel ein beliebter Ersatz für schwarze Pfefferkörner. Die gemahlenen Samen wurden auch zu einer Paste verarbeitet und als Brotaufstrich verwendet. Aus Kreuzkümmel gewonnenes ätherisches Öl wird Parfüms zugesetzt, darüber hinaus enthält es heilkräftige Wirkstoffe, die die Verdauung fördern. Plinius wußte von Schülern zu berichten, die Kreuzkümmelsamen rauchten, um mit einem blassen Aussehen Überarbeitung durch Studieren vorzutäuschen. Horaz nannte diese blutleere Blässe *exsangue cuminum*. Wegen seiner Ähnlichkeit mit Kümmel werden die beiden Gewürze häufig verwechselt, und schwarzer Kreuzkümmel wird oft für Schwarzkümmel gehalten. Der stark aromatische, wanzenartige Geruch – Kreuzkümmel wird oft auch Wanzenkümmel genannt – und sein brennender, etwas bitterer Geschmack sind jedoch unverkennbar und machen ihn zu einer wertvollen Würze in vielen pikanten Gerichten. Kreuzkümmel ist ein unentbehrliches Gewürz der indischen und der mexikanischen Küche, wird aber auch in Nordafrika und im Mittleren Osten reichlich verwendet.

Verwendung

Pickles; Kohl; mexikanische Gerichte, vor allem aus Yucatán; *chile con carne;* nordafrikanische Gerichte wie *couscous;* indische Gerichte wie Currys; Fleischeintöpfe; einige Käsespezialitäten; Wurst; Saucen auf Tomatenbasis.

REZEPTVORSCHLAG

Würziger Schweinefleisch-Eintopf

6 Portionen

1 große Zwiebel, gehackt
2 Knoblauchzehen, gehackt
½ TL Salz
½ TL Kreuzkümmel, gemahlen
¼ TL schwarze Pfefferkörner, gemahlen
1,5 kg mageres Schweinefleisch ohne Knochen, in 5 cm große Würfel geschnitten
1 l Lammfond oder Wasser
125 g geschälte Kürbiskerne, fein gemahlen
1 EL Zitronensaft

Alle Zutaten bis auf die Kürbiskerne und den Zitronensaft in eine schwere Kasserolle geben und zugedeckt bei schwacher Hitze etwa 2 Stunden köcheln lassen, bis das Schweinefleisch weich ist. Die gemahlenen Kürbiskerne zugeben und etwa 5 Minuten köcheln lassen, bis die Flüssigkeit etwas eindickt. Den Eintopf abschmecken und gegebenenfalls nachsalzen. Den Zitronensaft unterrühren und sofort servieren. Dazu körnig gekochten Reis reichen.

Kreuzkümmelsamen

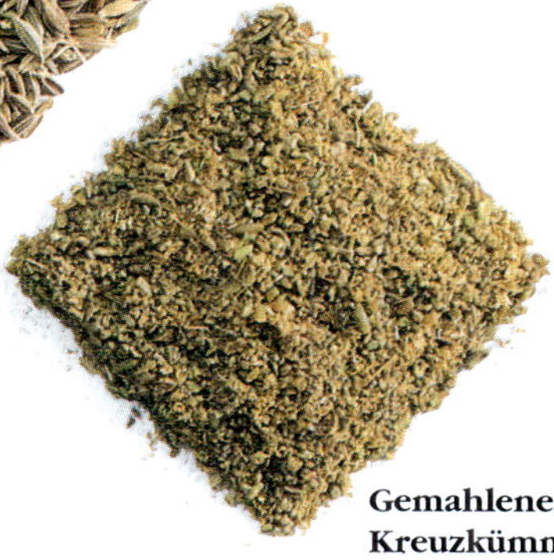

Gemahlener Kreuzkümmel

Garam masala, *die traditionelle Gewürzmischung aus Nordindien, enthält neben Kreuzkümmel Koriander, Kardamom, schwarzen Pfeffer, Gewürznelke, Muskatblüte, Lorbeerblatt und Zimt*

Schwarze Kreuzkümmelsamen

Gemahlener schwarzer Kreuzkümmel

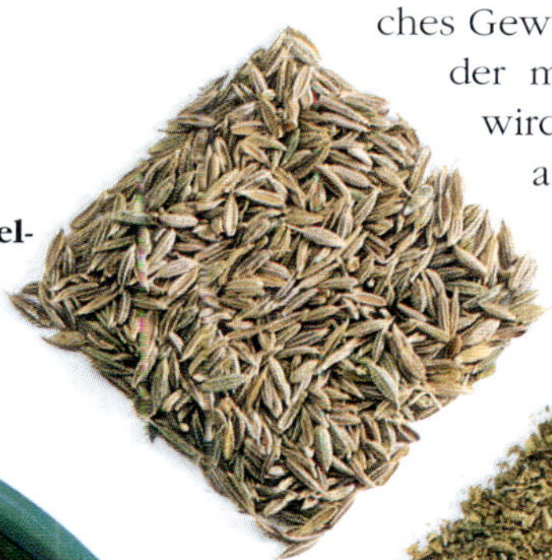

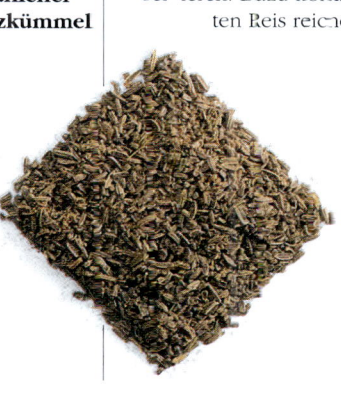

KURKUMA

Küchentips
Auch wenn das köstliche Aroma von Safran fehlt, Kurkuma ist ein annehmbarer Ersatz für das Luxusgewürz. Die ingwerähnlich und leicht bitter schmeckende Wurzel verleiht Speisen einen intensiven goldgelben Farbton. Das Gewürz kann auch als Ersatz für die ebenfalls gelbfärbenden Annattosamen (siehe S. 60) verwendet werden.

Die stattliche Staude mit den lilienähnlichen Blättern und den gelben Blüten gehört zur Familie der Ingwergewächse und liefert wie der Ingwer ein fleischiges Rhizom, aus dem das Gewürz Kurkuma, auch Gelbwurz genannt, gewonnen wird. Die seit über 2000 Jahren in Indien, China und im Mittleren Osten kultivierte Pflanze wird heute weltweit in allen tropischen Regionen angebaut. Kurkuma zählt zu den gelben Gewürzen, die im alten Persien mit der Sonnenanbetung in Verbindung gebracht wurden.

Gelbwurz wird bei uns meist nur getrocknet und gemahlen angeboten. Sie verleiht den Speisen ein warmes, mild-würziges Aroma und eine intensive gelbe Farbe. Kurkuma ist ein wichtiger Bestandteil von Currypulver und wird auch zum Würzen vieler vegetarischer Gerichte indischer Herkunft verwendet. In Indien wie in China werden mit Kurkuma Stoffe gefärbt, außerdem schätzen die Inder das Gewürz als Heilmittel für Leberleiden.

REZEPTVORSCHLAG

Huhn mit Kurkuma

4 Portionen

2 EL Maiskeim- oder Erdnußöl
1 mittelgroße Zwiebel, feingehackt
1 Knoblauchzehe, feingehackt
1 TL gemahlene Kurkuma
1 Poularde (etwa 1,5 kg), in Portionsstücke zerteilt
Salz
Frisch gemahlener schwarzer Pfeffer
500 ml Hühnerfond
2 EL Zitronensaft
Glatte Petersilie zum Garnieren

Die Zwiebeln etwa 5 Minuten bei schwacher Hitze im Öl weich dünsten. Den Knoblauch zugeben und weitere 2 Minuten garen, dann Kurkuma unterrühren. Die Poulardenstücke mit in den Topf geben und scharf anbraten. Mit Salz und Pfeffer würzen und den Fond angießen. Zugedeckt bei sehr schwacher Hitze etwa 45 Minuten garen, bis das Fleisch weich ist. Den Zitronensaft unterrühren. Die Poulardenstücke aus dem Topf nehmen und warm stellen. Die Sauce bei starker Hitze leicht einkochen lassen, abschmecken und über die Poulardenstücke geben. Mit Petersilie garnieren und mit Basmati- und Wildreis servieren.

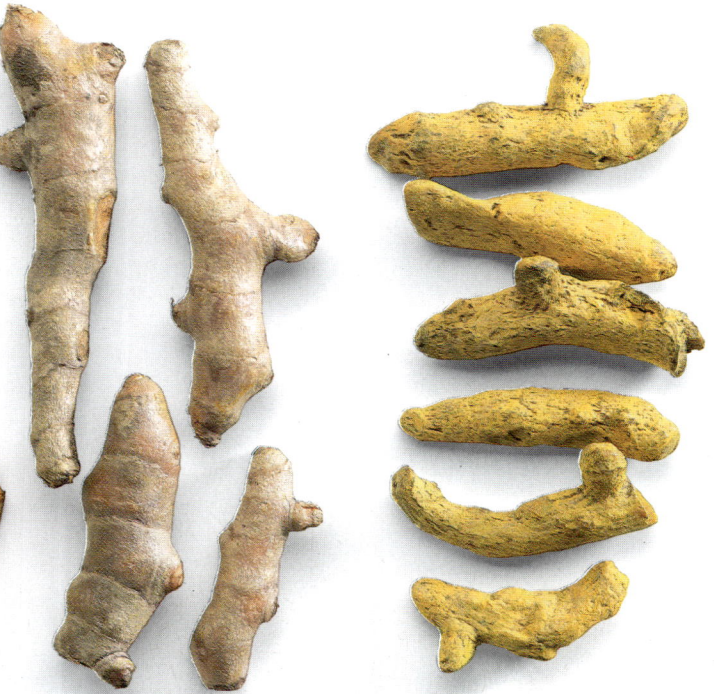

Frische Kurkuma *ist unter der bräunlichen Rinde leuchtendorange*

Getrocknete Kurkuma

Ein färbendes Gewürz
Der in Kurkuma enthaltene gelbe Farbstoff wird von alters her zum Färben verwendet

Gemahlene Kurkuma

CURRY

Obwohl man bei Curry automatisch an die indische Küche denkt, stammt die Bezeichnung *curry* aus der Zeit britischer Kolonialherrschaft in Indien. Currys sind pikante Gerichte aus Fleisch, Fisch oder Gemüse, die in einer scharf-würzigen Sauce serviert werden. Jede Gewürzmischung wird ganz nach persönlichem Geschmack zusammengestellt. Diese Mischungen, auch *masalas* genannt, bestehen aus einer Vielzahl von gemahlenen oder ganzen Gewürzen und können mild oder kräftig schmecken. Es gibt keine bestimmten Mixturen. Allen gemeinsam ist, daß die verwendeten Gewürze – Kurkuma, Ingwer, Pfeffer, Koriander, Kreuzkümmel und Chillies – typisch für Indien sind. Manche *masalas* enthalten alle obengenannten Gewürze und darüber hinaus Nelken, Zimt und Muskat; andere bestehen nur aus zwei oder drei Komponenten. Im allgemeinen werden die Gewürze vor dem Mahlen trocken in der Pfanne angeröstet. Obwohl man bei den meisten Currymischungen an Pulver denkt, werden viele auch als Paste angeboten.

POUDRE DE COLOMBO

Colombos, so benannt nach der Hauptstadt von Sri Lanka, sind feurige Eintöpfe mit Schweine-, Hühner- und Ziegenfleisch sowie tropischem Gemüse. Die Sauce wird mit Weißwein, Fond, Kokosmilch, aber auch mit Rum zubereitet.

3 Knoblauchzehen schälen und zerdrücken; 2 frische Chillies entkernen und feinhacken (siehe S. 69). Beides in eine kleine Schüssel geben ½ Teelöffel gemahlene Kurkuma, ½ Teelöffel gemahlenen Koriander und 1 Teelöffel Senfpulver mischen und mit den anderen Zutaten in der Schüssel gründlich verrühren. Diese Mischung hält sich festverschlossen 4–6 Wochen im Kühlschrank.

CURRYPULVER

Das nachfolgende Rezept soll lediglich als Anregung dienen. Wer die Mischung lieber aromatischer und weniger scharf mag, reduziert die Chilimenge und gibt einen Teelöffel gemahlenen Zimt und einige gemahlene Gewürznelken dazu. Das Currypulver trocken verwenden oder mit lauwarmem Wasser zu einer Paste verrühren.

6 getrocknete rote Chillies, 30 g Korianderkörner, ½ Teelöffel Senfkörner, 1 Teelöffel schwarze Pfefferkörner und 1 Teelöffel Bockshornkleesamen mischen und in eine schwere gußeiserne Pfanne geben. Die Gewürze bei mittlerer Hitze dunkelbraun rösten; sie dürfen nicht anbrennen. Abkühlen lassen und anschließend im Mörser pulverisieren. ½ Teelöffel gemahlenen Ingwer und ½ Teelöffel gemahlene Kurkuma unterrühren. Die Gewürzmischung kann in einem gutverschlossenen Schraubglas an einem dunklen kühlen Ort bis zu drei Monate aufbewahrt werden.

Die als »Pulver« bezeichnete würzintensive Mischung ist von der Konsistenz her eigentlich eine Paste

THAILÄNDISCHE ROTE CURRYPASTE

Thailändische Currys sind meist sehr scharf und werden zu Nudeln oder Salaten serviert, die die Schärfe mildern. *Trassi*, auch *blachan* oder *gapi* genannt, ist eine Paste aus fermentierten Krabben, die besonders zu Rindfleisch schmeckt. Sie ist in asiatischen Spezialitätengeschäften erhältlich.

In einer schweren Pfanne 1 Teelöffel Kreuzkümmel und 1 Eßlöffel Koriandersamen 2–3 Minuten rösten und abkühlen lassen. Die gerösteten Gewürze zusammen mit 1 Teelöffel schwarzen Pfefferkörnern im Mörser zerstoßen. 3 gehackte Schalotten, 2 zerdrückte Knoblauchzehen und 2 gehackte Zitronengrasstengel zugeben und zu einer glatten Paste verarbeiten 10 getrocknete rote Chillies entkernen, backen und zusammen mit 1 Eßlöffel gemahlenem Galgant, 2 Teelöffeln abgeriebener Limettenschale und etwas Trassi unterrühren und nach Geschmack salzen. Die fertige Paste kann luftdicht verschlossen 2–3 Tage im Kühlschrank aufbewahrt werden.

KARDAMOM

*Ganze wie gemahlene Karda-
momsamen verlieren schnell ihre
Würzkraft. Am besten nimmt
man die Samen unmittelbar vor
Gebrauch aus den Kapseln und
mahlt sie frisch*

Kardamom wurde zuerst im frühen Ägypten verwendet und kam später nach Griechenland und Rom. Über die alten Karawanenstraßen gelangte er dann nach Europa. Von den Samen der Kardamompflanze wird vor allem in Indien und im Mittleren Osten ausgiebig Gebrauch gemacht, aber auch in Deutschland, Rußland und Skandinavien werden sie als Gewürz für Kuchen und Backwaren verwendet. Das in den Samen enthaltene ätherische Öl wird in Frankreich und den Vereinigten Staaten von der Parfümindustrie verarbeitet. Die Kardamompflanze gedeiht besonders gut in den feuchten Bergwäldern Indiens an der Malabarküste, während eine andere Art dieser Gattung in Sri Lanka, Mexiko und Guatemala kultiviert wird. An der schilfartigen Staude aus der Familie der Ingwergewächse reifen kleine grüne Fruchtkapseln heran, die von Hand geerntet werden müssen. Im Innern der dreifächerigen Kapseln befinden sich bis zu zwanzig aromatische Samen. Die grünen Früchte werden, noch bevor sie ihre volle Reife erreicht haben, gepflückt und sofort getrocknet. Bei weißem Kardamom handelt es sich um grüne Kapseln, die gebleicht wurden. Der braune Ceylonkardamom stammt von der verwandten Art *Elettaria major*. Die Früchte sind größer und derber als die des grünen Kardamoms und haben einen schwach bitteren Geschmack. Den unvergleichlichen Duft und den süßlichen, stark aromatischen Geschmack findet man nur bei den grünen oder gebleichten Kardamomkapseln.

Paradieskörner
Die scharfen, pfefferähnlichen Paradieskörner, auch Meleguetapfeffer genannt, sind die winzigen Früchte von *Aframomum melegueta*, einer mit dem Kardamom verwandten Art. Im Aroma ähneln sie stark dem Kardamom.

Grüne Kardamomkapseln

Samen

Gemahlener Kardamom

Weiße Kardamomkapseln

Braune Kardamomkapseln

Kardamom rösten

Damit Kardamom sein feines Aroma in pikanten Gerichten gut entfalten kann, werden die klebrigen schwarzbraunen Samen vor der Verwendung aus den aufgebrochenen Fruchtkapseln herausgelöst und ohne Fett in einer Pfanne geröstet.

KOCHEN MIT KARDAMOM

Mit seinem kräftigen, würzigen, etwas zitronenartigen Aroma verfeinert Kardamom sowohl pikante als auch süße Speisen. Kardamom ist ein fester Bestandteil der indischen Küche, unentbehrlich in *pilaws* und Currys, vor allem in den Gerichten Nordindiens und Pakistans und nicht zuletzt auch in cremigen Desserts wie *kulfi*, einer gehaltvollen Eiscreme mit Pistazien und Mandeln. Häufige Verwendung findet Kardamom auch im Mittleren Osten, vor allem in den vielen regionalen Konfekt- und Gebäcksorten. Im Mittleren Osten wie auch in Nordafrika wird Kardamom als Kaffeegewürz benutzt, um den starken und bitteren Kaffee geschmacklich zu verfeinern. In anderen afrikanischen Ländern dagegen würzt Kardamom den Tee. Seine verdauungsfördernden Eigenschaften machten ihn zu einem beliebten Aufgußgetränk nach reichhaltigem Essen, und gekaut sorgen die Samen für frischen Atem. Im Norden Europas verbindet man Kardamom mit wohliger Wärme und gibt das Gewürz gern an heißen Punsch und Glühwein. In Deutschland werden feine Wurstwaren mit Kardamom gewürzt, und in Skandinavien findet man ihn in Gewürzbrötchen, Brot und Gebäck. Kardamom harmoniert ausgezeichnet mit Früchten. Sein Aroma paßt gut zu pochierten Birnen und Bratäpfeln und verfeinert jeden Obstsalat. Köstlich ist auch eine Eiscreme mit Kardamomgeschmack. Dafür läßt man zerstoßene Kardamomkapseln in heißer Milch oder Sahne ziehen.

REZEPTVORSCHLAG

Obstsalat mit Kardamom

4 Portionen

2 EL Zucker
125 ml Orangensaft
½ TL gemahlener Kardamom
2 Orangen, filetiert oder in Scheiben geschnitten (siehe S. 174)
1 Apfel, gewürfelt
1 Birne, gewürfelt
2 Bananen in Scheiben geschnitten
2 Pflaumen, gewürfelt
Beerenobst zum Garnieren, zum Beispiel Weintrauben, Blaubeeren, Himbeeren oder auch Kirschen
Frische Minze zum Garnieren

In einem kleinen Topf den Zucker mit 125 ml Wasser erhitzen, bis sich der Zucker aufgelöst hat. Abkühlen lassen. Orangensaft und Kardamom hinzufügen. Die vorbereiteten Früchte in eine Glasschüssel geben, behutsam vermengen und mit der aromatisierten Flüssigkeit übergießen. Den Obstsalat mindestens 30 Minuten im Kühlschrank durchziehen lassen. Mit Beerenobst und Minze garnieren.

GETRÄNKE MIT KARDAMOM

Ein Kardamomtee nach dem Essen ist nicht nur köstlich und erfrischend, er fördert auch die Verdauung. Der im Mittleren Osten übliche starke Mokka wird oft mit gemahlenem Kardamom aromatisiert. Für einen Kardamomtee 12 ganze aufgebrochene Kapseln mit 1,5 l kochendem Wasser übergießen. Einen Streifen Orangenschale dazugeben und 10 Minuten ziehen lassen. Dann 2–3 Eßlöffel Teeblätter hineingeben und bis zur gewünschten Stärke ziehen lassen. Abseihen und mit heißer Milch und Zucker servieren.

Grüne Kardamomkapseln

Kardamomtee

Kaffee mit Kardamom

GEWÜRZNELKE

Aufbewahrung

Luftdicht verschlossen, kühl und dunkel aufbewahren.

Küchentips

Für Hühnerfond verwendet man eine mit Nelken gespickte Zwiebel; für Fleischgerichte mit langen Garzeiten, wie *daube* und *pot au feu*, wird ein *bouquet garni* mit einer Nelke ergänzt.

Eine Gewürznelke zwischen Petersilienstengel, Lorbeerblatt und Thymian legen und die Würzzutaten in ein Stück Musselin einbinden

Der Name dieses Gewürzes ist vom mittelhochdeutschen *negellin* abgeleitet und bedeutet eigentlich Nägelein. Und in der Tat haben die ungeöffneten, getrockneten Blütenknospen des immergrünen Gewürznelkenbaumes Ähnlichkeit mit kleinen Nägeln. Die Heimat der Gewürznelken sind die – als Gewürzinseln bekannten – Molukken in Südostasien, wo sie schon Jahrhunderte vor der christlichen Zeitrechnung von chinesischen Köchen verwendet wurden. Als die westliche Welt auf Gewürzsuche ging, sicherten sich die Holländer auf den Inseln das Monopol für Gewürznelken, nachdem sie die Portugiesen 1605 von dort vertrieben hatten. Sie beschränkten den Gewürznelkenanbau auf eine einzige Insel, doch 1770 gelang es den Franzosen schließlich, Samen des Nelkenbaumes nach Mauritius auszuschmuggeln. Die Bäume wachsen nur in tropischen Küstenregionen und werden heute in Indonesien, Madagaskar, Tansania, Sri Lanka, Malaysia und auf Grenada kultiviert. Nelken haben einen warmen, stark aromatischen Geruch und Geschmack. Pur schmecken sie recht bitter, erst durch die Hitze beim Garen entwickelt sich das typische Nelkenaroma. Ein nicht alltägliches Gewürz beim alltäglichen Kochen, das in keiner Küche fehlen sollte. Gewürznelken sind Bestandteil vieler Festtagskuchen und Weihnachtsplätzchen, und eine mit Nelken gespickte Zwiebel würzt nachhaltig Fleischbrühen.

Würziges Bouquet garni

Eine Nelke in einem bouquet garni *für Schmorgerichte mit Rind-, Schweine- oder Lammfleisch intensiviert den Geschmack*

Ganze Gewürznelken

Nelkengespickte Zwiebel

Gemahlene Gewürznelken

Bouquet garni

REZEPTVORSCHLAG

Gebackener Schinken mit Nelken

4 Portionen

2–3 EL brauner Zucker
1 TL Dijon-Senf
4 EL Milch oder Apfelsaft
1 ganzer gekochter Schinken (etwa 1,5 kg)
Ganze Gewürznelken zum Spicken

Den Backofen auf 180 °C (Gas Stufe 2–3) erhitzen. Zucker, Senf und Milch oder Apfelsaft in einer Schüssel verrühren. Das Fett bis auf eine etwa 1 cm dicke Schicht vom Schinken wegschneiden. Die restliche Fettschicht rautenförmig einritzen. Den Schinken mit der flüssigen Zuckerglasur bestreichen und einreiben. Die Kreuzungspunkte der Rauten mit je einer Gewürznelke spicken. Den Schinken in einen flachen Bräter legen und 30 Minuten im Ofen backen. Von Zeit zu Zeit mit der Glasur bestreichen. Darauf achten, daß die Glasur nicht anbrennt. Den Schinken heiß mit Senf und gebackenen Kartoffeln servieren oder kalt mit scharfgewürzten Früchten, Chutneys und Salat.

ASANT

Andere Namen

Stinkasant, Teufelsdreck,
Asafoetida

Verwendungsformen

Gummiharz: frisch, getrocknet,
gemahlen und in Stücken

Küchentips

Gemahlenen Asant nur in winzigen Mengen an die Speisen geben. Den Grillrost vor dem Auflegen der Fleischstücke leicht mit einem Stück Asant einreiben.

Asant, das durch Anschneiden der frischen Wurzeln einer Steckenkraut-Art gewonnene Gummiharz, riecht äußerst unangenehm. Der Geruch wird durch schwefelhaltiges ätherisches Öl verursacht, verfliegt aber beim Kochen. Asant wird in der asiatischen Küche häufig verwendet und ist vor allem in Indien eine beliebte Würze für vegetarische Gerichte. Die bis zu vier Meter große Staude ist in den Trockengebieten Irans und Afghanistans beheimatet. Ihre Blätter und Stengel werden in diesen Ländern noch heute als Gemüse gegessen. Die alten Römer benutzten das Gummiharz sowohl zu medizinischen Zwecken als auch zum Würzen von Saucen und Wein. Asant wird gewöhnlich in gemahlener Form angeboten. Da sich das Harz alleine nicht mahlen läßt, werden ihm vorher Bockshornkleesamen zugesetzt. Und zur besseren Dosierung wird das Gewürz noch mit Mehl oder Stärke gestreckt. Trotzdem bleibt ein intensiver, knoblauchähnlicher Geschmack. Asant sollte also sparsam verwendet werden, eine kleine Prise reicht völlig aus. Die Pflanze ist nicht zu verwechseln mit *Ferula communis*, dem giftigen Riesenfenchel, der oft als Blattpflanze gezogen wird, mit dem Gartenfenchel aber nicht verwandt ist. Viele andere Pflanzen der Gattung *Ferula* spielen aufgrund der ihnen zugeschriebenen Heilwirkungen in der chinesischen Kräuterheilkunde eine wichtige Rolle.

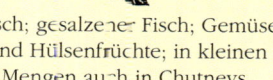

Verwendung

Fisch; gesalzener Fisch; Gemüse und Hülsenfrüchte; in kleinen Mengen auch in Chutneys, Pickles und Saucen.

REZEPTVORSCHLAG

Risotto mit Pinienkernen und Pilzen

4 Portionen

*4 EL Butter
125 g Champignons, in Scheiben geschnitten
Salz
Frisch gemahlener schwarzer Pfeffer
30 g Pinienkerne
250 g Risottoreis, gekocht
Eine kleine Prise gemahlener Asant
2 EL feingehackte Petersilie*

Die alten Römer bewahrten Asant zusammen mit Pinienkernen auf und würzen dann ihre Speisen mit ein paar zerdrückten Samenkernen. Diese Risottovariante ist auf den heutigen Geschmack zugeschnitten und enthält entsprechend weniger von dem intensiven Gewürz. Die Butter in einer Bratpfanne erhitzen, die Pilze zugeben und bei mittlerer Hitze leicht bräunen. Nach Geschmack salzen. In einer kleinen Pfanne die Pinienkerne 2–3 Minuten unter Rühren hellbraun rösten. Pilze, Pinienkerne, Asant und Petersilie behutsam unter den vorbereiteten heißen Risottoreis mischen. Abschmecken und sofort servieren.

Gemahlener Asant

Chat masala *ist eine indische Gewürzmischung aus gemahlenem Asant, Minze, Ingwer, Ajowan, Cayennepfeffer, schwarzem Salz, Mangopulver, Kreuzkümmel und getrockneten Granatapfelsamen*

Asantstücke *werden in Geschäften angeboten, die auf indische Lebensmittel spezialisiert sind*

Verwendungsformen
Getrocknet: ganz, zerstoßen, gemahlen, Samenkörner

Aufbewahrung
Das Gewürz ist fast unbegrenzt haltbar, wenn es in einem fest schließenden, lichtundurchlässigen Gefäß aufbewahrt wird.

Küchentips
Für ein würzig-süßes Aroma ein Stück Sternanis vor dem Braten in das Innere von Huhn oder Ente legen oder Schmorgerichten von Schweinefleisch, Huhn oder Ente beifügen.

STERNANIS

Sternanis ist die sternförmige Frucht eines kleinen immergrünen Baumes, der in China beheimatet ist. Der Baum, der etwa 8 m hoch wird, trägt erst ab dem 6. Jahr Früchte, dann aber kontinuierlich bis zu hundert Jahren. Aus seinen Blüten gehen Sammelfrüchte hervor, die meist aus acht dunkelbraunen Einzelfrüchten sternförmig zusammengesetzt sind und von denen jede einen kleinen braunen Samen enthält. Die größte Würzkraft steckt aber in der Fruchtschale. Sternanis wird viel in der chinesischen und vietnamesischen Küche verwendet und ist Bestandteil des chinesischen Fünfgewürzpulvers. Ein englischer Matrose soll das Gewürz Ende des 16. Jahrhunderts nach Europa gebracht haben. Als Küchengewürz hat Sternanis bei uns aber nie eine große Rolle gespielt, außer als Zutat für Glühwein und Weihnachtsgebäck. Geruch und Geschmack sind stark aromatisch und anisähnlich, denn wie Anis enthält er das ätherische Öl Anethol. In der Medizin gilt Sternanis als allgemein anregend und harntreibend, und ein Tee aus Sternanis soll Halsschmerzen lindern. Das ätherische Öl wird zum Aromatisieren von Likör verwendet.

Verwendung

Asiatische Gerichte, insbesondere Zubereitungen mit Schweinefleisch, Ente und Huhn; pfannengerührte Gemüse; Gerichte mit langer Garzeit, auch bei Verwendung von Sojasauce; Fisch und Meeresfrüchte; Kürbis.

REZEPTVORSCHLAG
Marinierte Hühnerflügel

4 Portionen

16 Hühnerflügel
4 EL trockener Sherry
250 ml Hühnerfond oder Wasser
2 EL Sojasauce
1 ganzer Sternanis, zerbrochen
Salz

Die Hühnerflügel in eine Kasserolle legen und mit dem Sherry übergießen. 30 Minuten marinieren lassen; zwischendurch gelegentlich wenden. Fond oder Wasser, Sojasauce und Sternanis dazugeben und salzen. Zum Kochen bringen und zugedeckt bei mittlerer Hitze etwa 45 Minuten garen, bis das Hühnerfleisch weich ist. Abschmecken und als Vorspeise reichen. Als Hauptgericht mit körnig gekochtem Reis servieren.

Samen

Ganzer Sternanis

Gemahlener Sternanis

Zerbrochener Sternanis

Fünfgewürzpulver *ist eine Mischung aus Sternanis, Sichuanpfeffer, Zimt oder Kassia, Fenchelsamen sowie Gewürznelken und wird in ganz China und in Vietnam verwendet*

WACHOLDER

Verwendungsformen
Wacholderbeeren: frisch und getrocknet

Aufbewahrung
Getrocknete Beeren in Schraubgläsern kühl und dunkel aufbewahren.

Küchentips
Die Beeren vor Gebrauch leicht zerdrücken, damit sie ihr Aroma besser entfalten. Frisch getrocknete Beeren haben die stärkste Würzkraft. Wacholderbeeren nicht länger als sechs Monate aufbewahren. Mit Wacholderbeeren aromatisiertes Apfelgelee paßt ausgezeichnet zu Lamm und Wild.

Wacholderbeeren sind die im reifen Zustand schwarzen, bläulich bereiften Beerenzapfen eines kleinen immergrünen Strauches. Die getrockneten Beeren schmecken trotz ihres leicht bitteren Nachgeschmacks angenehm würzig-süß und ein wenig harzig. Bei Verwendung in der Küche werden die Beeren zerquetscht, damit sie ihr Aroma voll entfalten können. Wacholderbeeren werden vorwiegend zum Würzen von Wild verwendet, denn ihr intensives Aroma harmoniert gut mit dem gleichermaßen ausgeprägten Geschmack von Reh, Wildschwein und Taube. Die Würzkraft der Beeren ist von Region zu Region verschieden; die aus Südeuropa stammenden Wacholderbeeren haben das intensivste Aroma. Wacholderbeeren sind eine unentbehrliche Zutat in Gin und Genever und sie gehören unbedingt ins Sauerkraut. Nach volkstümlicher Auffassung besitzt der Wacholder eine Schutzfunktion. Die Heilige Familie soll sich auf der Flucht vor König Herodes unter den Zweigen eines Wacholderstrauches versteckt haben, und die Römer glaubten, er habe sie vor den Verfolgern beschützt. Es kursieren unzählige Geschichten, in denen dem Wacholderbaum schützende Kräfte nachgesagt werden.

Frische Beeren

Wacholderbeeren reifen an den Zweigen dieses immergrünen Strauchs

Getrocknete Beeren

Verwendung

Fleisch- oder Wildmarinaden; Saucen; Füllungen; Schmorbraten; Pasteten; Wurstwaren; Kohl und Sauerkraut.

REZEPTVORSCHLAG
Rehsteaks mit Wacholdersauce

4 Portionen

*4 EL Butter
2 TL Weizenmehl
400 ml Wild- oder Rinderfond
125 ml trockener Madeira, zum Beispiel Sercial
2 TL zerstoßene Wacholderbeeren
Salz
Frisch gemahlener schwarzer Pfeffer
2 EL Öl
4 Rehsteaks, aus dem Lendenstück geschnitten (je 125 g)*

Von der Butter 3 Eßlöffel in einem Topf zerlassen. Das Mehl darin bei schwacher Hitze unter ständigem Rühren 2–3 Minuten anschwitzen. Vom Feuer nehmen und den heißen Fond nach und nach unterrühren, bis eine glatte Sauce entstanden ist. Den Madeira angießen und den Topf wieder auf den Herd stellen. Die Wacholderbeeren zugeben und die Sauce unter Rühren etwa 5 Minuten kochen lassen, bis sie etwas eingedickt ist. Mit Salz und Pfeffer abschmecken und warm stellen. Die restliche Butter und das Öl in einer Bratpfanne erhitzen, die Rehsteaks hineingeben und in etwa 6 Minuten rosa braten. Salzen und pfeffern, auf vorgewärmte Teller verteilen, mit der Sauce übergießen und mit Buttergemüse servieren.

MUSKATNUSS UND MUSKATBLÜTE

Die Verwendung von Muskat war bereits im 1. Jahrhundert n. Chr. bekannt. Plinius d. Ä. beschrieb einen Baum, der zwei Gewürze hervorbringt, die zwar verschieden, aber dennoch untrennbar miteinander verbunden sind: Muskatnuß und Muskatblüte, auch Macis genannt. Die Muskatnuß ist der harte Fruchtkern eines immergrünen Baumes, der auf den Molukken beheimatet ist. Bei der Reife springt das Fruchtfleisch auf und gibt den fälschlicherweise als Nuß bezeichneten Samen frei, der von einem orangegelben geschlitzten Samenmantel – Macis oder Muskatblüte genannt – umhüllt ist. Als Muskatnuß und Macis im Westen noch unbekannt waren, wurden die beiden Gewürze in Indien schon lange verwendet. Die Araber waren die ersten, die sie zu Beginn des Mittelalters in Europa einführten, und es dauerte nicht lange, da war Muskat sehr begehrt. Man trug die Muskatnuß oft in speziellen Gefäßen aus Silber oder Holz mit integrierter Reibe bei sich, damit das Gewürz stets verfügbar war.

Die Muskatnuß ist von einem unregelmäßig geschlitzten Samenmantel, dem Arillus, umgeben, der getrocknet als Macis oder Muskatblüte in den Handel kommt

Die Muskatnuß ist ein eirunder Samenkern, der von einer netzartig gefurchten harten Samenschale umschlossen wird

Ganze Muskatnuß

Alte Muskatreiben *haben ein Fach zum Aufbewahren der Muskatnuß, so daß frisch geriebener Muskat jederzeit verfügbar war*

Gemahlene Muskatnuß *ist zwar auch abgepackt erhältlich, verliert aber schnell ihr Aroma. Deshalb kauft man am besten ganze Muskatnüsse und reibt die benötigte Menge selbst*

KOCHEN MIT MACIS UND MUSKATNUSS

Fusilli mit Pilzen und Muskat

4 Portionen

*4 EL Butter
2 mittelgroße Zwiebeln,
feingehackt
750 g Champignons, in Scheiben
geschnitten
¼ TL geriebene Muskatnuß
Salz
Frisch gemahlener schwarzer
Pfeffer
250 g Crème double oder
Mascarpone
500 g Fusilli (spiralförmige
Nudeln)
Frisch geriebener Parmesan zum
Bestreuen*

Die Butter in einem großen schweren Topf erhitzen, die Zwiebeln hineingeben und bei mittlerer Hitze weich dünsten. Die Pilze zugeben und so lange garen, bis die abgesonderte Flüssigkeit verdampft ist. Geriebene Muskatnuß unterrühren und mit Salz und Pfeffer abschmecken. Sahne oder Mascarpone hinzufügen und kurz aufkochen lassen. Die Nudeln al dente kochen und gut abtropfen lassen. Fusilli und Sauce in einer großen Schüssel behutsam vermengen. Mit geriebenem Parmesan bestreuen und sofort servieren. Diese Sauce ist natürlich auch für andere Nudelsorten geeignet.

Ätherisches Öl
Das in den Samen enthaltene ätherische Öl wird in der Likör-, Parfüm- und Seifenindustrie genutzt. 1 oder 2 Tropfen Muskatnußöl in einem heißen Getränk vor dem Schlafengehen wirken beruhigend

Diese vielseitigen Gewürze werden in der Küche für süße wie pikante Speisen verwendet. Muskatnuß hat ein warmes Aroma und paßt gut zu gehaltvollen Gerichten. Das kommt nicht von ungefähr, denn das Gewürz wirkt verdauungsfördernd. Vielleicht wird es auch aus diesem Grund in vielen italienischen Rezepten für gefüllte Nudeln verwendet; entweder wird es der Füllung beigegeben, oder man bestreut damit die fertigen Nudeln. Muskatnuß gehört auch in die Béchamelsauce und in viele feine Wurstwaren. Der Geschmack von Macis ist sehr würzig, aber etwas feiner und edler als der der geriebenen Nuß.

Macis-Mantel
Die Farbe der abgestreiften und getrockneten Samenmäntel verrät oft die Herkunft des Gewürzes: orangerote kommen gewöhnlich aus Indonesien, orangegelbe meist von der kleinen Antilleninsel Grenada

Macis-Stücke
Macis läßt sich weder ganz noch in Stücken von Hand reiben, und im Mörser zerstoßen ist er in der Regel recht grobkörnig. Die besten Resultate erzielt man mit einer Kaffeemühle

Gemahlener Macis   **Grob gemahlener Macis**

Muskatkuchen mit Zitronen-Macis-Sauce

6 Portionen

*Butter zum Einfetten der Kuchenform
250 g Weizenmehl, gesiebt
150 g feinkörniger Zucker
200 g brauner Zucker
250 g Butter (zimmerwarm)
1 TL Backpulver
1 TL geriebene Muskatnuß
1 Ei
250 ml saure Sahne
90 g gehackte Walnüsse
150 g Honig
Salz
1 ½ EL Maisstärke
2 EL Zitronensaft
1 TL geriebene Zitronenschale
2 EL Butter
1 Prise gemahlener Macis*

Den Backofen auf 180 °C (Gas Stufe 2–3) vorheizen. Eine Kuchenform von 23 cm Durchmesser einfetten. Das Mehl mit feinem und braunem Zucker in einer Schüssel vermengen. Die Butter zugeben und — eventuell in der Küchenmaschine — zu einer grobkrümeligen Masse verarbeiten. Die Hälfte der Teigkrümel in die Kuchenform geben und leicht andrücken. Die andere Hälfte mit Backpulver, Muskat, Ei und saurer Sahne vermischen. Den Teig in die ausgelegte Kuchenform gießen und mit gehackten Walnüssen bestreuen. 30–40 Minuten backen, bis sich der Kuchen vom Rand löst. Den Kuchen in der Form etwas abkühlen lassen und dann auf ein Kuchengitter stürzen. Für die Sauce den Honig mit einer Prise Salz in einem Topf erwärmen, bis er flüssig ist. Maisstärke mit Zitronensaft glattrühren und mit 250 ml Wasser zum flüssigen Honig geben. Unter ständigem Rühren langsam zum Kochen bringen und 1 Minute kochen lassen, bis die Sauce eingedickt ist. Den Topf von der Kochstelle nehmen und geriebene Zitronenschale, Butter und Macis unterrühren. Den Kuchen noch warm in Stücke schneiden, auf Teller verteilen, mit der Sauce übergießen und servieren.

Verwendungsformen
Getrocknete Samen: ganz und
gemahlen

Aufbewahrung
In fest schließenden Dosen kühl
und dunkel aufbewahren.

Küchentips
Schwarzkümmel kann anstelle
von Pfeffer verwendet werden.
Die Samen schmecken etwas
bitterer, aber würziger als Pfeffer. Zur Intensivierung des Aromas die Samen vor Gebrauch
trocken in der Pfanne rösten
und an gebuttertes Gemüse wie
Kohl oder Zucchini geben. Eine
knusprige Beigabe, die den
Speisen einen Hauch von Exotik
verleiht. Steaks vor dem Grillen
oder Braten mit den Samen
einreiben.

Panch phoron, *eine bengalische
Gewürzmischung aus den Samen
von Kreuzkümmel, Fenchel,
schwarzem Senf, Bockshornklee
und Schwarzkümmel, wird für Hülsenfrüchte und Gemüse verwendet*

SCHWARZKÜMMEL

Die Jungfer im Grünen, eine hübsche Pflanze mit gefiederten
Blättern und wunderschönen blauen Blüten, ist wohl die bekannteste Vertreterin der Schwarzkümmel-Familie. Als Gewürz
sind jedoch nur die Samen des echten Schwarzkümmels von Bedeutung. Der im westlichen Asien, im Mittleren Osten und in Süd-
osteuropa beheimatete Schwarzkümmel wird heute vorwiegend
in Indien kultiviert. Viele indische Gewürzmischungen enthalten
Schwarzkümmel, und Brote werden ebenfalls damit bestreut, nicht
nur in Indien, sondern auch in der Türkei und in anderen Ländern
des Vorderen Orients. Das einjährige Kraut wird etwa 60 cm hoch.
Die Früchte des Schwarzkümmels müssen frühzeitig geerntet werden, da die Samenhüllen bei der Reife sofort aufspringen und die
kleinen dreikantigen Samen herausfallen. Schwarzkümmelsamen,
die Zwiebelsamen zum Verwechseln ähnlich sehen, schmecken
würzig-scharf und dienen in manchen Ländern oft auch als Pfef-
ferersatz. Verwechslungen scheinen bei dem Gewürz vorpro-
grammiert zu sein: In Frankreich wird Schwarzkümmel fälschlicherweise manchmal als *quatre épices* (siehe S. 75) bezeichnet, in
Indien dagegen als *kala jeeras,* was jedoch schwarzer Kreuzkümmel (siehe S. 79) ist. Das Gewürz ist unter der
indischen Bezeichnung *kalonji* in Lebensmittelgeschäften erhältlich, die ausländische Spezialitäten führen.

Schwarzkümmel-
samen

Gemahlener
Schwarzkümmel

Verwendung

Gemüse; Hülsenfrüchte; Brot;
Joghurt; Hüttenkäse; Salate, vor
allem Gurkensalat mit Joghurt;
Lamm- und Geflügelkasserollen;
Pickles und Chutneys.

REZEPTVORSCHLAG
Würziger Gurkensalat

2–4 Portionen

*1 Salatgurke, fein gewürfelt
Salz
250 g dicker Joghurt, vorzugsweise griechischer Joghurt
1/2 TL Schwarzkümmelsamen
1 EL feingehackte frische Minze
Salatblätter zum Garnieren*

Die Gurkenwürfel in eine flache
Schüssel geben und nach Geschmack salzen. Joghurt,
Schwarzkümmel und Minze dazugeben und alles gründlich verrühren. Eisgekühlt auf Tellern anrichten und mit Salatblättern garnieren. Den Joghurt mit den Gewürzen immer erst kurz vor dem
Servieren unterrühren, weil sonst
die Gurken die Sauce
verwässern.

*Schwarzkümmelsamen
werden wie Pfeffer in
einer Pfeffermühle oder
einer Kaffeemühle ge-
mahlen und den Spei-
sen direkt beigegeben*

MOHN

Andere Namen
Schlafmohn, Mohnsamen, Blaumohn

Verwendungsformen
Samen: ganz und gemahlen

Aufbewahrung
In fest schließenden Behältern kühl und dunkel aufbewahren.

Küchentips
Verwenden Sie Mohnöl für Salatsaucen, wenn Sie ein leichtes, feinaromatisches Öl bevorzugen. Das in Frankreich als *huile d'œillette* bezeichnete Öl wird durch Kaltpressen ohne chemische Behandlung gewonnen. Es ist geruchlos, klar und hat einen leichten Mandelgeschmack. Weitere Pressungen liefern Öl, das zur Herstellung von Künstlerfarben, Seifen und Salben verwendet wird. Leichtes Anrösten der Mohnsamen vor Gebrauch intensiviert das Aroma.

Als Mohn bezeichnet man die Samen des Schlafmohns, dessen botanischer Name übersetzt »schlafbringend« heißt. Der im Mittleren Osten beheimatete Schlafmohn ist eine krautige einjährige, 70–120 cm hohe Pflanze mit hübschen weißen, roten oder violetten Blüten. Die winzig kleinen, blaugrauen, nierenförmigen Samen schmecken nußartig und sind angenehm knusprig. Während der in der Küche verwendete Mohn aus den reifen Samen der Pflanze besteht, werden die Derivate Opium, Morphin und Codein aus dem Milchsaft der unreifen Mohnkapsel gewonnen. In Mittel- und Nordeuropa, im Mittleren Osten, in Indien und in Teilen Nordamerikas werden Mohnsamen zum Kochen und Backen verwendet. Bei uns in Europa sind die blaugrauen Mohnsamen die am meisten verwendeten, in Indien die gelblichen und in der Türkei meist die braunen. Opium, das als schmerzlinderndes Mittel bereits den alten Ägyptern bekannt war, geriet als Rauschgift in Verruf, als sich im 17. Jahrhundert das Opiumrauchen in China verbreitete und dann im 19. Jahrhundert bei europäischen Malern und Schriftstellern in Mode kam. In vielen Ländern wird Schlafmohn deshalb nur unter staatlicher Aufsicht legal kultiviert.

Verwendung

Brot; Plätzchen; Kuchen; Gebäck; Salate, vor allem *coleslaw*; Salatsaucen mit Sahne; Currygerichte; Fleisch- und Fischsaucen; Eiernudeln; zum Bestreuen von Gemüse.

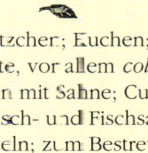

REZEPTVORSCHLAG
Mohnfüllung

Ergibt etwa 350 g Füllung

125 g Zucker
125 ml Milch oder Wasser
125 g Mohn
75 g Sultaninen, grobgehackt
2 EL klarer Honig
Geriebene Schale von 1 Zitrone

Milch oder Wasser mit dem Zucker in einem kleinen Topf bei mittlerer Hitze zum Kochen bringen und unter ständigem Rühren 5 Minuten kochen. Mohn, Sultaninen, Honig und geriebene Zitronenschale zugeben und unter Rühren 3 Minuten weitergaren, bis die Masse eingedickt ist. Die Mohnmasse abkühlen lassen und als Füllung für Kuchen oder Gebäck verwenden.

Brauner Mohn
kommt meistens aus der Türkei

Blauer Mohn
wird vor allem in Europa verwendet

Gelber Mohn

Mohnpaste *wird aus gerösteten, gemahlenen Mohnsamen unter Zugabe von Mohnöl hergestellt und in einer Reihe von türkischen Gerichten und Backwaren verwendet*

Gemahlener Mohn

Reife Mohnkapseln *haben eine gerippte Außenhaut und eine Narbe. Im Innern der Kapsel befinden sich in getrennten Kammern Hunderte von Samen*

PIMENT

Andere Namen
Nelkenpfeffer, Allgewürz,
Neugewürz, Jamaikapfeffer

Verwendungsformen
Beeren: ganz und gemahlen

Aufbewahrung
In fest schließenden Behältern
kühl und dunkel aufbewahren.

Küchentips
Piment verstärkt den Ge-
schmack vieler anderer Gewürze. Die beliebte Würzzutat in
Pickles, Essiggemüsen oder
Chutneys verleiht auch Backwaren und Glühwein ein angenehm warmes Aroma. Ganze
Beeren in der Pfeffer-
mühle zerkleinern.

Das Gewürz aus der Neuen Welt kam erst im 16. Jahrhundert
mit den Spaniern nach Europa, wo es bis dahin völlig unbekannt war. Heute wird Piment weltweit in der Küche verwendet.
Der immergrüne, schlanke Pimentbaum aus der Familie der Myr-
tengewächse wird 6–12 m hoch und trägt kleine weiße Blüten. Die
erbsengroßen Früchte werden kurz vor der Reife, wenn sie noch
grün sind, geerntet. Man läßt die Beeren einige Tage fermentieren, um sie dann an der Sonne zu trocknen. Das Fruchtfleisch
schrumpft zu einer dünnen rauhen braunen Schale. Piment hat einen nelkenähnlichen, aromatischen Geruch und einen würzigen,
scharfen, etwas süßlichen Geschmack, der an Muskatnuß, Zimt,
Nelken und Pfeffer erinnert – daher auch der Name Allgewürz.
Der beste Piment kommt aus Jamaika, das den größten Teil des
weltweiten Bedarfs deckt. Die Pflanzungen bestehen aus langen
Baumreihen, und wenn man die Alleen zur Blütezeit abschreitet,
ist die Luft erfüllt vom würzigen Duft der Rinde, Blätter und Blüten, und später von dem der aromatischen Beeren. Die Arawak-
indianer und die Kariben in Westindien kannten und nutzten Piment, und wahrscheinlich wurde das Gewürz auch schon von den
Azteken und den Maya verwendet. Die Würzkraft der Beeren ist
stärker, wenn sie erst bei Bedarf im Mörser zerstoßen werden. Sie
schmecken ungleich würziger als fertig gemahlener Piment.

Verwendung

Gewürzmischungen für Pickles;
Marinaden für Fisch; Meeres-
früchte; Fleisch; Wild und Geflü-
gel; alle feinen Wurstwaren, auch
Schinken; Gemüse; Reis; Kuchen;
Pasteten; Pudding; Relishs und
Chutneys.

REZEPTVORSCHLAG
Garnelen mit Piment

4 Portionen

*1 l Lagerbier
½ TL Salz
1 TL leicht zerdrückte
Pimentkörner
500 g große, gegarte Tiefkühl-
garnelen, aufgetaut*

Das Bier mit Salz und Piment in
einem großen Topf zum Kochen
bringen und zugedeckt 5 Minuten
köcheln lassen. Den Topf vom
Feuer nehmen. Die Garnelen hineingeben und ziehen lassen, bis
die Flüssigkeit erkaltet ist. Die
Garnelen abgießen und als
Vorspeise servieren. Als ersten Gang mit Tomaten-
coulis oder Vinaigret-
te reichen.

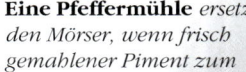

Eine Pfeffermühle *ersetzt
den Mörser, wenn frisch
gemahlener Piment zum
Würzen benötigt wird*

**Piment und Pfeffer-
körner**
*Eine würzige Alternati-
ve zu gewöhnlichem
Pfeffer ist eine Mi-
schung aus gleichen
Teilen Piment und ge-
trockneten grünen,
schwarzen und weißen
Pfefferkörnern*

Gemahlener Piment

*Das vielseitige Ge-
würz kann für süße
und pikante Gerichte
verwendet werden.
Möglichst keinen ge-
mahlenen Piment
kaufen, sondern
ganze Beeren, die bei
Bedarf zerkleinert
werden*

Ganze Beeren *haben eine
Schale mit rauher Oberfläche, in
der die meiste Würzkraft steckt*

ANIS

Verwendungsformen
Samen: getrocknet. *Blätter:* frisch

Aufbewahrung

Blätter können kurzfristig, in Plastiktüten verpackt, im Kühlschrank aufbewahrt werden. Samen in fest schließenden Behältern kühl und dunkel aufbewahren. Auch bei sachgerechter Lagerung verlieren sie rasch ihr Aroma.

Aus den im Sommer erscheinenden kleinen weißlichen Doldenblüten gehen die Früchte hervor

Die bereits in der Antike geschätzte Gewürzpflanze gehört wie Dill, Fenchel, Kümmel und Kreuzkümmel zur Familie der Doldengewächse. Das im östlichen Mittelmeerraum beheimatete einjährige Kraut wird etwa 60 cm hoch, hat ähnliche Blätter wie Koriander und cremeweiße Blüten. Heute wird die Anispflanze in der Türkei, in Südrußland, Indien und weiten Teilen Europas angebaut, wo sie als beliebtes Gewürz in Spirituosen Verwendung findet. In Frankreich ist *pastis* die allgemeine Bezeichnung für die verschiedenen Anisgetränke, die vor allem in den Cafés im Süden des Landes mit Eis und einem Krug Wasser ausgeschenkt werden. Aus Griechenland stammt der hochprozentige *Ouzo*, der gern als Aperitif getrunken wird, und in der Türkei serviert man *Raki. Anisette*, der berühmte französische Anislikör, ist in weiten Teilen Europas, vor allem in Spanien, als Getränk und als Aromazutat beim Kochen beliebt. Auch *pastis* findet in der Küche Verwendung, meistens wird er Fischsuppen oder Schneckenbutter beigefügt, aber auch Hummer und anderen Meeresfrüchten verleiht er ein angenehmes Anisaroma. Mit Honig gesüßter Anistee hilft bei Verdauungsbeschwerden.

Die mittelbraunen bis gelblichen, gerippten und behaarten Samen sind der würzigste Teil der ganzen Pflanze

Anissamen

Gemahlener Anis *verliert schnell sein Aroma und sollte daher nur in kleinen Mengen gekauft werden. Besser sind ganze Samen, die erst bei Bedarf im Mörser zerstoßen werden*

Spirituosen mit Anisgeschmack *wie Pernod, Ricard und Sambuca werden gern als Aperitif getrunken, eignen sich aber auch vorzüglich zum Kochen*

Küchentips

Das würzigste Aroma liefern ganze Samen, die bei Bedarf frisch im Mörser zerstoßen werden. Sparsam verwendet, sind junge Anisblätter eine würzige Zutat in grünen Salaten, gekochtem Gemüse, Fischsuppen oder -eintöpfen und Obstsalaten.

REZEPTVORSCHLAG
Anis-Beignets

Ergibt 10–12 Stück

*1 EL Zucker
½ TL Salz
2 EL Anissamen
175 g Weizenmehl
1 großes Ei
Öl zum Frittieren
Zucker zum Bestreuen*

In einem großen Topf 250 ml Wasser mit Zucker, Salz und Anissamen zum Kochen bringen. Das Mehl auf einmal zugeben und mit einem Holzlöffel glattrühren. Den Topf vom Feuer nehmen und das Ei unterrühren. Öl in einer Friteuse auf 190 °C erhitzen. Die Teigmasse durch einen Spritzbeutel mit großer Sterntülle oder einen großen Trichter in das heiße Öl pressen und goldbraun ausbacken. Auf Küchenkrepp abtropfen lassen, in 7 cm lange Stücke schneiden und noch warm mit Zucker bestreuen. Die Anis-Beignets sofort servieren.

PFEFFER

Aufbewahrung

Getrocknete schwarze und weiße Pfefferkörner sollten kühl und dunkel in fest schließenden Behältern aufbewahrt werden. Das gleiche gilt für gemahlenen Pfeffer, auch wenn er sich in der Regel nicht so lange hält wie ganze Körner. Frisch in einem Schraubglas im Kühlschrank aufbewahren. Verarbeitet ist er in Dosen und Schraubgläsern fast unbegrenzt haltbar.

Der Pfeffer wird zu Recht König der Gewürze genannt, weil er in allen Küchen der Welt von unschätzbarem Wert ist. Das bedeutende Gewürz ist die Steinfrucht der Pfefferpflanze *Piper nigrum*, einer tropischen Kletterpflanze. Hauptanbauländer sind Indien, Indonesien, Malaysia und Brasilien; der Handel mit Pfeffer macht etwa ein Viertel des gesamten Gewürzhandels aus. Aufzeichnungen in Sanskrit über die Verwendung von Pfeffer – beziehungsweise *pippali* – finden sich bereits im 4. Jahrhundert v. Chr. Wie das Salz war Pfeffer ein kostbares Gewürz, das durch die starke Nachfrage aus dem Römischen Reich erheblich an Wert gewann. Die Araber kamen zu Wohlstand, weil sie die Römer mit Pfeffer beliefern konnten, und die römischen Händler mischten Wacholderbeeren unter die Pfefferkörner, um die Ware zu strecken und höhere Gewinne herauszuschlagen. Es gab sogar eine Zeit, da wurde Pfeffer mit Gold aufgewogen. Pfeffer hat den Lauf der Geschichte entscheidend beeinflußt, denn er war der wichtigste Grund für die Europäer, auf dem Seeweg in Richtung Osten aufzubrechen. Diese Suche nach Pfeffer beherrschte jahrhundertelang den Gewürzhandel, ohne den die Kolonialgeschichte sicher anders verlaufen wäre. Die glorreiche Vergangenheit dieser einfachen Beere mag zwar längst in Vergessenheit geraten sein, aber in der Küche ist und bleibt der Pfeffer König.

Küchentips

Da gemahlener Pfeffer relativ schnell sein Aroma verliert, sollten möglichst nur ganze Pfefferkörner gekauft und bei Bedarf frisch gemahlen werden. Zur vollen Entfaltung des Aromas wird Pfeffer immer erst am Ende der Kochzeit beigefügt. Da gemahlener Pfeffer in Gerichten mit langer Garzeit an Würzkraft einbüßt, verwendet man am besten ganze, in Musselin eingebundene Pfefferkörner, die sich vor dem Servieren leicht entfernen lassen. Vorsicht bei der Zubereitung von Speisen, die reichlich Pfeffer enthalten und bei starker Hitze gebraten werden, wie beispielsweise Pfeffersteaks. Die Folgen sind ähnlich wie bei Chilischoten: die aufsteigenden Pfefferdämpfe können Nase, Augen und Atemwege reizen. Sorgen Sie für eine gutbelüftete Küche, bevor Sie mit der Zubereitung beginnen.

Schwarze Pfefferkörner *sind grüne, vor der Vollreife geerntete und an der Sonne getrocknete Früchte*

Gemahlener schwarzer Pfeffer

Die unreifen grünen Früchte passen gut zu Ente und cremigen Saucen

Die beerenartigen Früchte werden im Frühling und im Sommer von den langen Fruchtständen geerntet

Frische unreife Pfefferkörner

Weiße Pfefferkörner *sind die Steinkerne der am Strauch ausgereiften Früchte, die nach dem Pflücken in Wasser eingeweicht und vom Fruchtfleisch befreit werden*

Gemahlener weißer Pfeffer

Frische grüne Pfeffer-körner *sind bei uns nicht überall erhältlich. Für Suppen, Eintöpfe, Buttermischungen und Saucen werden die Körner leicht zerdrückt*

Gemischte Pfefferkörner *wirken sehr dekorativ in einer durchsichtigen Pfef-fermühle, die zum Wür-zen bei Tisch genom-men wird*

Getrocknete grüne Pfefferkörner *können vor Gebrauch in Wasser eingeweicht und dann an Fonds, Suppen oder Schmorgerichte gegeben werden. Trockene Körner leicht zerdrücken*

Rosa Pfefferkörner *sollen nur sparsam ver-wendet werden, weil sie leicht harzig schmecken. Mit ihrer hübschen Farbe sind sie aber eine Zierde für jedes fertige Gericht*

Eingelegte grüne Pfefferkörner *vor der Verwendung in Pasteten, gewürzter Butter oder Saucen kalt abspülen*

Sichuanpfeffer

Sichuanpfeffer nennt man die getrockneten Beeren einer chinesischen Varietät des Gelbholzbaumes *Fagara rhetsa*. Die auch als Anispfeffer bezeichneten Beeren, die mit dem echten Pfeffer übrigens nicht verwandt sind, schmecken eher scharf-aromatisch als pfeffrig. Sichuanpfeffer ist neben Sternanis, Gewürznelken, Fenchel und Kassiazimt Bestandteil des chinesischen Fünfgewürzpulvers. Die Beeren werden vor Gebrauch trocken angeröstet und anschließend im Mörser zerstoßen.

PFEFFERARTEN

Die Pfefferpflanze ist in den südindischen Wäldern am Äquator beheimatet, und die qualitativ besten Pfefferkörner stammen von der Malabarküste. Die ausdauernde Kletterpflanze trägt erst ab dem 8. Jahr Früchte, liefert dann aber unter guten Wachstumsbedingungen etwa zwanzig Jahre volle Ernten. Grüne Pfefferkörner sind die unreif geernteten Beeren des Pfefferstrauches. Sie schmecken eher mild und fruchtig und mäßig scharf. Die an der Sonne getrockneten grünen Beeren sind besser bekannt als schwarzer Pfeffer. Weißer Pfeffer wird dagegen aus den vollreifen roten Früchten gewonnen. Diese werden nach der Ernte in Wasser eingeweicht, damit sich das Fruchtfleisch besser abreiben läßt. Die freigelegten weißen Steinkerne werden danach an der Sonne getrocknet. Weißer Pfeffer ist mild im Geschmack und hat ein feines Aroma. Am Strauch ausgereifte rote Pfefferkörner sind außerhalb ihres Ursprungslandes frisch nur selten erhältlich. Als rosa Pfefferkörner bezeichnet man die fast reifen, weichen, rosafarbenen Beeren des in Südamerika beheimateten Brasilianischen Pfefferbaums (*Schinus terebinthifolius*), die aber nicht zum echten Pfeffer gehören. Sie schmecken leicht harzig, und ihr Wert liegt vor allem in ihrer schönen Farbe. Rosa Pfefferkörner sollten sparsam verwendet werden, da sie in großen Mengen toxisch sind.

Sansho

Sansho, das japanische Pfefferblatt, hat nichts mit echtem Pfeffer zu tun. Das nur in gemahlener Form erhältliche Gewürz wird in Japan bei Tisch als Streuwürze für gegarte Speisen verwendet und ist Bestandteil der japanischen Siebengewürzmischung *hichimi togarashi*, die neben *sansho* auch Seetang, Chillies, Orangenschale, Mohnsamen sowie weiße und schwarze Sesamsamen enthält. Diese Gewürzmischung wird oft über Nudelgerichte oder in Suppen gestreut.

SCHWARZER UND WEISSER PFEFFER

Je nach Herkunft kann das Aroma der vielen verschiedenen Sorten von schwarzem und weißem Pfeffer sehr unterschiedlich sein. Der auf der Halbinsel Malakka kultivierte Singapurpfeffer ist besonders aromatisch, was auf die dort übliche Methode des Trocknens zurückzuführen ist. Die vergleichsweise großen unreifen Beeren werden zum Trocknen auf Hängematten ausgebreitet, unter denen ein schwaches Kräuterfeuer brennt. Der Rauch bewirkt, daß die Beeren zugleich getrocknet und aromatisiert werden. Alleppey- und Tellicherry-Pfeffer stammen von der indischen Malabarküste. Beide Sorten zeichnen sich durch ihre Güte und ihre Reinheit aus und schmecken nicht so scharf wie anderer schwarzer Pfeffer. Weißer Pfeffer aus dem italienischen Livorno ist ein feinaromatischer Pfeffer, der in begrenzten Mengen angebaut wird. Bei geschältem weißem Pfeffer handelt es sich um eine besonders hochwertige Pfeffersorte, die in England hergestellt wird. Hierfür werden extra große und stark würzig duftende Beeren importiert und nach dem Einweichen mehrfach geschält, im Gegensatz zum gewöhnlichen weißen Pfeffer, bei dem nur die äußerste Schicht abgerieben wird.

Weiße Pfefferkörner stammen von vollreifen roten Beeren, die nach dem Ernten in Wasser eingeweicht werden, damit sich das rote Fruchtfleisch besser entfernen läßt. Weißer Pfeffer hat den Vorteil, daß er in feinen hellen Saucen kaum zu sehen ist

Schwarzer Pfeffer wird aus unreifen grünen Beeren gewonnen, die man vor dem Trocknen mehrere Tage fermentieren läßt. Schwarzer Pfeffer ist stark aromatisch und scharf

Berber-Gewürzmischung

Ergibt etwa 30 g

*10 getrocknete rote Chillies
½ TL schwarze Pfefferkörner
½ TL gemahlener Ingwer
5 ganze Gewürznelken
½ TL Koriandersamen
¼ TL Ajowan
8 Pimentkörner
Samen von 6 grünen
Kardamomkapseln
½ TL Bockshornklee
½ Zimtstange*

Eine schwere Pfanne trocken erhitzen, die Chillies hineingeben und 2–3 Minuten rösten. Die restlichen Gewürze dazugeben und unter ständigem Rühren weitere 3–4 Minuten rösten, bis die Mischung allmählich braun wird. In eine Schüssel geben und auskühlen lassen. Die Chillies entkernen (siehe S. 69). Die Gewürzmischung zu einem feinen Pulver vermahlen. In einem fest schließenden Behälter hält sich die Mischung etwa 4 Monate.

MIT PFEFFER KOCHEN

Durch sein wundervolles Aroma, mit dem so viele köstliche Gerichte verfeinert werden, wurde der Pfeffer weltweit zu einem hochgeschätzten Gewürz. Pfeffer macht Schweine- und Rindfleisch würziger, unterstreicht den delikaten Geschmack von Eiern und paßt auch hervorragend zu Meeresfrüchten. Ganze Pfefferkörner erfreuen nicht nur das Auge, sondern auch den Gaumen. Und Pfeffersalami ist viel interessanter als einfache Salami, ebenso wie gewöhnliche Leberpastete durch die Zugabe schöner grüner Pfefferkörner geschmacklich aufgewertet wird. Der berühmte römische Feinschmecker Apicius, der Verfasser des ersten Kochbuches, empfahl die Verwendung von Pfeffer als belebende Würze in eintönigen Gerichten und als Geschmacksverstärker in manchen Süßspeisen. Überraschenderweise paßt Pfeffer auch zu süßen Obstspeisen, vor allem zu Birnen und Erdbeeren. Grüne Pfefferkörner werden in eine Mayonnaise für Meeresfrüchte oder Eiersalat gerührt oder an einfache Sahnesaucen gegeben, die man zu kurzgebratenem Fleisch wie Entenbrust oder Kalbssteaks reicht. Sie sind auch in vielen Wurstwaren zu finden. Weiße Pfefferkörner eignen sich mit ihrem milden Geschmack und feinen Aroma besser für helle oder mit Sahne zubereitete Saucen sowie für Eiergerichte, in denen die dunklen Pfefferpartikel eher stören würden. Am besten würzt man mit Pfeffer nach altbewährter Art: mit ein paar Umdrehungen aus der Pfeffermühle kurz vor dem Servieren.

Schwarze Pfefferkörner

Koriandersamen

Kardamom

Piment

Berber-Gewürz-mischung

Ingwer

Chillies

Ajowan

Zimtstangen

In einer Pfeffermühle ist der Pfeffer sehr gut aufgehoben, und außerdem steht er so als Tischwürze immer bereit. Das Mahlwerk läßt sich nach Wunsch von grob bis fein stufenlos einstellen. Eine gute Pfeffermühle besitzt ein robustes Stahlmahlwerk; Kunststoffmühlen sind dagegen weder besonders effektiv noch haltbar. In einer Pfeffermühle können Pfefferkörner einer oder mehrerer Sorten oder in Verbindung mit anderen ganzen Gewürzen gemahlen werden.

Pfeffersteak

4 Portionen

*4 TL grüne Pfefferkörner in Salzlake, abgespült und abgetropft
2 TL schwarze Pfefferkörner, zerdrückt
4 Filetsteaks (je 175 g), pariert
4 EL Butterschmalz oder Öl
Salz
2 EL Brandy
125 ml Crème double*

Von den grünen Pfefferkörnern 1 Eßlöffel beiseite stellen. Die Filetsteaks mit den restlichen grünen und schwarzen Pfefferkörnern auf beiden Seiten einreiben. Butterschmalz oder Öl in einer schweren Pfanne stark erhitzen und die Steaks darin auf beiden Seiten jeweils 2–3 Minuten braten, so daß sie innen noch rosa sind. Die Steaks auf eine vorgewärmte Platte geben, nach Geschmack salzen und warm stellen. Das Fett aus der Pfanne abgießen und den Bratensatz mit dem Brandy bei starker Hitze loskochen. Dabei alle braunen Krusten vom Boden und vom Rand der Pfanne abkratzen. Die Sahne und die zurückbehaltenen grünen Pfefferkörner dazugeben und 2–3 Minuten köcheln lassen, bis die Sauce eingedickt ist. Die Steaks auf Portionsteller verteilen, mit der Sahne übergießen.

SUMACH

Aufbewahrung
In fest schließendem Behälter dunkel aufbewahren. Ganze Beeren behalten monatelang ihr Aroma, während das des gemahlenen Gewürzes rasch verfliegt.

Küchentips
100 g Samen in 350 ml Wasser 30 Minuten einweichen, durch ein mit Musselin ausgelegtes Sieb abgießen und gut ausdrücken, um viele Aromastoffe herauszuholen. Nach Rezept weiterverarbeiten oder den Saft für Salatsaucen oder Marinaden verwenden.

Der Sumach oder Färberbaum ist im Herbst, wenn sich seine Blätter herrlich rot färben, überaus dekorativ. Man findet ihn wildwachsend im gesamten Mittleren Osten. Bei uns ist er ausschließlich als Zierpflanze bekannt, doch im Libanon, in Syrien, in der Türkei und im Iran wird er wegen seiner Ähren mit den leuchtendroten Beeren angebaut. Getrocknet haben die Beeren eine dunkle, ziegelrote Farbe. Sie werden ganz oder gemahlen in vielen verschiedenen Gerichten verwendet. An ihrer fruchtigen Säure fanden schon die Römer Gefallen, bis sie dann die Zitronen kennenlernten. Der säuerliche Geschmack von Sumach ist angenehm, denn ihm fehlt die Schärfe von Essig oder Zitronensaft. Vermischt man Sumach mit Joghurt und Kräutern, entsteht eine leichte und erfrischende Sauce. Libanesen und Syrier streuen Sumach auf Fisch; Iraker und Türken geben das Gewürz an Salate; und Iraner und Georgier würzen damit ihre Fleischspieße. Das in der europäischen Küche noch relativ unbekannte Gewürz ist meist gemahlen in türkischen Lebensmittelgeschäften erhältlich. Verschiedene andere Sumacharten, vorwiegend in Nordamerika beheimatet, sind giftig. Dazu gehören der Giftsumach und der Amerikanische Lacksumach, die beide ein Öl enthalten, das schon beim Berühren der Pflanzen starke Hautreizungen hervorruft.

REZEPTVORSCHLAG
Zwiebelsalat

4 Portionen

1 große Gemüsezwiebel (etwa 250 g), in dünne Scheiben geschnitten
Salz
1 TL gemahlener Sumach

Die Zwiebelscheiben in eine Schüssel mit Eiswasser legen und 15 Minuten ruhen lassen. Abgießen und trockentupfen. Die Zwiebeln in eine Salatschüssel geben, nach Geschmack salzen und den Sumach unterrühren. Den Salat 15 Minuten ziehen lassen. Danach sofort servieren oder bis zum Gebrauch in den Kühlschrank stellen.

Sumachbeeren
haben keine einheitliche Farbe; je nach Herkunft können sie ziegelrot bis braun- oder purpurrot sein

Gemahlener Sumach
behält wochenlang seine Würzkraft, wenn er luftdicht verschlossen aufbewahrt wird

Sumachsamen *sind die kleinen braunen Steinkerne aus dem Innern der Sumachfrüchte*

Sud aus Sumachbeeren
Der leicht herzustellende Sud (siehe Küchentip) aus Sumach wird zum Säuern von Speisen verwendet, zum Einreiben von Grillfleisch oder an Marinaden für Fisch und Fleisch gegeben

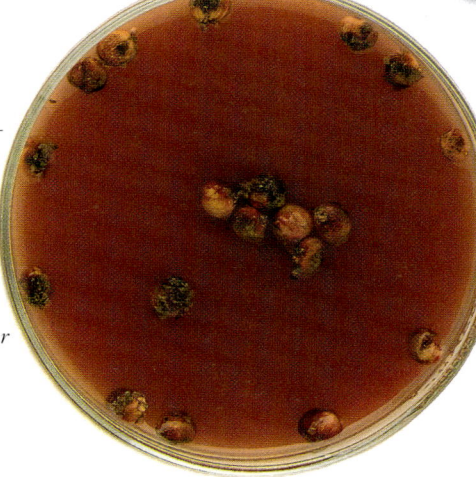

Zathar *heißt eine Gewürzmischung aus dem Mittleren Osten, die Sumach, geröstete Sesamsamen und gemahlenen Thymian enthält*

Die aromatische Gewürzmischung wird über Fleischbällchen oder Gemüse gestreut. Mit Olivenöl angerührt, entsteht eine Paste, mit der vor dem Backen Brote bestrichen werden

SESAM

Küchentips
Der nussige Geschmack der Samen wird durch Trockenrösten verstärkt. Verwenden Sie die gerösteten Sesamkörner als Garnierung für Gerichte, die mit Sesamöl gewürzt werden. Zum Beispiel vorgekochtes Gemüse wie grüne Bohnen in Sesamöl kurz sautieren und anschließend mit gerösteten Sesamkörnern bestreuen.

Die genaue Herkunft der Sesampflanze ist unklar. Einige Experten behaupten daß sie in Afrika beheimatet ist, andere halten Indien für das Ursprungsland. In China ist Sesam seit etwa 2000 Jahren bekannt, sein Öl verleiht vielen chinesischen Gerichten ihr typisches Aroma. Für uns ist der Sesam immer eine fremdländische Pflanze geblieben. Das einjährige, meist unverzweigte Kraut mit dem langen, geraden Stiel hat länglich-ovale, geäderte Blätter und große weiße, manchmal weinrote Glockenblüten, die an unseren Fingerhut erinnern. Bei der Reife springen die Samenkapseln auf, und die Samen – es gibt weiße, braune und schwarze – werden in alle Winde zerstreut. Damit dies nicht passiert und die Sesamkörner auf Ihrem Gewürzbord landen, wird der Sesam noch vor der Reife der ersten Kapseln geschnitten und getrocknet. Die Samen sind zwar winzig klein, bestehen aber zu 50 Prozent aus Fett, das ein hochwertiges aromatisches Speiseöl liefert. Dank seines angenehm nußartigen Geschmacks ist Sesam ein in vielen Ländern beliebtes Samengewürz, das sich vielseitig verwenden läßt. Ungerösteter weißer Sesam wird zu *tahin* verarbeitet, einer Paste, die im Mittleren Osten zum Würzen und als Basis für viele Speisen verwendet wird. Eine ähnliche Paste aus gerösteten, gemahlenen Samen ist in Asien bekannt.

Tahin, *eine dicke Paste aus gemahlenen Sesamkörnern, ist eine häufig verwendete Zutat in Saucen und Dips, die zu orientalischen Fleischspießen (kebabs) und Sandwiches gereicht werden, sie findet aber auch als Würze in Gemüsegerichten und Obstspeisen Verwendung*

Weißer Sesam

Brauner Sesam

Schwarzer Sesam

Halva

Sesamöl

REZEPTVORSCHLAG
Sesamnudelsalat

4 Portionen

3 EL Sojasauce
3 EL Reisessig
1 TL Zucker
3 EL asiatische Sesampaste (aus geröstetem Sesam)
3 EL Sesamöl
1 TL Chiliöl oder nach Geschmack
1 EL frisch geriebener Ingwer
Salz
500 g Reisnudeln
3–4 EL geröstete Sesamkörner
Gehackte Frühlingszwiebeln zum Garnieren

Sojasauce, Essig und Zucker in einer großen Schüssel verrühren, bis sich der Zucker aufgelöst hat. Sesampaste, Sesamöl, Chiliöl und Ingwer zugeben und gründlich verrühren. In einem großen Topf Wasser zum Kochen bringen, salzen und die Nudeln hineingeben. Die Kochzeit ist abhängig von der Nudelsorte (Packungshinweise befolgen). Die Nudeln abgießen, mit der Sauce vermengen und abschmecken. Eisgekühlt oder zimmerwarm servieren. Zuvor mit gerösteten Sesamkörnern und gehackten Frühlingszwiebeln garnieren.

SALZ

Aufbewahrung

Salz sollte grundsätzlich trocken aufbewahrt werden, damit es nicht klumpt. Unter optimalen Lagerbedingungen ist es unbegrenzt haltbar. Bewahren Sie Salz niemals in Salzstreuern oder Salzfäßchen aus Silber auf, weil das im Salz enthaltene Chlor mit dem Silber reagiert und eine Grünfärbung verursacht. In traditionellen Salzfässern aus Keramik bleibt Salz am ehesten frisch und trocken. Sie sind praktisch, passen auf jedes Küchenbord und sehen zudem noch hübsch aus.

Es gibt wenig Gerichte, die ohne Salz zubereitet werden. Ob Alltagsküche oder *haute cuisine,* Salz ist nicht nur eines der wichtigsten Gewürze, es ist darüber hinaus auch noch Konservierungsmittel und ein Natrium- und Chlorid-Lieferant, der es ermöglicht, lebensnotwendige Körperfunktionen wie die Regulierung des Wasserhaushalts und der Muskel- und Nerventätigkeit aufrechtzuerhalten. Von jeher ein kostbares Gut, wurde Salz früher besteuert, wie es heute bei Alkohol und Tabak üblich ist, und war somit eine sichere Einnahmequelle für den Staat. Aus dem Alten Testament erfahren wir, daß Salz als Opfergabe diente, und die Römer schätzten es so sehr, daß sie ihren Soldaten eine Salzration gaben. Unser Wort Salär ist vom lateinischen *salarium* abgeleitet, was soviel wie Salzgeld bedeutet.

Die kulinarische Verwendung von Salz ist allerdings umstritten. Forschungen haben einen Zusammenhang zwischen erhöhtem Salzkonsum und Bluthochdruck bestätigt, ein eindeutiger Risikofaktor für Schlaganfall und Herzkrankheiten. Bei einer Ernährung, die vorwiegend aus industriell verarbeiteten Nahrungsmitteln besteht, ist es natürlich schwierig, die Salzzufuhr zu kontrollieren. Wenn aber frische Zutaten sparsam gesalzen werden, dann kann Salz durchaus eine gesunde Nährstoffquelle sein.

Küchentips

Beim Garen im Mikrowellenherd kann Salz bewirken, daß Fleisch zäh wird und Gemüse »verbrennt«, deshalb erst am Ende der Garzeit salzen.

Glutamat

Natriumglutamat oder Glutamat, auch Mono-Natrium-Glutamat genannt, ist das Natriumsalz der Glutaminsäure, einer auch in Pilzen enthaltenen Aminosäure. Glutamat besitzt selbst kaum Eigengeschmack, verstärkt aber den aller nicht süßen Nahrungsmittel. Das Ursprünglich aus Seetang und Weizenkleber gewonnene Salz wurde zuerst im Orient entdeckt, und in Japan, China und Vietnam ist Glutamat noch immer als Geschmacksverstärker überaus beliebt. Glutamat kann man nicht herausschmecken, mitunter aber spüren; denn es löst bei sensibilisierten Menschen allergische Reaktionen aus, wie migräneartige Kopfschmerzen mit Druck hinter Augen und Stirn. Die größte natürliche Glutaminsäure-Konzentration, die im menschlichen Organismus vorkommt, befindet sich im Nervengewebe. Deshalb vermutet man, daß die Symptome des Glutamatsyndroms nur bei einem zeitweiligen Überschuß der Säure auftreten. Diese Theorie wurde aber bislang noch nicht bestätigt.

Grobes Salz

Feines Salz

Schwarzes Salz, *auch Sauchal genannt, verleiht vielen Gerichten aus Nordindien ein würziges Aroma*

Glutamat

Salz aus der Erde

Natriumchlorid oder Salz ist seit der Entstehung der Erde im Boden vorhanden. Steinsalz kommt aus unterirdischen Salzlagern – das sind ehemalige Salzseen und Meere – und wird durch bergmännischen Abbau gewonnen. Durch Brechen, Mahlen und Sieben aufbereitet, wird es in verschiedenen Feinheitsgraden als Kochsalz angeboten. Manche halten Steinsalz für das Würzmittel mit dem feinsten Aroma, andere dagegen schwören auf Meersalz. Grobes oder feines Steinsalz kann sowohl zum Kochen als auch bei Tisch verwendet werden. Als Tischwürze entnimmt man es am besten der Salzmühle. Bei Tafelsalz handelt es sich um feingemahlenes Kochsalz aus Salzbergwerken und Salinen, das für eine bessere Rieselfähigkeit auch Calciumkarbonat oder andere Trennmittel enthalten kann, die ein Verklumpen verhindern. Wegen dieser Zusätze gilt Tafelsalz unter kritischen Köchen als das minderwertigste Salz.

Raffiniertes Tafelsalz *enthält oft Zusätze, damit es rieselfähig bleibt*

Kristallisiertes Steinsalz *wird nur aus Salzlagern abgebaut, die den gesundheitlichen Anforderungen entsprechen*

Grobes Steinsalz *ist zum Konservieren von Nahrungsmitteln geeignet. Das Einreiben von Fleisch und Fisch mit Salz ist eine altbewährte Konservierungsmethode*

Salz aus dem Meer

Alle Salzvorräte dieser Erde stammen aus dem Meer, und die unterirdischen Salzlager sind nichts anderes als vorzeitliche Meersalzablagerungen. Meersalz wird durch Verdunsten von Meerwasser gewonnen, oft auf natürliche Weise unter Ausnutzung von Sonnenwärme und Wind, oder künstlich in flachen Sammelbecken. Im Gegensatz zu Steinsalz enthält es nur 34 Prozent Natriumchlorid und ist reich an Spurenelementen. Es sind verschiedene Sorten Meersalz im Handel. Englisches Meersalz wird größtenteils in der Maldon-Bay in Essex gewonnen. Es schmeckt überaus »salzig« und ist erkennbar an seinen Kristallen, die an Schneeflocken erinnern. Französisches Meersalz aus der Bretagne hat eine leicht graue Färbung, die typisch ist für den Meeresboden bei den Salzmarschen. Sein feines Aroma macht dieses Salz zu einer außergewöhnlichen Würze in der Küche und bei Tisch. *Fleur de sel*, was wörtlich übersetzt »Salzblume« heißt, kommt von den salzigen Marschen in Guérande und wird bei uns nur relativ selten angeboten. Es wird von Juni bis September nach einer über 500 Jahre alten Methode geerntet. In einer Reihe von Pfannen läßt man das Meerwasser verdunsten, bis die weiße *fleur de sel* von der Oberfläche abgeschöpft werden kann.

Feines Meersalz *löst sich schnell auf und ist deshalb als Tischwürze besonders geeignet*

Englisches Meersalz *sollte wegen seiner intensiven Würzkraft nur sparsam verwendet werden*

Französisches Meersalz *ist durch Mineralien vom Meeresgrund leicht grau gefärbt*

KOCHEN MIT SALZ

Salz ist eine Grundwürze. Und salzig ist eine der vier Geschmacksrichtungen, die wir mit unseren Geschmacksknospen erkennen können. Salz ist unbestreitbar das gebräuchlichste Würzmittel in der Küche, es wird aber auch schnell übermäßig verwendet. Eine Prise zuviel oder zuwenig ist ausschlaggebend für den Geschmack einer Speise. Salz sollte nicht als eigenständiges Würzmittel, sondern zur Verstärkung des Eigengeschmacks anderer Zutaten einem Gericht beigegeben werden. Fehlt Salz, dann schmeckt das Essen reizlos. Salz ist sozusagen der Hintergrund, vor dem sich die anderen Aromen abheben. Der Zeitpunkt, zu dem eine Speise gesalzen wird, ist abhängig von mehreren Faktoren. Da es den Siedepunkt von Wasser erhöht, sollte es zur Verkürzung der Kochzeit erst nach dem Aufkochen zugefügt werden. Die Wechselwirkung zwischen Salz und anderen Zutaten muß ebenfalls berücksichtigt werden. Es entzieht den Nahrungsmitteln Feuchtigkeit, deshalb sollte Fleisch zum Beispiel vor dem Kochen nicht gesalzen werden, weil sonst die aromatischen Fleischsäfte austreten. Manchmal jedoch ist dieser Effekt auch erwünscht, zum Beispiel beim Sautieren von Zwiebeln. Wenn die Zwiebeln weich, aber nicht braun werden sollen, salzt man sie zu Beginn der Garzeit, damit das Salz ihnen Feuchtigkeit entzieht. Die Feuchtigkeit in der Pfanne mildert die Hitze und läßt die Zwiebeln garen, ohne zu bräunen. Der Salzgehalt anderer Zutaten muß beim Kochen ebenfalls mitberücksichtigt werden, denn Käse, Speck und Schinken sind bereits salzig.

TROCKENBEIZEN MIT SALZ

Die skandinavische Spezialität *graved lax* ist ein gutes Beispiel für ein einfaches trockengebeiztes Gericht, das man gut selbst zubereiten kann. Dazu paßt ein deftiges Roggenbrot oder ein Weizenvollkornbrot mit einer Dill-Mayonnaise oder einer Senf-Dill-Sauce (siehe S. 63).

Der Lachs muß absolut frisch sein, und die Kühlkette darf nicht unterbrochen werden. Einen schlechtgesalzenen Lachs erkennt man an Salzkristallen auf der Oberfläche, an Verfärbungen und an einer faserigen Struktur. *Graved lax* nicht länger als 2 Tage aufbewahren.

1 *In einem Mörser 2 Eßlöffel schwarze Pfefferkörner mit 6 Eßlöffeln Salz und 6 Eßlöffeln Zucker zerstoßen.*

2 *Eine Lachsseite (etwa 500 g) mit der Hälfte der Mischung bestreuen und mit einer dicken Lage frisch gehacktem Dill abdecken.*

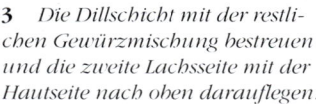

3 *Die Dillschicht mit der restlichen Gewürzmischung bestreuen und die zweite Lachsseite mit der Hautseite nach oben darauflegen.*

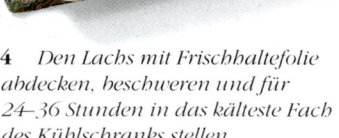

4 *Den Lachs mit Frischhaltefolie abdecken, beschweren und für 24–36 Stunden in das kälteste Fach des Kühlschranks stellen.*

KONSERVIEREN MIT SALZ

Klippfisch mit Eiern

6 Portionen

*250 g Klippfisch
2 EL Maisstärke
450 ml Milch
75 g Butter
1 mittelgroße Zwiebel, gerieben
2 mittelgroße Tomaten, enthäutet, entkernt und gehackt
2 EL Kapern, abgetropft
Salz
Frisch gemahlener
schwarzer Pfeffer
Butter für die Auflaufförmchen
6 Eier
Frisch geriebener Parmesan*

Einen Tag vor der Zubereitung den Klippfisch mindestens 12 Stunden in kaltes Wasser einlegen; das Wasser mehrmals wechseln. Dann das Wasser abgießen und den Fisch abspülen. In einen Topf geben und mit kaltem Wasser bedecken. Bei mittlerer Hitze zum Kochen bringen, den Deckel auflegen und vom Feuer nehmen. Etwa 10 Minuten ziehen lassen, bis sich das Fleisch leicht mit einer Gabel zerpflücken läßt. Abgießen, entgräten und enthäuten, das Fleisch zerpflücken und beiseite stellen. Die Maisstärke mit etwas Milch in einer Schüssel anrühren. Die restliche Milch unterrühren und in einen Topf gießen. 15 g Butter zugeben und unter Rühren bei mittlerer Hitze kochen, bis eine glatte, leicht angedickte Sauce entstanden ist. Die restliche Butter in einem zweiten Topf zerlassen. Die Zwiebel zugeben und in etwa 3 Minuten weich dünsten. Die Tomaten hinzufügen, garen und zu einer dicklichen Sauce einkochen lassen. Die Milchsauce und die Kapern unterrühren. Den zerpflückten Fisch unterheben und gegebenenfalls etwas nachsalzen. Nicht zu knapp mit Pfeffer würzen. Den Backofen auf 200 °C (Gas Stufe 3–4) vorheizen. 6 kleine Porzellanförmchen buttern und in jedes Förmchen ein aufgeschlagenes Ei gleiten lassen. Die Fischmasse über den Eiern verteilen und mit Parmesan bestreuen. Etwa 8 Minuten im Ofen backen, bis das Ei gestockt und die Oberfläche gebräunt ist. Sofort servieren. Dazu knuspriges Baguette reichen.

Eingesalzene Anchovis   **Eingesalzene Zitronen**

Als noch nicht in jeder Küche ein Kühlschrank stand, war Salz wichtig für die Konservierung von Lebensmitteln. Die alten Römer waren die ersten, die sich der Methode des Einsalzens zur Haltbarmachung von Oliven, Meeresfrüchten und Käse bedienten. Einsalzen ist zwar längst nicht mehr so verbreitet wie früher, es wird aber noch immer häufig praktiziert. Salz konserviert, indem es auf die in Lebensmitteln vorhandenen Bakterien einwirkt. Das Salz entzieht den Lebensmitteln die Feuchtigkeit, die das Wachstum dieser Mikroorganismen begünstigen würde. In einigen Fällen wird die Aktivität der Mikroorganismen nur gehemmt, in anderen Fällen dagegen ganz gestoppt. Salpeter (Nitrat) wird in kleinen Mengen zusammen mit Kochsalz zur Haltbarmachung von Fleisch verwendet und bewirkt eine beständige Rotfärbung, an der man Pökelfleisch gut erkennen kann.

Marokkanische Zitronen

Ergibt etwa 10–12 eingesalzene Zitronen

*Etwa 1,5 kg unbehandelte Zitronen
175 g grobes Salz*

Die Zitronen vierteln, ohne sie ganz durchzuschneiden. Das Fruchtfleisch mit dem Salz bestreuen. Die Zitronen in ein sterilisiertes Einmachglas mit Bügelverschluß füllen, fest zusammendrücken und beschweren. Die verschlossenen Gläser etwa einen Monat kühl und dunkel aufbewahren. Schale und Fruchtfleisch können zusammen verwendet werden, entweder ganz oder gehackt als Beigabe zu orientalischen Reis-, Fleisch- oder Fischgerichten. Der Saft dient als Würze für Getreide- oder Gemüsesalate.

Küchentips

Suppen und Saucen, die durch Einkochen reduziert werden, nur sparsam salzen, weil Flüssigkeit verdunstet. Fleisch niemals vor dem Garen salzen, weil das Salz die aromatischen Säfte entzieht. Fischfilets profitieren dagegen von einer Prise Salz, wenn sie vor der Zubereitung im Kühlschrank durchziehen – ihr Fleisch wird fester.

TROCKENSALZEN UND EINLEGEN IN LAKE

Trockensalzen ist eine Konservierungsmethode, bei der die Lebensmittel mit Salz bestreut oder eingerieben werden. Das Einlegen in eine Salzlösung (Lake) entspricht dem Einsalzen, wird aber vorwiegend bei größeren Fleisch- oder Fischstücken angewandt. Beide Konservierungsmethoden sind gleichermaßen wirksam, doch empfiehlt sich für größere oder ungleichmäßig geformte Lebensmittel das Einlegen in Lake, weil eingeriebenes Salz nicht schnell und gleichmäßig genug eindringen kann, um die Entwicklung von Mikroorganismen zu hemmen. Bei sehr großen Fleischstücken wird zusätzlich Lake mit einer Hohlnadel in das Fleisch eingespritzt.

Sauerkraut
Das bei uns weitverbreitete Produkt ist ein klassisches Beispiel für Lebensmittel, die durch Einsalzen konserviert werden.

Parmaschinken
Diese Spezialität ist die italienische Version eines trockengesalzenen Schinkens, die sich überall großer Beliebtheit erfreut.

KRÄUTER- UND GEWÜRZSALZ

Mit Kräutern oder Gewürzen aromatisiertes Salz ist eine sinnvolle Ergänzung eines jeden Gewürzschrankes. Im Handel sind zahlreiche fertige Würzmischungen, die bisweilen als »Salz« und manchmal als »Würzmittel« geführt werden. Da diese Mischungen unterschiedliche Mengen Salz, manchmal auch überhaupt kein Salz enthalten, ist es ratsam, vor Gebrauch das Etikett zu studieren, damit die Speisen nicht versalzen werden. Hausgemachte Kräuter- und Gewürzsalzmischungen geben altbewährten Standardgerichten eine neue Note. Selleriesalz zu Tomatensaft ist ein Klassiker, aber auch sonst sind die aromatisierten Salze vielseitig zu gebrauchen: zum Einreiben von Fleisch oder Fisch vor dem Braten oder Grillen, zum Würzen von Gemüsen und Saucen, zum Bestreuen selbstgemachter Chips oder zum Aromatisieren von Weichkäse für Canapés. Gewürzsalze sind auch in der asiatischen Küche sehr gebräuchlich. *Gomasio* ist eine japanische Mischung aus drei Teilen schwarzen Sesamkörnern und einem Teil grobem Salz. Der Sesam wird ohne Fett in der Pfanne geröstet und nach dem Abkühlen mit dem Salz im Mörser fein zerstoßen. Aus China kommt ein Gewürzsalz, das aus gleichen Teilen Sichuanpfeffer (siehe S. 95) und grobem Salz besteht.

1 *Alle Zutaten in einen Mörser geben und mit dem Stößel fein zerreiben.*

2 *Das Kräutersalz in fest schließenden Behältern aufbewahren.*

Gewürzsalze
Selbst zubereitete Gewürzsalze sind ideale Streuwürzen für Fleisch, Geflügel und Fisch vor dem Grillen

Knoblauchsalz *gibt es als fertige Mischung zu kaufen, ist aber auch schnell zubereitet. Es werden dafür eine Knoblauchzehe und einige Eßlöffel Salz im Mörser zerstoßen*

Selleriesalz

TAMARINDE

Aufbewahrung
In Plastiktüten im Kühlschrank
aufbewahren.

Küchentips
Tamarindenkonzentrat, ohne Samen und faserige Schotenanteile, ist am praktischsten in der Handhabung. Für die meisten Gerichte reichen schon kleine Mengen aus. Sonst kann man frisches Fruchtmark in Wasser einweichen und als Säuerungsmittel anstelle von Essig und Zitronensaft verwenden. Dazu das aus 6 Schoten herausgelöste Fruchtmark mit 100 ml heißem Wasser übergießen und 30 Minuten ziehen lassen. In eine Schüssel abgießen und zugedeckt im Kühlschrank aufbewahren. Tamarindenwasser hält sich etwa eine Woche.

Die genaue Herkunft des Tamarindenbaumes, der zu den Johannisbrotgewächsen gehört, ist unbekannt. Man vermutet seine Heimat im tropischen Ostafrika. In Indien wird die Tamarinde seit Jahrhunderten kultiviert, und wahrscheinlich wurde sie im 15. Jahrhundert in Europa eingeführt und gelangte etwa 200 Jahre später mit den spanischen *conquistadores* zu den Westindischen Inseln und nach Mexiko. Seit dieser Zeit ist die Hülsenfrucht auf den Inseln und auf dem südamerikanischen Kontinent ein beliebtes Gewürz. Der immergrüne Baum mit den hellgrünen, einfach gefiederten Blättern hat rötlich geäderte gelbe Blüten, aus denen sich die dunkelbraunen Schoten entwickeln. Diese Schoten enthalten ein Fruchtmark, das angenehm säuerlich schmeckt. Tamarindenmark wird als Säuerungsmittel wie Zitronensaft oder Essig verwendet. Es paßt gut zu Fisch- und Geflügelgerichten. Tamarinde ist auch in vielen Fertigprodukten enthalten, so zum Beispiel in der berühmten Worcester-Sauce. Während das Mark der Hülsenfrüchte vorrangig in der Küche von Bedeutung ist, dienen die Blätter der Tamarinde zur Herstellung von Farbstoffen.

REZEPTVORSCHLAG
Tamarindenwasser

Ergibt etwa 3 l

*125 g Tamarindenkonzentrat
3 l kaltes Wasser
Zucker*

Das Tamarindenkonzentrat mit dem Wasser in einen großen Krug geben und etwa 4 Stunden an einem kühlen Ort stehen lassen, bis das Fruchtmus aufgeweicht ist. Von Zeit zu Zeit umrühren. Die Mischung durch ein feines Sieb abseihen und nach Geschmack süßen. Eisgekühlt servieren. Reicht man das Getränk mit Eiswürfeln, muß die Flüssigkeitsmenge zum Einweichen reduziert werden.

Die bis zu 10 cm langen braunen Schoten werden bei Vollreife gepflückt und anschließend aufgebrochen

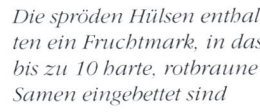

Die spröden Hülsen enthalten ein Fruchtmark, in das bis zu 10 harte, rotbraune Samen eingebettet sind

Tamarindenschoten

Tamarindensamen

Tamarindenmark im Block

Tamarindenkonzentrat

BOCKSHORNKLEE

Andere Namen
Griechisches Heu

Verwendungsformen
Samen: frisch, gekeimt, getrocknet, ganz, zerstoßen, gemahlen.
Blätter: getrocknet, frisch

Aufbewahrung
In fest schließenden Behältern kühl und dunkel aufbewahren.

Küchentips
Bockshornklee ist so aromatisch, daß die ganze Pflanze einen stark würzigen Duft verströmt. Die rohen Samen haben jedoch einen unangenehm bitteren Geschmack und sollten deshalb vor Verwendung leicht geröstet werden, am besten in einer schweren gußeisernen Pfanne. Unangenehmer Geschmack und Geruch verlieren sich beim Rösten.

Dieser kräftige einjährige Schmetterlingsblütler aus Westasien, dessen botanischer Name »griechisches Heu« bedeutet, wird von alters her im Mittelmeerraum kultiviert. Bockshornklee wurde bei uns vielfältig als Heil- und Futterpflanze genutzt, während seine Samen vor allem in Indien als Gewürz eine Rolle spielen. Die alten Ägypter bereiteten aus gemahlenen Bockshornkleesamen eine Paste, die, auf den Körper aufgetragen, eine fiebersenkende Wirkung entfaltete. Heute wird aus den Samen eine wichtige Substanz – das Diosgenin – gewonnen und bei der Herstellung einiger empfängnisverhütender Mittel eingesetzt. Als Gewürz müssen die Samen vor Gebrauch trocken angeröstet werden, damit sich der bittere Geschmack verliert, der sich allerdings durch zu langes Rösten wieder einstellt. Gemahlener Bockshornklee ist Bestandteil von Currypulver und wird auch zum Einlegen von Essiggemüse verwendet. In manchen Teilen Afrikas werden die Samen auch eingeweicht und wie Hülsenfrüchte zubereitet. Man kann die Samen auch keimen lassen und die knackigen, leicht bitteren Sprossen an grüne Salate geben. Der Blaue Bockshornklee, besser bekannt als Schabzigerklee, ist in der Schweiz gebräuchlich, wo er vor allem Käsespezialitäten und Brot würzt.

Verwendung

Samen: alle indischen Currygerichte; ägyptische und äthiopische Brote; äthiopische Berber-Gewürzmischungen; Eintöpfe; zum Bestreuen von gebratenen Gerichten. *Keimlinge:* Salate. *Getrocknete Blätter:* gekochte Wurzelgemüse.

REZEPTVORSCHLAG
Kartoffeln mit Bockshornklee

4 Portionen

500 g neue, sehr kleine Kartoffeln, ungeschält
Salz
75 g Butter
175 g frische Bockshornkleeblätter, feingehackt, oder 2 EL getrocknete Bockshornkleeblätter
½ TL Currypulver
½ TL Mangopulver (nach Belieben)
Frisch gemahlener schwarzer Pfeffer

Die Kartoffeln in Salzwasser 10–15 Minuten nicht ganz weich kochen. Abgießen und trockentupfen. Die Butter in einer großen Pfanne zerlassen. Die Kartoffeln und die Bockshornkleeblätter hineingeben und 5–10 Minuten anbraten. Mit Currypulver und Mangopulver bestreuen und weitere 5 Minuten unter häufigem Rühren garen, bis die Kartoffeln eine gleichmäßige goldbraune Farbe haben. Abschmecken und entweder heiß oder zimmerwarm servieren.

Die abgeflachten goldbraunen Samen sind durch eine tiefe Furche in zwei ungleiche Hälften geteilt

Bockshornkleesamen

Gemahlener Bockshornklee

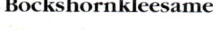

Zerstoßener Bockshornklee

Die harten Samen lassen sich nur schwer mahlen. Nach dem Rösten zerstößt man sie am besten im Mörser

Frische Blätter *werden in der Küche selten verwendet; nur ganz junge, zarte Blätter können unter Salate gemischt oder als Gemüse zubereitet werden*

Getrocknete Blätter, *auch* methi *genannt, werden in indischen und orientalischen Gerichten häufig mit Wurzelgemüse kombiniert*

VANILLE

Aufbewahrung
Ganze Schoten in Schraubgläsern kühl und dunkel lagern. Essenz und Extrakt kühl und dunkel oder im Kühlschrank aufbewahren.

Schoten *Die schlauchförmigen, dunkelbraunen Kapseln sind biegsam und haben eine runzlige und wachsartige Oberfläche*

Das in den Kapseln enthaltene Mark hat einen angenehm aromatischen, an Tabak erinnernden Geruch

Küchentips
Echte Vanille ist zwar teuer, dennoch sollte man immer ganze Schoten kaufen, denn sie haben das intensivste Aroma und können sparsam und auch mehrmals verwendet werden. Die Vanilleschote wird längs aufgeschnitten und das Fruchtmark herausgeschabt. Anschließend läßt man die Schote ein paar Tage trocknen und gibt sie in ein Schraubglas mit Zucker. Ständig mit frischem Zucker auffüllen, damit er das feine Vanillearoma aufnimmt, und auch hin und wieder ausgeschabte Schoten hinzufügen, um das Aroma zu erhalten. Oder die Schoten aufschneiden, das Mark herauskratzen, in eine Schüssel geben und mit kochendheißer Milch übergießen. Nach Geschmack süßen und 15 Minuten ziehen lassen. Die aromatisierte Milch für Reispudding oder andere, mit Milch zubereitete Süßspeisen verwenden.

Vanille ist die Kapselfrucht einer im südlichen Mexiko beheimateten kletternden Orchidee. Als die Spanier Mexiko eroberten, würzten die Azteken bereits ihre heiße Schokolade mit Vanille. Es waren auch die Azteken, die die Aufbereitung der Vanillestangen entwickelten. Dazu läßt man die Fruchtkapseln wiederholt in luftdichten Behältern »schwitzen« und an der Sonne trocknen, bis sich das Vanillin entwickelt hat, das nadelförmig in und auf der Fruchtschale auskristallisiert. Die besten Schoten sind biegsam, fest und dunkelbraun. Da Vanille recht teuer ist, wird sie heute in großem Umfang synthetisch aus verschiedenen Pflanzenstoffen gewonnen. Synthetische Vanille erkennt man an ihrem groben Aroma und dem unangenehmen Nachgeschmack. Die hochwertigste Vanille kommt aus dem mexikanischen Bundesstaat Veracruz. Überall dort, wo die Pflanze kultiviert wird, ist die Luft von ihrem aromatischen Duft erfüllt. Heute wird Vanille außer in Mittelamerika, auf Madagaskar, Réunion und in anderen Regionen mit geeignetem Klima angebaut.

Vanillestangen *sollten fest, aber biegsam sein, und nicht brüchig und trocken*

Vanillezucker

Vanille-Essenz *ist sehr konzentriert und wird nur sparsam verwendet*

REZEPTVORSCHLAG
Gebackenes Vanille-Granola

Ergibt etwa 1 kg

*250 g Haferflocken
250 g Gerstenflocken
125 g Mandelsplitter
60 g Vollweizenmehl
125 g Trockenaprikosen, gehackt
1 Vanillestange, gespalten
125 ml Honig
125 ml Sonnenblumenöl*

Den Backofen auf 190 °C (Gas Stufe 3) vorheizen. Hafer-, Gerstenflocken, Mandeln, Mehl und Aprikosen vermischen. Das Mark aus der Vanilleschote mit Honig, Öl und 125 ml Wasser verrühren und die trockenen Zutaten untermischen. Auf ein geöltes Backblech streichen und in 30–45 Minuten goldgelb backen; zwischendurch umrühren. Erkalten lassen, in Stücke brechen und mit der Vanilleschote 1 Woche luftdicht verschlossen ziehen lassen.

Gespaltene Schoten mit Samen

INGWER

Verwendungsformen
Frisch: ganz. *Getrocknet:* in Scheiben, am Stück und gemahlen. *Verarbeitet:* in Sirup oder Essig eingelegt und kandiert

Aufbewahrung
Frische Rhizome halten sich im Kühlschrank mehrere Wochen, wenn sie zuerst in Küchenkrepp eingewickelt und dann in Plastiktüten eng verpackt werden. Getrocknet in fest schließenden Behältern kühl und dunkel aufbewahren. In Essig eingelegt, in der Originalverpackung im Kühlschrank aufbewahren. In Sirup eingelegt und kandiert, in der Originalverpackung kühl und dunkel aufbewahren.

Ingwer, das Rhizom einer schilfartigen, dekorativ blühenden Staude, wird vorrangig in der asiatischen Küche verwendet. Die genaue Heimat des Ingwers ist nicht bekannt, allerdings wird er seit über 3000 Jahren im tropischen Asien kultiviert und war als Gewürz auch schon vor der Römerzeit im Mittleren Osten und in Südeuropa verbreitet. Die Portugiesen führten ihn nach Afrika ein, die Spanier brachten ihn zu den Westindischen Inseln, und im 16. Jahrhundert trieben sie in Europa einen schwunghaften Handel mit Jamaika-Ingwer. Sein reines, frisches, würzig-scharfes Aroma paßt sowohl zu salzigen wie auch zu süßen Gerichten, doch wird hauptsächlich in Asien davon Gebrauch gemacht. Ingwer wird frisch, getrocknet, gemahlen, in Essig oder Sirup eingelegt und kandiert angeboten. In der chinesischen Küche wird frischer Ingwer wegen seines Geschmacks und seiner Konsistenz bevorzugt und gehackt, zerdrückt oder in hauchdünnen Streifen an unzählige Fleisch-, Fisch- und Gemüsegerichte gegeben. Eingelegter rosa Ingwer, der in Japan *gari* heißt, ist eine traditionelle Würze für *sushi*. Die Japaner haben auch eine spezielle Reibe, die als *oroshigane* bezeichnet wird und auf der ausschließlich frischer Ingwer geraspelt wird.

Verwendung

Currygerichte; Sojasauce; Fleisch- und Geflügeleintöpfe; Chutneys und Pickles; Gemüse; Suppen; Fisch- und Käsegerichte; gedünstetes und gebackenes Obst; Kuchen; Pudding; Kleingebäck; süße Brote; Getränke und Glühwein.

Küchentips
Frischen Ingwer sollte man stets im Kühlschrank haben, dazu eine spezielle Ingwerreibe (erhältlich in Japan-Läden). Den Ingwer raspeln und den Saft ausdrücken. Dieser Saft verwandelt jedes Gericht mit Fisch und Meeresfrüchten in eine kulinarische Besonderheit. Geriebenen Ingwer kurz vor dem Servieren an Suppen, Marinaden und Eintöpfe geben, vor allem an Zubereitungen mit Rindfleisch.

Frisch geriebener Ingwer
Die dünne Rindenschicht der Ingwerwurzel nur so weit abschälen, wie der Ingwer abgerieben werden soll.

Die knolligen, geweihartig verzweigten, weißlichen oder gelblichbraunen Rhizome sollten sich fest anfühlen

Frischer Ingwer

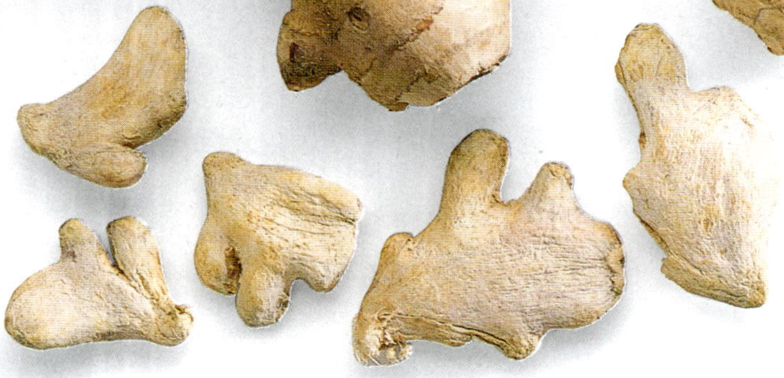

Das hauptsächlich für Süßspeisen verwendete Ingwerpulver verleiht den Gerichten ein würzig-scharfes Aroma

Getrockneter Ingwer

Gemahlener Ingwer

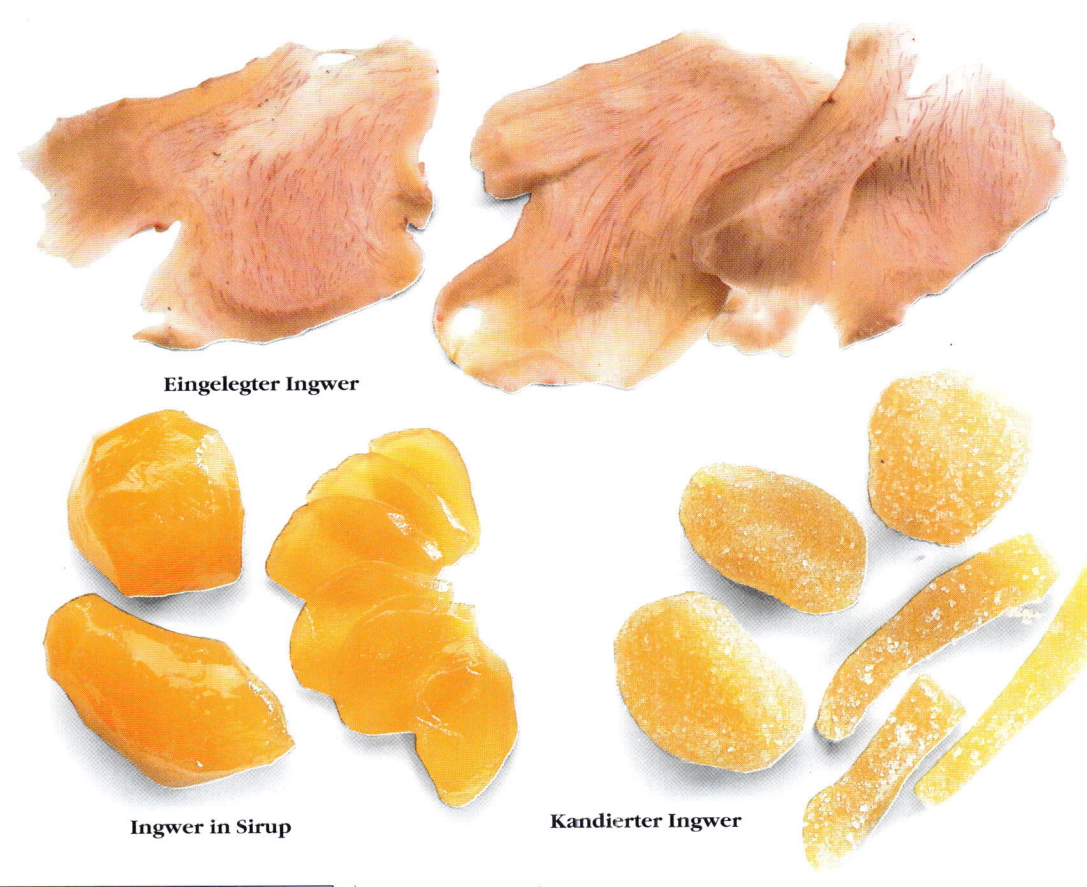

Eingelegter Ingwer

Ingwer in Sirup

Kandierter Ingwer

REZEPTVORSCHLAG

Ingwerplätzchen

Ergibt etwa 30–40 Plätzchen

150 g Honig
90 g hellbrauner Zucker
(Demerara)
30 g Butter
375 g Mehl, gesiebt
2 TL gemahlener Ingwer
1 Prise gemahlener Zimt
1 Prise gemahlene Gewürznelken
1 Prise gemahlener Kardamom
1 Eigelb
1 TL Natron

Honig, Zucker und Butter behutsam unter Rühren in einer Pfanne erhitzen, bis der Zucker aufgelöst ist. Abkühlen lassen. Den Backofen auf 160 °C (Gas Stufe 1–2) vorheizen. Zwei Drittel der angegebenen Mehlmenge, die Gewürze, das Eigelb und die Honigmischung in eine Schüssel geben und verrühren. Das Natron in 1 Teelöffel lauwarmem Wasser auflösen und dazugeben. Von dem restlichen Mehl so viel unterkneten, bis ein fester Teig entstanden ist. Den Teig 1 cm dick ausrollen und beliebige Motive ausstechen. Auf ein gefettetes Backblech setzen und 10–12 Minuten backen.

Ingwer kandieren

500 g frischen Ingwer schälen und in dünne Scheiben schneiden. In einen Topf geben, knapp mit Wasser bedecken und 30 Minuten bei schwacher Hitze kochen, bis der Ingwer weich ist. Abgießen, wiegen und mit der gleichen Menge Zucker und 3 Eßlöffeln Wasser in einen Topf geben. Unter Rühren aufkochen, bis der Ingwer glasig wird und die Kochflüssigkeit fast verdampft ist. Die Hitze reduzieren. Köcheln lassen und rühren, bis der Ingwer fast trocken ist. In Zucker wenden und luftdicht verschlossen aufbewahren.

KOCHEN MIT INGWER

Ingwer ist in der westlichen Küche vielseitig verwendbar. Er verleiht Meeresfrüchten einen aufregenden, scharfen Geschmack, belebt fade schmeckende Nahrungsmittel und macht fettes Fleisch wie Ente und Schweinefleisch bekömmlicher. In Marinaden harmoniert Ingwer ausgezeichnet mit Zitrusfrüchten, Knoblauch, Sojasauce und Zwiebeln. Frischer Ingwer soll festes Fleisch haben. Längere Rhizome sind in der Regel ausgereifter, schärfer im Geschmack und fasriger. Die Fasern sind beim Reiben nicht weiter problematisch, sondern nur, wenn Ingwer in Scheiben geschnitten werden soll. Frischer Ingwer hält sich bei kühler Lagerung etwa eine Woche. Im Kühlschrank bleibt er wochenlang frisch, wenn er, in saugfähigem Küchenkrepp eingewickelt, in einer Plastiktüte aufbewahrt wird. Getrockneter Ingwer schmeckt anders als frischer, und beide Gewürze sind nicht austauschbar. Getrockneter, gemahlener Ingwer paßt am besten zu süßen Broten, Plätzchen und Pudding, aber auch sehr gut zu gebackenem Rhabarber und Bratäpfeln.

Ingwermännchen

AROMEN AUS ALLER WELT

DER VORDERE ORIENT

So wie der Vordere Orient von jeher ein Schmelztiegel der unterschiedlichsten Kulturen ist, bieten auch seine kulinarischen Traditionen eine enorme Vielfalt. Die abwechslungsreiche Kost besteht aus frischem Obst und Gemüse, aus geschmorten oder gebackenen Gerichten mit Lamm, Joghurt, Bohnen und Gewürzen, zu denen Reis oder die typischen Fladenbrote gegessen werden. Wenn man in der Abenddämmerung durch die Straßen eines nahöstlichen Landes schlendert, riecht es überall nach gegrilltem Fleisch, und die verschiedenartigen Düfte locken und verführen, so wie die Händler, die im Suk, dem dortigen Basar, ihre Waren anpreisen.

In all den Ländern des Nahen Ostens – angefangen bei Ägypten, Syrien, Iran, Irak, Libanon, Jordanien, Saudi-Arabien, Jemen, Kuwait bis hin zu Israel – ist die Kochkunst eher traditionell geblieben und frei von kulinarischer Raffinesse. Gerichte aus ruhmreicher Vergangenheit, aus der Zeit persischer Prinzen, palästinensischer Bauern und nomadisierender Beduinen, deren Leben den harten Bedingungen der Wüste angepaßt war, sind traditionelle Werte, denen größte Achtung entgegengebracht wird.

Typische Zutaten

Auberginen
Basilikum*
Bockshornklee*
Bulgur
Chillies*
Dill*
Feigen
Fenchel*
Gewürznelke*
Granatäpfel
Honig*
Ingwer*
Joghurt*
Kardamom*
Kassia*
Kichererbsen
Knoblauch*
Koriander*
Kreuzkümmel*
Kümmel*
Kurkuma*
Majoran*
Minze*
Oliven*
Orangenblütenwasser*
Petersilie*
Phyllo-Teig
Piment*
Pinienkerne
Rosmarin*
Safran*
Sesamkörner*
Sumach*
Tahin*
Thymian*
Zahtar*
Zhug
Zimt*
Zitrone*

(* siehe Register)

KULTURELLE EINFLÜSSE

Es war im Gebiet des »Fruchtbaren Halbmondes«, gebildet vom Irak, der Levante und Ägypten, wo sich vor etwa 12 000 Jahren Jäger und nomadisierende Stämme als Bauern niederließen, um sich außer von Schafen und Ziegen auch von Weizen, Gerste, Pistazien, Granatäpfeln und Feigen zu ernähren. Während der Vordere Orient die Eßgewohnheiten der restlichen Welt stark prägte, hat umgekehrt keine nennenswerte Beeinflussung stattgefunden.

Um 700 n. Chr. fielen Araber aus dem heutigen Saudi-Arabien in dieses Gebiet ein und bescherten den Bewohnern neben dem Islam auch eine Wüstenkost, die Wasser durch Ziegen- und Schafsmilch ersetzte und frisches Gemüse und Obst durch Nüsse und Datteln. Als Bagdad im 10. Jahrhundert zum Verwaltungszentrum und kulturellen Mittelpunkt des großen Reiches aufgestiegen war, entwickelte sich eine kultiviertere höfische Küche, die die Eßgewohnheiten im Vorderen Orient entscheidend beeinflußte. Die eher einfachen arabischen Gerichte wurden mit raffinierten persischen Speisen kombiniert, und dazu gesellten sich die vielen orientalischen Gewürze wie Kreuzkümmel, Kardamom, Koriander, Bockshornklee, Kurkuma und Ingwer, die arabische Kaufleute in alle Teile des Landes lieferten.

Vierhundert Jahre später bereicherten die luxusverwöhnten Sultane des Osmanischen Reiches das ohnehin schon stattliche Sortiment an Lebensmitteln um weitere Köstlichkeiten. Sie führten süßes, mit viel Honig zubereitetes Gebäck ein, wie zum Beispiel *baklava* sowie den dickflüssigen, süßen *kahve* (Kaffee), der auch heute noch sehr beliebt ist. Dieses starke Gebräu wird aus gemahlenen Mokkabohnen zubereitet (benannt nach der jemenitischen Hafenstadt Al Mokha), mit gemahlenen Kardamomkapseln aromatisiert und überall in der Region in großen Mengen aus kleinen Tassen getrunken.

WÜRZMITTEL

Mit ihrer Vorliebe für Gewürze werden die Köche im Vorderen Orient nur von ihren indischen Kollegen übertroffen. Am gebräuchlichsten sind Anis, Kümmel, Gewürznelken, Koriander, Kreuzkümmel, Ingwer, Muskatnuß, Sesam und Piment. Die Märkte sind erfüllt vom Duft würziger Kräuter wie Basilikum, Koriander, Dill, Fenchel, Majoran, Minze, Petersilie, Rosmarin, Salbei und Thymian. Jedes Land hat seine bevorzugte Würzmischung. *Zahtar* beispielsweise, eine Mischung aus fein zerstoßenen Majoranblättern, Thymian, gerösteten Sesamkörnern und den säuerlichen roten Beeren des Gerbersumach, wird häufig in Jordanien verwendet, *Zhug* wiederum ist eine prickelnde jemenitische Paste aus gemahlenem Kardamom, Kreuzkümmel, Knoblauch und Chillies, die Suppen und Eintöpfen zusätzliche Schärfe verleiht.

Tahin, eine Paste aus Öl und Sesamkörnern, ist eine wichtige Zutat in vielen Dips und anderen Gerichten. Nüsse sind ein wesentlicher Bestandteil in den Küchen des Nahen Ostens. Mandeln werden im Iran bevorzugt, Pinienkerne in der Levante, den Ländern um das östliche Mittelmeer, und Walnüsse und Haselnüsse im Irak. Oliven und Olivenöl finden sich in jedem Haushalt, ebenso Gläser mit dem als *torshi* bezeichneten eingelegten Gemüse.

Beim traditionellen Grillen mit Holzkohle wird der Rauchgeschmack auf Fleisch, Geflügel und Fisch übertragen. Für Süßspeisen und Desserts wird oft Honig anstelle von Zucker verwendet, und viele dieser Zubereitungen sind mit Orangenblüten- und Rosenwasser aromatisiert.

ANDERE ZUTATEN

Lammfleisch ist das am meisten verwendete Fleisch im Vorderen Orient, was größtenteils auf die dort dominierenden islamischen und jüdischen Religionen zurückzuführen ist, die den Verzehr von Schweinefleisch verbieten. Lammfleisch wird meist gewürfelt und auf Spießen über Holzkohle gegrillt (*kebabs*), gehackt mit Kräutern und Gewürzen zu Fleischklößchen (*koftas*) verarbeitet oder aber mit Gewürzen geschmort.

Mit Joghurt wird daraus das Beduinengericht *laban ummo*. Lammfleisch gehört auch zum iranischen Nationalgericht *chelow kebab* (Lammspieße auf knusprig gebratenem Reis mit reichlich Butter und rohem Eigelb). Auch Ziegen- und Kamelfleisch sind in diesem Teil der Erde verbreitet, so wie Huhn und Pute die von den Israelis am meisten bevorzugten Fleischsorten sind.

Während eine Mahlzeit ohne Fleisch noch akzeptabel ist, darf Brot hingegen niemals fehlen. Die meisten arabischen Brote sind zu runden Fladen geformte hohle Hefebrote aus Weizenmehl, die sich gut zum Füllen eignen. Bulgur ist geschroteter Weizen, der entweder als Brotbeilage oder anstelle von Brot gereicht wird. Eine ähnliche Funktion hat der Reis, der von den Persern eingeführt wurde. Die wiederum hatten ihn von ihren indischen Nachbarn übernommen. Reis mit Kardamom, Gewürznelken, Kreuzkümmel und Kassiazimt ist noch heute eine iranische Spezialität, die *polo* genannt wird.

Auberginen sind eine überaus beliebte Zutat in Eintöpfen sowie in Reis-, Fleisch- oder Nußfüllungen; sie werden aber auch in Scheiben geschnitten, gesalzen und gebraten. Gleich an zweiter Stelle stehen Zucchini, Okraschoten, Oliven, Gurken, Tomaten und Weinblätter. Aus braunen Bohnen, Knoblauch, Zwiebeln, Zitronensaft und

Kreuzkümmel wird das ägyptische Nationalgericht *ful medames* zubereitet, das sich im ganzen Land großer Beliebtheit erfreut.

Fisch hat nur an der Küste Bedeutung. Fangfrisch aus dem Meer werden Meeräsche, Schwertfisch und Sardinen meistens über einem Holzkohlefeuer gegrillt, nachdem sie zuvor in Olivenöl, Zitronensaft und Zwiebeln mariniert wurden – eine einfache, aber köstliche Zubereitung.

GERICHTE

Im Vorderen Orient herrscht in den frühen Morgenstunden vor den Backstuben ein geschäftiges Treiben, denn die Menschen strömen herbei, um das noch ofenfrische Brot zu kaufen, das sie mit frischem Obst und Gemüse, Honig, Nüssen und Joghurt zum Frühstück verspeisen.

Kaffee wird den ganzen Tag über getrunken: zu Hause, bei der Arbeit, in Restaurants und Kaffeehäusern, wo auch immer eine Huka, eine orientalische Wasserpfeife, bereitsteht. Lediglich im Iran ist schwarzer Tee mit Zucker viel beliebter als Kaffee.

Zur Mittagszeit werden verschiedene kleine Gerichte aufgetischt, die als *meze* bezeichnet werden und meist aus reichlich *Pita*-Brot mit Kichererbsenpüree (*hummus*), Joghurt, gefüllten Teigtaschen (*rissoles*) sowie *tabbouleh* oder anderen Gemüse-Kräuter-Salaten und gefüllten Weinblättern bestehen.

Das Abendessen ist im allgemeinen die reichhaltigste Mahlzeit des Tages. In traditionellen Haushalten wird in zwei Schichten gegessen: zuerst essen die Männer, anschließend die Frauen und Kinder. Zu Beginn einer Mahlzeit wird Wasser herumgereicht, in dem sich alle Anwesenden die Hände waschen. Das Essen wird auf großen Platten serviert, und es ist allgemein üblich, mit den Fingern zu essen – möglichst nur mit Daumen, Zeige- und Mittelfinger. Süßes Gebäck oder Dessert gibt es nur, wenn Gäste anwesend sind.

Die arabische Tradition der Gastfreundschaft ist in allen Haushalten des Vorderen Orients verbreitet. Schimpf und Schande treffen den Gastgeber, der seinen Gast nicht mit Speisen überhäuft, aber auch den Gast, der sich dafür nicht überschwenglich bedankt.

Viele Eßgewohnheiten werden von der Religion diktiert. Der Koran beispielsweise verbietet den Genuß von Alkohol. Trotzdem werden im Libanon ebenso wie in Ägypten und Israel ein paar edle Weine hergestellt.

TYPISCHE GERICHTE

Tabbouleh
Ein Salat aus Bulgur, gehackter Petersilie, Tomaten, Zwiebeln, Zitronensaft und Olivenöl

Hummus bi Tahina
Pürierte Kichererbsen mit Tahin

Moutabal
Geräucherte, pürierte Auberginen mit Tahin

Felafel oder Falafel (Israel)
Fritierte Bällchen aus gemahlenen Kichererbsen in Pita-Taschen

Ful Medames (Ägypten)
Ägyptische braune Bohnen mit einem Dressing aus Zitronensaft, Knoblauch, Kreuzkümmel, Zwiebeln und Öl

Kibbeh
(Syrien und Libanon)
Eine Mischung aus Lammhackfleisch, Bulgur und Zwiebeln, die im allgemeinen fritiert wird

Labaneya (Ägypten)
Spinatsuppe mit Joghurt

Sambousek (Libanon)
Taschen aus Phyllo-Teig mit einer Füllung aus Fleisch, Zwiebeln und Pinienkernen

Kofta Mabrouma (Syrien)
Gebackene Hackfleischbällchen, gefüllt mit Pinienkernen

Samak Masguf (Irak)
Über Holzkohlefeuer gegrillter Fisch mit einer Tomaten-Curry-Sauce

Khouzi (Saudi-Arabien)
Ganzes geröstetes Lamm

Faisinjan (Iran)
Ente oder Huhn in Walnußsauce, aromatisiert mit Granatapfelsaft

Khoresh (Iran)
Lamm in einer dicken süß-sauren Sauce

Kadayif-Gebäck
Mit Honigsirup und gehackten Nüssen gefüllter Kuchen

Ma'amoul
(Syrien und Libanon)
Feingebäck mit Nuß- und Dattelfüllung

GRIECHENLAND UND TÜRKEI

Von den weißgetünchten Mauern und dem blauen Himmel der griechischen Inseln bis zu den kahlen Ebenen und den Zitadellen der Osttürkei sind es gut 1100 Kilometer. Eine Reise, die nicht nur über die Ägäis führt, sondern auch von einem christlichen zu einem islamischen Land, von Europa nach Asien.

Jahrhundertelange Auseinandersetzungen haben die beiden Nationen entzweit, ihre kulinarischen Traditionen aber verbinden sie. Und noch etwas haben beide gemeinsam: das heiße, zuweilen rauhe Klima, das die Bewirtschaftung des Bodens erschwert und nur geringe Erträge zuläßt. Hier gibt es keine saftigen Weiden wie in Nordeuropa, sondern heiße, verdorrte Hänge, auf denen anstelle von hohen Kiefern knorrige Olivenbäume wachsen und sich Ziegenherden aufhalten. Die Küche ist ganz von der Landschaft geprägt: Es überwiegt eine derbe Bauernkost aus Brot, Tomaten, Oliven und Auberginen, hin und wieder ergänzt durch gegrilltes Fleisch und in der Türkei verfeinert durch den meisterlichen Umgang mit Gewürzen.

Typische Zutaten

Auberginen
Bulgur
Chillies*
Dill*
Feigen
Fenchel*
Feta
Honig*
Huhn
Joghurt*
Kichererbsen
Knoblauch*
Krake
Kreuzkümmel*
Lamm
Majoran*
Minze*
Oliven*
Olivenöl*
Oregano*
Paprikaschoten
Petersilie*
Phyllo-Teig
Piment*
Pinienkerne
Pistazien*
Pita-Brot
Reis
Rosenwasser*
Safran*
Sardinen
Sonnenblumenkerne
Spinat
Tomaten*
Wassermelone
Weinblätter*
Weintrauben
Weiße Bohnen
Zimt*
Zitronen*
Zwiebeln*
(* siehe Register)

KULTURELLE EINFLÜSSE

Wie die Bedeutung der griechischen Kunst, Politik und Literatur, läßt sich die Anerkennung der griechischen Küche bis ins 5. Jahrhundert v. Chr. zurückverfolgen. Frühe griechische Dichter wie Philoxenos schrieben ganze Abhandlungen über die Kunst des Kochens. Von ihnen wissen wir, daß sich die alten Athener vorwiegend von Brot, Ziegenkäse, Wein, Oliven, Bohnen, Fisch, Früchten, Honig und Pinienkernen ernährten. Fünfhundert Jahre später – die Macht der Griechen war bereits stark geschwächt – waren die römischen Adeligen noch immer daran interessiert, einen griechischen Koch in ihrem Haushalt zu beschäftigen.

Mit dem Einfall der Osmanen im 15. Jahrhundert begannen sich tiefgreifende Veränderungen in der griechischen Küche zu vollziehen. Die Türken führten eine insgesamt würzigere und fruchtigere Küche ein, die stark von der persischen Kochkunst beeinflußt war, aber auch kulinarische Köstlichkeiten der Küchenchefs vom Hof der osmanischen Hauptstadt Konstantinopel (dem heutigen Istanbul) beinhaltete. Dazu gehörten gehaltvolle Zubereitungen aus Tomaten, Olivenöl, Auberginen und Fleisch, aber auch zuckersüße Leckereien mit ausgefallenen, bisweilen recht anzüglichen Namen wie »Mädchenbrüste« oder »Frauennabel«.

Die Osmanen regierten fast vierhundert Jahre in Griechenland. Während dieser Zeit vermischten sich die Küchen beider Nationen, so daß heute viele Gerichte nicht nur die gleichen Zutaten enthalten, sondern auch ein und denselben Namen tragen.

WÜRZMITTEL

In der türkischen wie in der griechischen Küche wird viel mit dem grünen, voll und fruchtig schmeckenden Olivenöl gearbeitet. Es fungiert als Dressing, als Marinade und einfach als Speiseöl.

Auch Knoblauch ist in beiden Ländern eine unverzichtbare Würze. Zusammen mit Olivenöl bildet er die Grundlage für die griechische Sauce *skorthalia* und ihre türkische, mit Walnüssen ergänzte Entsprechung *tarator*. Beide Saucen werden zu gekochtem Fisch und Gemüse gereicht.

Zitronensaft wird ebensogern als Würze verwendet. Seine Säure harmoniert vortrefflich mit dem vollen Aroma von Olivenöl, repräsentiert in zwei würzigen Dips, deren Namen in beiden Ländern die gleiche Bedeutung haben: *hummus* (Olivenöl, Sesampaste, Kichererbsenpüree und Zitronensaft) und *taramasalata* (pürierter, geräucherter Kabeljaurogen, Olivenöl und Zitronensaft).

In Griechenland wird kaum eine Salatsauce ohne Zitronensaft zubereitet. In Verbindung mit Eiern ist Zitronensaft die Hauptzutat in der griechischen Sauce *avgolemono,* mit der Suppen und Eintöpfe gewürzt und Fisch- und Gemüsegerichte abgerundet werden.

In den gemäßigten Zonen Griechenlands wachsen Kräuter wie Dill, Minze, Petersilie, Majoran und Oregano; Gewürze dagegen finden eher in der Türkei Verwendung. Am gebräuchlichsten sind Piment, Ceylonzimt und Kreuzkümmel, die, mit Hackfleisch vermischt, zu *kofta* oder *rissoles* verarbeitet werden, zwei für die Türkei sehr typisch gewürzte Gerichte.

ANDERE ZUTATEN

Der Fleischverzehr wird von kulturellen wie geographischen Faktoren bestimmt. In der muslimischen Türkei beispielsweise ist Schweinefleisch aus religiösen Gründen nicht erlaubt. Im christlichen Griechenland wird Fleisch vom Borstentier nur zu Feiertagen oder anderen festlichen Gelegenheiten verspeist. Da es generell an grünen Weiden fehlt, ist die Aufzucht von Rindern nicht möglich, folglich gibt es auch kein Rindfleisch. Statt dessen wird Lammfleisch gegessen, das Grundlage vieler griechischer und türkischer Gerichte ist.

Beide Länder profitieren von den langen Küsten, denn das Meer liefert reichlich Fische und Meeresfrüchte. Garnelen, Hummer, Meerbarbe und Thunfisch werden oft gegrillt serviert, nur mit Öl und Zitronensaft gewürzt. Kalmar und Krake werden in Rotwein und Tomatensauce gegart oder (wie Strömlinge und Tintenfische) in Ausbackteig fritiert.

Die meistverwendeten Gemüse der Region sind Auberginen, Tomaten, Zwiebeln, Paprikaschoten, weiße Bohnen, Oliven und Weinblätter. Die dunkelviolette, keulenförmige Aubergine, die Olivenöl wie Löschpapier aufsaugt, wird gekocht, geschmort, fritiert oder aber mit Tomaten, Paprika, Zwiebeln und Knoblauch gefüllt und im Ofen gebacken wie die türkische Spezialität *imam bayildi* (was auf deutsch »des Imam Entzücken« bedeutet).

Pita-Brot, ein flaches, ovales Hefebrot, ist in beiden Ländern Grundnahrungsmittel und wird häufig warm serviert. Eine beliebte Variante davon, ein knuspriger, mit Sesamkörnern bestreuter Weißbrotkranz, heißt in der Türkei *semit*.

Aus hauchdünnem, blättrigem Phyllo-Teig bereitet man in beiden Ländern *baklava* zu, einen köstlichen Strudel mit Pistazien, Mandeln und Gewürzen, der nach dem Backen mit Honigsirup übergossen wird. Reis wird vorwiegend als Füllmasse für Gemüse verwendet, ist aber auch die Grundlage der türkischen *pilavs* (Pilaws) – Reisgerichte mit einer Einlage aus Hühnerfleisch, Lammfleisch, grünen Paprikaschoten, Tomaten sowie gerösteten Weizenkörnern. Im Südosten der Türkei wird anstelle von Reis Bulgur, ein geschroteter Weizen, genommen.

Joghurt von Ziegen- oder Schafsmilch ist weit verbreitet. Mit dickflüssigem griechischem Honig wird daraus eine köstliche Nachspeise. Verdünnt man den Joghurt mit Eiswasser und gibt etwas Salz dazu, erhält man das türkische Erfrischungsgetränk *ayran* (ein bereits aus der zentralasiatischen Periode [vor 1038] bekanntes Getränk, das jeder kennt, der die Türkei bereist hat). Auch Käse gehört zur alltäglichen Kost und wird in beiden Ländern häufig in geschmolzener Form – also überbacken als Belag – verzehrt. Der krümelige Feta, ein stark gesalzener Weichkäse aus Schafs- und Ziegenmilch, darf in keinem griechischen Salat fehlen.

MAHLZEITEN

Die Griechen nehmen normalerweise drei Mahlzeiten pro Tag ein. Sie beginnen morgens mit einem leichten Frühstück aus Brot, Ziegenkäse, Oliven und Tomaten, essen dann zu Mittag ihre Hauptmahlzeit und beenden den Tag mit einer Auswahl leichter Gerichte.

Die Türken dagegen essen viermal am Tag: zwei Hauptmahlzeiten (Frühstück und Mittagessen) und zwei leichtere Mahlzeiten (Abendessen und ein spätes Nachtmahl).

In beiden Ländern bestehen die leichteren Mahlzeiten in der Regel aus verschiedenen *meze* (Appetithappen), je nach Bedarf einfach oder aufwendig zubereitet, wie zum Beispiel salzige Ziegenkäsewürfel, mit Öl beträufelte Tomatenscheiben und eine Schale mit schwarzen Oliven. Ergänzen kann man diese Snacks durch würzige Dips, gefülltes Gemüse, in Öl eingelegte Prinzeßbohnen und würzige Fleischklößchen. In der Türkei beginnt die Hauptmahlzeit – selbst das Frühstück – häufig mit einer Suppe (*chorba*). Nach dem Essen wird in der Türkei wie in Griechenland starker Kaffee serviert. Gästen bietet man in Griechenland mitunter auch eingemachtes Obst oder kleinere Mengen mit Wasser verdünnter Marmelade an. Darüber hinaus gibt es *baklava* und Kuchen aus *kadayif* – honiggetränktes Gebäck mit einer gehaltvollen Füllung aus Honig und Nüssen.

Gastfreundschaft gegenüber Fremden wird sowohl bei den Türken als auch bei den Griechen sehr gepflegt. In abgelegenen ländlichen Gebieten ist es üblich, Reisende nicht nur zum Essen einzuladen, sondern ihnen darüber hinaus auch einen Schlafplatz anzubieten. Werden diese Angebote ausgeschlagen, fühlen sich die Gastgeber zurückgewiesen.

In traditionellen türkischen Haushalten wird mit den Fingern gegessen, das heißt mit dem Daumen, dem Zeige- und dem Mittelfinger, und zwischendurch werden feuchte, mit Duftwasser besprengte Waschlappen herumgereicht. Ob zu Hause oder in Restaurants, in beiden Ländern nimmt man sich viel Zeit zum Essen.

TYPISCHE GERICHTE

Meze
Eine Auswahl kalter und warmer Appetithappen

Hummus
Kichererbsenpüree mit Olivenöl und Zitronensaft

Taramasalata
Kabeljaurogen vermischt mit Olivenöl und Zitronensaft

Çaçik (Türkei)
Joghurt mit Gurken, Minze und Knoblauch

Borek (Türkei)
Phylloteigtaschen, gefüllt mit Spinat, Käse oder Hackfleisch

Fasoulia (Türkei)
Gekochte Bohnen in Tomatensauce

Skorthalia (Griechenland)

Tarator (Türkei)
Knoblauchsauce

Avgolemono-Suppe
(Griechenland)
Mit Zitronensaft gewürzte Hühnersuppe mit Reis

Kleftico (Griechenland)
Am Knochen gebratenes Lamm

Moussaka (Griechenland)
Auflauf aus geschichtetem Gemüse und Lammhackfleisch, überbacken mit einer hellen Käsesauce

Guvech-Huhn (Türkei)
Gekochtes Huhn mit grünen Paprikaschoten, Zwiebeln und Tomaten

Gharithes Yiouvetsi (Türkei)
In einer speziellen Tomatensauce gebackene und mit Feta servierte Garnelen

Pilaw (Türkei)
Reisgericht mit Fleisch, Gemüse oder Weizenkörnern als Einlage

Halva (Türkei)
Eine mit Nüssen zubereitete Süßigkeit

Rahat Loukoum (Türkei)
Feines Konfekt mit gestifelten Nüssen (Türkischer Honig)

Europa

In keinem anderen Kontinent werden Milch, Butter und Käse so reichlich produziert und konsumiert wie in Europa. Zusammen mit Zwiebeln, Brot und Kartoffeln bilden diese Milchprodukte mit die Grundnahrungsmittel der europäischen Küche, ergänzt durch Fleisch und Fisch, die in reicher Auswahl zur Verfügung stehen. Mittelpunkt einer jeden europäischen Mahlzeit ist das Hauptgericht, sei es eine gebratene Lammkeule, ein brodelnder Rindfleischtopf oder eine Terrine mit Meeresfrüchten. Vor- und Nachspeisen spielen eher eine Nebenrolle. Die Mahlzeiten bestehen vorwiegend aus drei Gängen, wobei in jedem Land besondere Tischsitten beachtet werden. Handel, Kriege und Völkerwanderungen haben die geographischen und politischen Grenzen zwar immer wieder verändert, doch dessen ungeachtet haben sich die verschiedenen europäischen Völker ihre Sprache, ihre Kultur und ihre Eßgewohnheiten weitgehend bewahrt.

Typische Zutaten

Butter*
Dill*
Essig*
Estragon*
Hering
Innereien
Joghurt*
Kaninchen
Kartoffeln
Kirschen
Knoblauch*
Kohl
Kümmel*
Lorbeerblatt*
Muskatnuß*
Nudeln
Olivenöl*
Paprikaschoten
Petersilie
Pilze*
Räucherfisch
Rote Bete
Sahne*
Salbei*
Schokolade*
Senf*
Spargel
Thymian*
Tomaten*
Trockenfisch*
Wein
Wild
Wurst
Zimt*
Zwiebeln*

(* siehe Register)

EUROPÄISCHE MITTELMEERLÄNDER

In den europäischen Mittelmeerländern Spanien, Portugal, Italien und Südfrankreich hat seit Jahrhunderten ein reger Austausch von Handelsgütern, vor allem Nahrungsmitteln, stattgefunden. Von jeher haben Kaufleute dieses beinahe völlig von Land umschlossene Meer befahren, zuerst die Phönizier, dann die Griechen, die Römer, die Venezianer und viele andere mehr. Obwohl alle diese Nationen mehr oder weniger die gleichen Speisezutaten verwenden, hat sich jede ihre landestypische Küche bewahrt. Pasta ist typisch italienisch; Sherry und Schinken gehören zu Spanien; Portwein und scharfwürzige Würste zu Portugal; Wein und Käse verbindet man mit Frankreich.

Bei einer so endlos langen Küste spielen Fisch und Meeresfrüchte natürlich eine wichtige Rolle. Rinder dagegen vertragen schlecht die hochsommerliche Hitze und benötigen darüber hinaus grüne, saftige Weiden. Und so spielt in der mediterranen Küche das genügsame Schwein und das Huhn eine wichtige Rolle.

Bei kaum einer Mahlzeit fehlt das Olivenöl. Man träufelt es über frische Blattsalate, verrührt es mit Essig, verwendet es zum Kurzbraten von Sardinen oder zum langsamen Schmoren von Fleisch und Tomaten. Olivenöl mit seinem fruchtigen, vollmundigen Geschmack verfeinert alle mediterranen Produkte und ist eine der typischsten und unentbehrlichsten Zutaten der Mittelmeerküche.

Olivenöl harmoniert auch mit Knoblauch, der – je nach verwendeter Menge – Speisen einen leichten Knoblauchduft oder eine würzige Schärfe verleiht. Knoblauch ist neben Eiern und Olivenöl auch eine Grundzutat der französischen Knoblauchmayonnaise *aïoli*, die in Spanien *alioli* heißt und mit Kräutern zubereitet wird. In Italien ißt man häufig Nudeln nur mit Knoblauch und Olivenöl (*aglio e olio*), und in Portugal sind Knoblauchzehen in der gehaltvollen Brotsuppe *açorda de alhos* enthalten.

Mediterrane Gerichte werden oft mit Alkohol abgeschmeckt. Bei französischen und italienischen Köchen steht die Weinflasche immer in Reichweite, während Spanier und Portugiesen lieber auf Sherry zurückgreifen.

Kräuter werden in der französischen wie in der italienischen Küche reichlich verwendet, allen voran Basilikum, Estragon, Petersilie, Salbei, Thymian, Majoran und Lorbeerblatt. *Pesto* heißt in Italien eine würzige Paste aus Basilikum, Parmesan, Pinienkernen und Olivenöl. Die Pasta-Sauce hat ein französisches Pendant namens *pistou*, das einer gleichnamigen Gemüsesuppe (*soupe au pistou*) ein unverkennbares Aroma verleiht. Petersilie steht in Spanien besonders hoch im Kurs: Das würzige Kraut ist Hauptbestandteil von *salsa verde*, einer pikanten grünen Sauce (mit Olivenöl, Knoblauch und Schalotten), die zu gekochtem Fleisch oder Fisch gereicht wird. Die Portugiesen schwören auf frisches Koriandergrün in Suppen, Fischeintöpfen und Gemüsegerichten.

Safran ist Bestandteil vieler mediterraner Gerichte, entweder in Form feiner, getrockneter Staubfädchen oder aber pulverisiert, so zum Beispiel in der französischen Fischsuppe *bouillabaisse*, im italienischen *risotto alla milanese*, aber auch in der spanischen *paella*. Allen diesen Speisen verleiht das kostbare Gewürz ein blumiges, leicht bitteres Aroma und die charakteristische gelbe Farbe. In Spanien und Portugal haben Gewürze eine noch höhere Bedeutung als in Frankreich und Italien. Paprika, Chillies, Zimt, Muskatnuß, Gewürznelke und Safran zählen zu den Favoriten.

Knoblauch

Schweinefleisch ist das am meisten verzehrte Fleisch. Es liefert auch den im ganzen Mittelmeerraum so beliebten Schinken. Dieser Schinken wird gepökelt, gesalzen und anschließend mehrere Monate zum Trocknen aufgehängt. Schinken wird immer hauchdünn aufgeschnitten. Aus Italien stammt der berühmte Parmaschinken, aus Frankreich der (leicht geräucherte) Bayonneschinken. Die spanische Schinkenspezialität heißt *serrano* und die portugiesische *presunto*. Daneben gibt es auch viele Wurstsorten aus Schweinefleisch.

Das Meer liefert Meerbarbe, Anchovis (Sardellen), Sardinen, Seebarsch, Seehecht, Seezunge, Seeteufel, Miesmuscheln, Jakobsmuscheln, Kalmar, Tintenfisch, Hummer, Krabben, Venusmuscheln und Garnelen. Fischeintöpfe oder -suppen sind daher eine Spezialität der mediterranen Küche: *caldeirada* (Portugal), *zarzuela de pescado* (Spanien), *brodetto* (Italien) und *bouillabaisse* (Frankreich).

Fisch wird als Hauptgericht wie als Würze verwendet. Das italienische Gericht *vitello tonnato* (kalter, in Scheiben geschnittener Kalbsbraten) wird stets mit einer Thunfischsauce gereicht. Die scharfe, würzige Fischsauce, die in Frankreich *anchoiade* und in Italien *bagna cauda* heißt, besteht aus zerdrückten Anchovis mit Olivenöl und Knoblauch.

Frisches Gemüse wird auf jedem Markt in Hülle und Fülle angeboten. Tomaten bilden die Grundlage der berühmten spanischen Gemüsesuppe *gazpacho*. Zwiebeln sind aus der mediterranen Küche nicht wegzudenken. Gehackte und in Olivenöl angebratene Zwiebeln heißen in Spanien *refogado* und in Portugal *sofrito* und werden als Basis vieler Eintöpfe und Saucen verwendet.

Brot gehört zu jeder Mahlzeit. In Frankreich ist es das *baguette*, in Italien das mit Olivenöl bereitete *ciabatta*. Reis wird vorwiegend in Spanien und Italien gegessen. Für italienische Risottos wird der heimische Arborio-Reis unter ständigem Rühren langsam in Brühe gegart, oft unter Zugabe von kleingeschnittenem Fleisch, Fisch oder Gemüse. Die spanischen *paella*-Gerichte werden ähnlich zubereitet, sind aber von den Zutaten her meist reichhaltiger. Die portugiesische Küche hat ähnliche Reisgerichte anzubieten. In Südfrankreich wird Reis oft als Beilage zu den als *daubes* bezeichneten Schmorgerichten serviert.

In Italien, wo Pasta oder Nudeln Grundnahrungsmittel sind, gibt es annähernd zweihundert verschiedene Sorten dieser beliebten Teigwaren. Pasta wird aus Durum-Weizen hergestellt und kommt in vielen Formen auf den Markt: unter anderem als lange, dünne Nudeln (Spaghetti), als Bandnudeln (*tagliatelle*) oder als kurze röhrenförmige Nudeln (*rigatoni*). Zu den beliebtesten Pasta-Zubereitungen zählen ... *alla bolognese* (mit Rinderhackfleisch, Zwiebeln, Tomaten, Wein und Kräutern), ... *alla carbonara* (mit Eiern, Sahne und Speck) und ... *alle vongole* (mit Tomaten, Zwiebeln und Venusmuscheln). Typisch italienisch ist die heißgeliebte Pizza.

Zabaione ist ein italienisches, aus Eigelb, Zucker und Marsala schaumig gerührtes Dessert, das warm serviert wird. Die französische Variante dazu heißt *sabayon*. Zu den berühmtesten spanischen Desserts gehört vermutlich der *flan* (Karamelcreme).

Neben einer reichen Auswahl an Käse zum Rohessen haben Frankreich und Italien auch diverse Käsesorten zum Kochen anzubieten, darunter der berühmte italienische Hartkäse Parmesan mit seinem kräftigen Aroma, der gerieben häufig als Würze über Pasta-Gerichte gestreut wird, sowie der weiche, cremige Mozzarella, der außerhalb von Italien vorwiegend als Pizzabelag dient. Der meistverzehrte Hartkäse in Spanien ist *manchego*, und bei den Portugiesen erfreut sich der aus Schafsmilch hergestellte *queijo da serra* großer Beliebtheit.

Französische Oliven

TYPISCHE GERICHTE

Tortilla Española (Spanien)
Ein mit Gemüse und/oder Fleisch, Fisch etc. gefülltes Omelett

Caldo Verde (Portugal)
Kohl-Kartoffel-Suppe

Mejillones en Salsa Verde (Spanien)
Miesmuscheln in grüner Petersiliensauce

Riñones al Jerez (Spanien)
Nieren in Sherry-Sauce

Lomo a la Naranja (Spanien)
Schweinsfilet mit Orangen

Ossobuco (Italien)
Eine mit Knochen in dicke Scheiben geschnittene, geschmorte Kalbshachse

Calamares en su Tinta (Spanien)
In der eigenen Tinte gegarte Kalmare

Brandade de Morue (Frankreich)
Stockfischpüree mit Olivenöl und Croutons

Risotto alla Milanese (Italien)
Reis mit Safran, Wein und Parmesan

Arroz de Bacalhau com Coentros (Portugal)
Reis mit Stockfisch und Koriander

Chanfana à moda da Bairrada (Portugal)
Zicklein oder Lamm in Rotwein

Daube de Bœuf Provençale (Frankreich)
Langsam geschmortes Rindfleisch mit Wein, Kräutern und Knoblauch

Granita all' Arancia (Italien)
Gefrorener Orangensaft

Clafoutis aux Cerises (Frankreich)
Kirschkuchen

Arroz Doce (Portugal)
Reispudding

Die Britischen Inseln

Großbritannien war im Lauf der Jahrhunderte vielen kulinarischen Einflüssen ausgesetzt. Mit zu den ersten Eroberern zählten die Römer, die die Briten mit ihrem Festtagsbrot *siminellus* vertraut machten, von dem der *simnel cake* abstammt, ein Teekuchen mit Marzipan und Trockenfrüchten, der meistens zu Ostern gebacken wird. Von den Wikingern übernahmen sie die Vorliebe für eingelegten und geräucherten Fisch und von den Normannen die Vorliebe für Milchprodukte. Darüber hinaus waren die Briten – von jeher ein Volk der Seefahrer – Händler mit einer besonderen Schwäche für Gewürze und Würzmittel. Aus der Zeit der britischen Kolonialherrschaft in Indien stammen zum Beispiel die beliebten *chutneys* und *pickles,* aber auch das ursprünglich ostindische Fischragout *kedgeree* aus Reis, Fisch, Eiern und Gewürzen, das zum Frühstück gegessen wird, sowie die würzige Suppe *mulligatawny* mit Hühnerfleisch und Wurzelgemüse. Die bäuerliche Küche hat eine lange Tradition. Man verbindet damit Eintöpfe wie *Lancashire hotpot* (mit Lammfleisch) oder *Irish stew* (Hammelfleisch). Rindertalg (Nierenfett) findet in Großbritannien vielseitig Verwendung: im Rindereintopf mit Klößen; im pikanten *steak and kidney pudding;* aber auch in süßen Puddingspeisen wie *spotted dick* und *jam roly-poly.* Braten sind typisch britisch, vor allem in der Kombination mit gerösteten Kartoffeln und *Yorkshire pudding* (in heißem Rinderfett ausgebackener Eierteig). Bekannte Saucen sind unter anderem Meerrettichsauce zu Rindfleisch, die Minzsauce zu Lamm und die Apfelsauce zu Schweinefleisch. Der Fünfuhrtee mit süßen Brötchen wie *scones, crumpets* und *muffins* ist eine unumstößliche Tradition. Dazu gibt es selbstgemachte Marmelade oder Gelee, machmal auch Sahne und Kuchen wie *bakewell tart, eccles cakes, gingerbread* (Ingwer-Pfefferkuchen) und *flapjacks* (Buttermilchpfannkuchen).

NORDEUROPA

Eigenartigerweise blieben die meisten nordeuropäischen Völker von der Invasionswelle verschont, die sich über das südlichere Europa ergoß. Sie attackierten sich lieber gegenseitig. Doch im Gegensatz zu Italien (das von den Osmanen heimgesucht wurde) und Spanien (das die nordafrikanischen Mauren besetzten), deren Küchen stark von den Eindringlingen geprägt wurden, blieb die nordeuropäische Küche relativ frei von fremden Einflüssen.

Die vielen verschiedenen Landesküchen lassen sich in zwei Kategorien einteilen. Die erste umfaßt das europäische Kernland – wozu Nordfrankreich, Belgien, Holland, Deutschland, Österreich und die Schweiz zählen –, in dem eine fleischhaltige Ernährung überwiegt. Da liegt der Schwerpunkt weniger auf zusätzlichen Würzmitteln als auf dem Eigengeschmack der verwendeten Grundzutaten. Unter die zweite Kategorie fallen die skandinavischen Länder, in denen die Küche sich eher am Fischsortiment orientiert und wo Frische und Qualität der rohen Nahrungsmittel von ganz besonderer Bedeutung sind.

Das gemäßigte Klima und der durchweg fruchtbare Boden schaffen ideale Voraussetzungen für die Aufzucht von Schlachtrindern und Milchkühen sowie von Schweinen und Schafen. Das Fleisch war von jeher qualitativ hochwertig, so daß es ohne viele Kräuter und Gewürze zubereitet werden kann. Ein wesentlich größeres Problem stellte die Lagerhaltung von Frischfleisch dar, und so gab es vorwiegend gepökeltes, mariniertes und geräuchertes Fleisch zu essen, weil sich diese Konservierungsmethoden sehr gut bewährt hatten.

Die meistverwendete Würze nach Salz und Pfeffer ist Senf – eine Mischung aus gemahlenen Senfkörnern, Essig, Wasser und Salz, die mit Kräutern und Gewürzen nach Wahl verfeinert wird. Die – neben Meerrettich – vor allem in Deutschland so beliebte Würzcreme wird als Beilage zu dem reichhaltigen Angebot an Wurstwaren verwendet. In Nordfrankreich wird vorwiegend mit Kräutern gewürzt. So sind Lorbeerblatt, Thymian und Petersilie die klassischen Zutaten eines *bouquet garni,* das vielen Fonds und Eintöpfen das herrliche Aroma verleiht. Estragon ist ein idealer Begleiter zu Huhn, aber auch in französischen Senf- und Essigsorten enthalten.

Alle Sorten von Fleisch werden im nordeuropäischen Kernland verzehrt, hauptsächlich aber Rind-, Kaninchen- und Hühnerfleisch. Ente, Lamm und Wildgeflügel schätzt man vor allem in Deutschland und Frankreich. Das in Deutschland bevorzugte Fleisch stammt jedoch vom Schwein: gekochte Schweinshachse; gepökeltes und geräuchertes Kotelett (Kasseler); gegrillte Koteletts mit Senf; und Schinkenbraten mit Kohl. Auch Schinken und Speck, ebenfalls Produkte vom Schwein, erfreuen sich in Deutschland großer Beliebtheit. Berühmt ist der Westfälische Schinken, ein mit Buchenholz geräucherter Knochenschinken, der traditionell mit Butterbrot und Steinhäger (Wacholderbranntwein) serviert wird. Speck wird ohne Beilagen serviert oder an Westfälisches Blindhuhn gegeben, einen Eintopf aus weißen Bohnen, Speck, frischem Gemüse, Äpfeln und Birnen. Die Auswahl an deutschen Würsten ist immens.

Zu den bekannteren Sorten zählen Leberwurst, Mettwurst, Münchener Weißwurst (Brühwurst aus Kalbfleisch, Speck und Kräutern) und die berühmten Frankfurter Würstchen, die traditionell in einem Brötchen mit Senf gegessen werden. Eine ähnliche Vorliebe für Wurstwaren trifft man auch in Österreich, Belgien, Holland und der Schweiz an. Die Franzosen bevorzugen *pâtés* (Pasteten) und *rillettes* (Rilletten), ein gehaltvoller Brotaufstrich aus Schweinefleisch, bisweilen auch aus Gänsefleisch.

Rindfleisch wird fast überall gegessen. Tafelspitz ist eine österreichische und deutsche Spezialität aus gekochtem Rindfleisch (vom Schwanzstück), die mit frisch geriebenem Meerrettich serviert wird. *Vlaamse karbonaden* ist ein flämisches Gericht, für das Rindfleisch in einer gehaltvollen Bierbrühe gegart wird. Kalbfleisch verbindet man mit der österreichischen Küche, nicht zuletzt wegen des berühmten Wiener Schnitzels (ein dünnes Kalbsschnitzel, paniert und in der Pfanne gebraten).

In der Bretagne und der Normandie werden neben Fisch aus Nordsee und Atlantik (Kabeljau, Hering, Makrele) jede Menge Meeresfrüchte verzehrt. *Moules marinières* (Miesmuscheln auf Seemannsart) ist ein klassisches französisches Gericht aus mit Schalotten und Wein gedämpften Miesmuscheln. Die Belgier servieren ihre Miesmuscheln mit Bratkartoffeln. Darüber hinaus liefern die Flüsse Karpfen, Hecht und Forelle.

Brot in allen Variationen gehört zu den Grundnahrungsmitteln – angefangen vom dunklen deutschen Pumpernickel (aus Roggenschrot) bis zum knusprigen französischen *baguette* (Weißbrot in Stangenform). Reis wird in der holländischen Küche zur *rijstafel* gegessen, der vielgerühmten Zusammenstellung indonesischer Fleisch-, Fisch- und Eiergerichte, die die Holländer von ihrer ehemaligen Kolonie übernommen haben und bei der körnig gekochter Reis im Mittelpunkt steht.

Gebeizter skandinavischer Lachs

TYPISCHE GERICHTE

Waterzooi (Belgien)
Fischsuppe mit Weißwein

Svenska Köttbullar
Schwedische Fleischklöße

Königsberger Klopse
(Deutschland)
Fleischklöße in Kapernsauce

Leberknödel (Deutschland)
Klöße aus Leber, Eiern, Mehl,
Speck und Gewürzen

Sole Normande (Frankreich)
Seezunge und Miesmuscheln in
Sahne-Cidre-Sauce

Kalakukko (Finnland)
Fischpastete aus Roggen- und
Weizenmehlteighülle, schicht-
weise gefüllt mit Fisch und
Räucherspeck

Dillkött (Schweden)
Kalbfleisch in Dillsauce

Karjalan Paisti (Finnland)
Karelischer Pfeffertopf aus
gewürfeltem Lamm-, Rind-, Kalb-
und Schweinefleisch

Rösti (Schweiz)
Pfannkuchen aus gekochten,
geraspelten Kartoffeln mit Zwiebeln und Butter

Poulet à la Normande
(Frankreich)
Gekochtes Huhn in Calvados-
Sauce mit sautierten Äpfeln

Frikadeller (Dänemark)
Frikadellen aus Kalb- und
Schweinefleisch

Rote Grütze (Deutschland)
Gekochte Süßspeise aus Som-
merfrüchten, serviert mit Vanille-
sauce oder Schlagsahne

Sachertorte (Österreich)
Gerührter Schokoladenkuchen,
mit Aprikosenmarmelade gefüllt
und mit Schokolade überzogen

Stekta Äpplen med Sirap
(Schweden)
Bratäpfel mit Zuckerrohrsirup
(*golden syrup*)

Œufs à la Neige (Frankreich)
Schnee-Eier aus Eiweiß und
Puderzucker mit Vanillecreme

Kartoffeln sind eine fast unverzichtbare Beila-ge zu allen Hauptgerichten. In Belgien und Frank-reich ißt man sie als *pommes frites*, das heißt, in Stäbchen geschnitten und fritiert. Typisch franzö-sisch sind die *gratins* aus Kartoffelscheiben, die in mit Kräutern aromatisierter Milch gegart und anschließend mit Käse goldbraun überbacken werden. *Rösti* dagegen sind Bratkartoffeln nach Schweizer Art. Dafür werden Kartoffeln grob ge-raspelt und wie Pfannkuchen gebraten.

Äpfel werden sowohl für süße als auch für sal-zige Speisen verwendet. Ein Beispiel ist die nie-dersächsische und rheinische Spezialität *Himmel und Erde* (Apfelmus und Kartoffelpüree mit ge-bratener Blutwurst). In der Normandie werden viele Torten und Desserts mit Äpfeln zubereitet.

Früchte dienen auch als Füllung für eine Viel-zahl von Kuchen, Gebäck und Konfekt, die in den nordeuropäischen Konditoreien und Cafés so gern verspeist werden. In Deutschland erfreut sich die Schwarzwälder Kirschtorte großer Be-liebtheit. Die gehaltvolle Torte besteht aus Scho-koladenbiskuit, Kirschen, Schlagsahne und ge-raspelter Schokolade. Österreich ist unter ande-rem berühmt für seine Sachertorte (Schokoladen-torte, gefüllt mit Aprikosenmarmelade und über-zogen mit Schokoladenglasur) und seine Strudel, ein Gebäck, das – je nach Füllung – aus Blätter-, Hefe- oder Strudelteig zubereitet wird.

Milchprodukte spielen beim Kochen eine wich-tige Rolle. Milch und Butter (aus Frankreich und Holland) sind Bestandteil sowohl süßer wie pi-kanter Rezepte, und auch Käse wird sehr vielseitig verwendet. Frankreich ist berühmt für seine Viel-falt an gehaltvollem Weichkäse, andere Länder für ihren Schnitt- und Hartkäse, Holland für Gouda und Edamer, die Schweiz für Gruyère (Greyer-zer) und Emmentaler. Käsefondue (Neuenbur-ger Fondue) ist eine Schweizer Spezialität, bei der Weißbrotstückchen in eine durch Erhitzen flüssig gehaltene Mischung von Käse, Kirschwasser und Weißwein getaucht und dann verzehrt werden.

Die skandinavische Küche dagegen ist leichter und insgesamt mehr auf Fisch ausgerichtet. Das liegt vor allem an den langen, kalten Wintern, die das Weideland in eine Schneewüste verwandeln.

Makrele, Scholle, Kabeljau, Schellfisch und Heilbutt aus dem Meer und Karpfen, Hecht und Forelle aus den Flüssen sind die am häufigsten verwendeten Fische. Lachs wird oft dünn aufge-schnitten und roh mit Salz, Dill und Gewürzen mariniert und als *graved lax* zubereitet. Heringe dagegen gehören zum Alltagsmenü. Sie werden geräuchert, eingesalzen oder mariniert und allein oder in Salaten gegessen. In Finnland werden sie sogar mit Fleisch kombiniert, zum Beispiel bei *forshmak* (Salzheringe und gehacktes Lamm-fleisch). Andere finnische Gerichte sind nicht minder herzhaft: *karjalanpaisti* ist ein Eintopf aus Rind-, Schweine- und Hammelfleisch. Rentier-fleisch wird getrocknet, geräuchert oder gebraten und mit Preiselbeeren serviert.

Auch Milchprodukte stehen in Skandinavien auf dem täglichen Speisezettel. Saure Sahne mit Zucker wird in Norwegen gern zum Frühstück ge-gessen, taucht aber auch als Zutat in landestypi-schen Fisch- und Gemüsegerichten auf. Milch und Sauermilch sind beliebte Getränke. Die be-kanntesten Käsesorten dieser Region sind *samso* und *danablu*.

Kartoffeln spielen vor allem in Dänemark eine wichtige Rolle. Sie werden gekocht und püriert, zu Salat verarbeitet, in Scheiben geschnitten und gebraten oder – in der Schale gekocht und ge-schält – in süßem Karamel gewälzt.

In Skandinavien wachsen Beeren aller Art, dar-unter auch Vogelbeeren und Moltebeeren, aus denen Suppen, Kompott und Desserts wie das schwedische *jortrontarta* (Moltebeeren-Tört-chen) bereitet werden. Dänemark wiederum ist bekannt für sein Feingebäck mit Fruchtfüllungen sowie seine Gerichte mit Äpfeln und Rosinen, ge-füllt mit Eiercreme und bestreut mit gehackten Nüssen und Zimt.

Rußland

Rußland (und die Gebiete der ehemaligen UdSSR mit traditionell russischer Sprache und Kultur) hat aufgrund seiner verschiedenen Klimazonen – von arktischen bis subtropischen Breiten – und seinem weiten Kulturkreis, der sich von Europa bis Zentralasien erstreckt, die unterschiedlichsten kulinarischen Einflüsse integriert. Die Schweden führten geräucherten Hering und saure Sahne *(smetana)* ein, aus dem Vorderen Orient kamen Auberginen und Hammelfleisch und aus Deutschland Sauerkraut und Fleischgerichte mit Früchten. Wurzelgemüse ist elementarer Bestandteil russischer Suppen. Für die Zubereitung der herzhaften Kohlsuppe *schtschi* sind Kohl, Möhren, Pastinaken und Kartoffeln unentbehrlich. Wieder eine andere russische Suppe, *rassolnik* genannt, enthält Sauerampfer, Gurken, Zwiebeln und Sellerie. *Borschtsch* heißt die berühmte Suppenspezialität aus roten Rüben, Kartoffeln, Möhren, Zwiebeln und Weißkohl. Brot gehört auch in Rußland zu den Grundnahrungsmitteln. Die Palette reicht von hellem Sauerteigbrot *(balabouchki)* über fast schwarzes Roggenbrot *(krouchenik)* bis hin zu Zwiebel-, Käse- und Sesambroten. Die berühmte Fischpastete *kulebiaka* (Lachs in einer Teighülle) ist auch westlichen Feinschmeckern bekannt, viele andere Pasteten dagegen gibt es nur selten außerhalb Rußlands, so zum Beispiel *krendiel* (süße Brioches), *gozhnaki* (Walnuß-Honigkuchen) und *kulitsch*, ein Hefeteigkuchen mit Zimt, Muskatnuß, Kardamom und kandierten Früchten. Die wichtigste Mahlzeit des Tages ist das Mittagessen, das aus *zakouski* (diversen Vorspeisen) besteht, gefolgt von Suppe, Hauptgericht und Früchten oder Gebäck. *Wodka*, pur oder aromatisiert (mit Pfeffer, Zitrone und Kümmel), wird zwar viel getrunken, aber eine fast ebenso beliebte Alternative dazu ist *kwass*, ein meist mit Früchten aromatisiertes Bier, das mit Kohlensäure versetzt ist.

OSTEUROPA

Die Länder Osteuropas waren jahrhundertelang nichts weiter als ein Spielball der größeren Reiche, ob es nun das Römische, das Osmanische oder das Russische war oder Österreich-Ungarn. Armeen unzähliger Herrscher haben die Ebenen Ungarns, Polens und der Tschechoslowakei heimgesucht und in den Bergen und Tälern von Jugoslawien, Rumänien und Bulgarien gewütet.

So war es unausweichlich, daß die siegreichen Mächte die Küchen jener Länder beeinflußten. Bis zum heutigen Tag wird in den ehemals von Türken beherrschten Landesteilen türkisches Gebäck gegessen, und Kuchen und Strudel nach Wiener Art sind nach wie vor in den Regionen verbreitet, wo einst die Habsburger regierten. Viele Eßgewohnheiten der Eroberer wurden zwar übernommen, aber gleichzeitig behielten die Osteuropäer ihre traditionellen Gerichte und Garmethoden bei.

An Spießen gebratene, kräftig gewürzte Hackfleischwürstchen sind in ganz Osteuropa verbreitet. In Jugoslawien heißen sie *cevapcici* und werden aus Rind-, Lamm- und Schweinefleisch bereitet. Bulgarische *kebabche* (oder *kebaptschi*) bestehen aus Kalb- und Schweinehackfleisch, während die rumänischen *mititei* aus Rinderhackfleisch zubereitet werden.

Das hohe Alter vieler Balkanbewohner wird dem reichlichen Joghurtkonsum zugeschrieben.

Verschiedene Brotsorten

In der Tat ist Joghurt ebenso wie Sauermilch in einer Vielzahl von Balkangerichten enthalten. Die ungarische Spezialität *hortobagyi palacsinta* besteht aus mit Hackfleisch, Zwiebeln und Paprika gefüllten Pfannkuchen, die mit saurer Sahne überzogen werden. Die Polen reichen eine dicke Sauce aus saurer Sahne zu gesalzenen Heringen *(sledzie w smietanie)*, und auch das tschechische Gericht *svickova* (gebackenes, kräftig gewürztes Rindfleisch mit Gemüse) wäre ohne die saure Sahne unvollständig.

Einsalzen, Pökeln und Räuchern sind die gängigsten Methoden zur Haltbarmachung und Aromatisierung. Gehobelter Weißkohl wird zum Beispiel den ganzen Winter über in Fässern mit Salzwasser gelagert, und die polnische Wurst *kabanos* wird mit Wacholder langsam geräuchert.

Viele Wurstsorten, vor allem Salamis, sind außerdem mit Knoblauch aromatisiert, ebenso die kalte bulgarische Joghurtsuppe *tarator* mit Gurkenstückchen und geriebenen Walnüssen. Mit Dill, Sauerampfer und Fenchel werden Suppen und Eintöpfe verfeinert. Paprika, das aus den roten Schoten der Paprikapflanze gewonnene Gewürz, ist typisch für die ungarische Küche und unentbehrlich im berühmten ungarischen *gulyás* aus Rindfleischwürfeln, Zwiebeln, Kartoffeln und Tomaten.

Da die Menschen in diesem Teil der Welt jahrhundertelang viele Entbehrungen hinnehmen mußten, haben sich die osteuropäischen Köche schon immer darauf verstanden, mit einem Stückchen Fleisch äußerst rationell umzugehen. Jedes dieser Länder hat Suppen und Gemüseeintöpfe in Hülle und Fülle anzubieten. *Kapismak* heißt die klassische Suppe aus Polen mit Kohl, Sellerie und Speck. *Gyuwech* (*ghiveciu* in Bulgarien) ist der Name eines deftigen polnischen Gemüseeintopfs, der meistens Paprikaschoten, Bohnen, Auberginen und ein Stück Fleisch enthält.

Rindfleisch ist in der Tschechoslowakei nach Schweinefleisch am beliebtesten. Zu den Spezialitäten gehören Schweinebraten (*veprova pecene*), paarweise servierte Schweinswürstchen (*parky*) und der köstliche Prager Schinken, der meist in Brotteig gebacken wird. Zu besonderen Anlässen werden Lamm und Ferkel am Stück serviert; Huhn dagegen ist etwas für alle Tage. Auch Wild, das für die Landbevölkerung leichter zu beschaffen ist als für die Städter, ist beliebt. Wildschwein wird im polnischen Flachland erlegt; Reh, Hase und Wachtel kommen aus den Bergen im rumänischen Siebenbürgen.

Abgesehen vom Hering, der aus der Ostsee stammt, müssen sich die Osteuropäer mit Süßwasserfischen wie Forelle, Karpfen und dem berühmten *fogas* (Zander) aus dem ungarischen Plattensee begnügen.

Von allen Gemüsesorten ist Kohl die beliebteste, sowohl als Zutat in Suppen und Eintöpfen wie als Hülle für eine Reis-, Fleisch- oder Sauerkrautfüllung. Diese allseits beliebten Krautgerichte tauchen unter verschiedenen Bezeichnungen auf: in Ungarn als *tölltött kaposzta*; in Jugoslawien als *sarma*; in Bulgarien als *sarmi*; und in Rumänien als *sarmale*.

Dicke, herzhafte Brote in unterschiedlichen Formen ergänzen den Speisezettel. In Rumänien wird anstelle von Brot als Beilage oder Hauptgericht *mamaliga* gegessen, ein der italienischen *polenta* gleichender Brei aus Maisgrieß. Bulgarien hat eine große Auswahl an Broten sowie Butter, Käse und Joghurt anzubieten. Jeder Bissen wird, bevor er zum Mund geführt wird, in ein würziges Pulver – *kubritsa* – getaucht, das nach Estragon schmeckt. Natürlich sind auch Klöße – in der Tschechoslowakei *knedilky*, – in Ungarn *csipetke* – Bestandteil vieler Gerichte.

Buchweizengrütze oder -flocken mit dem kernigen, kräftigen Eigengeschmack sind ein Grundnahrungsmittel und vor allem in Polen sehr beliebt. Auch Teigwaren sind in den osteuropäischen Ländern nicht unbekannt. Ungarische Köche verwenden *tarhonya*, graupenförmige Nudeln, die erst gekocht und anschließend mit gehackten Zwiebeln geröstet werden.

Jugoslawische Teigwaren werden (neben Risotto) vor allem an der dalmatinischen Küste viel gegessen, und das polnische Gericht *lazanki* stammt von der italienischen Spezialität *lasagne* ab, die die junge Braut des polnischen Königs im 16. Jahrhundert aus ihrer Heimat Italien einführte.

Alle osteuropäischen Länder, besonders aber Polen, können mit einer Fülle an feinem Gebäck aufwarten. Zu den köstlichen Erzeugnissen eines polnischen Konditors gehören leichte *paczki* (Fettgebackenes, gefüllt mit Rosenblätter-Gelee), fritierte *faworki* (aus Mehl, Sahne und Rum) und kleine rechteckige *mazurki* (Feingebäck mit Marzipan-Schokoladen-Glasur). Duftige *babka*-Rührkuchen sind ebenfalls sehr verbreitet. Der berühmteste ist der Osterkuchen *babka wielkanocna* mit Rosinen.

MAHLZEITEN

Das Frühstück in den mitteleuropäischen Ländern besteht häufig aus Aufschnitt, Käse und Brot. In Belgien, Österreich, Holland, Deutschland und der Schweiz wird dazu Kaffee oder heiße Schokolade getrunken. Die zwei Hauptmahlzeiten sind austauschbar; die üppigere von beiden nimmt man meist nach getaner Arbeit, also abends, zu sich.

Das Frühstück in Dänemark, Finnland und Schweden besteht aus einer leichten Mahlzeit meist nur aus frischem Brot und einer Tasse Kaffee. In Norwegen dagegen, wo es im Sommer schon früh hell wird, kann sich das Frühstück zu einem wahren Festschmaus ausweiten: Fisch Aufschnitt, frisches Brot, heiße Waffeln, Käse und Eier, dazu heiße Schokolade, Milch oder Kaffee. Das Mittagessen besteht im allgemeinen aus einer heißen Gemüsesuppe und belegten Butterbroten, die in Dänemark *smorrebrod* und in Finnland *violeipa* heißen. Zum Abendessen gibt es noch einmal Suppe und dazu ein Hauptgericht. Alle skandinavischen Länder haben ihre Version vom berühmten schwedischen *smörgasbord*, einem großen Buffet mit allen erdenklichen kalten und warmen Vorspeisen: Heringe, kalter Braten, Pasteten, Salate, mehrere Sorten Käse und warme fleischgefüllte Blätterteigpasteten (*vol-au-vents*).

Das Frühstück in Spanien und Portugal beschränkt sich auf einen – häufig im Stehen eingenommenen – Kaffee oder eine heiße Schokolade und den Verzehr von Gebäck oder etwas Toast. In Spanien wird nach der Siesta zwischen 17.30 und 19.00 Uhr meist noch eine Zwischenmahlzeit, die *merienda*, eingenommen, so daß das Abendessen manchmal erst zwischen 22.00 und 23.00 Uhr serviert wird. Die Portugiesen essen wesentlich früher zu Abend, nämlich zwischen 19.00 und 20.00 Uhr. Die Zusammenstellung der abendlichen Mahlzeiten gleicht in beiden Ländern der des Mittagessens.

In Italien und Südfrankreich beginnt man den Tag mit Brot, Butter und einem starken Kaffee. Mittags oder abends folgt eine größere Mahlzeit, ganz nach Belieben und äußeren Umständen. In beiden Ländern werden zum Nachtisch meist Früchte gegessen, in Frankreich gibt es vorab noch Käse. Das sonntägliche Nachmittagsmahl hat in Frankreich Tradition. Dann versammelt sich die Familie an einem reichgedeckten Tisch, wo sie meist den restlichen Tag gesellig beim Speisen verbringt. Auf mehrere Hauptgerichte folgen Salat, Käse, Dessert, Kaffee und nicht selten ein Gläschen Cognac oder Armagnac.

Ein Wodka oder Obstbranntwein wird in Osteuropa selbst zum Frühstück nicht verschmäht; erst danach wagt man sich in die winterliche Kälte hinaus. Dazu gibt es eine Schale mit dampfendheißer Suppe, *chorba* genannt, deren Zutaten zum großen Teil aus Kohl, Bohnen und kleinen Fleischstücken bestehen. Bei Städtern fällt die morgendliche Kost nicht ganz so deftig aus; meistens besteht das Frühstück aus Käse, Brot, hartgekochten Eiern und Salami. Zur Mittagszeit jedoch nimmt man eine warme Mahlzeit ein.

TYPISCHE GERICHTE

Tarator (Bulgarien)
Kalte Joghurtsuppe mit Knoblauch und Walnüssen

Kaviar (Rußland und Polen)
Gesalzener Rogen verschiedener Störarten

Rassolnik (Rußland)
Sauerampfer-Gurken-Suppe

Crni Rizoto (Jugoslawien)
Risotto mit Kalmar in eigener Tinte

Hortobagyi Palacsinta (Ungarn)
Pfannkuchen, gefüllt mit Hackfleisch, Zwiebeln und Paprika

Sledzie w Smietanie (Polen)
Gesalzene Heringe mit saurer Sahne

Szeged halaszle (Ungarn)
Fischsuppe

Pui Cimpulugean (Rumänien)
Mit Speck, Wurst, Gemüse und Knoblauch gefülltes Huhn

Pirozhki (Rußland)
Pikant gefüllte heiße Pasteten

Blinis (Rußland)
Kleine Buchweizenpfannkuchen, häufig mit Kaviar serviert

Hideg Fogas (Ungarn)
Zander in Mayonnaise

Kulebiaka (Rußland)
Fischpastete mit Lachs

Cholent (Polen und Rußland)
Gebackenes Rindfleisch mit Zwiebeln, Buchweizen und Kartoffeln

Mamaliga (Rumänien)
Mais-Brot

Lazanki (Polen)
Nudelteigblätter, mit Schinken, Pilzen und Kohl gebacken

Paczki (Polen)
Mit Rosenblätter-Gelee gefülltes Fettgebackenes

Sharlotka (Rußland)
Mit Löffelbiskuits, Englischer Creme und Fruchtpüree zubereitete Charlotte

NORDAFRIKA

Wie ihre Nachbarn im Vorderen Orient profitieren die Nordafrikaner von einer Küche, die vor vielen hundert Jahren und Hunderte von Kilometern entfernt ihren Anfang nahm. Von den Persern übernahmen sie die Vorliebe, Fleisch mit Früchten zu kombinieren, und sie teilten die Schwäche der persischen Sultane für Zuckerwerk und andere Leckereien. Noch heute wird selbst im feinsten Hotel von Tanger oder Tunis Lammbraten auf dieselbe Art zubereitet, wie es die arabischen Nomaden vor Jahrtausenden zu tun pflegten.

Doch in demselben Maß, wie sich die Nordafrikaner die Eßgewohnheiten anderer Völker zu eigen machten, entwickelten sie auch ihre eigene, sehr individuelle Eßkultur. Bis zu 25 verschiedene Gewürze für ein einziges Gericht sind keine Ausnahme. Das Nationalgericht *bstilla* oder Taubenpastete besteht aus bis zu fünfzig Lagen delikat gewürzter Füllung. Diesem kunstvollen Gebilde steht ein anderes Nationalgericht gegenüber: *couscous*, ein Musterbeispiel für die bäuerliche Kunst zu improvisieren. Deftige, stark gewürzte Hauptgerichte und feine Desserts aus Nüssen und Datteln bestimmen den täglichen Speisezettel. Die nordafrikanische Küche spiegelt die Gegensätze der Landschaft wider: urwüchsig und üppig, karg und fruchtbar.

Typische Zutaten

Auberginen
Bockshornklee*
Chermoula
Chillies*
Couscous
Datteln
Eingesalzene Zitronen*
Gewürznelke*
Harissa*
Honig*
Ingwer*
Kardamom*
Kassia*
Kichererbsen
Knoblauch*
Koriander*
Kreuzkümmel*
Kubebenpfeffer*
Kurkuma*
La kama
Mandeln*
Minze*
Muskatnuß*
Oliven*
Orangen*
Petersilie*
Pinienkerne
Ras-el-hanout*
Rosenknospen
Rosinen
Sesamkörner*
Weintrauben
Weizen
Zimt*
Zwiebeln*

(* siehe Register)

KULTURELLE EINFLÜSSE

Die westlichen Länder der arabischen Welt – das heutige Marokko, Algerien und Tunesien – wurden vor zweitausend Jahren als der Maghreb bezeichnet. Er war die Heimat der Berber, einer hellhäutigen, blauäugigen Rasse, die jahrhundertelang inmitten dieser weiten, kargen Landschaft als Nomaden lebte.

Die lange Küste machte den Maghreb für alle Eindringlinge, die den Seeweg nahmen, leicht zugänglich. Als erste erschienen tausend Jahre vor Christi Geburt die phönizischen Händler aus dem nordwestlichen Syrien. Da die Phönizier viele lange Seereisen unternahmen, benötigten sie Fleisch, das leicht zu konservieren und zu lagern war. Sie lösten ihr Problem mit getrockneter Wurst, und so entstand die würzige nordafrikanische *merguez*. Nach den Phöniziern kamen die Karthager, die Durum-Weizen und den daraus gewonnenen Hartweizengrieß einführten, den die findigen Berber zu *couscous* (Kuskus) verarbeiteten, ein noch heute wichtiges Grundnahrungsmittel in dieser Region.

Im 7. Jahrhundert brachten die arabischen Invasoren Gewürze und die Lehre des Propheten Mohammed ins Land. Siebenhundert Jahre später begründeten die als Feinschmecker bekannten Osmanen eine Gebäcktradition, die die Nordafrikaner noch weiter verfeinerten.

Im Jahre 1715 wurden die Osmanen von den Europäern verdrängt. Die Italiener hinterließen ihre Pasta, die Franzosen ihre Sprache und die Briten ihren Tee, den sie der einheimischen Bevölkerung so schmackhaft machten, daß diese ihn fortan mit der traditionellen Minze mischten. Auf diese Weise entstand *chai bi naa'naa*, eine traditionelle Mischung verschiedener Schwarztees, der Minze zugesetzt wird und die sich heute in der gesamten Maghreb-Region allgemeiner Beliebtheit erfreut.

WÜRZMITTEL

Die Geschmacksrichtungen der einzelnen Völker im Maghreb sind sehr verschieden. Die Marokkaner lieben kräftige, volle Aromen (vor allem Safran), die Algerier bevorzugen weniger stark gewürzte Speisen, und die Tunesier schwören auf die Schärfe von Chillies oder Ingwer.

Jeder Koch hat sein eigenes Rezept für *ras el hanout*, das wörtlich übersetzt »Spitze des Ladens« heißt und eine Mischung aus bis zu 25 verschiedenen Gewürzen und Würzmitteln ist, darunter Kardamom, Kassia, Muskatblüte, Chillies, Gewürznelken, Kreuzkümmel, Bockshornklee, Muskatnuß, Lavendel und getrocknete Rosen. Eine andere typisch nordafrikanische Gewürzmischung ist *chermoula*, eine sehr würzige Paste aus Zwiebeln, Knoblauch, Koriander, Chillies, Chilipulver, Paprika, Salz, Pfeffer und Safran. Dezenter, aber aromatischer im Geschmack ist die marokkanische Gewürzmischung *la kama*, die schwarzen Pfeffer, Gelbwurz, Ingwer, Kreuzkümmel und Muskatnuß enthält und Suppen und Eintöpfen eine interessante Note verleiht. *Haris-*

sa ist eine höllisch scharfe tunesische Gewürzpaste (siehe S. 71), die meist zu *couscous* gereicht wird. Ebenfalls aus Tunesien stammt *tabil*, eine Chilipaste mit Knoblauch, Koriandergrün und Kümmelkörnern.

Zu den Hauptgerichten werden oft eingesalzene Zitronen gereicht, eine Beilage, die sowohl als Relish wie als Gemüse dient.

ANDERE ZUTATEN

Wie in den meisten muslimischen Ländern gehören Lamm- und Hammelfleisch zu den gängigsten Fleischsorten und tauchen entsprechend oft in regionalen Gerichten auf. *Merguez* heißen die kleinen Bratwürste aus grobgehacktem Ham-

Ras el hanout

melfleisch, Knoblauch und *ras el hanout*. *Meshwi* ist gebratenes Lamm am Spieß und *choua* gedämpftes Lammfleisch mit Kreuzkümmel. Ab und zu kommen auch Kaninchen- und Ziegenfleisch auf den Tisch, dagegen ist Geflügel die Grundlage sehr vieler Gerichte, so auch von *tajines*, das sind Eintöpfe mit langer Garzeit, für die Früchte wie Datteln oder Trockenpflaumen verwendet werden. Diese Gerichte sind nach dem *tajine*-Topf benannt, in dem sie gegart werden. Es handelt sich dabei um ein rundes, bisweilen kunstvoll bemaltes irdenes Gefäß mit einem hohen, kegelförmigen Deckel, der aussieht wie ein Hexenhut.

Weizen stellt im Maghreb das Grundnahrungs-

mittel dar. Im Norden Arabiens werden die runden Fladen des arabischen Hefebrots gegessen, dessen schmackhafte Variante die mit Sesam- und Anissamen gewürzte *kesra* ist. *Couscous*, ebenfalls ein Weizenprodukt, wird aus winzigen Grießkügelchen bereitet. Die traditionelle *couscous*-Zubereitung gleicht vielerorts einem zeitaufwendigen Ritual.

Die Bäcker sind besonders geschickt in der Herstellung von dünnen, fast durchsichtigen Teigschichten, die in Tunesien *malsouga* oder *malsouqua* heißen. Dieser Teig wird vor allem für *bstilla* verwendet.

In den nicht von der Wüste vereinnahmten Teilen des Maghreb wachsen Gemüse in Hülle und Fülle, vor allem Zucchini, Paprikaschoten, dicke Bohnen, Möhren, weiße Rüben, Auberginen, Sellerie, Lauch, Zwiebeln und Kichererbsen. Meist sind sie Bestandteil von Hühner- oder Lammeintöpfen, die in einer würzigen Brühe zusammen mit großen Mengen von *couscous* serviert werden.

Auch das Meer ist eine unerschöpfliche Nahrungsquelle: Es liefert vor allem Meeräsche, Seehecht, Seebarsch und Sardinen. Zu Fisch wird meist *chermoula*-Paste gereicht, entweder verdünnt als Marinade oder als Würze in Fischsuppen.

MAHLZEITEN

Viele Nordafrikaner beginnen den Tag mit Suppe, meist mit *harira*, einer köstlichen Linsensuppe mit Lammfleisch, die mit Safran und *la kama* gewürzt ist.

Vor dem Essen wird ein Krug Wasser herumgereicht, in dem sich alle die Hände waschen. Zu besonderen Anlässen beginnt das Mahl mit einer Taubenpastete, gefolgt von einem Hühnergericht und *couscous* als Hauptgang. *Couscous* wird in einem speziellen zweistöckigen Topf, einer sogenannten *couscousière*, zubereitet. Der Grieß im oberen Topfteil mit gelochtem Boden wird durch den aufsteigenden Dampf der im unteren Topfteil köchelnden Fleisch- und Gemüsemischung gegart. Vor dem Servieren häuft man den *couscous* auf einer Platte auf, drückt in die Mitte eine Vertiefung und gibt die Fleisch- und Gemüsemischung hinein. Dazu reicht man *harissa*, eine scharfe Würzpaste. *Couscous* wird mit den Fingern gegessen. Man formt aus dem gequollenen Grieß kleine Bällchen und tunkt sie in die würzige Brühe. Zum Nachtisch gibt es meist Gebäck, Früchte oder ein Grießkonfekt mit Minztee.

TYPISCHE GERICHTE

Harira (Marokko)
Linsensuppe mit Lammfleisch

Merguez
Würzige Würstchen aus Hammelfleisch

Brik à l'œuf (Tunesien)
Gebratene, mit Thunfisch und Ei gefüllte Teigtaschen

Chakchouka (Tunesien)
Nordafrikanische Ratatouille mit braunem Zucker, meist mit geschlagenem Ei überzogen

Couscous
Weizengrieß mit würzigem Fleisch- und Gemüseeintopf

Djej M Ahmar
Huhn, gefüllt mit Couscous

Salata Meshwiya (Tunesien)
Salat aus Thunfisch, Ei und Gemüse

Bstilla (Marokko)
Tauberpastete

Djej Tajine (Marokko)
Geschmortes Huhn mit Backpflaumen und Honig

Arnhab Chermoula (Marokko)
Marinierter Kaninchenbraten

Zaytun Meshwi (Tunesien)
Rindfleischklöße mit Oliven

Dolma Gara (Algerien)
Gefüllte Zucchini

Tajine Malsouka
Mit Safran und Zimt gewürzter und mit Phyllo-Teig umschlossener Fleischeintopf mit Bohnen und Ei

Limon Makboos
Eingesalzene Zitronen

Mahancha (Marokko)
Dünnes Gebäck mit Mandelfüllung

Righaif (Marokko)
Honig-Sesam-Pfannkuchen

Ghoriba (Tunesien)
Kugeln aus Feingebäck

Chai Bi Naa'naa
Minztee

123

AFRIKA

ie afrikanische Küche ist so beeindruckend wie der riesige Kontinent selbst, der sich über die Mitte der Erdoberfläche erstreckt und eine bunte Vielfalt von Nationalitäten, Kulturen und Religionen beheimatet. Auch das ganze klimatische Spektrum ist in Afrika vertreten: Während in der Kalahariwüste im Süden manchmal jahrelang kein Tropfen Regen fällt, gehört das gewaltige Kamerungebirge im Westen zu den regenreichsten Gebieten der Erde.

Doch bei all der Abwechslung, die Afrika bietet, dem Boden fehlt es sehr häufig an wichtigen Nährstoffen, und viele Gebiete werden Jahr für Jahr von einer entsetzlichen Dürre heimgesucht. Und selbst dort, wo es an Nahrungsmitteln nicht mangelt, ist das Kochgeschirr meist recht primitiv. Dementsprechend ist die Phantasie der afrikanischen Köche gefordert und ihr Einfallsreichtum groß. Von der Sahara bis zum Kap sind die Speisen durchweg schmackhaft, herzhaft und nahrhaft. Nur so lassen sich die oft unwirtlichen Lebensbedingungen einigermaßen ertragen.

Typische Zutaten

Atokiko (gemahlene Mangokerne)
Auberginen
Augenbohnen
Avocados
Bananen
Bataten (Süßkartoffeln)
Bockshornklee*
Chillies*
Currypulver*
Datteln
Egusi (Melonenkerne)
Erdnüsse*
Gari
Getrockneter Fisch*
Gewürznelken*
Hirse
Ingwer*
Kamelbutter
Kardamom*
Knoblauch*
Kokosnuß*
Koriander*
Mais
Mangos
Maniok
Muskatnuß*
Okra
Palmöl
Papaya
Planten (Kochbananen)
Reis
Sorghum-Hirse
Tomaten*
Yamswurzel
Zimt*
Zitrone*

(* siehe Register)

KULTURELLE EINFLÜSSE

Bereits tausend Jahre vor Christi Geburt tauschten die mächtigen afrikanischen Königreiche Gold, Sklaven und Elfenbein gegen Erzeugnisse aus Indien, China, Griechenland und dem Vorderen Orient. Von allen Handelspartnern prägten jedoch die Araber das Land am nachhaltigsten. Aus dem Norden kommend, zogen ihre Kamelkarawanen quer durch die Sahara und brachten Salz, Gewürze und Kräuter. Aus dem Osten kamen ihre Dauen (zweimastige Schiffe mit Trapezsegeln), beladen mit Minze, Safran, Koriander, Gewürznelken und Zimt. Doch nicht nur Nahrungsmittel gelangten nach Afrika, die Araber führten auch den Islam ein, und die Fastenzeit im Monat Ramadan wird bis heute von vielen afrikanischen Muslimen eingehalten.

Der südlich der Sahara gelegene Teil Afrikas kam erst im 15. Jahrhundert mit Europa in Berührung, und zwar über das seefahrende Volk der Portugiesen, die Zitrusfrüchte, Chillies, Mais, Ananas und Tomaten importierten.

Die Portugiesen bildeten jedoch nur einen kleinen Teil der Flut von Kolonisatoren, die Afrika in den nachfolgenden Jahrhunderten überschwemmte. Überall dort, wo sich europäische Siedler niederließen, führten sie ihre heimischen Eßgewohnheiten ein. Die Vorliebe für Schnecken geht in Westafrika auf die Franzosen zurück. Köstlichkeiten wie Erdbeeren, Himbeeren und Spargel führten in Kenia die Briten ein, und in Südafrika ist eindeutig die Vorliebe der Holländer für Süßes zu spüren. Außer Kokosnuß-, Bataten- und Cremetörtchen mit Zimt finden sich hier auch so erlesenen Gaumenfreuden wie *koeksusters,*

das sind dekorativ aussehende, geflochtene Teigstränge, die erst fritiert und dann in Zuckersirup getaucht werden.

Die von den Europäern aus anderen Kolonien mitgebrachten Arbeiter bereicherten die afrikanischen Gerichte noch mit exotischen Varianten. In ganz Ost- und Südafrika darf man Pilawreis, Curry und *samosas* (indische Pastetchen) getrost als von den Briten nach Afrika gebrachtes kulinarisches Erbe aus Indien ansehen. Holländische Handelsschiffe ließen malaysische Sklaven zurück und sorgten damit für eine weitere Bereicherung der afrikanischen Küche. So ist zum Beispiel die südafrikanische Spezialität *sosatie* – Hammelfleischspieße mit würziger Sauce – direkt von dem malaysischen Wort *sesate* (»Fleisch am Spieß«) abgeleitet.

WÜRZMITTEL

Wo immer auf dem afrikanischen Kontinent ein Ofen angezündet wird, greift der Koch zu Chillies. Von den so zahlreich vertretenen Sorten werden die pralle, aufgeblähte *scotch bonnet* und die feurige *pilli-pilli* am häufigsten verwendet. Eine höllisch scharfe, aber unentbehrliche Sauce ist *periperi*, die als eine Art Universalwürze dient. Chillies in der Kombination mit Ingwer, schwarzem Pfeffer, Kardamom, Ajowan und anderen Gewürzen ergeben die brennendscharfe Gewürzmischung der Berber (siehe S. 97).

Nicht alle afrikanischen Würzmittel reizen derart den Gaumen. In der westafrikanischen Küche ist Palmöl von immenser Bedeutung. Es verleiht Speisen ein kräftiges Aroma und eine orangerote Farbe. *Joloff*-Reis ist ein solches Gericht, das ursprünglich aus Sierra Leone stammt und heute in ganz Westafrika als Festessen geschätzt wird. Es besteht aus in Zitronensaft mariniertem Huhn mit Reis in Palmöl-Sauce, Chillies und Tomaten. Das durch das Öl dunkelorange gefärbte Reisgericht wird mit Zwiebelringen und Tomaten garniert.

In anderen Teilen Afrikas wird das Speiseöl aus Erdnüssen gewonnen, deren proteinreiche Samen auch anderweitig vielseitige Verwendung finden. Darüber hinaus werden sie in ganz Afrika geröstet und zwischen den Mahlzeiten geknabbert. Abwandlungen vom Erdnuß-Eintopf – Huhn, das in einer Sauce mit vielen Erdnüssen gegart wird – finden sich in fast allen afrikanischen Ländern, und eine beliebte und nahrhafte Zwischenmahlzeit sind Bällchen aus Erdnußpaste.

In den tropischen Breiten stehen oft Kokosnüsse auf dem Speisezettel. Das Samenfleisch wird gerieben und als schmackhaftes Bindemittel an Eintöpfe gegeben oder stückchenweise fritiert und als saftiger Imbiß verzehrt. Das Kokoswasser aus dem Inneren der Nuß, die sogenannte Kokosmilch, ergibt eine edle Kochflüssigkeit für Reis, Bohnen, Bataten und anderes Gemüse.

ANDERE ZUTATEN

Es sind die Gewürze, die den Geist beflügeln, die stärkehaltigen Nahrungsmittel aber halten Leib und Seele zusammen. Das gilt besonders für Afrika. Die drei Grundnahrungsmittel Getreide, Hülsenfrüchte und Wurzeln sättigen und liefern eine neutrale Beilage zu den allseits beliebten, meist höllisch scharfen Würzmitteln.

Diese Grundnahrungsmittel variieren je nach Klima. In regenreichen Gebieten, wie in West- und Zentralafrika, überwiegt eindeutig die Verwendung von Reis, anderswo die von Mais, der dürreresistenten Hirse und Sorghum. In Südafrika beispielsweise wird Mais zu einem sättigenden Brei zerstampft, der zu Recht »steifes Porridge« heißt, oder zu einem herzhaften Brot – genannt *mielie* – verarbeitet. In Äthiopien werden aus Hirsemehl Fladen gebacken, die *ingera* heißen und für die tägliche Ernährung genauso wichtig sind wie die Baguettes in Frankreich. Jede der genannten Getreidesorten läßt sich auch zu Klößen verarbeiten, die anschließend in Bananenblättern gedämpft werden.

Auch Maniok, Yamswurzel und Batate stehen auf dem täglichen Speisezettel, und obwohl diese Wurzeln nicht in Afrika heimisch sind, hat man sie hervorragend in die afrikanische Küche integriert. Sie werden gekocht oder zerstampft, in Stücke geschnitten und Eintöpfen beigegeben, mit Zucker und Zimt bestreut und gebacken oder mit Palmöl kleingestampft und zu einem orangeroten »Brot« gebacken. Planten – kleine Kochbananen – werden ebenfalls vielseitig in der Küche verwendet, und zwar für eine Vielzahl von süßen und pikanten Gerichten.

Afrika hat aber auch ganz individuelle Geschmackserlebnisse zu bieten. Wo sonst kann man beispielsweise ein Omelett für zwölf Personen aus einem einzigen Ei zubereiten – ein Straußenei wiegt etwa 1,5 kg – oder sich einer riesigen Achatschnecke auf dem Tisch erfreuen? Auf welchem anderen Kontinent gibt es schon Krokodil- oder Schlangeneintopf zu essen? Und wo sonst kann ein Gast auf der Speisekarte zwischen gebratenen Heuschrecken und weißen Ameisen wählen?

MAHLZEITEN

Eine typisch afrikanische Mahlzeit besteht aus nur einem Gang. In der Regel ist dies ein dicker Eintopf mit wenig Fleisch, dafür aber reichlich Palmöl und viel kräftig gewürztem Gemüse. Dazu gibt es einen sättigenden Stärkepudding oder Klöße, mit deren Hilfe die saftigen Bissen »aufgelöffelt« werden. Das Dessert besteht meist aus frischen Früchten wie Ananas, Passionsfrucht oder Mango.

Im Senegal ißt man zu Weihnachten *yassa*, ein Gericht, für das Hühnerfleisch zuerst in eine Marinade aus Knoblauch, Gewürznelken, Chili und Zitronensaft eingelegt wird, bevor man es in Palmöl anbrät und in einer Zitronensauce fertiggart. *Yassa* wird auf einer großen Platte mit Reis angerichtet, um die sich alle Familienmitglieder versammeln und zugreifen.

An den wenigen Orten, an denen der europäische Einfluß ungebrochen ist, gilt weiterhin die strenge Dreiteilung des Tages durch Frühstück, Mittagessen und Abendessen. Doch selbst da brechen immer wieder afrikanische Eßgewohnheiten durch. Ein typisches südafrikanisches Frühstück beginnt mit einer frischen Papaya und geht dann über zu Eiern mit Speck. Zu Mittag werden Wildspieße oder kräftig gewürzte *boerewors*- (Würstchen), aber auch ganz gewöhnliche Hamburger gegrillt, und das Abendessen besteht aus *bobotie*, der afrikanischen Variante des traditionellen englischen *cottage pie* – einer Pastete aus Hackfleisch, Curry und Mandelblättchen mit pikanter Eiercreme.

TYPISCHE GERICHTE

Egusi (Nigeria)
Suppe mit Melonenkernen, Spinat, getrockneten Shrimp und Palmöl

Tatale (Ghana)
Plantenkuchen

Nkui (Kamerun)
Okra-Mais-Suppe

Akkras (Westafrika)
Fritierte Augenbohnen-Küchlein

Dovi (Simbabwe)
Hühner-Erdnuß-Eintopf

Doro Wat (Äthiopien)
Huhn mit hartgekochten Eiern in Chilisauce

Matoke Ngege (Uganda)
Planten-Fisch-Eintopf

Paleva (Sierra Leone)
Rindfleisch-Eintopf mit Melonenkernen

Joloff (Westafrika)
Würziger Eintopf aus Hühnerfleisch und Reis

Ndizi Na Nyama (Tansania)
Fleischeintopf mit Planten und Kokosnuß

Yassa (Senegal)
Mariniertes, in pikanter Zitronensauce gegartes Huhn

Bobotie (Südafrika)
Pastete mit Curry-Hackfleisch und pikanter Eiercreme

Pondu (Zaire)
Maniokblätter mit Palmöl, Auberginen und getrocknetem Fisch

Dioumbre (Elfenbeinküste)
Hammeleintopf mit Okra und Palmöl

Sosaties (Simbabwe und Südafrika)
Würzige Hammelspieße

Foofoo (Westafrika)
Fester Pudding aus zerstampfter Yamswurzel oder Planten

Ugali (Ostafrika)
Fester Pudding aus Maisstärke

Bassi Salté (Senegal)
Couscousähnliches Hirsegericht

KARIBIK

Typische Zutaten

Aki-Pflaume
Annatto*
Bananen
Bataten
Bohnen
Callaloo (Blätter der Taropflanze)
Cassareep
Chayote
Chillies*
Currypulver*
Gewürznelken*
Ingwer*
Jackfrucht
Kalebasse (Flaschenkürbis)
Kokosnuß*
Koriander*
Limetten*
Mangos
Maniok- oder Cassavawurzel
Melasse*
Muskatnuß*
Okra
Pfeilwurzmehl
Pilze*
Piment*
Planten
Riesenkürbis
Safran*
Straucherbsen
Tamarinde*
Thymian*
Vanille*
Zimt*

(* siehe Register)

G erichte wie *run down* und *dip and fall back* (sinngemäß übersetzt: »das schafft dich« und »tauch ein und fall um«) erzählen etwas von der Entwicklung der karibischen Küche. Die Inseln der Karibik, die wie zufällig verstreut zwischen Nord- und Südamerika liegen, haben eine ausgesprochen abwechslungsreiche Küche zu bieten, deren Ursprung zwar bei der indianischen Bevölkerung zu suchen ist, die im Lauf der Zeit aber stark von europäischen, afrikanischen und asiatischen Eßgewohnheiten beeinflußt wurde. Karibische Köche wissen die reichen Gaben der Natur richtig zu nutzen. Der fruchtbare Boden bringt eine Fülle von tropischen Erzeugnissen hervor, während Bäche, Flüsse und Seen zusammen mit dem Meer Fische und Meeresfrüchte im Überfluß liefern. Jede Nation hat ihre eigenen Spezialität: Jamaika gesalzenen Fisch mit Aki-Pflaume; Martinique *colombo;* und Barbados *jug-jug* – um nur einige zu nennen. Doch durch kulinarisches »Inselhüpfen« sind viele Abwandlungen möglich. Das Ergebnis ist eine Küche, die sowohl der Landschaft als auch den Bewohnern entspricht: feurig, farbenfroh und exquisit.

KULTURELLE EINFLÜSSE

In den Jahren 1492–93 stieß Kolumbus auf jenen ausgesprochen schönen Archipel, der sich zwischen Nord- und Südamerika erstreckt. Obwohl er zwei Ozeane und zwei Kontinente von seinem vermeintlichen Ziel Indien entfernt war, nannte er seine Entdeckung Westindien und beanspruchte für die spanische Krone alle Inseln, deren er habhaft werden konnte.

Auf der von Kolumbus entdeckten Inselgruppe wohnten die Arawaks und die Karaiben, zwei indianische Völkergruppen, die hauptsächlich von Ackerbau und Fischfang lebten.

Grundnahrungsmittel waren stärkereiche Wurzeln wie Maniok und Süßkartoffeln (Bataten), und das ist bis heute so geblieben.

Nicht lange danach wurden die Westindischen Inseln von spanischen Siedlern überschwemmt, die Bananen, Mangos und Kokosnüsse im Gepäck hatten. Verheerende Folgen hatte jedoch der Import von Zuckerrohr. Es gedieh zwar prächtig, aber schon bald rangen Großbritannien, Frankreich und Holland mit Spanien um Teile der einträglichen Inseln.

Inseln wurden erobert, heiß umkämpft und nach den Launen der europäischen Politiker untereinander getauscht und aufgeteilt. Heute ist das Ergebnis der weit zurückliegenden Machtkämpfe an der Küche jeder einzelnen Insel ablesbar. Die Küche von Martinique und Guadeloupe ist eine Mischung aus französischer Kochkunst und karibischen Erzeugnissen. Die holländische Präsenz ist wiederzuerkennen in dem aus Curaçao stammenden Gericht *keshy yena coe cabaron,* bei dem es sich um einen ausgehöhlten Edamer mit Garnelenfüllung handelt. *Jug-jug,* ein traditionelles Weihnachtsessen im Inselstaat Barbados, besteht aus Rinderhack, Schweinefleisch, Straucherbsen und Hirse und ist im Grunde nichts weiter als eine Variation des schottischen Gerichts *haggis.*

Der afrikanische Einschlag überwiegt jedoch. Okra, Yamswurzel, Straucherbse, Plante, Taro – das alles sind Grundnahrungsmittel afrikanischen Ursprungs.

Im Lauf der Jahrhunderte wurde die kulinarische Palette durch die Ankunft weiterer Immigranten bereichert: nämlich durch Juden, die vor der spanischen Inquisition flohen; Bretonen, die den gerade unabhängig gewordenen Vereinigten Staaten den Rücken kehrten; Kaufleute aus dem Libanon und aus Syrien; und nach Abschaffung der Sklaverei Arbeitskräfte aus Indien und China, die das Land bestellten.

WÜRZMITTEL

Die Chilischote mit ihrer Sorten- und Formenvielfalt ist in der karibischen Küche unbestritten die Königin der Gewürze. Jede Insel, ja vermutlich jeder Haushalt, kennt ein eigenes Rezept der scharfen Pfeffersauce, die mit Tomaten rot und mit Kurkuma goldgelb gefärbt wird. Manchmal besteht sie nur aus Zwiebeln und Chillies, dann wieder kommen diverse Gewürze hinzu.

Aber es gibt auch andere, nicht so brennend-scharfe Gewürze, wie zum Beispiel das heimische Gewürz Annatto (s. S. 60), das schon sehr lange für sein delikates Aroma und seinen orangeroten Farbstoff zur Färbung von Lebensmitteln berühmt ist.

Pfeffersauce

Pimentkörner, die kleinen runden Beeren eines in Jamaika beheimateten Baumes, sind eine ebenso begehrte Zutat wie Kokosmilch. *Cassareep*, den mit Zucker, Zimt und Gewürznelken eingekochten Saft der Maniokwurzel, findet man ausschließlich in der karibischen Küche.

Currypulver ist in der ganzen Region verbreitet, besonders raffinierte Mischungen hat jedoch Trinidad anzubieten. Marinieren, in englisch »seasoning-up«, ist vor allem auf den englischsprachigen Inseln beliebt. Eine typische Marinade besteht aus gehacktem Schnittlauch, Oregano, Sellerieblättern, geriebener Zwiebel, zerdrücktem Knoblauch, zerstampften Chillies, gemahlenen Gewürznelken und Limettensaft. Mit dieser köstlichen Gewürzmischung werden viele der in der Karibik so beliebten pikanten Gerichte mit Fleisch, Geflügel und Fisch vor dem Schmoren oder Grillen eingerieben.

ANDERE ZUTATEN

Daß Fisch und andere Meerestiere bei Inselbewohnern eine so große Rolle in der Küche spielen, ist nicht weiter verwunderlich. Jedes nur denkbare Meeresgetier kommt in der Karibik auf den Tisch: Papageifisch, Fliegender Fisch, Roter Schnapper, Landkrabben, Scampi und Flügelschnecken. Die Liste läßt sich beliebig fortsetzen. Entsprechend vielfältig sind auch die Garmethoden. Fisch und Meeresfrüchte werden in Limettensaft mariniert und anschließend auf Spieße ge-

steckt, sie werden mit Kräutern und Knoblauch langsam gegart, in einer Tamarinden-Kokosnuß-Sauce gekocht, mit Ingwer, Knoblauch und Thymian gebraten, mit Kürbis geschmort oder mit grünen Mangos und Kartoffeln als Curry zubereitet.

Tropische Früchte und Gemüse wachsen in der Karibik sehr üppig, fast alle Erzeugnisse lassen sich phantasievoll zubereiten. Gefüllte Gerichte sind besonders beliebt, zum Beispiel die Kombinationen Jackfrucht mit gesalzenem Fisch; grüne Papaya mit stark gewürztem Fleisch; oder Kürbis mit Garnelen. Die Kochbanane (Plante) ist ein weiteres exzellentes Beispiel für die vielseitige Verwendbarkeit tropischer Erzeugnisse. Die große grüne Plante kann beispielsweise unreif, reif oder überreif für süße und pikante Speisen verwendet werden, ganz gleich, ob man sie kocht, püriert, röstet, brät, hackt oder einfach in der Schale serviert. Bananenblätter ergeben eine schützende, aromaspendende Hülle beim Grillen, Dämpfen und Backen von Maismehlkuchen oder Fleischpäckchen. Auf Barbados nennt man solche Zubereitungen *conkies*, auf Jamaika *tie-a-leaf*.

Stärkereiche Früchte wie Yamswurzel, Maniok oder Süßkartoffel dienen in unterschiedlicher Zubereitung als Hauptgerichte, mit Rum, Melasse, Kokosnuß, Rosinen, Muskat und Zimt verfeinert, ergeben sich köstliche Desserts und Kuchen.

MAHLZEITEN

Der Tag in der Karibik beginnt für viele mit in Butter gebratenem Maniokbrot. Herzhaftere Speisen sind aber genauso verbreitet. Das traditionelle Frühstück in Jamaika besteht aus gesalzenem Fisch und Aki-Pflaume, einer quittenförmigen Frucht, die gedünstet wie Rührei schmeckt. Auf den englischsprachigen Inseln serviert man zum Brunch *pudding and souse* (Blutwurst und das ausgelöste, in Limettensaft marinierte Fleisch von Schweinskopf, Schweinsfuß und Zunge).

Ein typisches Familienessen besteht aus einem Eintopf mit reichlich Gemüse, Hülsenfrüchten, Fleisch oder Fisch. Das Ganze wird in einer scharfen, würzigen Sauce gekocht und mit flachgedrückten Maismehlklößen als Einlage serviert. Dazu gibt es *foo-foo* (zerstampfte Planten) oder warmes gebuttertes Maisbrot. Ein ähnliches, nicht so flüssiges, dafür aber stärkehaltiges Gericht besteht aus gekochter Maniok- oder Yamswurzel, *foo-foo*, Reis und Erbsen, Maismehl und Okra oder *bakes* (gebratene Küchlein) und einem Gemüse. Desserts in Form von Pudding, Eier- und Eiscreme werden meist unter Verwendung heimischer Früchten zubereitet.

TYPISCHE GERICHTE

Acras de Morue (Guadeloupe)
Klippfisch-Fritters mit Chillies

Janga (Jamaika)
In Courtbouillon gegarte Flußkrebse mit Chillies

Crabes Farcies (Martinique)
Gefüllte Krabben mit Chillies, Kokosmilch und Limettensaft

Conkies (Barbados)
Bananenblätter, gefüllt mit pürierten, gesüßten Planten

Callaloo (a le Inseln)
Eine Suppe aus Callaloo-Blättern, Gemüse, gepökeltem Schweinefleisch, Kokosmilch und Gewürzen

Keshy Yena ceo Carni (Curacao)
Mit Rindfleisch gefüllter ganzer Edamer

Pepperpot (alle Inseln)
Fleischeintopf mit Cassareep und Chilles

Daube de Lambis aux haricots rouges (Guadeloupe)
Eintopf aus Flügelschnecken und roten Bohnen

Fowl Down-in-Rice (Barbados)
Huhn mit Reis

Colombo de Poulet (Martinique und Guadeloupe)
Hühnercurry

Berehein na Forno (Sint Maarten)
Auberginen in Kokoscreme

Coo-Coo (Barbados)
Maismehlpudding mit Okras

Bakes (Trinidad)
Gebratene Küchlein

Bullas (Jamaika)
Ingwerplätzchen mit braunem Zucker

Boija (Sainte Croix)
Süßes Kokosnuß-Maisbrot

Gâteau de Patate (Haiti)
Süßkartoffelkuchen

SÜDAMERIKA

Als die spanischen Konquistadoren im 16. Jahrhundert in Südamerika einfielen, fanden sie zwar nicht das sagenumwobene Land Eldorado, dafür aber etwas, das genauso wertvoll war – ein großes Angebot tropischer Früchte, das die bis dahin bekannte Palette an Nahrungsmitteln buchstäblich verdoppelte und die Eßgewohnheiten rund um den Globus über Nacht veränderte.

Die daraus hervorgegangene südamerikanische Küche vereint die Zutaten der Neuen Welt mit der Kochkunst der Alten Welt. In der brasilianischen Küche sind beispielsweise die Eßgewohnheiten und Vorlieben der Afrikaner, Portugiesen und Guarani-Indianer spürbar. In den Andenstaaten Peru und Ecuador dagegen überwiegen einheimische Erzeugnisse wie Chillies und Kartoffeln. Auf dem argentinischen Grasland weiden riesige Rinderherden, und die lange Küste Chiles ist eine unerschöpfliche Quelle für Fisch und andere Meerestiere.

Typische Zutaten

Ananas
Annatto*
Augenbohnen
Bananen
Bataten
Cashewnüsse*
Chillies*
Cilantro*
Cuy (Meerschweinchen)
Erdnüsse*
Erizos (Igelfische)
Gesalzener Kabeljau (Klippfisch)
Gewürznelke*
Kichererbsen
Kokosnuß*
Koriander*
Kürbis
Limabohnen
Mais
Mandeln*
Mangos*
Maniok
Meeresfrüchte
Muskatnuß*
Okra
Orangen*
Palmherzen
Papayas
Paranüsse*
Petersilie*
Pinienkerne
Planten
Reis
Schwarze Bohnen
Senf*
Tomaten*
Walnüsse*
Zimt*
Zuckerrohr

(* siehe Register)

KULTURELLE EINFLÜSSE

Lange bevor die römischen Viadukte gebaut wurden, waren die Inkas bereits in der Lage, reißende Gebirgsbäche in großangelegte, oft bis zu zwei Kilometer lange Bewässerungskanäle umzuleiten, die die ungleichen Täler ihres Reiches miteinander verbanden. Auch in der Landwirtschaft erwiesen sie sich als wahre Meister, und die Früchte ihrer Arbeit überschwemmten die Märkte der hoch oben in den peruanischen Bergen aus Stein errichteten grandiosen Städte. Die südamerikanische Zivilisation hatte sich abgeschirmt von allen äußeren Einflüssen entwickelt, und ihre Küche unterschied sich demzufolge gewaltig von dem, was anderenorts anzutreffen war. Die Bauern in den Anden waren zum Beispiel die ersten, die Kartoffeln anbauten. Jahrtausende, bevor die restliche Welt die Gefriertrocknung kannte, stampften sie ihre Kartoffeln zu Brei und ließen diesen abwechselnd über Nacht gefrieren und am Tage wieder auftauen, bis zum Schluß eine trockene, knochenharte Masse übrigblieb, die entweder als Vorrat für schlechte Zeiten diente oder sofort zu Mehl vermahlen wurde.

Die Kartoffel war aber nur eine von vielen kulinarischen Überraschungen, die die portugiesischen und spanischen Eroberer erwarteten, als sie im 16. Jahrhundert mit der Kolonisierung Südamerikas begannen. Auch Mais, Chillies, Tomaten, Bohnen und Meerschweinchen stammen aus der Neuen Welt.

Aber auch die Neuankömmlinge hatten eine Menge kulinarischer Köstlichkeiten zu bieten. Die Einführung der Viehzucht bescherte den Menschen Rindfleisch, Butter, Käse und Milch. Ebenso waren Weizen, Reis und Zuckerrohr willkom-

mene Importe. Die Iberer gaben darüber hinaus die kulinarischen Geheimnisse weiter, in die sie während 800jähriger arabischer Besetzung eingeweiht worden waren.

Nicht zuletzt ergänzten Sklaven aus Afrika die südamerikanische Küche mit neuen kulinarischen Variationen und noch mehr Chillies, dazu Okra, Palmöl, Ingwer und Melonenkerne.

Auf dem Höhepunkt des europäischen Kolonialismus – im ausgehenden 19. und beginnenden 20. Jahrhundert – kamen weitere Siedler, und mit ihnen neue Eßgewohnheiten und Vorlieben für bestimmte Nahrungsmittel. Und so hat sich im Lauf der Zeit eine zwar regional verschiedene und doch typische südamerikanische Küche – einfach und herzhaft – herauskristallisiert.

WÜRZMITTEL

Trotz der vielen fremden Einflüsse bestimmen noch immer die einheimischen Erzeugnisse den täglichen Speisezettel. Ausnahmen sind Reis, der auf dem ganzen Kontinent beliebt ist, sowie Petersilie und Korianderblätter, die in Südamerika zu den am meisten bevorzugten Kräutern gehören.

Die peruanische Küche ist bekannt für ihre großzügige Verwendung von Chillies, nicht nur in gekochten Speisen, sondern auch in frisch zubereiteten Saucen, die zu jeder Mahlzeit auf den Tisch kommen. Auf jedem peruanischen Markt werden mengenweise rote, orangefarbene, gelbe und grüne Chillies in den unterschiedlichsten Formen, Größen und Schärfegraden angeboten.

Typisch für die peruanische Küche ist auch der einheimische Mais, der in vielen Farben, darunter auch eine blauviolette Sorte, erhältlich ist. In Wasser gekocht, verliert er an Farbe und setzt ein blumiges, zitronenartiges Aroma frei. Diese Flüssigkeit ist die ideale Basis für Gelatinespeisen oder Desserts, die mit Maisstärke angedickt werden.

Im Norden Südamerikas läßt man Annattosamen in Speiseöl ziehen. Das leicht aromatisierte Öl verleiht Fleisch- und Geflügelgerichten einen warmen Orangeton.

In Kolumbien spielt Kokosmilch eine große Rolle als Kochflüssigkeit. Saucen werden mit gemahlenen Nüssen angedickt, und es ist üblich, Fleisch mit den so zahlreich vorhandenen Nüssen zu garen. Nüsse sind auch ein fester Bestandteil der brasilianischen Küche. Darunter fallen nicht nur die Paranüsse, die nach dem Ausfuhrhafen Para benannt sind, sondern auch die Erdnüsse, die uns einmal mehr daran erinnern, daß Südamerika und Westafrika vor der Kontinentalverschiebung ein zusammenhängender Erdteil waren.

Kennzeichnend für brasilianisches Essen ist das leuchtende Orange des aus Afrika importierten Palmöls und die phantasievolle Zubereitung von Maniok. Die Maniokwurzel, ein wichtiges Grundnahrungsmittel der Guarani-Indianer, wird fein vermahlen, geröstet und – ähnlich wie Parmesan – über die fertigen Gerichte gestreut.

ANDERE ZUTATEN

Die Kartoffel ist mit Abstand die meistverwendete Zutat in südamerikanischen Küchen. Bei der Ankunft der Spanier in Peru hatten die Inkas bereits über hundert unterschiedliche Kartoffelsorten gezüchtet, darunter weiße, gelbe, schwarze und rötliche Kartoffeln, die sich auch in Größe und Geschmack voneinander unterschieden. Zu den bekanntesten peruanischen Kartoffelkreationen gehört *causa a la chiclayana*. Dieses herzhafte und optisch animierende Gericht besteht aus Kartoffeln mit einer Sauce aus geriebenen Walnüssen, Käse, Chillies, Zwiebeln und Knoblauch und ist garniert mit in Scheiben geschnittenen Maiskolben, gebratenem Fisch oder Garnelen, hartgekochten Eiern, Maniokwurzel und schwarzen Oliven.

Abgesehen von den Kartoffeln, hat Südamerika noch eine ganze Menge zu bieten, wie zum Beispiel die ungeheure Auswahl an köstlichen Meeresfrüchten, die man an beiden Küsten, vor allem der des Pazifiks, findet, wie Abalonen, Jakobsmuscheln, Flügelschnecken, Hummer und Venusmuscheln. Sehr zu empfehlen ist das chilenische Gericht *erizos al matico* – Igelfische, die mit gehackten Zwiebeln, Zitronensaft und Ge-

würzen gegart werden. Sie werden meist als erster Gang serviert, können aber auch ein leichtes Mittagessen ersetzen.

Auf der anderen Seite der Anden, in Argentinien, spielt Rindfleisch eine wichtige Rolle. *Matambre*, was wörtlich übersetzt »Hungertöter« heißt, ist eine Fleischroulade aus dünngeschnittenem, flachgeklopftem Steakfleisch, das mit einer Mischung aus Spinat, Möhren und hartgekochten Eiern gefüllt und anschließend in einem gehaltvollen Rinderfond geschmort wird.

MAHLZEITEN

Das südamerikanische Frühstück besteht im allgemeinen aus Früchten oder Fruchtsaft, Brötchen und Tee, Kaffee oder Kakao. Das Mittagessen beginnt mit appetitanregenden Vorspeisen, dann folgen Suppe, ein Hauptgericht aus Fisch, Fleisch oder Geflügel mit Gemüse und Reis oder Kartoffeln, und den Abschluß bilden Früchte und Kaffee. Das Abendessen setzt sich ähnlich zusammen, enthält darüber hinaus aber oft noch einen Gang mit Fisch.

Woraus sich ein Menü im einzelnen zusammensetzt, hängt natürlich von der jeweiligen Region ab. Jedes Land hat seine Vorlieben. In allen Teilen des Kontinents werden gerne Salate als Vorspeise gegessen, noch lieber aber mögen die Ecuadorianer eine Platte mit gekochtem Gemüse.

Die südamerikanische Küche weist nicht nur landestypische Abweichungen auf, sie variiert in den Andenstaaten (Peru, Venezuela, Kolumbien, Ecuador und Chile) auch je nach Höhenlage. Ein beliebtes Gericht im kolumbianischen Tiefland ist zum Beispiel *sabalo guisado con coco* (Shad-Filets in Kokosmilch), im Hochland dagegen schätzt man *ajiaco de pollo bogotano*, einen Hühnereintopf mit zwei Sorten Kartoffeln und frischem Mais. In den Bergen Ecuadors wird als erster Gang Kartoffelkuchen – *llapin-gachos* – mit Tomaten, Avocadoscheiben und grünem Salat serviert. Der gleiche Kuchen wird an der Küste in Öl gebraten, mit Annatto gewürzt und mit gebratenen Planten und einer Erdnußsauce aufgetischt.

Von den deutschen Siedlern lernten die Südamerikaner die Kunst des Bierbrauens; aus Frankreich kamen die Weinreben und die fachmännischen Kenntnisse im Keltern. Kaffee ist in ganz Südamerika beliebt. Er ist meist sehr stark und wird – mit einem Schuß heißer Milch – aus Mokkatassen getrunken.

TYPISCHE GERICHTE

Empanadas Salteñas (Bolivien)
Kleine Teigtaschen mit Hackfleischfüllung

Aguacates Rellenos (Ecuador)
Avocados, gefüllt mit gehacktem Schinken, hartgekochten Eiern und Mayonnaise

Ajiaco de Pollo Bogotano (Kolumbien)
Hühnereintopf mit zwei Sorten Kartoffeln und frischem Mais

Llapingachos (Ecuador)
Mit Annattosamen gefärbte Kartoffelkuchen, gebratene Planten und Erdnußsauce

Ají de Gallina (Peru)
Huhn in Chilisauce

Sopa Paraguaya (Paraguay)
Maisbrot mit zwei Sorten Käse

Feijoada Completa (Brasilien)
Fleisch mit schwarzen Bohnen, Orangensalat, Grünkohl, gerösteter Maniokwurzel und Chili-Limetten-Sauce

Pabellón Caraqueño (Venezuela)
Dünnes Rindersteak, gefüllt mit Reis, schwarzen Bohnen und Planten

Carbonada Criolla (Argentinien)
Fleisch-Gemüse-Eintopf mit Pfirsichen und Birnen

Pudim de Bacalhau com Ovos (Brasilien)
Gebackene Eier mit gesalzenem Kabeljau in Tomatensauce

Pichones con Salsa de Camarones (Peru)
Tauben in Shrimpssauce

Porotos Granados (Chile)
Bohnen mit Mais und Kürbis

Budín de Yuca (Guatemala)
Maniok-Auflauf

Torta de Zapallo (Ecuador)
Süßer Kürbiskuchen mit Käse nach Cheddar-Art

Manjar Blanco (Chile)
Süßer Pudding aus Reismehl, Milch und Mandeln

MEXIKO

Die mexikanische Küche heute ist eine feurige Mischung aus Speisen der indianischen Bevölkerung und der spanischen Eroberer. Die auf Gemüse- oder Zuckermais, Chillies und Tomaten basierenden Gerichte der alten Azteken und Maya wurden durch die Spanier mit Süßigkeiten, Marinaden und Saucen ergänzt und bereichert. Das Ergebnis ist eine kräftige, bäuerliche Küche, in der reichlich frisches Gemüse Verwendung findet. Fast zu jedem Gericht werden Tortillas gegessen, jene hauchdünnen Fladen aus Maismehl, die gleichzeitig als Teller, Löffel und als Nahrung dienen. Die mexikanische Küche ist jedoch alles andere als langweilig. Es gibt zum Beispiel an die fünfzig Bohnen- und über 140 in Geschmack und Aussehen unterschiedliche Chilisorten. Auch Fleisch, vor allem Geflügel und Schweinefleisch, und Fisch sind Grundlage vieler pikanter Gerichte.

Typische Zutaten

Acitron (kandierter Kaktus)
Annatto*
Avocados
Bananenblätter*
Bohnen
Chayote (Eierkürbis)
Chillies*
Epazote (Teekraut)
Feigenkaktus
Guaven
Jicama (Wurzelgemüse)
Kaktusfeigen
Kokosnuß*
Kürbis
Kürbiskerne
Limette*
Maisgrieß
Maishüllblätter*
Masa harina (grobes Maismehl)
Oregano*
Papayas
Pilze*
Piment*
Pinienkerne
Planten
Schokolade*
Sonnenblumenkerne
Squashblüten
Tamarinde*
Tomaten*
Tomatillos
Topinambur
Vanille*
Zimt*
Zitrone*
Zuckermais
Zwiebeln*

(* siehe Register)

KULTURELLE EINFLÜSSE

Wie ihre südamerikanischen Nachbarn beherrschten auch die Mexikaner schon lange vor der Ankunft der Spanier die hohe Kunst des Kochens. Etwa 7000 Jahre v. Chr. bauten sie bereits Mais und Avocados an. Kurze Zeit später kamen Truthahn, Moschusente, Reh, Wachteln, Tauben und eine Vielzahl von Fischen und anderen Meerestieren in verschiedenen Zubereitungsarten auf den Speisezettel. Vor allem aber hat die Schokolade ihren Ursprung in Mexiko.

Diese vielseitige, durch Kartoffeln, Chillies, Squash, Tomaten und Bohnen ergänzte Kost fanden die Spanier vor, als sie im frühen 16. Jahrhundert das Reich der Azteken eroberten.

Die spanischen Eroberer führten nicht nur alles ein, was Europa an Nahrungsmitteln zu bieten hatte, sondern dank ihrer Handelsverbindungen auch exotische Genüsse wie indischen Reis. Ein wichtiger Import waren auch die Zitrusfrüchte, ohne die es kein *ceviche* gäbe. Bei dieser Methode des Marinierens wird Fisch so lange in Zitronensaft eingelegt, bis er durch die Säure »gegart« ist (siehe S. 174). Beliebt war auch das Schwein, nicht zuletzt, weil es die bis dahin fast fettlose Kost um Schweineschmalz bereicherte. Nahrungsmittel, die vorher einfach nur in Bananen- oder Maishüllblättern gedämpft wurden, konnten von nun an gebraten oder geröstet werden.

Als Mexiko im 19. Jahrhundert endlich in die Unabhängigkeit entlassen wurde, war die Küche stark von den Kolonisatoren geprägt.

Die Nähe von Nordamerika wirkte sich für Mexiko negativ und positiv zugleich aus. Die amerikanischen Nachbarn besetzten weite Teile des Landes und fanden an den Eßgewohnheiten

ihrer neuen Untertanen großen Gefallen. Mit neuen Zutaten konnten sie zwar nicht aufwarten, dafür aber mit echter Begeisterung für die mexikanische Küche. Es waren die Nordamerikaner, die die Weizen-Tortillas mit jeder nur denkbaren Füllung *burritos* (»kleine Esel«) tauften. Auf die Idee, Tortillas zu fritieren, kamen ebenfalls die Amerikaner. Diese beliebig zu füllenden Tortillaröllchen heißen in Mexiko *tacos*. Kaugummi dagegen ist seltsamerweise keine amerikanische Erfindung, sondern ein Produkt aus Chicle oder Chiclegummi, das aus dem Milchsaft des Breiapfelbaums (*Manilkara zapota*) gewonnen wird.

WÜRZMITTEL

Chillies, Zwiebeln und Kürbiskerne sind die meistverwendeten Würzmittel in der mexikanischen Küche, dicht gefolgt von dem säuerlichen grünen Tomatillo, der eine für Mexiko sehr typische Frucht ist. Mexikanische Gerichte sind an sich nicht sonderlich scharf. Die Schärfe kommt erst durch eine mit Chillies gewürzte Sauce, von der sich jeder bei Tisch nach Belieben nimmt. Die Vielzahl der angebotenen Chilisorten sorgt auch geschmacklich für Abwechslung. Sehr beliebt sind *chile-poblano*. Diese scharfen, dunkelgrünen Pfefferschoten sind durch das Gericht *chiles rellenos* bekannt – mit Käse oder Hackfleisch gefüllte Pfefferschoten, die in Ausbackteig fritiert werden.

Salsa cruda und *salsa verde* sind zwei der beliebtesten Würzsaucen auf Tomaten- und Chilibasis. *Salsa cruda* besteht lediglich aus Tomaten, Chillies und Zwiebeln. In *salsa verde* werden die Tomaten durch grüne Tomatillos ersetzt, sonst ist die Zubereitung dieselbe. *Guacamole* heißt ein ebenso beliebtes Relish aus pürierten Avocados, das nach Belieben mit Tomaten, Chillies, Zwiebeln, Knoblauch und Koriandergrün gewürzt wird. Diese zu vielen Gerichten servierte Beilage wird entweder eßlöffelweise über die fertige Speise gegeben oder mit dampfendheißer Tortilla aufgenommen und gegessen.

Frischer Koriander wird sehr geschätzt und taucht in einer Vielzahl von Gerichten auf, ebenso *epazote*, ein Kraut mit sehr scharfem Geruch, das eine unverzichtbare Würze für schwarze Bohnen ist. Annatto wird viel im südlichen Yucatán verwendet, und der Saft von Zitronen und Limetten rundet den Geschmack vieler Gerichte ab.

Die unterdessen weltweit verbreitete Schokolade ist international sicher der wichtigste kulinarische Beitrag Mexikos. Sie ist außerdem ein wesentlicher Bestandteil des auch außerhalb des Landes beliebten mexikanischen Nationalgerichtes *mole poblano* – Truthahn in pueblanischer Sauce, die mit Nüssen und Samen angedickt ist und durch Tomaten, Chillies und vor allem Bitterschokolade ihre charakteristische Note erhält.

ANDERE ZUTATEN

Der in Mexiko heimische Mais gehört naturgemäß zu den meistverwendeten Zutaten in der Küche. Aus ganzen Maiskörnern werden meist deftige Suppen gekocht, die *pozole* heißen. Die zu *masa harina* – grobem Mehl – vermahlenen Körner werden für die Zubereitung von *tamales* verwendet. Das sind Fleisch- oder Gemüsepäckchen, die in Mais- oder Bananenblättern gedämpft werden. Und die aus feinvermahlenem Mais hergestellte Tortilla gehört zum täglichen Brot der Mexikaner.

Typisch für die mexikanische Küche sind jedoch frische Früchte und Gemüse. Dank der günstigen klimatischen Bedingungen können fast alle eßbaren Pflanzen kultiviert werden. Die Auswahl ist immens: sie reicht von Avocados über Mangos bis zu Kaktusfeigen.

Geflügel und Rindfleisch sind ebenfalls reichlich vorhanden. Sie werden meist geschmort oder gegrillt wie in *carne asada a la Tampigueña*, einem Gericht, das in allen mexikanischen Restaurants auf der Speisekarte zu finden ist. Es besteht aus dünngeschnittenen Steaks, die mit diversen Beilagen, wie Bohnen, Tortillas, *salsa*, *guacamole*, Käse und frischen Zwiebelringen, serviert werden. Saftiges Schweinefleisch ist eine beliebte Zutat in vielen traditionellen Zubereitungen, zum Beispiel

in den mehr oder weniger scharfen *chorizos*, in Farcen für Paprikaschoten und in Eintöpfen.

Auch Fisch und Meeresfrüchte besitzen einen hohen Stellenwert. Kein Wunder, wenn man bedenkt, daß sich die mexikanische Küste über mehr als 9000 Kilometer erstreckt. Von Moctezuma II., der 1502 die Regierung des Aztekenreiches übernahm, heißt es, er sei täglich mit frischem Fisch beliefert worden, den Läuferstaffeln vom Golf nach Tenochtitlán – wo sich heute Mexico City befindet – brachten. Die Märkte an der Küste bieten heute Seefische in Hülle und Fülle an, zum Beispiel *huachinango* (Roter Schnapper) und *robálo* (Seebarsch), sowie diverse andere Meerestiere, und die Flüsse und Seen liefern schmackhafte Süßwasserfische wie Wels, Forelle und Barsch. Viele dieser exotischen Genüsse werden mit Pfeffer und Knoblauch gewürzt und gegrillt.

MAHLZEITEN

Die Mexikaner beginnen den Tag mit *desayuno*, dem ersten Frühstück, das meistens aus Kaffee, seltener aus heißer Schokolade, und dem süßen Brot und Gebäck spanischer Herkunft besteht. Um die Mittagszeit wird dann ein zweites, etwas reichhaltigeres Frühstück – *almuerzo* – eingenommen. Dazu gehören *huevos rancheros* (Tortillas mit Spiegeleiern und Sauce) mit *frijoles refritos* (gebratenes Bohnenpüree) und eine frisch zubereitete Chilisauce.

Kulinarischer Höhepunkt des Tages ist die *comida* (Mittagessen), eine gehaltvolle Mahlzeit am Nachmittag, die zwischen 14.00 und 17.30 Uhr eingenommen wird. Der erste Gang besteht im allgemeinen aus einer leichten Suppe, gefolgt von *sopa seca* (»trockene Suppe«), bei der es sich häufig um ein Reis- oder Nudelgericht handelt. Als nächstes folgt ein Hauptgang mit Fisch, Geflügel oder Fleisch sowie Salat oder Gemüse. Dann gibt es Bohnen, meist Pinto-Bohnen und dazu Tortillas oder frische *bolillos*, die mexikanische Variante von *petit pain*, länglich geformte, knusprige Brötchen. Abgerundet wird das reichhaltige Mahl mit Früchten, entweder frisch oder gedünstet, oder auch mit *flan*, dem herrlichen Karamelpudding.

Die mexikanische *merienda* ist ein leichtes Abendessen mit Brot, Marmelade und *tamales* (in Mais- oder Bananenblättern gegarte pikante Fleischfüllung). Bei besonderen Anlässen wie Hochzeiten und Geburtstagen wird noch am späten Abend eine warme Mahlzeit, *la cena*, serviert.

TYPISCHE GERICHTE

Sopa de Lima
Limettensuppe

Guacamole
Avocadopüree mit gehackten Zwiebeln, Chillies, frischem Koriander und gehackten Tomaten

Pozole Verde
Maisgrießsuppe mit Huhn, Schweinefleisch und gemahlenen Kürbiskernen

Esquites
Zuckermaiskörner mit Zwiebeln, Pilzen und Paprikaschoten

Calabacitas
Zucchini mit Zwiebeln, Knoblauch, Tomaten und Chillies

Hongos Guisados
Pilze mit Knoblauch, gehacktem Epazote (mexikanisches Teekraut), Chillies und Limettensaft

Ensalada de Jicama
Jicama-Salat mit Orangen und einem Dressing aus Limettensaft, Koriandergrün und Chillies

Quesadillas fritas
Eingerollte Maistortillas mit Käsefüllung

Frijoles charros
Gekochte Bohnen mit Speck und gerösteten Chillies

Mole Poblano de Guajolote
Truthahn in einer mit Chillies, Pfeffer, Zimt und Bitterschokolade gewürzte Tomatensauce

Pescado Adobado en Hojas de Maíz
Mit Chillies marinierter und in Maishüllblättern gegarter Fisch

Pescado a la Veracruzana
Fisch mit Tomaten, Kapern, Oliven und Chillies

Tamales de Dulce
Süße Tomaten, gefüllt mit kandierten Früchten

Flan
Karamelpudding

NORDAMERIKA

Nordamerika ist ein gewaltiges, mit natürlichen Ressourcen reich gesegnetes Land. Die riesigen Weizenfelder im mittleren Westen der Vereinigten Staaten werden als »Brotkorb der Welt« bezeichnet, darüber hinaus verfügen die USA weltweit über die größte Milch- und Schlachtviehzucht, und ihre Seen, Flüsse und Abertausende von Küstenkilometern bergen einen ungeheuren Reichtum an Fischen und anderen Meerestieren. Bei den großen landschaftlichen und klimatischen Unterschieden innerhalb der USA und Kanadas ergeben sich verschiedenartige Landschaftszonen. Florida zum Beispiel liefert Zitrusfrüchte und Mangos, Kalifornien Blattsalate, im mittleren Westen werden Mais und Weizen angebaut, während Lachs, Austern und Beerenfrüchte aus dem kälteren Nordwesten am Pazifik kommen. Dieser Vielfalt an Produkten stehen die verschiedensten Kochstile gegenüber, die über Generationen hinweg in die Neue Welt gelangten. Seit der Entdeckung Nordamerikas durch die Europäer sind Menschen fast aller Nationen dorthin ausgewandert und haben mit ihrer Kultur und Tradition wesentlich zur Prägung des heutigen Kontinents beigetragen. Die Rezepte aus der Heimat wurden an die amerikanischen Gegebenheiten angepaßt, und so entstand eine einzigartige Küche. Diese Küche ist wie die amerikanische Kultur in ständiger Veränderung begriffen und stets offen für neue Einflüsse und Produkte.

Typische Zutaten

Ahornsirup*
Äpfel
Augenbohnen
Austern
Avocados
Chillies*
Cranberries
(Kulturpreiselbeeren)
Dill*
Erdnüsse
Flußkrebse
Heidelbeeren
Ingwer*
Ketchup*
Krabben
Kreuzkümmel*
Kürbis
Limabohnen
Melasse*
Monterey Jack
(halbfester Schnittkäse)
Okra
Pekannüsse*
Rindfleisch
Rock-Cornish-Hennen
Salsa*
Sarsaparillawurzel*
Sassafras*
Sauerteigbrot
Saure Sahne*
Schokoladensplitter*
Squash
Süßkartoffeln
Truthahn
Venusmuscheln
Wachsbohnen
Wildreis
Zimt*
Zuckermais

(* siehe Register)

DIE REGIONALEN KÜCHEN

Neuengland und der Nordosten der USA Als die ersten britischen Siedler eintrafen, fanden sie eine indianische Bevölkerung vor, die die Vielzahl der heimischen Tiere und Pflanzen geschickt als Nahrungsquelle zu nutzen wußte. Eichhörnchen, Hirsch und Bär bevölkerten die Wälder, wilde Truthähne, Tauben und Wachteln gab es zuhauf; die Seen und das Meer lieferten reichlich Fisch und Meeresfrüchte; Squash, Mais und Beeren warteten nur darauf, geerntet zu werden.

Für Brote und Pudding verwendeten die ersten Siedler Maismehl anstelle von Weizenmehl, und zum Aromatisieren nahmen sie Ahornsirup, der in den waldreichen Gebieten in New Hampshire und Vermont gewonnen wurde. Der schmackhafte Saft ist noch heute eine beliebte Beigabe zu Frühstückspfannkuchen und Waffeln und dient als Glasur für gebackenen Schinken. Nicht zuletzt verdanken wir den zähen Neuengländern auch das traditionelle Gericht *Boston baked beans* (Gebackene Bohnen in Rotwein).

Durch die ersten englischen Siedler wurden außerdem die *pies* (Schüsselpasteten) in Amerika eingeführt. Pikante *pies* waren mit Fleisch, Fisch oder Geflügel gefüllt, süße *pies* enthielten Beeren und Früchte, die in der neuen Heimat in großer Auswahl zur Verfügung standen. Da jede Hausfrau ihr eigenes Rezept von *apple pie* hatte, wurde dieses Gericht zu einem Symbol amerikanischer Eßkultur.

Um 1750 siedelten sich deutsche Einwanderer als Farmer in Pennsylvania an. Diese Deutschamerikaner, wie sie heute heißen, brachten eine Vorliebe für Würstchen und Schinken und ein fundiertes Wissen über Methoden des Sterilisierens mit. Die nach diesen Methoden konservierten Nahrungsmittel sind noch heute ein wichtiger Bestandteil ihrer traditionellen Küche, werden aber auch landesweit geschätzt. Deutschen Ursprungs sind auch Hefekuchen und Gebäckspezialitäten wie Stollen und Lebkuchen.

Viele Skandinavier ließen sich im Gebiet des heutigen Mittelwestens nieder, wo sie neben ihrem traditionellen *smörgasbord* auch mit Milchprodukten zubereitete Speisen einführten.

Der Süden In Virginia und den angrenzenden Staaten herrscht ein mildes Klima. Die Bewohner sind einen großzügigen Lebensstil gewohnt und berühmt für ihre Gastfreundlichkeit. Eine Spezialität dieser Region ist Smithfield-Schinken. Dieser über Hickoryholz geräucherte Kochschinken mit Pfefferkruste wird in der gleichnamigen Stadt nach altüberliefertem Rezept hergestellt.

Die Spanier führten im Süden unter anderem die Schweinezucht ein, und es dauerte nicht lange, da dominierte Schweinefleisch die regionale Küche. Speck, Schinken und Schweinewürste sind noch heute Bestandteil eines traditionellen Südstaaten-Frühstücks. Dazu gibt es Maisgrieß (ein mit Milch aufgekochter Brei aus getrockneten und gemahlenen Maiskörnern) und gehackte, gebräunte Kartoffeln oder Bratkartoffeln. Schweinehachse und Wildkohl zählen wie Schinken mit Bratensauce (*red-eye gravy*) zu den Standardgerichten.

Mit dem Mittelpunkt New Orleans entstand in

den weiter südlich gelegenen Staaten wie Mississippi und Louisiana aus französischen, spanischen und afrikanischen Kochtraditionen die kreolische Küche. Diese phantasievollen und abwechslungsreichen Speisen spiegeln das Flair der Stadt New Orleans wider. Beliebte kreolische Gerichte sind unter anderem *calas*, ein Frühstücksgericht aus fritierten würzigen, süßen Reisbällchen, und *bisques* – Cremesuppen von Krustentieren.

Auch die akadische Küche (*cajun*) hat ihren Ursprung in Frankreich. Sie erreichte die buchtenreiche Küste Louisianas über die Akadier, jene französischen Siedler, die Mitte des 18. Jahrhunderts aus Neuschottland vertrieben wurden. Mit der Zeit mischte sie sich mit spanischen, afrikanischen und indianischen Einflüssen. Zwei der bekanntesten Gerichte aus dieser meist scharfen und würzigen Küche sind *jambalaya* (ein Eintopf aus Reis, Schweinefleisch, Wurst, Schinken, Shrimps und Flußkrebsen, gewürzt mit Chillies oder Cayennepfeffer) und *gumbo* (eine scharfe Suppe mit Okraschoten, diversen Fleischsorten, Meeresfrüchten und Gemüse).

Die Ostküste   Als die Einwanderungswelle im 19. Jahrhundert einen neuen Höhepunkt erreichte, wurde New York für die meisten der nach Amerika einströmenden Immigranten zum wichtigsten Einreisehafen. Neben jüdischen Familien aus Osteuropa kamen Iren, Italiener, Ungarn und Deutsche in Scharen, um im Land der unbegrenzten Möglichkeiten ein neues Leben zu beginnen.

Da sich ein Großteil dieser neuen Amerikaner in New York niederließ, trifft man in der heutigen Millionenstadt alle Landesküchen der Welt an. Die zahlreichen Delikatessengeschäfte bieten Spezialitäten aus aller Herren Länder an, darunter auch viele aus Osteuropa. In Chinatown herrscht geschäftiges Treiben, und die italienische Kochkunst findet auch fern der Heimat auf der anderen Seite des Atlantiks ihre Anhänger.

Der Südwesten   Die Aussicht auf ein eigenes Stück Land zog anfangs viele Siedler nach Westen, und es dauerte nicht lange, da hatten sich in der weiten, unbewohnten Prärie die Farmer und Viehzüchter niedergelassen.

Texas und die benachbarten Wüstenstaaten Arizona und New Mexico haben die sogenannte Tex-Mex-Küche hervorgebracht, die sich durch die reichliche Verwendung von Chillies und den unverkennbaren mexikanischen Einschlag auszeichnet. Hier hat das bekannte Gericht *chile con carne* seinen Ursprung, das mittlerweile ganz Amerika erobert hat und je nach Region auch mit Reis oder auf *hot dogs* serviert wird. Auch *tacos*, die knusprigen, mit würzigem Hackfleisch und Salaten gefüllten Maismehl-Tortillas, und *burritos* (aufgerollte Tortillas aus Weizenmehl mit einer Bohnen-, Fleisch-, Geflügel- oder Gemüsefül-

lung, dazu Käse und eine feurige Sauce) werden mit Begeisterung verspeist. Viele Tex-Mex-Gerichte sind reichlich mit frischem Koriandergrün gewürzt, das hier *cilantro* heißt. Zu den lokalen Spezialitäten, die ihren Ursprung in der mexikanischen Küche haben, gehören auch *salsa*, eine Würzsauce aus rohen Tomaten, und der Avocado-Dip *guacamole*.

Die Westküste   Im sonnigen Kalifornien hat vor allem anderen das Wetter die Küche geprägt. Strahlender Sonnenschein und großzügige Bewässerung lassen Früchte und Gemüse üppig gedeihen. Im Süden Kaliforniens wachsen Artschocken, Avocados, Zitrusfrüchte, Datteln und Melonen, während die Weinberge im Norden die örtlichen Winzer mit Trauben versorgen. Chinatown in San Francisco ist eine blühende Gemeinde von Nachfahren chinesischer Arbeiter, die für den Bau der Eisenbahn nach Amerika geholt wurden. Infolgedessen ist die Peking-Ente hier ebenso zu Hause wie im fernen China. Chinesischen Ursprungs ist auch *chow-chow*, ein mit Gelbwurz eingefärbter Gemüse-Relish.

Weiter oben im Nordwesten gibt es in Mengen Lachs, Venusmuscheln, Krabben und Austern von bester Qualität. Oregon ist das Land der Äpfel und Birnen, während der Staat Washington hauptsächlich Pfirsiche produziert. Da die Küste Washingtons überwiegend von Engländern besiedelt war, gehört *steak and kidney pie* dort noch immer zu den kulinarischen Favoriten.

Heidelbeer-Muffins

TYPISCHE GERICHTE

BLT
Sandwich mit Speck, Kopfsalat und Tomaten

Chowder
Herzhafte, eintopfähnliche Suppe mit Meeresfrüchten, Huhn oder Gemüse

Oysters Rockefeller
Gebackene Austern mit Spinat, Speck und Käse bedeckt

Hash Browns
Grobgehackte, gebräunte Kartoffeln, wie ein Eierkuchen gebraten

Muffins
In speziellen Förmchen gebackene runde, süße Brötchen

Buffalo-Style Chicken Wings
Gegrillte Hühnerflügel in würziger, scharfer Chilisauce

Eggs Benedict
Pochierte Eier auf englischen Muffins, die mit gebratenem kanadischem Speck belegt und mit holländischer Sauce überzogen sind

Reuben Sandwich
Gegrilltes Corned beef und Schweizer Käse mit Sauerkraut auf Roggenbrot

Salat Cäsar
Römischer Salat mit pikantem Dressing und Parmesan

Hangtown Fry
Gebackene Eier mit Austern und Speck

Surf 'n' Turf
Hummerschwanz mit Filet mignon

Baked Alaska
Norwegisches Eis-Omelett: mit Eiscreme bestrichener und mit einer Baisermasse überbackener Biskuitboden

Shoofly Pie
Süße Pastete mit Melasse und braunem Zucker

Devil's Food Cake
Zweischichtige gefüllte, glasierte Schokoladentorte

Mais – das vielseitig verwendbare Getreide

Gemüse- oder Zuckermais gehörte schon vor der Ankunft der Pilgerväter zu den festen Bestandteilen der amerikanischen Küche. Den Indianern diente das heimische Getreide als Grundnahrungsmittel. Und viele der alten Rezepte sind in den heutigen Gerichten noch zu erkennen.

Maismehl Das weiße oder gelbe Mehl hat eine ähnliche Konsistenz wie Polentamehl. Die ersten Siedler zogen es dem teureren Weizenmehl vor.

Maisbrot Ein pikantes Brot aus Maismehl, das oft als Truthahnfüllung verwendet wird.

Corn Chowder Ein eintopfähnliches Gericht auf Milchbasis mit gepökeltem Schweinefleisch, Kartoffeln und frischem Zuckermais.

Corn Fritters In heißem Fett gebackene Maiskuchen aus Maiskörnern und leichtem Ausbackteig.

Hush Puppies Fritierte Maismehl-Bällchen, die vor allem im Süden der USA beliebt sind.

Indian Pudding Süßspeise aus Maismehl, Milch und Melasse. Die Siedler nannten diesen Brei Hasty Pudding, eine Bezeichnung, die noch heute in manchen Regionen gebräuchlich ist.

Maisgrieß Geschälte und gemahlene Maiskörner. Maisgrieß wird vor allem im Süden des Landes mit Butter und Zucker als Frühstücksgetreide gegessen.

Spoon Bread Eine soufflééähnliche Süßspeise aus Maismehl.

Succotash Indianisches Gericht aus gekochten Limabohnen und Maiskörnern.

Tortillas Hauchdünne Fladen aus Maismehl und wichtiger Bestandteil der Tex-Mex-Küche.

Traditionelle gußeiserne Maisbrot-Pfanne
Corn pones sind kleine Maisbrote, die in speziellen Hohlformen gebacken werden, so daß die fertigen Brote wie Maiskolben aussehen.

ANDERE ZUTATEN

Die Zucht der Longhorn-Rinder hat auf die amerikanische Küche keinen geringen Einfluß ausgeübt. Die widerstandsfähige Rasse, die auch einen Viehtreck über weite Entfernungen gut überstand, lieferte Rindfleisch, das nicht mehr eingesalzen werden mußte. Hinzu kam, daß mit der Entwicklung des Schienenverkehrs ein neuer Fleischmarkt von gewaltigem Ausmaß erschlossen werden konnte, so daß bald in allen Städten Steakhäuser wie Pilze aus dem Boden schossen. Bis Ende der achtziger Jahre, als tierische Fette aus gesundheitlichen Gründen ins Kreuzfeuer der Kritik gerieten, beherrschte Rindfleisch den täglichen Speisezettel der Amerikaner, und Roastbeef, Schmorbraten, Steak und Hamburger gehörten zur Standardkost.

Tomatenketchup und Senf als passende Würzen zu Rindfleisch fehlten in keinem amerikanischen Haushalt. Der von den Amerikanern am meisten bevorzugte Senf ist etwas milder als europäische Sorten und eher glatt als grobkörnig.

Sauerteigbrot war eine Spezialität der frühen Pioniere, vor allem der Goldsucher aus San Francisco, die nach Alaska aufbrachen und mangels Hefe einen Ersatz finden mußten. Für den Teig wird eine Mischung aus Mehl, Wasser und Zucker angerührt und der Gärung überlassen. Dieser säuerlich schmeckende Ansatz wird als Starter oder Vorteig verwendet und bewirkt ein Aufgehen des Brotes. Was damals aus der Not heraus entstand, gilt heute als Delikatesse.

Ein anderer Klassiker unter den amerikanischen Broten ist das jüdische Beugel, ein Hefegebäck in Ringform, das gern mit Mohnsamen, geraspelten Zwiebeln oder Knoblauch bestreut wird. Ein Beugel wird häufig mit geräuchertem Lachs oder Weichkäse zum Sonntagsfrühstück gegessen oder auch zu Sandwiches verwendet.

Flußkrebse sind kleine, hummerähnliche Krustentiere, die in Süßwasser leben. Einst hochgeschätzt von den Indianern, sind sie noch heute eine amerikanische Spezialität, vor allem in Louisiana als Zutat in *pies, gumbos* und Eintöpfen oder einfach gekocht und aus der Hand gegessen.

Die von Kapitän James Cook Ende des 18. Jahrhunderts erwähnte Heidelbeere wird heute in fast allen kühleren Regionen im Norden des Landes kultiviert, vor allem aber in Neuengland. Blaubeeren werden roh mit Sahne, gedünstet in Waffeln und Pfannkuchen oder gebacken in *muffins* und *pies* gegessen.

Die amerikanische Eßkultur wurde stark von deutschen Immigranten geprägt. Die allgegenwärtigen Frikadellen aus Rinderhackfleisch, die zwischen Brötchen gereicht werden, sind nach der Stadt Hamburg benannt, während die *hot dogs* von den Frankfurter Würstchen abstammen. Die Obst- und Gemüsekonserven der Pennsylvania-Deutschen wurden von den amerikanischen Pionieren, die gen Westen zogen, übernommen, ebenso deren Fruchtmus und Hühnerpasteten.

Viele Rezepte der Deutschamerikaner sind fester Bestandteil der amerikanischen Küche, unter anderem auch *scrapple*, ein Gericht aus zerkleinertem Schweinefleisch und Porridge, das zum Frühstück gegessen wird. Selbst das Loch in der Mitte von *doughnuts* ist angeblich auf die Deutschamerikaner zurückzuführen.

Die Pizza hat ebenfalls das Herz aller Amerikaner erobert. Die bekannte italienische Spezialität aus dünn ausgerolltem Hefeteig, belegt mit Käse, Gemüse, Fleisch und Gewürzen in allen Variationen, zählt heute zu den amerikanischen Lieblingsspeisen.

In den Pizza-Stuben, die die italienischen Einwanderer Anfang des 20. Jahrhunderts in New York eröffneten, kamen die Steinöfen der Bäcker erstmals zum Einsatz, und für eine stilechte Pizza sind sie immer noch unverzichtbar. Heute findet man in den meisten Großstädten Pizzerias für Anspruchsvolle, in denen man die traditionellen Beläge wie Mozzarella und Tomaten durch Ziegenkäse, sonnengetrocknete Tomaten oder geräuchertes Hühnerfleisch ersetzt hat.

Die Amerikaner sind auch für ihre große Auswahl an Desserts bekannt. *Cheesecake* – Käsekuchen – ist allerorts beliebt, ob warm, kalt, gebacken, mit Gelatine gebunden, aromatisiert oder mit Früchten oder Sahne bedeckt. Der klassische amerikanische *cheesecake* wird in einer hohen Form bereitet und hat eine Kruste aus zerstoßenen Graham-Keksen.

Die heißgeliebte Eiscreme wird aus dem Becher gelöffelt, zwischen Waffeln, aus Waffeln, auf Pfannkuchen und Kuchen gegessen, in Soda und Kaffee geschlürft, in und auf *pies* serviert oder unter Baiser-Masse gebacken. Ständig kommen neue Geschmacksrichtungen dazu, und so wird Eis noch lange das Lieblingsdessert der Amerikaner bleiben.

MAHLZEITEN

Die Amerikaner nehmen ein bis zwei große Mahlzeiten täglich zu sich sowie allerlei Snacks über den Tag verteilt, wobei die Portionen reichlich bemessen sind – sowohl zu Hause als auch im Restaurant – und Gastfreundschaft immer großgeschrieben wird.

Das Frühstück fällt unterschiedlich aus. Es reicht von frisch gepreßtem Orangensaft und Frühstücksgetreide, Toast mit *ham and eggs* (Schinken und Eier) bis zu Pfannkuchen oder Waffeln mit Würstchen, Ahornsirup und Butter. Kaffee wird überall und zu jeder Tageszeit getrunken, nicht nur zum Frühstück, und dem Tee vorgezogen. Das Mittagessen ist meist die leichteste Mahlzeit des Tages. Sehr beliebt sind Salate und Sandwiches aus Feinkostläden und Straßenständen oder belegte Brote von zu Hause, die mit in die Schule oder zur Arbeit genommen werden.

Das Abendessen wird zwischen 18.00 und 19.00 Uhr eingenommen und besteht meist aus einem Hauptgang und einem einfachen Dessert. Ein klassische Zusammenstellung enthält Fleischkäse, Kartoffelbrei und gekochte Möhren, dazu als Nachtisch Eiscreme. Zum Fleisch ißt man kleine Brötchen, sogenannte *biscuits*, die mit Butter bestrichen oder in die Bratensauce getunkt werden. Sie haben nichts mit den englischen *biscuits* (Keksen) gemein; sie gleichen eher ungesüßten *scones* (brötchenähnlichen Kuchen). Zu Hause trinkt man zum Essen vorwiegend Milch, Fruchtsaft, alkoholfreie Getränke oder Kaffee. Im Restaurant dagegen wird Wein bevorzugt. Da der Weinbau in Kalifornien inzwischen Tradition hat, trinken mehr und mehr Amerikaner den edlen Rebensaft auch daheim zu den Mahlzeiten.

Brunch ist eine amerikanische Erfindung, die das Frühstück (*breakfast*) mit dem Mittagessen (*lunch*) verbindet. In vielen Hotels und Restaurants ist es heute üblich, am Wochenende einen Brunch anzubieten, und viele Amerikaner nutzen die Gelegenheit, um bei einem ausgedehnten und reichhaltigen Frühstück ihre Sonntagszeitung zu lesen. Zum Brunch gibt es, zur Selbstbedienung großzügig angerichtet, Obst, Müsli, Bratenaufschnitt, Beugel und geräucherten Lachs, Pfannkuchen und pochierte Eier Benedict (*eggs Benedict*) dazu Kaffee, Orangensaft oder auch Cocktails.

Das Essen außer Haus ist sehr populär, und fast an jeder Hauptstraße gibt es Filialen irgendwelcher Fast-Food-Ketten. In diesen Schnellimbiß-Restaurants werden unter anderem Hamburger, Pizzas, Hühnerteile, mexikanische Spezialitäten und Rippchen (*spare ribs*) angeboten, meist in Verbindung mit Pommes frites, Milchshakes oder gefrorenen Joghurtspeisen mit diversen Zutaten, die meist aus Früchten bestehen.

Die sogenannten Drive-in-Restaurants sind ebenfalls eine amerikanische Erfindung. Dort können die Autofahrer, ohne das Fahrzeug verlassen zu müssen, Essen bestellen, in Empfang nehmen und verzehren.

Thanksgiving Day, der vierte Donnerstag im November, ist das wichtigste Familienfest der Amerikaner. Mit dem traditionellen Festessen an diesem Tag wird der ersten Erntedankfeier der europäischen Siedler gedacht. Zu diesem Anlaß gibt es gebratenen Truthahn, gefüllt mit Maisbrot oder Austern, dazu eine Bratensauce aus den Geflügelinnereien, Preiselbeersauce, glasierte Bataten und Kürbis- oder Pekannuß-*pie*.

KANADA

Die kanadische Küche wurde weitgehend von Siedlern geprägt. In vielem gleicht sie der amerikanischen Küche der Nordstaaten, da die Nahrungsmittel zum großen Teil identisch sind und immer ein reger Austausch stattgefunden hat. Die Gerichte mit der ältesten Tradition sind die der ersten französischen Siedler aus Quebec, die überwiegend aus der Normandie und der Bretagne kamen. Zu den klassischen *pies* zählen die *tourtière* (Schweinefleisch-Pastete), die Heiligabend serviert wird, die *cipâte* oder *cipaille*, die aus mehreren Teigschichten besteht und mit Wild, Geflügel Schweinefleisch und Gemüse gefüllt ist. *Pâté chinois* ist nur eine ungewöhnliche Bezeichnung für die allseits beliebte *shepherd's pie*. Fisch und andere Meerestiere gehören in den Küstenregionen zu den Grundnahrungsmitteln. Die Krabben und Jakobsmuscheln rund um Prince Edward Island im Osten und die Vancouverinsel im Westen sind bekannt für ihre hohe Qualität. Der *arctic char*, ein Lachsfisch von erlesenem Geschmack, ist im Nordwesten Kanadas beheimatet. Die östliche Provinz New Brunswick (Neubraunschweig) ist berühmt für die aufgerollten Farnwedel, die gekocht oder gedämpft als Gemüse verzehrt werden. Aus Kanada stammt auch der Wild- oder Indianerreis, der genaugenommen kein Reis ist, sondern der Samen eines wildwachsenden Wassergrases, das heute zunehmend kultiviert wird. Wildreis wird meist gekocht und mit Butter serviert. Man kann ihn aber auch mit Mandelblättchen, frischen Kräutern oder sautierten Pilzen beziehungsweise Zwiebeln verfeinern. Ebenfalls in Kanada beheimatet ist die Erlenblättrige Felsenbirne, deren Früchte an Heidelbeeren erinnern, geschmacklich aber stark davon abweichen, sowie die winzige *pinchberry* (Amerikanische Weichselkirsche [*Prunus pensylvanica*]), woraus ein angenehm säuerliches Gelee als Beilage zu diversen Wildgerichten bereitet wird.

INDIEN

Indien gilt von jeher als Ursprungsland exotischer Gewürze. Die indische Küche ist berühmt für ihre Vielfalt an edlen Gewürzmischungen und aromatischen Würzmitteln zur geschmacklichen Verfeinerung von Fleisch, Hülsenfrüchten und Gemüse. Die bunte Palette indischer Gerichte ist Ausdruck der geographischen, kulturellen und religiösen Vielfalt dieses riesigen Landes. Eine sehr wichtige Rolle spielt dabei die Qualität der verwendeten Nahrungsmittel sowie eine sorgfältige und raffinierte Zubereitung. In allen Bundesstaaten, von Nordindien mit seinen gehaltvollen Fleischgerichten bis nach Südindien, wo einfache Speisen aus Hülsenfrüchten überwiegen, ist das Essen mit vielen, sehr unterschiedlichen religiösen und gesellschaftlichen Bräuchen verbunden und wird im ganzen Land mit Genuß und Freude zelebriert.

Typische Zutaten

Amchoor (Mangopulver)
Asant*
Basmati-Reis
Bockshornklee*
Buttermilch*
Chillies*
Curryblätter
Fenchelsamen*
Garam masala*
Getrockneter Fisch
Ghee*
Ingwer*
Joghurt*
Kardamom*
Kichererbsenmehl
Kokosnuß*
Koriander*
Kreuzkümmel*
Kurkuma*
Limetten*
Linsen
Mandeln*
Mangos
Mungobohnen
Panch Phoron*
Pistazien*
Safran*
Schwarzkümmel*
Senfkörner*
Sesamkörner*
Splittererbsen
Tamarinde*
Tomaten*
Zimt*
Zwiebeln*

(* siehe Register)

DIE KÜCHE NORDINDIENS

Die nordindische Küche kennen heute Millionen von Menschen, denn sie wird weltweit in indischen Restaurants angeboten. Sie wurde stark geprägt von den Großmoguln, den Herrschern einer muslimischen Dynastie mongolischer Herkunft. Dieses indische Herrscherhaus wurde 1526 von Babur gegründet und bestand bis 1857. Ausgehend von Delhi, dem Herrschersitz, verbreitete sich die Kochkunst der Moguln über weite Gebiete außerhalb ihres Machtbereichs. Viele Speisen haben ihren Ursprung im Vorderen Orient, ersichtlich an Gerichten wie den persischen *pullaos*, Eintopfgerichten aus Reis mit verschiedenen Sorten Fleisch und Safran, sowie *kebabs,* gegrillten Fleischspießen oder Hackfleischbällchen mit gemahlenen Gewürzen oder Linsen *(shami).* Ein ebenso berühmtes Gericht der Moguln ist *biryani,* ein Festschmaus aus zartem Fleisch und Reis mit dem verführerischen Duft von Safran und anderen Gewürzen. Bekannt ist auch *murgh masala,* ein gefülltes Huhn, das vor dem Braten in Gewürzen und Joghurt eingelegt wird. Namhafte Süßspeisen sind *zafrani chawal,* gesüßter Reis mit Safran und Nüssen, und *gajar halwa* (Möhrenhalva). Die Stadt Lakhnau war während der Mogulherrschaft ein bedeutendes Zentrum und bekannt für ihr prachtvolles Hofleben. Hier wurden oft riesige Bankette zelebriert. Die Köche waren bemüht, sich in ihren Leistungen gegenseitig zu übertreffen und die Gäste mit neuen und phantasievollen Speisen in Erstaunen zu versetzen.

Im muslimisch beeinflußten Nordindien basiert die Ernährung auf Fleisch, auch wenn Kühe bei den zahlreich dort lebenden Hindus als heilig gelten und Rindfleisch somit tabu ist. Das meistverzehrte Fleisch ist Ziegenfleisch, aber auch Lamm und Huhn werden viel gegessen. Und entsprechend vielfältig sind die Zubereitungsmethoden.

Aus dem Staat Pandschab kommen die weltberühmten *Tandoori*-Gerichte, die nach dem *Tandoor* (Erdofen) benannt sind. Am weitesten verbreitet ist *tandoori murgh,* Huhn aus dem Erdofen. Das Fleisch wird zuerst in Gewürzen und Joghurt mariniert und anschließend bei sehr hohen Temperaturen im traditionellen Lehmofen gebraten. Bei dieser Garmethode bleibt das Fleisch innen schön saftig, während sich außen eine wohlschmeckende Kruste bildet. Köstlich sind auch die *kormas,* nordindische Lammfleischcurrys in einer würzigen Sauce aus Joghurt und Früchten oder Nüssen und Safran, sowie die *koftas,* schmackhafte Fleischklößchen, die mit oder ohne Sauce serviert werden.

Während in Südindien Öl das meistverwendete Speisefett ist, bevorzugt man im kühleren Norden *ghee* (geklärte Butter) zum Kochen und Backen. Gewürze werden maßvoll verwendet. *Garam masala* (siehe S. 79) ist eine typische Gewürzmischung, die wohlige Wärme erzeugt, ganz im Gegensatz zu den feurigen Mischungen im Süden des Landes, die den Schweiß auf die Stirn treiben. Die riesigen Weizenfelder des Pandschab liefern das Mehl für *roti* (Brot), das in Nordindien zu jeder Mahlzeit gehört, meist in Form von *chapatis* (Brotfladen, die auf einem Blech oder einer gußeisernen Platte gebacken und anschließend über schwacher Holzkohlenglut angeröstet werden). Sie sind nicht nur eine nahrhafte Beilage, sondern ersetzen auch den Löffel, denn man kann damit gut all die köstlichen Saucen aufnehmen. *Naan* ist ein lockeres Fladenbrot, das im *Tandoor*-Ofen gebacken wird, und *parathas* sind knusprige Brotfladen, die dünn ausgerollt und dann zusammengeklappt und aufgerollt werden; sie sind oft mit Gemüse oder *kheema* (Hackfleisch) gefüllt.

DIE SÜDINDISCHE KÜCHE

Südindien, das sich von Bengalen im Westen bis Gujarat im Osten und Tamil Nadu am südlichsten Zipfel der Halbinsel erstreckt, besticht durch seine kulinarische Vielfalt. Die überwiegend vegetarische Kost – Fleisch ist besonderen Gelegenheiten vorbehalten – basiert auf Getreide und Hülsenfrüchten, die wundervoll mit Gewürzen kombiniert werden.

Goa, die ehemalige portugiesische Kolonie, wurde kulinarisch stark von den Europäern beeinflußt. Ein deutlicher Beweis sind die vielen Fleischgerichte, in denen sich östliche und westliche Eßkultur vortrefflich ergänzen. Trotz der reichlichen Verwendung von Fleisch – was eher typisch ist für die nordindische Küche – überwiegen südliche Aromen wie Kokosmilch, Tamarinde, Chillies, Zimt, Curryblätter und Erdnüsse.

Chillies, Ingwer, Knoblauch und Kokosnuß sind die gebräuchlichsten Würzmittel der Region. Allerdings variieren sie je nach Tradition und geographischer Lage. Im Süden ersetzt Öl die geklärte Butter *(ghee)*, und eine beliebte Garmethode ist das Dämpfen. Dabei werden kleine Köstlichkeiten zubereitet, wie *dhoklas* (gedämpfte Linsenkuchen, typisch für Gujarat) und *idlis* (fermentierte, gedämpfte Reiskuchen, die besonders in Kerala beliebt sind).

Reis, vor allem der aromatische Basmati-Reis, der am Fuß des Himalajas angebaut wird, ist eine wichtige Beilage zu allen indischen Gerichten, denn er nimmt gut die würzige Flüssigkeit der allseits beliebten vegetarischen Currys auf. Auch *dal*, eine Mischung aus Hülsenfrüchten und Gewürzen, ist als eiweißreiche Beilage zu der überwiegend vegetarischen Kost sehr verbreitet. *Dal* ist eigentlich die Bezeichnung für Splittererbsen,

bezeichnet aber auch andere Hülsenfrüchte sowie die daraus zubereiteten würzigen Pürees. Meist wird *dal* aus ägyptischen Linsen *(masoor)* aus Augenbohnen *(lhobia)* und Mungobohnen *(moongs)* zubereitet. Linsen sind auch eine wichtige Zutat in Gerichten wie *sambar* (Linsen mit Gemüse) und *rasam* (Linsen mit Knoblauch), die täglich frisch zubereitet werden, aber jeweils mit verschiedenen Gewürzen. *Dhansak*, ein Gericht aus Fleisch und Linsen, wird mit braunem Reis serviert, und *dosas* sind Pfannkuchen aus Linsen und Reis. Ebenfalls typisch für Südindien ist die Verwendung von kleinen Mengen gerösteter oder gebackener Splittererbsen, die mit ihrem nußartigen Geschmack viele Gerichte verfeinern.

Da stark gewürzte Speisen auf den Körper schweißtreibend und somit kühlend wirken, sind sie gerade in diesen tropischen Breiten sehr beliebt. Am bekanntesten ist vermutlich das aus Goa stammende feurige Gericht *vindaloo*, für das Gewürze in Wein und Essig eingelegt und dann zum Fleisch gegeben werden.

Vor allem aber wird die indische Kost durch die exotischen Früchte bereichert, die hier üppig wachsen. Rote Bananen werden als nahrhafter Snack zwischendurch gegessen, und die saftigen Mangos werden püriert und ergeben mit Milch und Nüssen ein köstliches Erfrischungsgetränk. Bananenblätter ersetzen vielerorts den Teller.

Kaffee aus frisch gerösteten und gemahlenen Bohnen wird gern in den südlichsten Bundesstaaten getrunken, während man weiter nördlich die heimischen Teesorten wie Assam-Tee bevorzugt.

Jede Region hat ihre favorisierten Zutaten. In Gujarat ist Buttermilch ein wesentlicher Bestandteil der Küche, ebenso Ingwer, Chillies und Kokosnuß. Im überwiegend landwirtschaftlich genutzten Küstenstaat Maharashtra wird viel Fisch gegessen, geschmacklich verfeinert mit Kokosnüssen aus den Palmhainen, die weite Teile des Landes bedecken.

Von hier stammt die »Bombay-Ente«, womit nicht der schnatternde Schwimmvogel gemeint ist, sondern ein ausschließlich in dieser Gegend vorkommender Tiefseefisch aus der Familie der Laternenfische, der bei den Einheimischen *bommaloe macchli* heißt und in getrockneter Form ein beliebtes Würzmittel ist. Die Fische werden fangfrisch filetiert und anschließend zum Trocknen aufgehängt. Getrocknet werden sie an Currygerichte gegeben, in Essig eingelegt oder mit einem Aperitif als Snack gereicht.

Im fruchtbaren Küstenstreifen des Bundesstaates Kerala überwiegen Fischgerichte mit Kokosnuß-Aroma. Auch Kokosöl spielt in der regionalen Küche eine zentrale Rolle, denn Kokospalmen werden hier allerorts in großen Plantagen kultiviert.

Currypulver

TYPISCHE GERICHTE

Bhajia
Fritiertes Gemüse oder Fisch in einem Ausbackteig aus Reis- und Kichererbsenmehl

Samosas
Dreieckige, knusprige Pastetchen mit einer würzigen Fleisch- oder Gemüsefüllung

Pakoras
Fritierte Gemüsepuffer

Poppadums
Knusprig gebackene Waffeln aus Splittererbsen

Poriyal
Blumenkohl mit Chillies und Senfkörnern

Koftas
Würzige Fleischklößchen

Mattar Paneer
Erbsen mit gebackenem Käse

Dosas
Reispfannkuchen mit würziger Kartoffelfüllung

Rhogan Josh
Geschmortes Lammfleisch in einer Joghurtsauce mit Chillies und Safran

Murgh Tikka Masala
Hühnerteile, in Joghurt und Gewürzen mariniert und im Lehmofen gebacken

Tandoori Murgh
Mit Gewürzpaste eingeriebenes Huhn, das im traditionellen Lehmofen gebacken wird

Tarka Dal
Scharf gewürztes Püree aus grünen Linsen

Lassi
Süßes oder pikantes Joghurtgetränk

Kacchi Biryani
Pilaw aus Reis mit Fleisch und Gewürzen

Naan
Lockeres Fladenbrot, im Tandoor-Ofen gebacken

Kulfi
Eiscreme mit Kardamom und Nüssen

CHUTNEYS

Es gibt kaum ein indisches Gericht, zu dem nicht die traditionellen Frucht- oder Gemüse-Chutneys gereicht werden. Im Gegensatz zu den im Westen bekannten Chutneys handelt es sich hier um Zubereitungen aus rohen Zutaten, also eher salatähnlichen Beilagen als Saucen, die für ihr frisches, würziges, mildes bis scharfes Aroma berühmt sind.

Sesam-Chutney Dieses meist zum Frühstück servierte Chutney ist eine Mischung aus Sesamkörnern, frischem Koriandergrün, Minze, Chillies und Tamarinde.

Tomaten-Chutney Ein süß-saures Chutney aus Tomaten, Ingwer und Chillies, das oft mit der Gewürzmischung *panch phoron* (siehe S. 90) zubereitet wird.

Kokosnuß-Chutney Dieses in Südindien sehr beliebte Chutney besteht aus Kichererbsen, die mit frisch geriebener Kokosnuß und gemahlenen Gewürzen vermischt werden.

Raita Ein milder Gurkenjoghurt, der durch seine erfrischende Kühle die Schärfe von Currygerichten mildert.

Ingwer-Relish Eine beliebte Würzpaste aus Ingwer, Knoblauch, grünen Chilischoten und Kokosnuß mit verdauungsfördernder Wirkung.

Mango-Chutney Ein mildes, fruchtiges Chutney zur geschmacklichen Verfeinerung von Fleischgerichten.

Koriander-Chutney Dieses Chutney wird in Indien täglich frisch zubereitet. Die Mischung aus Koriandergrün, Öl, Senfkörnern und Asant wird in kleinen Mengen zu den Mahlzeiten gegessen oder als Dip serviert.

Lime-Pickle Ein köstliches, scharf gewürztes Pickle, für das Limetten mehrere Tage in Gewürze und Öl eingelegt werden, bis sie weich sind.

Zwiebel-Relish Eine einfache Beilage aus rohen, in dünne Scheiben geschnittenen Zwiebeln, die mit Zitronensaft und Paprikapulver vermischt werden.

WÜRZMITTEL

Die meisten Gerichte werden mit einer Mischung aus ganzen oder frisch gemahlenen Gewürzen zubereitet. Die Zusammensetzung ist variabel und abhängig vom persönlichen Geschmack, doch grundsätzlich werden die einzelnen Komponenten so ausgewählt und gemischt, daß keine vorschmeckt.

Der Umgang mit Gewürzen ist eine Kunst für sich und wird von Generation zu Generation weitergegeben. Es geht dabei um mehr als nur um aromatische Würze. Nicht umsonst gelten Gewürze auch als Heilmittel. Knoblauch zum Beispiel verbessert die Durchblutung und verhindert die Verkalkung und Verengung der Blutgefäße; Gelbwurz wirkt antiseptisch und wird oft vor dem Braten über Fisch gestreut; Asant ist ein Gummiharz, das aus den Rhizomen des Steckenkrautes gewonnen wird und verdauungsfördernd wirkt (kleine Mengen davon gibt man oft den schwerverdaulichen Hülsenfrüchten bei). Auch Ingwer hilft bei Verdauungsbeschwerden und wird dementsprechend häufig mit Linsen und anderen Hülsenfrüchten kombiniert.

Garam masala bedeutet »warme Gewürzmischung«, und die darin verwendeten Gewürze sind in der Regel sehr aromatisch und sollen den Körper wärmen. Aus diesem Grund sind sie vor allem in den klimatisch gemäßigteren Regionen im Norden verbreitet.

Masalas werden als Paste oder als Pulver verwendet. Pulverisierte Gewürzmischungen enthalten meist Lorbeerblatt, Kardamom, Ceylonzimt, Ingwer, Muskatblüte und Muskatnuß – Gewürze, die alle als »warm« eingestuft werden. Sie werden zusammen mit *ghee* erhitzt oder kurz vor dem Servieren über die fertige Speise gestreut. Die pastenförmigen *masalas* im Süden enthalten frisch gemahlene Chillies, Ingwer oder Zwiebeln, vor allem die schärferen Mischungen, die das Schwitzen fördern.

Ein Klassiker unter den Gewürzmischungen ist *panch phoron,* eine bengalische Mischung aus den ganzen Samen von Kreuzkümmel, Fenchel, Schwarzkümmel, Bockshornklee und *radhuni* (oder Schwarzem Senf), mit der meist Linsen- und Gemüsegerichte gewürzt werden. *Tarka* ist eine Mischung aus heißem Öl und Gewürzen wie Chillies und Kreuzkümmelsamen zur geschmacklichen Verfeinerung von einfachen *dals.*

Der als weiße oder schwarze Sorte erhältliche Kreuzkümmel gehört zu den meistverwendeten Gewürzen in ganz Indien. Ebenfalls beliebt sind:

Tamarinde

Koriandersamen, die gemahlen an Fleisch- und Gemüsegerichte gegeben werden; das aus getrockneten Mangos hergestellte Mangopulver, das Speisen ein angenehm säuerliches Aroma verleiht; Tamarinde, gewonnen aus dem in heißem Wasser eingeweichten Fruchtmus, ebenfalls säuerlich im Geschmack; sowie Curryblätter vom sogenannten Curry-Blatt-Baum (*Murraya koenigii),* der in Südindien in vielen Gärten wächst.

Safran und Gelbwurz werden in ganz Indien geschätzt. Die im Geschmack scharfe und etwas bittere Gelbwurz verleiht Speisen die charakteristische gelbe Farbe. Noch begehrter ist Safran, das goldgelbe Gewürz aus den getrockneten Blütennarben einer in Vorderasien beheimateten Krokusart, das vor allem in Reisgerichten sein blumiges Aroma entfaltet und den Speisen eine herrliche Farbe verleiht.

Auch frische Würzmittel werden gern verwendet. Scharfe grüne Chillies geben vielen Gerichten eine besonders feurige Note, und frisches Koriandergrün wird sowohl zum Würzen als auch zum Garnieren verwendet. In der südindischen Küche werden viele Speisen mit frisch geriebener Kokosnuß und Kokosmilch verfeinert. Von der raffinierten Würze profitieren vor allem Fisch- und Gemüseeintöpfe sowie Salate.

Daneben gibt es noch eine ganze Reihe anderer, regional unterschiedlich verwendeter Zutaten, die den Geschmack von Speisen beeinflussen. Darunter fallen auch diverse Speiseöle. Erdnußöl mit dem leichten Nußaroma ist vor allem in Südindien sehr verbreitet. In den Küstenregionen, wo viele Kokospalmen wachsen, überwiegt die Verwendung von Kokosöl in Verbindung mit Kokosmilch, wodurch die Speisen ihre charakteristische Note erhalten. In dem von Wasserläufen durchzogenen Bengalen wird aufgrund der reichen Fischvorkommen viel Fisch gegessen. Typisch für diese Region ist die Verwendung von Senföl. In Kaschmir dagegen ist Sesamöl als Aromazutat sehr beliebt. Für *ghee,* eine Art Butterschmalz, wird die Butter geklärt, bis sie kein Wasser und verderbliches Eiweiß mehr enthält. Das zurückbleibende reine Fett mit dem süßen Aroma wird in Nordindien anstelle von Öl verwendet.

Tagtäglich wird in fast jedem indischen Haushalt aus Büffelmilch dicker, cremiger Joghurt (*dahi*) zubereitet. *Dahi* ist die Basis von *raita*, einer Joghurtspeise mit Gurken und Minze, die zu allen Hauptgerichten gereicht wird. Joghurt verleiht Saucen nicht nur Fülle und mildert die Schärfe von Gewürzen, er gibt ihnen eine cremige Konsistenz, wie wir sie in Fleisch- und Fisch-*kormas* finden. *Dahi* braucht man auch für die Zubereitung von *lassi*, einem kühlen Erfrischungsgetränk in süßen oder pikanten Varianten. Als Würze reichen schon Salz und schwarzer Pfeffer (*lassi namkeen*), aber auch Rosenwasser, Zucker und Früchte sind gebräuchlich.

Chenna ist eine Art hausgemachter Weichkäse, der in süßen und pikanten Speisen Verwendung findet, zum Beispiel in Süßigkeiten wie *rasgulla* und *sandesh* oder in der pikanten Zubereitung von *mattar paneer* (Käse mit Erbsen). Für die Herstellung von *chenna* gibt man Essig und Wasser an die Milch, bringt sie zum Kochen und läßt sie anschließend durch ein Baumwolltuch ablaufen.

Käse ist auch die Grundlage vieler anderer Süßigkeiten, für die vor allem Bengalen berühmt ist. Pistazien, Mandeln, Rosinen und Kokosnuß sind weitere Zutaten bei der Zubereitung von süßen Köstlichkeiten. Für *zafrani chawal* und Reispudding wird Reis mit Milch aufgekocht, und mit Joghurt, Safran und Zucker bereitet man ein cremiges Dessert zu. Neben Zucker werden Aromazutaten wie Kardamomkapseln und Rosenwasser verwendet, die den Leckereien einen verführerischen Duft verleihen.

Süßigkeiten werden in der Regel nicht selbst gemacht, sondern auf dem Markt gekauft, und von jeher wird ihnen im gesellschaftlichen wie im religiösen Leben eine große Bedeutung beigemessen. *Halwas* in allen Variationen, auf der Basis von Milch und Zucker, aromatisiert mit Kokosnuß, Mandeln und Pistazien, werden in vielen Läden von sogenannten *halwais*, professionellen Zuckerbäckern, angeboten.

MAHLZEITEN

In Indien ist es nicht üblich, mit Messer und Gabel zu essen. Nach altem Brauch muß das Essen mit der rechten Hand aufgenommen werden, meist mit Hilfe von Reis oder Brot, das zu jeder Mahlzeit gehört. Die Nordinder essen nur mit den Fingerspitzen. Zwangloser geht es im Süden zu, wo die ganze Hand benutzt werden darf. Die linke Hand ist beim Essen tabu, denn sie gilt als unrein.

Normalerweise besteht eine Mahlzeit aus fünf oder sechs Gerichten: aus einer Reisspeise (oder Brot in Nordindien), einem Linsengericht sowie aus Gemüse, Fleisch und Chutney. Alle Gerichte werden auf einmal aufgetragen, auch das Dessert falls vorhanden. Das Essen wird in kleinen Schalen auf einem runden Metalltablett (*thali*) gereicht. Die Frauen bedienen die anwesenden Gäste und die Männer der Familie, wobei alle auf kleinen Matten am Boden sitzen.

Im Süden ersetzt ein Bananenblatt das herkömmliche Tablett. Und bei offiziellen Feiern wie Hochzeiten serviert man eine gesalzene Limettenscheibe auf einem jungen, zarten Bananenblatt als Würzbissen.

Die Sitten bei Tisch werden von der Religion diktiert. So wird der obligatorische Reis stets einem Reinigungsritual unterzogen, das noch aus der wedischen Periode des Hinduismus (um 1200–600 v. Chr.) stammt. Zu diesem feierlichen Ritual gehört die Vermischung von Reis mit *ghee*. Reis gilt als wichtigste Zutat und wird zu jedem Gericht gegessen.

In orthodoxen Hindu-Familien dürfen zum Essen oder einem Festmahl geladene Gäste die Küche nicht betreten, weil dies als unrein angesehen wird. Aus demselben Grund essen strenggläubige Hindus auch nicht außer Haus. Ferner sind für Männer und Frauen getrennte Räumlichkeiten beim Essen vorgeschrieben, außerdem ist Alkohol verboten.

Süßigkeiten

Die von Halwais (speziellen Zuckerbäckern) hergestellten indischen Süßigkeiten werden nachmittags oder abends als kleiner Imbiß gegessen, meist in Verbindung mit einem pikanten Leckerbissen. Außerdem sind sie fester Bestandteil aller religiösen und weltlichen Feste.

Burfi
Eine zuckrige, fondantartige Süßigkeit von krümeliger Konsistenz, erhältlich in Hellbraun (Burfi ohne Zusätze), Leuchtendgrün (unter der Bezeichnung Pista mit Pistazien) und Dunkelbraun (als Badam mit Mandeln).

Halwa
Dieses Halwa ist entfernt mit dem Halva aus dem Vorderen Orient verwandt und wird mit Nüssen oder Gemüse zubereitet. Habshi Halwa enthält Pistazien, Cashewnüsse und Mandeln, während das orangerote Gajar Halwa aus Möhren zubereitet wird.

Jalebi
Knusprige orangerote Teigkringel, die in heißem Fett ausgebacken und anschließend in Sirup mit Safrangeschmack getaucht werden.

Laddu
Leuchtendgelbe Bällchen, die aus gemahlenen Mandeln, Pistazien und Kichererbsenmehl geformt werden.

Sindhi Halwa
In Quadrate oder Rauten geschnittene zweifarbige Halwa-Masse. Die grüne Schicht wird mit Pistazien eingefärbt, die gelbe mit Mandeln.

Diverse Süßigkeiten

JAPAN

Klar, leicht, einfach und ästhetisch – das ist die Bedeutung des Wortes *sappari,* mit dem die für ihre kunstvolle Zubereitung und Präsentation berühmte japanische Küche umschrieben wird. Ästhetik und Geschmack wird gleich viel Bedeutung beigemessen, denn die Augen essen mit. Da Harmonie und Ausgewogenheit oberstes Gebot sind, ist Überflüssiges beim Anrichten der Speisen verpönt. Einfachheit und Perfektion stehen an erster Stelle, alles Maßlose und Ausschweifende wird geringgeschätzt. Deshalb achtet man bei der Speisenzubereitung auf reinen, unverfälschten Geschmack. Ein japanischer Koch ist stets bemüht, die natürlichen Eigenschaften einer Zutat herauszustellen, denn er glaubt, daß verschiedene Geschmacksrichtungen unvermischt besser zur Geltung kommen. Dieser alten Eßkultur steht heute ein reichhaltiges Angebot an westlicher Nahrung gegenüber. Zum Essen außer Haus werden gern Steakhäuser und Hamburger-Buden aufgesucht, doch der Großteil der am heimischen Herd bereiteten Speisen ist und bleibt typisch japanisch.

Typische Zutaten

Auberginen
Bambussprossen
Bataten
Bonito-Flocken*
Brauner Reis
Brunnenkresse
Buchweizennudeln
Chinakohl
Chrysanthemenblätter
Daikon-Rettich (Mooli)*
Dashi
Fischpaste
Ginkgo-Pflaumen
Große Klette
Hichimitogarashi
(Sieben-Gewürz-Mischung)*
Ingwer*
Kaki
Knoblauch*
Lotoswurzel
Maronen*
Matsutake
Meeresfrüchte
Mirin
Miso*
Pflaumen
Reisweinessig*
Rote Bohnen
Sake
Sansho (Japanischer Pfeffer)*
Seetang*
Senfpulver*
Sesamkörner*
Shiitake*
Sojasauce*
Taro
Tofu
Wasabi*
Weizennudeln
Wolkenohren*

(* siehe Register)

KULTURELLE EINFLÜSSE

Die Eßgewohnheiten eines Volkes werden sehr häufig von feindlichen Eroberern und Kolonialmächten mit geprägt, doch davon blieb das Inselreich weitgehend verschont. Im 6. Jahrhundert aber unterlag Japan der Beeinflussung und kulturellen Überlegenheit Chinas, von dem es nicht nur den Buddhismus, sondern auch Verwaltungs- und Regierungsformen übernahm. Eine der wichtigsten Errungenschaften war auch der Tee, heute quasi das Nationalgetränk.

Zwischen 1600 und 1868 waren alle japanischen Häfen für Fremde geschlossen, so daß ein kulinarischer Austausch mit Europa nicht stattfinden konnte. Davon ausgenommen ist die bekannte japanische Spezialität *tempura* – in Ausbackteig gehüllte und fritierte Nahrungsmittel –, die im 16. Jahrhundert von den Portugiesen eingeführt wurde.

Die Prinzipien der japanischen Küche wurden ursprünglich von Zen-Mönchen diktiert. Danach soll jede Mahlzeit aus fünf Einzelgerichten bestehen, jeweils unterschiedlich zubereitet, das heißt roh, gekocht, gedämpft, gegrillt und gebraten. Auch sollte jede Mahlzeit die fünf verschiedenen Geschmacksrichtungen – bitter, salzig, süß, scharf und sauer – beinhalten und in den Farben Rot, Grün, Gelb, Schwarz und Weiß gehalten sein.

Eine Ehrfurcht vor der Natur ist sowohl im Zen-Buddhismus als auch im einheimischen Schintoismus tief verwurzelt. Saisonbedingte Nahrungsmittel stehen deshalb hoch im Kurs. Zu den Köstlichkeiten des Frühlings gehören Gerichte wie Kirschblütenreis und neuer Tee. Der Mond ist dem Monat September zugeordnet, wenn weiß-

schimmernde Gerichte wie gedämpfte Abalonen auf Gurken oder gekochte Bambussprossen auf den Tisch kommen. Und Satsumas als Symbol der Sonne sind eine traditionelle Neujahrsgabe.

Die natürlichen Ressourcen im vulkanreichen Japan sind begrenzt; im wesentlichen konzentriert sich daher die Ernährung auf Reis und Sojabohnen sowie auf ein reiches Angebot an Seetang und Fisch aus den umgebenden Meeren.

WÜRZMITTEL

Die japanische Küche ist im Vergleich zu den anderen asiatischen Küchen relativ gewürzarm. Pfefferkörner sind mittlerweile zwar gebräuchlich, gehören aber nicht zu den traditionellen Gewürzen, so daß als Würzmittel nur noch *wasabi* (siehe S. 166), *sansho* (japanisches Pfefferblatt; siehe S. 95) und getrocknete Chillies bleiben, aber auch diese wenigen werden sparsam verwendet. *Sansho*-Beeren, die Früchte des Sichuan-Pfeffers, schmecken ähnlich wie schwarze Pfefferkörner, und *wasabi* ist als scharfe grüne Paste zu *sushi* bekannt. *Kinome*-Blätter stammen von demselben Baum, der auch die *Sansho*-Beeren liefert. Sie duften angenehm nach Minze und werden überwiegend zum Garnieren verwendet.

Typisch japanisch ist *dashi,* eine Allzweckbrühe aus Kombu und getrockneten Bonito-Flocken. *Dashi* ist eine unentbehrliche Würze für Suppen und gekochte Gerichte, wird aber auch für Marinaden, Dip-Saucen und Dressings verwendet. *Dashi-no-moto* ist das entsprechende Instantprodukt, das in Japan den gleichen Stellenwert hat wie Brühwürfel im Westen.

Neben dem Tee machten die Chinesen die Japaner mit der Sojasauce bekannt. Die als *shoyu* bezeichnete japanische Sojasauce ist nicht ganz so salzig wie die chinesische Variante und etwas süßer im Geschmack, da sie mehr Weizen enthält. Die ursprünglich reine Sojasauce *tamari* ist ein weizenfreies Qualitätsprodukt, das selbst in Japan sehr selten zu finden ist. In den Supermärkten und Feinkostläden des Westens wird vielerorts eine dunkel eingefärbte Flüssigkeit zweifelhafter Qualität als *tamari* angeboten.

Sesamkörner, weiße wie schwarze, sind eine wichtige Zutat, werden aber wie viele der japanischen Würzmittel nicht mitgekocht, sondern separat als Würze gereicht. *Gomasio*, eine Mischung aus (schwarzen) Sesamsamen und Meersalz, wird oft als Tischwürze für Reis und rohe Gemüse verwendet. Das geschmacksintensive Sesamöl verfeinert Tempura-Öle.

Als Süßungsmittel in Marinaden und Dip-Saucen bevorzugen die Japaner den gesüßten Reiswein *mirin*.

ANDERE ZUTATEN

Da Ackerbau und Viehzucht nur begrenzt möglich sind, konzentrieren sich die Japaner auf das, was im Überfluß vorhanden ist: Sojabohnen, Reis, Seetang und Fisch.

Miso (siehe S. 188) ist eine Würzpaste aus fermentierten Sojabohnen, die in unterschiedlichen Farben – von Schokoladenbraun über Rot bis Cremeweiß – angeboten wird. In Verbindung mit *dashi* wird daraus *misoshiru*, eine Suppe, die praktisch zu jeder Tageszeit gegessen wird, manchmal auch mehrmals am Tag. Tofu, der vielseitige Bohnenquark, wird gekocht, gedämpft, gegrillt, gebraten und fritiert.

Sushi

Bei der Zubereitung von *sushi* wird eine Reihe der wichtigsten japanischen Nahrungsmittel zusammen verwendet. Zum Beispiel wird gekochter Reis mit japanischem Essig und Zucker vermischt, in Nori-Blätter (getrockneter Seetang) eingerollt und in Scheiben geschnitten. Oder er wird geformt und mit rohem Fisch belegt. Kelp (Braunalgen) und Wakame (siehe S. 220) sind zwei weitere Seetang-Arten, die als Zutaten in Salaten und Suppen oder als zarte Hüllen in der japanischen Küche reichlich Verwendung finden.

Japan ist berühmt für sein *kobe*- und *matsuzaka*-Rindfleisch. Die Tiere werden mit Futter aufgezogen, dem Bier beigemischt ist, und regelmäßig massiert, damit sich das Fett gleichmäßig verteilt. Während dieses Fleisch besonderen Anlässen vorbehalten bleibt, stehen Fisch und andere Meerestiere auf dem täglichen Speiseplan. Begehrt sind Fettfische mit dunklem Fleisch. Thunfisch, Makrele und Lachs erfreuen sich ebenso wie Kalmar und Krake großer Beliebtheit.

Kugelfische, wie der japanische Fugo, gelten als Delikatesse, doch da die Innereien tödliche Gifte enthalten, dürfen die Fische nur von autorisierten Köchen zubereitet werden.

MAHLZEITEN

Ein gängiges japanisches Frühstück besteht aus mit Nori-Flocken bestreutem Reis und Misosuppe. Die Misopaste wird mit Hilfe von Eßstäbchen in der Flüssigkeit aufgelöst, und die Brühe wird aus der Schale geschlürft. Mittags gibt es eine leichte Mahlzeit, meist nur eine Schale Nudeln oder eine sogenannte *bento-box*, eine mehrfach unterteilte und mit kalten Gerichten gefüllte Lunchbox, die entweder auf dem Weg zur Arbeit gekauft oder an den Arbeitsplatz geliefert wird.

Die Hauptmahlzeit wird abends eingenommen. Ein traditionelles Abendessen besteht aus einem gekochten Gericht, einem Salat und einer gebratenen, gegrillten oder gedämpften Speise, zu der Reis und eine Suppe gereicht werden.

Eine förmlichere Mahlzeit beginnt gewöhnlich mit einer appetitanregenden Vorspeise, zu der man aus kleinen Keramiktassen japanischen Reiswein (*sake*) trinkt. Der anschließende Hauptgang besteht aus mehreren Gerichten, die in Farbe, Geschmack, Konsistenz und Garmethode aufeinander abgestimmt sind. Eine Schale mit Reis, Pickles und grüner Tee bilden den Abschluß.

TYPISCHE GERICHTE

Nimono
In einer Brühe mit Sojasauce gegarte Beilage aus Fisch oder Gemüse

Umeboshi
Salzige, milchsauer vergorene, unreife Aprikosen oder Pflaumen

Dengaku
Mit süßer Misopaste überzogene Spieße aus diversen Zutaten

Kamaboko
Kuchen aus Fischpaste

Misoshiru
Misosuppe mit Tofu

Natto
Fermentierte Sojabohnen, meist serviert mit roher Wachteleiern und Sojasauce

Sushi
In Essig marinierter Reis mit Gemüse und rohem Fisch (manchmal eingerollt in Nori-Blätter)

Sashimi
In dünne Scheiben geschnittener roher Fisch

Oden
Eintopf mit Fischkuchen, Kartoffeln, Möhren und Seetang

Tempura
In Ausbackteig fritierte Meeresfrüchte und Gemüse

Teppanyaki
Auf einer heißen Platte (»heißer Stein«) bei Tisch gegarte dünne Scheiben von Rindfleisch und Fisch

Tonkatsu
In Semmelbröseln panierte und fritierte Schweinelende, serviert mit süßer Sojasauce

Kushi Yakitori
Mit Sojasauce bestrichene Spieße mit Hühnerfleisch, Gemüse oder Meeresfrüchten

Sukiyaki
Bei Tisch gegartes Eintopfgericht aus dünnen Scheibchen Rindfleisch und Gemüse

O-cha
Grüner Tee, der nach dem Essen serviert wird

KOREA

Zwischen dem Japanischen und dem Gelben Meer erstreckt sich die überwiegend gebirgige Halbinsel Korea, die lange Zeit unter dem Protektorat Chinas und Japans stand. Kulturelle wie militärische Invasionen haben über die Jahrhunderte deutliche Spuren in der koreanischen Küche hinterlassen. Sie basiert im wesentlichen auf chinesischen Kochprinzipien, aber ein moderner Koch ist auch mit japanischen Spezialitäten wie *teriyaki* und *sushi* vertraut.

Die traditionelle Küche Koreas kann mit einigen kulinarischen Besonderheiten aufwarten. Dem hochgeschätzten Nationalgericht *kimchi* (milchsauer vergorenes Gemüse) ist in Seoul ein eigenes Museum gewidmet. Seoul ist auch berühmt für seine erlesenen und kunstvoll präsentierten Gerichte, die am königlichen Hof kreiert worden sind. Aber keine noch so aufwendige Darbietung kann die kräftigen Aromen und naturbelassenen Zutaten der Gerichte überspielen, aus denen sich die alltägliche typische koreanische Kost zusammensetzt.

Typische Zutaten

Abalone
Adzuki-Bohnen
Agar-Agar*
Auberginen
Bataten
Bohnensprossen
Brunnenkresse
Chillies*
Chinakohl
Eingelegter Fisch
Frühlingszwiebeln*
Gerste
Ginkgo-Pflaumen
Ginseng
Ingwer*
Knoblauch*
Korianderblätter*
Maronen*
Mungobohnen
Nudeln
Pilze*
Reis
Reisessig*
Reiswein
Seetang*
Sesamöl*
Sojasauce*
Tofu

(* siehe Register)

KULTURELLE EINFLÜSSE

Fast alle orientalischen Völker sind irgendwann einmal in Korea eingefallen. Bereits 100 v. Chr. entstanden auf der Halbinsel binnen kürzester Zeit zahlreiche chinesische Kolonien, und nicht lange danach nannte sich das alte koreanische Königreich Silla nicht ganz ohne Stolz »Kleinchina«. Im 13. Jahrhundert unterwarfen die mongolischen Heere von Dschingis Khan das Land, und bis zum Zweiten Weltkrieg waren japanische Kriegsherren eine ständige Bedrohung.

Jede Besetzung allerdings erwies sich – wenigstens für die koreanische Küche – als Bereicherung. Aus China und Japan stammt das Prinzip der fünf Geschmacksrichtungen – süß, sauer, scharf, salzig und bitter – wie auch die Tradition, auf die Vorbereitung der Zutaten mehr Zeit zu verwenden als für die eigentliche Garzeit. Den Chinesen verdanken die Koreaner auch den *sot*, ein Kochgeschirr in der Art des chinesischen Wok. Selbst die Mongolen hinterließen ihre Spuren. Der auffälligste Beweis ihrer Präsenz ist der noch heute gebräuchliche Tischgrill in Form einer Kopfbedeckung, wie sie die Steppenreiter trugen.

Trotz aller Turbulenzen aber blieben die Koreaner auch ihren alten Eßgewohnheiten treu. Als sich im 5. Jahrhundert der Buddhismus aus China in Korea ausbreitete, weigerten sich die Koreaner standhaft, die vegetarische Ernährungsweise zu übernehmen. Beharrlich hielten sie an ihrer traditionellen Fleischkost (gegrilltes Rindfleisch) fest, und je angesehener die gesellschaftliche Position, desto mehr wurde auf kulinarische Traditionen geachtet. Noch im vergangenen Jahrhun-

dert war das bei Tisch zubereitete Gericht *shinsollo* (Meeresfrüchte, Hühnerfleisch, Fleisch, Eier, Gemüse und Nüsse, getrennt vorgegart und anschließend in einer würzigen Brühe aufgekocht) ausschließlich dem Adel vorbehalten.

Die geographische Lage hat jedoch den größten Einfluß auf die koreanische Küche. Die umgebenden Meere sind nahezu unerschöpfliche Vorratskammern, die neben Fisch und anderen Meerestieren auch Seetang in Hülle und Fülle liefern. Die Ebenen im Süden sind für den Reisanbau wie geschaffen, und das Gebirgsland, das den größten Teil der Halbinsel ausmacht, liefert eine Vielzahl von Gemüse, Kräutern und Wurzeln. Wegen der strengen Winter war von jeher eine Vorratshaltung nötig, weshalb man Nahrungsmittel durch Trocknen und Einlegen konservierte.

WÜRZMITTEL

In der koreanischen Küche werden vor allem Knoblauch, Ingwer, Frühlingszwiebeln, geröstete Sesamkörner und Sesamöl reichlich verwendet. Wichtige Würzmittel sind außerdem Sojasauce, Sojabohnenpaste, Reisessig und Chillies. Letztere kennzeichnen vor allem die südkoreanische Kochkunst. Aus fermentierten Sojabohnen und roten Chillies wird im Frühling *kochujang* bereitet, eine scharfe, dicke Paste von dunkler Farbe, die sich großer Beliebtheit erfreut. Diese Paste wird in großen Steingutgefäßen aufbewahrt, so daß man das ganze Jahr über Vorrat hat.

Als sehr haltbar erweist sich auch *kimchi*, ein würziges Gemüse-Pickle, das zu allen Mahlzeiten serviert wird, aber auch in vielen Suppen, pfannengerührten Gerichten und Eintöpfen als Würzmittel enthalten ist. Es gibt unzählige Varianten von *kimchi*, die, beispielsweise, mit Chinesischem Kohl *(Brassica pekinensis)*, Rettich, Gurken, Chinesischen Rüben, Zwiebeln, Chillies, Knoblauch und Ingwer zubereitet werden. *Kimchi* wird im Herbst zur Gärung angesetzt.

Zum täglichen Speisezettel gehört auch der in Korea heimische Rote Ginseng, dessen Wurzel nicht nur wegen ihres süßen, aromatischen Geschmacks, sondern als Stärkungsmittel geschätzt wird, das Müdigkeit und Depressionen vorbeugen und bei Tuberkulose sowie Herz- und Nierenkrankheiten Besserung bringen soll. Frische Ginsengwurzel ißt man in Korea roh mit Honig oder gekocht in Essigsauce. Einige Restaurants haben sich auf *samgyae tang* spezialisiert (gedämpftes, mit Klebreis und Ginsengwurzel gefülltes Huhn).

Typisch für die koreanische Küche sind Ginkgo-Pflaumen. Die gelben pflaumenähnlichen Früchte dieser mit 200 Millionen Jahren weltweit ältesten Baumart werden gern zum Garnieren von festlichen Mahlzeiten verwendet.

ANDERE ZUTATEN

Wie fast überall in Asien ist auch in Korea das Grundnahrungsmittel Reis, meist in Form von klebrigem Mittelkornreis. Mit dem jährlichen Pro-Kopf-Verbrauch liegt Korea weltweit mit an der Spitze.

Auch Nudeln, ein Symbol für Langlebigkeit, werden gern gegessen. Nudelstände gehören zum alltäglichen Straßenbild, und oft besteht das Mittagessen nur aus einer Schale Nudeln. Fadennudeln aus Weizen- und Buchweizenmehl sind ebenso verbreitet wie die fast durchsichtigen Nudeln, die aus Süßkartoffeln oder Mungobohnen hergestellt werden.

Weitere Grundnahrungsmittel sind Gerste, aus der in gerösteter Form das koreanische Nationalgetränk *poricha* zubereitet wird, ein heiß, lauwarm oder kalt getrunkener Gerste-Tee, sowie die vielseitig verwendbaren Mungobohnen. Letztere sind ein unverzichtbarer Bestandteil in *pindaettok*, einem dicken Pfannkuchen aus gemahlenen Mungobohnen, der mit Gemüse und Fleisch belegt wird und auch als »koreanische Pizza« bekannt ist.

Die Küstennähe ist ein Garant für Fisch und andere Meerestiere. Allerdings verwenden die Koreaner sie mehr als Würzmittel für Gerichte mit Fleisch, ohne das ein Essen nicht als vollwertig gilt. Schweine- und Hühnerfleisch sind beliebte

Zutaten in Gerichten wie *yukhoe*, doch generell gibt man Rindfleisch den Vorzug. Ein Beispiel ist die koreanische Variante von Tatarbeefsteak und *pulgogi* – das ist mariniertes, in dünne Streifen geschnittenes Fleisch, das bei Tisch gegart wird.

MAHLZEITEN

Koreanische Mahlzeiten werden nach chinesischem Vorbild an einem niedrigen Tisch eingenommen. Alle Speisen werden gleichzeitig aufgetragen und mit Stäbchen und Löffeln gegessen. Frühstück und Mittagessen, immer mit *kimchi* serviert, sind meist leichte Mahlzeiten, dafür wird am Abend üppiger gegessen.

Koreanische Mahlzeiten sind berühmt für ihre Vielfalt. Bei einem geselligen Beisammensein werden an die zwanzig Schalen mit verschiedenen Leckerbissen gereicht. Mindestens eine davon (wenn nicht mehr) enthält *kimchi*. Suppe gehört genauso dazu wie *namul*, die köstlichen Salatbeigaben aus rohem oder gedämpftem Gemüse. Auch wenn es Gerichte wie *pulgogi* (eine Fleischspeise) gibt, die den Höhepunkt einer Mahlzeit bilden, so sollte bei einem koreanischen Mahl kein Gang geschmacklich dominieren. Alle Geschmacksrichtungen sollten vertreten und harmonisch aufeinander abgestimmt sein – ganz nach japanischem Vorbild.

Da die Mahlzeit als Ganzes im Vordergrund steht, überrascht es nicht, daß nur selten ein separates Dessert dazugehört, und wenn, dann meist in Form von frischen Früchten. Die abendliche Mahlzeit wird gewöhnlich mit *poricha* beendet, eventuell mit etwas Ginseng verfeinert, oder mit einem Glas süßem Bataten-Likör, der in Korea *soju* heißt.

Die Koreaner lieben das Feiern, vor allem anläßlich eines ersten oder 61. Geburtstags. 60 Jahre gelten als durchschnittliche Lebenserwartung. Wenn also jemand diese Zeitspanne um ein Jahr überlebt hat, wird dies zum Anlaß genommen, ein großes Festessen zu veranstalten.

Das Zubereiten und das Garen bei Tisch sind sehr beliebt, was das Gericht *kujolpan* (»Neun himmlische Vergnügen«) beweist. Dafür werden neun verschiedene Zutaten auf einem in mehrere Felder unterteilten schwarzen Lacktablett angerichtet, in dessen Mitte ein Stapel Pfannkuchen liegt. Jeder nimmt sich einen dünnen Pfannkuchen, füllt ihn nach Belieben, rollt ihn zusammen und taucht ihn dann in eine Sauce aus gemahlenen, gerösteten Sesamkörnern, Frühlingszwiebeln, Reisessig und Sojasauce.

CHINA

Die chinesische Küche ist nicht nur ein Ort der feinen Kochkunst, sondern auch der Medizin und der Religion. Seit vielen Jahrhunderten gilt in China, daß Nahrung das körperliche und seelische Wohlbefinden fördert und nicht nur der reinen Sättigung dient. Von größter Bedeutung ist die Qualität der verwendeten Zutaten, das heißt, Gemüse muß direkt vom Markt kommen und Fleisch von frisch geschlachteten Tieren. Geschmack und Beschaffenheit sollen sich harmonisch ergänzen, sowohl im einzelnen Gericht als auch in der Speisenzusammenstellung.

Dieser hohe Anspruch liegt im Taoismus begründet, einer religiösen, philosophischen Lehre im alten China, nach der die Welt aus zwei einander ergänzenden Grundprinzipien Yin (negativ) und Yang (positiv) besteht. Ferner tritt der Taoismus dafür ein, vom Bodenertrag zu leben, was auch erklärt, warum sich eine chinesische Mahlzeit größtenteils aus Gemüse und weniger aus Fleisch zusammensetzt. Als praktischen Grund könnte man anführen, daß nur 7 % des Landes landwirtschaftlich nutzbar sind; kaum ausreichend, um die Menschen dieses Landes zu ernähren, geschweige denn noch Tiere. Der chinesische Bauer ist von jeher bestrebt, seine jährlichen Ernteerträge zu maximieren und vielseitig verwendbare Pflanzen zu kultivieren. Eine davon ist die Sojabohne, aus der Öl, Sauce, Paste und Tofu gewonnen werden. Fleisch gilt daher als Zeichen des Wohlstands und der Sicherheit. Das chinesische Schriftzeichen für Haus wird durch ein Dach mit einem Schwein darunter dargestellt.

Typische Zutaten

Adzuki-Bohnen
Austernsauce*
Bambussprossen
Bohnensauce (schwarz und braun)
Bohnensprossen
Chillies*
Chinakohl
Chinesische Wintermelone
Chinesischer Zucker *
Ente
Frühlingszwiebeln*
Fünfgewürzpulver*
Garnelen
Hoisin-Sauce*
Huhn
Hummer
Ingwer*
Jakobsmuscheln
Knoblauch*
Koriander*
Lamm
Litschis
Lotoswurzel
Miso*
Nudeln
Reis
Reiswein
Rindfleisch
Schweinefleisch
Seebarsch
Seetang*
Sesamkörner*
Sichuan-Pfeffer*
Sojasauce*
Sternanis*
Tofu
Wasserkastanien
Zimt*

(* siehe Register)

CHINESISCHE REGIONALKÜCHEN

China ist ein riesiges Land mit großen geographischen und klimatischen Unterschieden, und dementsprechend haben sich in den einzelnen Landesteilen unterschiedliche Küchen entwickelt.

Die Kanton-Küche oder die Küche des Südens ist die bekannteste chinesische Küche außerhalb des Landes, denn in den vergangenen hundert Jahren wanderten viele Menschen aus, um im Ausland Restaurants zu eröffnen.

Die Peking-Küche oder die Küche des Nordens ist die vielseitigste Küche Chinas und stark vom kulinarischen Erbe der Mongolen geprägt. Die Küche von Sichuan ist in den westlichen Provinzen anzutreffen, die von Shanghai in den östlichen.

Kanton-Küche Die kantonesische Kochkunst ist zwar nach der südostchinesischen Stadt Kanton (heute Guangzhou) benannt, ist aber in Hongkong am stärksten vertreten. Kennzeichnend für die ganze Region ist ein subtropisches Klima mit heftigen Regenfällen von Mai bis September. Die Küstenebenen und das Delta des Perlflusses (Zhujiang kou) bieten fruchtbares Ackerland, auf dem Blattgemüse und tropische Früchte – vor allem Litschis, Pfirsiche, Orangen und Bananen – in Hülle und Fülle gedeihen. Die Küstengewässer und zahlreichen Meeresarme sind reich an Fischen und anderen Meerestieren (Krabben, Jakobs- und Venusmuscheln, Flußkrebse und Hummer). Reis kann bis zu dreimal im Jahr geerntet werden, und Weizen, Süßkartoffeln und Taro werden als Grundnahrungsmittel angebaut. Unzählige Fischfarmen und intensive Schweine- und Geflügelzucht ergänzen die landwirtschaftliche Produktion.

Nirgendwo anders in China ist das Angebot an frischen Zutaten so groß wie in Kanton, und davon profitieren die kantonesischen Köche. Das erklärt auch, warum von allen chinesischen Regionalküchen die kantonesische Kochkunst am dezentesten ist und, wenn lieblos und unfachmännisch ausgeführt, sogar langweilig und reizlos sein kann. Ein guter Koch versucht, den Eigengeschmack einer jeden Zutat hervorzuheben, anstatt viele miteinander zu vermischen.

Kräuter und Gewürze werden in der chinesischen Küche ganz allgemein und in der kantonesischen im besonderen nur in Maßen verwendet. Koriander, Ingwer, Chillies, Gewürznelken, Tangerinenschale, Sesamkörner und Sternanis sind geschmacklich immer präsent, jedoch nie dominant. Wahlweise wird auch häufig Fünfgewürzpulver (siehe S. 86) genommen.

Kantonesische Köche verwenden gern getrocknete Zutaten, wie Trockenpilze (siehe S. 161) und getrockneten Fisch (siehe S. 189) und führten auch die Verwendung von Sojasaucen und Sojabohnenpasten ein. Großer Beliebtheit erfreut sich die Schwarze-Bohnen-Sauce, eine dünnflüssige, salzige Sauce aus fermentierten schwarzen Sojabohnen, die püriert und mit Knoblauch und Sternanis gewürzt sind.

Die klassische kantonesische Garmethode ist das Pfannenrühren. Dazu wird etwas Öl im Wok erhitzt, der dank seiner gewölbten Form am tiefsten Punkt sehr heiß wird und die Hitze rasch auf die Seitenwände weiterleitet, was kurze Garzeiten bedeutet. Das Pfannenrühren ist ursprünglich auf die Knappheit von Brennmaterial zurückzuführen. Bei einem kurzen Kochvorgang wird weniger Holz oder Kohle für die Feuerstelle verbraucht. So wurde aus der anfänglich notbedingten Erfindung eine Kunstfertigkeit.

Bei der kurzen Garzeit müssen alle Zutaten in einheitliche Größen geschnitten werden, damit sie gleichmäßig garen. Zum Zerkleinern, sprich Schneiden und Hacken, verwenden die Chinesen große, schwere Küchenbeile. Diese Beile sehen zwar unhandlich aus, doch ein geschickter Koch kann damit sogar Frühlingszwiebeln in hauchdünne Streifen schneiden.

Ebenso beliebt ist das Dämpfen. Diese Garmethode bietet sich vor allem für Fisch an. Ein typisches kantonesisches Gericht ist gedämpfter Seebarsch, der unzerteilt in einem Bambus-Dämpfkorb über siedendem Wasser gegart und anschließend mit Öl bestrichen wird, das vorgegarte Scheibchen von Frühlingszwiebeln und Ingwer enthält. Erstaunlicherweise harmonieren diese geschmacksintensiven Würzmittel ausgezeichnet mit dem delikaten Fischaroma. Das gleiche gilt für eine andere kantonesische Spezialität, für gedämpfte Jakobsmuscheln in Schwarze-Bohnen-Sauce. Kanton-Köche rühmen sich der Fähigkeit, gegensätzliche Aromen so zu mischen, daß der jeweilige Eigengeschmack erhalten bleibt und trotzdem keiner dominiert.

Abschließend sollte noch die köstliche Kanton-Ente erwähnt werden. Sie wird mit Frühlingszwiebeln und Bohnenpaste gefüllt und dann mit einer Marinade aus Honig und Essig bestrichen, was dem fertigen Braten eine erlesene süß-scharfe Note verleiht.

Won-tans in Nudelsuppe

Peking-Küche Diese deftige und herzhafte Küche ist in ganz Nordchina anzutreffen, vor allem aber in der Hauptstadt Peking, dem heutigen Beijing. Im Gegensatz zum fruchtbaren Schwemmland im südöstlichen Kanton ist der Norden ein wildes und zerklüftetes Land, das zu weiten Teilen aus Ödland und an der Grenze zu Rußland aus der gebirgigen mongolischen Steppe besteht. Das ganzjährig rauhe Klima reicht von brütender Hitze im Sommer bis zu extremer Kälte im Winter, während im Frühling von den angrenzenden Wüstenhochebenen ausgehende heftige Sandstürme über die Neunmillionenstadt Peking hinwegfegen.

Blattgemüse wachsen hier nicht in großer Menge, dafür sind Gurken, Sellerie und diverse Kohlsorten weit verbreitet. Da Reis in diesem Klima nicht gedeiht, pflanzen die Bauern andere Getreide an, wie zum Beispiel Weizen, sowie Mais, Hirse, Erdnüsse und Sojabohnen, die gute Ernten garantieren. Anstelle von Reis essen die Nordchinesen gedämpfte Brote, Brötchen und Nudeln (hergestellt aus Weizenmehl, Ei und Wasser). Nudeln sind in China ein Symbol für Langlebigkeit. Ein beliebtes Geburtstagsgeschenk ist ein Nudelkuchen, wobei das Geburtstagskind versucht, im Hinblick auf ein langes Leben so viele wie möglich davon zu verspeisen. Um während der kalten Jahreszeit gut versorgt zu sein, decken sich die Bewohner Pekings und anderer nördlicher Provinzen mit gekochten und gebratenen Klößen (*chiao-tzu*) ein, die mit Shrimps und Schweinefleisch gefüllt sind.

Bedingt durch den hohen muslimischen Bevölkerungsanteil in den nördlichen Provinzen wird hier wesentlich weniger Schweinefleisch gegessen als in den anderen Landesteilen. Rindfleisch war noch nie besonders begehrt. Der chinesische Bauer verspeist höchst ungern seinen Ochsen, weil dieser ihm als Lasttier größere Dienste erweist, als wenn er gebraten auf dem Teller liegt.

Vorwiegend wird Lammfleisch verzehrt. Die eindrucksvollste Zubereitung ist der mongolische Feuertopf. Für dieses Gericht wird das Fleisch in hauchdünne Scheibchen geschnitten und anschließend mit Stäbchen in den mit kochendem Wasser gefüllten und mit glühenden Kohlen befeuerten Topf befördert. Bereits nach wenigen Sekunden ist das Fleisch gar. Man ißt es mit hauchdünnen Scheiben von rohem Lauch oder Frühlingszwiebeln und Koriandergrün. Dazu wird würziger roter Bohnenquark und eine dünnflüssige Sesampaste gereicht. Sobald sich die brodelnde Flüssigkeit in eine Fleischbrühe verwandelt hat, werden Nudeln und Kohl beigegeben, und fertig ist die Suppe.

TYPISCHE GERICHTE

Gedämpfte Jakobsmuscheln
Serviert in Schwarze-Bohnen-Sauce oder mit Frühlingszwiebeln und Ingwer

Pang-Pang-Huhn
Kalt serviertes pochiertes Hühnerfleisch mit Gurkenstäbchen und würziger Sauce

Peking-Ente
Knusprig gebratene Ente mit Pfannkuchen, Frühlingszwiebeln, Gurken und Hoisin-Sauce

Ma Po-Doufu
Pfeffrigscharfer Tofu mit Zwiebeln, Knoblauch, Ingwer und feingehacktem Schweinefleisch

Geschmorte Ente mit acht Kostbarkeiten
Ente, gefüllt mit Nüssen, Datteln, Maronen, Lotossamen, Rosinen, Schalotten und Klebreis

Gedämpfter ganzer Seebarsch
Serviert mit Ingwer und Frühlingszwiebeln oder in Schwarze-Bohnen-Sauce

Yangchow-Löwenköpfe
In Brühe servierte gedämpfte Fleischklöße mit Kohl

Mongolischer Lamm-Feuertopf
Kurzgegartes Lammfleisch mit Gemüse und Brühe

Lotos-Huhn
Pfannengebratenes Huhn mit Eiweiß

»Betrunkenes« Huhn
In Reiswein mariniertes, gekochtes Huhn, in Scheiben geschnitten und kalt serviert

Reispudding mit acht Kostbarkeiten
Gedämpfter Klebreis-Pudding mit Nüssen, Lotossamen und kandierten Früchten

Samthuhn
Feingehacktes Hühnerfleisch, leicht gedämpft oder gebraten (ohne Sauce)

»Ameisen auf dem Baum«
Feingehacktes Schweinefleisch mit Glasnudeln

Trockenprodukte

Getrocknete Zutaten spielen in der chinesischen Küche eine sehr wichtige, wenn auch oft unbemerkte Rolle. Sie verleihen einer Speise Würze, Struktur und Farbe und sind häufig auch geschmacksintensiver als die frischen Produkte.

Abalone

Seegurken Die vorgekochten und in Scheiben geschnittenen Seegurken müssen vor Gebrauch mehrere Tage eingeweicht werden.

Agar-Agar Ein natürliches Geliermittel aus Meeresalgen für süße und pikante Speisen.

Vogelnester Nester einer Seeschwalbenart aus vorverdautem Seegras und Speichel; eine sehr teure und begehrte Delikatesse.

Luftgetrocknete Würste Sie werden aus Schweine- oder Entenfleisch hergestellt.

Getrocknete Quallen

Trockenpilze Sie werden vor allem wegen ihrer Form und Beschaffenheit verwendet. Chinesische Wolkenohren werden aber auch als eigenständiges Pilzgericht zubereitet.

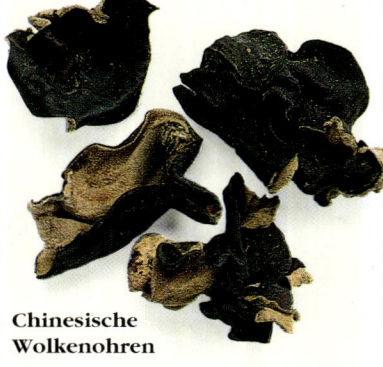

Chinesische Wolkenohren

Getrocknete Austern werden zum Salzen verwendet.

Getrocknete rote Datteln werden zum Süßen verwendet.

Getrocknete Jakobsmuscheln

Getrocknete Shrimps

»Goldnadeln« Leicht bitter schmeckende, getrocknete Keimblätter der Tigerlilie.

Haifischflossen Sonnengetrocknete Rücken- und Bauchflossen größerer Haie. Für chinesische Feinschmecker ist diese Delikatesse eine unentbehrliche Suppenwürze.

Wesentlich aufwendiger in der Zubereitung ist die Peking-Ente, das wohl bekannteste Gericht der nordchinesischen Küche. Es werden dafür nur speziell gemästete Enten verwendet. Die küchenfertige Ente wird zunächst mit kochendem Wasser überbrüht und anschließend mit Honig bestrichen. Danach wird sie 24 Stunden an einem kühlen, luftigen Ort zum Trocknen aufgehängt, bis sich ihre Haut wie Pergament anfühlt. Dann wird sie auf einem Rost im Stein- oder Lehmofen gebraten. Mit Hilfe von zwei Gabeln wird das Fleisch mit der knusprigen, rötlichbraun schimmernden Haut von den Knochen gelöst und in mundgerechte Stücke zerteilt. Peking-Ente wird immer mit hauchdünnen Mandarin-Pfannkuchen serviert. Diese bestreicht man mit Hoisin-Sauce (die auch unter der Bezeichnung chinesische Pflaumen- oder Grillsauce angeboten wird), legt ein oder zwei Stücke Entenfleisch darauf und garniert das Ganze mit feingehackten Frühlingszwiebeln und in schmale Streifen geschnittenen Gurken. Zum Schluß rollt man den Pfannkuchen auf und ißt ihn aus der Hand.

Auch Fisch in Weinsauce ist eine besondere Spezialität der Peking-Küche. Dafür werden große Fischstücke eine Minute in Pflanzenöl fritiert und anschließend noch einmal in einer Würzflüssigkeit aus Wein, Fond, Frühlingszwiebeln und Ingwer aufgekocht. Typisch für die Region ist auch eingelegter Tientsin-Kohl, der im Aussehen an Römischen Salat erinnert. Als Dessert werden gern Pfannkuchen gegessen, die mit einer süßen, roten Paste aus Adzuki-Bohnen gefüllt sind.

Sichuan-Küche Steil aufragende Berge und tief eingeschnittene Flußtäler bestimmen das Landschaftsbild der Provinzen Sichuan und Hunan, einst Heimat vieler Pandabären. Die Sommer sind feucht und regnerisch und die Winter wesentlich milder als im 1600 Kilometer weiter nordöstlich gelegenen Peking. Der Boden liefert ganzjährig reiche Erträge an Reis, Weizen, Raps, Mais, Bambussprossen und Zitrusfrüchten. Typisch für die Sichuan-Küche ist die Verwendung von Chillies und Sichuan-Pfeffer (siehe S. 95), die den Speisen die charakteristische Schärfe verleihen.

Zu den gebräuchlichsten Würzmitteln gehören ferner die salzige Gelbe-Bohnen-Sauce, ein Produkt aus fermentierten gelben Sojabohnen, und die Chili-Bohnen-Sauce, eine dickflüssige, würzige scharfe Paste aus Knoblauch, getrockneten Chillies, fermentierten schwarzen Bohnen und anderen Gewürzen.

Die Sichuan-Küche ist nach westlicher Vorstellung sehr scharf und würzig, aber Schärfe ist längst nicht alles, was sie zu bieten hat. Gute Köche sind bestrebt, jede Geschmackskomponente von scharf über salzig und von süß bis sauer hervorzuheben. Salzen, Einlegen und Marinie-

ren sind demzufolge von großer Bedeutung. Die meisten Haushalte in Sichuan haben das ganze Jahr über ein würziges, leicht bitter schmeckendes Pickle vorrätig, das sogenannte Sichuan-Gemüse aus eingesalzenem Senfkohl mit Chillies und Knoblauch, das gekochten, geschmorten und pfannengerührten Gerichten eine charakteristische Würze verleiht.

Ein sehr typisches Sichuan-Gericht heißt »Ameisen auf dem Baum« und besteht unter anderem aus gebratenem Hackfleisch und Glasnudeln, deren Anblick bei den Sichuan-Chinesen die Assoziation von krabbelnden Ameisen weckt. Ihr Sinn für Humor zeigt sich auch in den sogenannten »Fischduft«-Gerichten aus Fleisch und Gemüse, die nicht nach Fisch schmecken, sondern nur genauso gewürzt und aromatisiert werden wie Fisch, das heißt mit einer raffinierten Mischung aus Chilipaste, Knoblauch, Ingwer und Frühlingszwiebeln.

Zu den aufwendigsten Gerichten der Sichuan-Küche gehört die geräucherte Ente, die mit vier verschiedenen Garmethoden zubereitet wird. Zuerst wird die Ente in Pfefferkörnern, Salbei, Ingwer und Zucker mariniert, dann in einer würzigen Brühe gekocht und anschließend über einer Mischung aus Teeblättern, Zucker, Lorbeerblättern und Fünfgewürzpulver geräuchert. Zuletzt wird sie zerteilt und fritiert.

Fisch kommt nur selten auf den Tisch, da der Zugang zum Meer fehlt. So bestimmt Geflügel weitgehend den Küchenplan. Vor allem das Huhn, für das es unzählige Zubereitungsmethoden gibt, sei es als *kung pao* (ein scharfes, süß-saures Hühnergericht, zubereitet mit Chillies, Ingwer und Erdnüssen) oder als *pang pang* (zerkleinerte und kalt mit Gurken servierte pochierte Hühnerbrust, übergossen mit einer Sauce, die überwiegend aus Sesampaste, Sojasauce, Essig und Chili-Öl besteht).

Shanghai-Küche Diese vierte, aber nicht so eindeutig geprägte Küche konzentriert sich auf Shanghai und das fruchtbare Delta des Yangtze Kiang (Chang Jiang) zwischen Peking und Kanton, wo dank des milden Klimas Weizen und Reis gedeihen. Die zahlreichen Flüsse, Teiche, Seen und natürlich das Meer liefern allerlei Köstlichkeiten für den Speisezettel. Shanghai-Krabben sind berühmt für ihr zartes Fleisch, und der saftige Karpfen aus dem nahegelegenen Hangzhou-See wird als der schmackhafteste Süßwasserfisch Chinas bezeichnet. Die Köche in Shanghai beherrschen vor allem die Garmethode des »Rotschmorens«, das sanfte, langsame Schmoren von Fleisch, Geflügel und Fisch in einer kräftigen, rötlichen Sauce aus dunkler Sojasauce und Reiswein, die man zum Schluß bei starker Hitze sämig einkochen läßt.

MAHLZEITEN

Eine typisch chinesische Mahlzeit besteht aus Suppe, Reis und vier weiteren Fleisch-, Fisch- und Gemüsegerichten. Die Suppe bildet den Auftakt zu den übrigen Speisen, die alle zur gleichen Zeit aufgetragen werden.

Essen ist in China eine gesellige Angelegenheit. Man sitzt um einen runden Tisch, in dessen Mitte die einzelnen Speisen in kleinen Portionen bereitstehen, so daß sie für jeden bequem erreichbar sind. Das Eßgeschirr besteht hauptsächlich aus einer kleinen Schale auf einem Unterteller, der beispielsweise zur Ablage von Knochen dient, und einem Paar Stäbchen aus Holz oder Plastik. Anfängern fällt es mitunter recht schwer, mit Stäbchen zu essen, in geübten Händen dagegen werden diese eleganten Eßwerkzeuge ihrer Bezeichnung *faai jee* – »flinke kleine Jungen« – durchaus gerecht.

Zu Beginn des Essens füllt sich jeder Reis in die Schale und holt sich dann mit den Stäbchen die Häppchen, die ihm am verlockendsten erscheinen, aus den bereitgestellten Schalen mit den Hauptgerichten. Es zeugt von guten Tischmanieren, wenn die aufgenommenen Häppchen kurz auf dem Reisbett abgelegt werden, bevor man sie mit den Stäbchen zum Mund führt.

Um Reis auf korrekte Art zu essen, muß man die Schale an die Unterlippe halten und mit den Stäbchen kleine Portionen in den Mund befördern. Reis verschütten bringt Unglück, und Kindern, die ihre Portion nicht aufessen wollen, wird angedroht, daß jedes übriggelassene Reiskorn eine Pockennarbe auf dem Gesicht ihres zukünftigen Ehepartners bedeutet.

Jeder chinesische Haushalt hat einen eigenen Küchengott, der in den letzten Wochen des Jahres in den Himmel abberufen wird, um über das Betragen eines jeden Familienmitgliedes Bericht zu erstatten. Damit dieser Bericht möglichst positiv ausfällt, wird das meist über dem Ofen hängende Bildnis des Gottes während seiner Abwesenheit mit Zuckerwerk versehen. Mit der Rückkehr des Küchengottes auf die Erde, Anfang Februar, beginnen die Feierlichkeiten für das Neujahrsfest. Begrüßt wird er mit Knallkörpern und kleinen Kuchen, die mit einer Paste aus schwarzen Bohnen gefüllt sind (*jien duy*).

Beim täglichen Menü im Familienkreis besteht das Dessert meist aus Früchten und einer Schale Tee ohne Milch und Zucker. Ein Deckel hält den Tee in der Schale warm. Von Kindesbeinen an lernen die Chinesen, wie man mit einer Hand die Schale an die Lippen führt, den Deckel zurückschiebt, den Tee schlürft und dann den Deckel wieder schließt. Zu den Favoriten zählen Jasmintee, ein mit Jasminblüten parfümierter grüner Tee, Oolong-Tee, ein herber, aromatischer, halbfermentierter Tee aus der Provinz Fujian, und Lapsang Souchong, ein fermentierter schwarzer Tee mit rauchigem Geschmack (siehe S. 268).

Viele chinesische Teesorten haben eine entschlackende Wirkung. Das gilt auch für das chinesische Gericht *congee*, eine dünne Klebreissuppe, die traditionell zum Frühstück gegessen wird.

Bei offiziellen Feiern werden die einzelnen Speisen in bestimmter Reihenfolge aufgetragen. Gewöhnlich beginnt man mit Tee, Nüssen und Früchten und geht dann über zu kleinen kalten Vorspeisen (eingelegter Kohl, marinierte Pilze etc.). Dann folgen die warmen Speisen (ein pfannengerührtes Gericht, eine Suppe, Peking-Ente) und zu guter Letzt ein ganzer Fisch. Dazu trinkt man chinesisches Bier und starken Wein (*mao tai*), der aus Weizen und Sorghum-Hirse hergestellt wird.

Beim festlichen Schmaus im eigenen Heim gelten strenge Tischsitten. Besonderer Wert wird auf die Tischordnung gelegt. Es gibt eine feste Regel, die besagt, daß Gastgeber und Gastgeberin immer mit dem Rücken zur Tür sitzen und der Ehrengast oder die Ehrengäste ihnen direkt gegenüber. Den anderen Gästen bleibt es dann selbst überlassen, sich nach Rang und Namen zu plazieren, was mit großer Höflichkeit vor sich geht, indem einer dem anderen den Vortritt ins Eßzimmer läßt und der bescheidenste Gast zuletzt neben dem Gastgeber und der Gastgeberin sitzt.

Dim Sum

Dim sum (wörtlich übersetzt »des Herzens Freude« oder »das Herz berühren«) ist die chinesische Bezeichnung für die kleinen Zwischenmahlzeiten und Snacks, die die Chinesen in großen Mengen vom frühen Morgen bis zum späten Nachmittag essen. Die kleinen Köstlichkeiten, die ursprünglich von den Teehausbesitzern in der Song-Dynastie (960–1279) kreiert wurden, sind meist recht schwierig und zeitaufwendig in der Zubereitung. Es gibt spezielle *Dim-sum*-Köche, die tagsüber in der Restaurantküche arbeiten und abends, wenn die *Dim-sum*-Gerichte nicht mehr auf der Karte stehen, von den allgemeinen Köchen abgelöst werden.

Har Gow Gehackte Shrimps in einer hauchdünnen Teighülle aus Weizenstärke.

Garnelen in Papier Eine in Reispapier gehüllte und fritierte Mischung aus feingehackten Garnelen, Schweinefett, Schinken und Bambussprossen.

Siu Mai Eine Mischung aus gehacktem Schweinefleisch, Shrimps, Pilzen, Frühlingszwiebeln, Bambussprossen, Möhren und Ingwer in Teighüllen aus Weizenstärke. Sie haben die Form eines Bonbons ohne Enden.

Char Siu Rotgeschmortes kantonesisches Schweinefleisch, mariniert in Sojasauce, Eiswein, Honig, Zucker und Knoblauch.

Char Siu Bao Ein tennisballgroßes Teigsäckchen, das mit rotgeschmortem Schweinefleisch gefüllt ist.

Verschiedene Dim-sum-Gerichte

VIETNAM

In Vietnam, dem »Land des Südens«, wo wasserreiche Flüsse und saftige grüne Reisfelder das Bild bestimmen, trifft man sowohl auf tropisches Monsunklima als auch auf eine kühle, gemäßigte Zone mit üppiger Vegetation und ertragreichem Ackerland. In der vietnamesischen Küche dominiert die Farbe Grün. Der Duft heimischer Kräuter und Gemüse wird von den kräftigen indischen Gewürzen weder überdeckt, noch dominiert er die eher dezenten Aromen der nach chinesischer Art zubereiteten Gerichte. Und so präsentiert sich die kulinarische Landschaft Vietnams als eine wohltuende Mischung aus milden und würzkräftigen Komponenten.

Typische Zutaten

Aal
Anissamen*
Bambussprossen
Bananenblätter*
Basilikum*
Bohnensprossen
Chillies*
Curryblätter
Daikon-Rettich*
Dill*
Ente
Erdnüsse
Frühlingszwiebeln*
Fünfgewürzpulver*
Galgant*
Garnelen
Knoblauch*
Kokosnuß*
Koriander*
Limetten*
Minze*
Nudeln
Nuoc mam (Fischsauce)*
Palmzucker
Papayas
Pilze*
Quallen
Reis
Reisessig*
Reispapier
Schalotten*
Schwarze-Bohnen-Sauce
Sesamkörner*
Sesamöl*
Sternanis*
Tamarinde*
Zitronengras*

(* siehe Register)

KULTURELLE EINFLÜSSE

Tausend Jahre chinesischer Herrschaft (im ersten Jahrtausend nach Christus) haben die vietnamesische Eßkultur nachhaltig geprägt. Das zeigt sich an den Garmethoden (Pfannenrühren und Dämpfen), dem Eßgeschirr und -besteck (Schale und Stäbchen) und nicht zuletzt an den Nahrungsmitteln wie Sojasauce und Nudeln. Zum kulinarischen Erbe der Chinesen gehört auch die harmonische Abstimmung von Struktur, Farbe, Duft und Geschmack einer Mahlzeit. Dieses Prinzip chinesischer Kochkunst zeigt sich besonders deutlich in Nordvietnam, wo noch heute viele Chinesen leben und das Essen meist milder gewürzt wird als in anderen, nicht den gleichen Einflüssen ausgesetzten Regionen des Landes.

Auch die Franzosen unterhielten lange Zeit Beziehungen zu Vietnam, zuerst als Kaufleute, später dann als Kolonialherren. Ihnen verdanken die Vietnamesen das knusprige Baguette, europäisches Gemüse wie Spargel und grüne Bohnen, Pastete und auch Froschschenkel. Der Einfluß der Gallier zeigt sich am deutlichsten in den Städten Südvietnams, wo Restaurants Gerichte wie französische Prinzeßbohnen mit zerdrücktem Knoblauch und Chili oder Froschschenkel mit Chili und Zitronengras servieren.

WÜRZMITTEL

Die Vietnamesen unterscheiden sich von ihren südostasiatischen Nachbarn durch die großzügige Verwendung von Kräutern wie Dill, Zitronengras, Koriander, Minze und Basilikum. Die feingefiederten Dillblättchen werden zum Beispiel über *canh chua ca* gestreut (eine sauer-scharfe Fischsuppe aus weißfleischigem Fisch sowie Fischsauce, Chili und Zitronensaft). Dill ist auch eine unentbehrliche Würze im aromatischen Fischgericht *cha ca*, für das der Fisch, namentlich Seeteufel, zuerst in einer Mischung aus Zitronensaft, Tamarinde, Gelbwurz, Shrimppaste und Galgant mariniert wird. Dann wird er über Holzkohle gegrillt, bei Tisch noch einmal in Fischsauce erhitzt und schließlich mit einer dicken Lage Dill und Frühlingszwiebeln serviert.

Zitronengras *(xa)* verleiht vielen Salaten, Suppen, Fleisch- und Fischgerichten ein intensives Zitronenaroma, so auch *ga xao xa* (pfannengerührtes Hühnerfleisch mit Zitronengras) und *thit bo xao xa ot* (gegrilltes Rindfleisch mit Zitronengras). Auch Kräutermischungen sind sehr beliebt. Minze, Koriandergrün und Basilikum werden in großen Mengen auf gekochtem oder mariniertem Fisch oder Fleisch verteilt und dann mit kleingeschnittenem Gemüse bedeckt. Diese dicken würzigen Happen rollt man in hauchdünne Reispfannkuchen oder knackige Salatblätter ein und tunkt sie dann in diverse salzige, süße oder saure Saucen.

Die meisten dieser Dips bestehen in der Hauptsache aus der Fischsauce *nuoc mam*. Diese Fischsauce erhält man durch das Fermentieren von Fischen, die in großen Holzfässern mit Salz aufgeschichtet und mehrere Monate lang zum Gären der Sonnenhitze ausgesetzt werden. Das Ergebnis ist eine klare, extrem salzige und nach Fisch schmeckende, bernsteinfarbene Flüssigkeit. Unter Zugabe von Limetten- oder Zitronensaft, Weinessig, scharfen Chillies, Knoblauch und Zucker wird daraus eine ungleich schärfere und pikante Sauce, die in Vietnam *nuoc cham* heißt. Sie wird als Dip-Sauce und zum Würzen von Suppen, pfannengerührten Gerichten sowie Fleisch- und Gemüsegerichten verwendet.

Erdnüsse sind in der vietnamesischen Küche weit verbreitet. Geröstet und zerstoßen dienen sie häufig als Garnitur. Mit *nuoc mam*, Knoblauch, Chillies, Limettensaft und Kokosmilch wird daraus die sämige Satay-Sauce *dau phong rang* zubereitet, die als klassische Beigabe zu gebratenem Aal mit Zitronengras gilt, aber auch zu vielen anderen Fisch- und Fleischgerichten serviert wird. Sesamöl verleiht Saucen ein nussiges Aroma, so auch der Sauce aus schwarzen Bohnen, Knoblauch, Fischsauce, Zucker, Essig, Chillies, Fond, Sesamöl und -körnern. Der angenehm nußartige Geschmack der Sesamkörner harmoniert gut mit hauchdünnen Scheiben gegrillten Rindfleischs. Frühlingszwiebeln sind Bestandteil vieler vietnamesischer Gerichte und werden roh oder kurz gegart an Suppen, Frühlingsrollen oder Pfannengerührtes gegeben.

WEITERE ZUTATEN

Reis kommt in Vietnam in unterschiedlichster Form auf den Tisch. Gekocht liefert er eine sättigende Beilage zu Suppen, Eintöpfen und Currys; Reisnudeln werden fritiert oder gedämpft. Aus Reismehl bereitet man dünne Pfannkuchen, die erst gedämpft und dann mit vielerlei Zutaten gefüllt werden. Beliebt sind *banh cuon*, mit gegartem Schweinefleisch und Gemüse gefüllte und mit knusprig gebratenen Schalotten belegte Pfannkuchen, die in eine würzige süße Sauce getunkt werden. Aus Reismehl werden auch die hauchdünnen Hüllen für *cha gio* (Frühlingsrollen) hergestellt.

Vielseitige Verwendung findet auch Klebreis, eine im Vergleich zu Langkornreis stärkehaltigere und klebrige Sorte. Dieser Reis eignet sich vorzüglich für Desserts. Eine vietnamesische Spezialität ist in Kokosmilch eingeweichter Klebreis, der in Bananenblättern gedämpft wird.

Schweinefleisch erfreut sich im ganzen Land großer Beliebtheit und wird gern mit Meeresfrüchten kombiniert. Vermischt mit Krabben dient es als Füllung für Pfannkuchen und Frühlingsrollen; mit Nudeln und getrockneten Garnelen wird daraus *mi quang*, eine herrliche Suppe.

Huhn kommt häufig auf den Tisch, entweder gebraten mit Fünfgewürzpulver (*ngu vi huong*) oder pfannengerührt mit duftenden Zitronengrasstengeln. Rindfleisch ist eine Hauptzutat in *pho*, der bekannten vietnamesischen Nudelsuppe mit Fleisch. Hierfür werden dünne Streifen von rohem Rindfleisch mit Minze, Frühlingszwiebeln und Koriandergrün vermischt und in eine mit Nudeln gefüllte Schale gegeben. Das Ganze wird mit kochendheißer Fleischbrühe übergossen, die mit Ingwer und Sternanis gewürzt ist. Die rohen Zutaten werden dabei ganz kurz gegart. Scharfe rote Chillies, salzige Fischsauce und Zitronensaft können nach Belieben hinzugefügt werden.

Die wichtigsten Gemüsesorten sind Kopfsalat, weißer Sommerrettich, Kartoffeln, Spargel, Broccoli, Möhren, Artischocken, Gurken, Blumenkohl, Zucchini und Auberginen. Sie werden entweder roh oder pfannengerührt serviert, damit Farbe, Geschmack und Struktur weitgehend erhalten bleiben. Oft werden kleine Mengen an Schweinefleisch oder Meeresfrüchten mitgegart, damit das Gemüse aromatischer schmeckt.

Früchte gedeihen in Vietnam in Hülle und Fülle, vor allem im regenreichen Süden. Sehr beliebt sind Orangen, Kokosnüsse, Litschis, Karambolas (Sternfrüchte), Mangos, Bananen, Cherimoyas, Pampelmusen, Guaven und Wassermelonen, die meist roh verzehrt oder zu köstlichen Fruchtsalaten verarbeitet werden. Auch Süßigkeiten sind in Vietnam beliebt. Allerdings werden süße Speisen wie Kuchen, Plätzchen oder Pudding meist während der Mahlzeit gegessen und nicht als abschließendes Dessert. Reis und kräftiger brauner Zucker, zusammen mit Kokosnußfleisch oder -milch, bilden die Grundlage für die Süßspeisen.

MAHLZEITEN

Das traditionelle Frühstück besteht aus einer dampfenden Schale *pho*, entweder hausgemacht oder bei einem Straßenhändler gekauft. Die wenigsten Vietnamesen können sich für ein Frühstück mit Butterbrot und Kaffee oder Tee begeistern, wie es vielerorts im Westen üblich ist.

Das vietnamesische Mittagessen besteht aus Reis, einer klaren Brühe und diversen leichten Fleisch-, Fisch- und Gemüsegerichten, die mit einem reichhaltigen Sortiment an Dip- und Würzsaucen auf den Tisch kommen. Das Abendessen gleicht dem Mittagessen, ist aber üppiger bemessen und noch abwechslungsreicher in der Zusammenstellung.

Sonntags wird meist ein besonders raffiniertes Hauptgericht aufgetischt. Zu den Favoriten zählen Jakobsmuscheln und knusprig gebratene Seetang-Schnitzel, gegrillte Schweinefleischbällchen in süßer Erdnußsauce oder das traditionelle Do-it-yourself-Gericht *ta pli lu*, bei dem jeder Gast einen großen Teller mit rohen Zutaten – Hühnerfleisch, Rindfleisch, Garnelen, Kalmar und frisches Gemüse – erhält, die er bei Tisch in einem Topf mit brodelnder würziger Brühe gart. Zur Erfrischung wird zart duftender Jasmintee gereicht. Die Mahlzeiten werden auf dem Boden sitzend an einem niedrigen Holztisch eingenommen. Als Abschluß folgen meist frische Früchte, seltener süßes Gebäck.

TYPISCHE GERICHTE

Pho
Reisnudeln in Brühe mit geschnetzeltem Rind- oder Hühnerfleisch

Canh Thit Nau Cua
Suppe aus Krabben und Schweinefleisch

Cha Gio
Vietnamesische Frühlingsrollen

Bahn Tom
Garnelen-Pastete auf Toast

Canh Chua Ca
Sauer-scharfe Fischsuppe

Ga Xao Ya Ot
Pfannengebratenes Huhn mit Zitronengras

Ca Hap
Gedämpfter Seebarsch

Ca Loc Hap
In Kokosmilch und Ingwer gedämpfter Fisch

Goi Dua Leo
Salat aus Schweinefleisch, Kalmar und Erdnüssen

Thit Ga Chien Gung
Ingwer-Huhn

Cha Ca
Seeteufel mit Dill

Suon Chien
Gegrillte Rippchen

Kho
Fisch oder Fleisch, gegart in Fischsauce und Zitronengras

Ca Tim Nuong
Mit Limetten gegarte Auberginen

Bau Xao
Zucchini mit Garnelen und Schweinefleisch

Banh Chuoi
Bananenkuchen

Chuoi Va Thom Chien Gion
Fritierte Apfel- und Bananenscheiben

Chuoi Dua
Bananen in Kokosmilch

Dau Xanh Vung
Mit Sesam bestreuter Mungobohnenkuchen

149

THAILAND

Auf kulinarischem Gebiet bietet Thailand seinen Köchen eine reiche Palette von Aromen, von mild bis feurigscharf, von essigsauer bis zuckersüß. Die Farbskala der Gemüse und Früchte reicht von Grasgrün bis Feuerrot. Das Klima in Thailand ist weder zu feucht noch zu trocken, so daß das Land mit Fleisch und Gemüse reich gesegnet ist. Auch das Meer und die Flüsse liefern reichlich Fisch und andere Wassertiere. Mit einer so gut gefüllten Speisekammer konnten sich die Thai getrost außerhalb der Landesgrenzen kulinarisch inspirieren lassen. Indische Gewürze, chinesische Garmethoden und das unverkennbare Pazifikaroma der Kokosnuß fanden Eingang in die thailändische Küche. Vieles davon wurde jedoch nur ansatzweise übernommen, denn Fremdeinflüsse sollten die eigene Küche nicht verfälschen, sondern harmonisch ergänzen. Die Chinesen zum Beispiel dämpfen Fisch ohne Gewürzbeigaben, die Thai geben Zitronengras zu. Wenn für ein indisches Currygericht nur zweierlei Gewürze verwendet werden, enthält ein Thai-Curry viele und dazu noch Kräuter, Fischsauce und Kokosmilch. Dennoch liegt das Geheimnis der thailändischen Kochkunst nicht in der Anzahl der verwendeten Zutaten, sondern in der meisterhaften Zubereitung.

Typische Zutaten

Austernsauce*
Basilikum*
Chilisauce (Sriracha)
Chillies*
Currypaste*
Erdnüsse
Fischsauce*
Frühlingszwiebeln*
Galgant*
Gapi (Shrimpspaste)*
Garnelen
Huhn (Kai)
Ingwer*
Kaffir-Limette (Ma grood)
Knoblauch*
Kokosnuß*
Koriander*
Krachai (Ingwersorte)
Kreuzkümmel*
Kurkuma*
Limetten*
Minze*
Nudeln
Palmzucker
Pilze*
Reis
Rindfleisch (Nua)
Schalotten*
Schweinefleisch
Sesamkörner*
Sojasauce*
Sternanis*
Tamarinde*
Taro
Tofu
Zitronengras*
Zucker*
Zuckermais

(* siehe Register)

KULTURELLE EINFLÜSSE

Geographisch liegt Thailand zwar näher an China als an Indien, dennoch ist der kulinarische Einfluß der Inder sehr groß. Von den Chinesen übernahmen die Thai den Wok, das Pfannenrühren und das Dämpfen, verzichteten aber auf das Andicken der Saucen mit Maisstärke, wie es in China üblich ist. Pfannengerührte Thai-Gerichte sind somit leichter und feiner im Geschmack als vergleichbare chinesische Speisen. In ähnlicher Weise adaptierte Thailand die indischen Currygerichte. Während indische Currys generell mit Currypulver gewürzt werden, das aus zerstoßenen Trockenkräutern und Gewürzen besteht, basieren Thai-Currys auf einer Currypaste aus frischen Kräutern und Gewürzen. Ein zweiter Unterschied besteht darin, daß die Hauptzutaten (Fleisch, Fisch oder Gemüse) nicht wie in Indien gewürfelt, sondern in dünne Scheibchen geschnitten werden. Und drittens wird anstelle von Milchprodukten wie *ghee* (geklärte Butter) Kokosmilch verwendet, für die man Kokosraspel in Wasser einweicht und dann die sämige Flüssigkeit abfiltert (siehe S. 179).

Das Markenzeichen der heutigen Thai-Küche – die Chilischote – wurde groteskerweise von den Europäern importiert. Es waren portugiesische Kaufleute, die den »Scharfmacher« in Asien einführten und quasi zur Versöhnung auch die süße Eiercreme, aus der die Kokoscreme *sung kha ya* entstand, die heute in ganz Thailand so beliebt ist.

Aus den Kanälen, die kreuz und quer das Land durchziehen, kommen Wasserkastanien und Lotospflanzen, deren Blätter, Wurzeln, Stiele und Samen in vielen versteckten Formen in süßen wie in pikanten Gerichten verwendet werden. Und von Gärten, Feldern und Straßenrändern werden Tamarinden-, Rakam- und andere Früchte geerntet.

WÜRZMITTEL

In Thailand werden zehn der weltweit schärfsten Chilisorten angebaut, darunter auch die kleinen, nur 1 cm langen Vogelaugen-Chillies, denen man ihre höllische Schärfe keineswegs ansieht. Chillies lassen sich vielseitig verwenden. Kombiniert mit *nam pla* (einer dünnflüssigen, salzigen Fischsauce), *gapi* (Shrimpspaste), Knoblauch, Koriandergrün und Zitrussaft wird daraus *nam prik*, eine Universalwürze, die auch als Sauce und Dip Verwendung findet. Andere beliebte Würzmittel auf Chilibasis sind *prik nam som* (Chillies in Reisessig) und *prik pon* (rotes Chilipulver).

Thai-Knoblauch, der im Vergleich zum hiesigen kleinere Zehen und eine rötliche Haut hat, wird für eine Vielzahl der typischen Gerichte verwendet. Knusprig gebraten dient er außerdem zur Dekoration; eingelegt in Reisessig, Salz und Zucker wird daraus das Würzmittel *kratiem dong* (eingelegter Knoblauch).

Der angenehm säuerliche Geschmack von Tamarinde, das Zitronenaroma von Limettensaft, Zitronengras und Kaffir-Limettenblättern und das warme Aroma von den drei thailändischen Ingwerarten – Ingwer, Galgant (Siam-Ingwer) und *krachai* – verbinden sich zur charakteristischen Duftnote der Thai-Küche. Um der pikanten Schärfe dieser Speisen eine cremige Süße entgegenzusetzen, wird dieser frischen Duftkombination oft noch Kokosmilch beigegeben. Davon zeugen die vielen roten und grünen Currygerichte wie *kiaw wan goong* (grünes Garnelencurry) und *kaeng pet kai* (rotes Hühnercurry), wobei die Farbe der jeweiligen Currypaste von der Farbe der verwendeten Chillies bestimmt wird. Eine solche Paste (siehe S. 81) enthält unter anderem Chillies (rot oder grün), Zitronengras, Schalotten, Knoblauch, Galgant, Koriander, Kreuzkümmel, weißen Pfeffer, Shrimpspaste und die Schalen und Blätter von Kaffir-Limetten.

Koriander- und Minzeblätter werden sowohl zum Würzen als auch zum Garnieren verwendet. Auch ein einheimisches, süßliches Basilikum ist sehr verbreitet. Von seinem würzigen Duft profitieren pfannengerührte Gerichte, Currygerichte, Suppen und Salate. Zum Aromatisieren oder als Zutat werden auch stark duftende tropische Blüten in der Thai-Küche verwendet, wie beispielsweise *mali*, eine weiße Jasminart, *kadanna* oder die leuchtendblaue *anjan*.

ANDERE ZUTATEN

Eine thailändische Mahlzeit wird mit *kin khao* eingeleitet, was wörtlich übersetzt »Komm und iß Reis« bedeutet. Man unterscheidet zwischen zwei Kategorien Reis: der der Langkornreissorten – dem Grundnahrungsmittel im südlichen Thailand – und der der Klebreissorten mit kürzeren Körnern, die im nördlichen Thailand zu allen Mahlzeiten gegessen werden und generell auch bei Süßspeisen Verwendung finden. Der weiße Klebreis ist kompakter und läßt sich besser formen.

Reisnudeln in unterschiedlicher Zubereitung sind im ganzen Land sehr populär. Für das Nationalgericht *pad thai* werden sie pfannengerührt und kommen mit getrockneten Shrimps, gerösteten Erdnüssen, Zitronensaft, Fischsauce, Bohnensprossen, Frühlingszwiebeln, Chillies, eingelegten weißen Rüben, Koriandergrün und Zucker auf den Tisch. Gekochte Reisnudeln sind eine wohlschmeckende Einlage in Suppen wie *suki gai*, die aus Hühnerfleisch, Sojasauce, Fischsauce, Zucker, Ei, rotem Bohnenquark, eingelegtem Knoblauch, Fond, Chilipulver, Zitronensaft, Sellerie und Chinesischem Senfkohl *(pak choi)* bereitet wird. Knusprig fritiert werden sie zum Mittelpunkt des berühmten Gerichtes *mee krop,* das

mit Knoblauch, Schalotten, Chillies und Schweinefleisch serviert wird.

Die zahlreichen Flüsse und das Meer liefern für den Speiseplan allerlei Köstlichkeiten. Fisch wird kleingehackt und zu Klößen verarbeitet und ist Hauptzutat für Currys, oder er wird mit eingelegten Pflaumen und Knoblauch gedämpft. Und gegrillter Hummer mit Chillies und Knoblauch ist ein gutes Beispiel für die köstliche Kombination des delikaten Krustentiers mit den scharfen Schoten.

Schweinefleisch wird oft mit Meeresfrüchten kombiniert, wie zum Beispiel in *bu ja* (gedämpfte Krabben mit Knoblauch, Koriander und Chillies). Hühner- und Rindfleisch wiederum sind eine beliebte Zutat in pfannengerührten Gemüsegerichten und in Currys wie *kaeng mussaman*. Diese Mischung aus Rindfleisch, Kokosmilch, Fischsauce, Tamarinde, Kartoffeln, Erdnüssen und Zwiebeln wird mit *Mussaman*-Currypaste zubereitet, die Zimt, Gewürznelken, Sternanis und Kardamom enthält.

MAHLZEITEN

In Thailand beginnt man den Tag mit Reisbrei. Dazu gibt es eingelegten Rettich oder andere eingelegte Gemüse und als Gaumenreiz vielleicht noch eine kleine Portion gehacktes Schweinefleisch und ein paar scharfe Chillies. Das Mittagessen wird meist bei einem der Straßenhändler gekauft, die in den thailändischen Städten überall anzutreffen sind. Auf Bestellung wird das Essen bis in die entlegensten Dörfer geliefert. Die feilgebotenen Mahlzeiten bestehen in der Hauptsache aus Nudeln, meist aus einer Nudelsuppe, die mit Hühnerfleisch, grünen Bohnen und Bohnensprossen angereichert ist. Oder es handelt sich um ein gebratenes Nudelgericht mit einer kleinen Fleisch- und Gemüseeinlage und mit einer Auswahl an schmackhaften Saucen, die unter anderem Zucker, Fischsauce, frisch geröstete Erdnüsse und zerstoßene getrocknete Chillies enthalten.

Abends fällt die Mahlzeit bedeutend reichlicher aus. Sie besteht aus mehreren Gängen, die gleichzeitig aufgetragen werden. Als Dessert werden meist zwei Süßspeisen gereicht, eine flüssige, die oft mit Kokoscreme verfeinert wird, und eine feste auf der Basis von gesüßter Bohnenpaste. Den krönenden Abschluß einer Thai-Mahlzeit bilden Früchte.

Die Speisen werden oft mit kunstvoll zugeschnittenem Gemüse angerichtet. Aus Tomaten werden Rosen geschnitten, aus Möhren Lotosblüten, aus Frühlingszwiebeln Lilien und aus Ingwer winzige Krabben, die bis zu den Scheren häufig sehr echt wirken.

TYPISCHE GERICHTE

Poh Piah Tod
Frühlingsrollen

Kha Nom Jeen
Klöße nach thailändischer Art

Suki Kai
Suppe mit Hühnerfleisch, Gemüse und Tofu

Yam Nua Saweo
Gurke mit Rindfleischfüllung

Tom Yum Kung
Sauer-scharfe Garnelensuppe

Pad Thai
Pfannengerührte Nudeln mit geschnetzelten Fleisch und Gemüse

Tod Mun Pla
Fischkuchen

Hoy Op
Gedämpfte Miesmuscheln mit Basilikum und Zitronengras

Laab Nua
Salat aus würzigem Rinderhackfleisch

Kaeng Pet Dang Mhoo
Rotes Schweinefleischcurry

Kiaw Wan Goong
Grünes Garnelencurry

Yam Talay
Sauer-scharfer Fischsalat

Pla Kung
Garnelen mit Zitronengras

Satay
Gegrillte Fleischspießchen

Homok Talay
Bouillabaisse aus Meeresfrüchten und Kokosnuß

Mee Krop
Süße, knusprige Nudeln

Khanom Maw Gaeng
Gebackene Eiercreme

Ta-Kho
Kokosmilch mit Klebreis

Kruay Khaek
Gebratene Banane

Met Kanoon
Süßes Mungobohnen-Dessert

SÜDPAZIFIK

(SÜDOSTASIEN, AUSTRALIEN UND NEUSEELAND)

Regen, Hitze und hohe Luftfeuchtigkeit verwandeln die Inseln im Südpazifik in ein riesiges Treibhaus, in dem Nutzpflanzen prächtig gedeihen. Die Bäume hängen voll von tropischen Früchten, aus dem Boden sprießen üppig Blattgemüse aller Art, und die Landschaft ist übersät mit wogenden Reisfeldern.

Gewässer sind zahlreich und fast überall in Reichweite. Dem reichhaltigen Angebot an Fisch und Meeresfrüchten steht eine Vielfalt an Zubereitungsmethoden gegenüber: Kochen in Kokosmilch, Dünsten in Essig, Braten in Soja- oder Fischsauce oder Eintunken in feurige Dips und Relishes. Die Köche im Südpazifik stimmen ihre Zubereitungsmethoden so auf die Nahrungsmittel ab, daß deren charakteristische Note möglichst gut zur Geltung kommt. Die unzähligen Kräuter und Gewürze, sowohl einheimische als auch durch Generationen von Seefahrern importierte, bieten eine immense Vielfalt von Aromen.

Typische Zutaten

Ananas
Bananen
Bananenblätter*
Basilikum*
Buah keras/Kemiri
Chillies*
Erdnüsse
Fenchel*
Fischsauce (Patis)*
Galgant*
Getrockneter Fisch*
Hoisin-Sauce*
Ingwer*
Jackfrucht
Kalamansi (Zitrusfrucht)
Ketjap
Knoblauch*
Kokosnuß*
Koriander*
Kreuzkümmel*
Kurkuma*
Limetten*
Litschis
Lorbeer*
Mangos
Miso*
Muskatnuß*
Nudeln
Palmzucker
Panamapalmblätter
Papayas
Shrimpspaste (Blachan/Trassi)
Sojasauce*
Süßkartoffeln
Tamarinde*
Yamswurzel
Zimt*
Zitronengras*

(* siehe Register)

MALAYSIA

Der Großteil der Malaysier lebt auf der langgezogenen Malaiischen Halbinsel, westlich begrenzt durch die Malakkastraße, die einen natürlichen Korridor zwischen dem Südchinesischen Meer und dem Indischen Ozean bildet. Die sanft ansteigende Küste blieb seefahrenden Händlern nicht lange verborgen, und im 15. Jahrhundert strömten Kaufleute aus China, Indien und dem Vorderen Orient zuhauf nach Malakka, den damals wichtigsten Hafen in Hinterindien.

Von all diesen Fremden beeinflußten die Araber und die Inder das gesellschaftliche Leben am nachhaltigsten; denn sie führten den Islam ein. Kulinarisch gesehen haben jedoch alle Zugewanderten die malaysische Eßkultur entscheidend geprägt: indische Gewürze, wie Kreuzkümmel und Gelbwurz, dominieren in malaysischen Currys; die auf den malaiischen Inseln so beliebten Fleischspießchen *satay* gehen auf die orientalischen *kebabs* zurück; und Gerichte chinesischer Herkunft, wie Frühlingsrollen und *char siu* (Schweinefleisch mit Honigglasur) haben seit Jahrhunderten ihren festen Platz in der malaysischen Küche.

Am deutlichsten zeigt sich der chinesische Einfluß in der Republik Singapur an der Südspitze der Halbinsel. Um 1820 ließen sich hier Abertausende von Chinesen nieder, um am Aufbau der Stadt Singapur mitzuarbeiten. Die aus den Mischehen mit einheimischen Malaysiern stammenden Nonya praktizieren einen Kochstil, der die Prinzipien der chinesischen Küche, nämlich Ausgewogenheit und Struktur, mit der malaysischen Vorliebe für Chillies und Currys vereint.

Typisch für diese Küche wie auch für fast alle malaysischen Gerichte ist die Verwendung von Kokosmilch oder *lemak*, nicht zu verwechseln mit Kokoswasser, der Flüssigkeit, an die man erst nach Öffnung der harten Schale gelangt. Zur Herstellung von Kokosmilch läßt man geraspeltes oder getrocknetes Samenfleisch in heißem Wasser (oder Milch) ziehen und filtert dann die Flüssigkeit ab. *Lemak* ist nicht nur die meistverwendete Flüssigkeit in malaysischen Currys, sondern auch wichtiger Bestandteil in der beliebten Kokosnußsuppe *laksa lemak* – dem köstlichen Allerlei aus Garnelen, Zitronengras *(serai)*, Bohnenquark, Knoblauch, Zwiebeln, Curryblättern und Kerzennüssen *(buah keras)* sowie den Früchten des Lichtnußbaumes, die Macadamianüssen ähneln. Ferner wird die Kokosmilch für Pudding verwendet, zum Beispiel für die Kokoscreme *serikaya*.

Das geraspelte oder getrocknete Samenfleisch der Kokosnuß wird außerdem gern für *sambals* verwendet, jene scharfen Würzsaucen oder Pasten, die als Beilage auf kleinen Tellern gereicht werden oder als zusätzliches Würzmittel dienen. Beliebte Zusammenstellungen sind Chillies und Shrimps, Kokosnuß und Zwiebeln oder Ananas und Gurken.

Nicht selten enthalten *sambals* eine Fischpaste, *blachan* genannt, die aus fermentierten Shrimps und Salz hergestellt wird. Ihr strenger Geruch verliert sich beim Kochen, und die fertigen Speisen schmecken keineswegs fischig, sondern würzig und aromatisch. Eine beliebte Würze auf Fischbasis ist *ikan bilis* – winzige, getrocknete Fische, die zerkrümelt an Suppen und Salate gegeben werden. Auch Soja- und Hoisin-Sauce (siehe S. 242) sind weit verbreitet, wenn auch überwiegend in Gerichten chinesischer Herkunft.

Stark aromatische Kräuter und Gewürze gibt es in Hülle und Fülle, darunter Zitronengras, Koriander, Knoblauch, Kreuzkümmel, Chilipulver, Kurkuma, Curryblätter, Ingwer und sein etwas holziger und aromatisch duftender Verwandter Galgant oder Siam-Ingwer.

Zum Süßen wird brauner Palmzucker *(gula melaka)* verwendet, zum Säuern der Saft von Limetten, Zitronen und zerdrückten Tamarindeschoten *(asam)*. Die langen, dünnen Blätter der Pandanuspalme verleihen malaysischen Speisen ein nussiges Aroma und eine grüne Farbe.

Der Verzehr von Rind- und Schweinefleisch ist angesichts der vielen Muslime und Hindus relativ begrenzt. Lediglich die Vorliebe für Huhn wird von der gesamten malaysischen Bevölkerung geteilt. Fisch und Meeresfrüchte, vor allem Garnelen, Makrelen, Butterfische und Schnapper, kommen in Malaysia häufig auf den Tisch.

Erdnüsse verleihen der traditionellen *Satay*-Sauce Aroma und Fülle. Auberginen, Bohnensprossen, Flaschenkürbisse und Chinakohl sind die wichtigsten Gemüsesorten, und die lange Liste der Früchte enthält unter anderem Rambutan, Litschi, Banane, Ananas, Limette und Karambola (Sternfrucht).

Als Zwischenmahlzeit sind vor allem Nudeln *(mee)* beliebt, doch das wichtigste Grundnahrungsmittel ist Reis. Wie in anderen Ländern Südostasiens unterscheidet man auch hierzulande zwischen Langkorn- und Klebreis. Letzterer hat einen höheren Gehalt an Stärke und ist klebriger. Der in Weiß und Schwarz angebotene Klebreis wird meistens portionsweise in einer Hülle aus geflochtenen Palm- oder Bananenblättern gegart, wodurch er besonders aromatisch ist.

Satay mit Erdnußsauce

INDONESIEN

Das Inselreich Indonesien besteht aus 13 600 Inseln, von denen Java, Sumatra und Bali die bekanntesten sind.

Zwischen dem 7. und dem 12. Jahrhundert waren viele Inseln dem südostasiatischen Sri Vijaya-Reich untertan, das den Seeweg, die Malakkastraße, kontrollierte. In den folgenden Jahrhunderten wurden der Buddhismus und der Hinduismus vom Islam verdrängt, der durch muslimische Seefahrer über die ganze Inselwelt und entlang der Handelsrouten verbreitet wurde. Heute sind 90 % der Indonesier Muslime. Nur die Insel Bali hat noch einen relativ hohen Bevölkerungsanteil an Hindus.

Die indonesische Kochkunst hat vieles mit der ihres muslimischen Nachbarstaates Malaysia gemein. So sind beispielsweise Erdnüsse überall populär. Sie spielen eine wichtige Rolle bei der indonesischen Dip-Sauce für *satay* und bei der Sauce, die zum Nationalgericht *gado gado* gehört. Zu diesem kalt servierten Salat aus gekochten Gemüse gibt es Krabbenbrot *(krupuk udang)* und *emping*, das sind leicht bitter schmeckende Chips aus den gebratenen Kernen einer einheimischen Nuß.

Kokosmilch *(santen)* wird für eine Vielzahl von Speisen verwendet, unter anderem für *ayam opur* (Huhn, gegart in Kokosmilch) und *rendang*, bei dem Rindfleisch langsam in gewürzter Kokosmilch gegart wird. In manchen Gerichten taucht die Kokosmilch als dicke Sauce auf, in anderen läßt man sie ganz verkochen.

Saucen und Pasten sind wie in Malaysia weit verbreitet. *Ketjap* (von dem auch unser »Ketchup« abgeleitet wurde) heißt die indonesische Sojasauce, die in zwei Ausführungen erhältlich ist: als *ketjap manis* (dickflüssig und süß) und als *ketjap asin* (dünnflüssig und salzig). Beide Sorten braucht man für die Zubereitung von *sambals,* jene würzigen Mischungen aus gemahlenen Kräutern und Gewürzen, die zum Kochen und als Tischwürze verwendet werden. *Sambal ketjap* zum Beispiel enthält zerstoßene Chillies, Knoblauch, *ketjap manis* und den Saft von Kaffir-Limetten. Die Allzweck-Würzpaste *sambal goreng* besteht aus Kokosmilch, Lorbeer- und Limettenblättern, Knoblauch, Kreuzkümmel, roten Chillies, Galgant oder *laos* (lenkuas in Malaysia) und der scharfen Krabbenpaste *trassi*, eine indonesische Variante der malaysischen Fischpaste *blacan* (siehe S. 189).

TYPISCHE GERICHTE

Acar/Achara
Relish aus eingelegtem Gemüse

Nasi Goreng (Indonesien)
Gebratener Reis mit Fleisch und vielen exotischen Zutaten sowie Gewürzen

Char Kway Teo (Malaysia)
Pfannengerührte Nudeln mit Fleisch und Garnelen

Martabak (Indonesien)
Pfannkuchen mit pikanter Hackfleischfüllung

Char Siu
(Malaysia und Indonesien)
Gebratenes Schweinefleisch mit Honigglasur nach chinesischer Art

Dinuguan (Philippinen)
In Schweineblut geschmortes Schweinefleisch

Ikan Lemak (Malaysia)
Fisch süß-sauer

Guinataan (Philippinen)
Alle in Kokosmilch gegarten Speisen

Gado Gado (Indonesien)
Kalter Gemüsesalat mit Erdnußsauce und Krabbenbrot

Schweinefleisch Gulai (Malaysia)
In Kokosmilch gegartes Schweinefleisch nach Art der Nonya

Huhn Relleno (Philippinen)
Gefülltes Huhn

Rendang (Indonesien)
Rindercurry mit Kokosmilch

Kari-Kari (Philippinen)
Geschmorter Ochsenschwanz in Erdnußsauce

Nasi Kuning (Indonesien)
Festmahl aus gelbem Reis

Lechon (Philippinen)
Ganzes gebratenes Schwein

Tahu Telur (Malaysia)
Tofu-Omelett

Sinigang (Philippinen)
Saure Brühe mit Tomaten und sauren Früchten

TYPISCHE GERICHTE

Lemper (Indonesien)
Hühnerteile im Klebreis-Mantel

Lontong
(Malaysia und Indonesien)
In Bananenblätter gewickelter und
in Salzwasser gegarter Reis

Singapore Laksa
Suppe aus diversen Meeresfrüchten
mit Fadennudeln aus Reismehl

Pancit (Philippinen)
Mit Knoblauch und Zwiebeln
gekochte Nudeln mit Shrimps und
Schweinefleisch

Ayam Opur (Indonesien)
In Kokosmilch gegartes Huhn

Adobado (Philippinen)
Mit Adobo gewürzter Eintopf mit
Schweinefleisch und/oder Huhn,
Essig, Knoblauch und Sojasauce

Laksa Lemak (Malaysia)
Kokosmilch-Suppe mit Garnelen

Satay (Malaysia und Indonesien)
Spießchen mit Rind-, Hühner- oder
Schildkrötenfleisch, serviert mit
einer aromatischen Erdnußsauce

Paksiw Na Bangus (Philippinen)
In Essig und Salz gekochter Fisch

Gudeg (Indonesien)
Huhn mit Jackfrucht

Chah Kangkung (Indonesien)
Pfannengerührtes Kohlgemüse

Kilawin (Philippinen)
In Essig und Zitronensaft
marinierter roher Fisch

Gula Melaka (Malaysia)
Kokos-Pudding mit Sago und
dunkler Melasse (Treacle)

Halo-Halo (Philippinen)
Eisbecher mit getrockneten und
eingemachten Früchten, vermischt
mit Eisstückchen und Eiscreme

Serikaya
(Malaysia und Indonesien)
Kokoscreme

Banana-cue (Philippinen)
In braunem Zucker gewälzte und
gegrillte Bananen

Häufig verwendete Kräuter und Gewürze sind Zitronengras, Kreuzkümmel, Koriander, *Laos*-Pulver (getrocknete und vermahlene Galgantwurzel), Chillies und Gelbwurz; letztere liefert den gelben Farbstoff für das Reisgericht *nasi kuning*, das zu festlichen Anlässen auf den Tisch kommt.

Daß Fisch auf dem täglichen Speisezettel überwiegt, liegt vorwiegend an den reichen Küstengewässern der Inseln. Roter Schnapper, Seebarsch, Butterfisch und der grätenreiche Milchfisch gehören zu den am häufigsten vorkommenden Arten.

Während die vielen Muslime in Malaysia Schweinefleisch meiden, taucht das Borstenvieh auf der überwiegend von Hindus bevölkerten Insel Bali relativ oft auf der Speisekarte auf. Lammfleisch wird nur zu festlichen Anlässen gegessen, während das Fleisch vom Rind (oder Wasserbüffel) häufig auf den Tisch kommt, jedoch nicht bei den Hindus.

In dem überwiegend feuchtheißen Tropengebiet wachsen Früchte in Hülle und Fülle, unter anderem Papaya, Ananas, Mangostane sowie unterschiedliche Bananensorten. Von *jambu air*, einer knackigen, apfelähnlichen Frucht in der Größe eines Golfballs, bis zur riesigen Jackfrucht (*nangka*) ist in diesen Breitengraden größenmäßig alles vertreten. Die Jackfrucht, eine ovale, 10–40 kg schwere Frucht mit fasrigem gelbem Fleisch und dicker, warziger Schale, ist ein wesentlicher Bestandteil von *gudeg*. Sie wird auch roh gegessen und für Obstsalate verwendet.

Die Indonesier essen im großen und ganzen die gleichen Gemüse wie die Malaysier: Chinakohl, Gurken, Bohnensprossen und die bis zu 90 cm langen Spargelbohnen (*kacang panjang*).

DIE PHILIPPINEN

Etwa 350 Jahre spanische Herrschaft (bis einschließlich 1898) haben den Philippinen nicht nur einen spanischen Namen eingebracht (die Inselgruppe wurde nach Philipp II. benannt), sondern auch ein kulinarisches Erbe, das unverkennbar von der spanischen Küche geprägt ist.

Die pikanten philippinischen *Merienda*-Buffets sind die *tapas* des Südpazifiks, und *arroz Valenciana* heißt eine philippinische *paella*. Die scharfe Chorizo ist ein spanischer Direktimport, andere Eßwaren dagegen wurden aus spanischen Kolonien in der Neuen Welt eingeführt. Mais, Avocados, Tomaten, Kartoffeln und Kaffee erreichten die Inselgruppe über Mexiko, das die Philippinen viele Jahre im Auftrag der Spanier verwaltete.

Die philippinische Küche wurde allerdings auch nachhaltig von den Chinesen geprägt, die dieses Gebiet bereits im 10. Jahrhundert als Kaufleute bereisten. Lange bevor die ersten spanischen Schiffe gesichtet wurden, gehörten Frühlingsrollen und *lomi* (klebrige Nudeln mit Fleisch und Meeresfrüchten) bereits zum festen Repertoire der Landesküche.

Typisch für philippinische Speisen ist ein scharfer und angenehm säuerlicher Geschmack. Die Säure liefert der Saft einer Zitrusfrucht namens *kalamansi*, eine Kreuzung zwischen Limette und Zitrone. Eine große Rolle spielt auch der Essig, vor allem bei zwei der gängigsten Zubereitungsmethoden: bei *paksiw*, dem langsamen Garen von Fleisch oder Fisch in Essig und Salz; und bei *kilawin*, dem Garen von Fisch durch Marinieren in Essig und *Kalamansi*-Saft, wie bei *ceviche* aus Lateinamerika. In Verbindung mit Knoblauch und Sojasauce ist Essig Bestandteil von *adobado*, einem Eintopfgericht mit Schweine- oder Hühnerfleisch.

Bagoong, eine feste, salzige Fischpaste, sowie deren flüssiges Nebenprodukt *patis* (Fischsauce) machen Suppen und Eintöpfe gehaltvoller, aber auch die zahlreichen als *sawsawan* bezeichneten Dips und Relishes. In Verbindung mit Knoblauch, zerstoßenen Chillies, Essig, Zwiebeln und saurem Tamarinden- oder *Kalamansi*-Saft gibt es allerlei Speisen, die im Geschmack pikant bis höllisch scharf sind.

Eine wesentlich mildere Würze liefert die Kokosmilch. Sie ist eine wichtige Zutat in der als *guinataan* bezeichneten Zubereitung aus Hühnerfleisch, Schweinefleisch und Gemüse, die sanft in Kokosmilch geschmort werden, bis die ganze Flüssigkeit verkocht ist. *Guinataan* heißen aber auch die Süßspeisen, für die eine Mischung aus Yamswurzel, Tapioka, Banane und Jackfrucht in Kokosmilch gegart wird.

Zu den meistverwendeten Gewürzen zählen Gewürznelken, Ceylonzimt, Ingwer, Sternanis, Gelbwurz und Muskatnuß. Bei den Kräutern stehen Rosmarin, Lorbeerblatt, Basilikum und Dill hoch im Kurs. Auch Chilischoten gibt es in philippinischen Gerichten in großer Vielfalt – zerdrückt, getrocknet, in Scheiben geschnitten und gebraten.

Die Philippinen bestehen aus 7103 Inseln. Es ist also kein Wunder, daß Fisch bei der täglichen Ernährung eine wichtige Rolle spielt. Am häufigsten trifft man auf Anchovis, Seebarsch, Schwert- und Milchfisch, aber auch Stachelrochen und Abalone sind vertreten.

Im Gegensatz zu ihren südostasiatischen Nachbarn sind die meisten Filipinos Christen und haben nichts gegen den Verzehr von Schweinefleisch einzuwenden. Das beweist das bekannte

Gericht *dinuguan*, ein deftiger Schmortopf mit Schweinefleisch, das in Schweineblut gegart wird. *Lechon* – ein ganzes gebratenes Schwein – ist Feiertagen und besonderen Anlässen vorbehalten. Dabei eröffnet der Ehrengast das Festmahl, indem er ein gebratenes Schweineohr abreißt. Huhn und Rindfleisch kommen ebenso wie Innereien häufig auf den Tisch.

Grundnahrungsmittel der Filipinos ist Reis, sowohl der Langkornreis als auch Klebreis. Daneben gibt es noch eine rötliche Sorte, *pirurutung*, die aber ausschließlich für Puddingsorten wie *puton bumbong* verwendet wird. Diese Süßspeise wird in Bambusrohren gekocht und mit Zucker und Butter gereicht. Die philippinische Küche kennt eine Vielzahl von süßen Reisspeisen, unter anderem das beliebte Dessert *pinipig*, das aus kleinen gerösteten Klebreisküchlein besteht, sowie *champorado*, mit Schokolade gesüßter klebriger Glutenreis.

Bevorzugte Gemüsesorten sind Flaschenkürbisse, Chinakohl, Zwiebeln, weiße Rüben, Palmherzen und *kangkong*, ein Blattgemüse, das in Sümpfen wächst und besonders preiswert ist, aber kaum Eigengeschmack hat. Zu den begehrtesten Früchten auf dem Markt gehören Bananen, Guaven, Ananas, Mangos, *kalamansi*, Jackfrüchte, Wassermelonen und Durianfrüchte, die mit dicken Stacheln besetzt sind. Durianfrüchte sind zwar wegen ihres unangenehmen Geruchs berühmt und berüchtigt, ihr weiches Fruchtfleisch aber schmeckt köstlich.

MAHLZEITEN

In Malaysia fällt das Frühstück ziemlich üppig aus. Meist besteht es aus gedämpften Brötchen oder *nasi lemak*, einem gehaltvollen Reis-Kokosnuß-Brei, der mitunter mit getrocknetem Fisch *(ikan bilis)* garniert wird und zu dem allerlei Beilagen gereicht werden, von einem hartgekochten Ei und *sambal* bis zum kompletten Fischcurry. Das Mittagessen besteht im allgemeinen aus einer leichteren Mahlzeit, zum Beispiel aus diversen *Dim-sum*-Gerichten nach chinesischer Art, oder aus Reis, zu dem ein Fleisch- oder Gemüsegericht serviert wird. Zum Abschluß trinkt man chinesischen Tee.

Die Hauptmahlzeit wird abends eingenommen. Sie besteht aus einem Reisgericht und bis zu fünf Fisch-, Gemüse- oder Fleischgerichten, immer in Verbindung mit *sambals*. Das Essen wird in die Tischmitte gestellt, und alle Gäste bedienen sich selbst. Beim Besteck richtet man sich nach der Herkunft der Speisen. Chinesische Gerichte

werden meist mit Stäbchen gegessen, malaysische dagegen mit den Fingern, und zwar nur der rechten Hand, oder mit Löffel und Gabel. Bananenblätter fungieren als Gefäß, als Teller oder als wärmespeichernde Hülle.

Zu besonderen Anlässen benutzen die Malaysier einen mit Holzkohle befeuerten Topf nach Art eines Fondue-Gefäßes. Zuerst wird in diesem Topf eine Brühe aufgekocht, anschließend gibt man Fleisch, Meeresfrüchte, Gemüse und Fisch in mundgerechten Stücken hinein und fischt sie wieder heraus, sobald sie gar sind.

In Indonesien sehen die täglichen Mahlzeiten ähnlich aus. Zum Frühstück gibt es normalerweise Reisbrei *(bubur ayam)*, bestehend aus einer Schale Reis, der mit Omelett und zerkrümeltem Trockenfisch *(goreng teri)* vermischt ist. Der Start in den Tag kann auch mit *nasi goreng* beginnen, was wörtlich übersetzt »gebratener Reis« heißt und der mit Speiseresten vom Vortag ergänzt wird.

Das Mittagessen besteht aus Reis oder Nudeln und einem Fleisch- oder Gemüsegericht, wie zum Beispiel Hühner- oder Rindfleischspießchen, die von zahlreichen *Satay*-Händlern auf den Straßen angeboten werden. Das Abendessen wird ab 18.30 Uhr eingenommen. Zu besonderen Anlässen wird fast immer *nasi gerar* (die holländische Reistafel) bereitet: eine Vielzahl einzelner Gerichte, bestehend aus Reis, Suppe, Fisch, Fleisch, Gemüse und *sambals*, die so zusammengestellt sind, daß sie die ganze Geschmackspalette (würzig, mild, süß und sauer) bieten sowie das breite Spektrum der Speisenkonsistenz (knusprig, weich, knackig, kernig). Auch bei diesem Festmahl bedient sich jeder selbst. Man ißt entweder mit Besteck oder mit den Fingern der rechten Hand, denn die linke gilt als unrein und sollte nie benutzt werden – auch nicht zum Weiterreichen der Speisen! Mit den Worten *selamat makan* wünscht man sich in Indonesien »guten Appetit«.

Auch die Filipinos beginnen den Tag mit Reis, meist gebraten mit einer Spur von Knoblauch; dazu gibt es gesalzenen Trockenfisch. Mittags ißt man gern *pancit* (Nudeln mit Schweinefleisch und Shrimps) oder *lumpia*, die indonesische Variante der Frühlingsrollen. Am späten Nachmittag gibt es die *merienda*, die aus verschiedenen pikanten Snacks besteht.

In allen drei Ländern ist der Wok – aus Metall oder Ton – wichtigstes Küchenutensil. In Malaysia heißt er *kwali*, in Indonesien *wajan* und auf den Philippinen *carajay*.

In den überwiegend muslimischen Ländern Malaysia und Indonesien wird zu den Mahlzeiten kein Alkohol getrunken, im christlichen Inselreich der Philippinen nur hin und wieder. Statt dessen reicht man zum Essen Tee, Kaffee, Fruchtsaft und geeiste Kokosmilch.

Australien und Neuseeland

In den ehemals britischen Kolonien Australien und Neuseeland trifft man auf eine Eßkultur, die deftige und gehaltvolle Speisen im englischen Stil mit einer leichteren orientalisch geprägten Küche verbindet. Zu den gehaltvolleren Speisen zählen *Lamington cake*, ein dick mit Schokolade bestrichener Rührkuchen, und der *Adelaide floater*, eine Fleischpastete, die mit pürierten Dosenerbsen und übergossen mit Tomatensauce serviert wird. Für die leichteren Speisen werden südostasiatische Würzmittel wie Zitronengras, Koriander und Ingwer mit landestypischen Produkten wie Rindfleisch und grünen Garnelen kombiniert. Gebratenes Fleisch wird in beiden Ländern viel gegessen, vor allem von neuseeländischen Lämmern und australischen Rindern. Ein Klassiker aus Neuseeland ist *hogget* – ein einjähriges Lamm, das im ganzen gebraten wird. Neben dem Braten ist auch das Grillen sehr beliebt, das schon die Aborigines, die Eingeborenen, perfekt beherrschten. In einigen Teilen Australiens wird auch das nach Wild schmeckende Kängurufleisch gebraten oder geschmort gegessen, während in Neuseeland Rehfleisch begehrt ist. Bei Fisch und anderen Meerestieren ist die Auswahl besonders groß. Austern, Flußkrebse, Garnelen, Roter Schnapper und Petersfisch sind in beiden Ländern weit verbreitet. Der feuchtheiße Norden Australiens ist die Heimat der Mangrovenkrabbe und des Flußfisches Barramunda. Blattgemüse wächst in beiden Ländern sehr üppig; auch tropische Früchte und Obst gibt es in Hülle und Fülle, darunter Kiwis, Passionsfrüchte, Cherimoya und Jackfrüchte. Einige dienen als Füllung für *Pavlove*, das beliebte Dessert aus gebackener Baiser-Masse, das der russischen Primaballerina Anna Pawlowa während einer Gastspielreise in Australien gewidmet wurde.

GEMÜSE UND FRÜCHTE ALS WÜRZMITTEL

SPEISEPILZE

Kultur- und Wildpilze, ob frisch oder getrocknet, werden nicht nur als Beilage, sondern auch als Zutat verwendet. Viele der eßbaren Pilzarten gehören zu den Echten Pilzen, die die delikaten Fruchtkörper bilden. Pilze werden wegen ihrer Aromastoffe hochgeschätzt, auch wenn ihr Nährwert relativ gering ist.

Für Pilze bieten sich Garmethoden wie Sautieren, Schmoren, Backen und das Garen in der Mikrowelle an. Aber auch roh schmecken sie vorzüglich. Als vielseitig verwendbare Zutat spielen sie in fast allen Küchen der Welt eine wichtige Rolle beim Verfeinern und Würzen von Speisen.

KULTURPILZE

Gezüchtete Pilze werden als Kulturpilze bezeichnet. Die zu dieser Kategorie zählenden Pilze kommen ganzjährig in den Handel und bieten zahlreiche Verwendungsmöglichkeiten. Sie werden als Würzmittel, als eigenständige Zutat und zum Füllen verwendet.

Zuchtchampignons mit geschlossenen Köpfen Diese kleinen, kugelrunden Pilze mit den weißen, geschlossenen Hütchen werden ganz jung geerntet. Sie sind zwar längst nicht so schmackhaft wie ein ausgereifter Pilz, aber ihre angenehm fleischige Konsistenz macht sie – allein oder in Verbindung mit anderen Zutaten – besonders geeignet für Salate.

Zuchtchampignons, Standardgröße Diese ausgereiften Pilze kommen mit leicht geöffneter oder geschlossener und noch gewölbter Kappe auf den Markt. Die noch geschlossenen Formen unterscheiden sich im Aussehen kaum von denen der kugelrunden Zuchtchampignons, schmecken aber etwas intensiver. Bei den Pilzen mit geöffneter und leicht graubraun gefärbter Kappe sind auf der Unterseite fleischrosa Lamellen zu sehen. Diese Pilze schmecken vor allem gefüllt und gebacken vorzüglich.

Cremechampignons

Frische Morchel

Getrockneter Shiitake

Zuchtchampignons mit flachem Hut Diese älteren Exemplare mit flachem, weitgeöffnetem Hut und braunen Lamellen haben das intensivste Pilzaroma, werden aber oft verschmäht, weil sie nicht so appetitanregend aussehen.

Cremechampignon Dieser braune Pilz, auch »Brauner Egerling« genannt, ist eine Neuzüchtung, gehört zur Champignonfamilie und wird als schmackhafte Zutat in gekochten und rohen Gerichten geschätzt.

Kultivierte Wildpilze Diese Gruppe umfaßt die kleine, aber zunehmende Zahl der wildwachsenden Pilze, die unterdessen kultiviert werden und frisch oder getrocknet erhältlich sind.

Austernseitlinge haben eine angenehm feste Konsistenz. Mit ihrem mild-würzigen Geschmack sind sie sehr gut für ein Pilz-Sauté geeignet. Das saftige Fleisch enthält allerdings viel Wasser und sollte deshalb nicht zu stark erhitzt werden, weil den Pilzen sonst die ganze Flüssigkeit entzogen wird und sie an Konsistenz und Geschmack einbüßen.

Shiitake stammen aus Ostasien, werden aber unterdessen auch in Europa kultiviert. Die Pilze mit dem fleischähnlichen Geschmack und der festen Konsistenz eignen sich für Gerichte mit langen Kochzeiten und zum Schmoren.

Zuchtchampignons sind ganzjährig erhältlich und kommen in drei verschiedenen Größen auf den Markt

Zuchtchampignons, halb geöffnet

Zuchtchampignons, geschlossen

Zuchtchampignon mit flachem Hut

WILDPILZE

Das Sammeln von Pilzen ist in vielen europäischen Ländern nicht nur eine beliebte, sondern auch lohnende Freizeitbeschäftigung, denn Wildpilze gehören zu den köstlichsten Gaben, die der Wald zu bieten hat. Da es aber auch viele giftige Pilze gibt, sollte der unerfahrene Pilzsammler auf der Hut sein. Essen Sie also unter keinen Umständen selbstgesammelte Pilze, wenn Sie sich nicht absolut sicher sind, daß es sich um Speisepilze handelt. Es gibt eine Reihe von Pilzratgebern und Bestimmungsbüchern, anhand deren man die eßbaren Pilze von den giftigen unterscheiden kann. Da aber Wildpilze derselben Sorte je nach Standort äußerlich sehr differieren können, reichen diese Pilzbücher oft nicht aus. In Zweifelsfällen **auf keinen Fall** von den Pilzen essen. Nachfolgend eine kurze Beschreibung der am häufigsten vorkommenden eßbaren Wildpilze.

Steinpilz Die schmackhaften, fleischigen Röhrenpilze, die in Frankreich *cêpes* und in Italien *porcini* heißen, schmecken angenehm würzig und nußartig. Das Pilzaroma wird durch Kochen noch hervorgehoben.

Pfifferling Die dottergelben Pilze mit dem festen Fleisch sind außerordentlich schmackhaft und lassen sich gut sautieren. Der Aschgraue Leistling, der der Herbst- oder Totentrompete ähnelt, wird auch Schwarzer Pfifferling genannt.

Steinpilze *sind Röhrenpilze mit knolligen Stielen und dickfleischigen Hüten von edlem, nußartigem Geschmack*

Pfifferlinge *sind trichterförmige dottergelbe Pilze von sehr unterschiedlicher Größe*

Shiitake *sind auch für den Rohverzehr geeignet, ihr fleischähnlicher, erdiger Geschmack und ihre feste Konsistenz aber kommen gegart am besten zur Geltung*

Shiitake

Austernseitlinge

Austernseitlinge *büßen an Geschmack und Aroma ein, wenn sie zu lange gegart werden*

Herbst- oder Totentrompete Der schmackhafte, mit dem Pfifferling verwandte, blauviolette, fast schwarze Pilz ist ein guter Mischpilz, vor allem aber ein ausgezeichneter Würzpilz. Den eher seltenen Speisepilz erkennt man sofort an seiner Trichterform, wegen der er auch Füllhorn genannt wird.

Speisemorchel Die Morchel zählt neben der Trüffel zu den begehrtesten Speisepilzen in Europa. Der kugel- oder ei- bis kegelförmige Hut erinnert mit seinen wabenähnlichen Kammern an einen Schwamm. Man unterscheidet zwei Formen: die angenehm würzigen Morcheln mit hellem Hut und die besonders hochgeschätzten Morcheln mit hellbraunem bis olivbraunem Hut.

Trüffel Es ist ihre unvergleichliche Würze, die die Trüffel zum begehrtesten aller Pilze macht. Die jährlich schwankenden Preise für diese Delikatesse sprengen jedes durchschnittliche Haushaltsbudget. Trüffeln wachsen unterirdisch an den Wurzeln bestimmter Eichenarten und werden im Herbst mit speziell abgerichteten Hunden oder Schweinen aufgespürt. Am häufigsten sind schwarze Trüffeln, die aussehen wie Kohlestückchen. Daneben gibt es noch die edle weiße Sorte aus dem norditalienischen Piemont, der Kenner das erlesenste Pilzaroma zusprechen.

KOCHEN MIT PILZEN

Qualität und Frische der Zutaten sind oberstes Gebot für das Gelingen eines Pilzgerichts. Lose Ware ist immer vorzuziehen, denn in Folie eingeschweißte Pilze fangen leicht an zu schwitzen und werden feucht und weich. Lagerfähig sind außerdem nur Kulturpilze. Eingeschlagen in ein feuchtes Tuch oder verpackt in einer Papiertüte mit Luftlöchern, halten sie im Gemüsefach des Kühlschranks höchstens drei Tage. Wildpilze sollten wenn möglich noch am gleichen Tag zubereitet werden.

AUSWAHL UND AUFBEWAHRUNG

Keine welken oder weichen Pilze kaufen. Die Hüte sollten glatt und fest sein sowie auf Druck flexibel reagieren und keine feuchten Stellen aufweisen.

Obwohl es immer besser ist, Pilze nur in kleinen Mengen je nach Bedarf zu kaufen, kann man sie auch kurze Zeit lagern, dann allerdings ungewaschen. Eingeschlagen in ein feuchtes Tuch oder in einer Papiertüte mit Luftlöchern bleiben sie im Kühlschrank etwa drei Tage frisch.

PILZE ZUBEREITEN

Das Säubern und Putzen der Pilze ist wegen der porösen Oberfläche recht schwierig. Bei Kulturpilzen empfiehlt sich ein behutsames Abspülen. Zum Rohessen in Salaten schneidet man am besten die Stiele ab und wischt die Hüte mit feuchtem Küchenkrepp ab, damit sie schön knackig und trocken bleiben. Obwohl es allgemein üblich ist, die Hüte abzuschälen, ist es nur bei unappetitlicher Farbe und Beschaffenheit des Hutes erforderlich. Die Pilzabfälle können später ausgekocht werden. Wildpilze sollten nie gewaschen oder abgeschält werden. Da der Stiel oft holzig ist, wird er entfernt. Anschließend werden die Pilze mit einer weichen Bürste sehr gründlich gereinigt.

REZEPTVORSCHLAG
Duxelles

Ergibt etwa 500 g

1 kleine Zwiebel oder Schalotte,
feingehackt
4 EL Butter
500 g Pilze, feingehackt
2 Knoblauchzehen, feingehackt
Salz
Frisch geriebener schwarzer Pfeffer
2 EL gehackte Petersilie

In einer Bratpfanne die Butter zerlassen und die Zwiebel oder Schalotte darin glasig dünsten. Die gehackten Pilze und den Knoblauch hinzufügen und mit Salz und Pfeffer abschmecken. Die Masse unter Rühren etwa 20 Minuten bei schwacher Hitze garen, bis die Flüssigkeit verdampft und die Mischung ziemlich trocken ist. Die Petersilie darüberstreuen.
Duxelles an Reisgerichte oder Füllungen geben oder zu gebratenem Fleisch reichen.

Die meisten Pilze schmecken gegart am besten. Für Salate werden aber auch gern rohe Kulturpilze verwendet. Besonders schmackhaft sind feinblättrig geschnittene junge Zuchtchampignons, angemacht mit Olivenöl und Zitronensaft und bestreut mit geriebenem Parmesan sowie gehackten frischen Kräutern wie Kerbel oder Schnittlauch.

In vielen europäischen Ländern werden im Herbst Vorspeisen aus gemischten, in Butter gebratenen Wildpilzen serviert. Dafür Butter oder Öl in einer tiefen Bratpfanne erhitzen und die vorbereiteten Pilze dazugeben. Bei starker Hitze garen, bis die Pilze weich sind. Die Garzeit ist abhängig von der Pilzsorte. Nach Belieben sparsam mit gehacktem Knoblauch oder Schalotten würzen, damit das feinwürzige Pilzaroma nicht überdeckt wird.

Eine kleine, weiche Bürste eignet sich zum Reinigen

CHAMPIGNONS VORBEREITEN

Feinblättrig schneiden
Am Stiel festhalten und den Hut waagrecht in dünne Scheiben schneiden. Die Endstücke zum Auskochen zurückbehalten.

In Julienne-Streifen schneiden
Bis zu den Lamellen in Scheiben schneiden. Die Scheiben aufeinanderlegen und der Länge nach in sehr feine Streifen schneiden.

Hacken
Den Pilz zuerst in feine Julienne-Streifen schneiden. Diese dann quer kleinhacken, so daß eine sehr fein gewürfelte Masse entsteht.

In Würfel schneiden
Den Hut in dicke Scheiben schneiden. Anschließend die Scheiben zusammenlegen und quer in gleich große Würfel schneiden.

TROCKENPILZE

Generell haben frische Pilze das beste Aroma, viele Arten aber sind auch getrocknet eine Delikatesse. Es gibt eine ganze Reihe von Köchen, die ziehen als Zutat getrocknete Pilze wie Morcheln, Steinpilze, Shiitake und Matsutake Frischpilzen sogar vor, weil sie noch würziger und aromatischer sind. Es empfiehlt sich also, stets ein Päckchen Trockenpilze im Haus zu haben. Schon eine kleine Menge genügt, um eine Vielzahl von Gerichten zu verfeinern oder eine kleine Portion geschmorte Frischpilze zu strecken.

Morcheln *sind extrem teuer, gequollen aber sehr ergiebig. Mit nur 30 g kann man ein Gericht für 5–6 Personen würzen*

Wolkenohren *müssen vor Gebrauch etwa 30 Minuten in warmem Wasser eingeweicht werden, wobei das Wasser mehrmals erneuert werden muß*

Shiitake *sind nach dem Quellen manchmal etwas zäh, schmecken aber vorzüglich in Saucen und Eintöpfen*

Steinpilze *kommen im allgemeinen aus Italien und werden erst sortiert, bevor sie in Scheiben geschnitten und getrocknet werden*

Vorbereitung von Trockenpilzen

Für die meisten Rezepte können anstelle von Frischpilzen Trockenpilze verwendet werden. Nach dem Einweichen sind die Pilze wie Frischpilze zuzubereiten, nur die Garzeit ist meist etwas länger.

1 *Die getrockneten Pilze 15–30 Minuten in warmem Wasser einweichen, dann absieben. Die Einweichflüssigkeit kann gefiltert für Suppen und Saucen weiterverwendet werden.*

2 *Die gequollenen Pilze auf Küchenkrepp legen und trockentupfen. Sind sie nicht sorgfältig getrocknet, schmeckt die fertige Speise wäßrig.*

In Eintöpfen und anderen Gerichten mit langer Garzeit können Frischpilze durch Trockenpilze ersetzt werden. 1 Teil Trockenpilze entspricht 8 Teilen Frischpilze.

Morcheln Von allen Trockenpilzen sind Morcheln die teuersten, aber schon einige wenige haben sehr intensive Würzkraft. Bei der Vorbereitung von Trockenpilzen (siehe rechte Spalte) sollte man die Pilze gelegentlich schütteln, damit sich der in den Hüten verbliebene Sand löst. Getrocknete Morcheln werden gern an Saucen oder Reisgerichte gegeben, passen aber auch gut zu allen Speisen, die mit Sahne, Eiern oder Butter zubereitet werden. Eine cremige Morchelsauce ist die klassische Beigabe zu Huhn. Auch Rühreier profitieren von einer kleinen Menge in Butter gebratener Morcheln.

Steinpilze Da Steinpilze sehr schnell schwammig und wäßrig werden, ziehen viele Köche getrocknete Pilze vor. Sie sind eine vorzügliche Beigabe zu Risotto oder vielen Pastasaucen. Das in Feinkostläden erhältliche Steinpilzpulver ist die ideale Würze für fast alle pikanten Speisen mit oder ohne Pilze.

Shiitake Wegen ihrer weitgeöffneten Hüte eignen sich Shiitake gut zum Füllen, aber auch geschmort, in Butter sautiert und zu Fleisch und Geflügel schmecken sie ausgezeichnet. Getrocknet haben diese Pilze einen angenehm rauchigen, sehr aromatischen Geschmack, allerdings werden sie nach dem Quellen etwas zäh. Am besten gibt man sie deshalb feingehackt als Würze an Suppen, Eintöpfe oder Saucen.

Wolkenohren Diese chinesischen Baumpilze haben kaum eigenes Aroma, werden aber wegen ihrer gallertartigen, an Seetang erinnernden Beschaffenheit geschätzt. Wolkenohren sind ein fester Bestandteil in chinesischen Suppen und pfannengerührten Gerichten.

ZWIEBELN

Feingehackt, in Scheiben geschnitten oder als ganze Knolle – die Zwiebel ist als würzende Zutat unentbehrlich. Das aus dem westlichen Asien stammende Liliengewächs wird seit Jahrtausenden als Küchengewürz verwendet. Die alten Ägypter bevorzugten rohe Zwiebeln, während die Griechen vor allem die Heilkräfte der saftigen Knolle schätzten. Seit dem Mittelalter ist die Zwiebel fester Bestandteil aller europäischen Landesküchen. Es gibt Hunderte von Zwiebelsorten, die in Farbe, Größe und Geschmack differieren. Grundsätzlich wird bei Zwiebeln nach der Farbe und der Erntesaison unterschieden. Geschmack und Schärfe hängen weitgehend von den Wachstumsbedingungen ab. In der Regel gilt: je gemäßigter das Klima, desto milder und süßer die Zwiebel. Zwiebeln, die im Rohzustand scharf, gekocht aber süß schmecken, verfeinern fast alle pikanten Gerichte.

ZWIEBELSORTEN

Gelbe Haushalts- oder Küchenzwiebeln Die gewöhnliche Speisezwiebel ist die gebräuchlichste Sorte; auf sie entfallen über 75 % der weltweit produzierten Zwiebeln. Sie schmeckt scharf-würzig, läßt sich gut lagern und eignet sich hervorragend für Eintöpfe, Suppen und Saucen mit langer Garzeit. Für Suppentöpfe verwendet man sie mit der braunen, papierartigen Schale, denn diese sorgt für eine appetitliche goldbraune Farbe.

Gemüsezwiebeln Diese Zwiebeln werden häufig nach ihrem Herkunftsort benannt, wie Valencia, Bermuda, Maui, Vidalia und Walla-Walla. Sie eignen sich gut zum Füllen, können gebacken, gratiniert, geschmort, gekocht und als Zwiebelringe gebraten werden. In dünne Scheiben geschnittene Gemüsezwiebeln, die mit feinblättrig geschnittenen Pilzen und Kräutern sautiert werden, sind eine köstliche Beigabe zu gegrillten oder gebratenen Steaks. In Wein und Kräutern gedünstet, werden sie oft zu Schmorbraten gereicht.

Rote Zwiebeln Die runden werden auch als spanische rote Zwiebeln und die länglichen als italienische rote Zwiebeln bezeichnet. Sie schmecken je nach Sorte süß oder angenehm würzig. Das prachtvolle Lackrot kommt am besten roh zur Geltung, denn beim Kochen blutet die Farbe aus, worunter der Geschmack aber nicht leidet. Als Garnitur für Sandwiches schneidet man die Zwiebeln in dünne Scheiben und mariniert sie in einer Mischung aus Essig, Salz, Pfeffer und Kräutern.

Perlzwiebeln Sie werden bereits geerntet, wenn sie einen Durchmesser von höchstens 2,5 cm haben. Ihre papierartige Schale zu entfernen, ist nicht ganz einfach (siehe rechts). Perlzwiebeln sind ideal zum Einlegen in Essig, schmecken aber glaciert auch vorzüglich als Gemüsebeilage beziehungsweise als Einlage in Suppen oder Eintöpfen.

Getrocknete Zwiebeln *mit braunen Häuten sollten keine grünen Spitzen haben*

Die gelbe Haushaltszwiebel *schmeckt beißend scharf, läßt sich gut lagern und ist ganzjährig im Handel*

Frühlingszwiebeln *sollten feste Knollen und makellose, grüne Röhrenblätter haben*

Perlzwiebeln *werden geerntet, sobald die Knollen haselnußgroß sind*

Schalotten

Rote Zwiebeln *haben eine attraktive lackrote Farbe und schmecken mild und würzig. In Ringe geschnitten, gibt man sie roh an Salate*

Schalotten Von allen *Allium*-Arten ist diese die edelste. Schalotten schmecken aromatischer und feiner als die gewöhnliche Haushaltszwiebel und nicht so beißend scharf wie Knoblauch. Sie sind ein unersetzlicher Bestandteil in vielen klassischen französischen Saucen wie *sauce béarnaise* oder *sauce Bercy*. Legt man eine Schalotte über mehrere Wochen in guten Weinessig ein, erhält man ein aromatisches Salat-Dressing. Geröstete ganze Schalotten sind eine beliebte Beigabe zu gebratenem Fleisch oder Geflügel. Feingehackt (siehe rechts) und vermischt mit einem guten Weinessig und Gewürzen, werden sie zu rohen Meeresfrüchten wie Austern oder Miesmuscheln serviert.

Frühlingszwiebeln Die lange, schlanke Frühlingszwiebel, auch Lauchzwiebel genannt, ist die kaum entwickelte Knolle der gelben Haushaltszwiebel. Sie schmeckt besonders fein, mild-würzig und wird meist in Scheiben geschnitten und roh an Salate, Suppen oder pfannengerührte Gerichte gegeben. Größere Sorten, bei denen die Knolle bereits weiter entwickelt ist, vertragen auch kürzere Garzeiten. Die Winterzwiebel, auch Winterlauch oder Heckenzwiebel genannt, ist eine unscheinbare Knolle mit sechs Röhrenblättern, die denen der Frühlingszwiebel gleichen. Die zwiebel- und schnittlauchähnlich schmeckenden Röhren vertragen auch längere Garzeiten.

AUSWAHL UND AUFBEWAHRUNG

Die meisten Zwiebeln, die in den Handel kommen, sind von einer braunen, papierartigen Schale umgeben. Diese Schale – oder Haut –, die die Knollen vor Feuchtigkeitsverlust und Lichteinwirkung schützt, entwickelt sich erst nach der Ernte, wenn die Zwiebeln zum Trocknen ausgelegt werden. Abgesehen von dieser Schutzhülle brauchen die Zwiebeln für die Lagerung einen kühlen, dunklen und gut belüfteten Raum. Damit sie möglichst lange gelagert werden können, sollten nur feste, pralle Knollen mit völlig trockener Schale verwendet werden. Sie dürfen sich nicht weich oder hohl anfühlen und keine grünen Spitzen haben. Es besteht sonst die Gefahr, daß sie von innen heraus faulen. Angeschnittene Zwiebeln werden in Frischhaltefolie gewickelt und im Kühlschrank aufbewahrt. Allerdings büßen sie bereits nach einem Tag an Schärfe ein. Frische Zwiebeln werden ungewaschen in Plastikbeutel verpackt und im Kühlschrank aufbewahrt. So halten sie sich etwa eine Woche. Am besten kauft man nur kleine Mengen für den sofortigen Gebrauch.

ZWIEBELN VORBEREITEN

Zwiebeln erst unmittelbar vor dem Gebrauch schälen und schneiden, sonst verlieren sie an Aroma.

Vorbereitung: Den Stengelansatz abschneiden; die Wurzel dranlassen. Die Zwiebel schälen und in Längsrichtung halbieren.

Hacken: Die Zwiebel wie oben beschrieben vorbereiten und eine Hälfte mit der Schnittfläche nach unten auf das Arbeitsbrett legen. Mit einem scharfen Messer jeweils eine Zwiebelhälfte waagrecht bis zur Wurzel ein-, aber nicht ganz durchschneiden. Dann in Längsrichtung – wieder nur bis zur Wurzel – mehrmals senkrecht einschneiden. Schließlich mit senkrechten Querschnitten die Zwiebel würfeln.

In Scheiben schneiden: Die Zwiebel wie oben beschrieben vorbereiten. Eine Hälfte mit der Schnittfläche nach unten auf das Schneidebrett legen und quer in halbmondförmige Scheiben der gewünschten Stärke schneiden.

In Ringe schneiden: Die Zwiebel schälen und an einer Seite der Rundung etwas flach anschneiden, damit die Zwiebel beim Schneiden gut aufliegt. Die Zwiebel mit der Schnittfläche auf das Arbeitsbrett legen, festhalten und in Scheiben der gewünschten Stärke schneiden. Die Scheiben zerfallen in einzelne Ringe, wenn man leicht gegen die Mitte drückt

DAS SCHÄLEN VON PERLZWIEBELN

Die nur haselnußgroßen Perlzwiebeln lassen sich meist nur schwer schälen. Es geht leichter, wenn man sie vorher mit heißem Wasser überbrüht. Dadurch weichen die äußeren Hüllen auf und lassen sich bequem abziehen. Die geschälten Perlzwiebeln können glaciert als Beilage oder an Eintöpfe gegeben werden. Zum Glacieren die Zwiebeln mit etwas Butter goldbraun anbraten. Salzen, eine Prise Zucker zugeben und mit Wasser bedecken. Bei schwacher Hitze mit aufgelegtem Deckel garen, bis die Zwiebeln weich sind.

Einweichen
Die Perlzwiebeln mit kochendheißem Wasser übergießen. Zwei Minuten ziehen lassen, damit die Haut aufweicht.

Schälen
Das Wasser abgießen. Sobald die Perlzwiebeln abgekühlt sind, die Wurzelenden abschneiden und die Schalen abstreifen.

Schalotten und Zwiebeln hacken

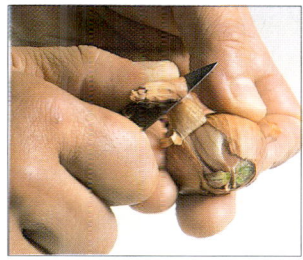

1 *Die äußeren Hüllen mit einem kleinen Messer entfernen und die Knolle in die einzelnen Zehen zerteilen.*

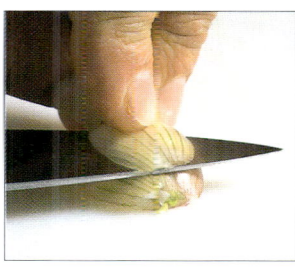

2 *Die Zehen auf ein Arbeitsbrett legen und waagrecht bis zur Wurzel ein-, aber nicht ganz durchschneiden.*

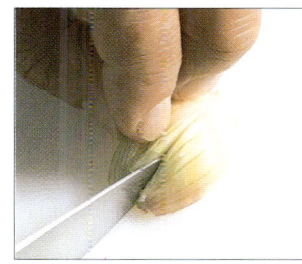

3 *Dann die Zehen längs einschneiden, aber wieder nur bis zur Wurzel.*

4 *Am Wurzelende festhalten und die Zehen quer fein würfeln. Das Wurzelende zum Auskochen zurückbehalten.*

KNOBLAUCH

Zu den umstrittensten Würzmitteln in der Küche gehört der Knoblauch mit dem intensiven, scharfen Geruch, dem niemand gleichgültig gegenübersteht: Entweder man liebt ihn oder man kann ihn nicht ausstehen. Der Knoblauch gehört in die Familie der Liliengewächse, und seine Urheimat liegt wahrscheinlich in Zentralasien. Die Knolle oder Zwiebel besteht aus mehreren Zehen, die von einer Hülle umgeben sind. Es gibt weltweit viele unterschiedliche Sorten, die in Farbe, Größe und Geschmack differieren. Am weitesten verbreitet ist der Knoblauch mit weißer, rosa oder violett gefärbter Hülle, wobei letzterer von Kennern besonders geschätzt wird. Riesen-Knoblauch, ein Vorfahre des heutigen Lauchs (Porree), ist besonders mild und fein im Geschmack. Die Heilwirkungen des Knoblauchs sind beachtlich, und in alten Zeiten glaubte man, daß er böse Geister abwehre. Doch davon einmal abgesehen, ist Knoblauch eines der köstlichsten Würzmittel, die wir kennen.

BEIM EINKAUF BEACHTEN

Knoblauch wird zwar ganzjährig angeboten, aber von besonderer Güte sind nur die festen, saftigen Knollen, die im Frühjahr auf den Markt kommen. Sie gelten bei Kennern als Delikatesse, wenn sie als ganze Zehen gebraten werden. Beim Einkauf ist vor allem auf Frische zu achten. Die Zehen unter der getrockneten Außenhaut müssen prall gefüllt und fest und geschälte Zehen weiß sein. Graue, gelbe oder faserige Zehen sind ohne Aroma. Getrockneter Knoblauch wird in Flockenform, als Pulver und als Knoblauchsalz angeboten. Auch pürierter Knoblauch in Tuben und Gläsern ist im Handel. Püree ist zwar den Trockenprodukten immer vorzuziehen, aber wenn möglich sollte man frischen Knoblauch verwenden, denn er hat ein unvergleichlich besseres Aroma. Darüber hinaus ist er wesentlich gesünder als getrockneter. Er enthält schwefelhaltiges, ätherisches Öl, das unter anderem antibiotisch und blutdrucksenkend wirkt. Knoblauch ist ein gutes Beispiel für den keineswegs zufälligen Zusammenhang zwischen Gewürz- und Heilkräutern.

AUFBEWAHRUNG

Erntefrischer Knoblauch ist ein Genuß, den man sich nicht entgehen lassen sollte. Zum Aufbewahren ist er zu schade. Die dekorativen Knoblauchzöpfe, die vielfach angeboten werden, sind für passionierte Knoblauchesser nicht zu empfehlen, denn die Knollen trocknen schneller aus, als sie verbraucht werden können. Am besten bewahrt man Knoblauch kühl, trocken und dunkel an einem luftigen Platz auf. Bei sachgerechter Lagerung halten sich die Knollen mehrere Wochen, sogar ein paar Monate lang.

KOCHEN MIT KNOBLAUCH

Der Geruch von rohem Knoblauch setzt sich leicht auf Arbeitsflächen fest. Das macht aber nichts, wenn man für alle *Allium*-Arten (Knoblauch, Zwiebeln, Schalotten und so weiter) ein bestimmtes Schneidebrett reserviert. Notfalls kann man die Knoblauchzehen vor dem Zerdrücken in Frischhaltefolie wickeln. Das geht natürlich nicht, wenn der Knoblauch gehackt werden soll. Als praktisch erweist sich auch eine Knoblauchpresse, doch kann es vorkommen, daß dem Knoblauch ein metallischer Geschmack anhaftet. Ideal ist der Mörser. Mit dem Stößel werden die Zehen gründlich zerrieben, so daß das Aroma optimal freigesetzt werden kann. Außerdem bleibt die Arbeitsfläche geruchsfrei.

Der recht intensive Duft – ein typisches Merkmal aller *Allium*-Arten – ist auf das ätherische, stark schwefelhaltige Öl zurückzuführen, das beim Anschneiden einer Knoblauchzehe freigesetzt wird. Beim Hacken von Knoblauch wird noch mehr davon freigesetzt, und beim Zerdrücken der Zehen dringen diese Duftstoffe am stärksten hervor. Wie bei der Zwiebel verliert sich der beißende Geschmack von Knoblauch beim Kochen. Knoblauchzehen werden ganz, zerdrückt oder in Scheiben geschnitten verwendet. Die Menge ist immer eine Frage des persönlichen Geschmacks. In Verbindung mit feinen Aromen soll-

Knoblauch-pulver

Knoblauch-flocken

Rosa Knoblauchzehe

Rosa Knoblauchknolle

Frische Knoblauchknollen müssen prall und fest sein

Weiße Knoblauchzehen

Weiße Knoblauchknolle

REZEPTVORSCHLAG

Knoblauchpresse

Die Knoblauchpresse muß nach Gebrauch immer gründlich gesäubert und getrocknet werden, damit keine Knoblauchreste im gelochten Boden hängenbleiben. Sehr praktisch ist eine kleine Bürste, die ausschließlich diesem Zweck dient.

Eingelegter Knoblauch

Ergibt etwa 60–70 Zehen

6–7 ganze Knoblauchknollen
Etwa 500 ml natives Olivenöl extra
Frische Thymianzweige
1 Lorbeerblatt

te Knoblauch immer sparsam verwendet werden, weil er sonst dominiert. Beim Braten muß Knoblauch behutsam, aber rasch gegart werden, denn er verbrennt schnell und schmeckt dann bitter. Zur Aromatisierung von Speiseölen beim Garen kann er leicht angebraten werden, da die Zehe später vor dem Servieren herausgenommen wird.

Ganze Knoblauchzehen werden zusammen mit Fleisch oder Geflügel in Butter oder Öl gebraten. Die gebräunten Knoblauchzehen werden in der Haut zum Hauptgericht serviert oder geschält und püriert an Sauce oder Bratensaft gegeben.

Verwendet man rohen oder gekochten Knoblauch in Gerichten, die mehrere Tage aufbewahrt werden, ist es ratsam, den grünen Keim im Innern der Zehen zu entfernen. Dieser Keim bekommt mit der Zeit einen leicht bitteren Geschmack, der auf die fertige Speise übertragen wird. Bei Gerichten, die sofort verzehrt werden, kann die sogenannte »grüne Seele« in den Zehen bleiben.

In wärmeren Regionen ist Knoblauch besonders aromatisch. Kein Wunder also, daß Gerichte aus dem Mittelmeerraum und aus dem Nahen und Fernen Osten reichlich Knoblauch enthalten. Es gibt ein klassisches französisches Rezept, das vierzig Knoblauchzehen erfordert. Diese werden mit einem Huhn gebraten, anschließend püriert und für die Sauce verwendet. Das fertige Huhn hat ein köstliches Knoblaucharoma, und die Sauce schmeckt nach der langen Garzeit der Zehen angenehm mild und süßlich.

In Italien nimmt man Knoblauch auch als Würze für Spinatblätter: Man spießt eine geschälte, leicht zerdrückte Knoblauchzehe auf eine Gabel, erhitzt Olivenöl in einer Pfanne und reibt mit der aufgespießten Zehe die Pfanne ein. Dann gibt man den Spinat dazu und rührt mit der Gabel um. Die Blätter erhalten so einen sehr feinen Knoblauchgeschmack. Diese Würzmethode ist auch für andere Gemüsesorten geeignet, vor allem für Mangold, Zucchini und Fenchel.

Knoblauchsuppe, früher eine Speise der Armen, ist heute eine in ganz Spanien allgemein sehr beliebte Spezialität. Hierfür werden Knoblauchzehen erst in Olivenöl leicht gebräunt, dann in einem Tontopf mit gerösteten Brotkrumen, einer Prise Paprikapulver und Rinderfond sanft gekocht. Sobald die Zehen weich sind, läßt man in jede Suppenschale ein aufgeschlagenes Ei gleiten und übergießt es mit der heißen Brühe.

Aus Tunesien stammt die Würzpaste *tabil*, für die Knoblauch, rote Gemüsepaprika, frische grüne Pfefferschoten, Kümmelsamen und frische Korianderblätter püriert werden. Die fertige Paste dient als Würze für Suppen und Eintöpfe mit Fleisch, Fisch und Gemüse.

Eingelegte Knoblauchzehen sind vor allem in China und Thailand sehr beliebt. Ganze geschälte Zehen werden dazu in süßem oder saurem Essig konserviert. Das fertige Pickle schmeckt vorzüglich zu asiatischen Nudelgerichten, ist aber auch eine köstliche Beigabe zu gebratenem Huhn oder kaltem Braten.

Die einfache Kombination von Brot und Knoblauch ist immer wieder ein besonderer Genuß. Ist ein intensiver Knoblauchgeschmack erwünscht, vermischt man zerdrückten rohen Knoblauch mit Salz und weicher Butter. Mit dieser Mischung bestreicht man französisches Weißbrot und läßt es unter dem Grill bräunen. Für ein milderes Knoblaucharoma verwendet man angebratene Knoblauchzehen.

Den Backofen auf 150 °C (Gas Stufe 3) vorheizen. Die Außenhaut der Knoblauchknolle entfernen. Die ungeschälten Zehen in Olivenöl schwenken, so daß sie mit einem dünnen Ölfilm bedeckt sind. In Alufolie einschlagen, fest verschließen und 20 bis 30 Minuten im Ofen garen, bis sie weich sind. Die leicht abgekühlten Zehen in ein sterilisiertes Glas geben und mit Olivenöl auffüllen. Thymian und Lorbeerblatt dazugeben und das Glas verschließen. Bis zum Gebrauch mindestens 1 Monat an einem kühlen, dunklen Platz durchziehen lassen.

KNOBLAUCH VORBEREITEN

Die ungeschälten Knoblauchzehen mit der Breitseite des Messers leicht andrücken. Dadurch reißt die Haut und läßt sich leicht entfernen. Oder man taucht die Knoblauchzehe 30 Sekunden in kochendes Wasser und entfernt nach dem Abkühlen die Haut.

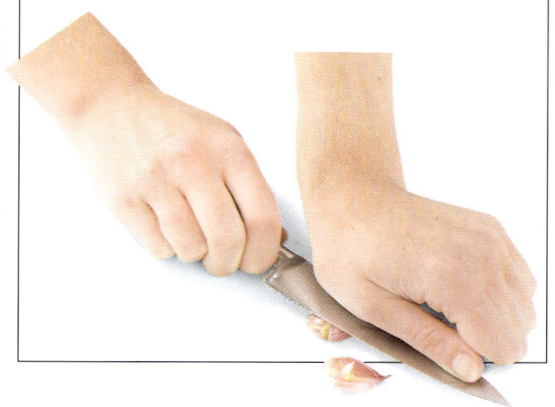

Ein Hauch von Knoblauch

Wird der Boden eines Fondue-Gefäßes mit einer zerdrückten Knoblauchzehe eingerieben, erhält das anschließend darin gegarte Gericht einen Hauch des herrlichen Aromas. Das gleiche gilt für feuerfeste Schüsseln aus Glas oder Porzellan.

MEERRETTICH, WASABI UND DAIKON-RETTICH

Aromatische Wurzeln gehören zum Gewürzrepertoire einer jeden Küche. Rettiche schmecken auch ohne viel Beiwerk köstlich als Salat. Andere Wurzeln werden meist zerstoßen oder gerieben und als Zutat in Saucen oder Würzpasten verwendet. Meerrettich und Rettich gehören in dieselbe botanische Familie und sind in Osteuropa beheimatet. Wasabi, der grüne asiatische Meerrettich, ist, botanisch gesehen, nicht mit unserem Meerrettich verwandt. Frischer Wasabi ist außerhalb von Japan kaum erhältlich, wird aber als Pulver oder Paste in Feinkostläden angeboten. Wasabi regt außerdem den Appetit an und ist deshalb sehr gut für Vorspeisen geeignet.

Meerrettich Die jungen zarten Blätter des Meerrettichs sind eine köstliche Salatbeigabe, doch vorwiegend wird die lange Pfahlwurzel verwendet. Beim Einkauf von frischem Meerrettich sollten Sie darauf achten, daß die Wurzeln sauber sind und sich fest anfühlen. Kaufen Sie keine gekeimten oder grünlich verfärbten Wurzeln, weil sie leicht bitter schmecken. Von Meerrettich immer nur so viel schälen, wie im Augenblick benötigt wird. Dann roh reiben oder raspeln, am besten in der Küchenmaschine, denn Meerrettich riecht beißend scharf und kann Augen zum Tränen bringen. Nach dem Reiben verfliegt die Schärfe jedoch rasch.

Meerrettich-Trockenprodukte wie Flocken werden in Wasser eingeweicht und dann wie frischer Meerrettich weiterverarbeitet. Weitaus häufiger kommt geriebener Meerrettich jedoch in Tuben oder Gläsern als tafelfertige Paste oder Sauce auf den Markt.

Wasabi Diese Wurzel hat ein feuriges Aroma und einen beißend scharfen Geschmack. Gerieben oder als Paste, vermischt mit einer Soja-Dipsauce, reicht man Wasabi zu *sashimi*, einem japanischen Gericht aus rohem, in dünne Scheiben geschnittenem Fisch. Für *sushi* verwendet man Wasabi-Paste als Würze und als »Kleber«, damit der rohe Fisch besser am Reis haftet. Wasabi-Paste paßt auch zu anderen Fisch- und Fleischgerichten.

Frischen Meerrettich
immer erst unmittelbar vor Gebrauch reiben. Vermischt mit Sahne, Mayonnaise oder Essig, wird daraus ein köstliches Relish

Meerrettichsauce

Meerrettichwurzel
enthält ähnliche ätherische Öle wie Senfkörner und hat einen kräftigen, beißend scharfen Geschmack

Wasabi-Pulver

WASABI-PASTE

Die in Spezialitätengeschäften erhältliche Wasabi-Paste ist nicht so lange haltbar wie die gemahlene Wurzel. Für die Paste werden Pulver und lauwarmes Wasser zu gleichen Teilen gemischt. Die Paste mindestens 10 Minuten ruhen lassen, damit sich das Aroma entfaltet. Zu japanischen *sushi* oder *sashimi* reichen oder in kleinen Mengen an Grillsaucen geben oder an Salatmarinaden auf Mayonnaisebasis.

Wasabi-Paste

Daikon-Rettich Der weiße asiatische Daikon-Rettich zählt zu den Winterrettichen. Er schmeckt würzig-scharf und hat festes Fruchtfleisch, das sich vorzüglich für Salate eignet. Man kann den Daikon-Rettich aber auch dämpfen oder pfannenrühren. Er ist ganzjährig im Handel, schmeckt aber am besten in den Wintermonaten. Beim Einkauf ist darauf zu achten, daß sich die Rübe fest anfühlt und einen matten Glanz hat. Daikon-Rettich sollte nach Möglichkeit innerhalb einer Woche verbraucht werden.

Der Daikon-Rettich ist ein typisches japanisches Gemüse, das geraspelt oder gerieben zu rohen Fischgerichten gereicht wird. Mit Zitronensaft oder Essig vermischt, ist er eine köstliche Beigabe zu gegrilltem Fisch. Er wird auch in Scheiben oder andere geometrische Formen geschnitten oder als in Form geschnittenes Gemüse zum Garnieren verwendet. Die Chinesen verarbeiten den Daikon-Rettich zu einem süß-sauren Pickle. Eingelegt als Sauergemüse heißt er in Japan *takuan* und in Korea *kimchi*. Hauchdünne Rettichscheibchen werden an Suppen und Eintöpfe gegeben oder über Gemüsegerichte gestreut. Geraspelter Daikon-Rettich dient auch als Zartmacher für Kraken.

Den geschälten und in dünne Scheiben geschnittenen Rettich kann man gut mit anderen Gemüsesorten kombinieren

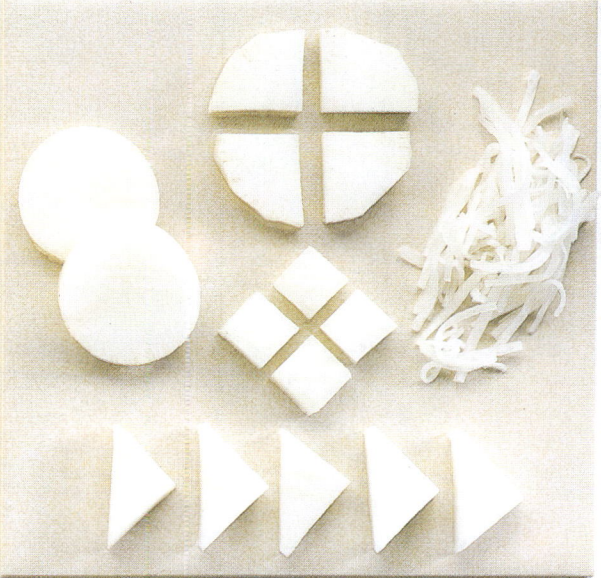

In Form geschnittener Daikon-Rettich

Eingelegter Daikon-Rettich (Takuan)

Frischer Daikon-Rettich
ist milder als andere Rettichsorten und wird meist in Spezialitätengeschäften angeboten

RETTICHE UND RADIESCHEN

Die Farben- und Formenvielfalt bei Rettichen und Radieschen ist sehr groß. Rote Radieschen werden roh in Salaten verzehrt, sind aber auch zum Kochen geeignet. Pfannengerührte Radieschen färben sich bei dieser Methode des Kurzgarens dunkelviolett und sind eine köstliche Beilage zu gebratenem Fleisch. Der schwarze Rettich mit dem knackigen weißen Fruchtfleisch und scharfen Geschmack kommt am besten zur Geltung, wenn er roh gegessen wird. Schneidet man ihn in hauchdünne Scheiben, kann die dicke Schale dranbleiben; sonst ist es besser, den Rettich zu schälen.

Schwarzer Rettich

Radieschen

OLIVEN

Der Öl- oder Olivenbaum *(Olea europaea)* wird im gesamten Mittelmeerraum seit vorgeschichtlicher Zeit kultiviert und produziert die ältesten uns bekannten Früchte. Oliven, Olivenblätter und Olivenöl werden schon in alten griechischen und römischen Schriften und in der Bibel erwähnt. Auch das Motiv der Olive findet sich in vielen Abwandlungen auf alten ägyptischen Artefakten. Der ansehnliche Baum mit den graugrünen und silbrigweißen Blättern kann mehrere hundert Jahre alt werden. Er braucht keinen fetten, fruchtbaren Boden, sondern begnügt sich mit steinigen, gebirgigen Lagen, wo andere Pflanzen nicht gedei-

hen. Der lichte, immergrüne Baum steht im Frühjahr in Blüte, und je nach Witterung können von Oktober bis Dezember die grünen bis blauschwarzen Steinfrüchte gepflückt werden, was bis zum heutigen Tag von Hand geschieht.

Die Mittelmeerländer sind die wichtigsten Olivenlieferanten; allein Spanien und Italien stellen mehr als 50 % der Weltolivenernte. Der Olivenbaum gedeiht überall dort, wo mediterranes Klima (trockene, heiße Sommer und milde Winter mit Niederschlägen) herrscht, und so gehören auch Kalifornien und Mexiko mit zu den wichtigsten Erzeugerländern von Oliven.

OLIVENSORTEN

Die meisten Oliven stammen entweder von der am weitesten verbreiteten Kulturform *Olea sativa* oder von dem wildwachsenden *O. oleaster,* der vorwiegend auf sein Habitat, den Mittelmeerraum, beschränkt ist.

Der Unterschied zwischen grünen und schwarzen Oliven besteht im Reifegrad. Unreife Oliven sind grün, ausgereifte Oliven schwarz. Da selbst reife, frisch gepflückte Oliven bitter und ungenießbar sind, müssen sie zunächst eingelegt werden. Dabei wird zwischen grünen und schwarzen Oliven unterschieden. Grüne Oliven müssen vor dem Einlegen erst für einige Tage ins Laugenbad, schwarze Oliven dagegen können gleich nach der Ernte eingelegt werden.

Oliven werden im allgemeinen als ganze Frucht eingelegt, oft aber auch leicht zerdrückt oder mit aufgeplatzter Haut, weil dann die im Fruchtfleisch vorhandenen Bitterstoffe schneller entzogen werden. Die spanischen *manzanilla* und die französischen *picholine* schmecken am besten, wenn sie

Grüne Oliven *werden unreif geerntet*

Schwarze Oliven *sind voll ausgereifte Früchte*

unreif, also grün eingelegt werden. Andere Sorten wie die griechische *kalamata* und die kleine französische *niçoise* sind köstlicher, wenn sie von voll ausgereiften Früchten stammen. Aus Spanien kommen vorwiegend grüne Oliven, häufig entsteint und gefüllt mit Mandeln, *pimientos,* Anchovis, Kapern oder Zwiebeln.

Italien produziert überwiegend schwarze Oliven wie die leicht säuerliche *liguria,* die milde *ponentine,* die trockene, runzlige *gaeta* und die salzige *lugano.*

Kaliforniens bekannteste Olive ist die knackige *sevillano,* eine grüne Olive, die gewöhnlich als ganze Frucht oder mit aufgeplatzter Haut in Salz eingelegt wird.

Aus Marokko kommt eine aromatische purpurrote Olive, die unreif gepflückt und vor dem Einlegen leicht zerdrückt wird.

Bei den Griechen sind die in Salzlake eingelegten schwarzvioletten *kalamatas* besonders beliebt. Diese prallen und schmackhaften Oliven kommen aus der attischen Stadt Mégara.

Französische grüne Oliven

Spanische schwarze Oliven

Griechische grüne Oliven

Italienische schwarze Oliven

Französische schwarze Oliven

Spanische grüne Oliven

Griechische schwarze Oliven

Italienische grüne Oliven

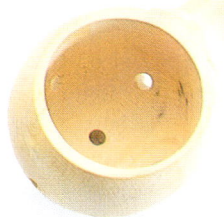

Olivenlöffel aus Holz
*Der traditionell aus Oli-
venholz angefertigte
Schöpflöffel ist gelocht,
damit Lake oder Öl ab-
fließen können*

KOCHEN MIT OLIVEN

Oliven werden nicht nur als Snack zum Aperitif gereicht, sondern auch vielseitig in der Küche verwendet. Sie dienen als Garnitur für *canapés*, Pizzas
und kalte Platten und sind außerdem eine uner-
setzliche Zutat im berühmten *salade niçoise* und in
griechischen Salaten. In Italien, Frankreich und
Nordafrika werden Oliven mit Geflügel kombiniert, in Fleischeintöpfen geschmort oder in Broten
mitgebacken.

Mit Olivenöl vermischte pürierte Oliven sind eine vollaromatische Würze für Gerichte, in denen
die Kerne hinderlich sind. Das Püree wird an
Fleischeintöpfe, Gemüsekasserollen und Tomatensaucen gegeben. Pur ergibt es – kalt wie warm –
eine delikate Pastasauce.

Tapenade ist eine köstliche provenzalische Dip-
sauce aus pürierten schwarzen Oliven, die man zu
geröstetem französischem Brot und gutgekühltem
Roséwein reicht.

Kaliforniens bekannteste Olive ist die knackige
sevillano, eine grüne Olive, die allgemein als ganze
Frucht oder mit aufgeplatzter Haut in Salz eingelegt wird.

OLIVEN AROMATISIEREN

In Salzlake eingelegte Oliven lassen sich geschmacklich noch verfeinern, wenn sie in Olivenöl aufbewahrt werden. Die Oliven zunächst abtropfen lassen
und die Salzlake gründlich abspülen. Dann in ein sterilisiertes Glas geben und mit Olivenöl auffüllen.

Kräuter und Gewürze sorgen für zusätzliches
Aroma. Sie werden an die vorbereiteten Oliven gegeben, die man anschließend mit Öl bedeckt. Das
Olivenöl kann auch mit etwas Rotwein- oder Balsamessig gemischt werden. Die Oliven mit ein paar
Zitronenschalenstreifen, einer zerdrückten Knoblauchzehe, etwas getrocknetem Oregano und einigen leicht zerdrückten Pfefferkörnern ins Glas geben und mit dem Öl-Essig-Gemisch übergießen. Bis
zum Gebrauch eine Woche durchziehen lassen. Es
gibt unzählige Möglichkeiten, Kräuter und Gewürze
zu mischen, aber besonders gut schmecken die Oliven, wenn sie mit den Aromen ihres Herkunftslan-
des kombiniert werden. Zitronenschale und Koriandersamen harmonieren gut mit griechischen Oliven,
während Kräuter der Provence (siehe S. 51) die ideale Würze für französische Oliven sind. Spanische
Oliven werden mit Knob-
lauch, schwarzen
Pfefferkörnern
und einigen
Sardellen-
filets ver-
feinert.

Olivenbrot
*wird mit Olivenöl
und gebackten
Oliven zubereitet*

REZEPTVORSCHLAG

Tapenade

Ergibt etwa 300 g

*150 g entsteinte schwarze Oliven,
vorzugsweise niçoises
8 Sardellenfilets
60 g Kapern, abgetropft
2–3 Knoblauchzehen, geschält
125 ml natives Olivenöl extra
Frisch gemahlener schwarzer Pfeffer*

Oliven, Sardellen, Kapern und
Knoblauch in der Küchenmaschine
grob zerkleinern. Bei laufendem
Gerät nach und nach das Öl hinzufügen. (Falls eine grobere Mischung
erwünscht ist, das Öl von Hand unterrühren.) Mit Pfeffer abschmecken.
Tapenade fest verschlossen 2–3 Tage im Kühlschrank aufbewahren.
Das kräftig gewürzte Püree zu Toast,
hartgekochten Eiern, rohem Gemüse
oder Teigwaren servieren.

Tapenade auf Toast *ist
ein würziger Snack, aber
auch eine köstliche Vor-
speise für italienische
Menüs*

OLIVEN FÜLLEN

Eine appetitanregende, köstliche
Vorspeise sind Oliven, die mit einer würzigen Buttermischung gefüllt sind. Für Sardellenbutter verrührt man 125 g Butter, 2 Eßlöffel
feingehackte Sardellenfilets, einen
Spritzer Zitronensaft und frisch gemahlenen schwarzen Pfeffer.

1   *Die Olive mit dem Stergel-
ansatz nach oben in den Ent-
steiner legen und den Kern herauslösen.*

2   *Die Sardellenbutter in einen
Spritzbeutel mit feiner Tülle fül-
len und in die entsteinten
Oliven spritzen.*

**Pizza nach mediterraner
Art** *erhält ihr pikantes Aroma
erst durch die schwarzen,
sonnengedörrten niçoises*

TOMATEN

Die Tomate, die botanisch zu den Früchten zählt, in der Küche aber wie Gemüse behandelt wird, ist eine vielseitig verwendbare Zutat. Im 16. Jahrhundert brachten die Spanier das südamerikanische Fruchtgemüse nach Europa, wo es relativ schnell in die Mittelmeerküche integriert wurde. Die Nordeuropäer dagegen hielten die Tomate lange Zeit für hochgiftig. Erst im 19. Jahrhundert ließen sie sich davon überzeugen, daß die dekorative Frucht auch gut schmeckt. Heute ist die Tomate nach der Kartoffel das am meisten verzehrte Fruchtgemüse. Es gibt viele Tomatensorten in unterschiedlichen Formen von rund bis länglich, die farblich von Grün über Gelb bis Intensivrot variieren und größenmäßig von der prallen Fleischtomate bis zur winzigen Kirschtomate reichen. Das volle Aroma können die Früchte nur dann entwickeln, wenn sie an der Staude reifen. Wo es warm und sonnig ist, können Tomaten problemlos im Garten kultiviert werden. Sonst muß man auf gekaufte Ware zurückgreifen, die oft schon vor der Reife gepflückt wird, damit sie während des Transports nicht verdirbt.

Frische, vollreife Tomaten schmecken am besten in Scheiben geschnitten als Salat, beträufelt mit etwas Olivenöl und eventuell mit frischen Kräutern bestreut. Tomaten, die noch nicht ausgereift sind, werden am besten sanft geschmort, damit sie Aroma entwickeln.

In vielen Ländern wird bei der Anbaumethode von Tomaten weniger auf deren Schönheit als auf ihr Aroma geachtet, in einigen Anbaugebieten allerdings ist genau das Gegenteil der Fall. Neben den wohlbekannten Sorten gibt es auch einige interessante Neuzüchtungen. Die nachfolgend beschriebenen Tomaten sind am häufigsten zu finden und für alle kulinarischen Zwecke geeignet.

Fleischtomaten Diese übergroße Sorte hat festes Fruchtfleisch und viel Aroma, dafür weniger Saft und Kerne. Fleischtomaten sind ideal zum Rohessen in Salaten und auf Sandwiches. Dank ihrer Größe eignen sie sich – roh oder gegart – hervorragend zum Füllen.

Eiertomaten Diese länglichen Tomaten mit dem festen, kernarmen Fruchtfleisch schätzt man vor allem in Italien. Sie kommen frisch nur in der Tomatensaison auf den Markt und lassen sich gut zu Saucen und Eintöpfen verarbeiten.

Runde Salattomaten Diese ebenmäßigen und farbenprächtigen Tomaten sind ganzjährig erhältlich, schmecken aber nur im Sommer aromatisch, sonst leicht wäßrig und fad. Die vielseitig verwendbare Sorte eignet sich vor allem für Salate und Sandwiches. Gehäutet und entkernt sind sie auch ideal für Suppen und Saucen.

Kirschtomaten Sie sind zwar klein, aber voller Aroma. Kirschtomaten werden als ganze Frucht an Salate gegeben oder für Spießchen wie *kebabs* verwendet. Ausgehöhlt und gefüllt sind sie eine delikate Zierde für alle Arten von kalten Platten. Als Beigabe zu gegrilltem Fleisch werden sie kurz in Olivenöl angebraten und dann mit frischem Thymian bestreut.

Gelbe Tomaten Diese Neuzüchtung enthält weniger Säure als rote Tomaten und ist auch weniger geschmacksintensiv. Gelbe Tomaten sind in unterschiedlichen Formen und Größen erhältlich und können anstelle von roten Tomaten in Salaten oder als farblicher Kontrast zu roten Früchten verwendet werden. Kleine birnenförmige Tomaten sind zusammen mit anderem Miniaturgemüse eine effektvolle Garnierung.

Die runde Salattomate *ist sowohl zum Kochen wie zum Rohessen geeignet*

Eiertomate

TOMATEN VORBEREITEN

1 *Wasser in einem großen Topf zum Kochen bringen. Mit einem Schälmesser den Fruchtansatz der Tomaten keilförmig herausschneiden.*

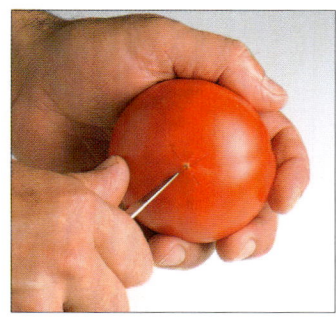

2 *Die Tomaten auf der Oberseite kreuzweise einritzen und kurz ins kochende Wasser tauchen. Wenn sich die Haut kräuselt, die Früchte herausnehmen.*

3 *Die Tomaten etwas abkühlen lassen und dann die Haut mit einem Messer von der Mitte der Oberseite in Richtung Fruchtansatz abziehen.*

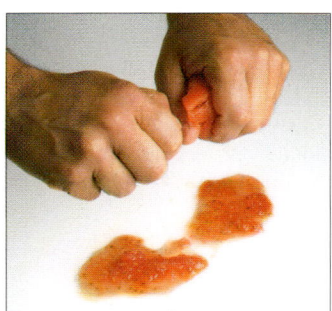

4 *Die Früchte halbieren, Kerne und Flüssigkeit herausdrücken und den Rest mit einem Messer ausschaben.*

Salattomaten *Die Verwendungsmöglichkeiten von Tomaten sind unendlich groß. Ihr delikates Aroma aber bleibt am besten erhalten, wenn sie frisch zubereitet werden. Salate profitieren außerdem durch Farbe, Struktur und Form der Frucht*

Fleischtomaten *sind pralle, schwere Früchte mit festem Fruchtfleisch, das sich gut in Scheiben oder Würfel schneiden läßt*

Kirschtomaten *werden fast immer als ganze Frucht verwendet*

Gelbe Tomaten, *ob rund oder birnenförmig, bilden einen schönen farblichen Kontrast zu roten Tomaten*

Tomatensauce mit Kräutern

Ergibt etwa 1 l

2–3 EL natives Olivenöl extra
1 Zwiebel, gehackt
Salz
Frisch gemahlener schwarzer Pfeffer
2 Knoblauchzehen, gehackt
2,5 kg Tomaten, abgezogen und
entkernt
250 g frische gemischte Kräuter (wie
Basilikum, Oregano, Thymian,
Majoran, Bohnenkraut, Petersilie,
Rosmarin, Salbei oder Lorbeerblatt)

Öl und Zwiebeln in einen Topf geben und bei schwacher Hitze weich dünsten. Mit Salz und Pfeffer abschmecken, die restlichen Zutaten zugeben und 250 ml Wasser dazugießen. Zum Kochen bringen und mit aufliegendem Deckel etwa eine Stunde köcheln lassen. Die Sauce in einer Küchenmaschine (mit Metallhackmesser) pürieren. In einen Topf geben und offen eine Stunde einkochen lassen, bis die Sauce sämig ist. Gegebenenfalls nachwürzen. Die Sauce heiß servieren oder abkühlen lassen und tiefkühlen. Eine vorzügliche Beigabe zu diversen Nudelgerichten oder zu Hackbraten.

TOMATENPRODUKTE

Tomaten sind zwar ganzjährig im Handel, haben aber nicht zu jeder Jahreszeit das gleiche intensive Aroma. Als Ersatz für frische Früchte sind deshalb zum Kochen Tomaten in unterschiedlicher Verarbeitung gut geeignet. Eiertomaten in Dosen kommen – geschält und ungeschält – als ganze Frucht oder in Stücken auf den Markt und können durch Tomatenmark ergänzt werden. *Passata* ist eine aus pürierten Tomaten hergestellte Sauce, die für heiße und kalte Speisen verwendet wird. Sonnengetrocknete Tomaten haben ein sehr ausgeprägtes, leicht rauchiges Aroma. Kleine Mengen davon schmecken köstlich zu gekochtem Fisch.

Dosentomaten in Stücken

Sonnengetrocknete Tomaten

Tomatenmark aus der Tube

Dosentomaten als ganze Frucht

Tomatenpüree aus der Dose

Passata

ZITRUSFRÜCHTE

Zitrusfrüchte wurden bereits vor 2000 Jahren kultiviert. Die ursprünglich in Indien und China beheimateten Orangen und Zitronen haben sich im Laufe der Zeit immer weiter nach Westen verbreitet. Die alten Griechen schätzten Zitronen als Medizin und als raffinierte Würze in der Küche, und Orangen oder Apfelsinen gelangten während der Kreuzzüge als Topfpflanzen nach Europa, wo sie in wärmeren Regionen kultiviert wurden und sich prächtig entwickelten. Im 16. Jahrhundert brachten sie die Spanier in die Neue Welt, und schon bald wurden in den gemäßigten und subtropischen Breiten wie Florida, Kalifornien und weiten Teilen Südamerikas Orangenkulturen angelegt. Die zahlreichen Sorten, die heute auf den Markt kommen, sind das Ergebnis jahrhundertelanger Züchtungsversuche. Schale, Fruchtfleisch und Saft all dieser Zitrusfrüchte finden in der Küche vielseitige Verwendung.

Die Valencia-Orange *ist eine süße, saftige Blondorange, die zwar aus Spanien stammt und in vielen Teilen der Welt angebaut wird, nicht aber im spanischen Valencia*

Die Satsuma *stammt aus der gleichnamigen Provinz in Japan und ist eine kernarme bis kernlose Mandarine mit dünner, lederartiger, leicht grünlicher Schale*

Clementinen, *eine Kreuzung aus Mandarine und Pomeranze, sind algerischer Abstammung*

Die weißfleischige Grapefruit *ist von einer leuchtendgelben Fruchtschale umgeben*

Limetten

Mineolas *sind birnenförmige, kernlose Früchte, eine Kreuzung von Grapefruit und Tangerine*

Zitronen *sind ein unentbehrliches Würzmittel in der Küche*

Kumquats *stammen ursprünglich aus Asien, werden heute aber überwiegend in Brasilien angebaut und sind die kleinsten aller Zitrusfrüchte*

Die rotfleischige Grapefruit *hat ein weniger herbes Aroma als die weißfleischige. Die kernreichen Sorten sind geschmacksintensiver*

Zitrusgewächse
Die große Gruppe der Zitrusgewächse wird ständig durch neue Varietäten erweitert, weil immer häufiger kernlose, leicht zu schälende und dennoch schmackhafte Früchte gefragt sind. Zitrusfrüchte verleihen vielen Gerichten – ob süß oder pikant – Farbe und Aroma

ZITRUSARTEN

Orangen Die ersten in Italien und Spanien kultivierten Orangen schmeckten wie ihre Vorfahren recht bitter. Die heutige Sevilla-Orange, auch als Pomeranze oder Bitterorange bekannt, ist nur kurze Zeit im Winter erhältlich. Sie kommt dem Geschmack ihrer Vorfahren am nächsten. Pomeranzen sind begehrte Früchte für Marmeladen (Sevilla-Marmelade) und Saucen. Ihre Säure ist eine ideale Ergänzung für fettes Fleisch wie Gans oder Ente. Blutorangen mit ihrem herbwürzigen Aroma und dem karmin- bis blauroten Fruchtfleisch kommen ebenfalls nur im Winter auf den Markt. Ihr roter Saft ist unentbehrlich in vielen Zubereitungen. Frisch gepreßter Saft schmeckt erfrischend zum Frühstück, ist aber auch eine köstliche Zutat in Desserts oder Obstsalaten. Die Schale von Blutorangen kann – muß aber nicht – rot gefleckt sein; das ist immer abhängig davon, auf welcher Baumseite die Früchte gehangen haben. Die Färbung der Schale sagt auch nichts über die Farbe des Fruchtfleisches aus. Süße Orangen lassen sich in drei Gruppen einteilen: Jaffa-Orangen, saftreich, aromatisch und leicht zu schälen; dünnschalige Valencia-Orangen, ebenfalls sehr saftig; und Navelorangen, leicht zu schälen, saftig, fast kernlos und leicht erkennbar an der nabelartigen Ausstülpung der Spitze.

Mandarinen Zur Gruppe dieser kleinen, aromatischen Zitrusfrüchte mit relativ leicht lösbarer Schale gehören unter anderem Satsumas und Clementinen. Die aus Japan stammenden Satsumas sind mittelgroß und haben orangefarbene Schalen, die die Früchte locker umschließen. Clementinen, eine Kreuzung aus Pomeranze und Mandarine, sehen aus wie kleine Orangen. Geschälte, in Spalten zerteilte Mandarinen kommen gezuckert als Dosenware auf den Markt, lassen sich aber auch gut zu Marmelade verarbeiten oder einkochen. Die kleinen Spalten sind köstlich in Obstsalaten. Die birnenför-

KUMQUATS

Kumquats können mit Schale roh oder gekocht gegessen werden. Da sich das würzig-süße Aroma der Schale erst beim Kochen voll entfaltet, sind die Früchte eine aparte Beigabe zu geschmorter Ente oder Schweinefleischgerichten. Für ein erfrischendes Dessert nach einem reichhaltigen Mahl taucht man Kumquats in Zuckersirup (siehe S. 194). Die aromatischen Früchte eignen sich auch zum Kandieren und Einlegen in Sirup.

Ausgehöhlte Orangenschalen *sind reizvolle Gefäße für Orangencreme oder -sorbet*

migen Mineolas sind aus einer Kreuzung von Tangerine und Grapefruit hervorgegangen. Sie erinnern an Orangen, schmecken sehr aromatisch und sind außerdem kernlos. Die weitverbreiteten Tangelos wiederum sind eine Kreuzung aus Tangerine und anderen Zitrusfrüchten.

Pampelmusen Die größten Zitrusfrüchte sind die Pampelmusen, auch Pomelos genannt. Diese birnenförmigen Früchte mit dicker grünlicher oder gelber Schale und zähen Segmenthäuten enthalten nicht ganz so viel Saft wie Grapefruits, schmecken aber sehr erfrischend.

Grapefruits Die Grapefruit ist vermutlich im 19. Jahrhundert auf den Westindischen Inseln aus einer Kreuzung zwischen Pampelmuse und Orange entstanden. Die großen runden, oft abgeflachten Früchte haben eine stark duftende gelbe bis grüngelbe oder rötliche Schale und schmecken feinsäuerlich bis herb-bitter. Rosa- bis rotfleischige Grapefruits sind milder im Geschmack. Die große Ugli – eine Kreuzung zwischen Orange, Tangerine und Grapefruit – sieht aus wie eine unförmige Grapefruit, ist aber saftig und süß. Sie schmeckt köstlich, wenn sie mit Zucker bestreut und in der Schale gebacken wird. In den meisten Rezepten kann die Ugli durch Grapefruit ersetzt werden.

Zitronen Die roh fast ungenießbaren Früchte finden in der Küche vielseitige Verwendung. Saft, Fruchtfleisch und Schale sind eine begehrte Würze. Dünne, rohe Fleisch- oder Fischscheiben werden durch das Einlegen in den sauren Saft zart und mürbe, das heißt »gegart« (siehe S. 174). Zitronenfilets oder -julienne werden zum Verzieren und Garnieren von süßen wie pikanten Gerichten verwendet. Der Saft wird an Salatsaucen gegeben oder zum Ablöschen (siehe S. 249) verwendet.

Limetten Die leuchtendgrünen Limetten werden ähnlich wie Zitronen überwiegend in den Küchen tropischer Länder verwendet, sind aber saftiger und feiner im Geschmack. Mit dem Saft würzt man *mousses*, *soufflés* und Getränke. Die Schale kann man kandieren und als Garnierung verwenden. Limetten schmecken gut, wenn sie mit anderen Zitrusfrüchten gemischt werden.

Zitronenschale
Schreibt ein Rezept Zitronenschale vor, ist damit die farbige äußere Fruchtschale ohne die innere weiße Schicht gemeint.

Julienne schneiden
Die Fruchtschale in etwa 2 cm breiten Streifen abschälen. Die Streifen übereinanderlegen und in 1 mm dünne Julienne schneiden.

Feinstreifig schälen
Einen Zesteur mit festem Druck über die Frucht ziehen und dabei die Schale in feinen Streifen ablösen.

Zitrusschalen trocknen
Die Schale in Streifen abschälen, trocknen und zum Würzen von Fleisch- oder Fischgerichten, Glühwein oder Zucker verwenden.

ZITRUSFRÜCHTE IN DER KÜCHE

Zitrusfrüchte haben, kulinarisch gesehen, allerlei zu bieten: aromatische Schalen, säuerliche Säfte und frische, leuchtende Farben. Weltweit werden diese Früchte in der Küche als Würze und Geschmacksverstärker für pikante wie süße Speisen verwendet. Ein Spritzer Zitronensaft, Salz, frisch gemahlener schwarzer Pfeffer und Olivenöl reichen oft völlig aus, um Grilladen wie Fleisch oder Fisch beziehungsweise Gemüse zu würzen. Die be-gehrten französischen Desserts *crêpes suzette* (mit Orangenbutter) und *tarte au citron* (französische Zitronentorte) werden ebenso wie der nordamerikanische *key lime pie* mit Zitrusfrüchten zubereitet. Kandierte Zitrusschale ist ein unverzichtbarer Bestandteil des traditionellen italienischen Weihnachtsgebäcks *panforte*. Doch wie auch immer sich ein Rezept zusammensetzt, Zitrusfrüchte bieten ungeahnte Möglichkeiten zum Würzen und Verzieren.

AUSWAHL UND AUFBEWAHRUNG

Zitrusfrüchte kommen ganzjährig auf den Markt. Die beste Qualität und die größte Auswahl hat man jedoch in den Herbst- und Wintermonaten. Die Auswahlkriterien sind für alle Zitrusfrüchte gleich. Frische Früchte von bester Qualität zeigen einen matten Glanz. Die Schale muß sich glatt und fest anfühlen und gleichmäßige Poren aufweisen. Kaufen Sie also keine Früchte mit ausgetrockneter oder schrumpeliger Schale. Früchte, die sich für ihre Größe relativ schwer anfühlen, enthalten auch viel Saft. Zitrusfrüchte können bei Raumtemperatur bis zu einer Woche aufbewahrt werden, im Kühlschrank bis zu einem Monat. Wenn man die Schale zum Würzen braucht, sollte man nur unbehandelte oder naturbelassene Früchte kaufen. Im Zweifelsfall die Früchte etwa eine Minute in kochendem Wasser blanchieren, um alle bitter schmeckenden Pestizid- und Schutzstoffrückstände zu entfernen. Der besseren Haltbarkeit wegen werden die meisten Zitrusfrüchte mit chemischen Lösungen behandelt, die zwar nicht ins Fruchtfleisch gelangen, aber auf der Schale bleiben.

Ceviche
In Zitronensaft marinierter roher Fisch heißt in Lateinamerika *ceviche*. Bei dieser Zubereitung ist die Frische des Fisches von größter Bedeutung. Am besten geeignet sind geschmacksintensive Fische mit festem Fleisch oder fettreiche Fische wie Makrelen.

KOCHEN MIT ZITRUSFRÜCHTEN

Der Zucker- und Säuregehalt schwankt je nach Zitrusart. Typisch für alle Zitrusfrüchte ist zwar das säuerliche Aroma, aber in Orangen, Tangerinen und Grapefruits überwiegt dennoch der süße Geschmack. Diese Früchte sind daher gut für den Verzehr aus der Hand geeignet. Aber auch frisch filetiert (siehe unten) schmecken sie in einer Vielzahl von Speisen. Der Saft ist Würze und »Garmacher« zugleich, während die Schale für farbenfrohe und aromatische Garnierungen genutzt werden kann.

Fruchtfleisch Ein Salat aus Grapefruitfilets, Avocadoscheiben und geräuchertem Lachs ist eine raffinierte Vorspeise, bei der einem das Wasser im Mund zusammenläuft. Nicht minder köstlich ist ein pikanter Orangensalat mit Zwiebelscheiben und Oliven, angemacht mit Salz und Olivenöl. Für Süßspeisen mildert man die Säure der Zitrusfrüchte durch Pochieren in einem leichten Sirup (siehe S. 194). Pochierte Orangenfilets oder -scheiben passen gut zu Schokoladen-Mousse mit kandierten Julienne. Selbst die herbsäuerlichen Zitronenfilets sind pochiert ganz vorzüglich. Man belegt damit

ZITRUSFRÜCHTE VORBEREITEN

Zitrusfrüchte schälen
Die äußere Schale (ohne die weiße Schicht) in etwa 2 cm breiten Streifen abschälen. Schalen von behandelten Früchten blanchieren.

Entfernung der Fruchthaut
Die Frucht an Blüten- und Stengelansatz kappen, dann – der Rundung der Frucht folgend – die weiße Haut sorgfältig abschneiden.

Filetieren
Mit dem Messer vor und nach jeder Trennhaut einschneiden und ein Segment nach dem anderen herauslösen.

In Scheiben schneiden
Nach dem Entfernen der Haut die Frucht auf die Seite legen und mit einem scharfen Messer in dünne Scheiben schneiden.

die englische *lemon curd tart* (hergestellt mit einer dicken Paste aus Zitronensaft, Butter, Zucker und Eigelb), glasiert die fertige Pastete mit durchpassierter Aprikosenmarmelade (siehe S. 258) – und fertig ist ein erfrischendes Dessert beziehungsweise ein herrliches Teegebäck.

Saft Zitrusfrüchte geben mehr Saft, wenn sie zimmerwarm verwendet werden. Vor dem Pressen rollt man sie mit festem Druck auf einer festen Unterlage hin und her. Dadurch reißen die feinen Trennhäute, und die Früchte lassen sich besser entsaften. Gepreßt finden Zitrusfrüchte vielseitige Verwendung. Orangen- und Grapefruitsäfte werden fast überall gern zum Frühstück getrunken, und *citron pressé* (Zitrone naturell) ist ein traditionelles Erfrischungsgetränk. Kombiniert man Orangensaft mit Knoblauch und frischem Ingwer, ergibt das eine köstliche Marinade für gegrilltes Hähnchen. Auch Schweinelende kann vor dem Pfannenrühren in einer Mischung aus Orangensaft, Sojasauce, zerstoßenen Chillies und frischem Knoblauch mariniert werden. Und Zitronensaft mit abgeriebener Zitronenschale, Rosmarin, Knoblauch und Olivenöl dient als universelle Fleischwürze. Zum Würzen von Salaten, pochiertem oder gegrilltem Fisch oder gedämpftem Gemüse empfiehlt sich eine Mischung aus frisch gepreßtem Zitronensaft, Olivenöl, Salz und schwarzem Pfeffer. Bei Obstsalaten rundet ein Spritzer Zitronensaft den Geschmack der darin enthaltenen Früchte ab. Die Süße der Früchte verbindet sich mit der Säure des Zitronensafts und verleiht dem Salat ein fruchtiges, frisches Aroma.

In vielen latein- und südamerikanischen Ländern wird roher Fisch mit Zitronen- und Limettensaft »gegart«. Für diese besondere Form der Fischzubereitung, die als *ceviche* bekannt ist, werden dünne Fischstreifen in Limetten- oder Zitronensaft zusammen mit Chillies, Zwiebeln und diversen Kräutern und Gewürzen mariniert. Die Säure in der Marinade »gart« den Fisch, indem sie auf das Eiweiß einwirkt. Nach 5–6 Stunden wird das Fleisch zart

und mürbe und nimmt eine helle Farbe an – so wie bei herkömmlichen Garmethoden – und kann direkt verzehrt werden.

Zitronensäure ist außerdem ein gutes Bleichmittel, und so dient Zitronensaft der Farberhaltung von angeschnittenen Früchten und Gemüsen, die sich an der Luft bräunlich verfärben und unansehnlich werden (zum Beispiel Äpfel, Artschocken oder Sellerie). Mit Zitronensaft erzielt man auch ein makelloses Weiß bei Champignons.

Schale In der Schale sind alle aromatischen Zitrusöle enthalten. Wie viele andere Gemüse und Früchte werden auch die Zitrusfrüchte aus Haltbarkeitsgründen und zur Farbauffrischung mit Konservierungs- und Farbstoffen behandelt. Diese gelangen in der Regel zwar nicht ins Fruchtfleisch, setzen sich aber in der Schale fest, so daß diese zum Verzehr nicht geeignet ist. Nach Möglichkeit also nur unbehandelte Früchte kaufen, wenn die Schale zum Kochen verwendet werden soll. Die Schale von behandelten Früchten muß vor Gebrauch blanchiert werden. Dazu die Schalenstreifen in ein Sieb oder Mullsäckchen geben und 1–2 Minuten in kochendes Wasser tauchen.

Die abgeriebene Schale von Zitrone, Limette oder Orange verleiht Saucen und Marinaden eine pikante und spezifische Würze. Schalenstreifen läßt man trocknen und ergänzt damit ein *bouquet garni* oder gibt sie in ein Glas Zucker. Ausgehöhlte Zitrusfrüchte sind attraktive Gefäße, die sich wunderbar zum Füllen mit Sorbet, Eiscreme und Gemüse- oder Obstsalat eignen.

Julienne von Zitrusfrüchten sind eine einfache, aber effektvolle Garnierung für Eiscremes, Torten und Gebäck. In Grenadine (alkoholfreier Saft von Granatäpfeln) gekocht, werden sie bonbonrosa. Frisch abgeriebene Zitronenschale verleiht Marinaden eine pikante Würze. Auch die klassische italienische Gewürzmischung *gremolata* (siehe S. 44) enthält Zitronenschale. Vermischt mit gemahlenem Pfeffer, Salz, Olivenöl und Parmesan wird daraus eine einfache, aber köstliche Pastasauce.

REZEPTVORSCHLAG

Salat von Zitrusfrüchten

4–6 Portionen

3 Blutorangen
2 Navelorangen
2 Tangerinen
1 rotfleischige Grapefruit
3 EL Orangenblütenwasser
Puderzucker
Kandierte Veilchen zum Garnieren

Die Fruchtschale mit der pelzigen Fruchthaut entfernen und die Früchte in Scheiben schneiden (siehe S. 172). Den dabei austretenden Saft in einer Schale auffangen und die Scheiben nach Größe und Farbe dekorativ auf einer Servierplatte anrichten. Saft und Orangenblütenwasser mischen und über die Früchte gießen. Mit Puderzucker bestäuben. Mit kandierten Veilchen garnieren und servieren.

REZEPTVORSCHLAG

Fisch in Tangerinensauce

4 Portionen

Butter zum Einfetten der Form
1,5 kg festfleischiger Fisch, zum Beispiel Roter Schnapper (mit Kopf und Schwanz)
2 EL Zitronensaft
Salz
Frisch gemahlener schwarzer Pfeffer
1 EL natives Olivenöl extra
1 EL Butter, zerlassen
125 g Champignons, feinblättrig geschnitten
1 EL gehackte Petersilie
1 Frühlingszwiebel, in dünne Scheiben geschnitten
150 ml frisch gepreßter Tangerinensaft
300 ml trockener Weißwein

Den Backofen auf 200 °C (Gas Stufe 3–4) vorheizen. Eine feuerfeste Form in der Größe des Fisches einfetten. Den Fisch unter fließendem Wasser abspülen und trockentupfen. Zitronensaft mit Salz und Pfeffer in einer Schüssel gründlich verrühren, dann Öl und zerlassene Butter hinzufügen. Den Fisch in die Form legen und mit dem gewürzten Zitronensaft übergießen. Pilze, Petersilie und Frühlingszwiebeln darauf verteilen und Tangerinensaft und Wein dazugeben. Etwa 20–30 Minuten im Ofen backen. Er ist gar, wenn sich das Fleisch leicht mit einer Gabel zerpflücken läßt. Mit der Sauce servieren.

ZITRUSFRÜCHTE ALS GARNIERUNG

Mit Zitrusfrüchten zubereitete süße und pikante Gerichte können auch mit Zitrusfrüchten verziert werden. Garniert wird entweder die fertige Speise oder der Rand eines Tellers.

Doppelte Spirale

Filets

Mehrfarbige Julienne

Dreifacher Schmetterling

NÜSSE

Was wir als Nüsse kaufen, ist, botanisch gesehen, Schalobst, wohlschmeckende, von einer harten Schale umgebene Frucht- oder Samenteile. Und nur die Haselnuß ist eine echte Nuß. Auch als Nüsse im handels- und lebensmittelrechtlichen Sinn gelten nur Hasel- und Walnüsse. Mandel, Walnuß, Pistazie, Kastanie und Macadamianuß sind Steinfrüchte, die Paranuß ist eine Kapselfrucht und die Erdnuß eine Hülsenfrucht. Nüsse werden von alters her zum Kochen und Backen verwendet. Bereits 200 Jahre vor Christi Geburt verteilten die Römer zu besonderen Anlässen gezuckerte Mandeln. Als die Spanier die Neue Welt eroberten, waren Erd- und Pekannüsse bei den Azteken schon lange bekannt. Und in den Küchen des Nahen Ostens sind Nüsse eine wichtige und häufig verwendete Zutat. Mandeln und Pistazien werden für pikante Saucen, aber auch für viele süße Speisen wie den orientalischen Strudel *baklava* verwendet. Die türkische *Tarator*-Sauce wird ebenfalls mit Walnüssen zubereitet. Erd- und Cashewnüsse verfeinern pfannengerührte Gerichte in Indonesien und im Fernen Osten, und in Afrika gehören Nüsse zu den Grundnahrungsmitteln. In Europa werden vor allem auch Desserts, Süßigkeiten und Gebäck mit Haselnüssen und Mandeln zubereitet.

NUSSARTEN

Mandeln   Der zur Gattung der Rosengewächse *(Prunus)* gehörende Mandelbaum ist eine alte Kulturpflanze des östlichen Mittelmeerraums. Je nach Gehalt an Bittermandelöl unterscheidet man zwischen süßen und bitteren Mandeln, wobei letztere oft mit Aprikosenkernen verwechselt werden. Aprikosenkerne, auch »Chinesische Mandeln« genannt, schmekken ähnlich wie süße Mandeln und werden zum Aromatisieren verschiedener Produkte verwendet, wie zum Beispiel Mandelessenz und Liköre mit Mandelaroma. Da rohe Bittermandeln – ebenso wie Aprikosenkerne – Blausäure entwickeln, sind sie, in großen Mengen genossen,

gesundheitsschädlich und müssen vor dem Verzehr blanchiert oder geröstet werden; dabei verflüchtigt sich die hochgiftige Blausäure. Süße Mandeln werden ganz oder gemahlen in Kuchen, Feingebäck, Nußpasten, Konfekt und Krokant, in Füllungen und Nougat verwendet. Gehackte Mandeln, Mandelsplitter und -blättchen dienen darüber hinaus als Belag und Garnitur. Sie sind außerdem eine wohlschmeckende Zutat in vielen pikanten Gerichten, besonders in Zubereitungen mit Huhn, Fisch und Reis.

Paranüsse   Die Paranuß ist keine echte Nuß, sondern die Kapselfrucht des im Amazonasgebiet heimischen Paranußbaums. Der eßbare Teil ist einer

Nußsplitter

Gemahlene Nüsse

Cashewnüsse

Walnüsse *können mit der Haut roh gegessen oder zum Kochen verwendet werden.*

Haselnüsse

Pekannüsse *Die walnußähnlichen Früchte werden als Backzutat oder Geflügelfüllung verwendet*

Nußblättchen

Paranüsse

Pistazien

Mandeln

Gehackte Nüsse

von zwei Dutzend Samen, der von einer dicken und sehr harten, dreikantigen braunen Schale umgeben ist. Die kalorienreichen Nüsse schmecken leicht süßlich, werden aber wegen ihres hohen Ölgehalts schnell ranzig. Große Paranüsse werden gerieben an Kuchenteig gegeben oder als ganze Frucht in flüssige Schokolade getaucht und als Konfekt gegessen (siehe S. 180).

Cashewnüsse Der in Südamerika beheimatete Acajubaum (Kaschubaum) wird heute in weiten Teilen Südostasiens und Indiens kultiviert. Die Cashewnüsse, die eigentlichen Früchte, sind, geröstet und gesalzen, ein beliebter Appetithappen. Ganze Cashewnüsse werden gern für vegetarische Gerichte indischer Herkunft und zum chinesischen Pfannenrühren verwendet, und Currys dickt man häufig mit gemahlenen Cashewnüssen an.

Haselnüsse Diese runden, kleinen braunen Nüsse schmecken angenehm mild und aromatisch und werden deshalb viel zum Verfeinern von Backwaren verwendet. Frisch gemahlen sind sie eine wertvolle Backzutat in Kuchen- und Plätzchenrezepten; auch Baiser-Massen können damit verfeinert werden. Haselnüsse harmonieren vor allem auch sehr gut mit Schokolade. Gehackte Haselnüsse oder Nußblättchen kann man auch über gedämpfte oder gekochte Gemüse streuen. Das aromatische Haselnußöl (siehe S. 226) paßt am besten zu feinen Salaten oder Saucen, die zu Kalbfleisch oder Ente gereicht werden.

Pekannüsse Diese walnußähnlichen Steinfrüchte stammen von einem Hickorybaum, der in den amerikanischen Südstaaten beheimatet ist, unterdessen aber auch in einigen Teilen Australiens kultiviert wird. Anbau, Ernte, Schälung und Sortierung sind bei diesen Nüssen recht aufwendig und kompliziert, was ihren hohen Preis erklärt. Pekannüsse

haben ein angenehm mildes und feines Aroma. Pekannüsse sind Bestandteil in vielen Kuchen – nicht zuletzt in dem köstlichen amerikanischen *pecan pie* – und werden außerdem zum Verfeinern von Eiscremes und Füllungen verwendet.

Pistazien Die aus Zentralasien und dem Mittelmeerraum stammenden Steinfrüchte, auch Pistazienmandeln genannt, kommen zum Teil in der Schale auf den Markt oder aber als Pistazienkerne sowohl mit als auch ohne Haut. Mit ihrer leuchtendgrünen Farbe bieten sie sich geradezu als Garnierung an. Auch Würste, Fleischpasteten und andere feine Wurstwaren enthalten – und nicht nur als dekoratives Element – Pistazien. Gehackte Pistazien sind fester Bestandteil in orientalischen Reisgerichten und in griechischem, türkischem und arabischem Gebäck. Die schmackhaften Nüsse werden für Backwaren aller Art verwendet und ergeben eine vorzügliche Eiscreme.

Walnüsse Der Walnußbaum ist von Südeuropa über Zentralasien bis China verbreitet und wird auch in deutschen Weinbaugebieten kultiviert. Französische Walnüsse gelten als die qualitativ besten, besonders, wenn sie aus der Dordogne im Südwesten des Landes kommen. Die Farbe der Schalen ist ein sicheres Indiz für die Qualität: je heller die Schale, desto besser die Nüsse. Die beliebten Knabbernüsse schmecken auch gut in Obst- und Gemüsesalaten sowie in Füllungen und Backwaren aller Art. Gemahlene Walnüsse ersetzen zum Teil Mehl und Fett in Kuchenteigen und sind wesentlicher Bestandteil vieler Saucen, wie der türkischen *tarator*, der mexikanischen *chiles en nogada* und der italienischen *sugo di noci*. Walnüsse liefern auch ein aromatisches, aber sehr teures Öl (siehe S. 227), das sich hervorragend für Salatsaucen eignet.

Zubereitung von Erdnußbutter

Erdnüsse sind die Früchte einer tropischen Hülsenfrucht. Die Blütenstiele dieser Pflanze krümmen sich nach dem Verblühen nach unten und wachsen in den Boden, in dem der Fruchtknoten zu der nußartigen Frucht heranreift. Die in Brasilien heimischen Erdnüsse werden heute in vielen tropischen und subtropischen Ländern angebaut. Erdnußbutter ist vor allem in den Vereinigten Staaten sehr populär, wo sie als Backzutat unter anderem für Erdnuß-Plätzchen, oder für die Herstellung von *peanut butter fudge* verwendet wird. Größter Beliebtheit erfreut sich diese Paste jedoch bei Kindern als Brotaufstrich, und zwar in Verbindung mit Marmelade oder Gelee.

1 *125 g blanchierte, leicht geröstete Erdnüsse in der Küchenmaschine zerkleinern und 1–2 EL Öl hinzufügen.*

2 *Weitermahlen, bis eine glatte Paste entstanden ist. Je nach Mahlgrad ist die Masse körnig oder glatt und cremig.*

MARONENPRODUKTE

Maronen oder Eßkastanien sind als ganze Frucht oder püriert auch als Konserven erhältlich. Zu den berühmtesten Desserts auf Maronenbasis gehört zweifellos die französische Süßspeise *mont blanc* aus gesüßtem Maronenpüree und geschlagener Sahne auf süßem Sandteig (siehe S. 235). Maronenpüree kann auch zum Füllen von *crêpes* und Biskuitkuchen verwendet werden.

Maronen aus der Dose

Getrocknete Maronen

Maronenpüree

DEKORIEREN MIT NÜSSEN

Nüsse stecken voller Aroma und lassen sich sehr reizvoll und dekorativ zubereiten. Vielseitig verwendbar ist die als Marzipan bekannte Paste aus feingemahlenen Mandeln und Zucker, die mit Eiweiß gebunden wird. Marzipan kann mit Lebensmittelfarbe eingefärbt und zu einer dünnen Platte ausgerollt werden. In dieser Form wird es häufig als Kuchenüberzug verwendet. Es eignet sich auch besonders gut zum Modellieren. Durch die Zugabe von Nüssen verändern sich Aroma und Textur vieler Speisen (zum Beispiel Weichkaramellen, Fleischpasteten oder Weichkäse). Pistazien, auch in Verbindung mit anderen Nüssen, bringen Farbe ins Spiel, ebenso helle Nüsse, die durch Rösten eine hübsche goldbraune Farbe erhalten.

MARZIPAN-FRÜCHTE

Die Mandelpaste wird eingefärbt und dann so lange geknetet, bis sie weich und geschmeidig ist. Kleine Früchte formt man von Hand; die Feinheiten werden mit speziellen Modellierwerkzeugen herausgearbeitet. Das geformte Marzipan kann als Konfekt oder Garnierung verwendet werden.

FRISCHE NÜSSE

Ganze, gehackte oder geröstete Nüsse sind eine einfache, aber raffinierte Garnierung. Schokoladenkonfekt kann in gehackten Nüssen gewälzt werden, während Walnußhälften einer einfachen Mandelmasse Biß verleihen. Auf Pasteten und Käse bieten Nüsse optischen wie geschmacklichen Reiz.

ZUBEREITUNG VON KROKANT

Krokant wird zum Dekorieren von Kuchen und Gebäck dünn ausgerollt und in geometrische Formen geschnitten. Zum Auskleiden von Backformen oder als Boden für kunstvolle Torten werden Platten oder Vierecke in der entsprechenden Größe zurechtgeschnitten.

1 *In einem Stahltopf 200 g Zucker mit 2 EL Zitronensaft unter gelegentlichem Rühren erhitzen, bis der Zucker geschmolzen ist. 200 g blanchierte, gehackte Mandeln dazugeben und goldbraunen Karamel herstellen. Auf eine leicht geölte Arbeitsfläche gießen und mit einem Palettmesser durcharbeiten.*

2 *Die noch warme Masse sehr schnell hauchdünn ausrollen, weil Krokant beim Erkalten hart und brüchig wird. Zu hart gewordenen Krokant auf leicht geöltes Backpapier geben und bei niedriger Temperatur im Backofen noch einmal erwärmen.*

3 *Mit einem scharfen Messer den Krokant erst in Streifen und dann in Quadrate oder Dreiecke schneiden. Die quadratischen Formen sind hübsche Einfassungen für Eistorten; und Dreiecke können auf Kuchenoberflächen wie Windrädchen angeordnet werden. Reste kann man wiederverwenden.*

KOKOSNUSS

Die Früchte der aus dem tropischen Asien stammenden Kokospalme sind botanisch gesehen keine Nüsse, sondern Steinfrüchte. Bei uns kommen sie meist voll ausgereift in den Handel, mit harter, brauner Steinschale, ohne die dünne Außenschale und die dicke Faserschicht. In den Erzeugerländern werden Kokosnüsse sowohl reif als auch unreif verzehrt. Unreife Früchte haben eine grüne, noch relativ weiche Schale. Zum Roh-

verzehr werden sie aufgeschnitten und mit Strohhalm und Löffel serviert. Mit dem Strohhalm wird das süße Kokoswasser geschlürft, mit dem Löffel das noch weiche und geleeartige Fruchtfleisch herausgeschabt. Kokosnüsse sind in den Tropen fester Bestandteil in süßen und pikanten Gerichten, werden aber vor allem auch für stark gewürzte Speisen, wie zum Beispiel Chiligerichte, verwendet.

Beim Einkauf von Kokosnüssen ist auf das Gewicht zu achten. Kokosnüsse von bester Qualität fühlen sich schwer an und sind rund um die »Augen« oder Keimporen trocken und schimmelfrei.

Zum Öffnen die Kokosnuß gut festhalten und die drei Keimporen mit einem Spieß oder Schraubenzieher durchbohren. Das Kokoswasser abfließen lassen. Die Kokosnuß auf ein Küchentuch legen, damit sie nicht wegrutscht. Mit einem Hammer auf das untere Drittel der Frucht knapp über den Keimporen schlagen und die Frucht langsam dabei drehen. Sobald die Schale aufgeplatzt ist, die Frucht mit dem Hammer zerkleinern. Das Kernfleisch aus der Schale lösen und die braune Haut mit einem Schälmesser entfernen.

In Geschmack und Konsistenz ist frisch geriebene Kokosnuß weitaus besser als die übliche Handelsware in Form von getrockneten Kokosraspeln oder -flocken. Ungesüßte Kokoscreme kann aber als Ersatz für frische Kokosnuß genommen werden, wobei langwierige Vorarbeiten entfallen.

Frisch geraspelte Kokosnuß ist eine beliebte Streuauflage für Obstsalate, Reispudding und Schokoladendesserts. Nicht weniger gut harmoniert das süße, aromatische Kernfleisch mit stark gewürzten pikanten Speisen, vor allem, wenn sie Huhn und Garnelen enthalten.

Frische Kokosnuß

Kokoscreme

Getrocknete Kokosraspel

REZEPTVORSCHLAG

Garnelen in Kokosnuß-Sauce

4 Portionen

2 frische grüne Chilischoten, entstielt, entkernt und gehackt
1 große Zwiebel, gehackt
1 Stengel Zitronengras, gehackt
4–5 frische Basilikumblätter, feingehackt
1 TL gemahlene Kurkuma
1 kleines Stück frischer Ingwer, geschält und gehackt
250 ml Kokosmilch
500 g rohe Riesengarnelen, geschält
Salz
Etwa 45 g Kokosflocken, geröstet

Chillies, Zwiebel und Zitronengras in der Küchenmaschine oder im Mixer pürieren. Das Püree in eine Kasserolle geben, Basilikum, Kurkuma, Ingwer und 250 ml Wasser dazugeben und gut verrühren. Die Mischung kurz aufkochen und anschließend bei schwacher Hitze 6–8 Minuten köcheln lassen, bis das Wasser fast verdampft ist. Kokosmilch und Garnelen hinzufügen und salzen. Alles unter Rühren 4–5 Minuten bei schwacher Hitze garen, bis die Garnelen fest und rosarot sind. Mit den Kokosraspeln bestreuen und sofort servieren.

ZUBEREITUNG VON KOKOSMILCH

Kokosmilch ist nicht zu verwechseln mit Kokoswasser, der natürlichen Flüssigkeit im Innern einer frischen Kokosnuß.

1 75 g Kokoscreme oder das geriebene Fruchtfleisch einer frischen Kokosnuß in eine Schüssel geben. 300 ml heißes Wasser dazugießen, verrühren und abkühlen lassen.

2 Die Flüssigkeit durch ein sauberes Tuch in eine Schüssel absieben. Die Tuchenden zusammenfassen und möglichst viel Kokosmilch herauspressen.

SCHOKOLADE

Die wissenschaftliche Bezeichnung für den Kakaobaum ist *Theobroma cacao,* was übersetzt »Götterspeise« bedeutet. Wer würde da nicht begeistert zustimmen! Als Hernando Cortez im Jahr 1519 Mexiko eroberte, lernte er bei den Azteken *chocolatl* kennen, ein aus den zerstampften Bohnen jenes Baumes zubereitetes Getränk. Im Lauf der Jahrhunderte entwickelte sich die Kakaobohne zu einem vielseitigen Grundstoff und ist heute in der Weiterverarbeitung als Getränk, Knabberei, Süßigkeit, Aromazutat und als einfache wie raffinierte Verzierung zu verwenden. Der Schokoladengeschmack harmoniert gut mit anderen Aromen, zum Beispiel mit Haselnüssen und Mandeln, aber auch mit Gewürzen wie Zimt, Muskat und Nelken. Minze paßt vorzüglich zu Schokolade, ebenso Himbeeren und Orangen; und Vanille verstärkt den Geschmack der Schokolade. Sogar das edle Kaffeearoma kommt mit Schokolade noch besser zur Geltung, wie beispielsweise beim Cappuccino, einem heißen Kaffee mit aufgeschäumter Milch, die mit Kakao bestreut wird. Schokoladendesserts kann man zusätzlich mit einem Schuß Brandy oder anderen alkoholischen Getränken verfeinern.

HERSTELLUNG

Der Kakaobaum gedeiht nur in extrem warmen und regenreichen Gebieten der Erde. Zu den wichtigsten Kakaosorten gehören der edle Criollo aus Zentral- und Südamerika und der aus Brasilien stammende und in Afrika angebaute Forastero, der die größten Erträge liefert. Nach der Ernte werden den Samen des Kakaobaums durch Fermentierung (Rotten) die Bitterstoffe entzogen. Anschließend werden die Bohnen gereinigt, sortiert und der gewünschten Geschmacksrichtung entsprechend geröstet oder gedarrt. Dabei entfalten sie ihr volles Aroma: sie werden gebrochen, und Keime und Schalen werden entfernt. Was übrigbleibt, sind die Kakaokerne oder Kakaobruch. Kakaokerne unterschiedlicher Sorten werden je nach gewünschtem Geschmack gemischt und zu einer Paste, der sogenannten Kakaomasse, vermahlen. Diese Kakaomasse wird mit Zucker, Kakaobutter und Aromastoffen in einer Misch- oder Knetmaschine zu einer feinkörnigen Masse verarbeitet. Diese Mischung wandert dann durch ein kompliziertes System engstehender, gegeneinander rotierender Walzen, die die Kakao- und Zuckerteilchen ganz fein zerkleinern. Die gewalzte Mischung muß dann zur Endveredelung conchiert werden. Das 1879 von Rudolf Lindt entwickelte Conchieren (Rührverfahren in muschelförmigen [conche = franz. Muschel] Bottichen) ist ein langwieriges und kostenintensives Verfahren, das die Schokolade homogen und fließfähig macht und sie auch geschmacklich veredelt.

Herstellung und Zusammensetzung von Schokoladen unterliegen in Deutschland und der Europäischen Gemeinschaft den strengen Anordnungen der deutschen Kakaoverordnung beziehungsweise der EG-Kakaorichtlinie.

AUSWAHL UND AUFBEWAHRUNG

Schokolade und Kakaopulver werden am besten kühl und trocken gelagert, aber nicht im Kühlschrank, weil es dort zu kalt und zu feucht ist. Bei der Aufbewahrung im Kühlschrank kann sich der sogenannte Zuckerreif bilden, ein weißgrauer Belag auf der Oberfläche. Eine ähnliche Verfärbung ist der »Fettreif«, der aber auf eine zu starke Erwärmung der Schokolade bei der Herstellung oder auf eine unsachgemäße Lagerung zurückzuführen ist. Zuckerreif und Fettreif beeinträchtigen zwar nicht den Geschmack, sehen aber unappetitlich aus. Zum Essen und Kochen sollte man immer nur qualitativ hochwertige Zartbitter- oder Bitterschokolade kaufen, auch wenn sie entsprechend teurer ist.

SCHOKOLADENSORTEN

Es gibt ungesüße Schokoladenmasse (Halbfabrikat), Zart- oder Halbbitterschokolade, Bitter- und Milchschokolade. Mit Ausnahme von weißer Schokolade wird Tafel- und Kochschokolade aus Kakaomasse, Kakaobutter, Zucker und Aromastoffen hergestellt.

Der Geschmack einer Schokolade wird von der jeweiligen Kakaosorte bestimmt; die Qualität aber hängt von mehreren anderen Faktoren ab. Da jede Kakaobohnensorte anders schmeckt, wirkt sich eine Mischung verschiedener Bohnensorten unmittelbar auf den Geschmack einer Schokolade aus. Von großer Bedeutung sind auch der Fermentierungsprozeß und das Rösten sowie das ganze Herstellungsverfahren.

Ungesüße Schokoladenmasse Diese auch Koch- oder Backschokolade genannte Sorte enthält außer Kakaomasse keinen zusätzlichen Zucker oder Aromastoffe. Das vorwiegend von der Industrie für Schokoladenerzeugnisse verwendete Halbfabrikat ist bitter und körnig und läßt sich nur schwer schmelzen. Im Handel ist es kaum erhältlich. Bei Rezepten, die ungesüße Schokolade vorsehen, kann man sich folgendermaßen behelfen: für jeweils 30 g ungesüße Schokoladenmasse 3 Eßlöffel ungesüßtes Kakaopulver und 1 Eßlöffel ungesalzene Butter verwenden.

Zart-, Halbbitter- und Bitterschokolade Zart- oder Halbbitterschokolade hat einen ausgeprägten Kakaogeschmack, da der Kakaoanteil mindestens 50 % beträgt. Bitterschokolade mit mindestens 60 % Kakaoanteil hat den intensivsten Schokoladengeschmack und den geringsten Zuckergehalt.

Kakaopulver

Schokoladentäfelchen

Schokoladentröpfchen

Schokoladenraspel

Halbbitter- und Bitterschokolade
enthält einen hohen Anteil an qualitativ hochwertiger Kakaotrockenmasse

Milchschokolade *ist aufgrund ihres geringeren Kakaogehaltes nicht so gut zum Kochen geeignet und sollte nur für entsprechend abgewandelte Rezepte verwendet werden*

Schokoladenstückchen
Schokoladenhersteller bieten ihre Produkte in unterschiedlichen Formen und Gewichten an

Milchschokolade Wie der Name verrät, enthält diese Sorte einen hohen Anteil an Milchbestandteilen. Zum Kochen sollte Bitterschokolade nicht durch Milchschokolade ersetzt werden, weil sie weniger Kakaoanteile hat und der Geschmack der fertigen Speise darunter leidet. Milchschokolade schmilzt leichter als dunkle und läßt sich meist auch nicht so gut verarbeiten.

Kuvertüre Der hohe Gehalt an Kakaobutter verleiht dieser Schokoladenmasse einen seidigen, fleckenlosen Glanz. Kuvertüre wird in erster Linie von Konditoren zum Tauchen und Überziehen von Pralinen verwendet; daher auch die aus dem Französischen abgeleitete Bezeichnung (couverture = Überzug). Bedingt durch den hohen Anteil an Kakaobutter muß Kuvertüre vor der Weiterverarbeitung temperiert werden. Durch das stufenweise Abkühlen und Wiedererwärmen beim Temperieren wird die Schokolade besser formbar und erhält nach dem Erstarren einen schönen Glanz. Beim Temperieren wird die verflüssigte Schokolade zunächst auf 46 °C erwärmt und dann auf eine

gekühlte Arbeitsfläche gegossen. Mit einem Palettmesser wird sie dann schnell glatt verstrichen, bis die Masse dickbreiig ist und den Erstarrungspunkt (bei etwa 25 °C) erreicht hat. Die erstarrende Schokolade wird abgeschabt und im Wasserbad wieder auf 30–32 °C erwärmt. Nur Kuvertüre profitiert vom Temperieren.

Kakaopulver Entsprechend dem Gehalt an Kakaobutter wird Kakaopulver als schwach entölt (mindestens 20 % Kakaobutter) oder stark entölt (mindestens 8 % Kakaobutter) und meist ungezuckert angeboten. Im Jahre 1882 erfand der Holländer C. J. van Houten die Kakaopresse, wodurch es möglich wurde, einen Teil des Fettes abzupressen.

Trinkschokolade Hierbei handelt es sich um ein gesüßtes, kakaohaltiges Getränkepulver, das mit heißer (oder kalter) Flüssigkeit angerührt wird. Es sollte nicht anstelle von Kakaopulver verwendet werden, da der hohe Zuckergehalt und die zugesetzten Aromastoffe den Geschmack der fertigen Speise verfälschen.

Weiße Schokolade
Genaugenommen ist weiße Schokolade keine richtige Schokolade, denn sie enthält nur Kakaobutter, Milch und Zucker, aber keine Kakaotrockenmasse. Minderwertige weiße Schokolade ist mit einem hohen Prozentsatz an Pflanzenfett versetzt, und manche Hersteller lassen die Kakaobutter gleich ganz weg. Weiße Schokolade ist sehr empfindlich gegen Wärme. Zum Kochen wird sie am besten in geschmolzener und zum Garnieren in geriebener Form verwendet. Geraspelte weiße Schokolade ist ein dekorativer Blickfang auf dunkler Schokolade.

Kakaobutter

Weiße Schokolade

HEISSE SCHOKOLADE

Heiße Milch, aromatisiert mit gesüßtem Kakaopulver, ist ein sehr populäres Getränk. Wenn man es mit Vollmilch und hochwertigem Kakaopulver zubereitet, ist es ein ganz besonderer Genuß. Doch nichts geht über den Geschmack von heißer Schokolade, die mit geschmolzener Schokolade zubereitet wird. Man nimmt dafür am besten eine gute Halbbitter- oder Bitterschokolade mit mindestens 50 % Kakaoanteil. 250 g Schokolade feinhacken und schmelzen. 1 Liter Milch zum Kochen bringen und die Hälfte davon unter die Schokolade schlagen, bis sie schäumt. Nach Geschmack süßen. Bei schwacher Hitze die restliche Milch langsam unter Rühren dazugießen. Warm mit Schlagsahne servieren.

Heiße Schokolade

SCHOKOLADE IN DER KÜCHE

Obwohl Schokolade in erster Linie eine süße Geschmackszutat ist, verfeinert sie auch viele pikante Gerichte. Eine spanische und italienische Sauce zu Fleisch- und Fischgerichten enthält zum Beispiel neben Zwiebel, Knoblauch, Tomaten und Gewürzen die ungewöhnliche Beigabe von Schokolade. Für die klassische mexikanische Sauce *mole* werden gemahlene, getrocknete Chillies mit etwas Schokolade kombiniert. Ein kleines Stück Halbbitter- oder Bitterschokolade, im letzten Moment an einen Fleisch- oder Wildeintopf gegeben, nimmt dem Gericht jeden bitteren Geschmack, das Schokoladenaroma aber ist kaum wahrnehmbar.

SCHOKOLADE SCHMELZEN

Schokolade muß ganz behutsam geschmolzen werden, weil sie bei Überhitzung hart und körnig wird beziehungsweise leicht anbrennt und dann bitter schmeckt. Wenn Schokolade mit Wasser oder Dampf in Berührung kommt, »stockt« sie. Viele Rezepte sehen deshalb beim Schmelzen die Zugabe von Butter oder Öl vor. Dadurch wird die Schokolade gehaltvoller, ohne daß der Schmelzvorgang davon beeinträchtigt wird.

Es ist allgemein üblich, Schokolade im Wasserbad zu schmelzen. Ein Doppeltopf kann ebenfalls verwendet werden, aber es reicht auch eine feuerfeste Schüssel, die genau über die Topföffnung paßt. Man gibt etwas Wasser in den Topf – die Schüssel sollte nicht mit dem Wasser in Berührung kommen –, bringt es zum Kochen und nimmt den Topf von der Kochstelle. Dann gibt man die Schokolade in die Schüssel und stellt den Topf wieder auf den Herd. Sobald die Schokolade zu schmelzen beginnt, muß man sie ab und zu umrühren. Das Gefäß mit der Schokolade darf nicht abgedeckt werden, denn durch die Kondensation des Wasserdampfs bilden sich Wassertropfen, die dann in die Schokolade fallen. Schokolade läßt sich optimal in der Mikrowelle schmelzen. Man zerkleinert die Schokolade und gibt sie in eine mikrowellengeeignete Schüssel. Zum Schmelzen von 75 g Halbbitter- oder Bitterschokolade läßt man die Schokolade unbedeckt 2–3 Minuten (je nach Leistung des Gerätes) auf höchster Stufe in der Mikrowelle und rührt anschließend gut um.

REZEPTVORSCHLAG

**Tomaten-Schokoladen-Sauce
zu Wild**

6 Portionen

*3 dicke Speckstreifen, gehackt
2 große Tomaten, enthäutet, entkernt
und gehackt
2 große Zwiebeln, in Scheiben geschnitten
2 Möhren, gehackt
2 Knoblauchzehen, zerdrückt
1 l Wildfond
1 EL frische Blattpetersilie, gehackt
2 ganze Nelken
1 Prise frisch geriebene Muskatnuß
1 EL Sherry- oder Rotweinessig
Salz
Frisch gemahlener schwarzer Pfeffer
2–3 TL geriebene Halbbitter- oder
Bitterschokolade
250 ml trockener Sherry*

Den Speck in einem Topf bei mittlerer Hitze bräunen. Überschüssiges Fett abgießen und Tomaten, Zwiebeln, Möhren, Knoblauch und den Fond dazugeben. Petersilie, Nelken, Muskat und Essig unterrühren und mit Salz und Pfeffer abschmecken. Die Mischung zum Kochen bringen und 45 Minuten leise köcheln lassen. Durch ein Sieb passieren und in einen Topf geben. Die geriebene Schokolade hinzufügen und den Sherry unterrühren. Die Sauce 5–10 Minuten einkochen lassen und gegebenenfalls mit Salz und Pfeffer nachwürzen. Zu gebratenem Wildgeflügel wie Wachtel und Rebhuhn oder zu geschmortem Feldhasen reichen.

ÜBERZUG UND FONDUE

In geschmolzene Schokolade getauchte Birnenscheiben, Melonenwürfel, Bananenscheiben, Erdbeeren oder auch Karambolascheiben ergeben ein fruchtiges, ausgefallenes Konfekt. Köstlich sind auch kandierte Zitrusschalen und Nüsse wie Mandeln oder Walnüsse, wenn sie mit Schokolade überzogen werden. Die Schokolade schmelzen (siehe linke Spalte). Die Früchte oder Nüsse kurz in die Schokolade tauchen, herausheben und mehrmals drehen, damit ein gleichmäßiger Überzug entsteht. Bis zum Festwerden nach oben halten. Bei Zimmertemperatur auf Pergamentpapier trocknen lassen und innerhalb einer Stunde servieren (nicht im Kühlschrank aufbewahren). Für Schokoladenfondue Früchte und Nüsse sowie eine Schüssel geschmolzene, mit etwas zerlassener Butter vermischte Schokolade bereitstellen oder Früchte und Nüsse auf Spieße stecken.

**Getrocknete
Früchte**

Nüsse

Frische Früchte

Schokoladenüberzug
Zum Überziehen mit Schokolade mundgerechte Zutaten wie Beeren und Nüsse verwenden

Wasserbad
Die Schokolade über heißem, aber nicht siedendem Wasser schmelzen

DESSERTS AUF SCHOKOLADENBASIS

REZEPTVORSCHLAG
Schokoladenbiskuit

Ergibt einen Kuchen von 20 cm Durchmesser

Zerlassene Butter zum Einfetten der Kuchenform
4 große Eier
125 g feinkörniger Zucker
100 g Weizenmehl
30 g ungesüßtes Kakaopulver
15 g zerlassene Butter, abgekühlt (nach Belieben)

Den Backofen auf 190 °C (Gas Stufe 3) vorheizen. Den Boden einer runden Kuchenform (20 cm Durchmesser) mit Pergamentpapier auslegen und mit der zerlassenen Butter bestreichen. Eier und Zucker in einer hitzebeständigen Schüssel verrühren. Im Wasserbad die Masse mit dem Schneebesen so lange schlagen, bis sie handwarm ist. Die Masse darf nicht überhitzt werden, sonst garen die Eier und bilden Klümpchen. Die Rührschüssel aus dem Wasserbad nehmen und die Masse mit einem elektrischen Handrührgerät etwa 15 Minuten weiterschlagen, bis eine lockere, feinporige Schaummasse entsteht. In der Zwischenzeit Mehl und Kakao sieben. Die Mehlmischung in drei Portionen zu der Eischaummasse geben und jeweils vorsichtig unterheben. Es sollten keine Mehlklümpchen vorhanden sein. Die Butter zusammen mit der letzten Portion Mehl zugeben. Den Teig in die vorbereitete Form füllen und etwa 30–40 Minuten backen. Der Kuchen ist gar, wenn er sich vom Rand löst. Den ausgekühlten Kuchen mit einem Sägemesser horizontal in drei Schichten schneiden und anschließend füllen.

Die hier vorgestellten Rezepte sind als Anregung gedacht. Sie können wie nachfolgend beschrieben ausgeführt werden oder auch teilweise zur Ergänzung anderer Desserts dienen. Der Biskuitkuchen zum Beispiel kann aufgeschnitten und mit Himbeeren und Sahne gefüllt werden. Vermengt man vorsichtig helle und mit Schokolade dunkel gefärbte Biskuitmasse, entsteht eine effektvolle Marmorierung. Eine Pariser Creme kann zusätzlich mit Kaffee, Zimt oder Minze aromatisiert und als Füllcreme für einen hellen Biskuit oder eine Biskuitrolle verwendet werden oder als Füllung für einen Tortenboden. Das Ergebnis ist eine köstliche Schokoladentorte. Biskuits, mit oder ohne Mandeln oder Haselnüsse, schmecken besonders köstlich mit einer Schokoladenglasur. Letztere kann aber auch warm einfach als Dessertsauce serviert werden.

Für eine einfache Garnierung genügt eine Streuauflage aus gesiebtem Kakaopulver; aufwendiger sind Verzierungen wie Schokoladenblätter oder in Schokolade getauchte Nüsse

Beim Glasieren die Oberfläche des Kuchens mit einem Palettmesser sofort glattstreichen. Übriggebliebene Glasur kann wiederverwendet werden

Den Kuchen mit einem Sägemesser vorsichtig in gleichmäßige Schichten schneiden und dabei langsam drehen. Eine runde Kartonunterlage erleichtert die Handhabung

Den gefüllten Kuchen auf ein Kuchengitter setzen und ein Stück Backpapier darunterlegen

REZEPTVORSCHLAG
Schokoladenglasur

Ausreichend für einen Kuchen von 20 cm Durchmesser

350 g Halbbitter- oder Bitterschokolade
125 g Butter, zimmerwarm

Die Schokolade fein zerkleinern und mit 125 ml lauwarmem Wasser in einen Topf geben. Die Schokolade bei niedriger Temperatur schmelzen. In der Zwischenzeit die Butter in Stückchen schneiden. Die Schokolade von der Kochstelle nehmen und die Butter nach und nach in kleinen Portionen unterrühren. Die Masse über den erkalteten Kuchen gießen und mit einem Palettmesser gleichmäßig verstreichen. Den glasierten Kuchen vor dem Garnieren und Servieren mindestens 1 Stunde in den Kühlschrank stellen.

REZEPTVORSCHLAG
Pariser Creme

Ergibt etwa 500 ml Creme

250 g Halbbitter- oder Bitterschokolade
250 ml Crème double

Die Schokolade zerkleinern. Je kleiner die Stückchen, desto schneller und gleichmäßiger löst sich die Schokolade auf. Die feingehackte Schokolade in eine feuerfeste Schüssel geben. Die Sahne in einem Topf zum Kochen bringen, kochendheiß über die Schokolade gießen und die Masse glattrühren. Die Creme etwa 1 Stunde in den Kühlschrank stellen, bis sie gerade fest ist. Die abgekühlte Creme etwa 10 Minuten mit dem Mixer aufschlagen, bis die Masse locker ist und etwa das doppelte Volumen hat. Bis zur Verwendung im Kühlschrank aufbewahren. Pariser Creme kann bis zu einer Woche im voraus zubereitet und abgedeckt im Kühlschrank aufbewahrt werden. Die Creme vor dem Aufschlagen leicht erwärmen.

VERZIERUNGEN AUS SCHOKOLADE

Dekorative Ornamente aus Schokolade verleihen Desserts einen Hauch von Professionalität. Es ist ratsam, immer etwas mehr als benötigt davon herzustellen, weil die zarten Gebilde beim Dekorieren leicht zerbrechen. Übriggebliebene Dekorationsstücke können fest verschlossen wochenlang im Kühlschrank aufbewahrt werden.

Einige dieser Verzierungen sind zart und zerbrechlich und unterliegen außerdem Witterungseinflüssen. Konditoren und Bäcker arbeiten deshalb oft in klimatisierten Räumen. Damit die Schokoladenverzierungen auch zu Hause optimal gelingen, sollte man sich nicht bei extrem feuchter oder heißer Witterung daranwagen.

Die einfachste Garnierung ist ein Überzug mit Kakaopulver. Dazu hält man ein feinmaschiges Sieb über die zu überziehende Speise, gibt etwas Kakaopulver hinein, klopft vorsichtig an den Rand und bestäubt dann gleichmäßig die gesamte Oberfläche. Ein raffiniertes Muster erhält man, wenn man ein Spitzendeckchen aus Papier auf die zu bestäubende Fläche legt. Eine Schablone aus Karton kann mehrmals verwendet werden. Auch mehrere – etwa 2,5 cm breite – Kartonstreifen ergeben ein hübsches Muster.

Eine einfache, aber effektvolle Garnierung erzielt man mit geriebener Schokolade. Ideal dafür ist eine Handreibe. Zum Reiben umwickelt man einen gutgekühlten Schokoladenblock mit einem Stück Folie, damit die Schokolade durch die Handwärme nicht so schnell schmilzt. Für sehr feine Schokoladenspäne kann auch eine Küchenmaschine mit Metall-Schneidescheiben verwendet werden. Bei laufendem Gerät läßt man die grob zerkleinerte Schokolade in den Einfüllstutzen fallen. Die Stücke dürfen nicht zu groß sein, sonst blockieren die Scheiben.

Schokoladenröllchen herstellen

Für die langen, dünnen Röllchen wird die Schokolade zuerst geschmolzen und dann auf die Arbeitsfläche gegossen. Die geschmolzene Schokolade mit einem Palettmesser möglichst dünn (etwa 3 mm stark) und gleichmäßig verstreichen und anschließend 30 Minuten ruhen lassen. Nach dem Erstarren mit einem langen Messer oder Palettmesser in einem Winkel von 45 Grad fest gegen die Platte drücken und langsam – vom Körper weg – die Schokolade abschaben. Dabei entstehen lange, dünne Röllchen. Für kürzere Schokoladenlocken nimmt man zum Schaben einen Teelöffel.

Schokoladenlocken herstellen

Locken werden aus zimmerwarmer Schokolade hergestellt. Zu kalte Schokolade splittert leicht; deshalb die Schokolade zuerst zwischen den Handflächen leicht erwärmen. Mit einem Sparschäler seitlich über den Schokoladenblock schaben und die lockenähnlichen Schokoladenspäne in einem Teller auffangen. Ist die Schokolade zum Schaben ungünstig geformt, wird sie zunächst mit etwas Pflanzenöl geschmolzen (1 TL Öl auf 30 g Schokolade). Die geschmolzene Schokolade in eine kleine rechteckige Form gießen und im Kühlschrank erstarren lassen. Zum Schaben sollte der Schokoladenblock dann aber wieder zimmerwarm sein.

Schokoladen-locken

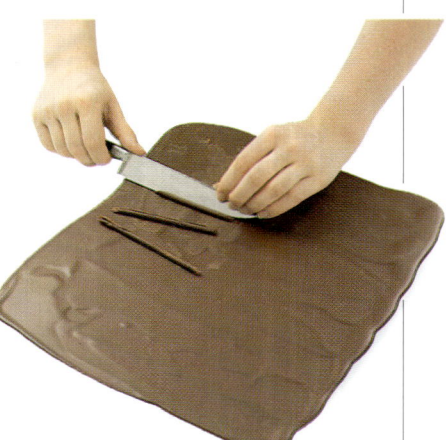

Schokoladenröllchen
Mit einem langen, geraden Messer lange, dünne Röllchen von der Schokolade abschaben

Schokoladen-röllchen

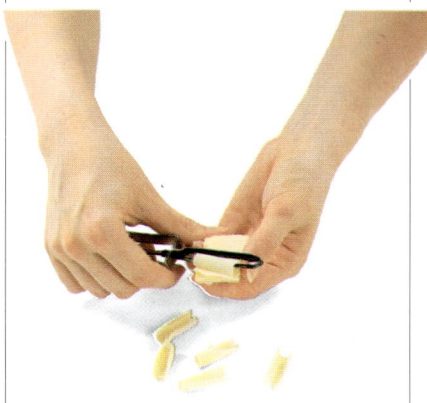

Schokoladenlocken
Die Klinge des Sparschälers mit festem Druck langsam über die breiteste Seite eines zimmerwarmen Schokoladenblocks ziehen

ORNAMENTE AUS SCHOKOLADE SPRITZEN

Mit etwas Übung können dekorative Ornamente aus Schokolade direkt auf die Torte gespritzt werden. Beim ersten Versuch aber sollte man ein Stück Pergamentpapier unterlegen und mit den Ornamenten erst nach dem Erkalten das Gebäck dekorieren. Aus einem 20 × 35 cm großen Stück Pergamentpapier, das diagonal durchgeschnitten wird, zwei Einweg-Spritztüten herstellen. Dann die Schokolade schmelzen (siehe S. 182). Zwei Drittel der Spritztüte mit Schokolade füllen und die Ornamente wie rechts beschrieben spritzen.

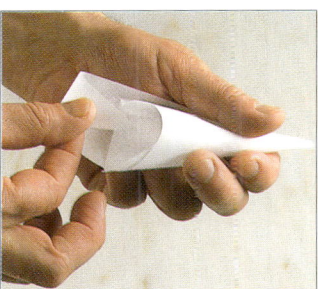

Spritztüte herstellen
Die kurze Seite des Dreiecks über die rechtwinklige Ecke zu einer Tüte einrollen. Die lange Seite um die Tüte legen und die überstehende Spitze nach innen stecken.

Schokolade spritzen
Die Zeichenvorlage unter das Pergamentpapier legen. Die Schokolade mit leichtem Druck aus der Spritztüte pressen und die Linien der Vorlage nachziehen.

Ornamente vom Papier entfernen
Ein Palettmesser so flach wie möglich unter die erstarrten Schokoladenornamente schieben und vorsichtig abheben.

Schokoladenblätter herstellen

Nur frische und ungiftige Blätter mit ausgeprägten Blattadern verwenden, zum Beispiel Rosen-, oder Zitronenblätter. Die Blätter waschen und mit Küchenkrepp trockentupfen. Die Schokolade mit einem Back- oder kleinen Malpinsel auf die Blattunterseite auftragen. (Die Konturen der Blattunterseite sind plastischer als die der Oberseite). Den Blattstiel weitgehend freilassen; das erleichtert später das Abziehen des Blattes von der Schokolade. Die Blätter auf ein Kuchengitter legen und im Kühlschrank völlig erstarren lassen. Dann mit kühlen Händen das Blatt vorsichtig am Stiel von der Schokolade ziehen.

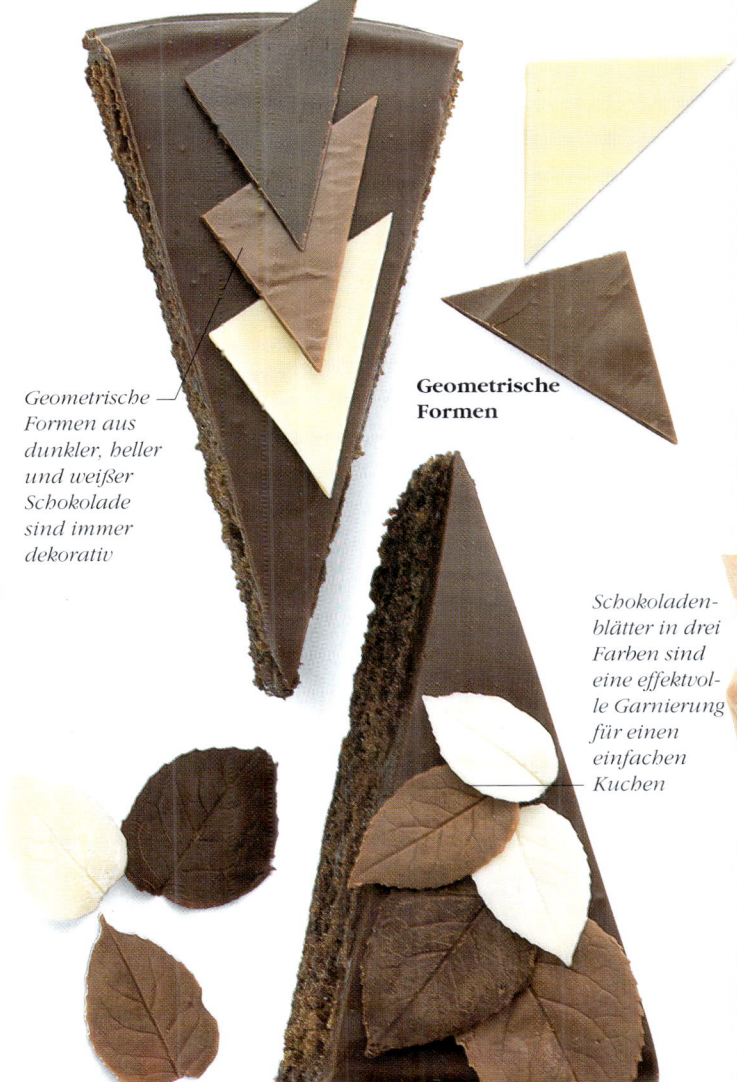

Geometrische Formen aus dunkler, heller und weißer Schokolade sind immer dekorativ

Geometrische Formen

Schokoladenblätter in drei Farben sind eine effektvolle Garnierung für einen einfachen Kuchen

Schokolade formen

Die geschmolzene Schokolade auf ein mit Backpapier belegtes Blech oder eine leicht geölte Arbeitsfläche gießen und dünn (etwa 3 mm stark) und gleichmäßig verstreichen. Die aufgestrichene Schokolade etwa 30 Minuten ruhen lassen, bis sie fest geworden ist; gegebenenfalls im Kühlschrank erstarren lassen. Dann umgekehrt auf ein Stück Pergament- oder Butterbrotpapier legen und die Kanten begradigen. Mit einem Lineal Quadrate oder Rauten zeichnen und die Schokoladenplatte in die gewünschten Formen schneiden. Mit speziellen Förmchen können auch Kreise oder andere Motive ausgestochen werden. Die ausgeformte Schokolade im Kühlschrank ganz erstarren lassen.

Schokoladenblätter
Die Unterseite von ungiftigen Blättern mit geschmolzener Schokolade bestreichen und nach dem Erstarren vorsichtig das Blatt von der Schokolade ziehen

Blätter

Formen aus Schokolade

Mit dekorativen Förmchen beliebige Motive ausstechen und die ausgeformte Schokolade im Kühlschrank erstarren lassen. Oder mit einem Lineal geometrische Formen aufzeichnen und ausschneiden

EXTRAKTE, ESSENZEN UND ALLES, WAS SÜSST

SALZIGE EXTRAKTE UND WÜRZMITTEL

Konzentrierte salzige Extrakte werden seit Jahrhunderten auf der ganzen Welt als Speisewürze verwendet. In der fernöstlichen Küche basieren diese Aromazutaten im wesentlichen auf Sojabohnen und Fisch. Sie verfeinern den Geschmack und verleihen den Speisen ihre charakteristische Farbe. Die starkwürzigen Fonds, die beim Auskochen von Gemüse, Fleischknochen oder Fischabschnitten und Kräutern zurückbleiben, können selbst zubereitet oder in Form von gekörnter Brühe, Brühwürfeln oder pastenförmigem Extrakt gekauft werden. Getrockneter Fisch und Hefeextrakte sind als Aromazutaten ebenfalls von Bedeutung. Letztere werden aus dem Zellsaft von Bier-, Melasse-, Molke- und anderen Hefen unter Zusatz von Salz hergestellt. Alle diese Produkte – von tierischer, pflanzlicher oder mineralischer Herkunft – haben eines gemein: sie verstärken und unterstreichen den Geschmack anderer Nahrungsmittel.

Miso Diese Würzpaste ist ein jahrtausendealtes japanisches Produkt aus gesalzenen und mit den Sporen des Schimmelpilzes *Aspergillus oryzae* fermentierten Sojabohnen (*Koji*-Starter), die zusammen mit Reis, Gerste oder Weizen mindestens ein Jahr in Zedernholzfässern reifen.

Jede Region hat ihre eigene Misosorte. Farblich variieren sie von Cremefarben bis Gold- oder Schokoladenbraun. Der jeweilige Geschmack wird weitgehend von der zugesetzten Getreidesorte bestimmt, doch allen gemein ist eine weinähnliche Säure. Manche Pasten sind fest und glatt, andere eher körnig und trocken.

Die Würzpaste Miso wird sowohl zum Kochen wie als Würze bei Tisch verwendet. Miso war ursprünglich als Konservierungsmittel gedacht und wird noch heute für viele japanische Pickles verwendet. Im Lauf der Zeit ist es aber – vor allem in Japan und Korea – zu einem unverzichtbaren Würzmittel geworden. Am häufigsten findet Miso in der japanischen Suppenbasis *dashi* Verwendung. *Dashi* mit Miso wird in Japan traditionell zum Frühstück serviert, ist aber auch zu anderen Tageszeiten sehr beliebt. Miso dient außerdem als Würze für Salatsaucen, Gemüse und Tofu sowie *Tempura*-Dips. Bei Verwendung in heißen Speisen wird Miso erst kurz vor dem Servieren zugegeben und darf nur erhitzt, aber nicht aufgekocht werden.

Fleisch-, Fisch- und Gemüsespieße kann man vor dem Grillen mit Miso bestreichen. Ein beliebtes japanisches Gericht ist *dengaku* (gegrillter Tofu in einer Sauce aus Miso, vermischt mit Sake, *dashi*, Sesamkörnern, *mirin* [süßer Reiswein], Zucker, Zitronensaft, abgeriebener Zitronenschale und gebunden mit verquirltem Eigelb).

Gelbes Miso (*shinshu miso*) ist die Würzpaste für jeden Zweck; rotes Miso (*aka miso*) ist eine sehr salzige Sorte. Weißes Miso (*shiro miso*), ein Reis-Miso, ist sehr vielseitig verwendbar und mild. Es wird für Pickles und zum Bestreichen von Grilladen verwendet. Das schokoladenbraune, starkwürzige *hatcho miso* ist ein Sojabohnen-Miso; *mugi miso* mit Gerste ist sehr dunkel und hat einen intensiven, vollen Geschmack.

Rotes Miso *ist recht salzig und sollte daher entsprechend sparsam verwendet werden*

Trassi *ist eine feste, sehr scharfe Paste aus fermentierten Shrimps, die aus Indonesien stammt*

Gelbes Miso *ist die Sojapaste für jeden Zweck, sie wird in ganz Asien zum Kochen und auch als Würze bei Tisch verwendet*

Salzige Extrakte
Auf der ganzen Welt verstärken salzige Extrakte und Würzmittel den Geschmack vieler Speisen

Fleischextrakt *verleiht vielen Speisen – von Suppen bis zu Getränken – einen salzigen, kräftigen Geschmack*

Malzextrakt *ist Bestandteil zahlreicher Milchmixgetränke*

Hefeextrakt *wird aus dem Zellsaft von Speisehefe und Salz hergestellt*

**Rindfleisch-
brühwürfel**

Hühnerbrühwürfel

Gekörnte Brühe

Garnelen- und Fischpasten Pasten, die aus gesalzenen und fermentierten Garnelen hergestellt werden, sind in ganz Südostasien beliebt. In Indonesien heißen sie *trassi*, in Malaysia *blachan* und in Thailand *gapi*. Sie sind in unterschiedlichster Konsistenz erhältlich: von wäßrig-grauer Paste bis zu krümeligen braunen Blöcken. Da alle diese Pasten – ungeachtet ihrer äußeren Form – streng nach Fisch schmecken und riechen, sollten sie sehr behutsam dosiert werden. Garnelenpaste in Blockform muß als Zutat in rohen Gerichten vorher gegart werden. Dazu schneidet man ein Stück ab und röstet es über einer schwachen Gasflamme oder legt es kurz unter den Grill, bevor man mit der Zubereitung fortfährt.

Die europäische Sardellen- oder Anchovispaste ist ein ähnliches Produkt, aber kein Ersatz für die scharfen Pasten aus Südostasien. Sardellenpaste wird in westlichen Küchen als Würze für Hackfleischmischungen, Eintöpfe und Saucen oder als salziger Aufstrich für Toast und Cracker verwendet.

Fleischextrakt Hierfür wird aromatische Fleischbrühe zu pastenförmiger Konsistenz eingedickt. Einige Sorten enthalten außerdem Gemüseauszüge, Aromazutaten und Gewürze. Diese Extrakte werden häufig mit heißem Wasser verdünnt und als Brühe getrunken; sie verleihen aber auch Suppen, Bratensaucen und Schmorgerichten einen kräftigen Fleischgeschmack. Direkt aus dem Glas werden diese Pasten manchmal auch als Brotaufstrich verwendet.

Instantbrühe Aus praktischen Gründen wird Fleisch- und Gemüseextrakt auch als Würfel oder gefriergetrocknet als gekörnte Brühe angeboten. Es gibt verschiedene Geschmacksrichtungen wie Rindfleisch, Fisch und Huhn, aber auch Gemüse. Brühwürfel und gekörnte Brühe werden am besten vor Gebrauch in heißem Wasser aufgelöst; an Speisen mit einem hohen Flüssigkeitsanteil wird Instantbrühe direkt gegeben.

Hefeextrakt Dieser erstmals im 19. Jahrhundert industriell hergestellte Extrakt wurde von dem französischen Chemiker und Biologen Louis Pasteur und dem deutschen Chemiker Justus von Liebig entwickelt. Als zu Beginn dieses Jahrhunderts die große Bedeutung der Vitamine für eine gesunde Ernährung erkannt wurde, waren Hefeextrakte schon lange als diätetisches Nahrungsmittel verbreitet. In Großbritannien, Australien und Nordamerika verwendet man sie häufig als Brotaufstrich.

Malzextrakt Dieser zähflüssige Auszug wird aus Gerste hergestellt, die man zunächst ankeimen läßt, dann darrt und röstet. Er hat ein ausgeprägtes süßliches Aroma und wird in der westlichen Küche vorwiegend zum Backen sowie für heiße und kalte Milchgetränke verwendet.

REZEPTVORSCHLAG

Miso-Suppe

4–6 Portionen

1 etwa 15 cm langes Stück kombu
(Seetang)
3 EL Bonitoflocken
125 g rotes Miso
125 g Seidentofu (sehr weich)
2–3 Frühlingszwiebeln, in Ringe
geschnitten

Den Seetang mit feuchtem Küchenkrepp abwischen und mehrmals mit einem Messer einritzen. 1,2 l Wasser zum Kochen bringen und den *Kombu*-Streifen hineingeben. Zugedeckt 10 Minuten ziehen lassen. Den Seetang herausnehmen und 250 ml Wasser zugießen. Erneut zum Kochen bringen, die Bonitoflocken zugeben und umrühren. Die Flüssigkeit durch ein Tuch in einen Topf abseihen. (Oder anstelle von *kombu* und Bonitoflocken konzentriertes *dashi* verwenden, das in japanischen Lebensmittelläden erhältlich ist. Diese Suppengrundlage mit derselben Gesamtmenge an kochendem Wasser mischen.) Das Miso unterrühren. Den Tofu in kleine Würfel schneiden und auf vorgewärmte Suppenschalen verteilen. Die Frühlingszwiebeln in die Miso-Suppe geben, umrühren und die Suppe über die Tofuwürfel schöpfen. Sofort servieren.

Bonitoflocken sind getrocknete Thunfischspäne mit holzähnlicher Konsistenz, die mit einem speziellen Schaber, dem katsuo-kezuri-ki, hergestellt werden

GETROCKNETE MEERESFRÜCHTE

In der chinesischen Küche spielen getrocknete Meeresfrüchte eine wichtige Rolle. Einige, wie Austern, Jakobsmuscheln und Kalmare, müssen vor Gebrauch eingeweicht werden, wobei die Einweichflüssigkeit mitverwendet werden kann. Bonitoflocken sind Bestandteil von *dashi*, der japanischen Suppenbasis.

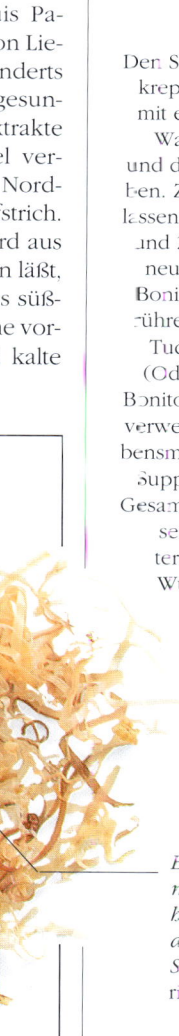

**Getrocknete und
zerstoßene Garnelen**

Getrocknete Jakobsmuscheln

Bonitoflocken

SÜSSE ESSENZEN UND AROMAZUTATEN

Essenzen sind flüchtige, doch ausgesprochen geschmacksintensive Substanzen, die aus aromatischen Zutaten wie Früchten, Gemüsen und Gewürzen durch Mazeration oder Destillation gewonnen werden. Die hochwertigsten flüssigen Essenzen werden ausschließlich aus natürlichen Zutaten destilliert und sind dementsprechend teuer in der Herstellung. Manche Hersteller geben ihren Produkten allerdings Ersatzstoffe und synthetische Aromastoffe bei. In der Küche werden Essenzen zum Aromatisieren von Desserts und Backwaren sowie zum Verfeinern von pikanten Saucen und Dressings verwendet. Aromazutaten sind für gewöhnlich die zu feinem Pulver vermahlenen getrockneten Teile einer Pflanze. Sie werden vorwiegend für industriell hergestellte Süßwaren und alkoholfreie Erfrischungsgetränke verwendet.

Frucht- und Nußessenzen *wie Zitrone, Erdbeer, Mandel und Haselnuß werden vorwiegend zum Backen und zum Aromatisieren von Konfekt und Süßwaren verwendet*

Erdbeer-essenz

Haselnuß-essenz

Kolahaltige Limonade

Kolanüsse *sind die Samen des Kolabaums. Sie werden verarbeitet Erfrischungsgetränken, Schokolade und Bonbons zugesetzt. Die in ihnen enthaltenen Substanzen Theobromin und Koffein haben eine anregende Wirkung*

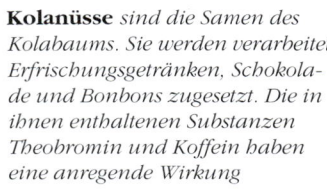

Pulverisierte Kolanuß

Sarsaparille *wird aus den gerippten Wurzeln der südamerikanischen Stechwinde (Smilax) gewonnen. Die Wurzeln werden getrocknet und zum Aromatisieren einer kohlensäurehaltigen Limonade verwendet, die einst in Amerika sehr beliebt war*

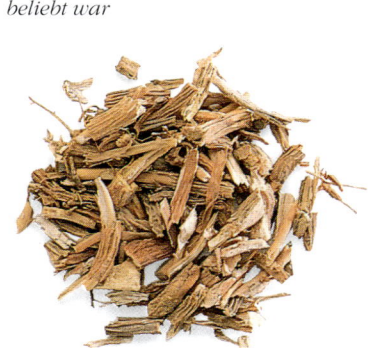

Sarsaparille

Sarsaparille-Limonade

Lakritzwaren

Süßholzwurzeln *werden entweder getrocknet und zu feinem Pulver vermahlen oder zu Brei gekocht und filtriert. Aus dem eingedickten, bittersüßen Saft, Lakritze genannt, werden die köstlichen schwarzen Lakritzwaren hergestellt*

Süßholzwurzel

Kräuterextrakt
Sind frische Kräuter nicht erhältlich, genügen ein paar Tropfen Extrakt, um Speisen einen intensiven Kräutergeschmack zu verleihen

Fruchtessenzen Erdbeeren, Himbeeren und Granatäpfel lassen sich gut zu hochwertigen Essenzen destillieren. Man kann sie auch in Sirup mazerieren. Der aromatisierte Sirup hat noch den Vorteil, daß er sich gut als Vorrat für die langen Wintermonate eignet. Mit solchen Essenzen kann man die unterschiedlichsten Nahrungsmittel aromatisieren, angefangen von Eiscremes und Sorbets bis zu Torten und Kuchenfüllungen. Essenzen verfeinern nicht nur frische Obstsalate, sondern auch pikante Dressings und süße Dessertsaucen. Diese Substanzen verleihen außerdem einer Vielzahl von Getränken Süße und Aroma und sind fester Bestandteil vieler klassischer Cocktails.

Zitrusöle Diese ätherischen Öle werden aus Zitrusschalen extrahiert. Schon zwei bis drei Tropfen genügen als Speisewürze. Sie werden am besten für rohe Speisen verwendet oder nach Ende der Garzeit zugegeben, da ihr Aroma bei Hitzeeinwirkung weitgehend verfliegt.

Nußessenzen Einfache Biskuits, Kuchen, Plätzchen und Torten werden häufig mit Nußessenzen, vorzugsweise Mandelessenz, verfeinert.

Vanille-Essenz Die in Europa weitverbreitete Essenz wird zum Aromatisieren von Backwaren aller Art verwendet; sie wirkt als Geschmacksverstärker.

Kräuterextrakte Diese in manchen Feinkostgeschäften erhältlichen Extrakte sind so konzentriert, daß schon einige wenige Tropfen davon genügen, um Suppen, Eintöpfen und Kasserollen ein intensives Kräuteraroma zu verleihen.

Süßholz Mit seinem ausgeprägten, bittersüßen Geschmack zählt das Süßholz weltweit zu den Klassikern unter den Aromastoffen. Die Süßwarenindustrie verarbeitet den eingedickten Saft zu Lakritzen als Stangen, Streifen, Plättchen, als figürliche Darstellungen oder in Sandwichform mit weißen oder bunten Zwischenschichten. Aus der Wurzel der Süßholzstaude kann man einen schmackhaften und beruhigenden Kräutertee bereiten. Süßholzpulver verfeinert Fruchtsäfte und Salate von Trockenfrüchten. Es wird auch in der Likörindustrie verwendet.

Kolanuß und Sarsaparille Die in der aus Afrika stammenden Kolanuß und der südamerikanischen Wurzel Sarsaparille enthaltenen Stoffe wurden einst als Medizin mit belebenden Eigenschaften verordnet. Hersteller von Erfrischungsgetränken nutzten die anregende Wirkung und verwendeten diese Substanzen in ihren Produkten. Pflanzenauszüge von der Kolanuß sind heute Grundlage vieler beliebter Erfrischungsgetränke.

Aromatisierte Konditorcreme

In einem Topf 125 g Zucker, 60 g Maisstärke und 2 Eier verrühren. 600 ml kochendheiße Milch zugießen und die Mischung bei schwacher Hitze schlagen, bis die Creme dickflüssig ist. Die Creme in eine Schüssel füllen, ein paar Tropfen Frucht- oder Nußessenz unterrühren und abkühlen lassen.

REZEPTVORSCHLAG
Grapefruit-Grenadine-Sorbet

6 Portionen

1 l Saft von rotfleischigen Grapefruits
200 g feinkörniger Zucker
2 EL Grenadine
Waffelschalen (siehe S. 203)
Frische Minze zum Garnieren

Grapefruitsaft, Zucker und Grenadine in einer Schüssel verrühren, bis der Zucker aufgelöst ist. Die Mischung in eine Metallschüssel füllen und in das Gefrierfach stellen. Die Masse kräftig durchschlagen, wenn sie halbfest ist, dann weitergefrieren lassen. Dann nochmals kräftig durchschlagen und zu einer glatten Creme verarbeiten. Weitere 30–45 Minuten gefrieren, bis das Sorbet fest geworden ist. Vor dem Servieren nochmals mit dem Schneebesen gut durcharbeiten. Mit dem Eisportionierer Kugeln formen und diese in knusprigen Waffelschalen, garniert mit Minzeblättchen, servieren.

GRENADINE

Grenadine ist ein Sirup aus dem Saft von Granatäpfeln. Er hat eine leuchtendrote Farbe und schmeckt süß und fruchtig frisch. Grenadine enthält keinen Alkohol, gehört aber zur Grundausstattung einer guten Bar. So darf Grenadine zum Beispiel in keinem klassischen »Daiquiri« fehlen. Auch andere Cocktails werden mit Grenadine aromatisiert, zum Beispiel »Mary Pickford« mit Ananassaft und Maraschino sowie »Hollywood« mit frischem Grapefruitsaft und Eiweiß. Grenadine ist ein natürlicher Farbstoff, hochgeschätzt zum Färben von Cocktails und Desserts sowie von kandierter Zitrusschale. Auch Sorbets, Eiscremes und Fruchtsalate profitieren von der effektvollen Farbe. Grapefruithälften mit Grenadine schmecken köstlich; auch ein Salatdressing für Avocado läßt sich vorzüglich mit dem Sirup verfeinern. Grenadine ist nicht zu verwechseln mit dem ungesüßten eingekochten Saft von Granatäpfeln. Dieser Saft wird vorwiegend in der Küche des Vorderen Orients verwendet. Sein konzentriertes Aroma verfeinert eine Vielzahl von Speisen, darunter auch das bekannte iranische Gericht *faisinjan*, geschmorter Fasan in einer sämigen Walnußsauce, aromatisiert mit Granatapfelsaft.

Granatapfelsamen sind eine hübsche Dekoration. Besonders attraktiv würzen sie auf Eiscreme, Mousse und Obstsalat

191

SPIRITUOSEN UND WEINE

Fast alle Pflanzenteile – Samen, Blätter, Wurzeln, Früchte und Kerne – können mit Alkohol angesetzt werden; sowohl der Alkohol als auch die Früchte erhalten auf diese Weise eine aromatische Würze. Alkoholhaltige Getränke werden zwar meistens getrunken, finden aber auch in der Küche Verwendung.

Während sich Weine für Gerichte mit langen Garzeiten eignen, werden mit Nüssen und Früchten aromatisierte Liköre erst an die fertigen Speisen gegeben. Liköre und Weinbrände gibt man auch an Marinaden und Kaffee, oder man beträufelt damit Früchte und Eiscremes und hat im Handumdrehen ein köstliches Dessert.

Mandeln

Kaffeebohnen

Kokosnuß

Haselnüsse

Pfirsichkerne

Spirituosen und Liköre mit Nuß-, Kaffee-, Kakao- und Kräuteraroma
Diese Aromen liefern die charakteristische Geschmacksnote für viele Spirituosen und Liköre. Crème de cacao wird aus Kakao hergestellt; Tia Maria und Kahlua sind Liköre aus Kaffee; Malibu ist ein Likör auf der Grundlage von Kokosnuß; Frangelico wird aus Haselnüssen hergestellt. Skandinavischer Aquavit ist ein Kartoffelschnaps, der mit Kümmel und Kräutern aromatisiert wird, und Ricard, Pernod und Ouzo erhalten ihren typischen Geschmack durch Anis

Feigen

Erdbeeren

Himbeeren

Brombeeren

Fruchtaromaliköre und Obstbranntweine
Süße Liköre werden durch Mazerieren von Früchten in Alkohol und Zucker hergestellt. In Glas oder Steingut gereifte Fruchtdestillate dagegen ergeben klare Obstbranntweine (Eau de vie). Fast alle Früchte können verwendet werden, besonders geeignet sind Birnen, Kirschen, Himbeeren und Aprikosen

Liköre mit Zitrusaroma
Diese Liköre zählen zu den Fruchtaromalikören. Es werden hierfür aber nur die Zitrusschalen verwendet, deren ätherische Öle vor allem das Aroma enthalten. Diese Liköre unterscheiden sich von anderen durch den höheren Gehalt an Fruchtsäure, die ihnen eine prickelnde Frische verleiht. Berühmte Orangenliköre sind Cointreau, Grand Marnier und Curaçao. Aus Mandarinen, Tangerinen und Zitronen wird ebenfalls Likör hergestellt

Orange

Limette

Iriswurzel

Enzianwurzel

Sternanis

Wermut

Kräuter- und Gewürzliköre
Einige namhafte Liköre werden aus bis zu zwanzig und mehr Kräutern und Gewürzen hergestellt, und die Rezepte sind streng gehütete Geschäftsgeheimnisse. Bénédictine und Chartreuse sind zwei berühmte französische Kräuterliköre; aus Italien stammen Galliano und Strega; und Drambuie ist ein schottischer Honiglikör auf der Basis von Malzwhisky und Kräutern

Kümmel

Anis

Rose

Zitrone

SÜD- ODER DESSERTWEINE

Manchen Weinen, vor allem Portwein, Sherry und Madeira, wird zusätzlich Alkohol zugesetzt, gewöhnlich in Form von Branntwein. Mit Ausnahme von trockenen Sherrysorten (*fino*) sind alle diese Dessertweine vollmundig und somit bestens geeignet zur Verfeinerung von Schmorgerichten, Wildsaucen und auch einigen Fischgerichten. Portwein paßt ausgezeichnet zu Entengerichten und Pasteten. Madeira harmoniert gut mit Schweinefleischgerichten, und Sherry rundet Suppen und Saucen ab, vor allem Zubereitungen auf Geflügelbasis. Südweine werden für Cremes und Geleespeisen, *trifles* (Mürbegebäck in Wein mit Schlagsahne), Savarins und Zuckersirup zum Pochieren von Früchten verwendet.

Portwein

Sherry

Viele Pasteten werden mit Portwein aromatisiert

REZEPTVORSCHLAG

Garnelen nach Marseiller Art

4 Portionen

2 Schalotten, feingehackt
30 g Butter
500 g große geschälte Garnelen
125 ml trockener Weißwein
1 EL Anislikör
125 ml Fischfond
150 ml Crème double
Salz
Frisch gemahlener schwarzer Pfeffer

Die Butter in einem Topf erhitzen und die Schalotten bei schwacher Hitze etwa 1 Minute dünsten. Die Garnelen zugeben und eine weitere Minute garen. Weißwein und Anislikör hinzufügen und zugedeckt zum Kochen bringen. 30 Sekunden leise köcheln lassen. Die Garnelen herausnehmen und warm halten. Den Fischfond zugeben und den Topfinhalt wieder zum Kochen bringen. Die Flüssigkeit kochen lassen, bis sie auf die Hälfte reduziert ist. Crème double zugeben und die Sauce nochmals etwa 5 Minuten kochen lassen, bis sie dick wird. Mit Salz und Pfeffer abschmecken. Die Garnelen auf Portionstellern anrichten und mit der Sauce übergießen. Sofort servieren.

Alle alkoholhaltigen Getränke können zum Aromatisieren von Speisen verwendet werden. Man gibt den Alkohol zum Ablöschen des Bratensatzes in die Pfanne (siehe S. 249) oder verfeinert damit Suppen und Eintöpfe. Die fertigen Speisen sollen einen vollen und weichen Geschmack haben und nicht streng nach Alkohol schmecken, daher muß die Mischung mindestens eine Minute gekocht werden, bis der Alkohol verdampft ist.

Rezepte, die nicht ausdrücklich Alkohol in der Zutatenliste enthalten, kann man ohne weiteres mit einem edlen Tropfen verfeinern. Wenn man eine Spirituose passend zu einem bestimmten Nahrungsmittel sucht, orientiert man sich am besten an den Inhaltsstoffen des alkoholischen Getränks. Kirschwasser paßt ausgezeichnet zu allen Gerichten, die mit Kirschen zubereitet werden. Der starke Wacholdergeschmack von Gin harmoniert gut mit Wildgerichten, und der französische Apfelbranntwein Calvados kann für alle Gerichte mit Äpfeln verwendet werden. Auch die Herkunft gibt einen Hinweis darauf, wie sich alkoholische Getränke und Nahrungsmittel bestmöglich kombinieren lassen. Ein Schuß italienischer Rotwein rundet Pastasaucen ab, während ein französischer Anislikör die klassische Verfeinerung für Fisch und Meeresfrüchte ist.

Flambieren ist ein küchentechnisches Verfahren, das mit hochprozentigen Spirituosen durchgeführt wird. Wenn man diese erhitzt und kurz abbrennen läßt, verdampft der Alkohol, und die Aromastoffe dringen in die Speise ein. Da das Flambieren bei Tisch stets ausgesprochen festlich wirkt, wird es gern vor den Gästen zelebriert. Flambieren fördert das Bräunen und – sofern Zucker enthalten ist – das Karamelisieren. Der Vorgang an sich ist zwar recht einfach, erfordert aber ein paar Sicherheitsvorkehrungen, das heißt, Gesicht und Haare beim Flambieren außer Reichweite der Flammen

halten und sicherstellen, daß keine Regale oder Schränke direkt über der Kochstelle hängen!

Alkoholische Getränke können auch als Basis für blitzschnelle Desserts verwendet werden. Ananasscheiben und Kirschwasser sind eine klassische Kombination; der Orangenlikör Curaçao paßt gut zu Pfirsichen; ein Spritzer Ingwerwein verfeinert frische Melone. Nicht ganz so hochprozentig, aber nicht minder köstlich sind frische Erdbeeren und Himbeeren in einer Sektschale mit Roséchampagner.

Schlagsahne ist eine ausgezeichnete Trägersubstanz für Spirituosen und Liköre. Für Schokoladendesserts aromatisiert man die Schlagsahne mit einem Nußlikör, für Obstsalate wählt man Cassis, einen Likör aus schwarzen Johannisbeeren.

Hochprozentige Liköre oder Spirituosen werden in geringen Mengen auch gern an Eiscremes und Sorbets gegeben. Grünes Apfelsorbet harmoniert gut mit Calvados; zu Rum-Rosinen-Eiscreme paßt Rum und zu Vanille-Eiscreme ein vollmundiger Likör wie Frangelico (aromatisiert mit Haselnüssen), Amaretto (mit Mandeln) oder Kahlua (mit Kaffee). Die gemütliche Tasse Kaffee nach dem Essen kann man mit einem Schuß Weinbrand oder Crème de vanille (Vanillelikör) verfeinern. Für Irish Coffee fügt man dem Kaffee Whisky und leicht geschlagene Sahne hinzu.

Angostura

Der bekannte Bitterextrakt Angostura stammt aus Trinidad; er wird aus einem Auszug von der bitteren, aber aromatischen Rinde des Angosturabaumes (Cusparia febrifuga), Chinarinde, Zimt, Kardamom, Nelken und Pomeranzenschalen hergestellt und zum Würzen und Mixen von Getränken verwendet. Auch Obstsalate, Eiscremes, pikante Saucen und Suppen lassen sich damit verfeinern

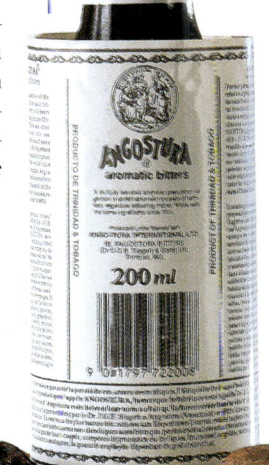

ZUCKER

Zucker ist eines der ältesten Mittel zum Süßen von Speisen. In Südostasien geht seine Verwendung zurück bis zu den Anfängen der Geschichtsschreibung. Von dort kam er im 7. Jahrhundert mit den Arabern in die Mittelmeerländer. In Europa wurde damals noch mit Honig und Früchten gesüßt. Als das christliche Abendland das Zuckerrohr schließlich um das 12. Jahrhundert durch die Kreuzzüge kennenlernte, beschrieben die Ritter es als ein Schilf, das Honig ohne Bienen hervorbrachte. Um 1500 gelangte es mit Kolumbus auf die Westindischen Inseln, wo es noch heute mit Erfolg kultiviert wird. Als Getränke wie Kaffee, Tee und Kakao im 17. Jahrhundert zunehmend an Popularität gewannen, wirkte sich dies unmittelbar auf den europäischen Zuckerkonsum aus, und Rohrzucker wurde zu einem kostbaren Genußmittel. Im 19. Jahrhundert schließlich wurde die Zuckerrübe als alternative Zuckerquelle entdeckt. Heute wird Zucker sowohl aus Zuckerrüben als auch aus Zuckerrohr gewonnen und kommt als Rohzucker, Raffinade, brauner Zucker, Würfelzucker und auch als aromatisierter Zucker, wie etwa Vanillezucker, auf den Markt.

Zuckerrohr ist eine Tropenpflanze, die heute vorwiegend in Plantagen auf den Westindischen Inseln und in Südamerika kultiviert wird. Die mehrjährige Staude hat mit zuckerhaltigem Mark gefüllte, bambusähnliche Halme. Die Zuckerrübe ist eine Feldfrucht, die in den gemäßigten Breiten Europas – von Großbritannien bis zur Türkei – angebaut wird.

HERSTELLUNG

Nach der Ernte werden die 2–7 cm dicken Halme des Zuckerrohrs *(Saccharum officinarum)* in einer Zuckerfabrik weiterverarbeitet. Zwischen Walzen werden sie mehrfach ausgepreßt, und der gewonnene Rohsaft wird gereinigt, indem man eine Substanz (Kalkmilch) zusetzt, die unerwünschte Stoffe bindet. Danach wird der Dünnsaft zu Dicksaft eingedampft, bis Rohzucker auskristallisiert. Durch Zentrifugieren werden die Zuckerkristalle von der sirupartigen Melasse getrennt.

Dieser hellgelbe Kandiszucker wird aus Zuckerrohr hergestellt. Er verleiht geschmortem Schweinefleisch und Entengerichten ein unvergleichliches Aroma, und auf dem Kaffeetisch sieht er sehr dekorativ aus

Chinesischer Kandiszucker

Demerara-Zucker

Mit Karamel versetzter weißer Kristallzucker

Heller Muscovado

Dunkler Muscovado

Kristallzucker
wird als Haushaltszucker in mittelfeiner Körnigkeit angeboten und ist vielseitig in der Küche verwendbar

Extrafeiner Zucker *ist feiner als gewöhnlicher Haushaltszucker, löst sich rasch auf und wird vorrangig zum Backen verwendet*

Puderzucker *oder Staubzucker ist fein vermahlener Kristallzucker. Er wird zum Süßen und Bestäuben von Gebäck und Süßspeisen verwendet*

Durch Behandlung mit Wasser und Dampf entsteht Rohzucker, der noch Melassereste enthält; dies ist der echte braune Zucker. Es ist auch »brauner Zucker« auf dem Markt, bei dem es sich um vollständig raffinierten Zucker handelt, der mit Melasse oder Karamel gefärbt wurde.

Für die Gewinnung von Rübenzucker werden die Rüben in feine Rübenschnitzel zerkleinert und in heißem Wasser mazeriert. Die Weiterverarbeitung ist identisch mit der Rohrzuckergewinnung. Der gewonnene Rohsaft wird gründlich gereinigt und eingedampft. Durch weiteres Erhitzen kristallisiert die Saccharose aus und kann zentrifugiert werden. Der entstandene Rohzucker wird mit Wasser und Dampf weiter gesäubert, und durch erneutes Auflösen, Eindicken und Zentrifugieren des Weißzuckers wird die Raffinade gewonnen. Der zurückbleibende, kristallfreie Sirup, die Melasse, dient – anders als die Melasse, die bei der Gewinnung von Zucker aus Zuckerrohr anfällt – lediglich als Futtermittel.

ZUCKERSORTEN

Rohzucker Bei echtem Rohzucker sind die Zuckerkristalle nur zum Teil von der Melasse befreit und haben daher eine braune Farbe (brauner Zucker). Dieses Halbfertigerzeugnis ist wegen der möglicherweise enthaltenen Schadstoffe in vielen Ländern für den Handel verboten und nicht für den unmittelbaren Verbrauch bestimmt. Nicht raffinierter Zucker ist von anderen braunen Zuckersorten aus nachträglich mit Melasse versetztem Kristallzucker leicht zu unterscheiden, weil er einen volleren Geschmack hat.

KRÄUTER- UND GEWÜRZZUCKER

Blütenblätter von Rose, Lavendel oder Rosengeranie, aber auch Gewürze wie Nelken, Anissamen, Ingwer, Zimt, Vanille oder Kardamomkapseln sind zum Aromatisieren von Zucker geeignet. Aromatisierter Zucker ist ideal zum Verfeinern von Eiercremes und Gebäck. Die Blütenblätter und Gewürze sollten trocken sein, damit der Zucker nicht klumpt.

Melassezucker Dieser besonders in angelsächsischen Ländern gebräuchliche dunkle, nicht raffinierte Zucker hat, bedingt durch den hohen Prozentsatz an Melasse, einen aromatischen, kräftigen Geschmack und eine klebrige Konsistenz. Der aus der Karibik stammende Barbadoszucker zählt zu dieser Kategorie; er schmeckt vorzüglich in Chutneys, Früchtekuchen, Pfefferkuchen und Toffees.

Muscovado Heller und dunkler Muscovado enthalten noch Melasse, sind aber nicht so kräftig im Geschmack wie Melasse. Diese Sorten verleihen vielen Süßspeisen Farbe und Aroma, zum Beispiel Puddings aus Trockenfrüchten, Gewürzkuchen, überbackenen Obstdesserts (*crumbles*) und Bratäpfeln. Auch herzhafte Gerichte wie glacierter Schinken, Barbecue-Sauce und Chutneys profitieren farblich und geschmacklich von Muscovado.

Brauner Zucker Ein ausschließlich aus Rohrzucker hergestellter hell- bis dunkelbrauner feinkristalliner Zucker, wie beispielsweise Kandisfarin. Farbe und Geschmack sind abhängig von der nachträglich zugesetzten Melassemenge. Brauner Zucker wird vorwiegend zum Backen verwendet.

Demerara-Zucker Der echte Demerara-Zucker stammt ursprünglich aus Guyana, einem Staat nördlich von Brasilien. Die großkörnigen Zuckerkristalle entstehen durch gesteuertes Zentrifugieren. Hochwertiger Demerara-Zucker ist stets feucht und hat einen aromatischen Geschmack. Er wird vorwiegend zum Backen verwendet und ist der ideale Zucker für Kleingebäck, Kuchen und *crumbles* sowie für heiße Getränke wie Kaffee und Glühwein.

Mit Karamel versetzter Kristallzucker Ein trockener, gut streufähiger Zucker aus den USA mit einem butterartigen Geschmack. Zur Gewinnung der goldgelben Zuckerkristalle wird ein sehr klarer, glänzender Zuckersaft nach einem speziellen Verfahren zur Kristallisation gebracht. Für Kuchen und Feingebäck ist dieser Zucker weniger geeignet.

Kristallzucker (Raffinade und Weißzucker) Der stark raffinierte und gut streufähige Kristallzucker ist der im Haushalt am häufigsten verwendete Zucker. Er läßt sich gut karamelisieren und verleiht herzhaften Gerichten – wie etwa aus der karibischen Küche – Farbe und Aroma. Kristallzucker ist der ideale Zucker zum Aromatisieren.

Feinkörniger Zucker (*caster sugar*) Wird Kristallzucker feiner gemahlen, erhält man Streuzucker mit dem gleichmäßig feinen Korn. Diese Zuckersorte ist ideal für Biskuit- und Baisermassen. Sie läßt sich auch überall dort einsetzen, wo grobkörnigere Zuckerkristalle die Beschaffenheit der fertigen Speise beeinträchtigen würden.

Puderzucker Diese auch Staubzucker genannte Zuckersorte ist fein vermahlener Kristallzucker. Puderzucker wird zur Herstellung von Glasuren und zum Bestäuben verwendet; er eignet sich auch vorzüglich für Feingebäck aller Art. Puderzucker sollte kühl und trocken aufbewahrt und vor Gebrauch gesiebt werden, da er leicht klumpt.

Spezialzucker

Für Getränke oder als Dekoration für Kuchen und Gebäck kann anstelle von gewöhnlichem Haushaltszucker aromatisierter oder gefärbter Zucker verwendet werden.

Mit Schokolade aromatisierter Zucker verfeinert *café au lait*; bunter Zucker macht sich gut auf der Kaffeetafel. Kandis-Rührstäbchen sind eine gute Alternative zu Würfelzucker; sie sollten möglichst für Kaffee, Tee und andere heiße Getränke verwendet werden, damit sich der Zucker rasch löst.

Mit Schokolade aromatisierter Zucker

Bunter Zucker

Gefärbter Zucker zum Dekorieren

Kandis-Rührstäbchen

ZUCKER IN DER KÜCHE

Zucker dient zwar vorwiegend zum Süßen, bietet darüber hinaus aber auch zahlreiche andere Verwendungsmöglichkeiten. Er hemmt die Aktivität von Mikroorganismen und ist somit ein geeignetes Konservierungsmittel für Marmeladen, Konfitüren und Chutneys. Zucker aktiviert auch den Gärungsprozeß von Hefe beim Backen und gibt dem Kuchenteig Fülle und Struktur. Durch Hitzeeinwirkung verändert er sich, und diese Eigenschaft ist für die Herstellung von Süßigkeiten von großer Bedeutung. Zucker ist für Backwaren nicht nur Aromastoff, sondern dient auch als Dekoration. Viele Füllungen, Glasuren und Überzüge – von Buttercreme bis zur üppigen Royalglasur – werden mit Zucker hergestellt. Zucker, der bis zum Karamelstadium gekocht wird, kann für Dekorationszwecke gesponnen oder zu kunstvollen Gebilden gezogen werden. Zuckersirup im ersten Kochstadium ist ideal für pochierte Früchte, Sorbets und Eis-Soufflés sowie zum Einlegen von Früchten in Alkohol. Zuckersirup kann vor allem auch zusätzlich mit entsprechenden Gewürzen wie Vanille und Kardamom oder mit Zitronenschale aromatisiert werden.

Zuckersirupe, einfache Mischungen aus Kristallzucker und Wasser, finden in der Küche vielseitige Verwendung. Das Mengenverhältnis von Zucker und Wasser bestimmt die Konzentration von einfachen Zuckersirupen.

Leichter Sirup wird zum Pochieren von Früchten, zum Einkochen von Apfelscheiben oder zum Gefrieren von zarten Früchten wie Melone und Ananas verwendet. Auf 1 l Wasser rechnet man 200 g Zucker.

Mittelschwerer Sirup wird als Basis für Frucht-Sorbets und Eis-Soufflés verwendet. Auf 1 l Wasser rechnet man 750 g Zucker.

Schweren Sirup benötigt man zum Kandieren von Früchten; er wird aus Zucker und Wasser im Verhältnis 1:1 hergestellt.

Zuckersirup hält sich bei Zimmertemperatur

Kochen mit Zucker

Für Süßigkeiten, Gebäck und pochierte Früchte kocht man einen Zuckersirup aus feinem Kristallzucker und Wasser. Er kann in einem gewöhnlichen Topf zubereitet werden. Für Sirupe, die hoch erhitzt werden müssen, eine Kasserolle aus unverzinntem Kupfer oder einen Edelstahltopf mit schwerem Boden benutzen. Die sich am Topfrand absetzenden Zuckerkristalle mit einem feuchten Backpinsel abstreifen, damit sie nicht verbrennen und den Sirup verfärben.

2–3 Tage, im Kühlschrank bis zu zwei Wochen. Den Sirup kann man zusätzlich mit Vanilleschote, Sternanis oder Zitrusschale würzen. Wenn man eine Handvoll Limettenblüten in der abgemessenen Wassermenge auskocht, die Flüssigkeit absiebt und damit den Zucker aufkocht, erhält man einen feinaromatischen Sirup.

Beim Aufkochen von Zuckersirup verdampft das Wasser, und die Zuckerkonzentration nimmt ständig zu. Die einzelnen Stadien, die der Zucker dabei durchläuft, werden als schwacher Faden, starker Faden, kleiner Ballen, großer Ballen, kleiner Bruch und großer Bruch bezeichnet. Jedes Stadium entspricht einer bestimmten Temperatur. Das Kochstadium des Sirups ist ausschlaggebend für seine Weiterverarbeitung, das heißt, ob er zum Beispiel für Gebäck, Süßigkeiten oder auch pikante

Weichkaramellen

Marshmallows

Gestreifter Bonbon

Fruchtdrops

Pfefferminztaler

Türkischer Honig

Pfefferminzbonbons

Karamelbonbons

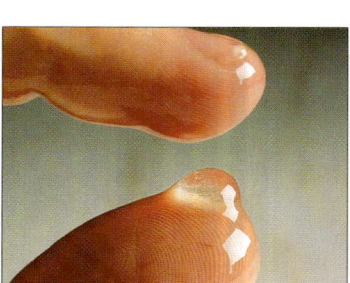

Kleiner Ballen 115 °C
Für Fondant, Weichkaramellen und Buttercreme verwenden. Zur Probe in Eiswasser getropfter Sirup sollte eine kleine, weiche Kugel bilden

Großer Ballen 121 °C
Für Marzipan und italienische Baisermasse verwenden. Zur Probe in Eiswasser getropfter Sirup sollte fest, aber noch formbar sein

Weicher Bruch 125 °C
Für Karamellen, Toffees und Bonbons verwenden. Der zur Probe in Eiswasser getropfte Sirup sollte spröde sein, aber noch an den Fingern kleben

Harter Bruch 144 °C
Für Krokant, glasierte Früchte und Zuckerstangen verwenden. Zur Probe in Eiswasser getropfter Sirup sollte wie Glas brechen und nicht mehr kleben

VERZIERUNGEN MIT BUTTERCREME

Ein bis zu 115 °C erhitzter Zuckersirup kann zur Herstellung von Buttercreme verwendet werden. Die fertige Creme ist ideal zum Verzieren. Zum Füllen und Überziehen eines Kuchens (23 cm Ø) 6 Eßlöffel Wasser und 100 g Zucker in einer Kasserolle erhitzen, bis sich der Zucker aufgelöst hat. Den Sirup bis 115 °C (auf dem Zuckerthermometer) erhitzen. In der

Zwischenzeit vier Eigelb verquirlen. Den Sirup langsam zugeben und mit einem elektrischen Rührgerät etwa 5–10 Minuten kräftig weiterschlagen, bis die Masse erkaltet und cremig ist. 250 g Butter schaumig rühren und nach und nach unter die Eigelbmasse schlagen. Die Buttercreme in einen Spritzbeutel füllen und beliebige Verzierungen aufspritzen.

Lochtülle

Große Sterntülle

Kleine Sterntülle

Gezackte Bandtülle

Speisen verwendet werden kann. Professionelle Köche prüfen das Stadium des Sirups von Hand in einer mit Eiswasser gefüllten Schale. Für den Hobbykoch empfiehlt sich die Verwendung eines Zuckerthermometers. Damit es nicht platzt, hängt man es in eine Schüssel mit heißem Wasser. Stets sollte man mit Vorsicht zu Werke gehen, denn Zucker wird sehr heiß. Bei Verbrennungen die Wunde sofort mit kaltem Wasser behandeln.

Bei einer Temperatur ab 152,5 °C verändert der Sirup seine Farbe. Das ist der Beginn des Karamelstadiums, in dem der Zucker – ohne Thermometer – allein nach der Farbe beurteilt werden kann. Wenn der Sirup eine goldbraune Farbe hat und zu rauchen beginnt, zieht man den Topf sofort von der Kochstelle und taucht ihn in eine bereitgestellte Schüssel mit kaltem Wasser, um den Kochvorgang zu beenden. Da die zum Zuckerkochen unerläßlichen Töpfe aus unverzinntem Kupfer gute Wärmeleiter sind, muß der Topf unverzüglich abgekühlt werden, weil der Karamel sonst verbrennt – auch wenn er nicht mehr auf dem Herd steht.

Dekorationen aus gezogenem und geblasenem Zucker sind das Werk von geübten Konditoren, die sich auf das Ausformen von siedendheißem Zuckersirup verstehen. Hierfür sind hitzebeständige Arbeitsflächen notwendig, und häufig liefern Speziallampen die nötige Wärme, damit der Zucker geschmeidig bleibt. Der verarbeitete Zucker ist weiß, kann aber mit Lebensmittelfarbe eingefärbt werden. Für geblasenen Zucker wird ein Blasrohr in die heiße Zuckermasse eingeführt und Luft hineingeblasen, ähnlich wie beim Aufblasen eines Luftballons.

Für den Hobbykoch bietet sich zu Dekorationszwecken Puderzucker an. Eine einfache, aber effektvolle Verzierung für Kuchen erhält man mit einer aufgelegten Schablone, die dann mit gesiebtem

Puderzucker überstäubt wird. Gekaufte Spitzendeckchen aus Papier sind sehr praktisch für diesen Zweck; eigene Schablonen können aus gewöhnlichem Karton hergestellt werden. Kuchen und Gebäck sollten immer erst kurz vor dem Servieren verziert werden. Bei Eistorten sollte man die Schablone nicht direkt auf die Oberfläche legen.

Glasuren auf Zuckerbasis (siehe oben) kann man pur verwenden oder mit Schokolade, alkoholischen Getränken oder Fruchtpürees aromatisieren. Mit der großen Auswahl an speziellen Tüllen lassen sich hübsche und raffinierte Verzierungen aufspritzen. Für Schriftzüge und Gitterwerk können einfache Spritztüten aus Pergamentpapier (siehe S. 185) verwendet werden.

(siehe S. 185)

REZEPTVORSCHLAG
Butterscotch

Ergibt etwa 250 g

Öl zum Einfetten der Form
100 g Zucker
100 g Butter
90 ml Glukosesirup (Stärkesirup)
150 ml Sahne

Eine kleine quadratische Backform einfetten. Alle Zutaten in einen Topf geben und unter ständigem Rühren langsam erhitzen, bis sich der Zucker aufgelöst hat und das Zuckerthermometer 125 °C anzeigt (Weicher Bruch). In die Form füllen, etwas abkühlen lassen und die Oberfläche in Quadrate einteilen. Nach dem Erstarren in die vorgezeichneten Stücke brechen oder schneiden und in Zellophanpapier wickeln.

REZEPTVORSCHLAG
Glasierte Äpfel

Ergibt 12 Äpfel

12 Tafeläpfel
12 Holzstäbchen zum Aufspießen
500 g Zucker
125 g Butter

Die Holzstäbchen am Stielansatz in die Äpfel stechen. Zucker und Butter mit 2 Eßlöffeln Wasser langsam erhitzen, bis das Zuckerthermometer 125 °C (Weicher Bruch) anzeigt. Die Äpfel hineintauchen, so daß sie vom Sirup überzogen sind. Die Äpfel auf Butterbrotpapier legen, bis die Glasur erstarrt ist.

Kuchensieb
Da Puderzucker leicht klumpt, muß er zum Bestäuben und Verzieren von Gebäck immer durchgezieht werden

SIRUP

Bei den vielen im Handel erhältlichen Sirupsorten – heller Rohrzuckersirup *(golden syrup)*, Melasse, Ahornsirup, Maissirup und *treacle* – handelt es sich schlicht um Zucker in zähflüssiger Form, allerdings mit unterschiedlichen Geschmacksrichtungen und in verschiedenen Farben. Die meisten Sirupsorten sind Produkte, die bei der Zuckergewinnung aus Zuckerrohr und Zuckerrüben anfallen; sie werden aus dem Saft hergestellt, der nach dem Zentrifugieren des Rohzuckers zurückbleibt. Man kocht ihn anschließend zu einer zähen Flüssigkeit ein. Maissirup wird aus Maisstärke gewonnen. Heller Maissirup ist relativ mild im Geschmack, die dunkle Sorte ist geschmacksintensiver durch den Zusatz von Melasse. Maissirup wird wie heller Rohrzuckersirup *(golden syrup)* gern zum Süßen von Back- und Süßwaren verwendet. In Nordamerika sind Melasse und Ahornsirup besonders beliebte Süßungsmittel. Ihr starker Eigengeschmack paßt zu vielen Backwaren und zu einigen pikanten Saucen, wie zum Beispiel Grillsaucen. Zuckerrohrsaft, eingekocht zu einer zähen, goldbraunen Flüssigkeit, ergibt Rohrzuckersirup und ist geschmacklich kaum von Melasse zu unterscheiden. Auch die Zuckerhirse liefert einen konzentrierten Sirup. Der aus den Halmen extrahierte und eingedickte Saft – goldgelb und herb im Geschmack – wird vorwiegend in den amerikanischen Südstaaten verwendet. Malzsirup (eingedickter Malzextrakt) schmeckt mild und fein und ist reich an Vitaminen und Eisen.

Flüssige Süßungsmittel
Sirup ist Zucker in flüssiger Form. Er wird gern über Desserts und Pfannkuchen geträufelt. Dunklere Sirupsorten haben meist einen starken Eigengeschmack, während die hellen Sorten eher mild und fein schmecken

Handelsüblicher Sirup ist in unterschiedlicher Konsistenz und in unterschiedlichen Geschmacksrichtungen erhältlich und somit beim Kochen und Backen nicht beliebig austauschbar. Im folgenden werden einige Sirupsorten vorgestellt.

Melasse ist der sirupartige Rückstand, der bei der Zuckergewinnung aus Zuckerrohr entsteht. Es wird zwischen heller und dunkler Melasse unterschieden. Die zähe, dunkle Masse von den Westindischen Inseln heißt in den USA *black strap syrup*, eine Bezeichnung, die regional für alle dunklen Sirupsorten verwendet wird. Melasse ist ein nicht raffinierter Sirup von zäher Konsistenz und kräftigem, bitter-süßem Geschmack. Früher in jedem Haushalt zu finden, wird Melasse heute fast nur noch in Spezialrezepten für Plätzchen, Lebkuchen, Gewürz- und Früchtekuchen verwendet.

Treacle ist eine in angelsächsischen Ländern gängige Mischung aus Melasse und raffiniertem Sirup. *Treacle* schmeckt nicht ganz so bitter wie Melasse, hat aber immer noch einen ausgeprägten Eigengeschmack. Diesen zähflüssigen Sirup gibt es in Farbabstufungen von Goldgelb bis Schwarz, und er wird vorwiegend für traditionelle englische Backwaren wie *parkin* (eine Art Pfefferkuchen aus Hafermehl und Ingwer) und *gingerbread* (Pfefferkuchen mit Ingwergeschmack) sowie für Toffees verwendet.

Rohrzuckersirup *(golden syrup)* Der aus Zuckerrohrsaft gewonnene geklärte Sirup von goldgelber Farbe ist mild im Geschmack und von honigähnlicher Konsistenz. Er wird gern für Pfannkuchen *(flapjacks)* und Backwaren verwendet, schmeckt aber auch gut mit Bratäpfeln und gedämpftem Pudding. *Golden syrup* versüßt jedes Müsli, am Faschingsdienstag wird er in Großbritannien traditionell zu Pfannkuchen gereicht.

Maissirup Dieser recht flüssige Sirup ist mild im Geschmack und vor allem bei den Amerikanern als Süßungsmittel für Backwaren aller Art beliebt. Maissirup kann auch für Grillsaucen, Gelees und süß-saure Gerichte verwendet werden.

Ahornsirup Der aus dem Saft des in Nordostamerika und Kanada beheimateten Zuckerahorns gewonnene dünnflüssige Sirup hat ein typisches Walnußaroma. Ahornsirup wird in unterschiedlichen Qualitätsstufen angeboten. Minderwertige Qualitäten werden aus Maissirup unter Zusatz von etwas Ahornsirup hergestellt. Ahornsirup schmeckt köstlich zu Vanille-Eiscreme, englischen *crumpets* (kleine runde Brotfladen mit einer löchrigen Oberfläche) und *scones* (brötchenartiges Buttergebäck), französischem Toast und amerikanischen Pfannkuchen. Beim Backen wirkt Ahornsirup als Geschmacksverstärker in Kuchenbroten sowie allen Kuchen, Plätzchen und Pies bei Verwendung von Nüssen. Der schmackhafte Sirup kann auch für pikante Zubereitungen wie glacierten Schinken verwendet werden. Ahornsirup paßt ebenfalls gut zu Rosenkohl.

Maissirup

Melasse

Ahornsirup

Treacle

BLACK TREACLE
1 lb 454 g ℮

**Heller Rohr-
zuckersirup**

HONIG

Dieses natürliche Süßungsmittel wurde schon im Altertum geschätzt. In der Jungsteinzeit raubte der Mensch vermutlich noch wilde Bienenstöcke aus, um an den Honig zu gelangen; in der Bronzezeit war die Bienenzucht dann schon weit verbreitet. Seit jener Zeit dient Honig als Süßungs- und Konservierungsmittel sowie als Geschmacksverstärker. In Europa wurde Honig früher zum Süßen von Wein und zur Herstellung alkoholischer Getränke verwendet. Im Vorderen Orient ist er von alters her fester Bestandteil des klebrigsüßen Phyllo-Gebäcks Honig ist nach wie vor sehr beliebt und bietet eine breite Verwendungsvielfalt. Je nach Blütensorte ist der Honig unterschiedlich in Aroma, Farbe und Konsistenz. Der bernsteinfarbene Lavendelhonig ist dickflüssig und angenehm aromatisch. Der hellgelbe Akazienhonig hat einen lieblichen Blütenduft und einen milden Geschmack.

Honig überträgt seinen charakteristischen Geschmack auf alle Nahrungsmittel, die damit zubereitet werden. Deshalb muß die Honigsorte immer auf den jeweiligen Verwendungszweck abgestimmt werden. Handelsüblicher Mischblütenhonig empfiehlt sich immer dann, wenn ein dezenter Honiggeschmack gewünscht wird. Honig aus einer bestimmten Blütenart weist jedoch in Geschmack und Duft die typischen Merkmale der Pflanze auf und ist meist aromatischer. Kräuterblüten wie Thymian und Rosmarin liefern besonders aromatische Honigsorten, die in jedem Gericht vorschmecken. Orangenblütenhonig und Kleehonig haben einen zarten bis typisch würzigen Geschmack.

Honig macht Gebäck nicht nur aromatischer, sondern auch fest und feucht und somit länger haltbar. Zum Backen sind flüssige Honigsorten besser geeignet, weil sie sich gut mit den anderen Backzutaten mischen lassen. Notfalls wird der Honig vorher leicht erwärmt. Direkt aus dem Glas ist Honig ein beliebtes Süßungsmittel für Müsli, Toastbrot, Eiscreme, Joghurt und *fromage frais*. Früchte wie Aprikosen, Pfirsiche, Birnen und Pflaumen schmecken besonders köstlich, wenn sie in einem Sirup aus einem Drittel Honig und zwei Dritteln Wasser pochiert werden.

In Europa wird Honig traditionell zum Backen verwendet, zum Beispiel für holländische Honigkuchen und deutsche Weihnachtsplätzchen. Griechisches und türkisches Phyllo-Gebäck wird häufig mit süßem Honigsirup getränkt.

Honig findet auch in pikanten Speisen Verwendung. Gebackener Schinken mit Honigglasur wird in weiten Teilen Europas und in Amerika gern gegessen. Honig harmoniert gut mit würzigen Grillsaucen, und Essig mit Honig vermischt ergibt eine raffinierte Vinaigrette.

In China werden Schweinebraten und Enten mit Honig bestrichen, und in der Türkei wird Huhn mit Mandeln und Honig zubereitet.

Wenn Honig kühl und trocken gelagert wird, ist er nahezu unbegrenzt haltbar. Vor direktem Licht sollte er geschützt werden. Im Kühlschrank ist er nicht gut aufgehoben, denn bei niedrigen Temperaturen kristallisieren viele Honigsorten aus.

Honig ist ein wertvolles Gemisch aus Frucht- und Traubenzucker (Glucose), das vom Körper leichter aufgenommen und verdaut wird als Rohr- und Rübenzucker (Saccharose). Fruchtzucker (Fructose) ist die Zuckerart mit der stärksten Süßkraft. Wird also gewöhnlicher Zucker durch Honig ersetzt, kann die Menge entsprechend reduziert werden.

REZEPTVORSCHLAG

Honig-Madeleines

Ergibt etwa 24 Stück

*Butter zum Einfetten der Madeleine-Förmchen
200 g Butter
1 EL Blütenhonig (von einer bestimmten Blütenart)
80 g Weizenmehl, gesiebt
200 g Zucker
80 g Mandeln, gemahlen
1 Vanilleschote, längs aufgeschnitten
6 Eiweiß*

Die Förmchen einfetten. Die Butter bei mittlerer Hitze in einem Topf zerlassen. Den Honig unterrühren und die Mischung abkühlen, aber nicht fest werden lassen. Mehl, Zucker und Mandeln mischen. Das Fruchtmark aus der Vanilleschote schaben und an die Mehlmischung geben. Das Eiweiß zu steifem Schnee schlagen und unter die Mehlmischung heben. Zuletzt die Butter-Honig-Mischung vorsichtig unterrühren. In die Förmchen verteilen und eine Stunde in den Kühlschrank stellen. Den Backofen auf 190 °C (Gas Stufe 3) vorheizen und die Madeleines etwa 12–15 Minuten backen, bis sie am Rand goldbraun sind. Mit der Messerspitze aus der Form lösen und etwas abkühlen lassen. Warm servieren oder luftdicht verschlossen 2–3 Tage aufbewahren.

Die einzelnen Honigsorten unterscheiden sich in der Farbe und in der Konsistenz; geruch- und geschmacksbestimmend ist die jeweilige Blüten- oder Pflanzenart, von der der Honig gewonnen wird

Wabenhonig

Englischer Kleehonig

Französischer Lavendelhonig

Griechischer Hymettos-Honig

ESSENZEN, PÜREE UND SIRUP AUS FRÜCHTEN

Die alljährlich zur Erntezeit oft in großen Mengen anfallenden Früchte werden von jeher für die Vorratshaltung genutzt. Herkömmliche Methoden der Haltbarmachung sind das Einkochen und die Herstellung von Marmeladen, Konfitüren, Gelees und Sirup; letzterer enthält die Fruchtaromen in konzentrierter Form. Einfrieren ist eine Konservierungsmethode neueren Datums. Die Vielzahl der unterschiedlichen Fruchtaromen findet in Desserts und Pudding, Marmeladen, Konfitüren und Gelees, Süßigkeiten und Konfekt und unzähligen Getränken mit und ohne Alkohol Verwendung. Früchte verleihen auch pikanten Gerichten eine köstliche Note, vor allem Kaltschalen oder angenehm säuerlich schmekkenden Saucen, die ausgezeichnet zu fettem Fleisch wie Ente oder Schweinefleisch passen. In den meisten Fällen werden die Früchte vorgegart, um Aroma und Struktur besser nutzen zu können.

Sirup von schwarzen Johannisbeeren

Aprikosenpüree

Zitrusessenz *wird aus den Schalen von Zitrusfrüchten extrahiert, die reich an geschmacksintensiven ätherischen Ölen sind. Sie verfliegen unter Hitzeeinwirkung und sollten deshalb nie mitgekocht werden*

Das gängigste Fruchtpüree wird aus Äpfeln zubereitet. Apfelpüree oder Apfelmus taucht weltweit in vielen klassischen Desserts auf: in der französischen Apfeltorte aus der Normandie, im schwedischen Apfelkuchen, in den englischen Apfelcharlotten, im österreichischen Apfelstrudel und in der amerikanischen *apple pie*. Das Püree kann pur, aber auch vielfältig aromatisiert verwendet werden. Beliebte Aromazutaten sind Zitronenschale oder -saft und Gewürze wie Kardamom, Muskatnuß und Zimt. Eine Mischung aus Äpfeln und Brombeeren ist in Großbritannien besonders beliebt.

Durch das Mischen verschiedener Früchte kommen in der Tat interessante Geschmacksrichtungen zustande. In manchen europäischen Ländern werden Stachelbeeren mit Holunderbeeren kombiniert. Stachelbeeren harmonieren auch sehr gut mit Erdbeeren, Himbeeren und Orangen. Eine Orangen-Stachelbeer-Sahne im Brandteigring ist sehr zu empfehlen, ebenso die englische Süßspeise *raspberry fool* mit pürierten Stachelbeeren. Aprikosenpüree, verdünnt mit frisch gepreßtem Orangen- oder Zitronensaft, ergibt eine schmackhafte Sauce zu gedämpften Puddings; es paßt besonders gut zu Desserts, die mit Bananen zubereitet werden. Fruchtpürees können auch mit Kräutern und Gewürzen verfeinert werden. Ingwer harmoniert gut mit dem herb-säuerlichen Aroma von Rhabarber – ein solches Kompott wird zum Schluß mit einem Spritzer Zitronensaft abgerundet. Kardamom paßt gut zu Pflaumen, und Birnen und Himbeeren finden in der Minze einen idealen Begleiter.

Weiche Früchte kann man für Saucen roh pürieren. Oft besteht das köstliche Püree nur aus einer Fruchtart, es können aber auch verschiedene Früchte kombiniert werden: zum Beispiel Papaya mit Limette, Heidelbeeren mit Pfirsich, Erdbeeren mit roten Johannisbeeren oder Heidelbeeren mit Brombeeren. Himbeeren mit Orangensaft schmekken vorzüglich zu einem einfachen Schokoladenkuchen. Für zusätzliches Aroma sorgt ein Schuß Kirschwasser, Cassis oder Mandellikör. Diese Fruchtpürees können auch als Basis für Eiscreme und Sorbet verwendet werden.

Fruchtsaucen sind eine klassische Beigabe zu pikanten Gerichten. Apfelsauce wird zu Schweinebraten und Kartoffelpuffern serviert, rote Johannisbeersauce zu Lamm. Preiselbeersauce wird traditionell zu Wild gereicht, und in England ist Stachelbeersauce die klassische Beigabe zu gebackener Makrele.

Für andere pikante Saucen wird dem Fruchtpüree Zucker und Essig zugesetzt, dadurch entsteht eine wunderbare, süß-saure Note. Auf diese Weise wird eine amerikanische Aprikosenglasur für gegrillte Rippchen zubereitet.

In Mittel- und Nordeuropa erfreuen sich Fruchtsuppen großer Beliebtheit. Einige werden aus Äpfeln zubereitet, wie die Apfel-Sellerie-Suppe oder die Möhren-Apfel-Suppe, andere basieren auf Kirschen wie die Kirsch-Kaltschale mit Klößchen aus deutschen Landen oder die ungarische Kirschsuppe mit Joghurt.

In Skandinavien werden Fruchtpürees zusammen mit Getreide gekocht. Das Ergebnis ist ein dünnflüssiges Porridge, das gesalzen als pikantes Mittagessen serviert wird. Mit Zucker oder Honig wird aus dieser Kombination ein köstliches Dessert.

Birnen *müssen wie andere festfleischige Früchte vor dem Pürieren gegart werden*

Aprikosen *lassen sich gut mit Bananen kombinieren*

Äpfel *sind in pürierter Form Bestandteil vieler traditioneller Gerichte*

Erdbeeren *können wie andere weiche Früchte roh püriert werden*

Himbeeren *werden durch ein feinmaschiges Sieb gestrichen, damit die kleinen Kerne darin zurückbleiben*

Kirschen *werden gekocht und püriert für warme und kalte Suppen verwendet*

Kiwis *sollten nach dem Pürieren durchpassiert werden, um die schwarzen Samenkörner zu entfernen*

Brombeeren *geben mehr Saft, wenn man sie gart*

Rhabarber *eignet sich gut zum Pürieren und sollte mit einem Spritzer Zitronensaft abgerundet werden*

Mango *Püree wird aus vollreifen Früchten hergestellt*

Heidelbeeren *werden vor dem Pürieren sanft gegart, damit ihre feste Schale weicher wird*

201

FRUCHTPÜREES

Feste Fruchtpürees werden als Füllung für *pies* und *crêpes* oder als Basis für Süßspeisen wie *mousses* und *fools* verwendet; aus dünneren Pürees lassen sich heiße und kalte Saucen zubereiten. Letztere werden auch als *coulis* bezeichnet und nach der klassischen Zubereitungsmethode durch ein Sieb gestrichen. Früher bezog sich dieser Begriff nur auf Fleisch- und Fischsaucen. Fast alle Früchte lassen sich zu Püree verarbeiten. Weiche Früchte können roh püriert werden, festere Früchte werden meist zuvor gedünstet oder pochiert. Frische Früchte eignen sich am besten, aber auch mit Tiefkühlware und Trockenfrüchten lassen sich gute Ergebnisse erzielen. Für grobe und mittelfeine Pürees kann man eine Küchenmaschine oder einen Mixer einsetzen, für sehr glatte und feine muß man die Früchte von Hand durch ein sehr feines Sieb streichen.

Weiche Früchte wie Erdbeeren, Himbeeren, Loganbeeren, reife Pfirsiche, Mangos, Kiwis, Bananen und Melonen werden einfach entstielt beziehungsweise geschält oder von Steinen oder Kernen befreit. Anschließend wird das Fruchtfleisch unter festem Druck durch ein feines Sieb gestrichen oder im Mixer zerkleinert. Nach dem Pürieren werden die Früchte nach Geschmack gesüßt, gewöhnlich mit Zucker, aber auch mit Honig, denn Früchte wie Pfirsiche und Aprikosen harmonieren besonders gut mit dem edlen Naturprodukt. Gegebenenfalls erwärmt man den Honig leicht, damit er sich besser verrühren läßt.

Weiche Früchte von festerer Konsistenz, zum Beispiel rote Johannisbeeren, Heidelbeeren und Brombeeren, sollten zuerst pochiert werden, damit sie möglichst viel Fruchtsaft abgeben oder damit hartschalige Früchte weich werden. Die vorbereiteten Früchte mit etwas Wasser in einen Topf geben, dessen Material nicht mit säurehaltigen Nahrungsmitteln reagiert, und behutsam erhitzen.

Die vorgegarten Früchte werden wie anderes weiches Obst weiterverarbeitet. Äpfel, Birnen und Rhabarber müssen vor dem Pürieren gegart werden. Auf 500 g Früchte nimmt man 2–3 Eßlöffel Wasser; für Birnen gegebenenfalls etwas mehr. Beim Vorkochen können die Früchte zusätzlich aromatisiert werden. Man kann zum Beispiel eine Scheibe frischen Ingwer, ein Stück Sternanis oder einen frischen Thymianzweig an die Früchte geben. Die Aromazutaten werden vor dem Pürieren entfernt.

Einige Früchte wie Äpfel und Bananen färben sich geschält schnell braun, deshalb beträufelt man sie vor dem Garen mit Zitronensaft. Die Ascorbinsäure verhindert die Verfärbung und sorgt außerdem für ein angenehmes Aroma. Alle Früchte, die sich verfärben, sollten daher erst unmittelbar vor Gebrauch – dann aber möglichst rasch – vorbereitet werden. Man kann sie auch in Zitronenwasser legen. Das verhindert zwar das Braunwerden der Früchte, verwässert aber ihr Aroma.

Marmorieren

Mit Sahne (von gleicher Konsistenz wie das Püree) Kreise auf das Püree zeichnen. Den äußeren Kreis in acht Abschnitte teilen und von jedem dieser Punkte aus ein Stäbchen zur Mitte durch das Püree ziehen. Dann durch die Mitte eines jeden Abschnitts das Stäbchen von innen nach außen ziehen.

FRÜCHTE PÜRIEREN

Drei Früchte mit unterschiedlicher Textur
Die Beschaffenheit der Früchte – von sehr weich bis relativ fest – ist ausschlaggebend für die Konsistenz des fertigen Pürees

Es gibt feine und grobe Pürees: feine Pürees sind wie geschaffen für Saucen oder *coulis*, während grobe Pürees, die noch feste Bestandteile enthalten, als Dessert oder als Relish zu gekochtem Fleisch serviert werden können. Rohe und gegarte Früchte sind ebenso wie aufgetaute Tiefkühlware zum Pürieren geeignet. Sie werden entweder in der elektrischen Küchenmaschine oder in dem von Hand betriebenen Passiergerät zerkleinert. Man kann die Früchte auch portionsweise mit einem Stößel oder einer Teigkarte durch ein großes Trommelsieb streichen. Wichtig ist, daß die jeweilige Zerkleinerungsmethode die gewünschte Konsistenz liefert. Streicht man zum Beispiel die Früchte durch ein engmaschiges Nylonsieb, erhält man ein feines Püree.

1 *Samenreiche Früchte wie Himbeeren, Stachelbeeren und Passionsfrucht werden durchpassiert, damit die kleinen Samenkerne im Sieb zurückbleiben. Das Püree nach Belieben mit Zitronensaft verdünnen*

2 *In einer elektrischen Küchenmaschine oder einem Mixer werden vorzugsweise weiche Früchte wie Mangos zu grobem Püree oder gegarte Früchte wie Äpfel zu feinem Püree verarbeitet*

Fruchtpürees geben Desserts Farbe und Aroma

REZEPTVORSCHLAG
Obstpüree mit Sahne in Waffelschalen

4–6 Portionen

*500 g Fruchtpüree von Stachel-
beeren, Rhabarber oder Äpfeln
Zucker
250 ml Sahne
60 g Butter, zimmerwarm
60 g Zucker
Vanille-Essenz
2 Eiweiß
60 g Weizenmehl, gesiebt
Himbeerpüree
Sahne zum Marmorieren*

Das Püree durch ein Nylonsieb streichen, nach Geschmack süßen und beiseite stellen. Die Sahne schlagen, bis sie steif zu werden beginnt. Das Obstmus unterziehen und in den Kühlschrank stellen. Den Backofen auf 190 °C (Gas Stufe 3) vorheizen. Butter und Zucker schaumig schlagen und ein paar Tropfen Vanille-Essenz zugeben. Die Eiweiß leicht verschlagen und nach und nach unterrühren. Das Mehl einstreuen und alles gut vermischen. Das Backblech mit Pergamentpapier auslegen und den Teig eßlöffelweise mit reichlich Abstand auf das Blech setzen. Die Teigmasse sehr dünn mit der Löffelunterseite verstreichen. Die Waffeln 5–7 Minuten backen, bis die Teigränder goldbraun sind. Die fertigen, noch weichen Waffel rasch mit einem Spatel vom Blech lösen und über den Boden eines umgedrehten Trinkglases legen. Ein Auflaufförmchen über jede Waffel stülpen und die Waffeln erkalten lassen. Zügig arbeiten, da die Waffeln schnell fest werden. Die Dessertteller mit Himbeerpüree überziehen und mit der Sahne marmorieren (siehe S. 202). Die Waffelschalen mit dem Obstmus füllen, in die Tellermitte setzen und sofort servieren.

Die fertigen Pürees lassen sich vielseitig verwenden, zum Beispiel als Basis für Eiscremes und Sorbets. Werden sie mit Joghurt vermischt, hat man schnell ein köstliches Dessert hergestellt. Aus Pürees lassen sich auch ausgezeichnete Dessertsaucen bereiten. Gehaltvolle Schokoladendesserts sehen besonders hübsch aus, wenn sie auf dünnflüssigem Himbeerpüree angerichtet werden. Dazu gibt man einen Löffel Püree auf den Dessertteller, hält den Teller schräg und dreht ihn dabei, bis die Oberfläche gleichmäßig von dem Püree überzogen ist. Dann setzt man den Kuchen oder das Gebäckstück in die Tellermitte. Als Spiegel kann ein einfaches Püree aus einer Fruchtart dienen; wer es bunter und aromatischer mag, mischt verschiedene Pürees. Vanille-Eiscreme kann man effektvoll auf einem Teller anrichten, der zur Hälfte mit Erdbeerpüree und zur Hälfte mit Kiwipüree überzogen ist. Garniert wird das kühle Dessert mit ein paar frischen Heidelbeeren. Passionsfruchtpüree besticht durch sein intensives Aroma und seine rosarote Farbe; zusammen mit Aprikosenpüree ist es eine köstliche Beigabe zu Sandkuchen.

Das fruchtige Aroma der Pürees läßt sich am besten durch Einfrieren konservieren.

Feigen

Pflaumen

Aprikosen

TROCKENFRÜCHTE

Für Püree aus Trockenfrüchten eine oder mehrere Fruchtsorten nehmen, eventuell frische Früchte beimischen. Trockenaprikosen passen gut zu Preiselbeeren und Trockenfeigen zu Birnen. Gewürze wie Zimt und Nelken sind eine köstliche Ergänzung. Mit getrockneten Früchten genauso verfahren wie mit frischen. Trockenfrüchte vor dem Pürieren über Nacht einweichen.

FRUCHTSIRUP

Fruchtsirupe sind Zubereitungen aus klaren Fruchtsäften und Zucker. Sie sind als Aromazutat in Getränken sehr verbreitet, und sie sind auch sonst als Sauce für Desserts, Kuchen und Puddings vielseitig verwendbar. Sie gehören zum Fruchteisbecher und sind in Obstsalaten eine köstliche Alternative. Fruchtsirup verfeinert auch Mousse, Eiscreme und Zuckerwaren. Er wird entweder unverdünnt verwendet oder mit Mineralwasser, Milch oder Trinkjoghurt vermischt und als Shake, Longdrink oder Cocktail mit Früchten getrunken. Bei sachgerechter Lagerung – kühl und dunkel – kann Fruchtsirup bis zu einem Jahr aufbewahrt werden, außerdem kann man ihn problemlos einfrieren. Fruchtsirupe sind als Fertigprodukte im Handel; man kann sie aber auch selbst herstellen und auf diese Weise die Zuckermenge und das Aroma nach persönlichem Geschmack bestimmen.

Da Fruchtsaft aufgrund seines Säuregehalts mit bestimmten Substanzen reagieren kann, dürfen bei der Sirupherstellung keine Töpfe und Kochutensilien aus Zink, Kupfer oder Eisen verwendet werden. Der gewonnene Saft muß sofort weiterverarbeitet werden, damit er sich nicht verfärbt. Fruchtsirup sollte stets aus vollreifen Früchten hergestellt werden. Unreife Früchte geben nicht genügend Saft ab und haben auch noch nicht ihr typisches Aroma entwickelt. Der Saft von überreifen Früchten schmeckt leicht modrig, und faulige Früchte mit beginnendem Schimmelbefall beeinträchtigen die Haltbarkeit des fertigen Sirups.

Aromatische, saftreiche Beeren, wie schwarze Johannisbeeren, Brombeeren, Himbeeren und Loganbeeren, sind ideale Früchte für die Sirupherstellung. Erdbeeren, Stachelbeeren, Holunderbeeren, Äpfel und Hagebutten sind ebenfalls gut geeignet. Auch Zitrusfrüchte, wie Zitronen, Limetten und Kumquats, ergeben köstliche Sirupe. Schale und Fruchtfleisch können in diesen Zubereitungen mitverwendet werden.

Fruchtwässer

Fruchtwässer sind zum sofortigen Genuß zubereitete Erfrischungsgetränke, für die frische Früchte in Wasser und Zucker eingelegt werden. Ideal sind pürierte Beerenfrüchte; aber auch alle anderen stark aromatischen Früchte können verwendet werden. Auf 500 g Früchte rechnet man 600 ml Wasser und 125 g Zucker. Festfleischige Früchte werden gewürfelt und mit dem Wasser aufgekocht. Dann streut man den Zucker ein, läßt die Flüssigkeit abkühlen und gibt sie durch ein Sieb. Für Zitruswässer wird das kochende Wasser mit Zitronenschale aromatisiert. Nach dem Abkühlen fügt man den Zitrussaft hinzu und süßt nach Geschmack.

Selbstgemachter Sirup läßt sich in vielfältiger Weise aromatisieren. Einer beliebigen Fruchtmischung (zum Beispiel Äpfel mit Brombeeren) kann man Kräuter wie Minze, Süßdolde und Zitronenthymian zugeben, oder man läßt Gewürze, wie Kardamom, ganze Vanilleschoten und Zimtstangen, in der Mischung ziehen.

Der Pulp, der nach der Saftgewinnung übrigbleibt, kann in vielen Fällen weiterverwendet werden. Erdbeer-, Stachelbeer-, Aprikosen- und Apfelpulp dient püriert und durchpassiert als Basis für diverse Süßspeisen. Die Rückstände von Beerenfrüchten, wie Himbeeren und Brombeeren, enthalten meist zu viele Samen, als daß sie noch genügend Püree liefern könnten. Aber zur Herstellung von Fruchtwein sind sie geeignet. Hagebuttenpulp bietet dagegen keine weitere Verwendungsmöglichkeit.

Einige Fruchtsirupe verblassen schneller als andere. Dem kann man mit ein paar Tropfen Lebensmittelfarbe entgegenwirken. Der Zusatz von Zitronensaft dient ebenfalls der Farberhaltung. Apfelsaft dunkelt mit der Zeit jedoch immer nach.

SIRUP HERSTELLEN

Für Sirup sind alle Früchte, besonders aber Beeren geeignet. Man verwendet entweder eine oder mehrere Arten oder aber aromatisiert mit Kräutern, Gewürzen beziehungsweise Zitrusschale.

1 *Die vorbereiteten Früchte pürieren (siehe S. 202) und durch ein mit Musselin ausgelegtes Sieb streichen. Die Tuchenden zusammenfassen und möglichst viel Saft durch Wringen herauspressen*

2 *Auf 300 ml gewonnenen Saft rechnet man 500 g Zucker. Saft und Zucker in einen Topf geben und langsam erhitzen, bis sich der Zucker aufgelöst hat. Anschließend bei starker Hitze aufkochen lassen.*

3 *Die Temperatur herunterschalten. Den Sirup mit einem Löffel abschäumen. Sirup, der sich am Topfrand abgesetzt hat, mit einem angefeuchteten Backpinsel entfernen, damit er nicht verbrennt.*

Fruchtsirup

Mit den kräftigen Farben und fruchtigen, frischen Aromen sind Fruchtsirupe wie geschaffen zur Geschmacksverfeinerung. Ob man sie über Eiscreme träufelt oder unter Mixgetränke und Sodawasser mischt – sie unterstützen die optische Wirkung und steigern das Geschmackserlebnis. Fruchtsirup im Obstsalat erweitert die Geschmackspalette um neue und interessante Aromen

Obstsalat mit Sirup

Erdbeer-Milchshake

Mineralwasser mit Schwarzem Johannisbeersirup

REZEPTVORSCHLAG

Himbeer-Eisbecher

4 Portionen

4 Kugeln Vanille-Eiscreme
250 g frische Himbeeren
2–3 EL Himbeersirup
4 Kugeln Himbeer-Eiscreme
125 ml Sahne, geschlagen
4 EL Mandelblättchen, geröstet

Pro Person je 1 Kugel Vanille-Eiscreme in einem Eisbecher anrichten. Eine Handvoll Himbeeren darauf verteilen und mit etwas Himbeersirup beträufeln. Darauf je 1 Kugel Himbeer-Eiscreme geben und die übriggebliebenen Himbeeren darauf verteilen. Mit dem restlichen Sirup beträufeln und die Schlagsahne als dicke Rosette aufspritzen. Mit Mandelblättchen garnieren.

Tips zum Aromatisieren

Fruchtsirupe sind eine aromatische und dekorative Beigabe zu Eisbechern, Milchshakes und anderen Mischgetränken.

Erdbeer-Eiscreme mit Orangensirup und einem Schuß Grand Marnier

Frische Pfirsiche, Vanille-Eiscreme und Himbeersirup

Toffee-Eiscreme, frische Bananenscheiben, Ananassirup und Schlagsahne

---

Wenn man Fruchtsirup einfriert, hat man kein Problem mit verblassenden Farben (auch wenn dieser Prozeß nur eine optische Veränderung ist und auf den Geschmack keinen nennenswerten Einfluß hat). Man gießt den Sirup einfach in Kunststoffbehälter von entsprechender Größe – wobei man darauf achten soll, daß genügend Platz zum Ausdehnen der Flüssigkeit bleibt – und friert ihn ein. Beim Einfrieren entfällt auch das aufwendige und arbeitsintensive Sterilisieren von Flaschen, Gläsern oder sonstigen Behältern. Außerdem läßt sich auf diese Weise der Sirup für jeden Bedarf beliebig portionieren.

Die meisten Fruchtsirupe sind trotz intensiver Bearbeitung immer noch gute Vitamin-Spender, allen voran Sirup von Hagebutten oder schwarzen Johannisbeeren. Vermischt man selbstgemachten Fruchtsirup mit Orangen- oder Grapefruitsaft, hat man morgens ein mit vielen verschiedenen Vitaminen angereichertes Getränk zum Frühstück.

Fruchtsirupe sind immer stark konzentriert und dementsprechend sehr ergiebig. Nur ein paar Löffel reichen aus, um eine Sauce zu aromatisieren. Die gleiche Menge ergibt mit Wasser, Weißwein, Trinkjoghurt beziehungsweise mit Sodawasser verdünnt ein köstlich schmeckendes Erfrischungsgetränk.

Fruchtsirupe lassen sich leicht in größeren Mengen herstellen und sind außerdem ideal zum Verschenken. Man füllt einen selbstgemachten Fruchtsirup einfach in dekorative Flaschen ab und verziert sie mit einem hübschen Band.

FRUCHTGELEES

Für die Zubereitung eines Fruchtgelees 450 ml Saft, 90 g Zucker und 4 Eßlöffel Glukosesirup in einem Topf unter Rühren erwärmen, bis sich der Zucker aufgelöst hat. 30 g Gelatine mit etwas kaltem Wasser anrühren und in der erwärmten Flüssigkeit auflösen. Den Saft in eine 6 mm hohe, mit Wasser besprengte Form gießen und kühl stellen, bis die Flüssigkeit erstarrt ist. Zum Schneiden des Gelees das Messer oder dekorative Förmchen in heißes Wasser tauchen. Für zweischichtiges Gelee mit einem hellen und einem dunklen Fruchtsaft das eine Gelee erstarren lassen und dann das zweite noch warm daraufgießen.

ESSBARE BLÜTEN UND BLÄTTER

BLÜTEN

Zu den optisch reizvollsten Zutaten in der Küche zählen zweifellos frische, eßbare Blüten. Die kulinarische Verwendung von Blüten hat eine lange Tradition und wird erstmals 140 v. Chr. schriftlich erwähnt. Im Fernen und Mittleren Osten ist der Gebrauch von Rosen- und Orangenblüten in der Küche von alters her verbreitet. Im Mittelmeerraum werden gefüllte Zucchiniblüten fritiert oder geschmort als Vorspeise gegessen. Die reizvollen Blüten von Lavendel, Rose, Kapuzinerkresse, Jasmin und Orange sind ideal zum Aromatisieren von Sorbets, Eiercremes, Marmeladen, Konfitüren und Gelees sowie von Likören, Weinen und Tees. Die Blüten von Kornblumen, Pelargonien, Chrysanthemen und Ringelblumen haben dagegen kaum Eigengeschmack; bei ihnen steht der dekorative Effekt im Vordergrund, der die Phantasie eines jeden Kochs beflügelt.

Bei Blüten, die mit Nahrungsmitteln in Berührung kommen, sind ein paar wichtige Regeln zu beachten. Es dürfen nur eßbare Blüten wie die zum Beispiel hier abgebildeten verwendet werden. Sie müssen außerdem ohne Pestizide oder andere chemische Hilfsmittel kultiviert worden sein. Im Laden gekaufte Blumen sind meistens chemisch behandelt. Am besten sind solche aus dem eigenen Garten oder aus anderer verläßlicher Quelle, wo ohne giftigen Pflanzenschutz gearbeitet wird. Auch wenn die Blüten nur zu Dekorationszwecken genutzt werden, sollten sie zum Verzehr geeignet sein. Im Zweifelsfall erkundigt man sich beim örtlichen Gartenamt oder beim zuständigen Pflanzenschutzamt. Alle hier abgebildeten Blüten sind ungiftig und somit zum Verzehr geeignet.

Blüten aus dem eigenen Garten sollten möglichst am frühen Vormittag bei trockenem Wetter gepflückt werden. Nach dem Pflücken werden sie kurz unter einem sanften Wasserstrahl kalt abgebraust. Da die Blüten rasch welken, pflückt man sie nach Möglichkeit nur einen Tag im voraus. Kleine Blüten werden ganz verwendet; bei Blüten mit hartem Innenteil, wie zum Beispiel Korbblütlern, nimmt man nur die zarten äußeren Blütenblätter; der weiße untere Teil der Blütenblätter wird entfernt, weil die fertige Speise sonst vielleicht bitter schmeckt.

Viele Blüten, so auch Lavendel, Hibiskus und Rosenknospen, können für eine spätere Verwendung getrocknet werden. Getrocknete Blüten sind ideal zum Aromatisieren von Zucker. Dazu werden sie fein vermahlen und dann im Verhältnis 1:4 mit Zucker vermischt. Diese Mischung läßt man anschließend mindestens einen Monat ziehen, damit sich das Aroma voll entfaltet.

Frische Blüten wiederum werden zum Aromatisieren von Butter verwendet. Man wickelt Butter in ein Stück Musselin, legt sie in eine Schüssel mit Blütenblättern und läßt sie darin über Nacht an einem kühlen Platz durchziehen. Am besten schmeckt die feinwürzige Butter zum Frühstück auf dünnen Brotscheiben mit Blütengelees und -marmeladen oder auf Gebäck zum Fünfuhrtee.

Gartennelke

Stiefmütterchen *mit ihren leuchtenden Farben passen gut zu grünen Blattsalaten*

Duftveilchen

Borretsch *kann zum Garnieren von Getränken und Suppen verwendet werden*

Herbstaster

Rot-weißblütige Pelargonie

Kornblumen

Pelargonie

Schleierkraut

Lavendel

Ringelblumen *passen zu pikanten Speisen. Die Blüten feinhacken und an Omeletts, Frischkäse, Soufflés und Gemüseterrinen geben*

Kapuzinerkresse *wird zerpflückt und an Risotto gegeben oder für heiße Pasta mit Olivenöl gemischt*

Taglilie *Einzelne Blüten in einer Suppenterrine oder einem Punsch sind ein reizvoller Blickfang. Manche Lilienarten sind giftig, deshalb vor der Verwendung unbedingt klären, ob sie zum Verzehr geeignet sind*

Waldgeißblatt *hat stark duftende Blüten, die zum Aromatisieren von Kuchen, Sorbets und Erfrischungsgetränken verwendet werden*

Gladiole *paßt vorzüglich zu Eiscreme und schmückt effektvoll Kuchen und Torten*

Rosen *sind sehr vielseitig zu verwenden: frisch und überzuckert oder kandiert als Verzierung aber auch als eigenständige Zutat*

Wildrosen

Freesien *sind stark duftende Blumen und ideal zum Aromatisieren von Zuckersirup für Sorbets*

Gartenwicke *Sie ist eine attraktive Garnierung für Gemüsegerichte*

BLÜTEN IN DER KÜCHE

Eßbare Blüten sind eine ausgefallene und farbenfrohe Garnierung für süße wie pikante Speisen. Mit ihrem delikaten Aroma verfeinern sie unter anderem Sorbets, Marmeladen und Salate. Zucchiniblüten können außerdem delikat gefüllt werden, sie vertragen sogar kurzes Braten, und getrocknete Blüten sind Bestandteil vieler Gewürzmischungen.

Farbenfrohe Blütenblätter und Blüten wirken besonders dekorativ, wenn sie über einfache grüne Salate gestreut werden. Kopfsalate sollten in Farbe und Struktur mit den ausgewählten Blüten harmonieren und auch geschmacklich zu ihnen passen. Ideal sind zarte Salate und Salatkräuter, wie Feldsalat und Kerbel. Zum Anmachen nimmt man ein Dressing mit wenig Essig oder Zitronensaft, denn eine stark säurehaltige Salatsauce verfärbt die hübschen Blütenblätter und überdeckt ihren feinen Geschmack. Die Salatblätter werden vorsichtig mit der Salatsauce gemischt und dann auf Portionstellern angerichtet. Die Blüten werden erst kurz vor dem Servieren über den Salat gestreut, damit Farbe und Frische auch gut zur Geltung kommen. Kräuterblüten, zum Beispiel Borretsch- und Schnittlauchblüten, sind wie die pfeffrig schmeckenden Kapuzinerkresseblüten ideal für Salate. Auch Kornblumen, Veilchen und Ringelblumen bringen Farbe in den Salat. Für besondere Süßspeisen bieten sich vor allem Rosen als Garnierung an; sie harmonieren mit vielen Früchten, vor allem mit Kirschen.

Farbenfrohe Blüten machen aus einem einfachen Salat einen aufregenden kulinarischen Blickfang

Blüten im Salat
Blüten werden grundsätzlich erst an den fertig angemachten Salat gegeben, denn die Salatsauce beeinträchtigt die Farbe und das frische Aussehen der zarten Blütenblätter

Ras el hanout

Gefüllte Zucchiniblüten

4 Portionen

12–16 Zucchiniblüten
250 g Ricotta
4 EL frisch geriebener Parmesan
1 kleines Bund Basilikum, gehackt
Frisch geriebene Muskatnuß
1 Ei, verschlagen
Salz
90 g Weizenmehl, gesiebt
Pflanzenöl zum Braten

Die Blüten vorsichtig abspülen und trockentupfen. Ricotta, Basilikum, Muskatnuß und Ei in einer Schüssel mischen und mit Salz abschmecken. Die Blüten mit der Käsemischung füllen und die Spitzen der Blüten zusammendrehen. Das Mehl in eine Schüssel geben und nach und nach 250 ml Wasser unterrühren, bis ein dickflüssiger Teig entsteht. Das Öl in einer Pfanne erhitzen. Die Blüten in den Teig tauchen und auf jeder Seite etwa 2–3 Minuten goldbraun ausbacken. Auf Küchenkrepp abtropfen lassen, mit Salz bestreuen und heiß servieren.

Ras el hanout

Ras el hanout ist eine nordafrikanische Gewürzmischung. Sie wird für Reis, *couscous* und *Tajine*-Gerichte, die in Marokko und Tunesien beliebten Eintöpfe, verwendet. Es gibt keine spezielle Rezeptur von *ras el hanout;* die Lebensmittelhändler stellen meist ihre eigenen Mischungen zusammen, die sehr unterschiedlich ausfallen können. Eine typische Mischung enthält Pfefferkörner, Kardamom, Macis (Muskatblüte), Galgant, Muskatnuß, Piment, Zimt, Gewürznelken, Ingwer, Kurkuma, Schwarzkümmel, Lavendel, Rosenknospen, Spanische Fliege, Kassia und Fenchelsamen.

Rosenblüten-Eiscreme ist ein Rezept mit alter Tradition, das bis heute nicht an Reiz verloren hat

REZEPTVORSCHLAG

Rosenblüten-Eiscreme

6 Portionen

*500 ml Milch
Blütenblätter von 1 großen Rose oder nach Geschmack, abgespült
8 Eigelb
125 g feinkörniger Zucker
250 ml Crème double, geschlagen
Rote Speisefarbe (nach Belieben)
Frische oder kandierte Rosenblütenblätter zum Garnieren*

Die Milch in einem Topf aufkochen, die Blütenblätter hinzufügen und zugedeckt 15 Minuten in der heißen Flüssigkeit ziehen lassen. Eigelb und Zucker in einer großen, feuerfesten Schüssel verschlagen, bis die Masse dick und schaumig ist. Die Rosenblätter absieben und die Milch wieder bis zum Siedepunkt erhitzen. Etwas Milch abnehmen und mit der Schaummasse verrühren, dann die Masse in die restliche heiße Milch einrühren. Die Hitze reduzieren und die Eiercreme mit einem Holzlöffel so lange behutsam rühren, bis sie dick wird. Die Creme ist gar, wenn man mit dem Finger auf dem zuvor eingetauchten Löffel eine klare Linie ziehen kann. Abkühlen lassen, die geschlagene Sahne unterziehen und nach Belieben mit der Speisefarbe rötlich einfärben. Die Masse in einer Eismaschine nach Anweisung gefrieren lassen. Zum Servieren die Eismasse zu ovalen Klößchen formen und mit Rosenblütenblättern garnieren.

Kandierte Veilchen *kann man selber machen oder aber fertig kaufen. Sie sind eine besondere Zierde für so manches Dessert*

Frische Rosenblütenblätter sind die ideale Verzierung für dieses köstliche und erfrischende Dessert, aber auch überzuckerte oder kandierte Blütenblätter sehen reizvoll aus

KANDIERTE ROSENBLÜTENBLÄTTER

Die Blütenblätter auszupfen und alle bitteren weißen Teile abschneiden. In trockenen Räumen arbeiten, weil die Blütenblätter empfindlich auf Feuchtigkeit reagieren. Die nachfolgend beschriebene Methode des Kandierens ist auch für viele andere eßbare Blüten geeignet, zum Beispiel für Veilchen oder Borretschblüten.

1 *60 g Gummiarabikum in 300 ml erwärmtem Rosenwasser auflösen und abkühlen lassen.*

2 *Mit einer Pinzette jedes Blütenblatt in das Gummiarabikum tauchen, bis es gleichmäßig überzogen ist. Herausnehmen und überschüssige Flüssigkeit behutsam abschütteln.*

3 *Die überzogenen Blütenblätter in Zucker tauchen und zum Trocknen auf ein Kuchengitter legen. Zwischen Butterbrotpapier luftdicht verschlossen aufbewahren.*

BLÜTENWASSER, LIKÖRE UND ERFRISCHUNGSGETRÄNKE

Die Verwendung von Blütenwasser in der Küche kannte man bereits im Mittelalter. Zu den am meisten verwendeten Essenzen gehörten Orangenblüten- und Rosenwasser. Heute sind Blütenwässer besonders in Indien, im Vorderen Orient und in Osteuropa sehr beliebt als Aromazutat für diverse Speisen – von Fleischeintöpfen über Gebäck bis zum Kaffee nach dem Essen. Verschiedene Arten sind in Apotheken, Drogerien und Reformhäusern erhältlich. Beim Einkauf ist darauf zu achten, daß es sich um Blütenwasser zur kulinarischen Verwendung handelt, denn es werden auch welche zu rein kosmetischen Zwecken angeboten.

Rosenwasser

Mit Rosenwasser aromatisiertes Zuckerwerk wird in der Türkei traditionell zum Kaffee gereicht

Rosenwasser ist stark verdünntes Rosenöl. Schon vor Christi Geburt exportierte Persien Rosenwasser bis ins ferne China. Einst beliebter Aromastoff im elisabethanischen England, ist Rosenwasser noch heute eine unentbehrliche Zutat in den stark duftenden Süßspeisen aus Indien und dem Vorderen Orient. Zu besonderen Anlässen wird in Indien *kheer* serviert, ein mit Kardamom und Rosenwasser aromatisierter und mit eßbarem Blattsilber dekorierter Milchreis. In der Türkei reicht man zum starken Kaffee mit Rosenwasser zubereitetes Zuckerwerk. Dazu zählen vor allem Türkische Früchte, ein geleeartiges Konfekt, für das ein schwerer Zuckersirup mit Rosenwasser aromatisiert und anschließend mit Maisstärke und Mastix angedickt wird. Zuckersirup in dieser Form kann auch zum Tränken von süßem Gebäck wie *baklava* verwendet werden. Nach Rosenwasser duftende Sorbets, Eiscremes, Mousses und Gelees sind ein ungewöhnlicher und köstlicher Abschluß einer Mahlzeit.

Mit Rosenwasser kann man frische Erdbeeren beträufeln oder gesüßte Schlagsahne aromatisieren

Rosenwasser

Orangenblütenwasser

Orangenblütenwasser

Der Geschmack einer Mandelsulz wird durch Orangenblütenwasser perfekt ergänzt

Das durch Destillation aus Orangenblüten gewonnene Blütenwasser eignet sich besonders für Speisen mit Orangen und verleiht Salaten, Sorbets und Gelees aus Zitrusfrüchten einen zarten Blütenduft. Da die Würzkraft wie bei Rosenwasser sehr intensiv ist, sollte Orangenblütenwasser sparsam dosiert werden. Als Aromastoff in der Küche erfreut sich dieses Blütenwasser seit dem Mittelalter großer Beliebtheit. Die begehrte Nachspeise *blanc manger* stammt noch aus jener Zeit. Heute ist Orangenblütenwasser besonders im Vorderen Orient stark verbreitet. Orangenblütenwasser mit Zucker wird Kindern abends mitunter als beruhigendes Getränk gereicht. Mit kochendem Wasser für Erwachsene zubereitet, heißt es »weißer Kaffee« und ist verdauungsfördernd. Man gibt einen Teelöffel Orangenblütenwasser in eine kleine Tasse und gießt kochendheißes Wasser dazu. Mit Zucker oder Orangenblütenhonig süßen. Orangenblütenwasser wird zwar vorwiegend zum Aromatisieren von Pudding und Gebäck verwendet, ein Löffel voll aber kann auch Salatsaucen und Eintöpfe verfeinern.

Für die Zubereitung einfacher Erfrischungsgetränke wird gekauftes Blütenwasser gesüßt und mit Wasser verdünnt. Etwas ausgefallenere Getränke werden mit aus frischen oder getrockneten Blüten hergestelltem Sirup zubereitet (siehe unten). Am besten nimmt man eßbare Blüten, die stark duften, denn sie ergeben den geschmacksintensivsten Sirup. Besonders geeignet sind die Blüten von Holunder, Rosen, Veilchen, Nelken, Primeln, Flieder und Orangen.

Wenn es sommerlich heiß ist, sind diese köstlichen Getränke noch erfrischender, wenn man sie mit eisgekühltem Mineralwasser oder Limonade verdünnt. Als Aperitif können sie auch mit Sekt oder Wein gemischt werden. Bei kaltem Wetter sorgen Tees, auch Kräutertees (siehe S. 274), vermischt mit einem Blütensirup, für wohlige Wärme. Man kann Sirup auch wunderbar mit Glühwein (siehe S. 279) oder heißem Cidre verdünnen und mit Nelken und Zimtstangen würzen.

Blütensirupe dienen aber auch zum Aromatisieren von Gelees, Pudding, frischen Obstsalaten, Eiscremes und Sorbets, und nicht zuletzt erhalten Salate und Grillsaucen, Marinaden oder Dips eine interessante Note, wenn man sie mit ein oder zwei Löffeln Blütensirup verfeinert.

REZEPTVORSCHLAG

Ratafia von Gartennelken

Ergibt 1 l

250 g duftende Nelkenblütenblätter
60 g feinkörniger Zucker
1 Gewürznelke
1 kleine Zimtstange
1 l Wodka oder heller Branntwein

Die Blütenblätter sortieren und weiße, bittere Teile entfernen. Alle Zutaten in eine große Flasche oder ein Glasgefäß geben. Verschließen und mindestens 1 Monat an einem kühlen, dunklen Platz ziehen lassen; von Zeit zu Zeit schütteln oder umrühren. Wenn die Blütenblätter verblassen, die Flüssigkeit absieben und den Likör in formschöne Flaschen füllen.

REZEPTVORSCHLAG

Rosenblüten-Kirsch-Likör

Ergibt 1 l

750 g Sauerkirschen
250 g Kirschblätter
500 g feinkörniger Zucker
6 Duftrosen, nur die Blütenblätter
60 g getrocknete Jasminblüten
1 l Weinbrand

Die Kirschen entsteinen und die Kerne aufbrechen. Kirschen, Steine, Blätter und Zucker in ein Glas geben. Rosenblütenblätter, Jasminblüten und Weinbrand dazugeben und gut verrühren. Fest verschlossen an einem kühlen, dunklen Platz mindestens 1 Monat ziehen lassen. Dann die Flüssigkeit absieben, in Flaschen füllen, verschließen und dunkel aufbewahren.

Erfrischungsgetränke aus Blütensirup

Blütensirupe
Zum Einlegen in Zuckersirup eignen sich alle eßbaren Blüten. Aus dem aromatisierten Sirup lassen sich köstliche Erfrischungsgetränke herstellen

REZEPTVORSCHLAG

Sommer-Punsch

Ergibt etwa 1 l

1 Orange, in Scheiben geschnitten
1 Apfel, in Scheiben geschnitten
1 EL Orangenblütenwasser
1 Tl. Vanille-Essenz
1 l Mineralwasser
125 ml Blütensirup, zum Beispiel von Holunderblüten
Zitronen- und Orangenscheiben zum Garnieren

Orangen-, Apfelscheiben, Orangenblütenwasser und Vanille-Essenz in eine große Schüssel oder einen Krug geben. Mineralwasser darübergießen und mindestens 2 Stunden ziehen lassen (im Kühlschrank etwas länger). Den Holunderblütensirup dazugießen. Gläser mit Eis füllen, den kalten Punsch hinzufügen und mit Zitronen- und Orangenscheiben garnieren.

Blütensirup herstellen

Etwa 500 g Blütenblätter (ohne die weißen, bitteren Teile) in einen Topf geben und 600 ml Wasser dazugießen, bis die Blütenblätter bedeckt sind. Zum Kochen bringen und zugedeckt 30 Minuten ziehen lassen. Absieben und mit etwa 350 g Zucker zurück in den Topf geben. Aufkochen und 10 Minuten leise köcheln lassen. Für den Sirup entweder nur Blütenblätter oder eine Mischung aus Blüten, Früchten, Kräutern und Gewürzen in der heißen Flüssigkeit ziehen lassen. Köstliche Zusammenstellungen sind mit Honig gesüßte Veilchen; Weißdom- mit Borretschblüten; Holunder- und Orangenblüten mit getrockneten Apfelscheiben.

UMHÜLLUNGEN

Das Einwickeln in Blätter ist eine Zubereitungsform, die viel zu selten genutzt wird, dabei gibt es nicht viele andere Möglichkeiten, Speisen so dekorativ, schmackhaft und handlich darzubieten. Ein klassisches Beispiel sind die griechischen *dolmades,* Weinblätter mit einer Füllung aus Reis, Dill und Zitrone. Zarte Zutaten wie Fisch, die während des Garens oder Servierens leicht zerfallen, behalten besser ihre Form, wenn sie in Kopfsalat-, Spinat- oder Weinblätter eingewickelt werden. Große, harte Blätter, wie Lotosblätter oder die papierartigen Hüllen von Mais, schützen die Speisen vor zu großer Hitze, werden aber im allgemeinen nicht mitgegessen. Einige Blätter, die zum Verzehr geeignet sind, sollten blanchiert werden: Erstens werden ihnen dabei die Bitterstoffe entzogen, und zweitens werden sie weich und lassen sich besser zusammenrollen. Blätter dienen aber keineswegs nur als Umhüllung für Speisen, sie aromatisieren darüber hinaus die eingewickelte Farce.

Römischer Salat   Die langen äußeren Blätter des Römischen Salats ergeben vorzügliche Hüllen für gedämpften Fisch, ob ganz oder filetiert. Die zarten, geschmeidigen Blattspitzen sind ideal, um Frühlingsrollen auf thailändische Art zu servieren. Dazu belegt man ein rohes Salatblatt mit frischer Minze, legt die Frühlingsrolle darauf, rollt das Blatt zusammen und taucht die Rolle in eine süß-saure Sauce.

Spinatblätter   Wegen ihres angenehmen Aromas und ihrer attraktiven dunkelgrünen Farbe eignen sich diese Blätter ausgezeichnet als Hüllen. Besonders hübsch sieht es aus, wenn man kleine, gebutterte Auflaufförmchen mit blanchierten Spinatblättern auskleidet und mit einer Gemüse-Mousse füllt. Die Becherpasteten werden im Wasserbad gegart und vor dem Servieren gestürzt.

Kohlblätter   Gefüllte Kohlblätter, sogenannte Kohlrouladen, gelten in vielen Ländern als Klassiker. Die kräftigen Blätter sind wie geschaffen für lange Garzeiten. Gefüllt werden sie mit Fleisch oder Reis oder mit beidem. Eine köstliche Beigabe dazu ist eine Tomatensauce. Die Blätter lassen sich leichter zusammenrollen, wenn man vorher die dicken Mittelrippen herausschneidet.

Weinblätter   Die angenehm säuerlich schmeckenden Blätter werden häufig als Umhüllung für aus Wildgeflügel oder Fisch zubereitete Farcen verwendet. Frische Weinblätter müssen vor dem Füllen blanchiert werden, damit sie ihre Bitterstoffe verlieren. In Lake konservierte Blätter sind meist sehr salzig und sollten vor Gebrauch gewässert werden. Bei Verwendung von eingelegten Weinblättern ist die Würzmenge entsprechend zu reduzieren.

Römischer Salat

Paan-Blätter

In Indien erhält jeder Gast nach der Mahlzeit ein mit einer Gewürznelke verschlossenes, gefülltes *Paan*-Blatt (Blatt des Betelpfeffers), das erfrischend und verdauungsfördernd wirkt. Die Zutaten der Füllung sind bitter, süß und sauer – zum Beispiel Betel- und Kokosnuß, Kardamom, Anissamen, Zuckerstückchen und Melonenkerne.

Weinblätter

Weißkohlblätter

Spinatblätter

WEINBLÄTTER FÜLLEN

Weinblätter mit pikanter Füllung – hier besteht sie aus Reis, Sultaninen, Zwiebeln, Pinienkernen und Petersilie – sind ein kulinarischer Klassiker. Sie werden als Vorspeise kalt mit griechischem Joghurt oder als Hauptgericht warm mit Tomatensauce gereicht. Die Blätter müssen vor dem Füllen blanchiert werden. Die Füllung enthält fast immer Reis. Es können aber auch andere Zutaten verwendet werden, wie zum Beispiel zerdrückte Tomaten, gehackte Frühlingszwiebeln, Minze, Kreuzkümmel und gehacktes Lammfleisch.

1 Ein Weinblatt mit der Unterseite nach oben auf die Arbeitsfläche legen. Einen Eßlöffel von der Füllung in Höhe des Stiels auf das Weinblatt setzen.

2 Das Blatt von den Seiten her zur Mitte über die Füllung falten und zusammenrollen.

3 Die kleinen Rollen kalt als Vorspeise oder warm als Hauptgericht reichen. Mit roher Farce gefüllte Blätter etwa 2 Stunden im geschlossenen Topf leise köcheln lassen.

Lotosblätter Die meist in getrockneter Form angebotenen Blätter sind in China eine bevorzugte Hülle für Klößchen oder *dim-sum*. Nur frische, junge Blätter können roh verzehrt werden.

Maisblätter In Mittel- und Südamerika nimmt man die papierartigen Hüllblätter der Maiskolben zum Einwickeln. Sie verleihen den Speisen einen süßlichen, nußartigen Geschmack, werden aber nicht mitgegessen.

Bananenblätter Diese riesigen Blätter werden bis zu 3 m lang und bis zu 60 cm breit. Ihr feines, delikates Aroma wird gut von den darin eingewickelten Speisen aufgenommen. Bananenblätter sind eine bevorzugte Hülle in der asiatischen und westindischen Küche.

Die großen Bananenblätter übertragen ihr feines Aroma auf die Speisen, die sie einhüllen. Die Blätter selbst sind nicht zum Verzehr geeignet

Bananenblätter *werden vorwiegend als Umhüllung für Gerichte asiatischer oder westindischer Herkunft verwendet, vor allem für Fisch oder Geflügel, die auf diese Weise beim Grillen, Backen und Dämpfen saftig bleiben und vor zu großer Hitze geschützt werden sollen*

Getrocknete Lotosblätter

Getrocknete Maishüllblätter

Maisblätter füllen
Zwei vorgekochte Hüllblätter von Zuckermaiskolben quer übereinanderlegen. Die Füllung in die Mitte setzen und die überstehenden Enden kreuzweise übereinanderschlagen, so daß ein Quadrat entsteht. Die Päckchen mit langen, dünnen Streifen von Maisblättern verschnüren. Die Hüllblätter vor dem Servieren entfernen.

KOPFSALATE UND CHICORÉE-SORTEN

Früher galt Salatgemüse noch als Vorbote des Frühlings; heute sind die meisten Salatsorten ganzjährig im Handel. Die eßbaren Blätter haben viele Formen und sind sehr unterschiedlich im Geschmack. Neben den zahlreichen kultivierten Salatsorten aus Gärtnereien – einschließlich Kopfsalaten und Chicorée-Sorten – gibt es auch einige wildwachsende Salatpflanzen wie die Brennnessel oder den Löwenzahn. Salatblätter sind reich an Vitamin A und C. Sie sollten möglichst unmittelbar nach der Ernte zuberei-

tet werden, da sie rasch an Geschmack und Nährstoffgehalt verlieren. Beim Einkauf ist darauf zu achten, daß die Blätter glänzend und fest sind. Welke, verfärbte und stark beschädigte Blätter sind wertlos. Zur kurzfristigen Aufbewahrung Salatblätter gründlich waschen, trockentupfen und anschließend an einem kühlen, luftigen Platz lagern. Die leider häufig verwendete Plastikverpackung muß vorher unbedingt entfernt werden, denn sie zieht Feuchtigkeit an und begünstigt Fäulnis.

Kopfsalate und Chicorée-Gewächse bieten viele Variationen in Geschmack, Farbe und Struktur. Im allgemeinen werden sie für Salate verwendet, doch viele Sorten eignen sich auch zum Garen. Chicorée-Arten mit festeren Blättern sind gedünstet ausgezeichnete Beilagen zu gebratenem Fleisch oder Geflügel. Ebenso köstlich ist eine Chiffonade aus Salatblättern (siehe S. 47), die anstelle der herkömmlichen Garnitur aus gehackter Petersilie oder gehacktem Schnittlauch verwendet wird.

Pflücksalate mit offenen Köpfen haben – vorausgesetzt, man hat einen eigenen Garten – den Vorteil, daß jeweils nur die gewünschte Blattmenge abgeerntet werden kann, ohne die Salatpflanze ganz aus dem Beet zu entfernen. Da immer nur die äußeren Blätter abgepflückt werden und die Pflanzen relativ langsam schießen, sind zahlreiche Ernten möglich.

Diese Salatsorten sind im allgemeinen sehr zart und mild im Geschmack. Für einen gemischten Salat verwendet man sie deshalb am besten zusammen mit festeren Salatblättern. Zu den wichtigsten Sorten, die ständig durch Neuzüchtungen vermehrt werden, gehören *Lollo biondo* und *Lollo rosso* – fein gekrauste Salate mit gelb-grünen oder dunkelroten Blättern. Nicht zu vergessen der rote Eichblattsalat mit den rötlichbraun geränderten Blättern, die zart und mild schmecken und gut mit anderen Salatblättern.gemischt werden können.

Kopfsalat Typische Vertreter dieses Salattyps sind Butter- beziehungsweise grüner Salat und Krachsalat oder Batavia. Beide Typen bilden Köpfe mit ziemlich festen und knackigen Herzblättern und weichen, zarten Außenblättern. Während die helleren Herzblätter sehr zart und mild sind, haben die dunkleren Außenblätter einen kräftigeren Geschmack. Der Kopfsalat ist die am meisten verwendete Salatpflanze in fast allen europäischen Ländern.

Römischer Salat Diese Variante des Kopfsalats, auch unter der Bezeichnung Cos- oder Bindesalat bekannt, hat große, längliche Köpfe und einen milden, leicht nussigen Geschmack. Seine knackigen, dunkelgrünen Blätter passen gut zum intensiven Aroma von Anchovis und Parmesan in Salat Cäsar.

Römischer Salat *verbindet knackige Frische mit mildem Salatgeschmack. Er wird auch als Cos- oder Bindesalat bezeichnet und stammt ursprünglich von der griechischen Insel Kos*

Lollo rosso

Roter Eichblattsalat

Eissalat, *auch Krach- oder Eisbergsalat genannt, hat einen sehr festen geschlossenen Kopf, relativ wenig Eigengeschmack, ist aber sehr knackig*

Chicorée-Sorten *sind Salate mit einem angenehm bitteren Geschmack, die vor allem für gemischte Salate geeignet sind, aber auch ausgezeichnet als Gemüse schmecken*

Frisée *auch* **krause Endivie** *genannt, hat reizvolle, zarte Blätter in Weiß, Gelb und Grün und gehört zur Familie der Zichoriengewächse*

Lollo biondo *gehört zu den Neuzüchtungen aus der Familie der Kopfsalate mit gekrausten Blättern und kompakten Köpfen*

Radicchio

Batavia

Chicorée *ist von allen Zichoriengewächsen am vielseitigsten zu verwenden. Die festen Köpfe liefern roh einen wohlschmeckenden Salat und gedünstet ein köstliches Gemüse*

Zichoriengewächse Die enge Verwandtschaft zwischen Endivie (veredelte Form der Zichorie) und Chicorée hat in vielen Ländern zu Namensverwechslungen geführt. Was die Briten unter Chicorée verstehen, heißt in den Vereinigten Staaten Brüsseler Endivie, während die Salatpflanze, die Briten und Amerikaner als krause Endivie kennen, in Frankreich *chicorée frisée* heißt – und so weiter. Mit ihrem charakteristischen leicht bitteren Geschmack und ihren festen Blättern sind die meisten Zichorienarten sowohl zum Rohessen in Salaten wie zum Garen geeignet. Chicorée, auch Brüsseler Endivie genannt, hat einen ovalen, festen Blattkopf, der seine blaßgelbe Farbe der Anbaumethode verdankt (er treibt – ähnlich wie Pilze – in feuchter, sandiger Erde im Dunkeln einen blaßgrünen Trieb aus). Die Blätter können einzeln abgelöst und fein oder grob geschnitten für Salate verwendet werden. Ganze Blattköpfe sind ideal zum Backen, Braten und Dünsten. Zum Kochen schneidet man den bitteren Kern keilförmig heraus. Frisée (oder krause Endivie) hat einen geöffneten Kopf mit feingegliederten Blättern. Frisée schmeckt köstlich mit gebratenem Speck, *croûtons* und einem pochierten Ei. Eskariol, der auch als glatte Endivie bezeichnet wird, sieht aus wie eine Kreuzung von Kopfsalat und krauser Endivie. Er schmeckt etwas bitter und sollte für Salate fein zerpflückt werden. Eskariol ist köstlich, wenn er in Fleischbrühe mitgekocht wird. Rotblättrige Chicorée-Sorten, wie der Radicchio, mit festem, kleinem Kopf oder länglichen Blättern, werden – besonders in Italien – sehr geschätzt. Die hübschen rot-weiß gezeichneten Blätter sind eine Bereicherung für jeden grünen Salat. Die schalenförmigen Blätter ergeben außerdem dekorative Unterlagen für heiße oder kalte Salate oder aber für delikat zubereiteten Frischkäse. Halbierte oder geviertelte Köpfe sind ideal zum Grillen.

BLATTSALATE UND SALATKRÄUTER

Viele der im Mittelmeerraum wildwachsenden Blattpflanzen, wie Feldsalat und Rauke, wurden schon von den Römern verwendet und erfreuen sich neuerdings wieder großer Beliebtheit. Sie werden fast überall angebaut und sind heute ganzjährig auf dem Markt. Auch die pfeffrigscharfen Blätter der Kapuzinerkresse stehen hoch im Kurs. Sie sind eine köstliche Beigabe zu allen grünen Salaten. Auch Brennesseln und Löwenzahn gehören zu den besonders schmackhaften Salatpflanzen. Wer ökologisch bewirtschaftete Felder und Wiesen in der Nähe hat, kann sie selbst pflücken. Beim Sammeln von wildwachsenden Pflanzen ist generell darauf zu achten, daß sie nicht mit chemischen, das heißt gesundheitsschädlichen Mitteln behandelt worden sind. Es sollten auch keine Blätter am Straßenrand gepflückt werden, da sie ständig Abgasen ausgesetzt sind. Alle hier genannten Salate sollten möglichst im Frühling – blühende Salatpflanzen noch vor der Blüte – geerntet werden, weil die Blätter dann besonders zart sind.

Rauke Die mit dem Senf verwandte Rauke hat lange, lanzenförmige Blätter, die an die der Radieschen erinnern. Rauke ist ein unentbehrlicher Bestandteil von *mesclun,* einer klassischen Salatzubereitung mit winzigen Salatblättern. Kurz in Olivenöl sautiert, schmeckt Rauke auch köstlich mit Pasta vermischt.

Feldsalat (Rapunzel) Ein köstlicher Wintersalat ist ein mit Walnußöl angemachter und mit gewürfelten roten Beten und geschälten Walnüssen gemischter Feldsalat. Die weichen Blätter mit dem mild-würzigen Geschmack passen auch gut zu Zuckermais. Frischer Baby-Mais, kurz blanchiert, schmeckt natürlich am besten, aber auch Mais aus der Dose ist gut.

Löwenzahn Junge, zarte Löwenzahnblätter ergeben roh einen köstlichen Salat; ältere Blätter sollte man vor dem Servieren blanchieren oder mit einer heißen Sauce übergießen (siehe unten).

Brennessel Nur die jungen, zarten Triebe werden zum Kochen verwendet; die Stengel und die unteren Blätter sind nicht zum Verzehr geeignet. Für Suppe oder als Gemüsebeilage werden die Blätter püriert. Feingehackte Brennessel wird unter Frischkäse, wie Ziegenkäse oder Ricotta, gemischt und als Ravioli-Füllung verwendet.

Die langen, schmalen Blätter haben einen pikant-würzigen bis bitteren Geschmack

Die langen, pfeilförmigen Blätter, die an Spinat erinnern, enthalten Oxalsäure, die für den feinen säuerlichen Geschmack verantwortlich ist

Feldsalat (Rapunzel)

Brunnenkresse

Rauke *ist eine vor allem in Italien sehr verbreitete Salatpflanze. Sie eignet sich für Mischsalate und kann unter heiße Pasta und Risottos gegeben werden*

Sauerampfer

Sauerampfer Das Kraut mit dem intensiv säuerlichen Geschmack ist reich an Vitamin C. Ein oder zwei zerpflückte Blätter in einem gemischten Salat sorgen für eine erfrischende Würze. Kleine Mengen der würzigen Blätter verfeinern auch gekochte Speisen. Sauerampfer fällt wie Spinat beim Kochen stark zusammen. 1 kg roher Sauerampfer ergibt gekocht eine Menge von 500 g.

Portulak Die häufig als »Unkraut« bezeichnete Pflanze hat knackige, fleischige Blätter, die vorzüglich schmecken. Portulak kann wie Spinat zubereitet und mit Sahne oder Butter serviert werden. Er schmeckt aber auch roh gut an Salaten.

Kapuzinerkresse Die Blätter der Kapuzinerkresse sind vielseitig in der Küche zu verwenden. Mit ihrem leicht pfeffrigen Geschmack sind ganze Blätter eine würzige Beigabe zu grünen Salaten. Gehackte oder feingeschnittene Blätter ergeben mit Frischkäse gemischt eine köstliche Sandwich-Füllung, passen aber auch gut zu Rührei und Omelett.

Brunnenkresse Die pikant-würzige, etwas senfähnlich schmeckende Brunnenkresse ist in allen gemäßigten Klimazonen verbreitet. An Flußläufen wächst sie wild, doch wegen der möglichen Verunreinigungen des Wassers sollte man besser auf kommerziell gezogene Brunnenkresse zurückgreifen, die der wildwachsenden geschmacklich nicht nachsteht. Und der Großteil der heute angebotenen Kresse ist kultiviert. Brunnenkresse schmeckt köstlich in einer Sahnesuppe, aber auch feingehackt und mit Butter vermengt ist sie als pikante Würze für Fleisch und Fisch nicht zu verachten. Die zarten Blättchen welken rasch und können nicht getrocknet oder auf andere Weise konserviert werden. Am besten verbraucht man sie innerhalb eines Tages nach dem Einkauf.

Gartenkresse Die pikante Kresse wird vorwiegend als Garnitur verwendet, paßt aber auch gut zu Mayonnaise und Eiern. Kresse läßt sich problemlos zu Hause ziehen (siehe S. 62), kommt aber auch in kleinen Behältern in den Handel.

REZEPTVORSCHLAG
Brennesselsuppe

4 Portionen

500 g junge Brennesselblätter, gewaschen
4 Schalotten, feingehackt
2 EL Butter
1 große Kartoffel, geschält und gewürfelt
Salz
Frisch gemahlener schwarzer Pfeffer
Crème double und Croûtons zum Garnieren

Ein Drittel der Brennesselmenge feinhacken. Die Schalotten und die Butter in einen Suppentopf geben und bei schwacher Hitze etwa 5 Minuten dünsten, bis sie weich sind. Die ganzen Brennesselblätter dazugeben und 1 Minute garen. Die gewürfelte Kartoffel und 1 l kaltes Wasser dazugeben und mit Salz und Pfeffer abschmecken. Zugedeckt bei schwacher Hitze etwa 20 Minuten köcheln lassen, bis die Kartoffelwürfel gar sind. Die Suppe fein pürieren. Mit Salz und Pfeffer abschmecken, die feingehackten Blätter und die Sahne unterrühren, die *croûtons* in die Suppe geben und sofort servieren.

Kapuziner-kresse

Brennessel

Portulak

Gartenkresse

Löwenzahn

Blätter weich machen
Damit die älteren, etwas harten Löwenzahnblätter weich werden, läßt man sie in heißem Dressing zusammenfallen. Die Blätter waschen und in eine Schüssel geben. In einer Pfanne Speckwürfel in Olivenöl ausbraten und das Ganze über die Blätter geben. Den Bratensatz mit Weinessig ablöschen (siehe S. 249), über die Blätter gießen und nach Geschmack würzen und gut mischen.

MEERESGEMÜSE

Pflanzen, die im Meer oder in Meeresnähe wachsen, werden in westlichen Ländern häufig als Heilmittel geschätzt, als Nahrungsmittel aber weitgehend ignoriert. Auch bei den alten Griechen und Römern standen Meeresalgen nicht auf dem Speisezettel. So ist es kein Wunder, daß – von einigen wenigen Küstenregionen einmal abgesehen – Meeresgemüse in Nordamerika und weiten Teilen Europas so gut wie unbekannt sind. Ganz anders dagegen in den meisten asiatischen Ländern, wo Meeresalgen mit ihrem hohen Gehalt an Mineralstoffen, Vitaminen und Protein von alters her fester Bestandteil der heimischen Küche sind. Die industrielle Gewinnung von Algen aus dem Meer geht in Japan bis ins 17. Jahrhundert zurück, und die Art der Zubereitung hat sich dort zu einer hohen Kunst entwickelt. Die meisten Meeresalgen werden getrocknet angeboten. Mit ihrem feinen Aroma und ihrer optisch reizvollen Wirkung bieten Meeresalgen vielseitige Verwendungsmöglichkeiten, so zum Beispiel als Suppengrundlage und -würze, als Zutat in Salaten und pfannengerührten Gerichten sowie als Geliermittel in Desserts.

Kombu Das zur Gruppe der Braunalgen zählende Meeresgemüse kann roh, frisch gekocht oder getrocknet zum Kochen verwendet werden. Von allen Seetangarten ist Kombu die am meisten verwendete Alge in Japan, obwohl sie auch in vielen koreanischen Gerichten zu finden ist. Gewöhnliches Kombu dient in erster Linie zur Herstellung von Fonds und Brühen *(dashi)*, mit denen eine Vielzahl von japanischen Gerichten gewürzt wird. Fügt man beim Kochen von Getreide oder Hülsenfrüchten der Kochflüssigkeit Kombu bei, verbessert das nicht nur den Geschmack, es hilft außerdem, die Faserstoffe dieser Nahrungsmittel schneller zu garen, und macht die Speise leichter verdaulich. Kombu-Streifen können darüber hinaus geflochten und fritiert als dekorative Körbchen verwendet werden. Tororo-Kombu ist ein feingeschabter, in Reisessig eingelegter Seetang. Er dient als Suppeneinlage oder als Umhüllung von Reis. Kombu-Rollen sind ein klassisches japanisches Gericht, für das getrockneter Fisch – meist Hering – in Kombu-Blätter eingewickelt und dann in einer würzigen Brühe gekocht wird.

Nori Neben Kombu ist Nori das am weitesten verbreitete Meeresgemüse. Nori wird meistens in Blattform angeboten und in erster Linie als Hülle für *sushi* (siehe S. 221) verwendet. Leicht geröstet hat Nori einen zarten, würzigen Geschmack und kann, zerkrümelt, über Salate oder in Suppen gestreut werden.

Wakame Eingeweicht ist dieses milde Meeresgemüse von zarter Konsistenz und wird daher gern an Salate und Pickles gegeben oder über Reisgerichte gestreut.

Hijiki Die Zubereitung dieser von Natur aus sehr festen Alge ist einfach, weil sie bereits entsprechend aufbereitet in den Handel kommt. Das schwarze Seegras quillt beim Einweichen etwa um das Fünffache seines Volumens auf, hat ein sehr intensives, leicht süßliches Aroma und schmeckt sehr gut sautiert oder in Ausbackteig fritiert.

Agar-Agar Das traditionelle, sehr nahrhafte Geliermittel wird aus verschiedenen Arten von Rotalgen hergestellt und in Streifen, als Flocken oder als feines Pulver gehandelt. Die transparent wirkenden Streifen können auch als Salat zubereitet werden. Dazu weicht man sie ein paar Minuten ein und vermischt sie dann mit Gurkenstreifen, gerösteten Mandeln und einem Dressing aus Sesamöl und Sojasauce. Das Pulver wird zur Herstellung von Aspik und zum Andicken von Marmeladen, Gelees, Pudding und Desserts verwendet. Die traditionelle Bezeichnung für mit Agar-Agar zubereitete Gelees ist *kanten*.

Nidashi-Kombu

Natto-Kombu

Tororo-Kombu

Kombu-Rollen

FRISCHES MEERESGEMÜSE

Viele der in europäischen Küstenregionen heimischen Meeresalgen können frisch verwendet werden, sowohl roh wie gekocht. Laver (oder Meerlattich) ist ein hellgrüner Seetang, der auf den Britischen Inseln sehr verbreitet ist und für das traditionelle *laver bread* verwendet wird (siehe S. 221). Dulse und Ulve (Meersalat) können kleingeschnitten als Garnitur oder für Salat verwendet werden. Queller oder Glaskraut ist genaugenommen keine Meeresalge, sondern ein Gemüse, das wild an Klippen und Felsen wächst. Gekocht oder gedämpft schmeckt es am besten. Meist wird es nur mit zerlassener Butter oder einer Vinaigrette angemacht und als Beilage zu Fisch und Meeresfrüchten gereicht.

Laver-Brot

Queller

Die hauchdünnen, überwiegend in Japan geernteten Nori-Blätter sind als Beilage ebenso beliebt wie als Umhüllung und Würze

Wakame

Nori

Hijiki

Rotes Agar-Agar

Weißes Agar-Agar

Meeresgemüse, *ein asiatisches Grundnahrungsmittel, ist in Japan, Korea und einigen Teilen Chinas ein unentbehrlicher Bestandteil der heimischen Küche*

REZEPTVORSCHLAG

Laver-Brot mit pochiertem Rochen

4 Portionen

*Saft von ¹/₂ Zitrone oder nach Belieben
60 g mittelfeines Hafermehl
500 g Laver, frisch oder tiefgefroren und aufgetaut
4 kleine Rochenflügel
2 EL Cider-Essig
4 EL Öl
Zitronenscheiben und Petersilienzweige zum Garnieren*

Laver in Wasser dünsten und zu einem spinatähnlichen Püree verkochen. Dann Zitronensaft, Hafermehl und Laver in einer Schüssel mischen. Kleine Küchlein von etwa 3 cm Durchmesser formen und mit etwas Hafermehl bestäuben. Die Rochenflügel in eine flache feuerfeste Form geben, knapp mit Wasser bedecken und zum Kochen bringen. Den Essig dazugeben und 8–10 Minuten pochieren. In der Zwischenzeit das Öl in einer Bratpfanne erhitzen und das Laver-Brot auf jeder Seite 2 Minuten darin braten. Mit Zitrone und Petersilie garnieren und zu den pochierten Rochenflügeln reichen.

SUSHI ZUBEREITEN

Nori-Blätter und gekochter, mit Reisessig gewürzter Reis sind unerläßlich für die Zubereitung von *sushi*. Die Füllung bleibt jedem selbst überlassen. Sie kann zum Beispiel aus Pilzen, Spinat, eingelegtem Ingwer und getrockneten Kürbisraspeln bestehen.

1 *Ein leicht geröstetes Nori-Blatt mit der glänzenden Seite nach unten auf eine Sushi-Matte legen. Reis und dann die Füllung so auf dem Blatt verteilen, daß am oberen und unteren Rand 1 cm frei bleibt.*

2 *Das gefüllte Nori-Blatt mit Hilfe der Bambusmatte zu einer gleichmäßigen, festen Rolle formen und mindestens 5 Minuten ruhen lassen.*

3 *Die Bambusmatte entfernen. Die Sushi-Rolle mit einem scharfen Messer in 2,5 cm dicke Scheiben schneiden. Mit Sojasauce und Wasabi-Paste (siehe S. 166) servieren.*

221

Öl, Essig und Milch-produkte

OLIVENÖL

Das aus dem Fruchtfleisch und den Kernen der Oliven gewonnene, nicht trocknende Öl, das schon in sehr frühen Zeiten ein wichtiges Handelsprodukt war, ist das traditionelle klassische Speiseöl. Im alten Athen symbolisierte die Olive den Wohlstand der Stadt, und das daraus gewonnene Öl wurde gleichermaßen zum Kochen wie auch als Brennmaterial für Öllampen verwendet. Die Römer verbreiteten den Olivenanbau im ganzen Römischen Reich – von Afrika bis zur Iberischen Halbinsel. Nicht zuletzt glaubte man im alten Rom, daß Wein und Olivenöl – zwei feste Bestandteile der Ernährung zu jener Zeit – ein langes Leben

bescherten. Heute wird Olivenöl in verschiedenen Verfahren erzeugt, die wiederum unterschiedliche Qualitäten ergeben. Sie sind von der Kommission der Europäischen Gemeinschaften in folgende Güteklassen eingeteilt: natives Olivenöl extra (max. 1 g freie Fettsäuren pro 100 g Öl), natives Olivenöl (max. 2 g freie Fettsäuren pro 100 g Öl) und Olivenöl. Letzteres ist raffiniert und zur Verbesserung des Geschmacks mit nativem Olivenöl versetzt. Je schonender ein Öl gepreßt wird, desto hochwertiger ist es. Geschmack, Geruch und Farbe werden aber auch durch die Olivensorte, deren Herkunftsort und Reifegrad bestimmt.

HERSTELLUNG

Bei der traditionellen Ölgewinnung werden die Oliven nach der Ernte gewaschen und zwischen zwei schweren Mühlsteinen zerdrückt. Der Olivenbrei kommt dann zwischen gefaltete Matten, die mit Gewichten beschwert werden, so daß das Öl aus dem Fruchtfleisch herausfließt. Heutzutage geschieht das Auspressen der Oliven meist mit Hilfe hydraulischer Pressen, die während der Arbeit gekühlt werden, um das Öl möglichst vollwertig zu erhalten. Das so gewonnene kaltgepreßte Öl wird anschließend lediglich gefiltert. Bei warmgepreßten und raffinierten Ölen ist die Ölausbeute wesentlich höher; qualitativ und geschmacklich können diese Öle aber bei weitem nicht mit den schonend gepreßten Ölen konkurrieren.

Das qualitativ hochwertigste Olivenöl ist das unraffinierte Öl der ersten Pressung, das ohne Wärmebehandlung und ohne chemische Behandlung aus besten Oliven gewonnen und heute als »Natives Olivenöl extra« angeboten wird. Die nächsten Qualitätsstufen »fein« und »mittelfein« bezeichnen naturreines Olivenöl der nachfolgenden Pressungen. Auch diese Öle werden nur gereinigt und gefiltert, aber nicht raffiniert. Raffiniertes Olivenöl ist warmgepreßtes und technologisch aufbereitetes Olivenöl. Die Etikettierungen »Olivenöl« und »Reines Olivenöl« verweisen auf Mischungen aus nativem und raffiniertem Olivenöl. Das native Olivenöl extra, früher »Jungfernöl« genannt, der ersten Pressung ist von erlesenem Geschmack und von zartem, hellem Grün.

Bei Olivenölen wird Qualität generell mit Geschmack gleichgesetzt. Wer also die Vielfalt an Sorten kennenlernen will, dem bleibt nichts anderes übrig, als alle durchzuprobieren. Letztendlich wird der persönliche Geschmack entscheiden.

OLIVENÖLSORTEN

Olivenöl wird in den meisten Mittelmeerländern produziert. In der folgenden Liste sind nur Öle aus den bedeutendsten Erzeugerländern aufgeführt.

Trübes Öl
Luft, Wärme und Licht lassen Öl ranzig werden, daher sollte man es an einem kühlen Ort in einem luftdicht verschlossenen, lichtundurchlässigen Behälter aufbewahren. Bei großer Hitze oder nach dem Öffnen stellt man Öl am besten in den Kühlschrank. Mitunter wird es dann zwar trüb oder sogar fest, doch nimmt es bei Raumtemperatur wieder seinen ursprünglichen Zustand an und verliert nicht an Qualität

Die besten Olivenöle schmecken fein und fruchtig

Farblich variieren Olivenöle von zartem Goldgelb bis zu dunklem Grün

Gießer *mit Tülle, die man auf Olivenölflaschen setzt, erleichtern die Dosierung kleiner Mengen*

Italienisches Olivenöl Olivenöle aus der Toskana und aus Umbrien gelten unter Kennern als die besten. Ihr hohes Ansehen verdanken sie zum Teil allerdings auch großangelegten Marketingaktivitäten. Strenge Qualitätskontrollen bürgen jedoch für gleichbleibend gute Methoden der Ölgewinnung.

Spanisches Olivenöl Spanien ist nach Italien das bedeutendste Erzeugerland von Olivenöl. Es gibt Jahre, in denen die klimatischen Bedingungen in Spanien so günstig sind, daß dort mehr Öl als in Italien produziert wird. Die spanische Olivenölerzeugung wird von einem nationalen Gremium überwacht, das eine zusätzliche Qualitätskontrolle eingeführt hat; auf manchen Qualitätsölen ist sogar die Region angegeben, aus der das Olivenöl stammt. In Borjas Blancas, in der nordöstlichen Provinz Lerida, wird eines der qualitativ hochwertigsten Olivenöle Spaniens produziert.

Griechisches Olivenöl In Griechenland liegt der jährliche Olivenölverbrauch bei etwa 23 l pro Person. Damit steht das Land weltweit an erster Stelle im Pro-Kopf-Verbrauch, während es als Erzeugerland nur den dritten Platz belegt. Das beste griechische Olivenöl kommt aus Kalámai (Kalamata) im Süden des Peloponnes.

Französisches Olivenöl Im Gegensatz zu Griechenland produziert Frankreich nur eine bescheidene Menge Olivenöl. Die Qualität dieses Öles ist jedoch für gewöhnlich sehr hoch. Die meisten Olivenhaine liegen im Süden des Landes, und Öle aus der Gegend von Nyons und dem Vallée des Baux sind besonders hochwertig.

KOCHEN MIT OLIVENÖL

Olivenöl kann man wie jedes andere Speiseöl oder Fett verwenden, obwohl es manchen Menschen zu kräftig schmeckt. Für ein dezenteres Aroma mischt man Olivenöl mit einem neutralen Speiseöl, wie Sonnenblumen- oder Maiskeimöl. (Ein aufdringlicher, unangenehmer Geschmack kann jedoch auch auf ein Olivenöl minderer Qualität hindeuten.)

In den Mittelmeerländern ist Olivenöl ein unverzichtbares Speiseöl, das sowohl zum Würzen als auch zum Kochen und Braten verwendet wird. Man träufelt es über Tomatenscheiben oder gibt es – wie in Italien und Frankreich – kurz vor dem Servieren an eine heiße Gemüsesuppe. Auch ein echter spanischer *gazpacho* wird zum Schluß immer mit einem Schuß Olivenöl verfeinert. Die drei genannten Länder haben jeweils ihre eigene Variante von geröstetem Brot mit Olivenöl. In Italien ißt man *bruschetta*, dicke Scheiben Landbrot, nach dem Rösten mit Knoblauch eingerieben und dann mit Olivenöl beträufelt und leicht gesalzen. Wenn noch zerdrückte Tomaten dazukommen, nennen die Spanier diesen köstlichen Imbiß *pan con tomate*. In Frankreich werden in Olivenöl gebratene *croûtons* zu Stockfischpüree mit reichlich Knoblauch *(brandade)* oder zu einer nach Safran duftenden *bouillabaisse* gereicht.

Olivenöl darf auch in keiner italienischen Pastasauce fehlen. Mit Knoblauch und Chillies vermischt, ergibt es eine einfache Sauce, die vorzüglich zu Spaghetti schmeckt. Im Süden Spaniens und Frankreichs ist eine Mayonnaise aus Olivenöl und zerdrücktem Knoblauch sehr verbreitet; auch viele ungekochte Saucen auf Kräuterbasis, wie der italienische *pesto*, werden mit Olivenöl zubereitet.

Während die Europäer Olivenöl meist zum Braten von Fleisch und zum Sautieren von Gemüse verwenden, dient es im Vorderen Orient vor allem als Würze für kalte Vorspeisen und Salate, wie zum Beispiel für Auberginenpüree oder *hummus* (Kichererbsenpüree), und man brät darin Fisch.

Aromatisierte Olivenöle zum Würzen
Naturreine Olivenöle kommen zum Teil auch aromatisiert in den Handel, zum Beispiel gewürzt mit Trüffeln, Steinpilzen oder Zitrone beziehungsweise Kräutern und Gewürzen

Öl aufbewahren
Da Olivenöl unter Einwirkung von Sonnenlicht leicht ranzig wird, sollte es kühl und dunkel gelagert werden, möglichst in einer festverschlossenen Blechdose oder in einer Flasche aus dunklem Glas

ÖLE AUS NÜSSEN UND SAMEN

Speiseöle sind eine unverzichtbare Zutat beim Kochen. Sie werden zum Braten und für die Herstellung von Mayonnaisen verwendet. Öle, die aus Nüssen und Samen gewonnen werden, dienen vor allem als Aromazutat, und sie tragen zu einer ausgewogenen Ernährung bei. Von großer ernährungsphysiologischer Bedeutung sind die in natürlichen Fetten enthaltenen Fettsäuren: Die ungünstige Wirkung von Fetten auf den Cholesterinspiegel entsteht durch die gesättigten Fettsäuren, die in tierischen Fetten enthalten sind. Günstig auf den Cholesterinspiegel wirkt sich die Kombination von einfach und mehrfach ungesättigten Fettsäuren aus. Besonders wichtig für die menschliche Ernährung sind die mehrfach ungesättigten Fettsäuren (auch essentielle Fettsäuren genannt). Distelöl ist besonders reich an mehrfach ungesättigten Fettsäuren; Palmöl und Kokosöl dagegen haben einen hohen Gehalt an gesättigten Fettsäuren. Obwohl es auch sogenannte Allzwecköle gibt, wird generell zwischen den relativ geschmacksneutralen und hitzebeständigen Speiseölen und den Würzölen unterschieden, die als Aromazutat für rohe Speisen – etwa Salate – dienen. Zu den Speiseölen gehören unter anderem Soja- und Maiskeimöl, zu den Würzölen Walnuß-, Haselnuß- und Kürbiskernöl. Würzöle können zwar auch erhitzt werden, aber diese Nußöle verlieren durch starke Hitze viel von ihrem einzigartigen Aroma.

Mandelöl Das aus süßen Mandeln gewonnene gelbliche Öl wird für Backwaren und Konfekt verwendet. Es ist ideal zum Einfetten von Backformen und Backblechen für zartes Feingebäck, eignet sich aber auch vorzüglich zum Anrösten von Mandelblättchen, die zu Fisch oder gegartem Blattgemüse gereicht werden.

Avocadoöl Das aus dem Fruchtfleisch von Avocados gewonnene Öl ist farblos und hat ein leichtes Anisaroma. Es wird vorwiegend in Nordamerika verwendet.

Kokosöl (Kokosfett) Das durch Pressen oder Extraktion aus dem getrockneten Kernfleisch der Kokosnuß gewonnene Öl ist reich an gesättigten Fettsäuren und wird häufig für industrielle Fertigprodukte, aber auch für einige indische Speisen verwendet.

Maiskeimöl Das aus dem fettreichen Keim des Maiskorns gewonnene Öl zählt zu den beliebtesten Speiseölen. Es hat eine charakteristische goldgelbe Farbe und ist geschmacksneutral. Maiskeimöl ist reich an mehrfach ungesättigten Fettsäuren, daher ist es zur Hocherhitzung schlecht geeignet.

Baumwollsaatöl Das aus den Samen der Baumwollpflanze gewonnene Öl wird vorwiegend zur Herstellung von Margarine und gemischten Speiseölen verwendet. Es wird in Ägypten zum Kochen verwendet.

Traubenkernöl Das aus den getrockneten Kernen der Weintraube extrahierte Öl ist goldgelb bis grün und schmeckt mild-fruchtig. Wegen seines hohen Linolsäuregehaltes ist es auch in ernährungsphysiologischer Hinsicht eine Bereicherung.

Haselnußöl Dieses feine, aromatische Öl wird durch Auspressen der Haselnüsse gewonnen. Es kommt überwiegend aus Frankreich, ist recht teuer und paßt am besten zu feinen Salaten in Verbindung mit einem edlen Essig; auch als Marinade für Fisch oder Geflügel ist es bestens geeignet. Da sich sein feinwürziges Aroma beim Erhitzen verliert, sollte Haselnußöl erst kurz vor dem Servieren

Öle als Aromazutat

Aromatische Nuß- und Samenöle werden vor allem als Aromazutat in kalten Speisen verwendet oder in letzter Minute an heiße Speisen gegeben. Öle, die aus Kürbiskernen, Walnüssen und Haselnüssen gewonnen werden, asiatisches Sesamöl, kaltgepreßtes Erdnußöl und Pinienkernöl – sie alle bieten sich an, Salatsaucen, Marinaden und Gemüse zu verfeinern. Da sie meist einen feinen bis würzigen, bisweilen sogar stark ausgeprägten Geschmack haben, sollten sie nur sparsam verwendet und gegebenenfalls mit einem geschmacksneutralen Öl, etwa Sonnenblumenöl, gemischt werden. Diese Öle können auch den obligatorischen »Stich« Butter in gegarten Speisen ersetzen. Probieren Sie einmal gedämpfte oder gekochte grüne Bohnen mit einem Schuß Walnußöl!

unter eine Sauce gerührt werden. Es paßt auch gut zu Backwaren, die Haselnüsse enthalten.

Erdnußöl Europäisches Erdnußöl ist hellgelb bis farblos und fast geruch- und geschmacklos – somit das ideale Allzwecköl zum Kochen und Braten und zum Anmachen von Salaten. Kaltgepreßtes Erdnußöl hat ein mildes Nußaroma. In Salatsaucen harmoniert es gut mit einem feinen Obstessig. Erdnußöl enthält wenig gesättigte Fettsäuren, dafür aber einen relativ hohen Prozentsatz an einfach ungesättigten Fettsäuren.

Palmöl Das aus dem Fruchtfleisch der taubenbis hühnereigroßen Samen der Ölpalme gewonnene Öl hat eine orangerote Farbe und ein angenehm nussiges Aroma. Es ist ein Speiseöl für jeden Zweck und besonders gut zum Braten geeignet. Leider wird es schnell ranzig.

Pinienkernöl Das Öl mit dem ausgeprägten Pinienkerngeschmack wird in kleinen Mengen in Frankreich produziert. Es ist zwar relativ teuer, schmeckt aber unvergleichlich gut. Sein feinwürziges Aroma kommt mit blanchiertem Spinat am besten zur Geltung. Besonders köstlich ist es als Aromazutat in einer Dip-Sauce für Artischocken.

Kürbiskernöl Das grünliche Öl mit dem angenehm nussigen Geschmack wird aus gerösteten Kürbiskernen gewonnen. Das beste Kürbiskernöl wird in der Steiermark erzeugt. Man verwendet es kurz vor dem Servieren als Würze für gedämpftes Gemüse, Siedfleisch oder Fisch; aber auch – mit einem geschmacksneutralen Pflanzenöl gemischt – für Salatdressings und Mayonnaisen.

Rapsöl Das geschmacksneutrale Öl, das aus den Samen der gelbblühenden Rapspflanze gewonnen wird, ist zum Braten, Kochen und Backen geeignet. Es hat einen hohen Rauchpunkt und enthält nur einen geringen Prozentsatz an gesättigten Fettsäuren.

Distel- oder **Safloröl** Das goldgelbe Öl, das aus den Samen der Färberdistel gewonnen wird, ist im Geschmack dem Sonnenblumenöl ähnlich und wie dieses in der Küche recht vielseitig verwendbar. Von allen Speiseölen hat es den höchsten Gehalt an mehrfach ungesättigten Fettsäuren und ist zudem ein guter Vitamin-E-Spender.

Sesamöl Europäisches Sesamöl aus den ungerösteten Samen der Sesampflanze ist hellgelb und schmeckt angenehm nussig. Da es einen relativ hohen Rauchpunkt hat, ist es zum Kochen, Braten und Fritieren gut geeignet. Asiatisches Sesamöl wird aus gerösteten Sesamkörnern gewonnen, die dem Öl ein kräftigeres Aroma verleihen. Sesamöle aus dem Mittleren Osten haben eine goldgelbe Farbe und sind leichter als asiatische Sorten.

Sojaöl Das wertvolle Öl mit mehrfach ungesättigten Fettsäuren und dem milden Geschmack ist Hauptbestandteil vieler Speiseölmischungen.

Sonnenblumenöl Das blaßgelbe, klare Öl mit dem milden Geschmack ist eines der besten Allzwecköle. Es enthält reichlich mehrfach ungesättigte Fettsäuren und kann zum Braten, Kochen und Backen, für Salatsaucen und zum Mischen mit Würzölen verwendet werden.

Pflanzenöl, Speiseöl oder **Tafelöl** Öle mit dieser Bezeichnung sind Mischungen aus verschiedenen Pflanzenölen. Sie enthalten oft Kokos- oder Palmöle mit einem hohen Gehalt an gesättigten Fettsäuren. Pflanzenöl hat einen hohen Rauchpunkt; es ist somit zum Kochen, Backen und Fritieren bestens geeignet.

Walnußöl Das topasfarbene Öl hat ein feines Nußaroma. Französische Walnüsse aus dem Périgord und der Dordogne ergeben das beste Nußöl. Walnüsse aus diesen Regionen sind nach Güteklassen eingeteilt. Es kommt sogar vor, daß ein und derselbe Baum zwei verschiedene Walnußqualitäten hervorbringt. Walnußöl ist sehr teuer, und leider wird es schnell ranzig. Auch in ungeöffneten Flaschen ist es nur begrenzt haltbar. Walnußöl ist ein vorzügliches Salatöl und wird auch gern als Aromazutat in Backwaren verwendet. Besonders gut paßt es zu Kuchen und Gebäck, die Walnüsse enthalten. Auch Fisch- und Geflügelgerichte sowie Gemüse erhalten durch das aromatische Walnußöl eine besondere Note.

Würzöle

Öle mit ausgeprägtem Eigengeschmack nimmt man nur zum Verfeinern bestimmter Speisen, nicht aber zum Kochen generell, weil sie eine zu starke Würzkraft haben. Diese Öle sind zumeist sehr teuer, vor allem, wenn sie nicht verschnitten sind – ein Grund mehr, sie sparsam zu verwenden

Traubenkernöl

Sesamöl

Kürbiskernöl

Haselnußöl

Walnußöl

Wenn Fett Feuer fängt …
Fett entzündet sich leicht, wenn es zu stark erhitzt wird. Niemals Wasser zum Löschen nehmen; statt dessen schnell einen Deckel, eine nicht leicht entzündbare Decke oder ein Stück Alufolie auf den Topf oder die Pfanne legen, um die Flammen zu ersticken.

AROMATISIERTES ÖL

Mit Kräutern und Gewürzen aromatisierte Öle verleihen vielen Gerichten eine besondere Note. Es wird eine Reihe von Ölen dieser Art im Handel angeboten, die sich auch problemlos zu Hause herstellen lassen. Natives Olivenöl extra ist zum Ansetzen am besten geeignet. Für ein besonders delikates Würzöl läßt man eine Trüffel in hochwertigem Olivenöl durchziehen. Zum Aromatisieren einer kleinen Ölmenge reichen auch schon die Trüffelschalen. Mit Trüffelöl würzt man Pasta, Risotto oder Salate. Kräuter und Gewürze können allein oder gemischt verwendet werden. Es gibt zwar keine festen Regeln, doch sollten sich die verwendeten Aromazutaten ergänzen. Öle dieser Art nimmt man eher zum Würzen als zum Kochen. Robuste Kräuter, wie Thymian, Rosmarin und Lorbeerblatt, sind dagegen vorzügliche Aromazutaten in Ölen, die für Fondue verwendet werden.

Gewürze

Gewürzöle kann man das ganze Jahr über mit allem ansetzen, was an Gewürzen zur Hand ist. Zur Intensivierung des Aromas werden Gewürze wie Kümmel und Fenchel vor dem Einlegen trocken in der Pfanne geröstet. Die Gewürze können ganz bleiben, aber auch leicht zerdrückt werden, damit sie ihr Aroma noch besser entfalten. Geeignete Gewürze sind vor allem Kardamom, Sternanis, Wacholderbeeren, Koriandersamen, Muskatnuß, Zimtstange, Kreuzkümmel und Gewürznelken.

Kardamom

Wacholderbeeren

Muskatnuß

Safran

Kräuter

Mit selbstgemachten Kräuterölen läßt sich das Aroma frischer Kräuter vorzüglich konservieren. Basilikum, Lorbeer- und Korianderblätter, Oregano, Majoran, Kerbel, Schnittlauch, Dill, Minze, Petersilie, Rosmarin, Salbei, Estragon und Thymian sind eine gute Wahl. Entweder man legt nur die Kräuter ein oder gibt sie zusammen mit anderen Zutaten, wie zum Beispiel mit Knoblauch oder Zitronenschale, in das Öl.

Salbei

Rosmarin

Basilikum

Zimtöl   **Basilikumöl**

Zum Braten und Bräunen ist Öl vielseitiger verwendbar als Butter; auch die Geschmacksvielfalt ist wesentlich größer. Wenn man zu den diversen Ölen mit unterschiedlichem Geschmack noch die Kräuter und Gewürze hinzunimmt, mit denen Öle aromatisiert werden können, ergeben sich unzählige Würzkombinationen. Da Öle ausgezeichnete Geschmacksträger sind, benötigt man jeweils nur geringe Mengen an Kräutern oder Gewürzen. Eine Prise Currypulver verleiht dem Öl ein köstliches Curryaroma, und das fertige Öl ist ideal zum Würzen von Pasta und Gemüse. Mit einem Scheibchen Ingwer wird aus gewöhnlichem Öl ein delikates Ingweröl – genau das Richtige, um in Sojasauce mariniertes Rindfleisch vor dem Braten zu bestreichen. Mit Sternanis aromatisiertes Öl ist die ideale Würze für Gerichte mit Huhn und Meerestieren. Jede Speisekammer profitiert von einem reichhaltigen Sortiment an aromatisierten Ölen.

Bei Verwendung frischer Kräuter müssen diese zuerst gewaschen und gründlich getrocknet werden. Wenn man sie leicht zerdrückt, setzen sie mehr Aromastoffe frei. Die Kräuter gibt man in eine saubere Flasche oder ein Glas mit Schnappverschluß und gießt mit Öl auf. Die Flasche fest verschließen und das Öl mindestens zwei Wochen an einem kühlen, dunklen Ort durchziehen lassen. Anschließend kann das Öl probiert werden. Wenn es einen ausgeprägt würzigen Geschmack hat, ist es gebrauchsfertig. Ist ein stärkeres Aroma erwünscht, gibt man mehr Kräuter dazu und läßt es eine Woche länger durchziehen. Die Kräuter können im Öl verbleiben oder abgesiebt werden. Werden die Blättchen nicht abgesiebt, verstärkt sich das Aroma mit der Zeit. Es sieht auch sehr hübsch aus, wenn jeweils ein Zweig der verwendeten Kräuter in der Flasche bleibt, und zudem sieht man gleich, um welches Kräuteröl es sich handelt. Für Gewürzöle können ganze und gemahlene Gewürze verwendet werden. Die verwendete Menge ist Geschmackssache; ansonsten werden Gewürzöle wie Kräuteröle angesetzt.

KOCHEN MIT AROMATISIERTEN ÖLEN

Eine Salatsauce mit Olivenöl ist immer eine gute Wahl; sie wird aber noch köstlicher, wenn sie mit einem Olivenöl zubereitet wird, das mit Kräutern aromatisiert ist. Schnittlauch, Petersilie und Kerbel – allesamt bewährte Salatkräuter – können allein oder zusammen zum Aromatisieren von Salatöl verwendet werden. Eine Flasche von diesem Öl in der Küche immer vorrätig zu haben, ist außerordentlich praktisch, wenn man vergessen hat, diese feinen Kräuter zu kaufen. Robuste Kräuter, wie Lorbeerblatt, Rosmarin, Thymian und Salbei, sind kräftig im Aroma und herzhaft im Geschmack und somit ideal geeignet zum Aromatisieren von Öl. Mit Kräuterölen dieser Art verfeinert man Marinaden für Fleisch und Wild. Man kann darin aber auch kleine, feste Ziegenkäse einlegen und diese dann als köstliche Vorspeise zubereiten. Dazu schneidet man den Ziegenkäse in Scheiben, legt ihn auf französisches Weißbrot und grillt ihn, bis er Blasen wirft. Das Käsebrot richtet man am besten auf grünem Salat an, der mit dem Kräuteröl angemacht worden ist.

Erdnußöl mit eingelegten Zimtstangen, abgefüllt in eine formschöne Flasche, ist ideal zum Verschenken und eignet sich vorzüglich zum Ausbacken von Früchten im Teigmantel, zum Backen von Pfannkuchen und Waffeln oder zum Bestreichen eines Huhns vor dem Grillen. Erdnußöl kann auch mit Früchten aromatisiert werden. Erdbeeren, Zitronen, Birnen, Äpfel, Orangen und Pfirsiche sind – allein oder gemischt – eine gute Wahl. Mit Früchten aromatisiertes Öl kann man für Mayonnaisen oder Dressings verwenden, die man als Beigabe zu kalten Platten reicht.

REZEPTVORSCHLAG

Penne mit Gemüse und Curryöl

4 Portionen

8 EL natives Olivenöl extra
2 TL Currypulver
Salz
5 mittelgroße Möhren, gewürfelt
500 g Erbsen, frisch oder tiefgefroren
und aufgetaut
1 große Zwiebel, gewürfelt
2 gelbe Paprikaschoten, gewürfelt
500 g Penne

Das Currypulver unter das Öl mischen (am besten am Tag zuvor). Gesalzenes Wasser zum Kochen bringen, die Möhren in ein Sieb geben und in das Wasser hängen. Die Möhren etwa 2 Minuten kochen, bis sie knapp gar sind. Mit dem Sieb aus dem Topf nehmen, das Wasser erneut aufkochen lassen und die Erbsen darin 3 Minuten kochen. Abgießen und beiseite stellen. 2 Eßlöffel Curryöl, die Zwiebel und Salz nach Geschmack in eine Pfanne geben und bei mittlerer Hitze 3 Minuten dünsten. Die Paprikaschoten dazugeben und 1–2 Minuten garen, bis sie gerade weich sind. Mit Salz abschmecken. Die Nudeln in siedendem Salzwasser al dente kochen; Möhren und Erbsen kurz dazugeben, dann alles abgießen. Die Nudeln mit dem Gemüse in eine Schüssel geben und die Zwiebelmischung und das restliche Curryöl unterrühren. Heiß servieren.

CHILIÖL HERSTELLEN

Die meisten Kräuter- oder Gewürzöle können kalt angesetzt werden, doch für die Zubereitung von Chiliöl empfiehlt es sich, das Öl auf sehr kleiner Flamme und unter ständiger Aufsicht zu erhitzen. Werden die Chillies aber zu stark erhitzt, entstehen beißende Dämpfe. Jedes hochwertige Speiseöl ist geeignet, und scharfe Chilischoten können durch mildere ersetzt werden. Würzöle, wie asiatisches Sesamöl, erst am Ende der Garzeit hinzufügen, da ihr Aroma durch Erhitzen weitgehend verlorengeht. Chiliöl auf mediterrane Art wird mit nativem Olivenöl zubereitet. Es schmeckt köstlich, wenn man es über Pasta und Pizza träufelt oder wenn man gegrilltes Fleisch kurz vor dem Servieren damit bestreicht.

1 *250 ml Erdnußöl und 6 EL gehackte getrocknete rote Chillies in einer Pfanne verrühren. Auf kleinster Flamme 10 Minuten erhitzen und dann abkühlen lassen.*

2 *An das abgekühlte Öl 2–3 TL gemahlenen Cayennepfeffer und 1–2 EL asiatisches Sesamöl geben und zugedeckt mindestens 12 Stunden durchziehen lassen.*

3 *Das Chiliöl durchsieben und in eine sterilisierte Flasche umfüllen. 2–3 ganze Chillies zur Dekoration dazugeben. Das Öl kühl und dunkel aufbewahren.*

ESSIG

Essig ist im Grunde nichts anderes als sauer gewordener Wein, aber auch aus anderen vergorenen weingeisthaltigen Flüssigkeiten, wie zum Beispiel Cidre, Bier oder Reiswein, wird Essig gewonnen. Die Gärung oder Säuerung ist ein natürlicher Prozeß, der eintritt, wenn eine Flüssigkeit mit weniger als 18 % Alkoholgehalt der Luft ausgesetzt ist. Nach 2–3 Tagen entsteht auf der Flüssigkeit eine dicke Haut. Diese von den Essigbakterien gebildete Essigmutter – ein Film von Hefezellen und Bakterien – wandelt den Alkohol in natürliche Essigsäure um, und diese verleiht dem Essig seinen charakteristischen Geschmack. Obwohl die Gärung von selbst einsetzt, verläuft sie nicht immer gleichmäßig. Für die Herstellung von qualitativ hochwertigen Essigsorten müssen Zeit und Temperatur bei der Essigherstellung genau kontrolliert werden. Dies erklärt auch, warum eine Flasche Wein oder Bier, die man ein paar Tage offen stehenläßt, nicht automatisch zu Essig vergärt. Bleibt die Gärung sich selbst überlassen, kann dies zu Geschmacksverlusten oder zu einer neuerlichen Aktivität der Bakterien führen, so daß der fertige Essig dann unangenehm bitter schmeckt. In der Küche ist Weinessig unentbehrlich für Salatsaucen und Marinaden sowie zum Ablöschen von Bratensatz (siehe S. 249). Reisweinessig ist unverzichtbar für die Zubereitung von *sushi*, und Malzessig ist in Großbritannien eine beliebte Würze für Pickles und nicht zuletzt für *fish and chips* (gebratenen Fisch mit Pommes frites).

ESSIGSORTEN

Bei reinem Weinessig muß der Essigsäuregehalt mindestens 6 % betragen, bei anderen Essigsorten schwankt der Säuregehalt zwischen 5 und 6 %. Geringfügige Abweichungen im Säuregehalt sind kaum zu schmecken und nur beim Konservieren mit Essig von Bedeutung.

Wein-, Malz- und Cidre-Essig sind relativ kräftig im Geschmack. Destillierter Essig ist besonders kräftig, und am intensivsten ist Essigessenz. Obwohl fast jeder Essig destilliert werden kann, kommt für dieses Verfahren hauptsächlich Malzessig in Frage. Beim Destillieren wird die Säure konzentriert, und der Essigsäuregehalt steigt auf über 6 %.

Jedes Land hat seinen bevorzugten Essig, dessen Rohprodukt jeweils landestypisch ist. Weinproduzierende Länder, wie Frankreich, Italien und Spanien, stellen Weinessig her. In Ländern, wo viele Äpfel geerntet werden, wie in Teilen Nordamerikas, wird hauptsächlich Cidre-Essig produziert. In Großbritannien, einem Land mit alter Bierbrautradition, wird vorwiegend Malzessig hergestellt. Im Fernen Osten, wo Wein aus Reis bereitet wird, erfreut sich eine milde Reisessigsorte mit 2–4 % Säuregehalt großer Beliebtheit.

Reiner Weinessig Reiner oder echter Weinessig wird nur aus Rot- oder Weißwein hergestellt, und seine Qualität wird von der des Weines bestimmt. Die besten Sorten werden nach dem Orléansverfahren gewonnen, bei dem man den Wein in Eichenfässer füllt und wartet, bis sich die Essigkultur – die sogenannte Essigmutter – auf natürliche Weise (bei 21 °C) auf der Flüssigkeit gebildet hat. Da dieses Verfahren aber langwierig und kostspielig ist, beschleunigen viele Essighersteller den Reifeprozeß, indem sie einfach die Temperatur erhöhen. Das Ergebnis ist ein Essig, der zwar preiswerter, aber auch von minderer Qualität ist.

Weinessig kann aus den verschiedensten jungen oder alten Weinen bereitet werden. Champagneressig ist eine helle Sorte von feinem Geschmack, während Riojaessig tiefrot und voller Aroma ist. Der karamelfarbene Sherryessig, vollmundig im Geschmack, reift in ähnlichen Fässern wie der Sherry und ist mitunter sehr teuer. Seit die Weinproduktion nun auch in Amerika und Australien zusehends steigt, kommen laufend neue Essigsorten auf den Markt, darunter auch ein Essig, der aus der kalifornischen Zinfandel-Traube hergestellt wird.

Ein Weinessig, der sich weltweit zunehmender Beliebtheit erfreut, ist der Balsamessig (*aceto balsamico*) aus dem norditalienischen Modena. Die Bezeichnung »Balsam« bezieht sich auf den schweren, beinahe süßen Geschmack und die

Destillierter Essig

Malzessig

Cidre-Essig

Reisessig

**Rotwein-
essig**

**Weißwein-
essig**

**Balsam-
essig**

**Champagner-
essig**

Edler Weinessig

*Champagneressig ist eine beson-
ders edle Alternative zu gewöhnlichem Weißweinessig. Guter
Balsamessig ist zwar teuer, aber
sehr ergiebig. Vermischt mit
nativem Olivenöl extra, wird
daraus ein delikates Dressing
für zarte Salatblätter oder eine
aromatische Sauce zu Fischgerichten, zum Beispiel zu
pochiertem Seebarsch*

samtige Konsistenz dieser einzigartigen Essigsorte. Balsamessig wird aus unvergorenem Traubensaft hergestellt, der langsam in speziellen Holzfässern reift. Guter Balsamessig muß mindestens
zwölf Jahre reifen; die Reifezeit kann sich aber
auch über Jahrzehnte ausdehnen. Die Herstellung von Balsamessig erfordert eine ebensolche
Kunstfertigkeit wie die Bereitung eines edlen
Weines. In Modena wird guter, jahrelang gereif-
ter Balsamessig oft nach den Mahlzeiten als Likör
gereicht. Ganz generell kann der echte *aceto balsamico* fast wie ein Likör behandelt und zum
Aromatisieren verschiedener frischer Beerenfrüchte verwendet werden. Traditionell bereiteter
Balsamessig ist sehr teuer. Daneben gibt es auch
jüngere, industriell hergestellte Balsamessig-Sor-
ten, die in der Regel ein annehmbarer Ersatz sind
und beispielsweise Salaten zumindest einen
Hauch des wahren Aromas von *aceto balsamico*
verleihen.

Cidre-Essig   Rohstoffe zur Herstellung von Cidre-Essig sind Apfel-Pulp oder Cidre, die nach dem
gleichen Verfahren wie Weinessig vergoren werden. Es gibt Rezepte, die ausdrücklich Cidre-Essig
verlangen, sein kräftiger und saurer Geschmack
sollte aber stets die Aromen der mitverwendeten
Zutaten ergänzen. Handelsüblicher Cidre-Essig hat
eine blaßbraune Farbe und ist gefiltert. Selbstgemachter Cidre-Essig kann durch langes Stehen trüb
werden, was sich jedoch nicht auf den Geschmack
auswirkt und auch kein Zeichen von minderer
Qualität ist. Für die meisten Salat-saucen ist er
etwas zu herb, doch eignet er sich gut für Pickles
aus Früchten.

Malzessig   wird aus gemälzter Gerste hergestellt
und hauptsächlich als Einmachessig für Zwiebeln
und andere Gemüse genommen. Für Salatsaucen
ist sein Geschmack zu ausgeprägt, gleichwohl ist
er in Großbritannien eine beliebte Würze zu gebratenem Fisch mit Pommes frites. Destillierter
Malzessig – farblos und besonders kräftig – eignet
sich besonders zur Konservierung stark wasserhal-
tiger Gemüse, wie zum Beispiel Gurken. Er wird
auch gern für Saucen und Chutneys verwendet.
Manchmal wird er durch die Zugabe von Karamel
dunkelbraun gefärbt.

Essigessenz   Den höchsten Säuregehalt hat Essigessenz, eine synthetisch hergestellte gereinigte
Essigsäure, die nur stark verdünnt für Speisen verwendet werden darf.

Reisessig   Diese in der asiatischen Küche überaus beliebte Essigsorte wird aus vergorenem Reiswein gewonnen. Japanischer Reisweinessig ist in
der Regel mild und samtig, während der chinesischer Herkunft kräftiger und bisweilen leicht säuerlich schmeckt. Je nach verwendeter Reissorte ist
chinesischer Essig rot oder weiß. Wie die Essigsorten
westlicher Herkunft wird auch Reisessig häufig
aromatisiert. Beliebte Aromazutaten sind Sojasauce und *mirin* (süßer Reiswein) sowie Ingwer,
getrocknete Bonitoflocken, Chillies, Sesamkörner,

Zwiebeln, Meerrettich und Senf. Daneben gibt es
noch einen schwarzen chinesischen Essig, der aus
Weizen, Hirse und Sorghum-Hirse (Zuckerhirse)
hergestellt wird.

KOCHEN MIT ESSIG

Essig ist eine der vielseitigsten Aromazutaten in
der Küche, unerläßlich zum Einlegen und Konservieren von Nahrungsmitteln. Qualitativ hochwertige Essigsorten sind mitunter recht teuer, und sie
sollten sachgerecht gelagert werden, damit sie
möglichst lange halten. Am besten bewahrt man
Essig kühl und lichtgeschützt auf. Bei richtiger Lagerung sind die meisten Essigsorten fast unbegrenzt haltbar. Essig ist eine wichtige Zutat in Saucen und Dressings – vor allem, wenn ein süß-saurer Geschmack erwünscht ist – und dient als Konservierungsmittel für Obst und Gemüse. Außerdem ist Essig fester Bestandteil in Pickles und
Chutneys.

Häufig wird nicht bedacht, daß der Geschmack
der fertigen Speise ganz entscheidend vom verwendeten Essig abhängt. Die besten Essige werden
nur aus hochwertigen Rohstoffen gewonnen, und
das gilt besonders für echten Weinessig. So kann
zum Beispiel ein guter Sherryessig einem einfachen grünen Salat eine besondere Note verleihen,
während derselbe Salat mit einem gewöhnlichen
Weinessig eben nur gewöhnlich schmeckt.

Essig wird auch zum Ablöschen von Bratensatz
für pikante Saucen verwendet. In kleinen Mengen
rundet er viele Saucen, vor allem Tomatensaucen,
ab. Essig paßt wider Erwarten auch gut zu Früchten, etwa Himbeeren und Erdbeeren, und ein Spritzer milder Essig verleiht einem frischen Obstsalat
eine pikante Würze.

Ein klassisches Gericht aus Modena besteht aus
frischen Erdbeeren mit Balsamessig. Dazu werden
frische Erdbeeren in Scheiben geschnitten und mit
einem guten Balsamessig beträufelt; vor dem Verzehr läßt man sie 30 Minuten durchziehen. Gebratene Leber oder Ente, abgelöscht mit einem Spritzer Balsamessig, wird zu einer erlesenen Delikatesse.

Die verwendete Essigsorte sollte geschmacklich
mit der jeweiligen Speise harmonieren. Der aus
Getreide hergestellte Malzessig ist sehr kräftig im
Geschmack und paßt daher am besten zu einfachen Speisen, wie Bratfisch und Pommes frites, zu
kaltem Braten oder zu Relishes und Chutneys.
Cidre-Essig ist vorzüglich geeignet zum Ablöschen
von Schweinekoteletts, die mit sautierten Äpfel gereicht werden.

Weinessig ist die ideale Aromazutat in Mayonnaisen und Salatsaucen aller Art, findet aber auch
in vielen klassischen Buttersaucen Verwendung,
zum Beispiel in der *sauce béarnaise,* die zu Fisch
und Fleisch serviert wird. Auch gehaltvolle Fleisch-
oder Wildeintöpfe profitieren von einem Spritzer
gutem Weinessig.

AROMATISIERTER ESSIG

Aromatisierter Essig wird seit langem in der Küche verwendet und erfreut sich auch heute wieder großer Beliebtheit. Zum Ansetzen eignet sich jeder gute Weinessig. Als Aromazutaten dienen Kräuter, Gewürze und diverse andere Würzmittel. Aromatisierter Essig kann in den meisten Rezepten anstelle von gewöhnlichem Essig verwendet werden, vorausgesetzt, die enthaltenen Aromen passen zum Gericht. Mit Estragon oder Schalotten aromatisierter Weißweinessig paßt gut zu herzhaften Salaten, wie Römischem Salat oder Frisée. Vermischt mit Öl, Sahne und anderen Würzmitteln eignet er sich vorzüglich für einen Salat von Huhn oder Meeresfrüchten. Aromatisierter Rotweinessig verleiht Ma-

rinaden, Eintöpfen oder Fleischgerichten eine kräftige Würze und gibt auch einem einfachen Kopfsalat das gewisse Etwas. Mit Knoblauch aromatisierter Rotweinessig ist ideal zur Herstellung von Marinaden für Rohkost und für Rotkohlsalat. Zum Ansetzen von Rosenessig nimmt man Weißweinessig und die zarten Blütenblätter der Rose. Die herrlich aromatischen Blüten von Lavendel, Kapuzinerkresse und Veilchen ergeben ebenfalls einen delikaten Essig. Der kräftigere Sherryessig kann mit Meerrettichscheiben, Rosmarin, Knoblauchzehen oder Chillies gewürzt werden. Der fertige Essig verfeinert Fleisch- und Geflügelgerichte.

Aromatisierten Essig richtig verwenden
Bei der Verwendung von aromatisierten Essigsorten ist es wichtig, daß sie mit den dazu passenden Nahrungsmitteln kombiniert werden. Sautierte Hähnchenbrust kann man zum Beispiel mit einem Spritzer Estragonessig verfeinern, und Gewürzessig paßt vorzüglich zu Wild

Kräuteressig herstellen
Etwa 60 g frische Kräuter in ein sterilisiertes Glas mit Schnappverschluß geben. 500 ml Essig zum Kochen bringen. Den heißen Essig über die Kräuter geben, etwas abkühlen lassen und das Glas verschließen. Die Kräuter mindestens 2 Wochen in dem Essig ziehen lassen, das Glas gelegentlich schütteln. Anschließend den Essig durch ein Sieb in eine andere sterilisierte Flasche füllen und verkorken (siehe S. 233).

Rosmarinessig   **Muskatessig**

REZEPTVORSCHLAG
Gewürzessig

Ergibt 4,5 l

4,5 l reiner Weinessig
1 Muskatnuß
1 kleines Stück frischer Ingwer, geschält
$\frac{1}{2}$ TL ganze Gewürznelken
10 g Senfkörner
60 g Salz
1 EL schwarze Pfefferkörner
Schale von $\frac{1}{2}$ Orange
6 Schalotten, geviertelt

Alle Zutaten in einen irdenen Topf oder ein Glasgefäß geben und verrühren. Das Gefäß fest verschließen und 3–4 Wochen an einem warmen Ort oder in der Sonne stehen lassen. Den Essig durch ein Mulltuch in eine Schüssel sieben und möglichst viel Flüssigkeit herauspressen. Den Gewürzessig in sterilisierte Flaschen umfüllen, verkorken und an einem kühlen, dunklen Ort aufbewahren. Für gegrilltes Fleisch verwenden.

Obstessig herstellen

Für Obstessig können alle weichen Früchte oder Beeren verwendet werden. Zum Ansetzen eignet sich vor allem Weißweinessig, weil er die Farbe der Früchte gut annimmt. Kräuter und Gewürze, wie Lorbeerblatt und Zimtstange, sorgen für ein interessantes Aroma.

1   *500 g Früchte, zum Beispiel Himbeeren, Aprikosen oder Heidelbeeren, und 1,25 l Essig in sterilisierte Gläser geben. Den Essig an einem mäßig warmen Ort etwa 2 Wochen stehen lassen und gelegentlich schütteln.*

2   *Den Essig zunächst durch ein Sieb, dann durch ein Mulltuch filtern. Das Obst gründlich ausdrücken, um möglichst viel Saft und Aroma zu erhalten. Dann 1 Eßlöffel feinkörnigen Zucker dazugeben, den Essig auf kleiner Flamme erhitzen und 10 Minuten köcheln lassen. Den abgekühlten Essig in sterilisierte Flaschen füllen. Zur Dekoration ein paar frische Beeren dazugeben.*

AROMATISIERTEN ESSIG HERSTELLEN

Der Phantasie sind keine Grenzen gesetzt, wenn es darum geht, Rotwein- oder Weißweinessig mit Kräutern, Gewürzen oder Obst zu aromatisieren. Wenn man den Essig vor dem Durchziehen erhitzt, setzt er das Aroma der verwendeten Zutaten besser frei. Die Aromazutaten können ganz nach Belieben allein oder zusammen verwendet werden. Geeignete Kombinationen sind unter anderem Zitrone und Thymian, Rosmarin und Lorbeerblatt, oder Cranberries, Gewürznelken und Honig. Zum Ansetzen von Obstessig können auch tiefgekühlte Früchte verwendet werden; Dosenfrüchte in Sirup sind jedoch ungeeignet, da sie zuviel Zucker enthalten. Es sieht hübsch aus, wenn man ein paar frische Beeren oder Fruchtstückchen in die Essigflasche gibt. Obstessig kann zusätzlich mit etwas Honig verfeinert werden.

Kirschessig

Rosenblütenessig

Essigflaschen verkorken

Zum Abfüllen von selbstgemachtem Essig sind alte Flaschen bestens geeignet. Wenn man sie vorher sterilisiert, können sie unbegrenzt wiederverwendet werden. Die Korken sind jedoch nicht wiederverwertbar. Neue Korken müssen zunächst auf die passende Größe zurechtgeschnitten und dann einige Minuten in kochendem Wasser sterilisiert werden. Dadurch werden sie auch elastischer und lassen sich besser handhaben. Zum Verschließen der Flasche drückt man den Korken in die Flasche und schlägt ihn dann mit einem Holz- oder Gummihammer so weit in den Flaschenhals, daß er nur noch 5 mm herausschaut.

Aromatisierter Essig aufbewahren

Der ideale Aufbewahrungsort für einen selbst hergestellten Essig ist ein dunkler Schrank in einem kühlen Raum oder Keller. Kühl gelagert bleibt das Aroma länger erhalten. Steht der Essig zu warm, kann er zu gären beginnen, und der Korken wird herausgedrückt. In diesem Fall ist der Essig nicht mehr zum Verzehr geeignet. Grundsätzlich sollte jeder selbst hergestellte Essig von nicht ganz einwandfreiem Aussehen oder Geruch weggeworfen werden.

BUTTERMILCH, SAURE SAHNE UND JOGHURT

Wenn man Milch oder Sahne erhitzt und/oder mit Bakterienkulturen impft, wird daraus Buttermilch, saure Sahne oder Joghurt. Diese Milchprodukte spielen in der Küche eine immens wichtige Rolle. Sie sind nicht nur Basis vieler Saucen, man braucht sie auch für Kuchen- und Brotteige sowie zum Verfeinern zahlreicher Suppen. Sauermilchprodukte werden weltweit in unterschiedlicher Form verwendet. Saure Sahne ist besonders in Ost- und Mitteleuropa beliebt, während Joghurt in ganz Indien und im Vorderen Orient für süße wie pikante Speisen bevorzugt wird. In Amerika ist Buttermilch eine beliebte Zutat in Backwaren und dient auch als Grundlage fruchtiger Erfrischungsgetränke, die sich mit zunehmendem Gesundheitsbewußtsein immer größerer Beliebtheit erfreuen.

Sauermilchprodukte dürfen nicht gekocht werden, da sie beim Erhitzen leicht gerinnen. Deshalb werden sie den Speisen erst gegen Ende der Garzeit – eßlöffelweise – hinzugefügt. Man kann diese Produkte auch mit etwas Mehl oder Stärke anrühren; dann flockt das Milcheiweiß nicht so schnell aus.

Joghurt Dieses wahrscheinlich ursprünglich aus der Türkei stammende Sauermilchprodukt ist in Indien, im Mittleren Osten, in der Türkei und in den Balkanländern seit Jahrhunderten fester Bestandteil der täglichen Nahrung und wird in unterschiedlichen Sorten angeboten. Ausschlaggebend für die jeweilige Joghurtsorte ist die verwendete Milch, das heißt, ob der Joghurt aus Kuhmilch in Form von Vollmilch, teilentrahmter oder Magermilch oder aus Büffel-, Kamel-, Ziegen- oder Schafmilch hergestellt wird. Bei der Herstellung von Joghurt wird die in der Regel hocherhitzte Milch mit Milchsäurebakterien versetzt (die eine besonders günstige Wirkung auf den menschlichen Verdauungstrakt haben). Diese Bakterien verwandeln die Lactose (Milchzucker) der Milch in Milchsäure und geben dem Joghurt seinen typischen zartsäuerlichen Geschmack. Joghurt wird gern pur verzehrt, in seiner Eigenschaft als »Zartmacher« aber auch zum Marinieren von Fleisch und als Dickungsmittel für Saucen verwendet. Joghurt wird bei uns in vier verschiedenen Fettstufen und als Trinkjoghurt oder als stichfester Joghurt angeboten: Vollmilch-Joghurt aus Milch mit mindestens 3,5 % Fett, die lediglich mit den beiden Milchsäurekulturen *Lactobacillus bulgaricus* und *Streptococcus thermophilus* versetzt wird. Fettarmer Joghurt wird aus teilentrahmter Milch hergestellt und enthält 1,5 bis 1,8 % Fett, und Magermilch-Joghurt enthält höchstens 0,3 % Fett. Sahnejoghurt enthält mindestens 10 % Fett. Neben den Standardprodukten gibt es auch eine Vielzahl von Mischungen mit Früchten, Nüssen und Getreide, meist auf der Basis von fettarmem Joghurt. Vollmilch-Joghurt ohne Zusätze ist der ideale Starter für selbstgemachten Joghurt (siehe oben).

Joghurt nach griechischer Art wird aus Schaf- oder Kuhmilch hergestellt. Er ist fest und geschmeidig und vollmundig im Geschmack. Joghurt von Schafmilch ist mit etwa 6 % Fettgehalt relativ fettarm, während Joghurt von Kuhmilch etwa 10 % Fett enthält und durchgeseiht werden muß, damit er seine typische Sämigkeit bekommt. Seine feine Säure wird durch den hohen Fettgehalt ausgeglichen, wodurch der Joghurt einen leicht süßlichen, milden Geschmack erhält.

Joghurt nach französischer Art ist gewöhnlich stichfest und wird aus fettarmer homogenisierter Milch hergestellt. Stichfester Joghurt ist generell zum Kochen geeignet, schmeckt aber auch vorzüglich roh, eventuell gesüßt mit Vanillezucker (siehe S. 195) oder verfeinert mit Honig oder Kompott. Da Zucker im Joghurt zu sehr knirscht, ist der gut lösliche Puderzucker besser zum Süßen geeignet.

Buttermilch Die bei der Butterherstellung zurückbleibende Flüssigkeit wird als natürliche, sogenannte »reine Buttermilch« bezeichnet. Sie ist vollmundig im Geschmack und wurde früher vor

---

Joghurt herstellen

500 ml pasteurisierte Milch zum Kochen bringen, die Hitze reduzieren und 2 Minuten köcheln lassen. Die Milch in eine Glasschüssel gießen und zugedeckt auf 45 °C abkühlen lassen. In einer zweiten Glasschüssel 2 Eßlöffel Naturjoghurt verrühren und die Milch langsam unterschlagen. Die Schüssel abdecken und 8–10 Stunden an einem warmen Platz (bei etwa 24–29 °C) stehen lassen. Bei warmem Wetter reicht es häufig schon, die Schüssel in ein Handtuch zu wickeln; oder man stellt die Schüssel bei eingeschalteter Betriebsleuchte in den Backofen. Der Joghurt hält sich im Kühlschrank etwa 4 Tage.

Saure Sahne *ist in der Küche vielseitig zu verwenden – als Dekoration von Suppen, als Beilage für gekochte Kartoffeln und zum Verfeinern von Dips und Saucen*

Joghurt

Buttermilch *ist eine unentbehrliche Zutat in Backwaren wie Pfannkuchen und Plätzchen denn ihre Säure läßt den Teig besser aufgehen*

Joghurt mit Minze

Doppel-rahmkäse mit Butter-milch und Trocken-aprikosen

Saure Sahne mit Brunnen-kresse

Dips aus Sauermilchprodukten
Der zartsäuerliche Geschmack von Sauer-milchprodukten ist ideal für Dip-Saucen, die zu Rohkost, Grissini (Brotstangen) oder Toast gereicht werden

REZEPTVORSCHLAG
Buttermilchpfannkuchen

2–4 Portionen

250 g Mehl
1 TL Zucker
1 TL Salz
2 TL Natron
1½ TL Backpulver
2 Eier
60 g Butter zerlassen
(oder Pflanzenöl)
500 ml Buttermilch
Zerlassene Butter oder Öl zum Backen
Ahornsirup

Das Mehl mit Zucker, Salz, Natron und Backpulver in eine große Rühr-schüssel sieben und in die Mitte eine Vertiefung drücken. In einer anderen Schüssel die Eier leicht verquirlen und die zerlassene Butter und die Buttermilch unterrühren. Die Eiermilch nach und nach in die Mehl-mulde gießen und mit dem Schnee-besen zu einem dünnflüssigen Teig verrühren. Den Teig 20–30 Minuten zum Aufquellen stehen lassen, even-tuell mit etwas Buttermilch verdün-nen. Eine große, schwere Bratpfanne erhitzen und so viel Butter oder Öl hineingeben, daß der Boden bedeckt ist. Teig für 2 oder 3 Pfannkuchen mit etwa 10 cm Durchmesser in die Pfanne geben. Bei mittlerer Hitze 3–4 Minuten backen, bis der Teig Blasen wirft und die Ränder braun sind. Die Pfannkuchen wenden und 1–2 Minuten bräunen. Mit Ahornsirup beträufeln und servieren.

dem Verpacken lediglich pasteurisiert. Heute wer-den ihr nachträglich Milchsäurebakterien zuge-setzt. Dann läßt man sie 12–14 Stunden bei sehr schwacher Hitze fermentieren, wodurch sie einen erfrischend säuerlichen Geschmack bekommt. Buttermilch harmoniert gut mit süßen Früchten wie Birnen und Kirschen; im Mixer lassen sich dar-aus erfrischende Getränke zubereiten. In Rezep-ten, bei denen ein säuerlicher Geschmack durch-aus erwünscht ist, kann gewöhnliche Milch durch Buttermilch ersetzt werden. Nicht minder köstlich sind Frucht-Eiercremes oder Puddings mit Butter-milch. Beim Backen sollte man sich an die spe-ziellen Rezepte mit Buttermilch halten, da die He-fe- oder Backpulvermengen eigens auf die Säure der Buttermilch abgestimmt sind.

Saure Sahne Der Fettgehalt der im Han-del angebotenen sauren Sahnen liegt zwi-schen 10 % und 30 %. Bei der Herstellung wird pasteurisierte Sahne mit Milchsäurebak-terien versetzt. Saure Sahne hat zwar eine ähnliche Konsistenz wie *crème fraîche*, kann aber nicht ersatzweise dafür verwendet wer-den, weil sie sehr viel deftiger im Geschmack und weniger geschmeidig ist. Saure Sahne ist vor allem in Ost- und Mitteleuropa beliebt, wo man sie nicht nur für Kuchen, Füllungen, Klöße und Saucen verwendet, sondern auch zu Sup-pen wie *borschtsch,* der in aller Welt bekannten und beliebten Rote-Bete-Suppe. Außerdem ist sie

fester Bestandteil in herzhaften Gerichten wie Rot-kohl-Rouladen oder *bœuf Stroganow.* Die von der russischen Küche inspirierte *sauce Smitane* (Smeta-na-Sauce), die meist zu Wild serviert wird, ist eben-falls sehr typisch. Es handelt sich dabei um eine braune Sauce, die kurz vor dem Servieren mit sau-rer Sahne verschlagen wird. Zu Obstdesserts sind vor allem Saucen mit saurer Sahne, Zucker und Va-nille beliebt. Die Säure von Sauermilchprodukten macht darüber hinaus Brote und Käsekuchen lockerer, bei denen saure Sahne häufig eine Haupt-zutat ist. Ganz allgemein kann saure Sahne wie *crème double* zum Verfeinern von Schmorgerich-ten, Saucen und Suppen verwendet werden. Und nicht zuletzt ist saure Sahne eine sehr gute Basis von Salatdressings und Dip-Saucen für Rohkost.

CRÈME FRAÎCHE

Diese französische Variante von Sauerrahm wird unterdessen auch bei uns sehr geschätzt. Um *crème fraîche* selbst herzustellen, be-nötigt man 500 ml *crème double* und 250 ml Buttermilch. Das Ganze gut verrühren und be-hutsam auf etwa 30 °C erhit-zen (nicht ganz handwarm). Die angesäuerte Sahne in ein anderes Gefäß füllen, mit einem Küchentuch abdecken und in ei-nem warmen Raum 4–8 Stunden stehen lassen (an einem heißen Tag dickt die Sahne schneller ein). Die Sahne durchrühren, den Behälter fest verschließen und in den Kühlschrank stellen.

BUTTER

Wird Sahne so lange geschlagen, bis sich das Milchfett von der Flüssigkeit trennt, entsteht Butter, ein Naturprodukt, das schon seit Jahrtausenden für kulinarische Zwecke aller Art verwendet wird. Einer glaubhaften Theorie zufolge soll die Butterherstellung zufällig von frühen Reisenden entdeckt worden sein, die in kalten Regionen unterwegs waren. Die auf den langen Ritten mitgeführte Milch wurde durch das ständige Schütteln zu Butter. In den meisten westlichen Ländern wird Butter vorwiegend aus Kuhmilch hergestellt; in Griechenland ist jedoch auch Butter aus der Milch von Ziegen und Schafen erhältlich. In Italien wird mitunter Butter aus der Milch von Wasserbüffeln verwendet; in Afrika ist Kamelmilch und in Tibet Yakmilch Ausgangsprodukt für Butter. Die Qualität von Butter hängt weitgehend von der Güte der bei der Herstellung verwendeten Sahne ab.

HERSTELLUNG

Obwohl es unterschiedliche Buttersorten gibt, ist das Herstellungsverfahren im Prinzip immer das gleiche. Pasteurisierte Sahne wird in großen Fässern so lange geschlagen, bis sich die in der Milch enthaltenen winzigen Fettkügelchen zu Butterkörnchen zusammenballen. Die im Rahm enthaltene Flüssigkeit, die Buttermilch, wird abgeschieden. Das verbliebene Milchfett, das noch etwa 30 % Wasser enthält, wird nach dem Waschen und Abtropfen gegebenenfalls mit Salz oder Farbstoffen versetzt und dann maschinell so lange geknetet, bis eine geschmeidige, homogene und fast wasserfreie Masse entstanden ist: die Butter. Nach dem Buttern wird sie ausgeformt und abgepackt.

Qualität und Geschmack der Butter variieren je nach Futter und Rasse der Kühe. Sommerbutter gilt als die beste Butter, weil die Kühe in dieser Jahreszeit draußen weiden können. Im Winter, wenn das Futter der Tiere mehr Getreide enthält, ist die Butter nicht so aromatisch und geschmeidig.

Auch die Farbe der Butter ist weitgehend von diesen Faktoren abhängig. Sie reicht von Blaß- bis Tiefgelb. Damit die Butter stets gleich aussieht, werden je nach Jahreszeit natürliche Farbstoffe, wie Annatto (siehe S. 60) oder Beta-Carotin, zugesetzt.

BUTTERSORTEN

Molkereibutter enthält mindestens 82 % Milchfett und höchstens 16 % Wasser. Die restlichen Bestandteile sind Eiweiß, Milchzucker, Lecithin, Vitamine und Mineralstoffe. Es gibt Süßrahm- und Sauerrahmbutter; beide Sorten werden gesalzen und ungesalzen angeboten. Butter ist als gesalzen anzusehen, wenn sie mehr als 0,1 % Kochsalz enthält. In diesem Fall muß sie auf der Verpackung mit dem Zusatz »gesalzen« versehen werden.

Süßrahmbutter wird aus ungesäuerter, frischer Sahne gewonnen. Der Rahm wird pasteurisiert und ohne Säuerung nach Abkühlung auf etwa 10 °C für 10–15 Stunden im Rahmreifer stehengelassen (gereift oder gealtert) und anschließend verbuttert. Diese Butter ist goldgelb, hat einen milden, sahnigen Geschmack und eignet sich besonders gut zum Backen.

Wird der pasteurisierte Rahm mit Milchsäurebakterien versetzt, entsteht Sauerrahmbutter. Bei der Butterherstellung wird die Sahne mit Milchsäurebakterien-Kulturen angesäuert und reift bei 16–18 °C etwa 7–10 Stunden. Die auf diese Weise gewonnene Butter hat einen herzhaften, frischen Geschmack, der bei der Lagerung noch ausreift.

KOCHEN MIT BUTTER

Butter sorgt für Substanz, geschmeidige Konsistenz und eine unverwechselbare Geschmacksfülle.

Die Wahl der Buttersorte ist im Prinzip Geschmackssache, obwohl ungesalzener Sauerrahmbutter aus verschiedenen Gründen der Vorzug gegeben wird. Ungesalzene Sauerrahmbutter ist insofern von Vorteil, als man beim Kochen den Geschmack der fertigen Speise besser kontrollieren kann. Da Butter Wasser und Molke (Molkeneiweiß, Milchsalze und Milchzucker) enthält, verbrennt sie schneller als andere Speisefette. Durch den Zusatz von Öl wird der Rauchpunkt der Butter erhöht und die Gefahr des Verbrennens etwas gemildert. Welche Auswirkungen der Wasser- und Molkegehalt hat, zeigt sich beim Erhitzen der Butter. Sobald die Temperatur den Siedepunkt von Wasser erreicht, beginnt die Butter zu zischen. Steigt die Temperatur weiter an, werden die Milchbestandteile als milchiger Bodensatz abgeschie-

Gesalzene Butter

Ungesalzene Butter

BUTTER AUFBEWAHREN

Butter hält sich am besten im Kühlschrank. Sie nimmt leicht andere Aromen an und sollte daher gut verpackt gelagert werden. Früher wurde Butter meist in speziellen Gefäßen aus Keramik frischgehalten: Dabei kam die Butter in einen durch Salzwasser gekühlten Einsatz. Heute sind diese Buttergefäße wieder stark gefragt – wenn auch häufig nur zu Dekorationszwecken. Anstelle von Salzwasser kann Eiswasser zum Kühlen verwendet werden.

Eiswasser hält die Butter länger frisch

Steingutgefäße sind als praktische und formschöne Butterdosen zu verwenden

BUTTER KLÄREN

Wenn man Butter schmilzt und ihr Wasser und Milcheiweiß entzieht, erhält man geklärte Butter. Das zurückbleibende reine Butterfett kann stärker erhitzt werden (bis 180 °C) als Butter. Geklärte Butter kann in großen Mengen hergestellt werden. Gut verpackt bleibt sie im Kühlschrank wochenlang frisch.

1 Die Butter in einem kleinen Topf bei schwacher Hitze – ohne zu rühren – flüssig werden lassen. Dann den Topf von der Kochstelle nehmen und den Schaum von der Oberfläche abschöpfen.

2 Das Butterfett dann langsam in eine Schüssel gießen, so daß der milchige Bodensatz im Topf zurückbleibt. Oder: Die zerlassene Butter nach dem Abschäumen durch ein Tuch sieben.

den. Noch stärkere Hitze bewirkt, daß die Milchbestandteile zuerst bräunen, wodurch die Butter ein angenehm nussiges Aroma erhält, dann dunkelbraun, fast schwarz werden und schließlich verbrennen. Verbrannte Butter schmeckt bitter und ist aus gesundheitlichen Gründen nicht mehr zum Verzehr geeignet. Bei kleinen Buttermengen, wie sie zum Sautieren verwendet werden, entsteht aus brauner Butter ziemlich rasch schwarze, ungenießbare Butter, wenn sie zu stark erhitzt wird. Zum Braten oder für andere Gartechniken mit hohen Temperaturen nimmt man daher vorzugsweise geklärte Butter (siehe oben), auch wenn sie weniger aromatisch ist.

In fast allen Küchen der Welt gibt es Saucen, die mit Butter zubereitet beziehungsweise verfeinert werden. Butter hat selbst ein sehr feines Aroma, vor allem aber unterstreicht es den Geschmack anderer Zutaten auf sehr angenehme Weise. Die einfachste Zubereitung ist Butter nach Art der Müllerin *(beurre meunière)*, für die die Butter in einer Pfanne gebräunt und mit einem Spritzer Zitronensaft abgerundet wird. Eine Einbrenne – auch als Mehlschwitze oder *roux* bekannt – ist eine Mischung aus gleichen Teilen Butter und Mehl, die als Grundlage einer *Béchamel*-Sauce und zum Binden von Bratensaucen, Suppen und Eintöpfen dient. Saucen, die mit Butter angereichert werden, gibt es viele. Man erkennt sie sofort an ihrem vollen Aroma und an ihrem Glanz. Die beliebte weiße Buttersauce *(beurre blanc)* ist ein klassisches Beispiel. Auch Saucen auf Fondbasis können mit Butter verfeinert werden. Dazu schlägt man einfach kurz vor dem Servieren ein paar Stückchen kalte Butter unter. Ein Stich Butter ist vielseitig zu verwenden: Wenn man ihn an cremige Rühreier gibt, stoppt er den Garprozeß und sorgt für zusätzliche Aromafülle. Ein Stückchen Butter verhindert, daß Schokoladensaucen und Glasuren stumpf werden, und Butterflöckchen auf gebackenen Obsttorten verhindern ein Überkochen der Füllung.

Buttermodel sind aus Holz geschnitzte Formen mit eingekerbten überlieferten Mustern zur Herstellung dekorativer Buttertaler

Beurre blanc

Ergibt etwa 250 ml

1 große Schalotte, feingehackt
3 EL Weißweinessig
1 EL trockener Weißwein
90 ml Crème double oder Crème fraîche
250 g Butter, ausgekühlt und gewürfelt
Salz
Frisch gemahlener weißer Pfeffer

In einem kleinen Topf Schalotten, Essig und Wein 1–2 Minuten stark erhitzen, bis die Flüssigkeit fast verdampft ist. Die Temperatur herunterschalten, Crème double oder Crème fraîche hinzufügen und weitere 1–2 Minuten unter gelegentlichem Rühren zu einer Glace einkochen. Den Topf von der Herdplatte nehmen, die Butter stückchenweise hinzufügen und gründlich unterschlagen. Den Topf in kurzen Abständen auf die Kochstelle setzen, damit die Sauce eindickt; sie darf aber nicht kochen. Nach Geschmack mit Salz und Pfeffer würzen und sofort servieren. (Die fertige Sauce läßt sich bis zu 30 Minuten über einer Schüssel mit heißem Wasser warm halten. Dabei häufig rühren, damit die Sauce nicht gerinnt.)

Beurre noir

Ergibt etwa 80 ml

60 g Butter
1 TL Weißweinessig
2 EL Zitronensaft
1 EL Kapern, abgetropft
Salz
Frisch gemahlener weißer Pfeffer
1 EL gehackte Petersilie

In einer Pfanne die Butter behutsam erhitzen, bis sie dunkelbraun ist; sie darf nicht verbrennen. Dann sofort vom Feuer nehmen, in eine kleine Schüssel gießen und leicht abkühlen lassen. Essig und Zitronensaft in die Butterpfanne geben und bei starker Hitze um die Hälfte reduzieren. Die Kapern unterrühren und mit Salz und Pfeffer abschmecken. Butter und Petersilie hinzufügen und zu gegrilltem oder pochiertem Fisch servieren.

AROMATISIERTE BUTTER

Gute Butter ist eine Zutat, die viele Gerichte abrundet und verfeinert. Sie schmeckt aber ungleich köstlicher, wenn sie mit anderen Aromazutaten, wie Kräutern und Gewürzen, vermischt wird. Neben Knoblauchbutter, der wohl bekanntesten Buttermischung, gibt es noch unzählige andere Möglichkeiten, Butter zu würzen. Anchovis, Meerrettich, Estragon, Schnittlauch, Basilikum und Chillies sind eine gute Wahl für pikante Buttermischungen als Aufstrich für Canapés und Sandwiches oder als Beilage zu Fleisch oder Fisch. Süße Buttermischungen enthalten zum Beispiel Honig, Zimt, frische oder getrocknete Früchte, Nüsse, Vanille oder Schokolade. Buttermischungen werden mit weicher Butter zubereitet und nach dem Festwerden zum Garnieren verwendet.

BUTTERBLÄTTER

1 *Die weiche Kräuterbutter zwischen zwei Lagen Pergamentpapier gleichmäßig auf 5 mm Stärke ausrollen. Die Butterplatte auf ein Backblech legen und im Kühlschrank fest werden lassen.*

2 *Mit Förmchen, Glas oder Messer beliebige Motive oder Kreise ausstechen oder -schneiden und bis zur Verwendung kühl stellen.*

BUTTERROSEN

1 *Die weiche, nach Belieben mit Speisefarbe eingefärbte Buttermischung in einen Spritzbeutel mit breiter Bandtülle füllen und vor dem Spritzen gut durchkühlen lassen.*

2 *Ein quadratisches Stück Pergamentpapier auf einem kleinen umgedrehten Trinkglas befestigen. Zuerst für die Blütenmitte einen Butterstreifen spritzen und das Glas dabei drehen, so daß eine enge Spirale entsteht. Dann die Tüllenspitze in einer ruckartigen Drehbewegung absetzen.*

3 *Die Bandtülle im Winkel von 45 Grad zur aufgespritzten Blütenmitte halten. Kurz vor der Naht beginnend, ein Blütenblatt aufspritzen und zum Absetzen das untere Ende zu sich drehen. Die weiteren Blütenblätter so aufspritzen, daß sie sich leicht überlappen und immer etwas größer werden, je weiter sie von der Mitte entfernt sind. Beim Spritzen das Glas drehen, damit die Blütenblätter gleichmäßig werden. Die fertige Butterrose bis zum Servieren gut durchkühlen lassen.*

REZEPTVORSCHLAG

Kräuterbutter

Ergibt etwa 150 g

125 g Butter, zimmerwarm
1 EL gehackter frischer Schnittlauch
1 EL gehackte frische Blattpetersilie
½ EL gehackter frischer Estragon
1 TL grobkörniger Senf
Salz
Frisch gemahlener schwarzer Pfeffer

Die Butter mit Schnittlauch, Petersilie, Estragon und Senf schaumig rühren und mit Salz und Pfeffer abschmecken. Die Buttermischung zugedeckt 1 Stunde kühl stellen, damit sich die Aromen voll entfalten. Anschließend im Kühlschrank fest werden lassen und zu Meeresfrüchten, Huhn oder Fleisch reichen.

REZEPTVORSCHLAG

Himbeer-Honig-Butter

Ergibt etwa 300 g

350 g Himbeeren
2 EL Honig
1 TL Zitronensaft
125 g ungesalzene Butter, zimmerwarm

Die Himbeeren in der Küchenmaschine pürieren und gegebenenfalls durch ein sehr feines Sieb streichen, damit die Samenkerne zurückbleiben. Das Himbeerpüree mit Honig und Zitronensaft in einem Topf kurz aufkochen und dann abkühlen lassen. Die Butter mit der Himbeermischung verrühren und zugedeckt 1 Stunde an einem kühlen Ort ziehen lassen, damit sich das Aroma entfaltet. Anschließend im Kühlschrank fest werden lassen und zu ofenwarmen Croissants oder Toast reichen.

BUTTERKUGELN

Einen Kugelausstecher in entsprechender Größe wählen und aus verschiedenen Buttermischungen gleich große Kugeln ausstechen oder Ausstecher in verschiedenen Größen verwenden. Die fertigen Kugeln traubenförmig anrichten oder einzeln servieren. Butterkugeln mit Schnittlauch zum Beispiel zu Pellkartoffeln reichen, Kugeln aus Honigbutter mit Croissants zum Tee servieren oder zimmerwarme Butter von Hand zu Kugeln formen und in Kräutern oder Gewürzen wälzen.

1 *Einen Kugelausstecher in kaltes Wasser tauchen und dann in einen gut durchgekühlten Butterblock drücken. Kugeln aus reiner Butter zum Aromatisieren in Gewürzen oder gehackten Kräutern wälzen. Oder eine Buttermischung zubereiten, zu einem Block formen und im Kühlschrank fest werden lassen.*

2 *Um die Oberfläche zu strukturieren, die Butterkugeln zwischen zwei nassen geriffelten Holzbrettchen rollen. Kugeln aus aromatisierter oder reiner Butter traubenförmig auf frischen Weinblättern anordnen. Eine solche »Buttertraube« wird zum Blickfang eines jeden kalten Buffets.*

Frische Blätter sind ein besonders hübscher und farbenfroher Hintergrund für die Präsentation der »Butterfrüchte«

Butter läßt sich vielseitig aromatisieren und dann verschiedenartig ausformen

Muskatnußbutter

Sesambutter

Schnittlauchbutter

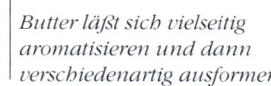

Paprikabutter

Thymianbutter

REZEPTVORSCHLAG

Schokoladen-Haselnuß-Butter

Ergibt etwa 175 g

20 g Zartbitterschokolade, gehackt
1 TL feinkörniger Zucker
1 EL Haselnußlikör
125 g Butter, zimmerwarm
1 TL Vanille-Essenz
30 g gemahlene Haselnüsse

Die Schokolade mit Zucker und Likör in eine Schüssel geben und im Wasserbad schmelzen (siehe S. 182). Abkühlen lassen. Die Butter mit der geschmolzenen Schokolade, Vanille und Haselnüssen verrühren und abgedeckt 1 Stunde kühl stellen, damit sich die Aromen voll entfalten. Die Buttermischung im Kühlschrank fest werden lassen und zu warmen Croissants oder Toast reichen.

REZEPTVORSCHLAG

Butter nach mediterraner Art

Ergibt etwa 125 g

125 g Butter, zimmerwarm
2 TL Kapern, gehackt
2–3 Sardellenfilets, gehackt
1 Knoblauchzehe, gehackt
1 EL Zitronensaft
2 sonnengetrocknete Tomaten, gehackt
Salz
Frisch gemahlener schwarzer Pfeffer

Die Butter mit Kapern, Sardellen, Knoblauch, Zitronensaft und Tomaten verrühren und mit Salz und Pfeffer abschmecken. Die Buttermischung mindestens 1 Stunde an einem kühlen Ort durchziehen lassen. Im Kühlschrank fest werden lassen und gut durchgekühlt zu Kalbfleisch, Huhn oder Meeresfrüchten reichen.

Saucen, Marmeladen und Eingemachtes

SOJASAUCEN

Zu den ältesten Würzmitteln in China zählen gesalzene und fermentierte Sojabohnen. Schon vor etwa 2000 Jahren wurde *chiang-yu*, die Einlegflüssigkeit von mit Salz und Reiswein fermentierten Fischen, Schaltieren und Wild, verwendet; sie gilt als Vorläufer der chinesischen Sojasauce. Die heute so beliebte Würzsauce hat ihren Ursprung im 6. Jahrhundert. Sie wird aus fermentierten Sojabohnen und Weizen hergestellt und reift anschließend bis zu zwei Jahren, bevor sie gefiltert und abgefüllt wird. Sojasauce, die ursprünglich zur Konservierung von Lebensmitteln für die Wintermonate diente, ist mittlerweile auch in der europäischen und nordamerikanischen Küche ein beliebtes Würzmittel. Es gibt helle und dunkle Sorten; traditionelle Köche in Nordchina verwenden ausschließlich dunkle Sojasauce, und die Japaner, die ihre eigene Variante der Sojasauce entwickelten, bevorzugen die helle.

Sojabohnen

Helle Sojasauce

Dunkle Sojasauce

Für die Herstellung von Sojasauce werden gekochte Sojabohnen und Weizen mit einer speziellen Schimmelpilzkultur (*Aspergillus*) geimpft. Wenn nach mehreren Tagen der Gärungsprozeß aktiviert ist, werden Salz und Wasser zugesetzt. Die entstandene Maische läßt man dann bis zu zwei Jahren in Holzfässern reifen, bevor die Flüssigkeit gefiltert und abgefüllt wird.

Chinesische Sojasauce Die Sojasauce ist das »Salz« der Chinesen. Sie würzt chinesische Gerichte aller Art – von Suppen und Dip-Saucen bis zu pfannengerührten Gerichten und Eintöpfen. Die Chinesen produzieren zwei Hauptsorten: helle Sojasauce, die recht salzig ist, und dunkle Sojasauce. Die dunkle Sojasauce läßt man länger reifen; sie hat einen kräftigen Geschmack und enthält als Süß- und Farbstoff zusätzlich Melasse.

Jede Sorte wird in der chinesischen Küche für spezielle Speisen verwendet. Dunkle Sojasauce würzt und färbt herzhaftere Gerichte, wie rotgeschmortes Huhn, aber auch viele Rind- und Schweinefleischgerichte. Helle Sojasauce würzt Meeresfrüchte, Gemüse, Suppen und Dip-Saucen. Eine extrem dunkle, fast schwarze chinesische Sojasauce wird mit Strohpilzen angesetzt. Die sogenannte Pilz-Sojasauce hat einen vollen, stark aromatischen Geschmack und kann anstelle der herkömmlichen dunklen Sojasauce verwendet werden.

WÜRZSAUCEN AUF SOJABOHNENBASIS

Die im Norden und Westen Chinas so beliebte Gelbe-Bohnen-Sauce wird zum Würzen von Peking-Nudeln verwendet und war früher das traditionelle Würzmittel für Peking-Ente. In den Provinzen Sichuan und Hunan wird Gelbe-Bohnen-Sauce zusätzlich mit Chillies aromatisiert. Im Süden verwendet man die süße und scharfe Hoisin-Sauce. Sie schmeckt gut zu pfannengerührten Gerichten und eignet sich vorzüglich zum Marinieren und zum Würzen von Fleisch und Geflügel vor dem Grillen.

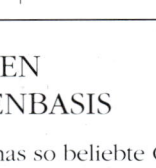

Gelbe-Bohnen-Sauce

Hoisin-Sauce

Pilz-Sojasauce wird aus dunkler Sojasauce hergestellt und mit chinesischen Strohpilzen aromatisiert. Diese Sauce hat einen vollen Geschmack und ein ausgeprägtes Aroma; sie kann anstelle von dunkler Sojasauce verwendet werden.

Pilz-Sojasauce

Japanische Sojasauce (shoyu)

Japanische Sojasauce Nachdem die Chinesen die Sojasauce in Japan eingeführt hatten, entwickelten die Japaner eigene, auf ihre regionalen Garmethoden und Kochstile abgestimmte Varianten. Fermentationsverfahren und Reifeprozeß sind zwar gleich, doch enthalten japanische Sojasaucen mehr Weizen und reifen meist 12 bis 18 Monate. Diese Saucen sind etwas süßer und nicht ganz so salzig.

Die Japaner bevorzugen hellere Sorten. Selbst ihre dunkle Sojasauce würde man in China noch zu den helleren Sorten zählen. Im Süden Japans wird eine besonders helle Sorte verwendet, denn Zutaten, die die Speisen offensichtlich verändern und verfärben, sind hier verpönt.

Sojasauce wird in Japan als Würze bei Tisch und zum Kochen verwendet. Den Chinesen gleich, nehmen die Japaner dunklere Sorten als Würzsauce für dunkles Fleisch und die helleren Sorten als Aromazutat in klaren Suppen und Eintopfgerichten.

Andere Sojasaucen Echtes japanisches Tamari ist eine dickflüssige, dunkle Sojasauce ohne Weizen, die als Nebenprodukt bei der Miso-Herstellung entsteht. Es wird für gewöhnlich in *Sushi*-Restaurants serviert, aber seltener zu Hause verwendet. Auch einige außerhalb Asiens hergestellte Sojasaucen, die meist im Naturkosthandel angeboten werden, tragen die Bezeichnung *tamari*.

Die südostasiatische Küche kennt eine Vielzahl von Sojasaucen, die je nach Region variieren. *Ketjap manis* ist eine dickflüssige, süße Sojasauce aus Indonesien. *Toyo mansi*, eine helle Sojasauce von den Philippinen, enthält als Aromazutat den Saft der *Kalamansi*-Frucht, einer Kreuzung aus Limette und Zitrone.

Würzmittel auf Sojabohnenbasis Diese dickflüssigen, scharf-würzigen Pasten aus fermen

Formschöne Gefäße für Sojasauce, *wie dieses hübsche Porzellankännchen, sind eine Zierde für jede Tafel*

tierten Sojabohnen sind in ganz China und im südostasiatischen Raum außerordentlich beliebt. Die besten werden aus ganzen Bohnenkernen hergestellt; Erzeugnisse aus zerdrückten oder pürierten Bohnen sind in der Regel etwas salziger.

Vor allem in der Sichuan-Küche dürfen Bohnensaucen – mit oder ohne Chillies gewürzt – in fast keinem Gericht fehlen. Hoisin-Sauce ist eine dickflüssige, rotbraune Würzsauce aus roter Bohnensauce, Fünfgewürzpulver (siehe S. 86) und getrockneten Chillies. Vermischt mit Zucker und Sesamöl, wird sie als Dip-Sauce zu Peking-Ente gereicht. Hoisin-Sauce ist nicht zu verwechseln mit der Chinesischen Grillsauce (siehe S. 244), die zwar ähnlich aussieht, aber völlig anders schmeckt.

REZEPTVORSCHLAG
Huhn in Meistersauce

4–6 Portionen

1 küchenfertiges Huhn aus Bodenhaltung (etwa 2 kg)
Salz
300 ml Sojasauce
300 ml trockener Sherry
150 g Zucker
2–3 EL Honig
1 Sternanisfrucht
1 kleines Stück Tangerinenschale

Das Huhn unter fließendem kaltem Wasser abspülen, trockentupfen und innen mit Salz würzen. Sojasauce, Sherry, Zucker, Honig, Sternanis und Tangerinenschale in einem großen Topf vermischen und zum Kochen bringen. Die Mischung umrühren, bis sich der Zucker aufgelöst hat. Das Huhn hineinlegen. Die Flüssigkeit nochmals zum Kochen bringen, dann die Hitze reduzieren und das Huhn etwa 30 Minuten garen. Währenddessen häufig mit der Flüssigkeit beschöpfen. Das Huhn wenden und weitere 20 Minuten garen. Den Topf von der Kochstelle nehmen und das Huhn darin noch 20 Minuten ruhen lassen; gelegentlich mit der Flüssigkeit beschöpfen. Das Huhn aus dem Topf nehmen, auf einer Servierplatte anrichten und warm oder kalt servieren. Die Garflüssigkeit kann wiederverwendet werden: Man gibt sie durch ein Sieb und bewahrt sie im Kühlschrank auf.

Teriyaki – eine vielseitig verwendbare Sauce

Teriyaki ist eine schmackhafte Sauce für gegrillte, gebratene und gebackene Speisen. Hier wird Hähnchenbrust darin eingelegt und anschließend gegrillt.

1 *Je 300 ml mirin (süßer Reiswein), japanische Sojasauce und Hühnerfond zum Kochen bringen. Abkühlen lassen und die Hähnchenbrüste hineinlegen, bis sie gleichmäßig von der Sauce überzogen sind.*

2 *Drei Eßlöffel Teriyaki mit 2 ½ Teelöffeln Zucker bis kurz vor dem Siedepunkt erhitzen. 1 ½ Teelöffel Maisstärke mit 2 ½ Eßlöffeln Wasser anrühren. Zu dem restlichen Teriyaki geben und rühren, bis die Sauce eindickt.*

3 *Die Hähnchenbrüste grillen; gegebenenfalls auch kochen, backen oder braten. Das Fleisch quer zur Faser aufschneiden und fächerartig auf einen Teller anrichten. Teriyaki darübergeben und servieren.*

FISCHSAUCEN

Die in Südostasien so beliebten Fischsaucen sind entfernte Verwandte der salzigen Sardellensauce aus dem alten Rom und der heute in westlichen Küchen gebräuchlichen Sardellen- oder Anchovispaste. Häufig sind diese Fischsaucen ein Nebenprodukt von mit Salz konservierten Fischen, die in festverschlossenen Fässern langsam vergären. Die dunkle Flüssigkeit, die sich während der Gärzeit an der Oberfläche absetzt, wird abgeschöpft und dann gefiltert. Manchmal werden die zurückbleibenden Fische auch püriert und als Würzpaste verwendet.

In westlichen Küchen werden Fischsaucen als Würze für pfannengerührte Gerichte meist mit einer Prise Zucker verfeinert, ein raffinierter Kontrast zur salzigen Schärfe der Sauce.

In Asien wird beim Fermentieren in erster Linie die aromatische Flüssigkeit der Fische extrahiert, die dann als schmackhafte Würzsauce Verwendung findet. In Vietnam und Thailand werden die fermentierten Fische zu einer salzig-scharfen Paste verarbeitet und anstelle von Fischsauce zum Würzen einiger Gerichte genommen. Eine besonders schmackhafte Variante, die stark nach Sardellen schmeckt, wird aus einer Mischung aus pürierten Sardellen und Fischsauce hergestellt.

Austernsauce   Diese dickflüssige, braune Sauce ist eine Spezialität der Kanton-Küche. Sie bestand ursprünglich nur aus Austernextrakt, Salz und Wasser, während ihr heute Maisstärke und als Farbstoff Karamel zugesetzt wird. Austernsauce dient als universelle Würzsauce für Fleisch, Fisch, Gemüse und Nudeln. Sie schmeckt angenehm würzig und hat keinen dominanten Fischgeschmack.

Asiatische Fischsauce   Die durch das Fermentieren kleiner gesalzener Fische, wie Sardellen und Makrelen, gewonnene Sauce wird sowohl zum Kochen wie auch als Würze bei Tisch verwendet. Am bekanntesten sind hier im Westen *nam pla* aus Thailand und *nuoc mam* aus Vietnam.

Garnelenpaste   Die in Thailand als *gapi* bezeichnete Garnelenpaste ist eine Mischung aus sonnengetrockneten Garnelen und Salz. Sie ist eine unerläßliche Zutat in vielen Suppen, Saucen und Currys.

Aus sonnengetrockneten Kalmaren wird eine ähnliche Paste hergestellt.

Chinesische Grillsauce   Diese dickflüssige Würzsauce enthält getrocknete Fische und Garnelen, Chillies, Knoblauch, Erdnüsse und Gewürze. Sie wird wie Currypaste an pfannengerührte Gerichte gegeben oder zum Bestreichen von Grillfleisch verwendet.

Fischsaucen als Tischwürze
Fischsaucen sind fester Bestandteil in asiatischen Saucen, pfannengerührten Gerichten und Dips. Die milderen Varianten können wie Sojasauce als Tischwürze für chinesische Gerichte verwendet werden; dabei muß man jedoch beachten, daß sie salziger und schärfer sind

Fisch-Nebenprodukte
sind auch die hochkonzentrierten Saucen von würzig-salzigem Geschmack, die in der chinesischen und südostasiatischen Küche weit verbreitet sind

Garnelenpaste   **Austernsauce**   **Shrimpsauce**   **Nam pla**   **Fischsauce**

CHILISAUCEN

Lange bevor Kolumbus Amerika entdeckte, verstanden sich die Indianer auf die Zubereitung von Chilisaucen, und noch immer sind Chillies eine unverzichtbare Würze in der süd- und mittelamerikanischen Küche. Heute gibt es vermutlich ebenso viele Rezepte wie Köche. Chilisaucen würzen eine Vielzahl von Gerichten: von Omeletts, gegrilltem Fleisch und Fisch bis zu Salaten, Marinaden und Schmorgerichten. Kaum entdeckt, gelangten die Chilischoten nach Europa und in den Fernen Osten. Dort wurden Chilisaucen bald außerordentlich beliebt. Chinesen, Koreaner, Vietnamesen und Thailänder – sie alle lieben scharfe Saucen. Manche werden als Beilage serviert, andere als eigenständige Zutat verwendet, so daß das fertige Gericht nicht selten höllisch scharf ist.

Scharfe Chilisaucen

In der Karibik hat jede Insel ihre eigene Saucenvariante mit Chillies. Häufig werden die scharfen Schoten in Essig eingelegt. Einige Saucen sind rot von den Tomaten, andere gelb von Kurkuma. Allen gemein ist jedoch die höllische Schärfe der reichlich verwendeten Chillies. Chilisaucen sind vielseitig verwendbar – vom Sautieren bis zum Marinieren sowie als Würze bei Tisch. Tabasco ist eine nordamerikanische Würzsauce auf der Basis von extrem scharfen Pfefferschoten, die bis zu drei Jahren in Eichenfässern reift. Tropfenweise verwendet, verleiht sie Suppen, Schmorgerichten und Saucen eine sehr pikante Würze.

Die feurigen Chilisaucen werden häufig in Flaschen abgefüllt

Asiatische Chilisaucen sind dickflüssiger und salziger als ihre Pendants aus der Karibik

Asiatische Chilisaucen

Chilischoten werden in China ähnlich verwendet wie Sojabohnen (siehe S. 188 und S. 242). Gesalzen und fermentiert, ergeben sie scharfe Saucen als Würze für Eintopf- und pfannengerührte Gerichte sowie Suppen. Chilisaucen sind fester Bestandteil der Sichuan- und Hunan-Küche und erfreuen sich auch in Korea großer Beliebtheit. In anderen Teilen Südostasiens werden die Chillies frisch konserviert, damit sie ihre schöne rote Farbe behalten, und als Würze bei Tisch verwendet. Vermischt mit anderen Aromazutaten, wie Erdnüssen, Trockenfisch und Sojasauce, werden sie zu sambal (siehe S. 69) oder satay (asiatische Erdnußsauce: siehe S. 249) verarbeitet.

Salsas *gibt es in Rot, Gelb oder Grün, und viele enthalten Chili- und Zwiebelstückchen*

Würzsaucen mit Chillies

Salsa *ist das mexikanische Wort für Sauce, doch außerhalb Mexikos steht* salsa *mittlerweile für ein rohes Relish auf Tomatenbasis, schwach bis stark gewürzt mit Zwiebeln, frischem Koriandergrün und Chillies. Einige* salsas *werden unter Verwendung der sehr scharfen und leicht rauchig schmeckenden Chipotle-Chillies zubereitet.* Salsas *werden meist zu mexikanischen Snacks, wie* tacos *und* tostadas, *serviert, schmecken aber auch sehr gut zu den meisten Bohnen-, Reis-, Eier- und Fleischgerichten. Die Barbecue-Saucen der Tex-Mex-Küche zeichnen sich oft durch einen hohen Gehalt an Chillies aus. Sie sind ideal zum Bestreichen von gegrillten Steaks, Rippchen oder Huhn, entweder vor oder nach dem Grillen.*

WÜRZSAUCEN UND DRESSINGS

Viele der im Westen bekannten Würzsaucen haben ihren Ursprung im Osten. So wurden zum Beispiel die Rezepte für Ketchup und Worcestershire-Sauce von britischen Offizieren aus der indischen Kolonie mitgebracht. Angepaßt an den englischen Gaumen, erfreuten sich diese süß-pikanten Saucen schon bald allergrößter Beliebtheit in Großbritannien und erreichten nach Nordamerika schließlich auch das europäische Festland. Europäische Würzsaucen sind dagegen meist französischer oder italienischer Herkunft. Dressings mit Öl und Essig als Grundzutaten werden seit eh und je als Würze für Salate, Gemüse und gegrilltes Fleisch verwendet. Emulgierte Saucen, etwa Mayonnaise, sind relativ neue Zubereitungen; sie wurden im 17. Jahrhundert am französischen Hof kreiert. Heute werden Salatsaucen und Würzsaucen in reichhaltiger Auswahl als Fertigprodukte angeboten. Sie alle basieren auf altbewährten Rezepten, sind jedoch durch eine Vielzahl exotischer Aromazutaten ergänzt worden.

Süße Saucen für pikante Gerichte

Gebratenes Fleisch wird häufig mit süßen Saucen serviert. Sie werden einfach auf den Tisch gestellt, damit sich jeder selbst bedienen kann. Beliebte Zusammenstellungen in Großbritannien sind Apfelsauce mit Schweinebraten oder gebratener Ente, Cranberrysauce mit Truthahn und *mint jelly* oder die pikantere *mint sauce* mit Weinessig zu Lamm.

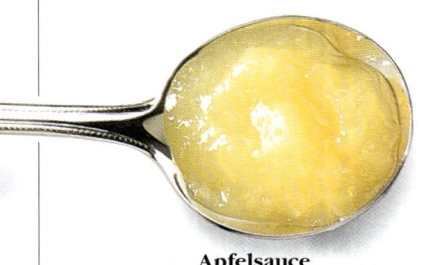

Apfelsauce

Englische Minzsauce

Cranberrysauce

Worcester-Sauce

Die ursprünglich nach einem indischen Rezept zubereitete Würzsauce wird heute aus Malzessig, Melasse, Sardellen, Schalotten, Zucker, Tamarindenmus und Gewürzen hergestellt. Die genaue Zusammensetzung dieser einzigartigen, aus England eingeführten Sauce ist und bleibt ein streng gehütetes Firmengeheimnis. Außer als Würze bei Tisch nimmt man Worcester-Sauce zum Verfeinern von Saucen, Suppen und Fisch- und Fleischgerichten. Auch einige Cocktails erhalten durch sie ihren typischen Charakter.

HP-Sauce

Die aus England eingeführte braune, dickflüssige Würzsauce (HP = engl. Abkürzung für »House of Parliament«) wird aus Malzessig, Melasse, Früchten und Gewürzen hergestellt. Aufgrund ihrer Schärfe paßt sie ausgezeichnet zu dunklem Fleisch. Man kann sie vor dem Garen unter Hackfleisch mischen oder nach dem Grillen darüberträufeln, aber auch Suppen, Eintopfgerichte sowie heiße und kalte Saucen damit würzen.

Ketchup

Bei Ketchups stehen nicht die Gewürze, sondern die Grundzutaten (wie Tomaten und Pilze) geschmacklich im Vordergrund. Neben Tomatenketchup kennt man vor allem in England Austern-, Holunderbeer-, Sardellen- und Walnußketchup. Das Wort »Ketchup« kommt vermutlich von dem malaiischen ketjap – eine Würzsauce auf der Basis von Sojabohnen. Ketchup wird meist als separate Würzsauce für Speisen aller Art verwendet. Nicht selten ist Ketchup aber auch Aromazutat in Relishes, Saucen, Dressings, Suppen und Eintöpfen.

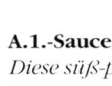

A.1.-Sauce

Diese süß-pikante, braune Würzsauce enthält als Aromazutaten Orangen, Knoblauch, Zwiebeln sowie andere Kräuter und Gewürze. Sie wird meist zu Steaks und gegrilltem Fleisch oder Fisch gereicht. Man kann sie auch vor dem Garen als zusätzliche Würze an Hackfleisch geben. Kleine Mengen können auch Marinaden für Hühner- und Rindfleisch zugefügt werden.

Vinaigrette, *eine der be-*
kanntesten französischen
Saucen, kann als Dip,
Salatsauce oder Marina-
de verwendet werden

Dressing mit Blauschim-
melkäse *wird zu Salaten,*
Robkost und in der Schale
gebackenen Kartoffeln
gereicht

Mayonnaise *ist die ideale*
Beigabe zu vielen kalten
und heißen Speisen

Thousand-Islands-
Dressing *ist eine Salat-*
sauce, die im wesentli-
chen aus Mayonnaise
besteht und mit Ketchup
Chilisauce, grünem
Paprika, Pfeffer und
Schnittlauch gewürzt ist

Sauce tartare *enthält neben*
Mayonnaise gehackte Ge-
würzgurken, Schalotten,
Kapern, Petersilie und
Estragon

Aromatisierte Mayonnaise

Mayonnaise hat eine angenehm glatte Konsistenz und einen relativ neutraler Geschmack, der sich durch eine Vielzahl von Aromazutaten abwandeln läßt. Aromatisierte Mayonnaise ist eine gute Alternative zu gewöhnlicher Mayonnaise und bietet sich auch zum Garnieren delikater *canapés* an. Als Aromazutaten eignen sich vor allem *pesto* (siehe S. 41), Meerrettich, Chutney, Sardellenpaste, Himbeerpüree, *barissa* (siehe S. 71), Currypaste, grobkörniger Senf, gehackte sonnengetrocknete Tomaten, *tapenade* (siehe S. 169), Gewürze, frische Kräuter und Zitrusschale.

Tomatenmayonnaise

Dillmayonnaise

Mayonnaise mit Brunnenkresse

Currymayonnaise

Salate gibt es in allen Variationen – von einfach bis raffiniert, als Vorspeise oder Hauptgericht –, doch sie alle benötigen irgendeine Form der Würze. Die einfachste Salatsauce ist eine Vinaigrette. Zumeist besteht sie nur aus Weinessig, Salz und Öl, aus geschmacklichen Gründen und für eine sämigere Konsistenz gibt man jedoch häufig Dijon-Senf dazu. Für zusätzliches Aroma sorgen gehackte Schalotten, Knoblauch, frische Kräuter oder Sojasauce. Eine Vinaigrette hebt nicht nur den Geschmack von Salaten, sie ist auch eine vorzügliche und in Minutenschnelle zubereitete Geflügelmarinade.

Mayonnaise ist eine andere Salatsauce auf der Basis von Öl und Essig. Ihre sämige Konsistenz erhält sie durch das richtige Aufschlagen von Eigelb mit Öl. Abwandlungen dieser Salatsaucen erreicht man durch die Verwendung verschiedener Öle. Das voll-mundige Olivenöl ist manchem zu aufdringlich im Geschmack und wird daher oft mit einem geschmacksneutralen Öl, zum Beispiel Sonnenblumenöl, gemischt. Nußöle, wie Walnuß-, Haselnuß- und Sesamöl, sind köstliche Saucenzutaten, müssen aber mit milderen Speiseölen gestreckt werden. Aromatisierter Essig (siehe S. 232) kann einer Salatsauce ebenfalls eine besondere Note verleihen.

Salatsaucen verfeinern eine Vielzahl von Gerichten. Eine Vinaigrette paßt vorzüglich zu Salaten von Gemüse, Fleisch und Meeresfrüchten, zu Rohkostplatten und auch zu pochiertem Fisch. Durch die Zugabe von zerkrümeltem Roquefort entsteht eine herzhafte Sauce für robuste Salate, etwa Römischen Salat oder Chicorée. Und Knoblauchmayonnaise paßt gut zu Rohkost oder eingesalzenem Kabeljau, den man pochiert und kalt serviert.

KRÄUTER- UND GEWÜRZSAUCEN

Saucen wurden schon bei den alten Römern als Beigabe zu diversen Speisen gereicht. Das Wort »Sauce« leitet sich aus dem lateinischen *salsus* (gesalzen) ab, und in der Tat zeichneten sich alle römischen Saucen durch einen extremen Salzgeschmack aus. Im Mittelalter standen kräftig gewürzte Saucen mit süß-saurer Geschmacksnote hoch im Kurs, nicht nur, weil es gerade Mode war, sondern auch aus zwingender Notwendigkeit, denn nicht selten hatten Saucen die Aufgabe, den unangenehmen Geschmack von nicht mehr ganz einwandfreien Zutaten zu überdecken. Im 17. und 18. Jahrhundert begann in Frankreich das Goldene Zeitalter der Saucen. Feine Saucen, wie *sauce béchamel* und *sauce hollandaise*, entstanden am französischen Königshof. Doch die Verwendung von Kräutern und Gewürzen zur Verfeinerung von Saucen beschränkt sich nicht allein auf Frankreich. Italien hat unzählige Pastasaucen anzubieten, Indien viele Chutneys mit exotischen Gewürzen, Großbritannien wartet mit der würzigen *mint sauce* auf und der amerikanische Kontinent mit einer Vielzahl höllisch scharfer *salsas*. Heute ist die Auswahl an klassischen Saucen noch weitaus größer, da verführerische Duft- und Geschmackskompositionen aus aller Welt hinzugekommen sind.

REZEPTVORSCHLAG

Sauce béarnaise

Ergibt etwa 300 ml

250 ml Weißweinessig
10 Pfefferkörner
4 Schalotten, feingehackt
2 EL gehackter frischer Estragon
1 EL gehackte frische Blattpetersilie
4 Eigelb
250 g Butter, gekühlt und gewürfelt
Salz

Essig, Pfeffer, Schalotten, Estragon und Petersilie in einen kleinen Topf geben und auf die Menge von etwa 3 Eßlöffeln einkochen lassen. Die Flüssigkeit absieben, zurück in den Topf geben und erkalten lassen. Die Eigelb hinzufügen, den Topf in ein Wasserbad stellen und leicht erhitzen. Die Mischung aufschlagen, bis sie schaumig ist, dann die Butterwürfel – unter ständigem Rühren in dieselbe Richtung – nacheinander hinzugeben und salzen. Sobald sie eine cremige Konsistenz hat, die Sauce sofort von der Kochstelle nehmen und in eine Sauciere füllen. Zu herzhaften Speisen, wie Steaks, Lammfleisch und Lachs vom Grill, servieren.

Sauce béarnaise *paßt vorzüglich zu gegrilltem Fleisch*

Sauce ravigote, *die scharfe Kräutersauce, wird traditionell zu kaltem Fleisch oder Salaten gereicht*

REZEPTVORSCHLAG

Sauce ravigote

Ergibt etwa 250 ml

4 EL Weinessig oder Zitronensaft
Salz
1 EL Dijon-Senf
175 ml natives Olivenöl extra
Frisch gemahlener schwarzer Pfeffer
1 EL Kapern, gehackt
1 kleine Schalotte, gehackt
3 EL gehackte frische Kräuter
(Estragon, Petersilie, Kerbel und
Schnittlauch)

In einer Schüssel den Essig (oder den Zitronensaft) mit etwas Salz verrühren, bis das Salz aufgelöst ist. Den Senf unterrühren. Nach und nach das Öl dazugeben und alles zu einer Emulsion verschlagen. Mit Pfeffer abschmecken. Kapern, Schalotten und Kräuter unterrühren. *Sauce ravigote* zu gekochten Artischocken oder kaltem Fleisch reichen.

Koriandergrün
ist als Aromazutat in Saucen außerordentlich beliebt

Basilikum *ist neben Knoblauch, Pinienkernen, Parmesan und Olivenöl fester Bestandteil des klassischen italienischen* pesto

Eine Sauce sollte das fertige Gericht harmonisch ergänzen. Wacholderrahmsauce ist zum Beispiel eine klassische Beigabe zu Wild; Estragon gehört in die *sauce béarnaise*, die man zu gegrillten Steaks reicht, und Safran verleiht Saucen als Beigabe zu Meeresfrüchten sowohl Farbe als auch Aroma. Eine strikte Einhaltung der traditionellen Kombinationen ist jedoch keineswegs nötig. So paßt beispielsweise eine mit Ingwer, Kardamom und Koriander gewürzte Sahnesauce sehr gut zu pochiertem weißfleischigem Fisch. Eine Tomatensauce mit Lorbeerblatt, Thymian und Oregano ist zwar typisch für die Mittelmeerküche, aber durch die Zugabe von Pfeffer, Nelken, Zimt und einem Stückchen Schokolade wird daraus eine köstliche *mole* nach mexikanischer Art.

Aus optischen und geschmacklichen Gründen werden frisch gehackte Kräuter am besten erst gegen Ende der Garzeit hinzugefügt. Für Saucen mit langer Kochzeit bietet sich ein *bouquet garni* (siehe S. 55) als Aromazutat an. Gewürze verleihen der Sauce eine exotische Schärfe. Man sollte Gewürze ungemahlen kaufen und sie nach Bedarf selbst mahlen oder im Mörser zerstoßen. Wenn man die Kunst des Würzens beherrscht, wird aus einer gewöhnlichen Sauce eine erlesene Köstlichkeit. Eine Prise Muskatnuß ist die Würze par excellence für eine Zwiebelsauce, und eine *sauce béchamel* schmeckt feiner, wenn sie mit Milch zubereitet wird, in der man Petersilie, Lorbeerblatt und Thymian hat ziehen lassen. Es lohnt sich allemal, mit unbekannten Würzmitteln und ungewöhnlichen Gewürzmischungen zu experimentieren. Der Phantasie sind beim Kochen keine Grenzen gesetzt.

REZEPTVORSCHLAG

Orientalische Joghurtsauce

Ergibt etwa 150 ml

1 EL Erdnußöl
1 TL gemahlener Kreuzkümmel
Samen von 3 Kardamomkapseln
½ TL Paprika
1 Prise gemahlene Kurkuma
150 ml Joghurt
1 TL Zitronensaft
2 EL gehackte Korianderblätter
1 TL frisch geriebener Ingwer
Salz
Frisch gemahlener weißer Pfeffer

Das Öl in einer schweren Pfanne erhitzen, Kreuzkümmel, Kardamom, Paprika und Kurkuma hineingeben und 1 Minute rösten. Die Pfanne von der Kochstelle nehmen und den Joghurt mit Zitronensaft, Koriander und Ingwer unter die Gewürze rühren. Mit Salz und Pfeffer abschmecken. Heiß mit gedämpftem Gemüse servieren oder kalt zu hartgekochten Eiern reichen. Diese Sauce paßt auch ausgezeichnet zu weißfleischigem Fisch.

Kardamom *verleiht vielen Saucen aus Indien und dem Nahen Osten ein ganz spezielles Aroma*

Orientalische Joghurtsauce *kann heiß oder kalt serviert werden*

Satay-Sauce *schmeckt gut als Dip oder Beigabe zu gegrilltem Fleisch*

Deglacieren

Deglacieren kommt von dem französischen Verb *déglacer* (auftauen). Dabei wird durch Zugießen und Aufkochen von Wasser, Wein, Brühe, Essig oder Sahne der nach dem Braten verbliebene Satz vom Pfannen- oder Topfboden gelöst. Sobald das Fleisch gar ist, wird es aus der Pfanne oder dem Topf genommen und warm gestellt. Dann gießt man die Flüssigkeit zu und läßt sie unter starker Hitze aufkochen. Gleichzeitig löst man mit einem Pinsel oder Kochlöffel sorgfältig den am Boden und Rand der Pfanne oder des Topfes haftenden Bratensatz. Die Flüssigkeit läßt man etwas einkochen (wichtig bei Verwendung von Wein oder Essig, damit der Alkohol bzw. die Säure etwas verkocht). Sollte das Fleisch beim Braten angebrannt sein, den Bratensatz nicht ablöschen, da die Sauce dann bitter schmeckt. Zur Aromabereicherung vor dem Servieren sautierte Schalotten oder frische Kräuter zugeben.

REZEPTVORSCHLAG

Satay-Sauce

Ergibt etwa 450 ml

160 g geröstete, ungesalzene Erdnüsse
2 EL Erdnußöl
1 Zwiebel, feingehackt
1 Knoblauchzehe, feingehackt
1 ½ EL gemahlene Koriander- oder Fenchelsamen
½ TL gemahlene Kurkuma
1 TL gemahlener Kreuzkümmel
350 ml Kokosmilch
2 EL Chilisauce
2 TL brauner Zucker
2 EL Zitronensaft
Salz

Die Erdnüsse im Mörser grob zerstoßen. Das Öl in einer Pfanne erhitzen, die gehackten Zwiebeln zugeben und sautieren, bis sie glasig sind. Knoblauch und Gewürze unterrühren und zu einer aromatischen Mischung verkochen lassen. Erdnüsse, Kokosmilch, Chilisauce und Zucker zugeben und unter Rühren 2–3 Minuten köcheln lassen. Den Zitronensaft unterrühren und mit Salz abschmecken. Die Sauce zu gegrillten Fleisch- oder Hühnerspießchen reichen.

FRUCHT- UND GEMÜSESAUCEN

Obwohl man bei Saucen zumeist nur an Zubereitungen auf Fond- oder Sahnebasis denkt, gibt es auch eine Reihe von köstlichen Saucen, die im wesentlichen aus Früchten und Gemüse bestehen. Ein paar Löffel Gemüsepüree verleihen einer Sauce zusätzliches Aroma, Farbe und Konsistenz. Viele Saucen basieren auf Fruchtpürees (siehe S. 202) oder werden mit Fruchtsaft verfeinert. Als Beigabe zu pikanten Gerichten wird die Süße der Früchte durch die Säure von Essig oder Zitronensaft ausgeglichen. Gemüsepürees müssen lediglich mit Sahne, Wein oder Fond verdünnt werden, und fertig ist eine einfache, aber wohlschmeckende Sauce, die man zum Schluß mit etwas Butter abrundet.

REZEPTVORSCHLAG
Aromatische Apfelsauce

Ergibt etwa 300 ml

3 Äpfel, geschält, entkernt und in Scheiben geschnitten
2 EL gemahlene Mandeln
1 Zwiebel, gehackt
Abgeriebene Schale von 1 Orange
1 Scheibe Weißbrot, geröstet und zerkrümelt
½ TL gemahlene Gewürzmischung quatre épices (siehe S. 75)
3 EL Weißwein
3 EL Weißweinessig

Apfelscheiben mit Mandeln, Zwiebeln, Orangenschale und Brotkrumen verrühren. Gewürzmischung, Wein und Essig hinzufügen und zum Kochen bringen. 15 Minuten kochen lassen, bis die Apfelscheiben weich sind. Durch ein Sieb streichen und zu Kartoffelpuffern oder Geflügel beziehungsweise Schweinebraten servieren.

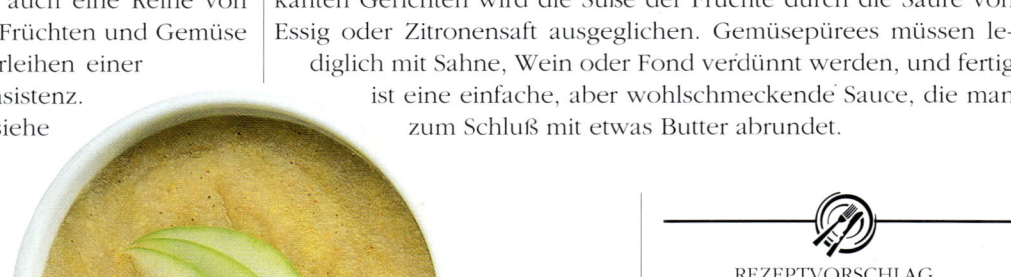

Apfelsauce *ist eine köstliche Beigabe zu Kartoffelpuffern*

Pflaumensauce *paßt gut zu gebratener Ente*

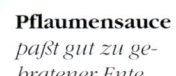

Malteser Sauce *veredelt pochierten Fisch und Spargel*

Cranberries und Orangen *schmecken vorzüglich in Fruchtsaucen, die zu Geflügel gereicht werden*

REZEPTVORSCHLAG
Chinesische Pflaumensauce

Ergibt etwa 600 ml

1 großer Kochapfel
250 g rote Pflaumen, halbiert
250 g Aprikosen
125 ml Weißweinessig
150 g Zucker
1 getrocknete rote Chilischote, gehackt
1–2 Sternanisfrüchte
Sojasauce

Den Apfel schälen, das Kerngehäuse entfernen und würfeln. Die Apfelstückchen mit 4 EL Wasser in einem geschlossenen Topf zu Mus kochen. Pflaumen, Aprikosen, Essig, Zucker, Chilischote und Sternanis zugeben und zugedeckt weitere 45–50 Minuten leise köcheln lassen. Die Sauce durch ein Sieb streichen, um Steine und Sternanis zu entfernen. Falls die Sauce zu dick ist, etwas Wasser zugießen. Gegebenenfalls nachsüßen und mit Sojasauce abschmecken. Heiß oder kalt servieren oder zum Bestreichen von Grillfleisch verwenden.

Tomaten und Champignons *eignen sich für langsam garende Saucen*

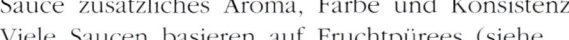

Bei einer Sauce sind Farbe und Geschmack gleichermaßen von Bedeutung. Eine rote Tomatensauce paßt zum Beispiel gut zu Spinat-Gnocchi, während eine blaßgrüne Avocadosauce mit Lachs harmoniert. Eine *sauce béchamel* mit grünem Sauerampferpüree kann man zu Kalbfleisch reichen. Wird das Püree unter eine *sauce hollandaise* gerührt, hat man eine vorzügliche Beigabe zu Lachs, und mit Sahne verdünntes Püree paßt gut zu pochierten Eiern. Das süß-saure Aroma von Fruchtsaucen harmoniert mit Wild und fettem Fleisch, wie Ente, Gans und Schweinefleisch. Aus Kirschen lassen sich erstklassige pikante Fruchtsaucen bereiten. Auch Aprikosen, Rhabarber und Quitten sind dafür bestens geeignet.

Zitrusfrüchte sind überaus wertvolle Saucenzutaten. So verwandelt zum Beispiel ein Spritzer Blutorangensaft eine *sauce hollandaise* in Malteser Sauce, die köstlich zu Spargel schmeckt. Blutorangensaft kann auch an frische Tomatensauce als Beigabe zu Fisch gegeben werden. Beeren sind bestens als Saucengrundlage geeignet. Cranberrysauce mit Truthahn ist vielerorts ein Klassiker, während in Großbritannien zu gebackener Makrele häufig Stachelbeersauce gereicht wird.

REZEPTVORSCHLAG

Maissauce

Ergibt etwa 600 ml

350 g Maiskörner
300 ml Milch
150 ml saure Sahne
1 TL Paprika
Salz
Frisch gemahlener weißer Pfeffer

Maiskörner, Milch und saure Sahne mit Paprika, etwas Salz und Pfeffer in der Küchenmaschine fein pürieren. Das Püree in einen Topf geben und unter ständigem Rühren bei schwacher Hitze 5 Minuten garen. Mit Salz und Pfeffer abschmecken und zu gebratenem Fleisch servieren.

REZEPTVORSCHLAG

Malteser Sauce

Ergibt etwa 600 ml

6 Eigelb
1 EL Zitronensaft
Salz
Frisch gemahlener schwarzer Pfeffer
500 g Butter, gekühlt und in kleine Würfel geschnitten
Saft von 1 Blutorange, durchgesiebt

Eine feuerfeste Schüssel in einen Topf mit siedendem Wasser stellen. Die Eigelb mit dem Zitronensaft, einer Prise Salz und Pfeffer schaumig schlagen. Die Butter stückchenweise zugeben und schlagen, bis die Sauce emulgiert und cremig wird. Den Orangensaft unterrühren und sofort servieren. Malteser Sauce zu pochiertem Fisch oder Spargel reichen.

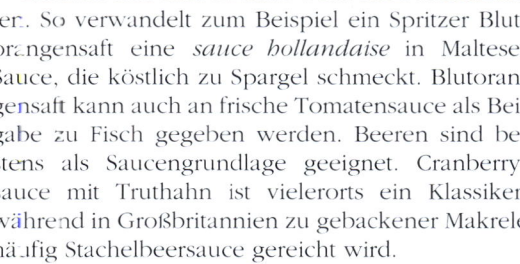

Maissauce, *eine nicht alltägliche Beigabe zu gebratenem Fleisch*

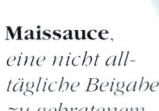

Broccoli-Sardellen-Sauce *paßt ausgezeichnet zu Pasta*

Rote Paprikasauce *eignet sich vorzüglich als Dip*

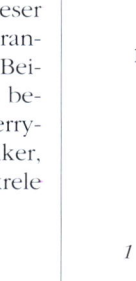

REZEPTVORSCHLAG

Broccoli-Sardellen-Sauce

Ergibt etwa 300 ml

Salz
350 g Broccoliröschen
5 EL natives Olivenöl extra
6 Sardellenfilets, gehackt
1 Knoblauchzehe, feingehackt
1 EL Butter
Frisch gemahlener schwarzer Pfeffer

In einem großen Topf 2 l gesalzenes Wasser zum Kochen bringen. Die Broccoliröschen hineingeben und im geschlossenen Topf 7–8 Minuten kochen, bis sie weich sind. Abtropfen lassen. In einer Pfanne Öl, Sardellen und Knoblauch unter Rühren erhitzen, bis die Sardellenstückchen zu Mus geworden sind. Die Broccoliröschen mit der Butter zugeben und mit einem Kochlöffel zerdrücken. Mit Pfeffer würzen. Die Sauce noch einmal 5 Minuten durchkochen lassen und abschmecken. Heiß servieren. Dazu passen Nudeln mit frisch geriebenem Parmesan und schwarzem Pfeffer.

REZEPTVORSCHLAG

Rote Paprikasauce

Ergibt etwa 150 ml

2 rote Paprikaschoten, enthäutet (siehe S. 69), Rippen und Kerne entfernt
3–4 Knoblauchzehen, grobgehackt
60 g Weißbrot ohne Kruste
4–6 EL natives Olivenöl extra
1 EL Zitronensaft
Gehackte Chillies (nach Belieben)
Salz
Frisch gemahlener schwarzer Pfeffer

Paprikaschoten und Knoblauch in der Küchenmaschine zu einem feinen Püree zerkleinern. Das Brot in eine flache Schüssel legen und mit lauwarmem Wasser befeuchten. Überschüssige Flüssigkeit herausdrücken. Das feuchte Brot zu der Paprikamischung in der Küchenmaschine geben und alles zu einer glatten Paste verarbeiten. In eine Schüssel füllen und Öl, Zitronensaft und Chillies – falls verwendet – unterrühren. Die Sauce mit Salz und Pfeffer abschmecken. Zu Fisch servieren oder als Dip zu Rohkost reichen.

PICKLES

Essig und Salz sind wesentliche Bestandteile von Pickles, denn erst durch sie wird die Haltbarkeit der eingelegten Gemüse und Früchte erreicht. Früher wurden Lebensmittel aller Art als Vorrat für die Wintermonate eingelegt. Gepökeltes Rindfleisch – ebenfalls eine Art von Pickle – erfreut sich noch immer großer Beliebtheit. Heutzutage wird Eingelegtes allerdings vorrangig gegessen, weil es so gut schmeckt und weniger aus Notwendigkeit. Pickles können als würzige Beilage, in Saucen oder Salaten verwendet werden.

Piccalilli (englisches Senfgemüse) wurde 1664 als indisches Pickle in England eingeführt. In Essig eingelegte Paprikaschoten und Artischocken sind fester Bestandteil der italienischen *antipasti* (Vorspeisen), und die kleinen, sauren Cornichons werden traditionell zu französischen Pasteten gereicht. In Korea wird eingelegter Kohl *(kimchi)* als erfrischende Zwischenmahlzeit, als Appetithappen und Tischwürze serviert, und in Essig eingelegte Salate sind eine beliebte japanische Vorspeise.

Einsalzen

Stark wasserhaltige Gemüse werden vor dem Einlegen durch Einsalzen (entweder Trockensalzen oder Einlegen in Lake) entwässert. So wird verhindert, daß der Essig verwässert und seine konservierende Wirkung verliert. Für Gemüse, die in eine Salzlösung eingelegt werden, zum Beispiel Kohl oder Zwiebeln, rechnet man auf 500 ml Wasser 60 g grobes Salz. Für trocken gesalzene Gemüse, wie Gurken und Tomaten, rechnet man auf 750 g Gemüse 100 g grobes Salz. Bei beiden Methoden des Einsalzens läßt man die Gemüse 24 Stunden stehen und spült sie dann vor der Weiterverarbeitung gründlich ab.

Süß-saure Birnen

Zwiebeln in Essig

Piccalilli

REZEPTVORSCHLAG
Zwiebeln in Essig

1 kg kleine Zwiebeln
125–175 g grobes Salz
1 l Gewürzessig (siehe S. 232)

Die Zwiebeln schälen und in eine Schüssel geben. Das Salz in 1–1½ l Wasser auflösen und über die Zwiebeln gießen. Über Nacht stehenlassen, dann zum Abtropfen in einen Durchschlag geben und gründlich abbrausen. Die Zwiebeln trockentupfen und in sterilisierte Gläser füllen, mit einem Holzlöffel festdrücken, damit keine zu großen Zwischenräume verbleiben. Mit kaltem Gewürzessig auffüllen und die Gläser mit säurebeständigen Deckeln fest verschließen. Die Zwiebeln bis zum Verzehr 3–4 Wochen durchziehen lassen.

REZEPTVORSCHLAG
Piccalilli

Ergibt etwa 1,5 kg

1,5 kg gemischtes, gewürfeltes Gemüse (Blumenkohl, Perlzwiebeln, Möhren, Bohnen, rote und grüne Paprikaschoten und Sellerie)
250 g grobes Salz
30 g Senfpulver
15 g gemahlene Kurkuma
15 g gemahlener Ingwer
Etwa 1 l Branntweinessig
275 g Zucker
30 g Maisstärke

Das vorbereitete Gemüse mit dem Salz mischen und über Nacht stehenlassen. Abtropfen lassen, gründlich unter fließendem, kaltem Wasser abspülen und wieder abtropfen lassen. Senfpulver, Kurkuma und Ingwer in einen Topf geben und mit etwas Essig zu einer glatten Paste verrühren. Den Zucker unterrühren. Unter ständigem Rühren zum Kochen bringen, bis der Zucker aufgelöst ist. Das Gemüse zugeben und im geschlossenen Topf etwa 15–20 Minuten köcheln lassen, bis das Gemüse knapp gar ist. Das fertige Gemüse mit einem Schaumlöffel herausnehmen und in vorgewärmte sterilisierte Gläser (bis 1 cm unter den Rand) füllen. Die Maisstärke in etwas Essig auflösen und an die Garflüssigkeit geben. Unter ständigem Rühren bei schwacher Hitze kochen, bis die Sauce eingedickt ist. Über das Gemüse gießen. Die Gläser mit säurebeständigen Deckeln verschließen. Bis zum Verzehr mindestens 1 Monat an einem kühlen Platz durchziehen lassen.

Fast alle Früchte oder Gemüse können in Essig eingelegt werden, aber sie müssen ganz frisch und einwandfrei sein. Überreife Früchte oder überlagerte Gemüse sollten auf keinen Fall verwendet werden, wogegen weniger ansehnliche Früchte und Gemüse bestens geeignet sind.

Die beliebtesten Pickles werden aus Zwiebeln, roten Beten, Rotkohl und Gurken zubereitet, aber auch Möhren, Champignons mit geschlossenen Köpfen, Artischockenherzen, Blumenkohl und Paprikaschoten sind bestens zum Einlegen in Essig geeignet, ebenso Früchte wie Melonen, Pfirsiche und Birnen. Von allen genannten Gemüsen sind lediglich rote Beten etwas problematisch, da sie ausbluten.

Branntweinessig ist der gängige Einmachessig. Für schwachgewürzte Pickles, die kaum oder gar keine zusätzliche Würze enthalten, empfiehlt sich dagegen Cidre-Essig oder Weinessig. In hellem oder farblosem Essig kommen die eingelegten Früchte und Gemüse farblich besser zur Geltung als in einem dunklen Essig. Ungeachtet der verwendeten Essigsorte muß der Essigsäuregehalt mindestens 5 % betragen, damit der Essig seine konservierende Wirkung entfalten kann. Gewürzessig verleiht Eingelegtem ein optimales Aroma. Es gibt ihn fertig zu kaufen, man kann ihn aber auch gut selbst herstellen. Noch leichter ist die Bereitung eines Essigsuds. Dazu gibt man in einen Topf mit Essig eine oder alle der nachfolgend genannten Aromazutaten: Ingwer, Zimtstange, Gewürznelken, Piment, schwarze Pfefferkörner, Knoblauch, Muskatblüte und Lorbeerblatt. Die Mischung kurz aufkochen lassen, von der Kochstelle nehmen und mindestens 30 Minuten

durchziehen lassen. Der Essigsud kann heiß oder kalt verwendet werden. Bei Verwendung von kaltem Essigsud bleiben zuvor in Lake eingelegte Gemüse schön knackig.

Süß-sauer Eingelegtes wird in einem Sirup aus Essig, Zucker und Gewürzen konserviert. Auf 600 ml Essig rechnet man 500 g Zucker und läßt dann die Gewürze in dieser Mischung ziehen.

Für die meisten Rezepte wird Salz benötigt. Es sollte möglichst nur grobes Salz ohne Zusätze verwendet werden, da Speise- oder Tafelsalz der besseren Rieselfähigkeit wegen oft mit Zusätzen versehen wird, die die konservierende Wirkung des Essigsuds beeinträchtigen können.

Vor dem Einfüllen werden die Gläser in Wasser ausgekocht. Die dazugehörigen Schraubdeckel sollten zum Schutz gegen Korrosion kunststoffbeschichtet sein. Gummiringe für Einmachgläser werden zum Sterilisieren in leise kochendes Wasser gelegt. Es ist darauf zu achten, daß die verwendeten Deckel luftdicht schließen, da der Essig sonst verdunstet und das Eingelegte verdirbt. Nach dem Abfüllen und Verschließen werden die Gläser beschriftet, wobei vor allem das Datum des Einlegens nicht vergessen werden darf, und an einem kühlen und trockenen Ort aufbewahrt. Eingelegtes Gemüse kann nach 2–3 Monaten verzehrt werden, süßsaure Früchte läßt man etwas länger durchziehen. Pickles halten sich bis zu einem Jahr, danach verliert roh eingelegtes Gemüse seine knackige Beschaffenheit. Eine Ausnahme macht eingelegter Rotkohl; er sollte innerhalb von vier Wochen verzehrt werden.

Früchte in Alkohol

Alkohol ist besonders zum Haltbarmachen von frischen oder getrockneten Früchten, wie Kirschen, Beeren oder Pflaumen, geeignet. Als Faustregel gilt: 500 g Früchte mit 250 g Zucker mischen, in Gläser füllen und mit so viel hochprozentigem Alkohol (wie Rum, Weinbrand, Kirschwasser oder Wodka) aufgießen, daß die Früchte gut bedeckt sind. Vanille, Nelken, Stangenzimt, Sternanis oder Ingwer sind beliebte Aromazutaten. Nach 3–4 Wochen kann probiert werden.

REZEPTVORSCHLAG
Süß-saure Birnen

Ergibt etwa 2 kg

2 kg feste Birnen
Saft von ½ Zitrone
1 Stück frischer Ingwer, geschält
(etwa 2,5 cm lang)
3–4 Gewürznelken
1 Zimtstange
600 ml Weißweinessig
600 g Zucker

Die Birnen schälen, halbieren, entkernen. Etwas Wasser und den Zitronensaft hinzufügen und sanft köcheln lassen, bis die Birnen beginnen weich zu werden. Die Gewürze mit Essig und Zucker in einen Topf geben und unter ständigem Rühren langsam erhitzen, bis der Zucker aufgelöst ist. Zum Kochen bringen und 5 Minuten köcheln lassen. Die Birnen zugeben und weitere 20–30 Minuten köcheln lassen, bis sie weich sind. Vorsichtig in sterilisierte Gläser füllen. Den Sirup 5 Minuten einkochen lassen und dann über die Birnen gießen; der Sirup sollte etwa fingerbreit über den Früchten stehen. Die Gläser fest verschließen und bis zum Verzehr 1 Monat durchziehen lassen.

GEMÜSE IN GLÄSER SCHICHTEN

Besonders hübsch sieht es aus, wenn blanchierte Gemüse in bunter Reihenfolge in Gläser geschichtet und anschließend mit einem klaren Essigsud übergossen werden. Leider müssen die Gläser kühl und dunkel aufbewahrt werden, da ihr Inhalt sonst schneller verdirbt.

1 *Verschiedenfarbige Gemüse wie Blumenkohl, grüne Bohnen, Möhren, Broccoli, rote Paprikaschoten, Perlzwiebeln und Champignons vorbereiten. Getrennt in sprudelndem Salzwasser kurz vorgaren. Abtropfen lassen und nach Belieben kleinschneiden.*

2 *Die Gemüse in bunter Reihenfolge in sterilisierte Einmachgläser mit Klemmverschluß schichten. Weißweinessig und natives Olivenöl extra im Verhältnis 1 : 1 aufkochen, abkühlen lassen und über die Gemüse gießen. Ein Lorbeerblatt in jedes Glas geben und die Gläser verschließen.*

CHUTNEYS UND RELISHES

Chutneys und Relishes sind süß-saure, meist scharf gewürzte Saucen aus Früchten und Gemüsen, die zum Würzen sehr beliebt sind. Während Chutneys meist von marmeladenähnlicher Konsistenz sind, erinnern Relishes mehr an ein Kompott, in dem noch Stücke der Zutaten enthalten sind. Für Chutney läßt man Früchte und Gemüse in einer würzigen Sauce aus Essig, Zucker und Gewürzen zu Mus einkochen. Chutneys werden meist nach den Früchten, mit denen sie zubereitet wurden, benannt, wie beispielsweise Apfel- oder Pflaumen-Chutney. Durch das lange Ko-chen sind Chutneys meist konzentrierter, dunkler und würziger als die knackigen, erfrischenden Relishes. Chutneys stammen ursprünglich aus Indien und heißen dort *chatni*, was »scharf gewürzt« bedeutet. Seit dem 19. Jahrhundert, als heimkehrende britische Kolonialherren sie nach England mitbrachten, gehören Chutneys dort zu den Standardwürzmitteln. Als vielseitige und schmackhafte Beilagen zu Fleisch, Fisch und Geflügel, zu scharfen Currys und kaltem Braten werden sie auch in unseren Breiten – nicht zuletzt dank vieler neuer Rezepte – immer beliebter.

Limetten, Mangos und Äpfel sind zwar die klassischen Früchte für Chutneys, aber auch Kirschen, Stachelbeeren, Cranberries, Pflaumen und die große Gruppe der Zitrusfrüchte lassen sich zu köstlichen Chutneys verarbeiten.

Häufig werden auch Trockenfrüchte und Nüsse beigegeben, weil sie den Chutneys eine typische Textur geben und sie mit ihrem Aroma bereichern. Sultaninen und Rosinen sind ebenfalls klassische Zutaten in Chutneys, denn sie bilden einen augenfälligen Kontrast zu hellen Früchten, wie Pfirsichen und Orangen. Ungewöhnlicher ist der Zusatz von getrockneten Feigen, getrockneten Bananen und getrockneten Kirschen. Datteln verleihen säuerlichen Früchten, wie Stachelbeeren oder Ananas, eine angenehme Süße und passen auch gut zu etwas ausgefallenen Zusammenstellungen, wie zum Beispiel Kürbis und Zwiebeln. Besonders würzig schmeckt ein Chutney aus Trockenaprikosen.

Feste, knackige Gemüse sind wie geschaffen für Relishes. Auch Gemüsemais ist hervorragend

Maiskörner vom Kolben trennen
Wenn man die Maiskörner mit einem Messer vom Kolben abschabt, tritt eine milchige Flüssigkeit aus, die das Relish trübt. Soll das Relish klar bleiben, müssen die Maiskörner Reihe für Reihe vorsichtig mit der Spitze eines kleinen scharfen Messers vom Kolben gelöst werden.

geeignet. Er hat eine angenehme Konsistenz und liegt geschmacklich zwischen süß und pikant, je nachdem, welche anderen Zutaten noch hinzukommen.

Exotische Gewürze, wie Zimt, Ingwer, Kardamom, Gewürznelken und Piment, sind ideale Aromazutaten für Chutneys. Braune und weiße Senfkörner passen gut zu Relishes, können aber auch durch Senfpulver ersetzt werden, wenn man die Körnchen als störend empfindet. Auch *pickling spice* (siehe S. 75) ist als Aromazutat geeignet.

Für die Zubereitung dieser Saucen benötigt man einen großen Topf aus Edelstahl oder unbeschädigtem Email. Kochgefäße aus Eisen, Messing und Kupfer sollten besser nicht verwendet werden, da diese Materialien mit der Säure des Essigs reagieren und einen bitteren Geschmack hinterlassen können. Gerührt wird immer mit einem Holzlöffel. Zur Aufbewahrung werden Chutneys und Relishes in sterilisierte Gläser gefüllt und mit säurebeständigen Schraubdeckeln verschlossen; Cellophanpapier ist ebenfalls geeignet.

VERSIEGELN MIT WACHS

Einmachgut hält sich länger, wenn es mit einer Schicht Paraffin luftdicht verschlossen wird. Diese Versiegelung eignet sich besonders für Chutneys und Relishes, die mit der Zeit leicht austrocknen.

1 *Einen Block Paraffin oder ungefärbte, nicht parfümierte Haushaltskerzen in kleine Stücke brechen und in eine gesäuberte Konservendose geben. Die Dose in kochendes Wasser stellen und die Temperatur herunterschalten.*

2 *Einmachgut bis 5 mm unter dem Rand ins Glas füllen, mit rundem Wachspapier abdecken und eine dünne Schicht Wachs darübergießen. Zum Ausgießen die heiße Dose mit einem Tuch umwickeln oder mit einer Zange festhalten.*

3 *Die abgekühlte Wachsschicht mit Cellophanpapier oder Stoff abdecken und mit einem Gummiring befestigen. Vor Gebrauch das Paraffin mit der Messerspitze vorsichtig entfernen; das Wachspapier kommt dabei mit heraus.*

Mais-Paprika-Relish

Ergibt etwa 1,5 kg

9 Maiskolben
1 grüne Paprikaschote, feingehackt
1 rote Paprikaschote, feingehackt
2 große Zwiebeln, feingehackt
300 g hellbrauner Zucker
30 g grobes Salz
1 ½ EL Senfpulver
1 l Cidre-Essig

Die Maiskörner vom Kolben trennen (siehe S. 254). Alle Zutaten in einem großen Edelstahltopf mischen und zum Kochen bringen. Die Temperatur herunterschalten und 15–20 Minuten köcheln lassen, bis das Gemüse weich ist. In sterilisierte Gläser füllen und mit säurebeständigen Deckeln verschließen. Kühl und dunkel aufbewahren.

Dattel-Orangen-Chutney

Ergibt etwa 2 kg

500 g unbehandelte Orangen
750 g Zucker
100 g heller Rohrzuckersirup
(golden syrup)
2 EL grobes Salz
¼ TL zerdrückte getrocknete Chillies
1,5 l Branntweinessig
500 g Zwiebeln, gehackt
500 g Datteln, entsteint und gehackt
500 g Rosinen

Die Orangenschale abreiben und beiseite stellen. Dann die pelzige Fruchthaut abschälen und die Orangen filetieren (siehe S. 174), das Fruchtfleisch entkernen und feinhacken. Zucker, Sirup, Salz, Chillies und Essig in einem großen Edelstahltopf vermischen und bei starker Hitze zum Kochen bringen. Ständig rühren, bis der Zucker aufgelöst ist. Orangen, Zwiebeln, Datteln, Rosinen und die Hälfte der abgeriebenen Orangenschale dazugeben. Die Temperatur herunterschalten und die Mischung etwa 1 Stunde sanft köcheln lassen, bis die Masse eingedickt ist. Die restliche Orangenschale unterrühren. Das Chutney in vorgewärmte, sterilisierte Gläser füllen, abkühlen lassen und verschließen. Bis zum Verzehr kühl und dunkel aufbewahren.

Mais-Paprika-Relish

Dattel-Orangen-Chutney

Knackiges Gemüse-Relish

Chutney von grünen Tomaten und Äpfeln

Knackiges Gemüse-Relish

Ergibt etwa 5 kg

1 Weißkohl, gehobelt
4 Möhren, gerieben
6 Zwiebeln, in dünne Scheiben geschnitten
1 rote Paprikaschote, in dünne Streifen geschnitten
1 grüne Paprikaschote, in dünne Streifen geschnitten
45 g grobes Salz
1 l Branntweinessig
1 TL Senfkörner
750 g Zucker

Kohl, Möhren, Zwiebeln und Paprikaschoten mischen, salzen und in einem Plastikdurchschlag über Nacht ziehen lassen. Senfkörner zum Essig geben und den Zucker darin auflösen. Gemüse in sterilisierte Gläser geben, mit dem Essig auffüllen und verschließen. Bis zum Verzehr 1 Woche ziehen lassen. Gut mit Flüssigkeit bedeckt, hält sich das Relish 2–3 Monate im Eisschrank, auch in einer mit Frischhaltefolie abgedeckten Schüssel.

Chutney von grünen Tomaten und Äpfeln

Ergibt etwa 4 kg

1 kg grüne Tomaten, gehackt
1 kg saure Äpfel, geschält, entkernt und gehackt
250 g Zwiebeln, gehackt
500 g Rosinen
750 g hellbrauner Zucker
2 TL gemahlener Ingwer
2 TL schwarze Pfefferkörner, zerdrückt
2 TL quatre épices (siehe S. 75)
2 EL grobes Salz
2 Knoblauchzehen
1 l Weinessig

Alle Zutaten – bis auf den Essig – in einem großen Edelstahltopf vermischen. 6 Eßlöffel Essig dazugeben und die Mischung bei schwacher Hitze zum Kochen bringen. Dann den restlichen Essig nach und nach zugießen und unter häufigem Rühren etwa 45 Minuten langsam einkochen lassen. In sterilisierte Gläser füllen, abkühlen lassen und die Gläser fest verschließen. Das Chutney kühl und dunkel aufbewahren.

MARMELADEN, KONFITÜREN UND GELEES

Marmeladen, Konfitüren und Fruchtgelees fehlen auch heute auf keinem Frühstückstisch. Was für unsere Vorfahren eine Notwendigkeit war – das Konservieren des reichhaltigen Früchteangebots im Sommer und Herbst für die langen Wintermonate –, ist heute nur in zweiter Linie Vorratshaltung. Vielmehr überwiegt der Trend, die süßen Köstlichkeiten selber herzustellen und sich und anderen damit eine Freude zu bereiten. Sauber aufgereihte Marmeladengläser sind aus modernen Supermärkten ebensowenig wegzudenken wie aus den Speisekammern unserer Großmütter. Obwohl der Handel süße Brotaufstriche in großer Auswahl – und in guter Qualität – anbietet, geht nichts über Selbstgemachtes. Die meisten Früchte sind zum Konservieren geeignet. Aus Erdbeeren und Aprikosen werden klassische Einfruchtkonfitüren hergestellt; für Mehrfruchtkonfitüren eignen sich

zum Beispiel Weintraube und Birne; Rhabarber und Feige; oder Apfel, Cranberry und Quitte. Holunderbeeren sorgen für einen dezenten Muskatgeschmack; Walnüsse oder Mandeln verleihen Aroma und »Biß«, und ein Schuß Weinbrand oder Orangenlikör rundet das Ganze ab. Kräuter und Gewürze sind ebenfalls beliebte Aromazutaten. Vanille paßt gut zu Birnen, Basilikum zu Pflaumen; Minze und Salbei harmonieren mit Stachelbeeren. Konfitüren und Marmeladen mit Kräutern haben fast schon Relish-Charakter und passen insofern gut zu pikanten Gerichten. Richtig zubereitet und verschlossen, hält sich selbstgemachte Konfitüre gut ein Jahr, vorausgesetzt, sie wird kühl, dunkel und trocken aufbewahrt. Allzulange sollten die süßen Köstlichkeiten jedoch nicht gelagert werden, da sie mit der Zeit Geschmack und Qualität einbüßen.

Erdbeer-marmelade
Nichts geht über selbstgemachte Erdbeer-marmelade zu knusprigen Brötchen oder Toast auf einem schön gedeckten Frühstückstisch

Konfitüre aus tropischen Früchten
Diese exotische Fruchtzubereitung aus Ananas und Kokosnuß ist genau das richtige für ein festliches Frühstück oder einen ausgedehnten Brunch

Oran-genpaste
Diese feste Frucht-paste mit dem lieblichen Duft von Orangen schmeckt vorzüglich als Aufstrich für Brot und Gebäck

Lemon curd
Der herb-säuerliche Geschmack der Zitronen hält sich in dieser gehaltvollen Zubereitung mit Eiern, Butter und Zucker dezent im Hintergrund. Diese klassische englische Fruchtcreme wird auf Tortenböden aufgespritzt oder als Kuchenfüllung verwendet

Minz-Gelee
Minz-Gelee ist die klassische Beigabe zu Lammbraten, paßt aber auch vorzüglich zu anderen pikanten Gerichten, wie etwa zu gegrilltem Fleisch oder zu Kebab

Tomatenmarmelade
Tomaten sind aufgrund ihrer Konsistenz und ihres angenehm säuerlichen Aromas ideal zum Konservieren. Eine Marmelade aus diesem Fruchtgemüse ist eine köstliche, wenngleich ungewöhnliche Beigabe zu kaltem Braten

FRÜCHTE FÜR MARMELADEN

Apfel

Aprikosen

Es gibt eigentlich keine Früchte, die sich nicht zu Marmelade oder anderen Spezialitäten verarbeiten lassen. Doch nur bei einem ausgewogenen Verhältnis von Pektin, Säure und Zucker kann das Einmachgut gelieren. Säuerliche Kochäpfel, rote und schwarze Johannisbeeren, Stachelbeeren, Quitten, Cranberries und Zitrusfrüchte zählen zu den pektin- und säurereichen Früchten, die unter Zugabe von Zucker zu festen Gelees werden. Den höchsten Pektingehalt weisen nicht ganz ausgereifte Früchte auf; überreife Früchte gelieren dagegen nicht so gut. Obstsorten mit einem relativ hohen Pektingehalt – etwa Aprikosen, Brombeeren und Himbeeren – ergeben die besten Konfitüren, Marmeladen und Gelees. Bei pektinarmen Früchten, zum Beispiel Erdbeeren, Kirschen, Pfirsichen, Birnen, Ananas, Weintrauben, Feigen, Rhabarber und Melone, ist die Zugabe von Pektin – flüssig oder als Pulver – erforderlich.

Cranberries

Limette

MARMELADEN, KONFITÜREN UND EINGEMACHTE FRÜCHTE

Konfitüren, Marmeladen, Gelees, Kompott, Fruchtmus und -pasten bestehen aus Früchten und Zucker. Die verschiedenen Bezeichnungen für das Einmachgut sind abhängig von dessen Konsistenz oder der verwendeten Fruchtart.

Eingemachtes Dieser Sammelbegriff bezieht sich im engeren Sinne auch auf ganze Früchte, wie Erdbeeren oder Pfirsiche, die kurz in Zuckersirup gekocht werden. Nach dem Aufkochen hebt man die Früchte aus dem Sirup, kocht diesen stark ein und gibt anschließend die Früchte wieder dazu. Auf diese Weise erhält man ein konzentriertes Fruchtaroma, ohne daß die Früchte verkochen. Die so konservierten Früchte können als Beigabe zu Desserts oder – als würzige Variante – zu gebratenem Fleisch oder Wild gereicht werden.

Konfitüre und Marmelade Konfitüren werden aus Früchten gekocht und können größere Fruchtstückchen oder ganze Früchte enthalten. Herkömmlich wird dieser Brotaufstrich als Marmelade bezeichnet, wenngleich diese Bezeichnung laut EG-Regelung nur noch für die Erzeugnisse aus Zitrusfrüchten zulässig ist. Für Konfitüren läßt man die Früchte köcheln, bis sie weich sind, fügt dann den Zucker hinzu und kocht die Mischung, bis sie den Gelierpunkt erreicht. Diese Art der Zubereitung ist besonders für rote Beerenfrüchte, Stachelbeeren, Pflaumen, Feigen und Rhabarber geeignet.

Kompott Für diese Form des Eingemachten werden meist ganze oder in Scheiben geschnittene Früchte in gezuckertem Sirup gekocht und eventuell mit Trockenfrüchten, Nüssen und Zitrusschalen ergänzt.

Gelee Die aus klarem Fruchtsaft und Zucker bereiteten Gelees sollten so fest sein, daß man sie mit einem Löffel abstechen kann. Die weichgekochten Früchte werden zunächst in einen Saftbeutel gefüllt.

Kräuter zur Aromabereicherung

Zur Verfeinerung des Einmachgutes bieten sich in vielen Fällen Kräuter an. Minze und Melisse harmonieren mit den meisten süßen Brotaufstrichen. Basilikum, Salbei, Thymian und Rosmarin sind ebenfalls eine gute Wahl. Ein Lorbeerblatt oder ein paar Rosengeranienblätter verleihen einem Apfelgelee eine würzige Note.

Minze

Basilikum

Rosmarin

Dann läßt man den Saft über Nacht austropfen, damit das Gelee schön klar bleibt. Anschließend wird der Saft unter Zugabe von Zucker bis zum Gelierpunkt gekocht. Gelees können als Brotaufstrich oder zum Glasieren von Tortenböden mit Obstbelag verwendet werden. Läßt man Kräuter und Gewürze im Gelee mitkochen, erhält man köstliche Beilagen zu gebratenem Geflügel, Schweinefleisch oder Wild. Apfel- oder Quittengelee kann man zum Beispiel mit Gewürznelken, Salbei, Ingwer oder Kardamom aromatisieren.

Zitrusmarmelade Das Wort »Marmelade« leitet sich aus dem portugiesischen *marmelada* (Quittenmarmelade) ab (*marmelo* = Quitte). Der Begriff »Marmelade« kam im 18. Jahrhundert zuerst in Großbritannien auf. Marmeladen sind Zubereitungen aus zerkleinerten, in Wasser weichgekochten Zitrusfrüchten, die unter Zugabe von Zucker bei starker Hitze bis zum Gelierpunkt gekocht werden.

Fruchtpürees und feste Fruchtpasten Konservierte Fruchtpürees von unterschiedlicher Konsistenz galten im viktorianischen England als Delikatesse zum Fünf-Uhr-Tee. Für Fruchtmuse und feste Fruchtpasten wird eine Fruchtart oder eine Fruchtmischung zu Brei gekocht und dann mit Zucker und Butter haltbar gemacht. Je nach Zuckermenge und Kochzeit entstehen Pasten von unterschiedlicher Konsistenz. Ein cremiges Fruchtmus kann als Brotaufstrich verwendet werden, und eine feste Fruchtpaste kann, in hübsche Formen gefüllt und nach dem Stürzen aufgeschnitten, als Beilage zu kaltem Fleisch oder Geflügel gereicht werden.

Cremige Fruchtpasten Diese gehaltvollen Zubereitungen mit Eiern und Butter sind aufgrund der verwendeten Milchprodukte nur begrenzt haltbar. Klassisch ist die Zubereitung mit Zitronen, die als *lemon curd* bezeichnet wird. Aber auch Orangen, Limetten und Passionsfrüchte oder Fruchtmischungen ergeben delikate Pasten.

MARMELADEN, KONFITÜREN UND FRUCHTGELEES IN DER KÜCHE

Dank ihres hohen Zuckergehalts können Konfitüren, Marmeladen und Gelees zum Süßen diverser Speisen verwendet werden. Ein Löffel Himbeer- oder rote Johannisbeermarmelade verleiht einer Bratensauce zu Rind- oder Lammfleisch ein angenehm fruchtiges Aroma, ohne dabei übermäßig süß zu schmecken. Alle festen Konfitüren, Marmeladen und Gelees eignen sich vorzüglich zum Füllen von Torten und Biskuitrollen oder als »Schutzschicht« zwischen einer rohen Füllung und einem blindgebackenen Tortenboden.

Trotz ihrer Süße passen einige Frucht- und Gemüsemarmeladen ausgezeichnet zu pikanten Speisen. Feste Gelees, leicht erhitzt und mit etwas Pflanzenöl vermischt, können als Glasur für gegrilltes Fleisch verwendet werden. Tomaten- und Möhrenmarmelade sind eine schmackhafte Beilage zu gefülltem Braten. Wenn man einen Schinken während des Bratens mit erwärmter, verflüssigter Marmelade bestreicht, bildet sich eine wohlschmeckende Kruste. Torteletts, die eine Füllung aus Marmelade oder Fruchtpaste erhalten sollen, werden nach dem Blindbacken mit gemahlenen Mandeln bestreut. Anschließend füllt man sie mit Marmelade oder spritzt Rosetten aus Fruchtpaste auf.

Fruchtmarmeladen und Gelees können auch zu Dekorationszwecken verwendet werden. Dazu eine Spritztüte aus Papier (siehe S. 185) mit einem dunklen Gelee – zum Beispiel rotes Johannisbeergelee – füllen und Schriftzüge, Linien oder ein spiralförmiges Muster auf Kuchen und Gebäck aufspritzen, die zuvor mit einer schwach eingefärbten Glasur überzogen wurden.

Fleisch glasieren

Zum Glasieren von gegrilltem Fleisch glattgerührtes Gelee – von roten Johannisbeeren, Cranberries oder Minze – mit etwas Pflanzenöl mischen und das Fleisch 2 Minuten vor Ende der Garzeit damit bestreichen.

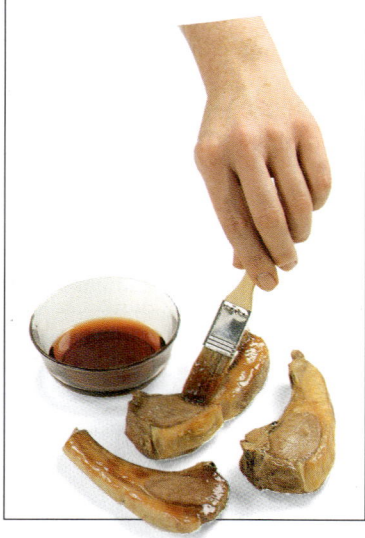

Torten glasieren

Damit Tortenböden mit Obstbelag Glanz erhalten, überzieht man sie mit einem erwärmten, flüssig gewordenen Gelee. Konfitüren und Marmeladen sind ebenfalls für Glasuren geeignet, sollten aber vor dem Auftragen durchpassiert werden.

Obst-Torteletts glasieren
Zum Glasieren von roten oder purpurroten Früchten dunkle Gelees, wie rotes Johannisbeergelee, und für blassere Früchte helle Gelees, wie Aprikosengelee, verwenden

MARMELADE KOCHEN

Früchte, Zucker und Pektin sind die wichtigsten Zutaten für Marmeladen. Die Früchte liefern die Süße – ergänzt durch die fruchteigene Säure – und die Farbe. Pektin ist ein natürliches Geliermittel, das in den Schalen, Kernen und Trennhäuten der meisten Früchte enthalten ist. Für streichfähige, schwachgelierte Konfitüren und Marmeladen reicht der natürliche Pektingehalt der Früchte meist aus. Für sehr feste Konfitüren, Marmeladen oder Gelees oder bei Verwendung von pektinarmen Früchten wird industriell gewonnenes Pektin, flüssig oder in Pulverform, zugesetzt. Pektin wirkt am besten in Verbindung mit Säure. Bei Früchten,

die nicht genügend eigene Säure entwickeln, muß der Säuregehalt durch die Zugabe von frischem Zitronensaft erhöht werden. Zucker ist Süßungs- und Konservierungsmittel zugleich. Auf 500 g Früchte rechnet man etwa 300–500 g Zucker – weniger ist nicht empfehlenswert, mehr ist Geschmackssache. Zuviel Zucker hat jedoch nicht selten zur Folge, daß Konfitüren und Marmeladen von sehr sauren Früchten kristallisieren. Als alternative Süßungsmittel bieten sich Honig, Melasse, *treacle* und *golden syrup* (siehe S. 198) an. Bei einem ausgewogenen Verhältnis von Säure, Zucker und Pektin werden Konfitüren, Marmeladen und Gelees immer gelingen.

REZEPTVORSCHLAG

Orangenmarmelade

Ergibt etwa 3 kg

12 kleine Orangen, möglichst unbehandelte Früchte aus kontrolliert biologischem Anbau
2 kg Zucker
Saft von 1 Zitrone, durchgesiebt

Die Orangen in einen großen Einmachtopf mit extrastarkem Boden geben. Auf je 500 g Früchte etwa 600 ml kaltes Wasser zugießen. Im geschlossenen Topf etwa 1 Stunde sanft köcheln lassen, bis sich die Früchte mühelos mit einem Spieß einstechen lassen. Die Orangen aus dem Topf nehmen und die Kochflüssigkeit beiseite stellen. Die leicht abgekühlten Früchte nach Belieben zerkleinern. Die Kerne entfernen und in ein Stück Musselin oder Gaze einbinden. Den Zucker an die zurückbehaltene Kochflüssigkeit geben und unter ständigem Rühren bei schwacher Hitze auflösen. Die Temperatur heraufschalten und den Sirup 5 Minuten kochen lassen. Die zerkleinerten Orangen mit dem Zitronensaft dazugeben und die Mischung zum Kochen bringen. Die eingebundenen Orangenkerne ebenfalls mitkochen lassen, da sie Pektin abgeben. Die Mischung sprudelnd kochen lassen, bis das Zuckerthermometer 105 °C anzeigt, oder die Gelierprobe mit einem Holzlöffel machen (siehe rechts). Das Stoffsäckchen herausnehmen, die Marmelade abschäumen und leicht abkühlen lassen, in sterilisierte Gläser füllen und sofort verschließen. Kühl und dunkel aufbewahrt, hält sich die Marmelade bis zu einem Jahr.

Marmelade selbst herstellen
Der unvergleichliche Geschmack und die Qualität von selbstgemachten Marmeladen rechtfertigen die relativ aufwendige Zubereitung. Sehr zu empfehlen sind Marmeladen aus verschiedenen Zitrusfrüchten, verfeinert mit einer Vielzahl von Aromazutaten, wie Kräutern, Gewürzen, Nüssen, Honig, Sirup oder einem Schuß Alkohol.

1 *Die Früchte – hier Orangen – mit Wasser aufsetzen und etwa 1 Stunde kochen, bis sich ein Spieß mühelos hineinstechen läßt. Dann die Orangen in einen Durchschlag geben und über eine große Schüssel hängen.*

2 *Die Orangen in Scheiben schneiden und nach Belieben grob- oder feinhacken. Die Kerne entfernen und in Musselin oder Gaze einbinden.*

3 *Die Marmelade etwa 15 Minuten kochen lassen, dann die Gelierprobe machen. Dazu einen Holzlöffel kurz in die heiße Fruchtmasse tauchen. Die Marmelade ist fertig, wenn sie in dicken Tropfen von dem eingetauchten Löffel fließt.*

REZEPTVORSCHLAG

Lemon curd

Ergibt etwa 500 g

4 Zitronen, möglichst aus kontrolliert biologischem Anbau
125 g Butter, gewürfelt
250 g Zucker
4 Eier

Die Zitronenschale abreiben, den Saft auspressen und mit der Zitronenschale in eine feuerfeste Schüssel geben. Die Butter dazugeben und die Schüssel in einen Topf mit siedendem Wasser stellen. Den Zucker nach und nach einstreuen und ständig rühren, bis die Butter geschmolzen und der Zucker aufgelöst ist. Die Eier schaumig schlagen. Die Zucker-Butter-Mischung nach und nach unterrühren. Unter ständigem Rühren auf kleiner Flamme erhitzen, aber nicht kochen lassen. Vom Herd nehmen, wenn die Masse so dick ist, daß sie am Löffel haftet. Nach dem Abkühlen in sterilisierte Gläser füllen und fest verschließen.

Zitronenscheiben

KAFFEE, TEE UND AROMATISIERTE GETRÄNKE

KAFFEE

Kaffee kam ursprünglich aus Gebieten am Roten Meer, aller Wahrscheinlichkeit nach aus Äthiopien. Und es gibt Aufzeichnungen über Kaffeekulturen im Jemen, die bis ins 6. Jahrhundert zurückreichen. Im 13. Jahrhundert bereits war die gesamte arabische Welt mit den Methoden des Anbaus und der Aufbereitung von Kaffee vertraut. Händler brachten das neue Getränk schließlich auch nach Europa, doch die Christen sahen darin eine »Erfindung des Teufels«. Erst nachdem Papst Clemens VIII. selbst Kaffee genossen hatte und dem schwarzen Gebräu seine offizielle Zustimmung gab, setzte sich der Kaffee auch bei der Bevölkerung durch.

Im 17. Jahrhundert war das Kaffeetrinken in ganz Europa verbreitet. In Wien, Paris und London öffneten Kaffeehäuser ihre Pforten und wurden bald zu beliebten Treffpunkten von Politikern, Künstlern und Intellektuellen. Im 18. Jahrhundert blühte der Kaffeeanbau auch in Java und im karibischen Raum. Und nach der Boston Tea Party von 1773, die die amerikanische Revolution einleitete, wurden auch die Amerikaner praktisch über Nacht eine Nation von Kaffeetrinkern. Heute ist Kaffee weltweit eines der beliebtesten Getränke, auch wenn jede Nation ihn auf ihre eigene Weise zubereitet und serviert.

HERSTELLUNG

Kaffee wird heute in über fünfzig Ländern angebaut. Da die Kaffeepflanze zum Gedeihen Wärme und Feuchtigkeit braucht, liegen die Anbaugebiete in den subtropischen und tropischen Zonen des Äquators rund um die Welt. In den meisten Anbaugebieten erfolgt das Pflücken von Hand, es werden aber versuchsweise schon Erntemaschinen eingesetzt.

Nach der Ernte heißen die reifen beerenähnlichen Früchte aufgrund ihres Aussehens Kaffeekirschen. Während der sechs- bis achtmonatigen Reifezeit verändert sich die Farbe der Früchte von Hellgrün über Gelb und Rot bis Violettrot. Jede Kaffeekirsche enthält entweder einen runden Kern oder zwei bohnenförmige Samen, die von einer Pergamenthaut und einer Silberhaut umgeben sind. Beide Häute müssen entfernt werden. Dafür gibt es zwei Verfahren.

Die einfachere und ursprüngliche Methode ist die trockene Aufbereitung, bei der die Kaffeekirschen etwa 30 Tage in der Sonne liegen, bis das Fruchtfleisch getrocknet ist. Dann werden maschinell Fruchtfleisch, Pergament- und Silberhaut entfernt.

Die nasse Aufbereitung ist ein neueres Verfahren, das hauptsächlich bei den qualitativ hochwertigen, von Hand gepflückten Kaffeesorten angewandt wird. Das äußere Fruchtfleisch wird zunächst maschinell entfernt. Die noch an der Pergamenthaut der Bohnen haftenden Fruchtfleischreste werden anschließend in Tanks vergoren. Erst nach dem Waschen und Trocknen werden dann die Pergament- und die Silberhaut entfernt.

Bei beiden Methoden werden die Kaffeebohnen nach Größen sortiert und für den Export in Säcke abgefüllt. Die Veredelung – das Rösten – des graugrünen Rohkaffees erfolgt normalerweise im Einfuhrland. Erst das Rösten verleiht den Bohnen die braune Farbe und das Aroma. Während des Röstvorgangs werden Säuren reduziert und das Aroma der ätherischen Öle entwickelt, die dem Kaffee seinen charakteristischen Geschmack geben.

Ungeröstete Kaffeebohnen

Geröstete Kaffeebohnen

Gemahlene Kaffeebohnen

KAFFEESORTEN UND ANBAUGEBIETE

Kaffee ist nicht gleich Kaffee. Zwischen den einzelnen Erzeugerländern und auch zwischen den jeweiligen Anbaugebieten gibt es beträchtliche Unterschiede, die sich auf Qualität und Aroma der Ware auswirken. Die Bodenbeschaffenheit, die Höhenlage und das Klima sind entscheidende Faktoren für die Bewertung einer Kaffeesorte. Botanisch gesehen unterscheidet man bei den Kaffeepflanzen drei Arten, von denen aber heute nur zwei weltweite Bedeutung haben: *Coffea arabica* (Bergkaffee) und *Coffea robusta* (Abart der *C. canephora*; Robusta-Kaffee). *Coffea liberia* ist dagegen wirtschaftlich kaum von Bedeutung. Die Hauptart *Coffea arabica,* die etwa 70 % der Welternte ausmacht, ist ein Hochlandkaffee, der an steilen Berghängen wächst. Kaffee aus diesen Bohnen hat einen ausgeprägten Geschmack und zeichnet sich durch eine Fülle feiner Aromen aus. Unter Kaffeekennern gilt *C. arabica* geschmacklich als die edelste Art.

Aus *Coffea robusta*, der zweiten Hauptart, entsteht der sogenannte Robusta-Kaffee. Der Anbau ist weniger problematisch, da diese widerstandsfähigen Kaffeepflanzen auch in tiefer gelegenen Regionen gedeihen. Die Bohnen des Robusta-Kaffees haben einen höheren Coffeingehalt als die Arabica-Sorten und sind herber im Geschmack; ihnen fehlt das feine Aroma. Robusta-Kaffee kostet nur etwa die Hälfte von Arabica und wird für die preiswerteren Kaffeemischungen – sowohl für frischen als auch für Instantkaffee – verwendet.

Die folgende Liste enthält einige der gängigsten Kaffeesorten, die auf dem Markt angeboten werden.

Brasilianischer Santos Brasilien steht in der Kaffeeproduktion weltweit an der Spitze und liefert fast alle Qualitäten. Ein Großteil der Bohnen allerdings wird zu Instantkaffee verarbeitet. Santos-Kaffees, so benannt nach dem Verschiffungshafen, zählen zu den besten Kaffeesorten Brasiliens. Die meist mittelstark gerösteten Bohnen ergeben einen sehr feinen, im Geschmack abgerundeten Kaffee.

Kaffee-Essenz, *ein konzentrierter Auszug aus reinem Bohnenkaffee, der zum Aromatisieren von Backwaren, Eiscremes und Getränken verwendet wird*

Granulierter Instantkaffee *aus* Coffea arabica *gilt als besonders gut*

Instantkaffee in Pulverform *ist eine Aromazutat für Rezepte, die keine zusätzliche Flüssigkeit vorsehen*

Kolumbianischer Kaffee Dieser köstliche Kaffee hat ein volles Aroma, einen ausgewogenen Säuregehalt und ist als mittlere oder starke Röstung erhältlich. Zu den bekanntesten Kaffeesorten aus Kolumbien zählt der *Medellin Excelso* mit seinem leicht nussigen Aroma, aber der *Libana Supreme* gilt geschmacklich als die edelste Sorte.

Costa-Rica-Kaffee Kaffee aus Costa Rica ist vor allem sehr bekömmlich. Er ist berühmt für sein volles Aroma und seine feine Säure. *Tarrazu* zählt zu den besten Sorten aus dieser Region.

Guatemala-Kaffee Bei mittlerer Röstung entfalten die Bohnen ein volles, würziges Aroma mit leicht rauchigem Charakter und feiner Säure.

Indonesischer Kaffee Die bekanntesten Sorten sind *Java* und *Sumatra*. Beide zeichnen sich durch milden Geschmack und wenig Säure aus. Java-Kaffee hat einen leicht rauchigen Geschmack, während Sumatra-Kaffee entfernt an Schokolade erinnert.

Blue-Mountain-Kaffee Jamaikanischer Kaffee aus den Blue Mountains ist für seinen außerordentlich milden und süßen Geschmack, seine feine Säure und sein nussiges Aroma berühmt. Er zählt zu den teuersten Kaffees der Welt.

Kona-Kai-Kaffee Diese hawaiische Sorte zählt zu der besten Kaffees der Welt, auch wenn der Gesamtertrag – gemessen an der Weltproduktion – verschwindend gering ist. Kona-Kai-Kaffee hat einen ausgezeichneten vollen Geschmack, ein erlesenes Aroma und eine sehr feine Säure, die sich optimal entfaltet, wenn er nicht zu stark geröstet wird.

Kenia-Kaffee Kaffee aus Kenia zählt zu den klassischen Kaffeesorten. Er ist vollaromatisch, mitunter herb und hat eine ausgeprägte Säure.

Kenianischer Peaberry Diese hochgeschätzte Kaffeesorte sollte mittelstark geröstet und vorzugsweise schwarz getrunken werden.

Mexikanischer Maragogype Dieser ursprünglich aus Brasilien stammende mexikanische Kaffee zählt zu den qualitativ besseren Sorten. Von gleicher Qualität ist auch der mexikanische *Coatapec*.

Mokka Streng genommen dürften nur Kaffee-Importe aus Arabien als Mokka bezeichnet werden. In der Praxis aber handelt es sich um Kaffee aus Äthiopien. *Äthiopischer Mokka* zeichnet sich durch ein exquisites Aroma aus, das an die wilde Landschaft seiner Herkunft erinnert. Kenner schätzen seinen aufregend würzigen Geschmack und seine ausgewogene Säure. Der feinste aller äthiopischen Kaffees ist der *Harrar Longberry*. Aus dieser Kaffeesorte wird auch der traditionelle türkische Mokka bereitet.

Mysore-Kaffee Die bekannteste aller indischen Kaffeesorten hat ein feines Aroma, einen milden, ausgewogenen Geschmack und kaum Säure. Mysore-Kaffee wird häufig mit Mokka gemischt und dann als *Mysore-Mokka* angeboten.

Nicaragua-Kaffee Diese milde, säurearme Sorte ist der ideale Frühstückskaffee.

Tansanischer Kaffee Die vor allem an den Hängen des Kilimandscharo angebauten Arabica-Kaffeesorten sind stärker als mittelamerikanische, aber säureärmer als ostafrikanische Kaffees und ausgesprochen angenehm im Geschmack.

Instantkaffee

Bei löslichem Kaffee unterscheidet man zwei Herstellungsverfahren: die Sprüh- und die Gefriertrocknung. Beim Sprühtrocknen wird Kaffee überbrüht und zu einem Konzentrat verdichtet. Das zähflüssige Konzentrat wird in heißer Luft versprüht, der Wasseranteil verdampft, und zurück bleibt Pulver. Für granulierten Instantkaffee wird das Konzentrat durch Gefriertrocknung granuliert. Der preiswertere lösliche Kaffee wird aus Robusta-, die besseren Qualitäten aus Arabica-Bohnen hergestellt. Am besten sind gefriergetrocknete Extrakte. Instantkaffee gibt es auch entkoffeiniert und magenschonend.

Entkoffeinierter Kaffee

Koffein ist der im Kaffee enthaltene, schwach bitter schmeckende Stoff, der Körper und Geist belebt, der aber nicht immer vertragen wird. Damit niemand auf Kaffeegenuß verzichten muß, bietet der Handel entkoffeinierten Kaffee an. Dieser speziell behandelte Kaffee ist in ganzen Bohnen, gemahlen und als Instantkaffee erhältlich. Das Koffein wird den Bohnen in komplizierten Prozessen durch Behandlung mit Lösungsmitteln (Gase, Säuren oder alkalische Flüssigkeiten) entzogen. Die gesetzliche Höchstmenge von Koffein in entkoffeiniertem Roh- und Röstkaffee liegt in Deutschland bei 1 g Koffein in 1 kg Kaffee-Trockenmasse und für Kaffee-Extrakt bei 3 g Koffein in 1 g Kaffee-Extrakt-Trockenmasse. In Prozentzahlen ausgedrückt, sinkt der Koffeingehalt von 2,5 % auf 0,1 %. 15 Tassen entkoffeinierter Kaffee enthalten so viel Koffein wie eine einzige Tasse unbehandelter Kaffee.

RÖSTEN UND AUFBRÜHEN

Ausschlaggebend für eine gute Tasse Kaffee ist die Wahl der richtigen Bohnensorte und der auf die Zubereitungsart abgestimmte Mahlgrad. Das Rösten ist die erste Stufe zur Veredlung der Bohnen und beeinflußt nachhaltig nicht nur die Qualität, sondern auch den Kaffeegeschmack, denn durch die kontrollierte Hitzeeinwirkung beim Röstvorgang entfalten die Bohnen ihr Aroma. Auch der Mahlgrad und die Geräte für die Zubereitung sind für den Geschmack von Bedeutung. Ein sehr fein gemahlener Kaffee ist zum Beispiel für eine herkömmliche Kaffeemaschine (mit Karlsba-

der Filter) ungeeignet, dagegen für Espressomaschinen notwendig.

Alle Geräte für Kaffeezubereitung müssen makellos sauber sein. Nur frisches Wasser verwenden und einmal kräftig aufwallen lassen. Auf 150 ml Wasser rechnet man 1–2 Teelöffel (oder 1 gehäuften Teelöffel = 6–8 g) Kaffee. Entscheidend für die Kaffeequalität ist auch die Brühzeit. Bei einer zu kurzen Brühzeit werden nur die säuerlichen Aromastoffe freigesetzt, nicht aber das volle Aroma. Nach einer zu langen Brühzeit aber schmeckt Kaffee unangenehm bitter.

VERSCHIEDENE RÖSTGRADE

Der Grad der Röstung bestimmt, wie fein oder stark das Aroma des Kaffees ist.

Helle Röstung (Zimt-Röstung) Diese Röstung ist für milde Kaffeesorten geeignet, deren Qualität unter einer größeren Hitzeeinwirkung leiden würde. Bohnen mit Zimt-Röstung eignen sich besonders für Kaffee, der mit Milch getrunken wird.

Mittlere (amerikanische) Röstung Diese Röstung bringt ein ausgeprägtes und volleres Aroma zur Geltung. Mittelstark gerösteter Kaffee eignet sich mit Milch für ein kräftiges Frühstück, aber auch für einen schwarzen Kaffee nach dem Essen.

Starke Röstung Diese Röstung verleiht den Bohnen eine dunkelbraune Farbe und eine leicht glänzende Oberfläche. Die Bohnen ergeben einen starken, herzhaften Kaffee, der am besten schwarz nach dem Essen getrunken wird.

Doppelte Röstung (Continental-Röstung) Doppelt gerösteter Kaffee ist noch herzhafter als stark gerösteter. Aufgebrüht hat er ein kräftiges, angenehm bitteres und leicht rauchiges Aroma.

**Doppelte Röstung
(Continental-Röstung)**

Starke Röstung

**Mittlere
(amerikanische) Röstung**

**Helle Röstung
(Zimt-Röstung)**

KAFFEEMÜHLEN

Kaffeemühlen gibt es in allen Formen und Größen – von antiken Hand- bis zu modernen elektrischen Mühlen. Am besten sind die Geräte, bei denen die Mahlstärke reguliert werden kann.

VERSCHIEDENE MAHLGRADE

Der Feinheitsgrad des gemahlenen Kaffees bestimmt das Oberflächenausmaß, mit dem das Brühwasser in Berührung kommt. Deshalb muß er der Brühmethode beziehungsweise deren Dauer angepaßt werden. Zum Beispiel kommt das Mahlgut in einer elektrischen Espressomaschine, wie sie in Kaffeehäusern und Restaurants üblich sind, nur sehr kurze Zeit mit dem Brühwasser in Kontakt und muß deshalb sehr fein sein, um sein Aroma in dieser Zeit an das Wasser abgeben zu können.

Mit einer Kaffeemühle, bei der die Mahlstärke reguliert werden kann, können Kaffeebohnen entsprechend dem Kaffee, den man gerade wünscht, gemahlen werden. Hat man keine zur Hand, sollte man den Kaffee gemahlen in kleinen Mengen kaufen und luftdicht verschlossen und kühl aufbewahren.

Grob Grobes Kaffeemehl kann man nur selbst herstellen. Es wird für die Kaffeezubereitung in einer Kanne mit Karlsbader Doppelfilter verwendet und ergibt einen helleren Aufguß als mittelfeines Mahlgut.

Mittelfein Dieses Mahlgut ist vielseitig zu verwenden: in herkömmlichen Bayreuther oder Karlsbader Kaffeemaschinen, in der Cafetière und in der *Napoletana Machinetta*. Für die Zubereitung in der Kanne und in einem Perkolator benötigt man ein feines Sieb.

Fein Mahlgut dieser Stärke wird für die Zubereitung von Filterkaffee verwendet. Feingemahlener Kaffee bietet dem durchtröpfelnden Wasser eine größere Fläche, so daß das Kaffeemehl besser aufgeschlossen und die Aromastoffe leichter abgegeben werden. Beim Filtern verhindert feingemahlener Kaffee das schnelle Durchlaufen des Wassers, und der Kaffee wird entsprechend stark.

Sehr fein Besonders feines Mahlgut ist ausschließlich für die Verwendung in Espressomaschinen oder Mokkakannen geeignet.

Pulverisiert Dieser pulverfein gemahlene Kaffee verdankt sein ausgeprägtes Aroma der beim Mahlvorgang entstehenden Hitze. Dieser Feinheitsgrad ist nur für türkischen Kaffee geeignet, der in einem *ibrik* zubereitet wird.

Grobgemahlen

Bayreuther Kaffeemaschine

Bei dieser Zubereitungsart benötigt man kein Filterpapier. Den grobgemahlenen Kaffee direkt auf den Doppelfilter geben, den Wasserseiher auflegen und etwas kochendes Wasser durchlaufen lassen, damit der Kaffee quillt. Dann langsam aufgießen, bis die Kanne gefüllt ist. Nach dieser Methode zubereiteter Kaffee ist aromatisch und meistens sehr gut bekömmlich.

Grob bis mittelfein

Cafetière

Das Kaffeemehl im feuerfesten Glaskrug mit siedendheißem Wasser übergießen und den mit einem Filtermechanismus versehenen Deckel auflegen. Etwa 4 Minuten ziehen lassen. Dann die Filtervorrichtung vorsichtig nach unten drücken. Für diese Zubereitung eignet sich nur grobes bis mittelfeines Mahlgut. Zu fein gemahlene Bohnen ergeben einen trüben Kaffee.

Mittelfein

Napoletana Machinetta

Den unteren Behälter mit kaltem Wasser füllen und das mit Kaffeemehl gefüllte Filterteil aufsetzen. Dann die Kanne umgekehrt aufschrauben und die Machinetta auf den Herd stellen. Sobald das Wasser kocht und Dampf zu entweichen beginnt, die Kanne umdrehen, damit das heiße Wasser durch den gemahlenen Kaffee in die Kanne läuft.

Sehr fein

Espressokännchen

Dieses Gerät funktioniert ähnlich wie die Machinetta, nur wird das heiße Wasser hier als Dampf durch den Filtereinsatz nach oben in die Kanne gepreßt. Sobald der Kaffee im oberen Teil angelangt ist, muß die Espressokanne sofort vom Feuer genommen werden. Für diese Zubereitungsart eignet sich am besten sehr fein gemahlener Kaffee.

Fein

Filter

Das manuelle Filtersystem eignet sich für alle Kaffeesorten und alle Röstvarianten. Auf eine Kaffeekanne wird ein Filter mit einer entsprechenden Filtertüte gesetzt. Dort hinein kommt das Kaffeemehl, das langsam mit kochendem Wasser überbrüht wird. Die Kaffeekanne warm halten, den Kaffee aber nicht kochen lassen.

Pulverisiert

Ibrik

Für Türkischen Kaffee pro Tasse einen gehäuften Teelöffel feinstes Kaffeemehl und Zucker ins Kännchen füllen. Rühren und kochen, bis der Zucker aufgelöst ist. Vom Herd nehmen und rühren, bis sich der Schaum gesetzt hat. Vorgang wiederholen und dann den Kaffee ein drittes Mal aufschäumen lassen und ungefiltert in die Mokkatassen gießen.

KAFFEES AUS ALLER WELT

Kaffee erfreut sich weltweit größter Beliebtheit, auch wenn Geschmacksrichtungen, Kulturen und Traditionen der Konsumenten zum Teil erheblich voneinander abweichen. Fast jedes Land hat seine eigene Kaffeekultur mit verschiedenen Arten der Zubereitung und des Servierens entwickelt. Die meisten Europäer beginnen den Tag mit einer Version des *café au lait* und gehen dann – im allgemeinen nach den Mahlzeiten – zu einem stärkeren schwarzen Kaffee über. Die Amerikaner trinken schwarzen, aber dünnen Kaffee den ganzen Tag über, im Mittleren Osten wiederum serviert man starken Kaffee nach einem bestimmten Zeremoniell.

Das Frühstück der Franzosen mit Kaffee und Croissants hat sich weltweit verbreitet. In Pariser Cafés serviert man in großen Bechern den mit Milch aufgeschäumten *grand crème,* der in der Provinz schlicht als *café au lait* bezeichnet und aus henkellosen, großen Schalen oder Schüsselchen getrunken wird. Geschmacklich unterscheidet sich dieser Kaffee erheblich von den in Großbritannien oder den USA üblichen Milchkaffees.

Am späteren Vormittag geht man dann zur sogenannten *demi tasse* über mit etwa 100 ml starkem schwarzem Kaffee. Die Franzosen bevorzugen einen bitteren, vollgerösteten Kaffee. Zu Hause und im Büro wird der Kaffee meist mit Filter zubereitet. In südlichen Ländern geht man auch kurz um die Ecke ins Café.

Auch die Italiener sind eine Nation der Kaffeetrinker, die je nach Tageszeit einen anderen Kaffee bevorzugen. Morgens trinken sie gewöhnlich einen *caffè latte,* einen sehr dunkel gerösteten Espresso, der mit der dreifachen Menge heißer Milch getrunken wird. Nach dem Mittag- und dem Abendessen (aber auch zwischendurch) genießt man den starken, schwarzen Espresso, der traditionell in kleinen Tassen serviert wird. Er wird in speziellen Espressomaschinen zubereitet, die das heiße Wasser mit großem Druck durch das feine Kaffeemehl pressen. Espresso wird mitunter auch mit einer Zitronenscheibe serviert.

Franzosen und Italiener sind – nicht ganz zu Unrecht – der Meinung, daß nach dem Essen getrunkener Milchkaffee nicht gerade leicht verdaulich ist. Auch der heißgeliebte *cappuccino* mit der aufgeschäumten Milch wird daher meist zwischen den Mahlzeiten getrunken. Im Prinzip werden *café au lait* und *cappuccino* ähnlich zubereitet, schmecken aber unterschiedlich, je nachdem, ob es sich um die französische oder die italienische Variante handelt. *Cappuccino* ist ein heißes Kaffeegetränk aus Espresso und aufgeschäumter Milch, das meist mit Kakaopulver oder gemahlenem Zimt bestreut wird. Benannt wurde das Getränk nach der von den Kapuzinermönchen getragenen Kutte, die die gleiche Farbe aufweist.

Starker Kaffee – *café solo* – wird auch in Spanien und Portugal viel getrunken. In Deutschland gibt es unterdessen auch viele Cafés, in denen der Kunde seine Tasse Kaffee im Stehen trinken kann. Diesen Service bieten auch viele Kaffeegeschäfte an.

In den Wiener Kaffeehäusern gehört zum Kaffeegenuß auch die kalorienreiche Sahnetorte, eine Vorliebe, die die Wiener mit allen Osteuropäern teilen. Die Österreicher machen ihre Jause – die zeitlich dem britischen Fünf-Uhr-Tee entspricht – in einer Kaffeestube oder zu Hause im Freundeskreis. Häufig wird dabei eine Melange getrunken, eine Art

Kaffee, ein internationaler Favorit unter den Getränken
Morgens, nachmittags oder abends – Kaffee schmeckt zu allen Tageszeiten und wird auf sehr unterschiedliche Weisen zubereitet und serviert

Café au lait

Wiener Melange

Türkischer Kaffee

Espresso

Milchkaffee mit oder ohne Schlag (von Schlagobers = Sahne), der mit gemahlenem Zimt oder geriebener Muskatnuß bestreut wird.

Auch in Großbritannien nimmt der Kaffeekonsum zu. Zum Frühstück wird zwar noch immer am liebsten Tee getrunken, aber am späten Vormittag und nach den Mahlzeiten ist Kaffeetrinken heute an der Tagesordnung. Sowohl die Briten als auch die Amerikaner bevorzugen einen weicheren, milderen Aufguß als die Festlandeuropäer. Die Amerikaner mögen ihren Kaffee am liebsten schwarz und, wie bereits erwähnt, dünner, weil er in großen Mengen konsumiert wird.

Eiskaffee ist an heißen Tagen diesseits und jenseits des Atlantischen Ozeans eine willkommene Erfrischung. Dafür wird zunächst ein starker Kaffee aufgebrüht, gesüßt und dann eisgekühlt. Zum Servieren wird er mit Eiswasser oder eisgekühlter Milch aufgefüllt. (Sehr beliebt ist auch die Zubereitung mit Vanilleeis.) Bei der erfrischenden französischen Variante *café frappé* wird dunkler, starker Kaffee so lange mit Eiswürfeln kräftig geschüttelt, bis er schäumt.

In Brasilien, einem der größten Kaffee-Exportländer der Welt, ist Kaffee erwartungsgemäß das Volksgetränk Nummer eins. Der Pro-Kopf-Verbrauch liegt dort bei zwanzig kleinen Tassen täglich. Im Gegensatz zu den Europäern trinken die Brasilianer ihren Kaffee sehr süß.

In Griechenland, in der Türkei und im Mittleren Osten ist das Kaffeetrinken mehr als nur eine angenehme Erfrischung; vielfach ist es ein Ritual. Das Servieren erfolgt nach einem strengen Zeremoniell, bei dem der älteste und der Ehrengast zuerst be-

Irish Coffee ist eine Kaffeespezialität aus irischem Whiskey, heißem Kaffee und einer dicken Sahneschicht

dient werden. Die Kaffeetassen werden nie randvoll gegossen; das gilt als respektlos. Die Gäste wiederum achten darauf, den Kaffee nicht bis auf den letzten Tropfen auszutrinken. Es zählt zu den schlechten Manieren, den ausgelaugten dicken Kaffeesatz nicht am Tassenboden zurückzulassen. Zur Geschmacksabrundung wird der Kaffee häufig mit einer Zimtstange, einer Vanilleschote, Ingwer oder Kardamom gewürzt (siehe S. 83). Manchmal wird auch Orangenblütenwasser zugesetzt. Im Sudan sind Gewürznelken eine beliebte Aromazutat, und in Marokko würzt man den Kaffee mit Pfefferkörnern.

Kaffee als Abschluß einer Mahlzeit

Kombinationen aus starkem Kaffee, Sahne und alkoholischen Getränken sind eine köstliche Alternative zu gehaltvollen Desserts. Bei festlichen Anlässen werden Kaffeegetränke mitunter in hohen hitzebeständigen Stielgläsern serviert, damit die einzelnen Schichten aus Kaffee und Sahne auch optisch zur Geltung kommen. Für die Zubereitung eines solchen Kaffeegetränks gibt man zu zwei Eßlöffeln Alkohol nach Wahl einen gehäuften Teelöffel brauner Zucker in ein vorgewärmtes Glas. Besonders beliebt dafür sind Weinbrand, Brandy, Whisky, Rum, Wodka, Kakao-, Mandel- oder Kaffeeliköre. Den Alkohol mit einem starken Kaffee (mittelstarke Röstung) auffüllen und gut umrühren, bis der Zucker aufgelöst ist. Die leicht geschlagene Sahne über den Rücken eines Löffels auf den Kaffee laufen lassen. Bei reichlicher Verwendung von Zucker schwimmt die Sahne als dicke Schicht obenauf.

Kaffee-Ersatz und Kaffeezusätze

Geröstete Kaffeezichorie ist in Frankreich und Belgien ein beliebter Kaffeezusatz. In Großbritannien wird diese Zichorienwurzel auch preiswerteren Instantkaffees zugesetzt. Die Löwenzahnwurzel, die mit den Zichoriengewächsen verwandt ist, liefert geröstet ebenfalls einen durchaus genießbaren Kaffee-Ersatz, heute ein traditionelles Gesundheitsgetränk der Briten, das unter der Bezeichnung *»Dandelio coffee«* im Naturkosthandel erhältlich ist. Aus gerösteter Gerste wird der sogenannte Malzkaffee hergestellt. Im Mittleren Osten werden dem Kaffee als Aromastoffe häufig Gewürze und Blütenwässer zugesetzt, und in Österreich dienen gemahlene Trockenfeigen der Geschmacksabrundung von Kaffeegetränken.

Manche Kaffees werden mit Aromastoffen wie Mandel- oder Vanilleessenz besprüht.

DIE ZUBEREITUNG VON GRANITA DI CAFFÈ

Diese italienische Spezialität kann mit Weinbrand oder Rum verfeinert und nach Belieben mit einem Klacks Schlagsahne serviert werden.

1 250 ml Wasser und 175 g Zucker unter Rühren erhitzen und dann 1 Minute kochen. 250 ml Kaffee dazugießen und abkühlen lassen.

2 In einer flachen Schale 1 Stunde gefrieren lassen. Halbgefroren durchrühren und wieder gefrieren lassen. Diesen Vorgang noch ein- bis zweimal wiederholen.

TEE

Tee ist nicht nur eines der ältesten Getränke der Welt, sondern auch eines der meistgetrunkenen. Obwohl die Pflanze vermutlich aus Indien stammt, schreibt man ihre Entdeckung den Chinesen zu. Die Geschichte des Tees läßt sich zwar bis etwa 3000 Jahre v. Chr. zurückverfolgen, liegt aber in vielen Teilen noch im dunkeln. Um so üppiger entstanden Legenden und wundersame Geschichten um dieses köstliche Getränk, das aus den Blattknospen, Blättern und Stielen des Teestrauchs *Camellia sinensis* zubereitet wird.

Jahrhunderte waren nötig, um die Kunst der Teeproduktion so zu perfektionieren, daß wir heute über eine Vielzahl von Sorten verfügen können. Zuerst wurde die Teeproduktion von Japan übernommen, dann von den Europäern, die für ihre tropischen Kolonien an gewinnbringenden Landbauprodukten interessiert waren. Heute wird Tee hauptsächlich in Indien, Sri Lanka, Indonesien, Bangladesch, Kenia, Malawi, China, Japan, Georgien und Argentinien angebaut.

ANBAU UND GESCHICHTE

Der Teestrauch ist eine immergrüne Tropenpflanze mit lederartigen, lanzettförmigen Blättern. Am besten gedeihen die Teepflanzen in tropischen oder subtropischen Gebieten mit feuchtwarmem Klima und Niederschlägen von mindestens 180 ccm pro Jahr. Angepflanzt werden die Büsche in Teegärten, und zwar in Höhenlagen um 1000–2000 m. Je höher das Anbaugebiet, desto langsamer wachsen die Pflanzen und desto geringer sind die Erträge. Deshalb unterscheiden sich die Hochlandtees geschmacklich und qualitativ auch von den schnell wachsenden Teesorten aus tiefer gelegenen Anbaugebieten. In kühleren Regionen, wie in Nordindien, ist die Ernte saisonal begrenzt (von April bis November), während in China und Japan ganzjährig Tee gepflückt wird.

Tee von hoher Güte liefern nur die Endknospen und die dann folgenden obersten jungen Blätter – »Two leaves and a bud«, wie es im Fachjargon heißt. Teepflücken erfordert viel Geschick und wird meist von Frauen ausgeführt. Eine geübte Pflückerin bringt es auf 30–35 kg grüne Blätter pro Tag, von denen nach der Verarbeitung noch etwa 7–10 kg Trockentee übrigbleiben.

Einer Legende nach wurde der Tee bereits um 2750 v. Chr. in China von Kaiser Shen Nung entdeckt. Eines Tages fielen einige Blätter vom herabhängenden Zweig eines Bäumchens in sein Gefäß, in dem er sein Trinkwasser abzukochen pflegte. Das Wasser färbte sich golden und verströmte einen aromatischen Duft. Shen Nung probierte von dem Aufguß, fand ihn wohlschmeckend und belebend – und begann sich für den wilden Strauch zu interessieren. Bis um 800 n. Chr. war das Teetrinken ausschließlich eine chinesische Tradition. Erst danach wurde es in Japan eingeführt.

Im 17. Jahrhundert, als der Tee auch nach Europa gelangte, konzentrierte sich der Teehandel auf Japan. Doch als Japan dann seine Grenzen für Europäer schloß, wurde China zum wichtigsten Teelieferanten.

Anfangs wurde Tee vor allem auch für allerlei medizinische Zwecke verwendet. So richtig populär wurde das Teetrinken in Großbritannien erst im Jahre 1662, als die portugiesische Prinzessin

Grüner Tee

Schwarzer Tee

Oolong-Tee

Katharina von Braganza den englischen König Karl II. heiratete und als Mitgift unter anderem eine Kiste Tee mit in die Ehe brachte. Kaum hatte der Tee die königliche Gunst gewonnen, wurde er in den Wohnstuben der Reichen serviert und war bald auch bei der arbeitenden Bevölkerung in Stadt und Land beliebt.

Die damalige Regierung hatte also guten Grund, sich durch die Besteuerung des Tees höhere Staatseinnahmen zu versprechen. Zuerst wurde der Tee nur geringfügig besteuert, doch dann erfolgte eine drastische Erhöhung um 100 %, und die Hausfrauen sahen sich gezwungen, ihre Teevorräte in sogenannten *caddies* unter Verschluß zu halten. Als diese Steuer dann noch auf die Tee-Exporte für die amerikanischen Kolonien ausgedehnt wurde, war das für die ohnehin unzufriedenen Kolonisten der endgültige Anlaß zum Aufstand gegen England: Als Indianer verkleidete Bostoner Bürger enterten die »Dartmouth« und warfen kurzerhand die ganze Teeladung über Bord. Dieses Ereignis ging in die Geschichte als die Boston Tea Party ein und führte schließlich zum Ausbruch des amerikanischen Unabhängigkeitskrieges.

Um 1850 kamen in Europa die ersten berühmtberüchtigten Tee-Klipper auf, schnelle Segelschiffe amerikanischer Bauart, die die Versorgung mit Tee sicherstellten. Die bis dahin fast ein Jahr dauernde Seereise von der britischen Küste bis Kanton und zurück verkürzte sich mit diesen gewaltigen Dreimastern um mehr als die Hälfte, und die Kapitäne veranstalteten regelrechte Wettrennen, um die neuen Tee-Ernten möglichst schnell in den Heimathafen zu bringen.

Doch die Tage der Ostindischen Kompanie in England waren gezählt. Als das Ende des chinesischen Teemonopols in Sicht war, begann man nach neuen Gebieten Ausschau zu halten. In Nordindien wurden wildwachsende Teesträucher gefunden, die zunächst in Assam und Darjeeling und später dann in Sri Lanka kultiviert wurden. Der Tee erwies sich als besonders gut und aromatisch, so daß Anfang dieses Jahrhunderts der indische Tee von den Briten wie den Nordamerikanern bevorzugt und der chinesische als Spitzenreiter verdrängt wurde.

Caddies *hießen die früher in England üblichen Behälter zur Aufbewahrung von Tee. Zur Zeit, als der Tee aufgrund der hohen Besteuerung eine Kostbarkeit war, wurden die Teevorräte in diesen hübschen Kästchen unter Verschluß gehalten*

AUFBEREITUNG

Die Chinesen erkannten, daß sich Tees aus verschiedenen Anbaugebieten auch in Geschmack und Aroma voneinander unterschieden. Sie entwickelten und verfeinerten die Methoden der Aufbereitung und Weiterverarbeitung, die drei ziemlich unterschiedliche Teetypen auf den Markt brachten.

Grüner Tee Nach der Ernte werden die Teeblätter auf Trockengestellen ausgebreitet. Dann läßt man sie etwa 24 Stunden lang an der Luft welken, damit sie geschmeidig werden. Anschließend werden sie gedämpft und gerollt. Da grüner Tee nicht fermentiert wird, behalten die Blätter ihre grünliche Farbe und einen kräftig-herben Geschmack. Aufgegossen hat Grüntee eine zartgelbe Farbe und schmeckt im allgemeinen bitterer als Schwarztee. *Gunpowder* ist ein chinesischer Grüntee, dessen Blätter kugelig gerollt sind. Seinen Namen erhielt er von den ersten englischen Siedlern in China, weil er sie in Form und Farbe an das damals übliche Flintenschrot erinnerte.

Oolong-Tee Dieser halbfermentierte Tee kommt überwiegend von der Südostküste Chinas und aus Taiwan. Nach dem Pflücken läßt man die Teeblätter einige Stunden welken, um den Feuchtigkeitsgehalt zu reduzieren. Dann werden sie maschinell gerollt und nach kurzer Fermentierung getrocknet, was früher in Pfannen über offenem Feuer erfolgte und deshalb bis heute auch mit »Rösten« bezeichnet wird. Nach der Aufbereitung haben die Blätter eine kupferrote Färbung und aufgegossen einen zartaromatischen Geschmack.

Schwarzer Tee Schwarzer Tee kommt sowohl aus Indien als auch aus China. Nach dem Welken und Rollen werden die Blätter fermentiert, jedoch erheblich länger als bei Oolong-Tee. In dieser Phase der Aufbereitung findet ein Oxydationsprozeß statt, bei dem Gerbstoffe entzogen, das Koffein aktiviert und die Aromastoffe verändert oder überhaupt erst gebildet werden. Das anschließende Trocknen beendet den Gärungsprozeß, wobei der zunächst kupferrote Tee seine schwarze Farbe erhält.

TEESORTIERUNG

Nach dem Trocknen der Teeblätter erfolgt die Klassifizierung nach Größe, Gewicht und Aussehen. Man unterscheidet – unabhängig von jeglicher Güteklasse – zwischen Blatt-Tees, Kleinblättrigen Tees (auch Gebrochene Sorten/*Brokens*) und Minderen Sorten (*Fannings* oder *Dust*).

Blatt-Tees werden in *Flowery Orange Pekoe (FOP)*, *Orange Pekoe (OP)* und *Pekoe (P)* eingeteilt. Die Sortierungen für Broken-Tees sind *Pekoe Souchong (PS)*, *Broken Orange Pekoe (BOP)* und *Souchong (S)*. Die feinsten beim Sieben anfallenden Sortierungen sind Mindere Sorten (*Fannings* und *Dust*) und werden in erster Linie für Aufgußbeutel verwendet.

(In der Weiterverarbeitung setzt sich immer mehr das CTC-Verfahren durch, bei dem keine Blattsorten anfallen. CTC steht für *Crushing* = Zerquetschen, *Tearing* = Zerreißen, *Curling* = Rollen.)

Bevor eine Teesorte in den Handel kommt, wird sie fachmännisch geprüft. Teeschmecker bewerten dabei nicht nur die Qualität des aufgebrühten Tees, sondern auch das Aussehen und das Aroma der Teeblätter in frischem und getrocknetem Zustand.

Rauchtee

Der stark rauchige Geschmack von *Lapsang Souchong* kommt durch das Räuchern beim Trocknen. Einer Überlieferung zufolge soll das Tee-Räuchern aus reiner Profitgier entstanden sein. Es heißt, chinesische Teebauern hätten erkannt, daß sich durch verkürzte Trocknung die Teeproduktion und somit der Gewinn steigern ließ. Normalerweise wurde der aufbereitete Tee in der Sonne getrocknet. Beim Räuchern jedoch entsteht größere Hitze, die eine schnellere Trocknung der Blätter bewirkt. Anfangs sollen noch Taue zum Räuchern verwendet worden sein und später Holz des White-Fir-Baums. Rauchtee ist sehr stark im Geschmack und gut für Mischungen geeignet.

Tee *wird durch Rüttelsiebe oder durch Luftstrom in einem Windkanal nach Größe und Gewicht sortiert, wobei sich die schweren Teile zuerst absetzen*

Mit ganzen Blättern zubereiteter Tee muß länger ziehen, damit er sein volles Aroma entfaltet

Blatt-Tee

Broken-Tees sind aufgrund der kleineren oder gebrochenen Blätter ergiebiger als die Blatt-Tees und ziehen schneller

Broken-Tee

Die feinsten beim Sieben anfallenden Sortierungen werden bevorzugt für Aufgußbeutel verwendet

Fannings und Dust

SORTEN UND MISCHUNGEN

Für die Qualität des Tees ist nicht nur die Teepflanze, sondern vor allem auch das Anbaugebiet, dessen Klima und spezielle Bodenbeschaffenheit entscheidend. Die Anbaugebiete von Tee erstrecken sich von der gemäßigten Zone der nördlichen Erdhälfte über den Bereich der Tropen bis in die Suptropen der Südhalbkugel. Tees aus dem Hochland reifen zum Beispiel langsamer und bringen geringere Erträge, dafür aber auch die bessere Qualität.

Neben vielen anderen Tee-Erzeugerländern sind China, Indien und Japan die wichtigsten. Besonders gute, aromatische Tees kommen aus dem Hochland Kenias, vor allem aus den Teegärten östlich des Rift Valley in Höhenlagen um 2000 m. Dabei handelt es sich ausschließlich um kräftige Schwarztees. Auch an den Südhängen des Kaukasus wird Tee angebaut, und zwar ein fermentierter Schwarztee mit vollem, würzigem Aroma.

Nicht zuletzt entscheidet auch die Art der Verarbeitung über Qualität und Geschmack des Tees. Indischer Tee schmeckt anders als China- oder Ceylon-Tee, und Assam-Tee, ein Hochgewächs aus Nordindien, unterscheidet sich in Geschmack und Aroma vom Nilgiri-Tee aus dem Süden Indiens. Bei vielen Tees handelt es sich auch um Mischungen aus unterschiedlichen Lagen und Ernten ein und desselben Anbaugebietes.

Chinesischer Grüntee Der uns Europäern aus China-Restaurants bekannte Tee zeichnet sich durch ein feines Aroma und einen angenehm fruchtigen Geschmack aus.

Gunpowder Für diesen klassischen Tee werden die Teeblätter kugelig gerollt und nicht fermentiert. *Gunpowder* ergibt einen hellen Aufguß und ist mild im Geschmack.

Chinesischer Oolong-Tee Dieser halbfermentierte Tee ist kräftiger als Grüntee, aber milder als Schwarztee.

Taiwan (Formosa) Oolong Dieser Tee mit dem fruchtigen, nicht zu kräftigen Geschmack zählt unter Kennern zu den Spitzentees.

Formosa Oolong Peach Blossom (Sechung Oolong) Dieser Tee ist nicht mit Pfirsichblüten versetzt, wie man vermuten könnte, sondern hat von Natur aus ein pfirsichartiges Aroma, das nur bei absoluten Spitzentees anzutreffen ist. Daher auch sein Name.

Chinesischer Schwarztee Im Geschmack variieren diese Teesorten von mild über rauchig bis kräftig.

Keemun Dieser mild-aromatische Tee aus Nordchina hat wenig Gerbsäure und einen vollmundigen Geschmack.

Lapsang Souchong Ein großblättriger China-Tee, der einen sehr ausgeprägten, aber angenehm rauchigen Geschmack hat.

Yunnan Western Dieser weiche, milde Tee von goldener Farbe hat einen hohen Anteil an jüngsten Teeblättern.

Indischer Tee Indien produziert ausschließlich schwarze Teesorten.

Assam Dieser besonders kräftige und würzige Tee von dunkler Farbe wird längs des Brahmaputra in der nordöstlichen Provinz Assam angebaut. Die besten Assam-Tees enthalten *tips* (Blattspitzen junger Teeblätter) und werden als *Tippy Assam* bezeichnet.

Teemischungen

Bei den meisten Tees handelt es sich um Mischungen aus 15 und mehr verschiedenen Sorten. Es gibt aber auch klassische Mischungen wie folgende:

Englische Mischung (*Breakfast Tea*) ist eine Kombination aus verschiedenen indischen Tees mit kräftig-blumigem Aroma.

Earl-Grey-Tee (*Earl Grey's Blend*) ist eine Mischung aus *Keemun*- und *Darjeeling*-Tees, die mit dem Öl der Bergamotte, einer Zitrusfrucht, aromatisiert wird. Benannt wurde sie nach dem englischen Diplomaten Earl Grey, der das Rezept eines chinesischen Mandarins aus China mit nach England brachte.

Russische Mischung ist eine Komposition feiner Tees aus China, Formosa und Indien. Da sie früher mit Karawanen nach Rußland gebracht wurde, heißt diese Mischung auch Karawanentee.

Darjeeling Die neben dem *Assam* bekannteste indische Teesorte zeichnet sich durch gehaltvolles und frisch-blumiges Aroma aus. Die kleinen Broken-Sortierungen ergeben einen hellen Aufguß. Teebüsche von den höchstgelegenen Teegärten am Fuß des Himalaja bringen die größten Blätter hervor mit einem einzigartigen Muskataroma. Der berühmteste unter den Darjeeling-Tees ist *Darjeeling Broken Orange Pekoe* – er gilt als der »Champagner« unter den Tees.

Ceylon-Tee Ceylon, das heutige Sri Lanka, produziert ausschließlich schwarzen Tee.

Dimbula Der in Höhenlagen um 2000 m angebaute Tee mit Spitzenqualität ist wie die meisten Ceylon-Tees angenehm herb-aromatisch im Geschmack und von goldener Farbe. Die gängigsten Sorten sind *Orange Pekoe* und *Broken Orange Pekoe*. Beide Sortierungen ergeben einen aromatischen Aufguß von feinem, duftigem Aroma.

Kandy Dieser Tee ist bekannt für sein volles Aroma und seinen ausgeprägt herben Geschmack. Er wird von denen geschätzt, die gern einen sehr kräftigen Tee trinken.

Nuwara-Eliya Ein Hochlandtee mit duftigem Aroma, dessen Aufguß sehr hell ist und der ausgezeichnet mit Zitrone schmeckt.

Uva Dieser Hochlandtee ist berühmt für sein zartes, feines Aroma.

Japanischer Grüntee Im Unterschied zu chinesischem Grüntee sind einige dieser Sorten ausgesprochen gehaltvoll und kräftig im Geschmack.

Sencha Diese langen, grünen Teeblätter ergeben einen hellen, bekömmlichen Aufguß – das ideale Getränk für jeden Tag.

Sencha Bancha Eine Mischung aus Teeblättern und Reis, die ein Getränk mit nussigem Aroma ergibt.

AROMATISIERTE TEEMISCHUNGEN

Neben den zahlreichen Teesorten der typischen Geschmacksrichtungen gibt es ein reichhaltiges Sortiment an aromatisierten Tees. Je nach duftender Beigabe wird zwischen Fruchttees (mit Fruchtstückchen, Schalen oder ätherischen Ölen), Blütentees (mit Blüten oder Blättern) und Gewürztees unterschieden. Auch Essenzen wie Schokolade, Minze und Weinbrand sind als Zusätze sehr beliebt. Neben den natürlichen Aromastoffen, wie ge-

Maracuja-Tee

Rosen-Veilchen-Tee

Orangenblüten-Tee

Chrysanthemen-Tee

Aprikosen-Tee

Kokos-Tee

Rosentee

Jasmintee

trockneten Früchten, Blüten, Gewürzen oder ätherischen Ölen, werden auch künstliche verwendet. Die Chinesen aromatisieren Tee von alters her mit Blüten, wobei jede Region stolz auf ihre eigene Mischung ist. Die Blüten werden mit dem Tee getrocknet, damit sich die Aromastoffe gleichmäßig verteilen.

Jasmintee Dieser klassische, mit Jasminblüten aromatisierte chinesische Tee wird traditionell zu *Dim-sum*-Gerichten getrunken.

Rose-Pochong-Tee Dem aus der Provinz Guangdong stammenden Tee werden bei der Trocknung Rosenblüten zugesetzt. Er ist im Aufguß hell und wirkt beruhigend. Auch *Rose-Congou* wird mit Rosenblüten aromatisiert.

Chrysanthemen-Tee Ein im Aufguß kräftiger chinesischer Schwarztee, der mit Chrysanthemenblüten aufbereitet ist.

Orchideen-Tee Für diesen Tee mischt man halbfermentierten Oolong-Tee mit zerdrückten Orchideenblüten. Kenner schätzen das feine, duftige Aroma und die helle Färbung des aufgebrühten Tees.

Litschi-Tee Diese klassische chinesische Teemischung wird mit Litschischalen aromatisiert.

Fruchttee Für Fruchttees werden verschiedene Schwarztees mit Stücken, Schalen oder Ölen unterschiedlicher Früchte gemischt, wie Aprikose, schwarzer Johannisbeere, Apfel, Wildkirsche, Maracuja, Orange, Zitrone und Mango. Die Importeure komponieren meist ihre eigenen Mischungen aus chinesischen, indischen oder ceylonesischen Tees mit einer jeweils passenden Frucht.

Frucht- und Blütentees *sollten pur getrunken werden, also ohne Milch, Zitrone und Zucker*

TEES AUS ALLER WELT

Tee wird in vielen Ländern der Erde getrunken, und jedes Land bereitet und serviert ihn auf seine Art. Die Chinesen trinken ihren Tee meist pur, die Tibeter verfeinern ihn mit Yakbutter, und die Marokkaner würzen ihn mit Minze oder Salbei. In Europa wird Tee meist mit Milch oder Zitrone getrunken, während man ihn in Rußland mit Marmelade süßt. Auch die Gefäße zum Aufbrühen sowie die Schalen, Becher und Tassen zum Servieren sind sehr unterschiedlich. Tee kann heiß oder kalt serviert werden und dient auch als Basis für andere Getränke, zum Beispiel für Punsch oder Cocktails mit Früchten. Darüber hinaus kann er zum Aromatisieren und Färben von Lebensmitteln verwendet werden. Obwohl Tee ein alltägliches Getränk ist, wird er oft mit Geselligkeit und Gastfreundschaft assoziiert, und jedes Land hat eigene Bräuche und – zum Teil sogar strenge – Zeremonien.

Die Chinesen waren die ersten, die über Tee geschrieben haben und zu dessen Verbreitung beitrugen. Im dritten Band seines 780 n. Chr. veröffentlichten Werkes beschrieb der Dichter Lu Yün die verschiedenen Arten der Teezubereitung und des Servierens. Auch gab er ausführliche Anweisungen für die Verwendung der dazu benötigten Geräte sowie deren Herstellung.

Die Teekanne wie auch die Teeschale sind Erfindungen der Chinesen. Teeschalen hatten keine Henkel, ähnlich wie die ersten europäischen Teetassen. Aus praktischen Gründen bevorzugte man hier allerdings bald Schalen mit Henkel. Später kamen dann die Untertassen dazu, auch für Schalen ohne Henkel. Die ersten europäischen Teekannen waren aus Keramik oder chinesischem Porzellan, dann setzten sich teilweise silberne Kannen durch. Mitte des 19. Jahrhunderts war reichverziertes Teegeschirr aus Silber mit einem Samowar groß in Mode. Auch Lacktabletts für das Teeservice, Teesiebe und -löffel, Zuckerdosen, Milchkännchen und Teewärmer aus gesteppter Seide oder Samt waren außerordentlich beliebt.

Anfangs trank man Tee zu jeder Tageszeit. Doch in Großbritannien führte dann die siebte Herzogin von Bedford die heute für dieses Land typische Sitte des Fünf-Uhr-Tees ein. Einer Aufzeichnung zufolge verspürte die Herzogin immer gegen Nachmittag einen leichten Hunger. Eines Tages ließ sie sich dann eine Kanne Tee und ein paar Häppchen auf ihr Zimmer bringen. Angetan von dieser Stärkung, lud sie nun immer öfter Gäste zum Nachmittagstee ein. Und bald war es in ganz London Sitte, am Nachmittag Tee zu trinken und kleine Sandwiches oder Gebäck dazu zu essen.

Das Zubereiten von Tee

Frisches kaltes Leitungswasser aufsetzen und kurz aufkochen lassen. Vor dem Aufbrühen die Kanne so lange heiß ausspülen, bis sie gut angewärmt ist. Den Tee hineingeben – 1 gestrichenen Teelöffel pro Tasse – und das Wasser noch sprudelnd über den Tee gießen. Umrühren und 3–5 Minuten ziehen lassen. Vor dem Servieren noch einmal umrühren und in eine angewärmte Kanne umgießen. Auch Eistee erfreut sich großer Beliebtheit. Für seine Zubereitung nimmt man die doppelte der sonst üblichen Teemenge, weil das Eis, das später hinzugefügt wird, den Tee wieder verdünnt. Eistee wird mit gestoßenem Eis in hohen Becher-gläsern serviert. Als Garnierung gibt man in jedes Glas eine Zitronenscheibe und ein oder zwei Zweige frische Minze.

Sitten und Bräuche
In vielen Ländern ist Tee nicht nur ein Getränk. In Japan ist er Mittelpunkt einer Zeremonie mit jahrhundertealter Tradition, in anderen Ländern wiederum ist er Anlaß für Geselligkeit und gemütliches Beisammensein

Marokkanischer Minztee

Japanischer Tee

Chinesischer Tee

Europäischer Tee

Eistee
Für Eistee die doppelte Menge Tee verwenden, weil das Eis den Aufguß wieder verdünnt

Das Anbieten von Tee ist eine Form der Gastfreundschaft, die in vielen arabischen Ländern gepflegt wird. Man serviert den Gästen schöne Schalen oder Tassen mit heißem gewürztem Tee und dazu Süßigkeiten und andere leckere Beigaben.

In Japan ist die Teezeremonie strengen Regeln unterworfen. Sie wird meist in mehreren Sitzungen abgehalten, zwei – *koicha* und *usacha* – sind nach der verwendeten Teesorte benannt. *Koicha* ist dicker Tee, *usacha* dagegen ist dünn. *Koicha* wird in einem speziellen Teeraum abgehalten. Der Gastgeber bereitet den Tee zu und bedient seine Gäste wie ein Diener. Der Ehrengast trinkt als erster aus der Teeschale und reicht sie dann an die anderen Gäste weiter. Auch das Gesprächsthema unterliegt einem Reglement. Es ist beispielsweise sehr höflich, seine Bewunderung über das immer mit besonderer Sorgfalt ausgewählte Teegeschirr zu äußern. *Usacha* findet in einem anderen Raum statt, in dem die Gäste in entspannter Atmosphäre plaudern können.

AROMAZUSÄTZE

Obwohl Chinesen und Japaner von jeher die Ansicht vertreten, daß Tee sein volles Aroma nur dann entfalten kann, wenn er ohne Zutaten genossen wird, ist es in China wie in Japan durchaus üblich, Tee zu aromatisieren.

In westlichen Ländern wird Tee nach alter englischer Sitte meist mit Milch serviert. Im 18. Jahrhundert glaubte man nämlich, daß die hauchdünnen Porzellanschalen beim Eingießen des kochendheißen Tees zerspringen würden, und um dies zu verhindern, goß man zuerst etwas Milch hinein. Die heutigen Teekenner machen es ebenso, wenn auch aus anderen Gründen, denn Untersuchungen haben ergeben, daß nachträglich zugefügte Milch einen Fettfilm auf dem Tee bildet. Zucker ist unter echten Teetrinkern verpönt, da er den Geschmack des Tees verfälscht. Die Russen dagegen trinken ihren Zitronentee grundsätzlich mit Zucker, und die Türken in Anatolien nehmen ein Stück Würfelzucker in den Mund, bevor sie ihren Tee trinken.

In arabischen Ländern sind Kräuter wie Minze, Salbei und Basilikum beliebte Aromazusätze. Schwarzer Tee wird häufig unter Beigabe von Zimtstange, Kardamomkapseln oder einer Mischung aus Anissamen und gehackten Walnüssen aufgebrüht, und Marokkanischer Minztee wird aus gesüßtem Grüntee mit frischer oder getrockneter Minze zubereitet.

Zu den exotischsten Teegetränken zählt zweifelsohne der *Kashmiri tea*, eine Mischung aus Grüntee und Darjeeling, die mit zerdrückten grünen Kardamomkapseln, Zimt, Gewürznelken, gehackten Mandeln und Pinienkernen aromatisiert wird.

Teepunsch

10–12 Portionen

500 ml frisch aufgebrühter, sehr starker Ceylon-Tee
250 ml Amontillado-Sherry
250 ml Rum
Saft von 1 Zitrone
2 EL Lime-Juice-Konzentrat
Zucker
600 ml gestoßenes Eis (oder entsprechend mehr Eiswüfel)
Orangen- und Zitronenscheiben zum Garnieren

Den heißen Tee mit Sherry, Rum, Zitronensaft und Lime Juice mischen. Nach Geschmack süßen und umrühren, bis der Zucker aufgelöst ist. Die Mischung abkühlen lassen und in ein Punschgefäß umfüllen. Das zerkleinerte Eis dazugeben und so lange stehen lassen, bis das Eis zur Hälfte geschmolzen ist. Den Teepunsch umrühren, Orangen- und Zitronenscheiben obenauf legen und servieren.

Heißer Toddy

4 Portionen

300 ml frisch aufgebrühter Darjeeling-Tee
50 ml Whisky
50 ml Ingwerwein
4 Gewürznelken
1 Zimstange

Tee, Whisky, Wein und Gewürze in einen Topf geben und langsam erhitzen, aber nicht aufkochen lassen. 3–5 Minuten ziehen lassen, durch ein Sieb in Groggläser gießen und heiß servieren.

RÄUCHERN MIT TEE

Das Räuchern mit Tee ist in vielen Teilen Chinas verbreitet, denn der Teerauch gibt Lebensmitteln wie Ente oder Huhn ein würziges Aroma und eine schöne goldgelbe Farbe. Die Peking-Ente beispielsweise wurde ursprünglich mit Kampferholz geräuchert; weil dieses Holz aber kaum noch erhältlich ist, nimmt man heute statt dessen Tee. Im Gegensatz zu dem bei uns üblichen Heißräuchern bleibt das Räuchergut bei dieser Methode ungegart. Man mischt einige Eßlöffel losen schwarzen Tee mit braunem Zucker und Kräutern oder Gewürzen. Für eine bessere Rauchentwicklung etwas Reis oder Mehl hinzufügen. Einen schweren Wok und den dazugehörigen Deckel mit Alufolie auskleiden, die Räuchermischung auf dem Pfannenboden verteilen und mit einem Rost oder mehreren gitterförmig angeordneten Eßstäbchen abdecken. Das Räuchergut darauf verteilen und den Deckel fest auflegen. Den Wok auf starker Flamme erhitzen und den Tee etwa 15 Minuten schwelen lassen. Das Küchenfenster öffnen, damit der Rauch abziehen kann. Den Herd ausschalten und den Wok noch 10 Minuten stehen lassen. Das Räuchergut ist jetzt fertig, um, wie vorgesehen, gegart zu werden.

Durch das Räuchern mit Tee erhalten Lebensmittel eine schöne Farbe und ein würziges Aroma, ohne dabei gegart zu werden

KRÄUTERTEES

Aus Kräutern zubereitete Tees waren – teilweise wegen ihrer Heilwirkung – fast allen Zivilisationen des Altertums bekannt. Auch während der folgenden Jahrhunderte kamen Kräutertees zwar nie ganz aus der Mode, aber heute, mit dem Fortschritt der modernen Naturwissenschaften und einem neuerwachten Bewußtsein für die Natur, erinnern wir uns immer häufiger alter, bewährter Rezepte. Im Gegensatz zu herkömmlichen Tees enthalten Kräutertees weder Gerbsäure noch Koffein.

Kräuteraufgüsse werden aus den Blättern, Früchten und Blüten fast aller eßbaren Pflanzen zubereitet. Je nach Zusammensetzung zeigen sie die unterschiedlichsten Wirkungen, von anregend und belebend bis zu beruhigend und entspannend. In der Medizin, besonders in Naturheilverfahren, werden viele Tees wegen ihrer heilenden Eigenschaften verwendet.

Kräutertees bereitet man im Prinzip genauso wie schwarze oder grüne Tees, nur die Teemenge ist meist kleiner. In der Regel braucht man 15 g frische oder 30 g getrocknete Kräuter auf 600 ml kochendes Wasser. Zitronensaft und Honig passen sehr gut zu vielen heißen Kräutertees. Werden sie eisgekühlt serviert, gibt man als Garnierung einen frischen Kräuterzweig dazu.

Blätter   Auch die meisten Küchenkräuter besitzen medizinische Eigenschaften: Rosmarin zum Beispiel bringt den Kreislauf in Schwung und hilft bei Migräne; Salbei wirkt bei Halsentzündungen; und Thymian, mit kochendem Wasser aufgebrüht und mit Honig gesüßt, ist ein ausgezeichnetes krampflösendes Hustenmittel. Als Tee genossen, hat die artenreiche Minze eine wohltuende Wirkung bei Übelkeit, Blähungen und Krämpfen, außerdem harmoniert sie gut mit anderen Kräutern. Besonders erfrischend ist ein Aufguß mit Linden-blüten, und auch Grüne Minze und Pfefferminztee wirken belebend, vor allem, wenn sie eisgekühlt getrunken werden. Das Menthol im heißen Pfefferminztee lindert Erkältungen, die mit starken Kopfschmerzen einhergehen. Zu den weniger gebräuchlichen Kräutern gehören Beinwell, Eisenkraut, Zitronenstrauch und Himbeerblätter. Melisse, auch Zitronenmelisse genannt, ergibt einen aromatischen Tee, der beruhigt und auch krampflösend wirkt.

Früchte und Blüten   Kamillenblüten haben einen sehr typischen, ausgeprägten Geschmack, wenn sie aufgebrüht werden. Der Tee hat verdauungsfördernde Wirkung, beruhigt die Nerven und schenkt entspannten Schlaf. In Italien wird Kamillentee stillenden Müttern und ihren Babys zur Beruhigung verabreicht.

Auch Lavendeltee wirkt beruhigend und entspannend, ebenso Kräutertees, die Holunderblüten und -beeren enthalten. Letztere sollen auch Linderung bei Migräne bringen. Vor allem aber sind sie bewährte Hausmittel bei Halsentzündungen, Husten und anderen Erkältungserscheinungen. Ein wirkungsvolles Hustenmittel sind Rosenblüten- und Veilchentee mit Honig.

Der Vitamin-C-reiche Hibiskus (Malve) verleiht Kräutermischungen einen fruchtigen Geschmack und eine rubinrote Farbe. Für Kräutertees werden aber nur die roten, fleischigen Blütenkelchblätter verwendet. Hagebutten, ebenfalls reich an Vitamin C, sind die Früchte der Hundsrose. Hagebuttentee wirkt erfrischend und durststillend. Sein fruchtiger Geschmack paßt ausgezeichnet zu Hibiskus.

Sehr kleine oder gebrochene Blätter werden am besten in einem feinmaschigen Teesieb aufgebrüht

Teetassen-Sets aus Porzellan haben einen herausnehmbaren Siebeinsatz für die Teeblätter und einen Deckel zum Warmhalten des Tees

Teetassen-Set

Tee-Eier
Tee-Eier und Tee-Löffel aus Metall oder Porzellan sind sehr praktisch zum Aufbrühen von nur einer Tasse Tee

Tee-Löffel fassen die für eine Tasse notwendige Teemenge

Belebender Frühstückstee

Tees aus Kräutern mit anregender Wirkung sind ideal zum Frühstück beziehungsweise ein wundervoller Ersatz für Kaffee oder Schwarztee während des Tages. Belebend und anregend wirken zum Beispiel frische oder getrocknete Brennesseln, Blätter von schwarzen Johannisbeeren und Brombeeren, Pfefferminze, Rosmarin, Engelwurz, Süßdolde, Borretsch, Zitronenstrauch, Hibiskus, Hagebutten und Rosen.

Je 2 Teelöffel Zitronenstrauch-blätter, Pfefferminze, getrocknete Rosen, Hibiskus, Brennessel und Hagebutten mischen (für eine intensivere Färbung und stärkeres Aroma mehr Hagebutten zugeben). Die Teekanne heiß ausspülen, die Teemischung hineingeben und mit 500 ml kochendem Wasser über-brühen. 5 Minuten ziehen lassen, abseihen und nach Bedarf süßen.

Hagebutten

Zitronenstrauch

Getrocknete Rosen

Brennessel

Hibiskus

Pfefferminze

Orangenschale

Hopfen

Helmkraut

Kamille

Melisse

Lindenblüten

Entspannender Tee für den Abend

Nach einem üppigen Essen oder nach einem anstrengenden Tag ist ein beruhigender Kräutertee etwas Köstliches. Zu den Kräutern mit beruhigender und entspannender Wirkung zählen Basilikum, Monarde, Lavendel, Anisblätter, Majoran, Veilchenblüten und -blätter, Fenchel, Dill sowie alle nachfolgend aufgeführten Zutaten.

Je ½ Teelöffel Kamille, Lindenblüten, Melisse, Zitronenstrauchblätter, Helm-kraut, Hopfen und getrocknete Orangenschale mischen. Eine halbe Süßholzwurzel zerdrücken und an die Kräutermischung geben. Die Tee-kanne mit kochendheißem Wasser ausspülen. Die Kräutermischung hin-eingeben und mit 500 ml kochendem Wasser überbrühen. Den Aufguß 5 Minuten ziehen lassen und vor dem Servieren abgießen. Nach Belieben mit Honig süßen.

ALKOHOLFREIE GETRÄNKE

Frucht- und Gemüsesäfte sind pur eine Köstlichkeit, kombiniert mit Kräutern und Gewürzen aber werden daraus geheimnisvolle, exotische Getränke. Auch aus Milch, Joghurt und Buttermilch lassen sich herrlich gewürzte Drinks mixen. Eine weitere aufregende Kombination sind mit Hefe zubereitete Kräutertees oder Säfte, die wunderbar erfrischen. Alle diese Getränke sind schnell und einfach zuzubereiten und außerdem eine gute Alternative zu den herkömmlichen und nicht immer leichten Cocktails mit Alkohol. Bei der Zubereitung von Mixgetränken sind der Phantasie kaum Grenzen gesetzt – entscheidend ist allein der persönliche Geschmack. Es ist ganz einfach, sich ein Repertoire an interessanten und exotischen Drinks ohne Alkohol zusammenzustellen. Man beginnt am besten mit zwei Standard-Drinks, bevor man sich an ausgefallenere Kombinationen herantraut, süßt diese mit Zucker oder Honig und gibt Kräuter und Gewürze nach eigener Wahl dazu.

Kräuter als Würze für alkoholfreie Getränke

Frische Kräuter eignen sich sowohl zum Aromatisieren als auch zum Garnieren von alkoholfreien Getränken. Für Fruchtsäfte verwendet man gern Minze, aber auch Borretsch, Petersilie, Melisse, Thymian, Basilikum und Dill sind eine gute Wahl. Geschmacksintensivere Kräuter wie Schnittlauch, Koriander und Estragon passen dagegen besser zu Gemüsesäften.

Zitronenstrauch

Ingwerminze

Pimpernell

Ananassalbei

Erfrischende Mixgetränke

Frucht- und Gemüsesäfte oder Getränke auf Milch- oder Joghurt-Basis schmecken besonders köstlich, wenn sie mit frischen Kräutern und Gewürzen aromatisiert werden

Frucht- und Gemüsesäfte und Mixgetränke aus Milchprodukten

REZEPTVORSCHLAG

St. Clement's Cup

4 Portionen

125 g Zucker
Abgeriebene Schale und Saft von
2 Orangen
Sodawasser
Saft von 1 Zitrone
Frische Melisse und Zitronenscheiben
zum Garnieren

Den Zucker mit 600 ml Wasser unter ständigem Rühren erhitzen, bis sich der Zucker aufgelöst hat. Orangenschale und -saft, Zitronensaft und einen Zweig Melisse dazugeben und abkühlen lassen. Mit Sodawasser auffüllen. Bis zum Servieren mindestens 3 Stunden im Kühlschrank ziehen lassen. In Gläser füllen und jedes Glas mit einem kleinen Zweig Melisse und einer Zitronenscheibe garnieren.

REZEPTVORSCHLAG

Lassi

4 Portionen

250 ml Naturjoghurt
½ TL Salz
Blätter von 1–2 Minzezweigen
½ TL trocken geröstete Kreuzkümmelsamen
Frisch gemahlener schwarzer Pfeffer
Frische Minzezweige zum Garnieren

Joghurt, Salz, Minzeblätter und 600 ml Wasser im Mixer verquirlen und mindestens 3 Stunden im Kühlschrank ziehen lassen. Den Joghurtmix in hohe Bechergläser füllen, mit geröstetem Kreuzkümmel und Pfeffer bestreuen und mit Minze garniert servieren.

Der Saft von Zitrusfrüchten eignet sich vorzüglich für alkoholfreie Drinks. Orangen- und Grapefruitsaft werden traditionell zum Frühstück getrunken, und frisch gepreßter Zitronensaft, vermischt mit Zucker und Wasser, ist für die einen echte Limonade, für andere *citron pressé* oder Zitrone naturell. Man muß sich aber keineswegs nur mit Einfruchtgetränken begnügen.

Die Säure von Zitronensaft wird durch Orangensaft und einen Löffel Honig angenehm gemildert. Auch Grapefruitsaft kann mit Orangensaft gemischt werden. Für ausgefallene Aromen und optischen Reiz sorgen frische Kräuter, wie Melisse, Süßdolde oder Pfefferminze.

Kräuterblüten, zum Beispiel von Borretsch und Zitronenthymian, sind eine hübsche Garnitur für Fruchtsäfte. Zu festlichen Anlässen bieten sich unbehandelte langstielige Rosen zum Dekorieren an (Dornen und Blätter vorher unbedingt entfernen). Die Rosen werden in hohe Bechergläser gestellt, die mit Grapefruit-, Preiselbeer- und einem Spritzer frischem Limettensaft gefüllt sind.

Aufwendiger in der Zubereitung sind fruchthaltige Drinks und *coolers* (eisgekühlte, durstlöschende Getränke auf der Basis von Zitronensaft und Zucker, die mit Ginger Ale aufbereitet werden). Sie lassen sich mit selbst eingekochten oder frisch gepreßten Fruchtsäften beliebig mischen. Besonders gut schmecken Apfel- mit Erdbeersaft, Pfirsich- mit Mandarinensaft oder Ananas- mit Mangosaft. Einige dieser Mischungen sind sehr süß und sollten mit Zitronen-, Limetten- oder Grapefruitsaft ergänzt werden. Anschließend mit Sodawasser oder selbstgemachter Ingwerlimonade auffüllen, Eiswürfel dazugeben und mit Fruchtscheiben und frischen Kräuterzweigen garnieren.

Frisch gepreßte Obstsäfte passen gut zu Fruchtsirup (siehe S. 204). Am besten geeignet dafür sind säuerliche Fruchtsäfte, wie von Limette und Grapefruit,

da die Sirupe meist viel Zucker enthalten. Blütensirupe (siehe S. 213) lassen sich ausgezeichnet mit zarten Früchten, wie etwa Erdbeeren, mischen. Fast alle Gemüse können zu Saft verarbeitet werden, aber besonders geeignet sind Möhren, Tomaten und Gurken. Sehr praktisch dafür ist ein elektrischer Entsafter. Für zusätzliche Würze gibt man beispielsweise an Tomatensaft Basilikum, Liebstöckel oder Petersilie, und Gurkensaft wird mit Dill oder Schnittlauch verfeinert, Möhrensaft wiederum mit Estragon oder Minze.

Für ein etwas ausgefalleneres, aber nicht minder köstliches Erfrischungsgetränk (à la Borschtsch) mischt man den Saft von roten Beten, Gurke und Apfel. Auch Möhren und Koriander, in Eintöpfen und Suppen häufige Partner, ergeben in flüssiger Form, mit Orangensaft verdünnt, ein wohlschmeckendes Getränk.

Die säuerliche Buttermilch ist wie geschaffen für Drinks. Man kann sie pur trinken oder mit Milch oder Joghurt verdünnen. Im Mixer wird aus Erdbeeren, Bananen und Honig mit etwas eisgekühlter Buttermilch im Handumdrehen ein köstliches schäumendes Sommergetränk. Man trinkt es aus hohen, mit frischer Minze garnierten Bechergläsern.

Aromatisierte Milch dient als Basis für viele Getränke, wie zum Beispiel Kakao oder Erdbeermix. Trinkjoghurt, ein vor allem in Osteuropa sehr populäres Erfrischungsgetränk, erfreut sich auch hierzulande immer größerer Beliebtheit. *Lassi*, den klassischen indischen Joghurtmix, trinkt man entweder süß, mit Minze oder Rosenwasser versetzt, oder pikant mit Kreuzkümmel und Kardamom. Beide Varianten haben eine kühlende und erfrischende Wirkung und sind eine raffinierte Ergänzung zu scharf gewürzten Currys. Aber sie schmecken natürlich auch allein.

Zitrusfrüchte entsaften

Zitrusfrüchte lassen sich gründlicher entsaften, wenn man sie vor dem Auspressen auf einer festen Unterlage mit Druck hin und her rollt

REZEPTVORSCHLAG

Gazpacho-Cocktail

4 Portionen

*450 ml Möhrensaft
450 ml Tomatensaft
1 Stück Gurke (etwa 8 cm lang), entkernt und gerieben
2 EL gehackte frische Koriander-, Basilikum- oder Dillblätter
Salz
Frisch gemahlener schwarzer Pfeffer
Eiswürfel*

Die Säfte in einen großen Krug geben und 1 Stunde im Kühlschrank ziehen lassen. Die restlichen Zutaten unterrühren. Den Cocktail in Gläser umfüllen und mit frischen Kräuterzweigen garniert servieren.

Selbstgemachte Ingwerlimonade

Ingwerlimonade ist ein für Großbritannien sehr typisches Getränk mit nostalgischem Flair. Man serviert sie immer eisgekühlt und in hohen Bechergläsern.

1 *30 g geschälten Ingwer mit der flachen Seite eines Messers zerdrücken. Den zerdrückten Ingwer mit 500 g Zucker, 5 l kochendem Wasser und dem Saft von 2 Zitronen in eine große Schüssel geben.*

2 *In einer kleinen Schüssel ein Päckchen Bierhefe mit lauwarmem Wasser anrühren. 3–4 Minuten stehenlassen, damit die Hefe aufgeht, dann mit einem Löffel umrühren.*

3 *Die Hefe an die Flüssigkeit geben, umrühren und 24 Stunden ruhen lassen. Dann in sterile Flaschen absieben und diese mit Hebelverschlüssen oder Naturkorken (siehe S. 233) verschließen.*

ALKOHOLISCHE GETRÄNKE

Solange es Spirituosen gibt, werden daraus Mixgetränke hergestellt. Mitunter erhalten sie durch Eigelb eine cremige Konsistenz, oder aber sie werden mit Rosinen, Honig oder Zucker gesüßt. Gewürzte Weine oder Biere wurden früher in Glut erhitzt, heute dagegen bereitet man Spezialitäten wie Glühwein und heißen Punsch meist auf dem Herd zu. Punsch stammt ursprünglich aus Indien, wo er mit einem dort hergestellten Alkohol zubereitet wurde. Seine Bezeichnung kommt von *panc* und bedeutet in hindustanisch »fünf«, denn nach dem klassischen Rezept besteht ein Punsch aus fünf Zutaten.

Aus Wein oder Schaumwein lassen sich köstliche Bowlen und Punsche zubereiten. Meist werden sie mit Spirituosen, Tee oder Kräutertee beziehungsweise Frucht- oder Blütensirup angereichert. Würzende Zutaten, wie Zitrusfrüchte, Zimtstange und Gewürznelken, runden diese phantasievollen Mischungen ab. Bier, egal welcher Art, taucht dagegen nur selten in Mixgetränken auf. Eine Ausnahme bildet *Black Velvet,* ein mit Champagner oder Sekt gemischtes Stout- oder Guinness-Bier. Doch davon abgesehen, die Auswahl an feurigen Drinks ist immens – angefangen beim einfachen Grog aus hochprozentigem Rum, heißem Wasser, Honig und Zitrone bis hin zu exotischen Kombinationen aus mehreren Sorten Alkohol, Früchten und Gewürzen.

REZEPTVORSCHLAG
Toasted Ale Punch

6 Portionen

60 g hellbrauner Zucker
1 Zitrone, in Scheiben geschnitten
$^1/_4$ TL gemahlene Nelken
$^1/_4$ TL gemahlener Zimt
150 ml Weinbrand
600 ml Pale Ale (obergäriges, stark
gehopftes englisches Bier)
1 Scheibe Weißbrot, getoastet und in
kleine Stückchen geschnitten
Frisch geriebene Muskatnuß

Den Zucker mit 300 ml Wasser in eine große Schüssel geben und unter Rühren auflösen. Zitronenscheiben, Nelken, Zimt, Weinbrand und Ale dazugeben und gründlich verrühren. Das kleingeschnittene Toastbrot dazugeben, mit Muskat bestreuen und sofort servieren.

Gewürzte alkoholische Getränke
Kräuter und Gewürze sind eine Bereicherung für viele alkoholische Getränke, ganz gleich, ob sie heiß oder eisgekühlt serviert werden

REZEPTVORSCHLAG
Weißwein-Cup

8–10 Portionen

2 Flaschen trockener Weißwein
$^1/_2$ Flasche trockener Sherry
Saft von 2 Zitronen
1 Stück frische Ingwerwurzel
(etwa 2,5 cm lang), geschält
Sodawasser
Zucker
Gurkenscheiben zum Garnieren

Wein, Sherry, Zitronensaft und Ingwer in ein Bowlengefäß geben und 2 Stunden zugedeckt im Kühlschrank ziehen lassen. Den Ingwer herausnehmen, die Bowle auf Gläser verteilen, mit Soda auffüllen und nach Belieben süßen. Mit einer Gurkenscheibe am Glasrand garnieren.

REZEPTVORSCHLAG
Madeira-Milch-Punsch

6 Portionen

1 Ei
1,25 l Milch
125 g Zucker
300 ml Madeira
150 ml Weinbrand
Frisch geriebene Muskatnuß

Das Ei mit 150 ml Milch verquirlen. Die restliche Milch mit dem Zucker zum Kochen bringen. Einige Löffel heiße Milch abnehmen, unter die Eiermilch rühren und alles zurück in den Topf geben. Madeira und Weinbrand zugießen und die Mischung bei milder Hitze – sie darf nicht kochen – mit dem Schneebesen aufschlagen. Mit geriebener Muskatnuß bestreuen.

Glühweingewürz

Glühweine und Punsche

GLÜHWEIN ZUBEREITEN

Heißgetränke mit Wein, Zucker und Gewürzen, wie zum Beispiel Glühwein, werden bevorzugt an den Festtagen während der Wintermonate getrunken. Sie sind aber an jedem kühlen Abend ein reizvoller Grund für geselliges Beisammensein.

1 *4 Flaschen Rotwein, 600 ml Wasser und 175 ml Weinbrand mit einer in Scheiben geschnittenen Zitrone, 1 Zimtstange, einigen Pimentkörnern und 2–3 Gewürznelken in einen Topf geben und bis zum Siedepunkt erhitzen. Nach Belieben mit Zucker süßen*

2 *Die Mischung zugedeckt mindestens 30 Minuten ziehen lassen. Kurz vor dem Servieren den Glühwein noch einmal erhitzen, aber nicht kochen lassen. In ein angewärmtes Gefäß absieben oder auf Becher verteilen und mit Zitronenscheiben garniert servieren.*

Heiße gewürzte Getränke, wie *Toddy* (Palmwein), *Egg-Nogg* (Milchmischgetränk) und Grog waren im 18. Jahrhundert vor allem in England sehr beliebt, werden aber auch heute noch sehr gern getrunken.

Heiße Toddys sind schnell zubereitete Drinks für kalte Winterabende. Man gießt ein Gläschen Whisky, Rum oder Weinbrand in ein Grogglas, gibt einen Teelöffel Zucker und eine Prise Gewürz dazu und füllt das Ganze mit kochendem Wasser auf. Besonders gut schmeckt eine Mischung aus Weinbrand und Piment oder Muskat, oder aus Rum und Gewürznelken beziehungsweise Zimt. Für einen *Tam O'Shanter* mischt man schottischen Whisky und Weinbrand im Verhältnis 2 : 1, süßt die Mischung mit Zucker und bestreut das Ganze mit Piment. Um aus diesem Mixgetränk einen Egg-Nogg zu bereiten, verrührt man ein rohes Ei mit etwas braunem Zucker und gießt kochendheiße Milch dazu. Diese Mischung wird dann bei schwacher Hitze mit dem Schneebesen schaumig geschlagen. Sie darf aber nicht kochen, weil das Ei sonst gerinnt. Dann verteilt man das Whisky-Weinbrand-Gemisch zu gleichen Teilen auf Kaffeetassen und füllt sie mit der schaumigen Eiermilch auf.

Grog ist ein Heißgetränk aus Rum, Zitronensaft, braunem Zucker, Zimtstange und heißem Wasser. Er wurde nach dem englischen Admiral Vernon benannt, den seine Leute mit dem Spitznamen Old Grog titulierten, weil er nur Kleider aus dem derben Grogramstoff trug. Vernon verbot seinen Matrosen, den Rum pur zu trinken, worauf sie ihn mit Wasser verdünnten.

Der klassische Punsch besteht aus fünf Zutaten: Tee, Zucker, Fruchtsaft, Wasser und einer Spirituose. Anstelle der ehemals so beliebten Punsche werden heute wieder mehr Heißgetränke aus Rotwein, Rum oder Weinbrand, Zucker, Zitronensaft und Gewürzen getrunken.

Leichtere, eher erfrischende Mixgetränke aus Wein oder Sekt werden statt mit hochprozentigen Schnäpsen und Likören meist mit Sherry oder Vermouth zubereitet und häufig mit frischen Früchten oder Saft, eventuell auch einem Zweig frischer Minze, aromatisiert.

Weit über ihr Ursprungsland hinaus bekannt ist die spanische Sangria aus Rotwein, Zucker und kleingeschnittenen Früchten. Das Grundrezept kann man mit Weinbrand oder auch Orangenlikör beliebig abwandeln.

Glas mit Crusta-Rand
Das Glas mit dem Rand zuerst in eine Untertasse mit Gummiarabicum Lösung (oder Zitronensaft) tauchen und anschließend in feinkörnigen Zucker. Das Glas umdrehen und den Crusta-Rand kurze Zeit trocknen lassen

Hausgemachte Fruchtliköre
Reife Früchte in ein Ansatzgefäß geben und mit einer Mischung aus hochprozentigem Alkohol und Zuckersirup übergießen. Geeignete Früchte sind ganze Orangen oder Orangenschalen, Birnen, Pfirsiche, Schlehen, Hagerpflaumen oder Zwetschgen. Große Früchte am besten in Scheiben schneiden, kleine rundum einstechen, damit sie viel Saft ziehen. Die vorbereiteten Früchte in ein Glas geben und mit einer Mischung aus drei Teilen Alkohol – am besten Gin, Rum, Weinbrand oder Wodka – und einem Teil Zuckersirup (siehe S. 196) auffüllen. Gewürze, Kräuter, Zitrusschalen und auch Kaffeebohnen sorgen für zusätzliches Aroma.

1 *Zur Herstellung dieses exotischen Orangen-Kaffee-Likörs die Orangen an drei Seiten einschneiden und Kaffeebohnen in die Schlitze stecken.*

2 *Orangen und eine Handvoll Kaffeebohnen in ein Glas geben. Mit Zuckersirup und Tequila im Verhältnis 1 : 3 auffüllen und verschließen. 3 Monate im Kühlschrank ziehen lassen.*

REGISTER

Rezepte und Anleitungen

Danksagung

Der Verlag dankt folgenden Personen, Firmen und Institutionen für ihre große Unterstützung bei der Entstehung dieses Buches, insbesondere aber Vanessa Kramer, ohne deren fachliche Beratung und wertvolle Mitarbeit das Buch in der vorliegenden Form nicht hätte realisiert werden können.

Autoren:
Angelika Duval
Fergus Fleming
Christopher Middleton
Judy Ridgway
Elizabeth Wolf-Cohen

Redaktionelle Mitarbeit:
Judy Bastyra, Elizabeth Godfray, Rosie Kindersley, Beverly LeBlanc, Sally Poole, Madeline Weston, Ian Wood

Fotoassistenz:
Jules Selmes

Hauswirtschaftliche Beratung:
Sandra Baddeley
Elizabeth Burkwood
Annie Nichols

Schriftsatzergänzungen:
Rowena Feeny

Organisation und Recherchen:
Bui Xuan Khoa, 2. Sekretär der vietnamesischen Botschaft; Coffee News Information Centre; Deborah Gillat und Zeba Mirza, britisches Ministerium für Landwirtschaft, Fischerei und Lebensmittel; Terril Jones; Korea National Tourism Corporation; Melody Meade; Jill Norman; Thailändische Botschaft; Alan Wylie, Peacock Salt Ltd.; Sarah Wynter

Fachliche Beratung und Bereitstellung von Kräutern, Gewürzen und Würzmitteln für Fotos:

Rosemary Titterington
Iden Croft Herbs Ltd.
Frittenden Road
Staplehurst
Kent TN12 ODH

Nathalie Lopez
A Touch of Spice Ltd.
21 The Highlands
Bexhill-on-Sea
East Sussex TN39 5HL

Charles Carey
The Oil Merchant
47 Ashchurch Grove
London W12 9BU

Angelika Duval
Thyme Cottage
87 World's End Lane
Green Street Green
Kent BR6 6AE

Leihgabe der abgebildeten Requisiten:

Neal Street East
5–7 Neal Street
London WC2H 9PU

Covent Garden General Store
111 Long Acre
London WC2

The Tea Council Ltd.
Sir John Lyon House
5 High Timber Street
London EC4 3NJ

Villeroy & Boch Tableware Ltd.
203 Regent Street
London W1R 2DE

Whittard of Chelsea Ltd.
73 Northcote Road
Battersea
London SW11 6PJ

Algerian Coffee Stores Ltd.
52 Old Compton Street
London W1V 6PV

Nachschlag...

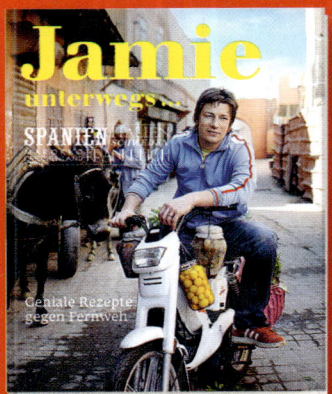

Jamie unterwegs
ISBN 978-3-8310-1845-1

Hauptsache lecker!
ISBN 978-3-8310-1838-3

Mamma Mia
ISBN 978-3-8310-1841-3

Genussvoll vegetarisch
ISBN 978-3-8310-1843-7

Natürlich hausgemacht!
ISBN 978-3-8310-1819-2

Heimwehküche
ISBN 978-3-8310-1727-0

**Küchenkräuter
anbauen und genießen**
ISBN 978-3-8310-1783-6

Kräuter & Gewürze
ISBN 978-3-8310-1745-4

Erhältlich in allen
gut sortierten
Buchhandlungen.

Dorling Kindersley
www.dorlingkindersley.de